벤처기업과 기술경영

Venture business and Management of technology

벤처기업과 기술경영

Venture business and Management of technology

임 무 생 편저

Venture business의
중요성과 특성

사업타당성 분석

Venture business의 창업

자금조달과 회계관리

Venture business
사업계획서 작성

기술가치 평가와 지적재산권

Kosdaq과 Venture business

KSI 한국학술정보㈜

　벤처기업은 개인 또는 소수의 창업자가 성공할 경우에 높은 기대수익이 예상되는 신기술아이디어를 독자적 기반에서 사업화하는 신생 기술집약적 중소기업이다. 벤처기업은 창업자가 위험성은 높으나 성공할 경우에 높은 기대수익이 예상되는 신기술을 사업화하는 신생 기술집약적 중소기업이다. 국가의 경제발전과 기존업체에게는 혁신의 동기부여를 제공한다. 기존 관행을 타파하기 위해 의식개혁이 필수적이다. 이를 바로 잡기 위해서는 의식의 혁명이 따르지 않으면 안 된다. 이러한 잘못된 인식의 벽, 문화의 벽, 감정의 벽을 과감하게 허물어야 한다. 고정관념을 탈피할 수 있을 때에 비로소 사물을 대하는 시야가 넓어질 수 있다. 혁신이란 평상시보다 3배의 힘을 더 발휘함을 의미한다. 일을 멋지고 현명하게 하는 방법은 조직 내에서 창의력과 과학적 사고를 발휘해야 하는데 이를 위해서 고참사원과 신참사원이 적절히 배분되도록 구성해야 창의력을 발휘할 수가 있다. 지식과 경험의 접목이란 신참의 수(3)와 고참의 수(2)의 비율로 구성된 수평적 조직이 사고력을 높일 수 있다. 이 사고력의 발휘가 창의적인 결론을 생성하게 된다. 기술이 경제력을 좌우하는 가장 결정적인 요소이다. 이러한 창업을 Timmons는 소리 없는 혁명(Silent revolution)이라고 부른다. 특히 선진국에 비해 절대적으로 열세에 있는 기술개발 투자로 선진국들의 앞선 기술을 따라잡고 나아가 그들을 능가하려 한다면 무엇인가 우리만이 내세울 수 있는 독특함이 있어야 한다. 공학, 과학 및 경영의 원리를 결합함으로써 조직의 목표를 달성하기 위한 기술적 능력을 기획, 개발 및 운용하는 활동이 활발해야 한다. 벤처기업의 조직은 성장단계별로 최고경영자 역할도 달리해야 한다. 일을 멋지게 하는 방법은 조직 내에서 창의력과 과학적 사고를 발휘하여 고참사원과 신참사원이 적절히 배분되도록 구성해야 한다. 지식과 경험의 접목이란 단지 최적화에 최대 목표를 둔 총합이라야 한다. 특허는 양적인 측면보다 질적인 측면을 더욱 중시해야 하고 기술적, 경제적으로 고품질을 지녀야 하며 기술의 역사성이 내재되어야 한다. 따라서 가장 기술적이고 경제적인 경영지식에 맞는 새로운 측정방법은 레이더 차트(Radar chart)를 적용하여 사업목표에 부합되고 이슈(Issue)화된 수익증대, 효과성증대, 혁신비율, Cash flow 등을 측정하고 그 결과를 평가하는 것이 바람직하다. 기술경영은 첫째가 신뢰성 품질의 부품소재 및 제품을 만드는 것이다. 이와 같은 상황을 감안해 볼 때에 프로젝트별 손익계획에 의한 결과를 난이도 채점표에 의하여 프로젝트의 수행과 동시에 자동 체크될 수 있도록 시스템화되어야 하고 연구개발의 효율을 높이기 위해서는 신제품의 종류 수를 늘리고 전 제품의 매출액을 올려야 한다. 그러므로 국영기업체 및 정부출연연구소, 또는 일반 기업체 및 기업연구소이든 간에 벤처기업의 개념적 전략으로 기업경영을 경영학적으로 재편성과 재평가, 관리되어야 한다.

2007년 봄　　편저배상

제 1 장

Venture business의 중요성과 특성

1 한국 Venture business

1) 한국 벤처기업의 기술경영

(1) 기술이 경제력을 좌우하는 가장 결정적인 요소

기술이 경제력을 좌우하는 가장 결정적인 요소이다. 선진국에 비해 절대적으로 열세에 있는 기술개발 투자로 선진국들의 앞선 기술을 따라잡고 나아가 그들을 능가하려 한다면 무엇인가 우리만이 내세울 수 있는 독특함이 있어야 한다. 공학, 과학 및 경영의 원리를 결합함으로써 조직의 목표를 달성하기 위한 기술적 능력을 기획, 개발 및 운용하는 활동이 활발해야 한다. 벤처기업의 조직은 성장단계별로 최고경영자 역할도 달리해야 한다. 일을 멋지게 하는 방법은 조직 내에서 창의력과 과학적 사고를 발휘하여 고참사원과 신참사원이 적절히 배분되도록 구성해야 한다. 지식과 경험의 접목이란 단지 최적화에 최대 목표를 둔 총합이라야 한다. 따라서 가장 기술적이고 경제적인 경영지식에 맞는 새로운 측정방법은 레이더 차트(Radar chart)를 적용하여 사업목표에 부합되고 이슈(Issue)화된 수익증대, 효과성증대, 혁신비율, Cash flow 등을 측정하고 그 결과를 평가하는 것이 바람직하다. 기술경영은 첫째가 신뢰성 품질의 부품소재 및 제품을 만드는 것이다. 이와 같은 상황을 감안해 볼 때에 프로젝트별 손익계획에 의한 결과를 계수화와 계량화된 난이도 채점표에 의하여 프로젝트의 수행과 동시에 자동 체크될 수 있도록 채점 시스템화되어야 한다. 그러므로 연구개발의 효율을 높이기 위해서는 벤처기업의 개념으로 경영 및 운영되어야 하고 경영학적으로 평가, 관리되어야 한다.

(2) 신생 기술집약적 중소기업

벤처기업은 창업자가 위험성은 높으나 성공할 경우에 높은 기대수익이 예상되는 신기술을 사업화하는 신생 기술집약적 중소기업이다. 국가의 경제발전과 기존업체에게는 혁신의 동기부여를 제공한다. 기존 관행을 타파하기 위해 의식개혁이 필수적이다. 이를 바로잡기 위해서는 의식의 혁명이 따르지 않으면 안 된다. 이러한 잘못된 인식의 벽, 문화의 벽, 감정의 벽을 과감하게 허물어야 한다. 고정관념을 탈피할 수 있을 때에 비로소 사물을 대하는 시야가 넓어질 수 있다. 혁신이란 평상시보다

3배의 힘을 더 발휘함을 의미한다. 일을 멋지고 현명하게 하는 방법은 조직 내에서 창의력과 과학적 사고를 발휘해야 하는데 이를 위해서 고참사원과 신참사원이 적절히 배분되도록 구성해야 창의력을 발휘할 수가 있다. 지식과 경험의 접목이란 신참의 수(3)와 고참의 수(2)의 비율로 구성된 조직이 사고력을 높일 수 있다. 이 사고력의 발휘가 창의적인 결론을 생성하게 된다.

(3) 환경특성

예전에 이데올로기가 차지했던 세계질서의 대원칙이 무너진 이후에 세계 각국은 경제력이야말로 미래의 세계질서를 형성할 유일하고도 절대적인 가치가 될 것임에 이견이 없는 듯하다. 산업화의 역사가 일천하고 부존자원이 없는 한국의 입장에서는 국제사회의 치열한 경쟁조류가 여간 부담스러운 것이 아니나, 이는 우리가 선택하고 말고 할 성질의 것이 아니며 맞닥뜨려 반드시 극복해내야 할 과제이다. 벤처기업은 개인 또는 소수의 창업자가 성공할 경우에 높은 기대수익이 예상되는 신기술아이디어를 독자적 기반에서 사업화하는 신생 기술집약적 중소기업이다. 제품혁신, 시장개척, 고용증대 등으로 국가의 경제발전과 기존업체에게는 혁신의 동기부여, 신진기업에게는 이상적 실현의 바탕이 작용된다. 국제경쟁력의 요인 중에서 가격요인보다 기술요인이 더 중요하다는 연구결과가 나타나고 기술이 경제력을 좌우하는 가장 결정적인 요소이다. 기술 진보가 그 나라 모든 분야의 경쟁력을 제고시키고 강한 경쟁력은 경쟁에서의 승리를 의미하며 국가 간 모든 경쟁이 경제전쟁으로 풀이되는 오늘의 상황에서 본다면 결국 기술의 진보가 경제력의 진보를 가져온다고 보아도 무방하기 때문이다. 벤처기업에서도 성장단계에 따라 핵심성공요인이 달라지는 환경이고 환경인식이 달라질 수 있기 때문에 특성이 상이한 최고경영자가 요구된다. 첨단기술벤처기업은 기술혁신이 뛰어난 경영자로서 주도적인 혁신활동으로 인하여 성공기업으로 발전시킨다. 이러한 기술혁신은 불확실성과 실패의 위험을 없애기 위해서 과감한 지원과 혁신력이 뒷받침이 되어야 한다. 그러므로 성공의 요소 중의 하나가 창업자의 기업가 정신(Entrepreneurship)을 가진 창업자의 특성과 보유한 자산, 자원보다 활용에 무게를 두고 시장 기회포착에 의한 사업화 능력을 배양하여야 한다. 또 다른 성과요인으로는 창업자가 산업 및 환경, 제품, 조직특성 등이 분석단위가 상이하고 창업자의 개인 중심에서 기업의 조직적 행위로써 현실적으로 다양성을 반영한다. 이러한 연구흐름에 의한 기술개발이 그 상황에서 당연히 최우선으로 추구해야 할 과제이지만 이것은 한국뿐만 아니라 세계 어느 나라도 똑같이 힘쓰고 있는 상황이므로 막연한 기술개발만으로는 부족하다. 이러한 관점에서 "가장 한국(민족)적인 것이 가장 세계적"이라는 말을 상기해야 할 것 같다. 특히 한국보다 다소 뒤떨어져 있는 후발국의 추격은 차치하고라도 선진국에 비해 절대적으로 열세에 있는 기술개발 투자로 선진국들의 앞선 기술을 따라잡고 나아가 그들을 능가하려 한다면 무엇인가 우리만이 내세울 수 있는 독특함(한국적, 혁신적인 차별화)이 있어야 한다.

(4) 문화요소

일반적으로 기술경영의 분류에서는 기술관리(Technology management) 분야, 기술전략(Technology strategy) 분야, 기술정책(Technology policy) 분야 등, 3가지로 분류하는 경우가 있고 벤처기업의 조직은 창업기, 초기성장기, 고도성장기, 성숙기 등의 성장단계별로 기술개발 역할, 기업비전 및 전략수립, 마케팅 및 영업, 자금조달 관리 등의 최고경영자 역할도 달리해야 한다는 주장도 있다. 벤처기업의 실제 성과의 요인으로는 사업기회를 포착하고 경험축적 등과 같은 정성적(Quantitative)인 변수들이 훨씬 더 영향을 미친다는 점이다. 각 성장단계에 따라 조직 효과성의 기준이 달라지기 때문에 각 제품의 수명주기단계에 따라 다른 능력을 지닌 경영자가 필요하듯이 벤처기업이 다음 단계로 보다 용이하게 성장할 수 있게 최고경영자가 변화해야 한다. 기존 관행을 타파하기 위해서는 의식개혁이 필수적이다. 의식개혁은 쉽지 않다. 그것은 세 가지 요인 때문이다. 첫째는 인식의 벽이다. 고질적인 문제를 쉽게 버리지 못하는 것으로 이는 분석에 눈이 어둡고 과학적 감각이 부족하기 때문이다. 일을 대충대충 처리하는 성격도 문제가 된다. 이런 의식으로는 제품 마무리가 좋을 리 없다. 둘째는 문화의 벽이다. 우리는 급한 성격 때문에 조급하게 흑백 판단을 한다. 이것은 우리의 식생활이나 놀이, 암기 위주의 객관식 교육에 원인이 있다고 본다. 또 세살 버릇 여든까지 간다는 우리 속담에서도 나타나듯 인습을 과감하게 깨지 못하는 것도 한 요인이다. 셋째는 감정의 벽이다. 사람들은 사대주의 사상, 양반 습성이 뿌리 깊게 박혀 있어 체통, 위신을 지나치게 따진다. 상대편을 업신여기고 멸시하며 자신만이 최고라는 의식을 가진 사람들이 적지 않다. 틀리면 큰일이니까 속임수를 부리더라도 현장을 모면하려는 의식, 유식한 체하기 위해 남을 낮추어 말해야 된다는 의식 등 그릇된 인식을 갖고 있는 것들이 많다. 이를 바로잡기 위해서는 의식의 혁명이 따르지 않으면 안 된다. 우리가 의지력을 기르기 위해서는 이러한 잘못된 인식의 벽, 문화의 벽, 감정의 벽을 과감하게 허물어야 한다. 고정관념을 탈피할 수 있을 때에 비로소 사물을 대하는 시야가 넓어질 수 있다. 숨은 인재를 발굴하여 재배치시켜 어린아이처럼 사물을 순수하게 대하는 눈을 가지도록 노력해야 한다. 그래야만 새롭고 기발한 아이디어도 많이 창출될 수 있다.

(5) 구조요소

혁신이란 평상시보다 3배의 힘을 더 발휘함을 의미한다. 업무의 혁신을 기하기 위하여 우리는 부단히 노력했고 노력하고 있다. 언젠가 미국의 피터 드러거 교수는 한국인도 이제 일을 멋지고 현명하게 하는 방법을 배울 필요가 있다고 말한 바 있다. 일을 멋지고 현명하게 하는 방법은 조직 내에서 창의력과 과학적 사고를 발휘해야 하는데 이를 위해서 최소 단위의 인원을 고참사원과 신참사원이 적절히 배분되도록 구성해야 한다. 일례를 든다면 5명의 인원이 구성된 최소 단위의 팀이라면 2명은 고참사원으로 하고 3명은 신참사원으로 구성하여야 팀(3＋2)이 창의력을 발휘할 수가 있다. 지식과 경험의 접목이란 찬성하는 사람의 수와 관련된 것도 아니고 고참의 의견을 더 많이 반영하는 것을 말하는 것도 아니다. 단지 최적화에 최대 목표를 둔 총합이라야 한다. 그러므로 고참사원의 경험과 신참사원의 지식을 잘 조화시킬 필요가 있는 것이다. 신참사원이 경험을 습득하기 위해서는 오랜 기간 동안 시행착오를 겪고 수많은 투자를 해야 된다는 편견은 빨리 바뀌어야 한다. 만약 신참사원이 수년 동안 하는 일마다 시행착오를 범한다면 나중에는 매사에 소신이 없어지고 수년 전에 배운 지식마저도 자신이 없어진다. 이를 위해서 고참사원은 신참사원이 범하기 쉬운 시행착오를 줄일 수 있도록 사전에 많은 조언을 해야 한다. 업무의 혁신을 기하기 위해서는 지식과 경험의 접목을 이룩할 수 있는 수평적 조직으로 하고 혁신의 분위기를 조성하는 주축은 대개가 대리급이 맞고 과장 및 대리급은 프로젝트 매니저가 되어야 한다. 그렇게 되므로 항상 자기가 하고 있는 일, 하려고 하는 일을 어떤 이론의 바탕에서 어떻게 풀 것이냐를 고민하게 된다. 과거의 스타 플레이라는 것은 그 사람이 아니면 안 된다는 것이고 일에 대하여 과장급이 피라미드식 업무를 수행해 왔다. 지식과 경험을 접목시킨 수평적 조직은 일에 대한 수행이 스타 플레이에서 팀플레이 중심으로 바꿔지는 것을 의미한다. 옛날의 때를 벗지 못하고 항상 과거의 경험만을 고집하는 보수성과 모든 것을 자기 위주로 해석하여 거기에 맞지 않으면 안 된다는 배타적인 업무에서 새로운 아이디어를 적극적으로 수용하는 진취적인 업무로 전환된다. 투자를 적게 하면 책임을 적게 진다는 사고방식으로 몸을 사리는 업무에서 창의적으로 자체 업무개발의 리스크를 지는 업무로 나가게 된다. 대리급이 한 다발의 결재판을 들고 다니며 구두로 다시 보고해야 결재를 얻는 고정된 생산시스템(Fixed Product System)이 아니고 구두보고 없이 스스로 익히고 확실히 결재하는 방법 등 유연성 생산시스템(Flexible Product System)의 도입이 적극 수용되어야 한다. 모든 일을 처리할 때 주로 사후 대책 중심에서 사전 예방 중심으로 처리된다. 그래서 외국 방식을 모방한다든지 베끼는 버릇을 가진 사원을 나무라기보다는 그것을 과장급의 잘못이라 인식하는 것으로 바뀌게 된다. 노하우란 나만이 알고 있는 비법이라는 독선적인 자세를 버리게 되고 어떤 전문적인 작업을 수행할 때 자신의 전공 분야와 관련 있는 주변의 학문 분야에 대해서도 올바르게 이해하고 그것을 자신의 것으로 만드는 것을 의미한다. 기본적인 것, 기초과학에 가장 쉽게 접근하는 방법, 업무의 혁신을 기하기 위해서는 수평적 조직으로 신참사원이 가지고 있는 새로운 지식과 고참사원이 가지고 있는 경험을 접목시키는 데 있다고 생각한다. 이렇게 지식과 경험을 접목한다면 올바른 사고력으로 혁신적 업무를 도출할 수 있다. 이와 같은 올바른 사고력이 창의력을 드높일 수 있는 것이다.

(6) 인력요소

총괄지표는 신제품으로부터의 매출액비율 등의 결과중심지표로서 R&D활동이 성공적인 기업들은 성과지표가 기업목표와 미션을 반영하여 전략적 목표를 효과적으로 달성할 수 있다는 결과를 발표하였고 성과지표는 사업전략과의 적합성이 지속적으로 검증되고 수정되어 전략과 연동되어야 한다고 하였다. 조직에서 85%는 현상만족, 12%는 기득권층은 변화에 대항, 3%는 혁신자 등이 일반적인 인력구성이라고 한다. R&D조직은 연구에 대한 Breakthrough지향에서 고위험도 과제수행과 저위험도 과제수행의 균형과 기술 Roadmap을 통한 관리에서 Architecture와 Capability의 발전을 통한 혁신을 지향하는 방향으로 바뀌고 있다. R&D조직은 확인할 수 있는 연구결과물과 그 결과물에 대한 평가기준의 정립이 모호하면 R&D조직은 와해되고 만다. 효율성 위주보다는 실적과 능력 위주로 하는 효과성 위주로 해야 벤처기업의 특성을 극대화할 수 있다.

(7) 기술요소

기술은 현재까지 존재하지 않았던 새로운 지식이나 정보라고 정의하고 기술적 지식을 생산방식으로 전환하는 것이라고 정의하였다. 연구개발 활동, 즉 R&D활동은 생산적인 기술력을 증대시키고 생산성을 측정하여 경쟁우위의 원천으로 삼아야 한다. R&D활동을 생산적으로 측정하여야 하는데 국가 수준이든, 기업 수준이든 간에 대동소이해야 한다. R&D생산 측정에 관한 연구에서는 활동의 산출요소로서 특허만을 고려해 왔다. 특허는 양적인 측면보다 질적인 측면을 더욱 중시해야 하고 진행 중인 것이라든지 아니면 미래에 예측되는 기술의 축적인 측면이라든지 간에 기술적, 경제적으로 고품질을 지녀야 하며 기술의 역사성이 내재되어야 한다. 특허는 실용신안보다는 발명특허에 비중을 많이 두어야 한다. 왜냐하면 발명특허가 R&D활동에서 주축을 이루는 기술이기 때문이다. 따라서 특허 중에서 실용신안이냐, 발명특허이냐를 엄격히 구분하고 평가난이도를 달리하여야 한다. 특허는 기준에 의하여 등록되지만 등록되었다고 경제적 가치를 발휘하는 것이 아니기 때문에 기술적 가치와 경제적 가치가 함께 상존되어야 한다.

(8) 시장요소

기업성장률은 유형자산 증가율 및 무형자산 증가율과는 상관관계가 없고 기업의 부가가치가 노동인력의 수, 자본규모와는 상관없이 창출되지만, 제품 종류에 따라 신제품개발 담당부서는 물론 비용책임부서도 달리되어야 되고 정보의 공급, 수집하는 담당부서도 달리해야 한다. 규모는 과제의 난이도, 연구의 특수성 등이 고려되어 산정되어야 한다. 기업에서는 선정방식과 주체의 수요에 의해서 선정되기도 하고, 정부의 선정방식은 연구자들의 신청에 의해서 선정방식이 결정된다. 그러나 평가방법의 투명성, 신뢰성 문제는 지속적으로 계속되고 Passive형, Semi active형에 따라 정보제공자의 역할, 의사소통자의 역할, 정보제공 및 기술해답을 찾는 역할을 수행하고 Broke형, Comprehensive형의 경우에 전문가 연결을 담당하는 역할, 여러 종류의 서비스를 통합 및 조정하는 역할수행으로 나누어진다. 시장수요 및 소비자욕구를 파악하여 개발하면 수요색인(Demand-pull)형, 기존기술로 용도에 따라 개발하는 것을 기술선도(Technology-push)형이라고 한다. 아이디어의 원천과 개발과정에서의 공급자, 사용자, 제조자 역할이 중요하다는 것과 그들로 정보입수와 활용이 유효함을 제안하였다. 따라서 시장수요 및 소비자욕구를 파악하는 수요색인(Demand-pull)형, 또는 기존기술로 용도 개발하는 기술선도(Technology-push)형보다는 소비자 리드(Consumer Read)형이라야 한다.

(9) 경영지식요소

최고경영자는 경영지식이란 과학적 사고에 의한 정신력과 창의적 사고의 총합으로 정의된다. 경영지식을 측정하는 데는 내용을 측정하는 경우와 수준을 측정하는 경우가 있다. 또 다른 방법은 수준을 측정하는 경우는 수익증대, 효율성 증대, 혁신비율 등을 지표로 측정하는 경우와 전문가에 의해 주관적으로 측정하는 경우가 있다. 따라서 여러 가지의 내용과 수준이 있지만 가장 기술적이고 경제적인 경영지식에 맞는 새로운 측정방법은 레이더 차트(Radar chart)를 적용하여 사업목표에 부합되고 이슈(Issue)화된 수익증대, 효율성증대, 혁신비율, Cash flow 등을 측정하고 그 결과를 평가하는 것이 바람직하다.

(10) 자금요소

벤처엔젤마트(venture angel mart)는 중소기업진흥공단이 벤처기업의 자금조달을 활성화하기 위해 정기적으로 개최하는 사업으로서 투자유치를 희망하는 우수벤처기업들과 개인투자가(엔젤)들을 신문지상과 투자설명회를 통하여 서로 연결시킴으로써 벤처기업에는 성장에 필요한 자금을 조달하고 개인투자가에게는 투자수익의 기회를 제공하는 사업이다. 벤처조합은 벤처기업에 투자하는 것을 주된 업무로 하여 결성된 조합으로서 중소기업 창업지원법에 의한 중소기업창업투자조합, 여신전문금융업법에 의한 신기술사업투자조합, 벤처기업육성에관한특별조치법에 의한 개인투자조합 등을 모두 포함하는 개념이다. 벤처캐피탈(venture capital)은 위험성은 크나 높은 기대수익이 예상되는 사업에 투자되는 자금을 말한다. 미국벤처기업들은 창업기에 벤처캐피털의 투자를 받는다. 장래성은 있으나 자본과 경영기반이 취약하여 일반 금융기관에서 융자받기 어려운 기업에 대하여 창업 초기단계에 자본참여를 통해 위험을 기업가와 공동 부담하고 자금, 경영관리, 기술지도 등 종합적인 지원을 제공함으로써 높은 이득을 추구하는 자본 또는 금융활동을 의미한다. 일반적으로 당해 기업이 성장하여 주식을 공개(IPO)함으로써 자본이득(capital gain)을 얻어 수익을 올린다.

(11) 시설요소

벤처기업(Venture business)은 첨단신기술이나 참신한 아이디어를 사업화하여 신규시장을 개척함으로써 경영의 위험성은 크지만 성공할 경우 높은 수익이 기대되는 중소기업으로 통상적으로 벤처기업, 벤처비즈니스, 모험기업, 신기술사업, 기술집약적, 지식 집약적 중소기업, 연구개발형 기업, 하이테크 기업 등의 다양한 용어로 사용되고 있다. 한국에서 벤처기업이라 함은 중소기업기본법의 규정에 의한 중소기업으로서 벤처캐피탈투자기업, 연구개발투자기업, 신기술개발기업, 우수기술평가기업으로 규정하고 있다. 벤처기업 집적시설은 교통, 정보통신, 연구, 금융 등의 기능이 집중되어 기업경영 여건이 우수한 도심에 벤처기업이 집단적으로 입주할 수 있는 공간을 사전에 확보하기 위하여 민간 빌딩을 벤처기업 집적시설로 지정, 각종 지원을 실시함으로써 도심의 벤처입지 공간 확대를 도모하는 사업이다. 벤처기업 집적시설로 지정되면 등록세 3배 중과 면제, 취득세 3배 중과 면제, 재산세 5배 중과 면제 등 정책적으로 각종 지원혜택이 주어진다.

(12) 네트워크요소

따라서 벤처기업협회, 벤처넷, 벤처기업활성화위원회 등을 활용하여 외부자원을 효과적 활용이 성과에 영향을 크게 미친다(Brush, 1992, Hanson, 1995). 벤처넷(Venture net)은 벤처기업을 대상으로 국내·외 벤처 비즈니스 정보를 종합적으로 제공하여 벤처기업의 성장을 효율적으로 지원하기 위해 운영하는 사이트를 말한다. 벤처기업이 창업에서 코스닥 등록까지 정보네트워크를 통해 성장할 수 있도록 벤처기업 정보, 엔젤투자시장, 엔젤 및 벤처캐피탈 정보, 각종 정부지원시책 정보, 실리콘밸리 정보 등, 제공되는 것의 활용을 극대화시켜야 한다.

(13) 프로젝트요소

시장점유율이 높을수록 R&D투자지출비율이 높다는 논문도 있으며 R&D투자가 기업이 평균 이상의 수익률을 얻을 수 있게 한다는 주장도 있다. 이와 같은 상황을 감안해 볼 때에 지역별 손익계획에 의하여 자산손실률(장부가 자산−실사 후 자산/장부가 자산), 자재손실률(장부가 자재구매액−제품화된 자재액/장부가 자재구매액), 공장Line별 효율(생산매출액−투입재료비/감가상각비+인건비) 등을 지역별로 손익계산을 한 결과를 난이도채점표에 의하여 자동 체크될 수 있도록 시스템화되어야 하고 연구개발의 효율(신제품 비율/신제품 매출기여율)≥1을 높이기 위해서는 신제품의 종류 수를 늘리고 전제품의 매출액을 올려야 한다. 그러므로 정부출연연구소이든, 기업연구소이든 간에 벤처기업의 개념으로 경영학적 평가, 관리되어야 한다. 또한 정부출연연구소가 기능 위주에서 부품소재 위주로 전환하기 위해서 연구소 통합이 불가피한 현실로 대두되고 있다. 스톡옵션(stock option) 제도에 주식매수 선택권이라고 하며 이는 회사가 임직원, 기술 및 경영능력을 갖춘 자, 대학 및 연구기관 등에게 일정 기간 내에 자기 회사의 주식을 일정한 간격으로 일정 수량만큼 매입할 수 있는 권리를 부여하는 제도로서 주가가 상승하면 옵션(매수권)을 행사하여 주가 상승 폭만큼 이익을 얻을 수 있다. 이러한 제도의 목적은 단기적 경영성과와 중·장기적인 성장 간의 균형을 도모하고 경영자의 이해와 주주의 이해를 연계하여 기존의 종업원을 유지하고 격려하며 능력 있는 종업원을 유인하기 위한 것이다.

(14) 전략요소

우리가 현재 선진국에 수십억 달러의 로열티를 지불하고 기술을 도입할 수밖에 없는 것은 우리들의 슬기가 모자라기서보다 우리 주변에 숨어 있는 슬기를 오늘의 의미로 재발견하고 그것을 창조적으로 계승하지 못했기 때문이다. 창의적 사고의 도출로 우리 문화자산을 현대 의미로 재발견해 기초과학, 기본기능을 창조적으로 계승시켜야 한다. 따라서 한국의 전통적인 생활상을 과학적 감성으로 계승시킬 경우 우리의 국제 경쟁력은 우위를 확보할 수 있을 것이다. 한 나라의 전통문화, 슬기로운 지혜를 현재의 의미로 재조명, 재발견하고 그것을 창의적으로 계승해야 한다. 과학적 사고에서 차별화된 기술개발이 나오듯 과학적 사고로 차별화된 사회생활을 통해 발상전환을 해야 한다. 과학적 사고란 지식이 담긴 생각을 의미한다. 역사 속의 좋은 문화를 창의적으로 계승해야 정신문명을 낳는다. 이런 정신문명만이 물질문명을 다스릴 수 있다. 물질을 다스리는 마음은 도덕성에서 나온다. 도덕성이 없으면 과학적 사고, 즉 지식이 담긴 생각이 나오지 않는다. 지식이 담긴 생각을 하기 위해서는 다음과 같은 일을 중시해야 한다. 우선 메트릭스기법의 소프트웨어 분석을 중시해야 한다. 현대는 분석의 혁명시대다. 분석에는 상황분석, 원인분석, 잠재분석, 결정분석 등 4가지가 있다. 상황분석이란 중요 과제가 무엇이냐, 우선순위가 무엇이냐, 무슨 근거냐에 따라 조사, 또는 실시하는 것이다. 이 밖에 원인을 규명하는 원인분석이 있는가 하면 잠재되어 있는 리스크와 리스크에 따라 대책을 세우는 잠재분석, 최적안을 결정하는 결정분석이 있다. 따라서 난이도에 의한 요인별 심층적 메트릭스기법의 소프트웨어 분석이 이루어져야 한다. 다음으로 정신력과 창의적 사고를 접목시켜야 한다. 우리는 흔히 상상과 창의를 혼동하는 예가 많다. 새로운 방안을 내세우거나 생각해 내는 의견을 창의라고 하며 단지 추측하는 것을 상상이라고 한다. 상상에는 공상, 재생적 상상, 창의적 상상이 있다. 공상은 생각하는 과정이며 재생적 상상은 단순한 상기에 가깝고 창의적 상상은 예술작품, 발명, 발견, 기술상의 산물, 구체적 방법 수단을 헤아리는 것을 말한다. 인간이 지닌 정신력, 즉 관찰하고 주위를 집중하는 힘인 흡수력과 기억하고 생각해내는 힘인 기억력은 학습에서 나온다. 분석하고 판단하는 힘인 추리력과 아이디어를 떠오르게 하는 힘인 창의력은 사고에서 나온다. 따라서 학습과 사고를 통해 인간이 지닌 정신력이 생성된다. 창의적인 사고는 이미 알고 있는 경험, 지식을 해체하는 분해와 새로운 아이디어를 다시 짜는 결합으로 이루어진다. 과학적 사고방식을 갖기 위해 우리는 인간이 지닌 정신력과 창의적 사고를 접목시켜야 한다. 그런만큼 메트릭스기법으로 분석하고 정신력과 창의적 사고를 접목시키는 데 치중해야 한다. 이를 통해 전혀 관계가 없는 기기나 자연현상의 원리를 제품에 새롭게 적용할 수 있는 아이디어로 전환시킬 수 있다. 한마디로 두 가지 이상의 원리를 접목시켜야 한다. 기업의 경영전략은 연구개발력 강화, 고부가가치화, 생산·판매 규모의 확대, 사업다각화 등으로 이루어진다. 우리나라는 생산규모의 확대, 사업다각화를 경영전략으로 내세우는 기업들이 많다. 제품개발 전략 측면에서는 대부분 시장성을 우선적으로 고려한다. 고부가가치를 중요시하고 시장의 잠재성장성을 판단기준으로 삼는 것이다. 하이사이클(High cycle)을 하기 위한 제품개발 전략은 개발할 제품이 전략적이면서 기존 제품과 관련성이 있고 시장의 잠재적 성장성이 높으며 고부가가치화 전략으로 짜여져야 한다. 우리나라 기업들이 주로 투자하는 분야는 국내외 설비투자와 연구개발 투자다. CIM개념의 하이사이클로 가기 위해 중점 투자할 분야가 연구개발 분야이다. 다음으로 자국 내 생산설비의 CIM화, 해외설비의 현지여건을 고려한 CIM화순이다. 생산전략 측면에서 우리나라 기업들은 생산공정의 자동화, 생산능력 확대, 생산공정 시간단축을 중요시하고 있다. CIM개념의 생산전략은 다품종 생산체제 확립, 부품의 유닛 및 모듈화, 생산능력 확대 등이다. 마케팅 전략에서는 영업력 강화, 소비자 수요 파악기능 강화, 판매망 확대 등을 전략으로 삼는다. 하이사이클로 하기 위한 마케팅 전략은 우선 고객만족을 위한 소비자 리드기능 강화, 둘째는 LAN구축에 의한 영업력 강화, 셋째는 고객의 데이터베이스에 의한 판매 네트워크를 확대해야 한다. 기술경영은 첫째가 신뢰성 품질의 부품소재 및 제품을 만드는 것이다. 그리고 경영혁신과 함께 다운사이징을 하여 종업원들이 창의적인 형태로 전력할 수 있도록 해야 한다. 이와 함께 부품소재의 원가경쟁력을 갖추기 위한 기술의 내재화도 중요하다.

(15) 결 론

한국 벤처기업이 기술경영 혁신을 가져오기 위해서 우선적으로 스톡옵션개념을 도입하는 제도적 장치가 우선되어야 한다. 스톡옵션개념이란 소수명이 돈내기 형식의 프로젝트를 추진토록 하여, 그 성과에 대한 보상을 해주는 것을 말함이다. 또 다른 방법의 할증스톡옵션은 부여시점 현재의 주가를 기준으로 일정비율 또는 일정금액 이상 주가가 상승해야 가치가 발생하는 옵션을 의미한다. 즉 행사가격이 부여시점의 주가보다 높게 결정되니 스톡옵션을 의미한다. 따라서 할증스톡옵션의 경우에는 부여시점의 시가를 기준으로 일정비율 이상의 주가가 상승해야 이익을 향유할 수 있다. 경영자의 스톡옵션의 행사를 통해 이익을 얻기 위해서는 이의 전제조건으로 주주들에게 상당한 수준의 이익을 보장해야 하기 때문에 할증 스톡옵션이 스톡옵션의 기본적 목적에 부합된다. 또한 특정한 주가 수준을 목표로 정해 놓고 경영자로 하여금 이를 달성하기 위해 지속적인 노력을 기울일 유인을 제공한다. 벤처기업이 기술경영 혁신에 실패하는 경우는 상황을 즉흥적으로 결정하고 처리하는 성향이 강하고 경쟁업체와 소모적인 경영, 의사결정을 잘못하며 변경할 기회를 상실하고 경솔하며 방만한 투자로서 시기를 무시한 결정 등이 혁신을 저해하는 것들을 벤처기업이 기술경영 혁신에 성공하기 위해서는 신정보를 활용하여 신제품에 대한 투자시기의 경영기법과 적절성(Right timing)을 활용하고 지역사회와 외부조직과의 Win-Win관계를 유지하고 개방적인 의사소통을 강조, 경영성과 공유, 업적평가를 철저히 하고 전략적 핵심역량에 집중하며 지속적인 제품혁신에 사활을 걸고 종업원의 신뢰와 존중을 관리의 기본전제로 하며 조직문화를 조성해야 한다.

2) 신규 벤처기업 현황

☐ 신규 벤처기업 수: 3,292개(2005.3～2006.2)

○ **업종별**

구분	제조업	정보처리 s／w	연구개발 서비스	건설 운수	도소매업	농·어·임 광업	기타	계
업체 수	2,310	592	151	76	90	20	53	3,292
%	70.2	18	4.6	2.3	2.7	0.6	1.6	100

○ **창업연도별**

구분	2006.2~2005.3 정보처리 (1년 미만)	2005.2~2003.3 (1년 이상 3년 미만)	2003.2~2001.3 (3년 이상 5년 미만)	2001.2 이전 (5년 이상)	계
업체 수	254	1,058	729	1,251	3,292
%	7.7	32.1	22.1	38.0	100

○ **지역별**

구분	서울	부산 울산	대구 경북	광주 전남	대전 충남	경기	인천	강원	충북	전북	경남	제주	계
업체 수	1,109	132	234	185	179	955	152	51	51	69	152	23	3,292
%	33.7	4.0	7.1	5.6	5.4	29.0	4.6	1.5	1.5	2.1	4.6	0.7	100

3) 벤처기업 요건 개편내용

요약

벤처유형		현 행		개 편
1단계		혁신능력평가	⇨	폐 지
2단계	① 벤처투자기업	주식투자 10% 투자기간 6월	⇨	확 대 • 벤처투자기관 범위 확대 (산업은행, 기업은행 추가) • 기술평가보증 · 융자기업 신설
	② 연구개발기업	R&D비율 5% 이상	⇨	개 선 (사업성평가 우수, 즉 외부투융자 가능기업)
	③ 신기술평가기업	기술평가 우수	⇨	폐 지

벤처기업 유형별 요건(2006년 이전)

대상기업	유형별 요건
벤처투자기업	○ 창업투자회사(조합), 한국벤처투자조합, 신기술사업금융업자(조합)의 주식(신주에 한함) 인수총액 또는 출자총액이 자본금의 10% 이상이고, 그 비율을 벤처기업확인 요청일의 직전 6월 이상(연속하여) 유지한 기업
연구개발기업	○ 확인 요청일이 속하는 분기의 직전4분기의 연구개발비가 5천만 원 이상이고, 매출액 대비 연구개발비율이 '별표2' 이상인 기업 －3년 미만 기업은 연구개발비율 적용을 제외 －창업 1년 미만 기업의 연구개발비는 직전2분기 2,500만 원 이상으로 적용 ＊ 연구개발비는 한국산업기술진흥협회에 신고된 기업부석연구소(연구개발전담부서는 제외)를 통해 지출된 비용에 한함
신기술기업 (창업하는 기업 포함)	○ 특허권(특허출원을 한 기술로서 특허청장이 인정하는 기술 포함)을 이용하여 사업화하는 기업으로서 평가기관으로부터 기술성·사업성이 우수한 것으로 평가받은 기업
	○ 산업지원서비스업 및 고도기술수반사업과 관련된 기술 또는 외국인과의 기술도입계약의 체결에 따라 신고한 기술을 이용하여 사업화하는 기업으로서 평가기관으로부터 기술성·사업성이 우수하다고 평가받은 기업
	○ 공공연구기관, 한국기술거래소를 통하여 이전(양도·양수에 의한 이전)받은 기술을 이용하여 사업화하는 기업으로서 평가기관으로부터 기술성·사업성이 우수한 것으로 평가받은 기업 ＊ '공공연구기관'은 기술이전촉진법 제2조제5호의 규정에 의한 기관·학교·법인 또는 단체를 말한다.
	○ 다음 각 항목의 1에 해당하는 사업에 의해 개발된 기술(기술개발완료일로부터 5년 이내의 기술에 한함)을 이용하여 사업화하는 기업으로서 평가기관으로부터 기술성·사업성이 우수한 것으로 평가받은 기업 가. 산업기반기술개발사업, 부품·소재기술개발사업, 대체에너지연구개발사업, 에너지기술개발사업, 청정생산기술개발사업, 신기술창업보육사업(산업자원부) 나. 기술혁신개발사업, 국내조달시장연계신제품개발사업(중기청) 다. 정보통신산업기술개발사업, 정보통신선도기반기술개발사업, 온라인디지털콘텐츠기술개발사업, 우수신기술지정·지원사업(정통부) 라. 원자력연구개발사업, 특정연구개발사업, 연구성과지원사업(과학기술부) 마. 문화컨텐츠응용기술개발사업(문화관광부) 바. 환경기술개발사업(환경부) 사. 건설기술연구·개발사업(건설교통부) 아. 농업기술개발사업(농림부) 자. 보건의료기술연구개발사업(보건복지부) 차. 해양수산기술개발사업, 수산특정연구개발사업(해양수산부)

벤처기업 대상에서 제외되는 업종

업 종 분 류	업 종	
숙박 및 음식점업 (19개 업종)	55112	여관업
	55113	휴양콘도 운영업
	55119	기타 관광숙박시설운영업
	55199	그 외 기타숙박시설운영업
	55211	한식점업
	55212	중국 음식점업
	55213	일본 음식점업
	55214	서양 음식점업
	55215	기관구내식당업
	55219	기타 일반음식점업
	55221	피자, 햄버거 및 치킨전문점
	55222	분식 및 김밥전문점
	55223	이동음식점업
	55229	그 외 기타 음식점업
	55231	일반유흥주점업
	55232	무도유흥주점업
	55233	간이주점업
	55241	제과점업
	55242	찻집
부동산업 및 임대업 (7개 업종)	70111	주거용 건물 임대업
	70112	비주거용 건물 임대업
	70119	기타 부동산 임대업
	70121	주거용 건물 공급업
	70122	비주거용 건물 공급업
	70129	기타 부동산 공급업
	70221	부동산 중개업
오락업 및 문화업 (4개 업종)	88331	골프장 운영업
	88913	노래방 운영업
	88991	무도장 운영업
	88995	도박장 운영업
공공, 수리 및 기타 서비스업 (13개 업종)	93111	이용업
	93112	미용업
	93121	욕탕업
	93122	마사지업
	93129	기타 미용관련 서비스업
	93912	가정용 세탁업
	93913	세탁물 공급업
	93921	장례식장 및 장의업
	93922	묘지 및 화장업
	93991	예식장업
	93992	점술업
	93993	개인간병인 및 유사서비스업
	93999	그 외 기타 분류 안 된 모든 서비스업

4) 벤처확인제도(2006년 04월 중순 이후 적용)

(1) 현행 혁신능력평가제도: 폐지

(2) 벤처기업 유형별 요건

가) 벤처투자기업
○ **기본 요건**

현행요건(모두 충족)	향후 요건(모두 충족)
ⓐ 벤처투자기관*으로부터 투자받은 금액이 자본금의 10% 이상	좌 동
ⓑ 투자유지기간이 6개월 이상	좌 동
<신 설>	ⓒ 투자금액이 5천만 원 이상

  ○ 기타 사항: 벤처투자기관 범위 확대
    −(**개정 전**) 벤처투자기관: 창업투자회사(조합), 신기술금융사(조합), 한국벤처투자조합, 벤처투자전담회사
    −(**개정 후**) 벤처투자기관: 현행 벤처투자기관＋**산업은행, 기업은행**
  ※ **벤처투자기관 범위확대에 따른 벤처 해당 여부**
   (사례 1) 이미 산업은행으로부터 투자받고 있는 기업
     ⇒ 벤처투자 유지기간이 **개정법률 시행일을 기산점으로 산정됨에 따라, 법 시행 후 6월 이후 벤처기업으로 인정**

나) 연구개발기업

현행요건(모두 충족)	향후 요건(모두 충족)
ⓐ 기업부설연구소 보유	좌 동
ⓑ 기업부설연구소를 통해 지출한 연구개발비가 매출액대비 5%~10% 이상	좌 동
ⓒ 연구개발비가 5천만 원 이상	좌 동
<신 설>	ⓓ 기보·중진공 등으로부터 사업성 평가결과가 우수할 것

나) 신기술평가기업: 폐지

라) 기술평가보증·대출기업: 신설

기술평가보증 · 대출기업 요건(모두 충족)
ⓐ 기보·중진공의 기술평가보증·대출을 순수 신용으로 받을 것 　－기보: 기술평가보증에 한함 　－중진공: 개발및특허기술사업화지원자금 또는 벤처창업자금에 한함
ⓑ 기보·중진공으로부터 기술성평가결과 우수할 것
ⓒ 보증·대출받은 금액이 기업의 총자산의 **10%** 이상일 것
ⓓ 보증·대출받은 금액이 **8천만 원 이상**

※ 기술평가보증·대출관련 사례별 벤처기업 해당 여부

　(사례 2) 중진공으로부터 **벤처·창업자금을 담보로** 받은 경우

　⇒ **순수 신용으로 융자받는 기업**에 한정되므로 벤처기업으로 인정되지 아니함

　(사례 3) **개정법 시행 전에** 기술평가보증을 받은 경우

　⇒ 법률시행('06.4월 예정) 전에 기술평가보증·대출을 받은 기업은 벤처기업에 해당되지 아니함

(3) 벤처확인증 유효기간

벤 처 유 형	현행 유효기간 / 신규 유효기간
① 벤처투자기업	1년 / 1년
② 연구개발기업	2년 / 1년
③ 기술평가보증·대출기업	－ / 1년

ㅇ 유효기간이 경과하면 벤처기업으로 재신청이 가능하며, 유형별 요건이 갖추어진 경우에 벤처확인증을 재발급

　－특히, 연구개발기업은 사업성평가를, 기술평가보증·대출기업은 기술성평가를 유효기간이 경과하면 받아야 함

ㅇ 이미 신기술평가기업으로 벤처기업을 받은 경우에는 기존 유효기간까지 벤처기업으로 인정

(4) 벤처확인증 발급기관

○ **(개정 전)**　중소기업청
○ **(개정 후)**　벤처캐피탈협회, 기술신용보증기금, 중소기업진흥공단
○ 정부 부처별 벤처정책을 경영자원별로 구분하여 부처별 정책적인 특성을 보면 다음과 같음
　－타 부처에 비해 중기청, 산자부, 과기부, 정통부는 벤처기업 육성에 핵심적인 역할을 수행하고 있음.
　－경영자원별로 보면, 금융지원, 기술개발, 판로/수출지원 등에 정부의 재원투입이 집중되어 있음

구　분	투자조합 출자	금융 지원	기술 개발	인력 지원	세제 지원	판로/ 수출지원	경영 지원	입지 지원
재정경제부	－	－	－	－	○	－	－	－
과학기술부	○	○	○	○	－	○	－	－
문화관광부	－	○	－	－	－	－	－	－
농 림 부	－	－	－	－	－	－	－	－
산업자원부	－	○	○	○	－	○	－	－
정보통신부	－	○	○	○	－	○	○	－
보건복지부	－	－	○	－	－	－	－	－
환 경 부	－	○	○	－	－	－	－	－
노 동 부	－	○	－	○	－	－	－	－
여 성 부	－	○	－	－	－	－	－	－
건설교통부	－	○	○	－	－	－	－	－
해양수산부	－	○	○	－	－	○	－	－
조 달 철	－	－	－	－	－	○	－	－
특 허 청	－	○	－	－	－	○	－	－
중 기 청	○	○	○	○	－	○	○	○

시도별 벤처정책 지원현황

구 분	금융지원					기술지원			
	융자	신용보증	펀드결성	엔젤클럽지원	벤처투자마트	산학연공동연구지원	TP	TIC	RRC
서 울	○	○	-	-	-	○	-	○	-
부 산	○	○	○	-	-	○	○	○	○
대 구	○	○	-	-	-	○	○	○	○
인 천	○	○	-	○	○	-	○	○	○
광 주	○	○	-	-	-	○	○	○	○
대 전	-	○	○	-	-	○	-	○	○
울 산	○	○	○	-	○	○	-	○	○
경 기 도	○	○	○	-	○	○	○	○	○
강 원 도	○	○	○	○	○	○	-	○	○
충청북도	○	○	-	○	○	○	○	○	○
충청남도	○	○	○	○	○	○	○	○	○
전라북도	○	-	-	○	-	○	-	○	○
전라남도	○	○	○	-	-	○	○	○	○
경상북도	○	○	○	-	○	○	○	○	○
경상남도	○	○	-	○	○	○	-	○	○
제 주 도	○	-	-	-	-	○	-	○	○

구 분	창업지원				입지지원			
	BI운영/지원	창업교육	동아리지원	벤처기업지원단	벤처타운	벤처단지	벤처빌딩	벤처기업촉진지구
서 울	○	○	○	○	○	-	-	○
부 산	○	○	○	-	-	○	○	-
대 구	○	○	-	-	-	○	-	-
인 천	○	-	-	○	-	-	-	-
광 주	○	-	-	-	-	-	-	-
대 전	○	-	-	-	○	○	-	-
울 산	○	-	-	○	-	-	○	-
경 기 도	-	○	-	-	-	-	-	-
강 원 도	○	○	○	-	-	○	-	○
충청북도	-	-	-	-	-	○	○	-
충청남도	-	-	-	○	-	-	-	○

구 분	창업지원				입지지원			
	BI운영 / 지원	창업교육	동아리 지원	벤치기업 지원단	벤처타운	벤처 단지	벤처 빌딩	벤처기업 촉진지구
전라북도	○	○	○	○	-	-	-	○
전라남도	-	○	○	-	-	-	-	○
경상북도	○	-	○	-	-	-	-	○
경상남도	-	-	○	○	-	-	-	-
제 주 도	○	-	-	-	-	-	-	-

* 정부부처별 지원제도(중소기업청, 2003)를 참조하여 '21세기 바람직한 벤처기업 정책방향'(2002.11)의 내용을 수정, 보완함

5) Venture business의 요건

① 벤처기업: 첨단신기술이나 참신한 아이디어를 사업화하여 신규시장을 개척함으로써 경영의 위험성은 크지만 성공할 경우 높은 수익이 기대되는 중소기업으로, 통상적으로 벤처기업, 벤처비즈니스, 모험기업, 신기술사업, 기술집약적, 지식집약적 중소기업, 연구개발형기업, 하이테크기업 등의 다양한 용어로 사용되고 있다. 우리나라에서는 「벤처기업육성에관한특별조치법」 제2조에서 벤처기업이라 함은 「중소기업기본법」 제2조의 규정에 의한 중소기업으로서, 벤처캐피탈투자기업, 연구개발투자기업, 신기술개발기업, 우수기술평가기업으로 규정하고 있다.

② 벤처기업육성촉진지구: 벤처기업육성에관한특별조치법에 의하여, 벤처기업이 자연발생적으로 집적 되어 있거나 대학, 연구소 등이 소재하고 벤처기업 증가세가 두드러지게 나타나는 등 성장잠재력이 큰 지역을 촉진지구로 지정하여 기반시설 구축, 경영지원, 제도개선(조세감면, 규제완화 등), 자금, 입지, 인력 등 중소기업청 지원사업 시 우대 등 체계적 지원을 실시하는 제도이다. 사업추진 절차를 보면 촉진지구 신청은 시, 도지사가 하고 심의위원회에서의 심의를 거쳐 중소기업청장이 최종 지정을 하도록 되어 있다.

③ 벤처기업 집적시설: 벤처기업 집적시설은 교통, 정보통신, 연구, 금융 등의 기능이 집중되어 기업경영 여건이 우수한 도심에 벤처기업이 집단적으로 입주할 수 있는 공간을 사전에 확보하기 위하여 민간 빌딩을 벤처기업 집적시설로 지정, 각종 지원을 실시함으로써 도심의 벤처 입지공간 확대를 도모하는 사업이다. 벤처기업

집적시설로 지정되면 등록세 3배 중과 면제, 취득세 3배 중과 면제, 재산세 5배 중과 면제 등 정책적으로 각종 지원혜택이 주어진다. 2000년 7월 현재 전국 벤처기업 집적시설은 총 139개 이다.

④ 벤처기업혁신능력평가기준: 벤처기업 확인절차 시 유형별 요건 확인 전에 선행적으로 실시되는 기업혁신능력 평가기준으로써, 벤처기업으로 확인받고자 하는 기업은 반드시 혁신능력평가 결과 일정점수를 통과해야만 한다. 본 평가지표는 경제협력개발기구(OECD)가 개발('92년 초판발행)한 기업평가시스템인 오슬로매뉴얼(Oslo manual)을 토대로 우리나라의 벤처현실에 맞도록 개발되었다. 평가는 인적자원, 기술성, 사업성, 유망성 등 4개 부문에 걸쳐 이루어지며, 평가지표는 업종에 eK라 제조업과 비제조업으로 구분되어 있다.

⑤ 벤처기업해외진출지원사업: 해외정보 및 전문인력 부족 등으로 해외진출기회가 없었던 우수 벤처기업의 해외시장 개척 지원을 위해 현지전문가 및 네트워크로 구성된 해외지원센터에서 벤처기업의 해외진출활동에 대하여 종합지원하는 사업으로 업체당 2천만 원 한도 내에서 해외진출 소요경비를 지원하고 있다.

⑥ 벤처기업협회: 벤처기업들을 회원으로 하여 1995년에 설립된 민법 제32조 규정에 의한 비영리 사단법인. 벤처기업협회는 벤처기업 간의 상호 정보교류 및 협력을 통한 벤처기업의 역할과 위상 제고를 목적으로 하며, 2002년 주요 사업으로는 벤처기업전국대회 및 INKE(International Network of Korean Entrepreneurs) 행사 개최, 벤처넷을 통한 벤처기업 DB관리, 벤처기업에 대한 신뢰기반 구축을 위한 벤처윤리위원회 설치, 운영 등이 있다.

⑦ 벤처기업확인: 젠처기업육성에 관한 특별조치법에 근거한 벤처기업 확인요령(중기청 고시)에 의하여 전국 11개 지방중소기업청(대전, 충남지역은 본청)을 통해 벤처기업 확인서를 발급하고 있다. 우리나라 벤처기업 개념은 미국의 전통적인 벤처기업 개념과는 다르게 기술성이나 성장성이 상대적으로 높아 정부에서 지원할 필요가 있다고 인정하는 기업으로서 벤처기업육성에관한특별조치법의 4가지 기준 중 1가지를 만족하는 기업을 의미한다. 즉 성공한 결과로서의 기업이라기보다는 정책이라는 수단을 통해 세계적인 일류기술기업으로 육성하기 위한 지원대상으로서의 기업이라는 성격이 강하다. 1998년 5월부터 확인된 벤처기업은 2002년 6월 말 현재 총 10,182개에 이르고 있다.

⑧ 벤처기업활성화위원회: 벤처기업 육성에 관한 중요한 사항을 심의, 의결하기 위하여 설치된 위원회이다. 동 위원회는 산업자원부 장관을 위원장으로 하고, 부위원

장은 중소기업청장, 각 부처 차관으로 구성된 정부위원 14명, 민간위원 4명으로 구성되어 있다. 벤처기업 확인요령, 벤처기업 육성촉진지구, 벤처기업 대상 업종 조정 등 벤처기업육성에 관한 주요 정책에 대해 심의한다.

⑨ 벤처넷: 벤처기업을 대상으로 국내·외 벤처 비즈니스 정보를 종합적으로 제공하여 벤처기업의 성장을 효율적으로 지원하기 위해 중소기업청 벤처기업국에서 운영하는 사이트를 말한다. 벤처기업이 창업에서 코스닥 등록까지 정보네트워크를 통해 성장할 수 있도록 벤처기업 정보, 엔젤투자시장, 엔젤 및 벤처캐피탈 정보, 각종 정부지원시책 정보, 실리콘밸리 정보 등을 제공하고 있다.

⑩ 벤처엔젤마트: 중소기업진흥공단이 벤처기업의 자금조달을 활성화하기 위해 정기적으로 개최하는 사업으로서 투자유치를 희망하는 우수벤처기업들과 개인투자가(엔젤)들을 신문지상과 투자설명회를 통하여 서로 연결시킴으로써 벤처기업에는 성장에 필요한 자금을 조달하고 개인투자가에게는 투자수익의 기회를 제공하는 사업이다.

⑪ 벤처조합: 벤처기업에 투자하는 것을 주된 업무로 하여 결성된 조합으로서 중소기업창업지원법에 의한 중소기업창업투자조합, 여신전문금융업법에 의한 신기술사업투자조합, 벤처기업육성에관한특별조치법에 의한 개인투자조합 등을 모두 포함하는 개념이다.

⑫ 벤처캐피탈: 위험성은 크나 높은 기대수익이 예상되는 사업에 투자되는 자금을 말한다. 장래성은 있으나 자본과 경영기반이 취약하여 일반 금융기관에서 융자받기 어려운 기업에 대하여 창업 초기단계에 자본참여를 통해 위험을 기업가와 공동 부담하고 자금, 경영관리, 기술지도 등 종합적인 지원을 제공함으로써 높은 이득을 추구하는 자본 또는 금융활동을 의미한다. 일반적으로 당해 기업이 성장하여 주식을 공개(IPO)함으로써 자본이득(capital gain)을 얻어 수익을 올린다.

6) 기술연구소 설립

(1) 기술연구소 설립의 필요성

가) 연구소에 대한 기술개발 지원제도

(가) 조　세

① 연구 및 인력개발 준비금의 손금산입

* 손금산입(損金算入):

당해연도에 기업회계에서는 재무상 비용으로 처리되지 않아 KTdmsk 세법상으로는 비용으로 인정되는 회계방법을 말한다. 기업회계 기준과 법인세법 간 비용에 대한 기준이 다른 데서 비롯된 세무조정 사항으로 손금불산입(損金不算入)의 반대개념이다. 법인세과세표준에서 제외되므로 손금이 클수록 법인세도 줄게 된다, 법인세법상 손금으로는, ① 판매한 상품 또는 제품에 대한 원료의 매입가액과 그 부대비용, ② 양도한 자산의 양도 당시의 장부가액, ③ 인건비, ④ 고정자산의 수선비와 감가상각비, ⑤ 자산의 임차료, ⑥ 차입금 이자, ⑦ 대손금, ⑧ 자산의 평가차손, ⑨ 제세공과금, ⑩ 영업자가 조직한 단체로서 법인이거나 주무 관청에 등록된 조합 또는 협회에 지급한 회비, ⑪ 광산업의 탐광비, ⑫ 보건복지부 장관이 정하는 무료진료권 또는 새마을 진료권의 무료진료 가액, ⑬ 업무와 관련 있는 해외시찰·훈련비 ⑭ 초·중등교육법에 의하여 설치된 근로청소년을 위한 특별학급 또는 산업체 부설 중·고등학교의 운영비, ⑮ 임원 또는 사용인을 위하여 지출한 복리후생비 등이 있다. 무역업자나 기술용역을 외국에 제공하는 업자의 경우 해외시장을 개척하는 데에 소요되는 비용을 과세표준액에서 제외 받을 수가 있다. 일반적으로 외화수입금액의 1%이나 특정사업일 경우에는 해당 사업의 외화수입금액의 1%와 자기 상표에 의한 수출사업의 외화수입금액, 신용장을 개설 받아 다른 무역업자를 통해 대응 수출한 경우의 외화수입금액, 구상무역에 의해 수입한 외화표시가액 등이 더해진다.

　　② 연구 및 인력개발비 세액공제(tax credit)

　　③ 연구 및 인력개발을 위한 설비투자에 대한 세액공제

　　④ 기업부설 연구소용 부동산에 대한 지방세 감면

(나) 관　세

　　① 학술연구용품에 대한 관세감면 제도에 의한 관세감면

(다) 자　금

　　① 국가 연구개발 사업

(라) 병역특례

　　① 전문 연구요원 제도

나) 경영 혁신

(가) 기술연구소 설립으로 기술혁신＋품질혁신＋원가혁신으로 경영혁신을 이루어야 한다.

(2) 연구소 설립신고

(가) 기본적으로 우선 먼저 설립하고 이후에 신고하는 체계이므로 이를 신뢰하는 기업은 설립신고를 하기 전에 회사의 조직개편, 인사발령 및 연구시설(연구기자재 포함) 보완 등이 선행되어야 하며 요건을 만족한 상태에서 연구소 또는 전담부서 신고서류를 작성하고 상시비치서류를 연구소 내에 비치한 후 협회에 신고해야 합니다.

(3) 연구 전담요원의 자격

(가) 당해 연구 관련 분야 자연계 학사 이상의 학위 또는 국가기술 자격법에 의한 기술 기능계의 기사 이상의 기술자격을 가진 자로서 연구개발 업무 이외에 다른 업무를 겸직하지 않고 연구개발 과제를 직접 수행하는 자

(4) 연구 보조원 및 연구 관리직원은 필수 사항이 아니며 해당자가 있는 경우에 한하여 신고

(가) 연구 전담요원, 연구 보조원 및 연구 관리직원은 연구소 내에 상주 근무해야 하며 연구소 업무만 전담하여야 함.

(5) 설립신고 시의 구비서류

가) 구비서류
    ① 기업 부설연구소 설립신고 공무(자사의 문서번호를 딴 대외공문)
    ② 기업부설 연구소 신고서(별지 제7호 서식)
    ③ 연구사업 개요서(별지 제2호 서식)
    ④ 연구소 직원 현황(별지 제3호 서식)
    ⑤ 연구시설 명세서(별지 제4호 서식)
    ⑥ 연구소 조직도 및 회사 조직도 각 1부
    ⑦ 대표이사 및 연구소장 이력서 각 1부
    ⑧ 건축물관리 대장 또는 임대차 계약서(사용허가서)사본
    ⑨ 연구소 내부도면(층 전체 도면 및 내부 Lay-Out)
    ⑩ 연구소 관련 사진(전용 출입구 현판사진 및 내부사진)
    ⑪ 중소기업 입증서류(중소기업에 한함)

⑫ 연구원창업 중소기업 확인원(해당 기업에 한함)
⑬ 벤처기업 확인서 사본(벤처기업에 한함)
⑭ 사업자 등록증 사본
⑮ 연구소 약도

(6) 기업부설 연구소 / 연구개발 전담부서 설립신고 상세내용

가) 기업부설 연구소 / 연구개발전담부서 설립신고제도의 의의 및 자격

(가) 기업부설연구소 / 연구개발전담부서 설립신고제도의 의의 연구소 / 전담부서 설립신고제도는 일정요건을 갖춘 기업부설연구소와 연구개발 전담부서를 신고케 함으로써 각종 조세지원(관세지원 포함) / 자금지원 및 병역특례 등의 혜택을 부여하고 기업의 기술개발을 적극적으로 촉진 / 유도하는 동시에 이들 연구조직을 효율적으로 육성 / 지원하기 위하여 제정된 제도입니다. (사)한국산업기술진흥협회는 동 신고제도를 기술개발촉진법 제16조 동법 시행령 제28조제1항의 규정에 의거하여 1991년 2월부터 과학기술부로부터 이관 받아 수행하고 있습니다. 연구소 / 전담부서 설립신고는 기본적으로 선설립 / 후신고 체계이므로 이를 신고하고자 하는 기업은 설립신고를 하기 전에 회사의 조직개편, 인사발령 및 연구시설(연구기자재 포함) 보완 등이 선행되어야 하며 요건을 만족한 상태에서 연구소 또는 전담부서 신고서류를 작성하고 상시비치서류를 연구소 내에 비치한 후 협회에 신고해야 합니다.

(나) 설립신고 주체—기업부설연구소 / 연구개발 전담부서를 신소할 수 있는 자 기업부설연구소 / 연구개발 전담부서를 설립, 신고하는 자는 과학기술 분야의 연구개발 활동을 수행하는 기업이어야 함. 또한, '부설'이기에 기업의 일정부서 형태를 이루고 있어야 함. → '기업'임을 전제로 하고 있으므로 개인기업도 가능하나 의료법인(개인병원 포함), 비영리법인, 금융기관 등은 기업연구소 / 전담부서를 설립 신고할 수 없음 → '과학기술 분야의 연구개발 활동'이라 함은 과학기술 분야의 지식을 축적하거나 새로운 응용방업을 찾아내기 위하여 축적된 지식을 활용하는 체계적이고 창조적인 활동인 바, 일반적으로 찾아내기 위하여 축적된 지식을 활용하는 체계적이고 창조적인 활동인 바, 일반적으로 시제품의 설계 / 제작 및 시험 등 기업화(양산)하기 전까지의 모든 과정이 포함됨

※ 다음과 같이 연구개발 활동의 범주를 벗어난 유형들은 신고할 수 없음

→ 금융기관, 컨설팅 / 리서치기관 및 유통업체 또는 이와 유사한 사업을 영위하는

기업이 자사 내의 전산업무를 지원할 목적으로 연구소 / 전담주소를 설립하는 경우 ⊡ 기업연구소 / 전담부서는 영리를 추구하는 부서가 아니므로 기업 내에서 동 부서가 외주용역 등을 받아 수행하는 부서라면 동 부서는 기업연구소 / 전담부서로 설립, 신고할 수 없음

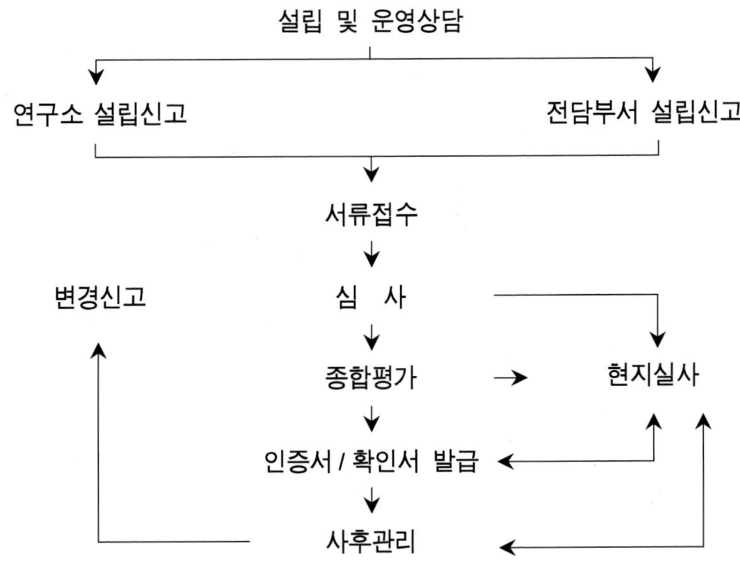

단 계	내 용
상담 및 접수	▷ 연구소 / 전담부서 / 영리연구법인을 인정받기 위한 전화, 인터넷, 방문 상담(인정요건과 서류작성 방법 등) ☞ 접수는 방문 또는 우편으로 수시접수
서류심사	▷ 서류접수 시 신고서류가 제대로 구비되었는지와 서류상의 기재내용이 정확한지를 판단하여 향후 보완사항을 통보함 ☞ 서류접수 시 제출서류에 대한 1차 서류검토가 동시에 실시되는 바, 제출서류는 다른 사정이 없는 한 가급적 직접 연구소지원팀을 방문하여 접수하는 것을 권장함
종합평가	▷ 신고서류가 제대로 구비되어 있고 보완사항이 완료되어 연구소 / 전담부서인정 / 확인에 필요한 내용을 모두 충족시키고 있는지의 여부를 종합적으로 평가하여 인정 / 확인 여부를 종합적으로 평가하여 인정 및 확인 여부를 결정함

단 계	내 용
인증서 / 확인서 / 발급	▷ 연구소 및 전담부서의 상시비치서류 일체를 확인 후 연구소에 대해서는 '기업부설연구소인정서'를, 전담부서에 대해서는 '연구개발전담부서확인서'가 각각 교부됨
현지확인	▷ 설립신고서류 또는 변경신고서류상의 기재사실과 연구소 / 전담부서의 실제현황이 일치하는가의 여부와 기업연구소 / 전담부서 관련서류 상시비치 여부 및 연구전담요원의 실제근무 여부 등을 확인하기 위하여 설립신고 또는 변경신고 시 현지확인을 실시함 ▷ 현지확인 실시시기는 설립인정 전후 또는 변경신고 수리 전후에 필요에 따라 실시함
처리기간	▷ 연구소 / 전담부서의 시고에 따른 처리기간은 접수일로부터 1개월 이내임(민원인의 편의를 위해 실질적으로는 접수일로부터 20일을 전후하여 처리하고 있음) ▷ 서류미비 및 보완사항이 필요한 경우에는 다음 단계로의 진행이 어려우므로 바로 보완하는 것을 권장함(그렇지 않으면 일정이 지연됨)
유의사항	▷ 연구소 및 전담부서 설립신고 제반 서류들은 향후 당해 기관의 운영 및 관리와 관련하여 상시비치해야 할 서류(상시비치서류) 중의 일부인바, 본회에 제출하기 전에 전체를 복사하여 1부를 별도로 보관해야 함 ▷ 인정 / 확인서 교부 시 반드시 상시비치서류를 확인하고 있으므로 신고서류작성 시 상시비치서류도 함께 준비하시기 바람 ▷ 해외연구소의 경우 외국환관리규정상의 비금융기관의 해외지사 중 해외사무소의 설치에 따른 절차에 따라 과학기술부 기술개발지원과에 확인을 받은 후 현지에 기업연구소를 설립한 다음, 본회에 국내 기업연구소 설립신고와 동일한 절차를 밟아야 함

(다) 설립신고요건

1) 인적요건 다음 유형에 따라 소정의 연구전담요원소를 확보할 것

	유 형	연구전담요원 수
연구소	중소기업 부설연구소 국외에 있는 기업연구소(해외연구소)	5명 이상
	연구원창업 중소기업 부설연구소 벤처기업 부설연구소	2명 이상 (단, 개업일로부터 5년 이내에 한함)
	기타(대기업 부설연구소)	10명 이상
전담부서	규모에 관계없이 동등적용	1명 이상
	과학기술 분야 영리연구법인	10명 이상

* 연구전담요원의 자격

당해 연구 관련 분야 자연계 학사 이상의 학위 또는 국가기술자격법에 의한 기술기
능계의 기사 이상의 기술자격을 가진 자로서 연구개발 업무 이외에 다른 업무를 겸
직하지 않고 연구개발과제를 직접 수행하는 자

① 국내에 체재하는 외국인 또는 외국인등록증을 보유한 자는 연구전담요원 자격요
　　건을 구비하고 최소한 6개월 이상의 연구업무에 계속 전담할 수 있어야 함

② 연구전담요원에 편입될 수 없는 자
　　−기업의 연구개발활동에 전담할 의무가 있으므로 기술고문, 대학교수 등 타 업
　　　무를 겸임하는 자, 산업기능요원으로 현재 복무 중인 자
　　−일반대학원(주간) 석사 이상 학위 취득과정에 수학하는 자(단, 기업의 연구개
　　　발활동과 관련하여 일반대학원(주간) 박사학위 취득과정에 수학하는 자로서
　　　기업의 연구개발활동에 지장이 없는 경우 제외)
　　−연구소 내에서 계속하여 6개월 이상 연구개발활동을 수행할 수 없는 자
　　−기업의 정식직원이 아니고 연구계약직 등 단기계약직
　　−기업의 임원(단, 연구개발활동 업무 전담사실을 증명하는 경우 제외)

③ 연구 분야에 따른 특칙
　　−정보처리 분야: 기업의 주 업종이 한국표준산업분료(KSIC)체계의 중분류상 ‘72
　　　(정보처리 및 기타 컴퓨터운영관련업)’에 해당되고 정보처리 및 기타컴퓨터 운
　　　영 관련 분야를 연구하는 경우에 한하여 연구전담요원 취득학위 계열의 자연
　　　계 여부를 불문함
　　−산업디자인 분야: 신고한 연구소의 연구활동 분야가 제품 및 포장의 디자인
　　　분야인 경우에 한하여 연구전담요원 취득학위 계열의 자연계 여부를 불문함

④ 기업규모에 따른 특칙
　　−중소기업의 경우 자연계 분야 전문대학 졸업자로서 당해 연구 분야에 2년 이
　　　상 근무한 연구경력이 있는 자도 연구전담요원으로 편입할 수 있음(국가기술
　　　자격법에 의한 기술·기능계의 산업기사의 기술자격 소지자 또는 기능대학의
　　　다기능기술자과정을 이수한 자는 전문대학 졸업자에 준함)

⑤ 연구보조원 및 연구관리직원은 필수 사항이 아니며 해당자가 있는 경우에 한하
　　여 신고 요망, 연구전담요원, 연구보조원 및 연구관리직원은 연구소 / 전담부서
　　내에 상주 근무해야 하며 연구소 / 전담부서 업무만 전담하여야 함

2) 물적 요건

설립신고를 하고자 하는 기업이 배타적으로 사용하는 건물에 다른 부서와 구분할 수 있도록 벽면 전체를 독립된 공간으로 구분하여 별도의 출입문을 갖춘 연구공간과 연구개발활동을 수행해 나가는 데 있어서 필수적인 연구소 전용 연구기자재를 보유하고 있을 것

① '연구기자재'는 연구전담요원 또는 연구보조원이 연구개발용으로만 사용하는 연구전용 기자재로서 연구소 내에 위치하고 있어야 함

② '연구공간'은 사방이 다른 부서와 구분될 수 있도록 벽면을 경량칸막이 등 고정된 벽체로 구분하고 별도의 출입문을 갖추어야 하며, 면적은 객관적으로 볼 때 당해 연구소 또는 전담부서에서 연구기자재를 구비하고 연구원이 관련 분야의 연구개발을 수행하는 데 적당한 크기를 갖추면 족함

③ 동일한 소재지에 연구원 사무실과 실험실 등 연구기자재실은 별도 공간으로 구성할 수 있으며, 이때에도 타 공간과의 독립성이 확보되어야 함.

④ 무허가건물 또는 가건물이나 주거전용건물(아파트를 포함한다) 내에는 연구소 등을 설치할 수 없음

⑤ 연구기관이나 대학에 설치하는 연구소 등의 경우에는 해당 소속기관의 연구시설을 이용할 수 있는 배타적인 권한을 보유한 경우 연구시설을 확보한 것으로 봄

※ 참고사항

* 연구수행의 원활화를 위하여 필요한 경우에는 연구소의 주소지를 주소재지와 부소재지로 구분하여 소재지를 2개 장소로 신고할 수 있음. 이 경우 주소재지와 부소재의 연구전담요원의 수를 합산할 수 있되 각 소재지별로 연구시설과 독립공간은 각각 갖추어야 함. ☞ 이와 같이 연구소 소재지를 주/부소재지로 보유하는 경우 별도의 이득이 있는 것이 아니므로 특별한 사정이 없는 한 별개의 연구소로 신고하는 것이 바람직함

* 1개 기업에서 2개 이상의 기업연구소/전담부서를 설치하고 이를 각각 신고코자 할 경우에는 연구소와 전담부서 상호 간의 연구 분야 또는 설치한 소재지가 다른 때에 한하여 설립신고가 가능함

* 독립된 연구공간과 연구시설을 각각 확보하고 있으면 동일한 주소지에 2개 이상의 기업이 연구소 등을 설립할 수 있음

* 타 기업에 근무하고 있는 자를 기업연구소의 연구소장직을 겸임하게 할 수 없음

※ 기업부설연구소와 연구개발전담부서의 차이점

구 분	내　　　　　　　　　　　　　용
신고요건상 차 이	▶ 전담부서는 연구소에 비하여 소규모의 연구조직 형태로서 인적 요건상 연구전담 요원을 1인 이상 요구하고 있는 점에서 구분됨(물적 요건은 동일함)
명칭상 차 이	▶ 전담부서는 '……센터', '……연구소(원)', '……(개발)본부' 등과 같이 연구소와 혼동될 수 있는 명칭은 사용할 수 없으며, 연구소도 일반적으로 전담부서로 통용되는 명칭은 사용할 수 없음
지원제도상 차 이	▶ 전담부서는 지원제도의 폭이 연구소에 비하여 상대적으로 협소함 ▶ 기업부설연구소가 신고 / 인정되어 있어야 기술개발투자형 벤처기업으로 신고할 수 있음

(라) 기업부설연구소와 연구개발전담부서에 대한 기술개발 지원제도

구 분	제도명	기업 부설 연구소	연구 개발 전담 부서	비영리 연구 법인 (단독연구법인)	영리 연구 법인 (단독연구법인)	산업 기술 연구 조합 (공동연구법인)	전문 생산 기술 연구소 (공동연구법인)
조 세	연구 및 인력개발준비금의 손금산입	○	○	○	△	○	○
	연구 및 인력개발비 세액공제	○	○	○	△	○	○
	연구 및 인력개발을 위한 설비투자에 대한 세액공제	○	○	○	×	○	○
	기업부설연구소용 부동산에 대한 지방세 감면	○	×	○	×	○	○
관 세	학술연구용품에 대한 관세감면	○	○	○	×	○	○
자 금	국가연구개발사업	○	△	○	△	△	△
병 역 특 례	전문연구요원제도	○	×	○	×	○	△
범 례		○ 가능, △ 일부 가능, × 불가능					

(마) 설립신고 시 구비서류

➡ 기업부설연구소의 경우 ①번부터 ⑩번까지의 서류가 기업규모에 상관없이 제출하여야 하며, 기업규모와 성격에 따라 중소기업인 경우 중소기업 입증서류, 연

구원창업 중소기업인 경우 연구원창업 중소기업 확인원 벤처기업인 경우 벤처기업 확인서를 별도로 첨부해야 함

→ 연구개발전담부서와 영리연구법인의 경우 기업규모에 상관없이 ①번부터 ⑫번의 모든 서류 필요함

→ 구비서류 중 법정양식으로 지정된 기업부설연구소 등의 신고서, 연구사업개요서, 연구소 등의 직원현황 및 연구시설 명세서 등은 반드시 지정서식으로 작성해야 함

→ 회사의 상시종업원 수(대표자 불포함)가 10인 미만인 경우에는 향후 사업추진계획서(회사 내 부서별 인원충원계 Ghlr 포함)를 별도로 제출하여야 함

→ 상시비치서류는 현지확인 시 확인하는 것을 원칙으로 하고 있는 바, 생략되는 경우 인정확인서 교부 시 반드시 상시비치서류를 확인하고 있으므로 신고서류 작성 시 상시비치서류도 함께 준비하시기 바람.

구 분	양 식
기업부설 연구소	① 기업부설연구소 신고서 공문 ② 기업부설연구소 신고서(본회 제1호 양식) ③ 연구사업 개요서(본회 제2호 양식) ④ 연구소 직원현황(본회 제3호 양식) ⑤ 연구시설 명세서(본회 제4호 양식) ⑥ 연구소조직도 및 회사조직도 각 1부 ⑦ 연구소장 이력서 및 대표이사 이력서 각 1부 ⑧ 건축물관리대장 또는 임대차계약서(사용허가서) 사본 ⑨ 연구소 내부도면(LAY-OUT) ⑩ 연구소 관련사진 ⑪ 중소기업 입증서류(중소기업에 한함) ⑫ 연구원창업 중소기업 확인원(해당 기업에 한함) ⑬ 벤처기업 확인서 사본(해당 기업에 한함) ⑭ 사업자등록증 사본 ⑮ 연구소 약도
연구개발 전담부서	① 연구개발전담부서 신고서 공문 ② 연구개발전담부서 신고서(본회 제1-1호 양식) ③ 연구사업 개요서(본회 제2호 양식) ④ 전담부서 직원현황(본회 제3호 양식) ⑤ 연구시설 명세서(본회 제4호 양식) ⑥ 회사조직도 ⑦ 대표이사 이력서 ⑧ 건축물관리대장 또는 임대차계약서(사용허가서) 사본 ⑨ 전담부서 내부도면(LAY-OUT) ⑩ 전담부서 관련사진 ⑪ 사업자등록증 사본 ⑫ 전담부서 약도

구　분	양　　　　　　식
영　리 연구업인	① 영리연구법인 인정신청 공문(자사의 문서번호를 딴 대외공문) ② 과학기술 분야 영리연구법인 신고서(별지 제9호 서식) ③ 연구사업 개요서(별지 제2호 서식) ④ 연구법인 직원현황(별지 제3호 서식) ⑤ 연구시설 명세서(별지 제4호) ⑥ 회사조직도 각 1부 ⑦ 대표이사 이력서 각 1부 ⑧ 건축물관리대장 또는 임대차계약서(사용허가서) 사본 ⑨ 연구소 내부도면(층 전체 도면 및 내부 LAY-OUT) ⑩ 연구부문 관련사진(전용출입구 현판사진 및 내부사진) ⑪ 사업자등록증 사본 ⑫ 회사 약도

(바) 기업연구소 / 전담부서의 상시비치서류

연구소 / 전담부서는 다음과 같은 서류를 상시, 비치해야 함. 상시비치서류는 현지확인 또는 인정서 / 확인서 교부 시 반드시 확인을 받아야 하며, 확인받은 이후 등록내용 중 변경이 있을 때에는 그 변경내용을 반영하여 본회에 변경신고를 하여야 하며 최종 신고된 현황을 확인할 수 있는 상시비치서류를 보관하고 있어야 함. 상시비치서류는 본회가 요청하면 언제든지 제출할 수 있어야 함.

상 시 비 치 서 류 목 록	비　고
① 설립신고 시의 제출서류 일체 사본	설립서류 사본
② 연구소 연구전담요원의 학위증명서 또는 졸업증명서 사본 　(학사 이상의 경우 학위번호가 기재되어 있을 것)	연구전담요원　자격　확인
③ 연구소 / 전담부서 직원에 대한 인사발령서류 사본	연구소 / 전담부서　발령 여부 상시종업원 확인
④ 2대 보험 중 택1(국민연금, 건강보험) 납부내역서로서 해당 기관에서 발급받은 것—반드시 연구소 직원의 명단이 확인되는 서류여야 함. 또는 자격취득확인원 사본	상시종업원 확인

☞ 상시비치서류는 현지확인 시 확인하는 것을 원칙으로 하고 있는 바, 일정상의 이유 등으로 현지확인이 지연되거나 생략되는 경우 인정 / 확인서 교부 시 반드시 상시비치서류를 확인하고 있으므로 신고서류 작성 시 상시비치서류도 함께 준비하시기 바람
　연구소 / 전담부서 인정 / 확인 이후에도 본회가 요청하면 언제든지 제출할 수 있어야 함

(사) 기업부설연구소 / 연구개발전담부서의 변경신고

유 형		첨 부 서 류
기 업 체	명 칭	▶▷ 사업자등록증 사본 ▶▷ 연구소 인정서 / 전담부서 확인서 원본 ▶▷ 연구소 출입구 현판사진
	소 재 지	▶▷ 변경 후 소재지의 사업자등록증 사본
	대 표 자	▶▷ 사업자등록증 사본 ▶▷ 대표자 이력서(반명함판사진 1매 부착요망)
	법정기업유형	▶▷ 기업유형(대 / 중소) 변경 확인서류 사본, 벤처기업확인서 사본
	업 종	▶▷ 연구소 설립신고서(제7호 서식) ▶▷ 사업자등록증 사본(세무서의 확인을 받은 한국표준산업분류(KSIC) 번호를 기재할 것)
연구소 또는 전담부서	명 칭	▶▷ 연구소 인정서 / 전담부서 확인서 원본 ▶▷ 연구소 출입구 현판사진
	연구 분야	▶▷ 변경사유가 기재된 공문(변경신고서 제출 필요 없음) ▶▷ 첨부서류 ※ 첨부서류: 연구소설립신고서(1호), 연구사업개요서(2호 양식), 사업자등록증 사본
	연구소장	▶▷ 연구소장 이력서(반명함판 사진 1매 부착요망)
	소 재 지	▶▷ 건축물관리대장 / 임대차계약서 사본 ▶▷ 내부도면(Lay-Out), 연구소 소재지 약도 ▶▷ 관련사진(연구소 전용 출입구 현판 및 연구소 내부 Lay-Out 확인용) ▶▷ 연구소 인정서 / 전담부서 확인서 원본
	연구전담요원	▶▷ 연구직원현황(제3호 양식) - 현재 연구소 직원 모두 기재
	연구보조원	▶▷ 신규편입된 연구전담요원 중 전문대 및 자격증 소지자의 경우 증빙자료 사본 및 연구경력증명서(2년 이상)
	연구관리직원	▶▷ 해외학위 신규편입자의 경우 영문 또는 국문(공증) 졸업증명서 사본
	연구용기자재	▶▷ 연구시설명세서(제4호 서식) - 현재 연구시설 모두 기재
	면 적	▶▷ 내부도면(Lay-Out) ▶▷ 연구소 전용 출입구 현판 및 연구소 내부사진
기업 간의 양수도계약에 의거, 연구소가 이전되는 경우		▶▷ 양수도계약서 사본(연구소의 포괄적 인수와 관련하여 양도기업과 양수기업 간 체결된 계약서) ▶▷ 인정서 원본 ▶▷ 기업부설연구소 신규설립 시 구비서류 일체(양수 후의 상황에 맞게 재작성된 것) ☞ 전담부서는 기업 간의 양수도계약에 의거하여 이전될 수 없음

☞ 변경신고서(제6호 양식)는 모든 유형의 변경신고 시 반드시 제출해야 함
　(단, 연구 분야만 변경하는 경우에는 제출하지 않아도 됨)
　변경서류를 접수한 날로부터 30일 이내 처리함을 원칙으로 함

2) 처리기간

7) 기업의 형태

■ 기업은 법률적 형태에 따라 개인기업과 법인기업으로 분류한다.

개인기업과 법인기업의 장·단점

구 분	개 인 기 업	법 인 기 업
설립절차	사업자등록만으로 설립이 되므로 간편하다.	발기인의 구성, 정관작성, 설립등기 등의 법적인 절차가 있으므로 설립이 상대적으로 복잡하며, 비용도 부담해야 한다.
회사의 영속성	대표자가 바뀌는 경우 폐업을 하고, 신규로 사업자등록을 해야 하므로 기업의 영속성이 없다.	주식의 양도에 의해서 사업의 양도가 가능하므로 기업주가 바뀌더라도 기업의 계속성이 유지된다.
자본의 조달	대표자 개인의 자본에만 의존하게 되므로 자본모집에 한계가 있다.	소액으로 분리된 주식을 통하여 자본을 조달할 수 있으므로 개인기업에 비하여 조달이 용이하다.
대외신용도	대표자 개인에 의해 평가되므로 법인에 비해 신용도가 낮다.	대표자, 구성주주, 임원 등 회사와 관계된 구성원들에 의해 대외신용도를 높일 수 있다.
대표자(주주)의 책임	대표자는 채무에 대하여 무한책임을 진다.	대표자는 회사운영과 관련하여 일정한 책임을 지며, 주주는 주금납입을 한도로 채무자에 대하여 유한책임을 짐
대표자와 회사의 자금거래	대표자에 의한 기업자금의 개인적인 사용이 자유롭고 거의 불이익이 없음	대표자가 기업자금을 개인용도로 사용하면 회사는 대표자로부터 이자를 받아야 하는 등 세제상의 불이익이 있음
소득세·법인세	매출이 일정규모(업종에 따라 틀리지만 대략 제조업은 5억, 도매업은 10억, 용역업은 2억 정도로 추산함) 이하이면 소득세가 법인세보다 작음	매출이 일정규모 이상이면 법인세가 유리함(법인세율은 16%, 28%이며, 소득세율은 10〜40%의 누진세이므로 소득이 많을수록 법인이 유리하게 됨)
장부의 기장	모든 개인사업자가 의무적으로 기장을 해야 하는 것은 아님	모든 법인사업자는 의무적으로 복식부기에 의한 장부를 작성해야 하며, 기장의무를 이행하지 않을 경우 불이익이 있음
관리·운영비용	최소한의 필요한 관리기능만 유지하면 되므로 비용이 적게 들며 휴업, 폐업, 이전 등이 자유롭고 비용이 들지 않음	법인으로서 기본적으로 유지해야 할 비용(법무비용, 회계비용 등)이 소요되며, 모든 변경은 법적인 절차를 수반함
사업양도 시 세금	사업양도 시 양도된 영업권, 부동산에 대하여 높은 양도소득세를 부담함	주식을 양도하면 되므로 낮은 양도세율을 부담하며, 주식을 상장 후 양도하게 되면 양도소득세가 비과세됨
결 론	일정규모 이상으로 성장하지 않고 개인의 자금으로 중소규모의 사업을 유지하기에 안정적이고 적합함	일정규모 이상으로 성장가능한 유망사업에 적합함

- 벤처기업은 국내외에서 다양하게 정의되고 있으나 기본적으로 "높은 위험과 상당한 기대수익, 신기술 및 고도의 기술집약성, 중소기업, 신생 또는 창업기업" 등과 같은 요소를 포함하는 개념임.

  1990년대 이후 대기업 위주의 경직된 산업구조와 양적 투입요소에 의한 성장의 한계가 표출되면서 산업구조를 근본적으로 개선하여 첨단기술을 통한 고성장·고부가가치를 창출하려는 정부의 정책적인 수단으로 벤처기업의 육성필요성이 제기됨

벤처기업의 일반적인 특징

항 목	내 용
구상적 자원에 의존	− 특정지역, 기업, 개인이 보유한 기술, 노하우, 역량 등의 구상적 자원에 의존 − 벤처기업은 신기술의 학습과 유통, 생산에 적합한 혁신적 환경에 대한 친화성을 지님
신속한 적응능력	− 치열한 기술개발 경쟁에서 시장수요 및 기술의 변화에 대한 신속한 적응능력을 가짐
높은 R&D 비율, 매출 성장률	− 일반 중소기업에 비해 R&D비율, 매출성장률, 이익증가율이 높음 − 수입유발계수가 낮아 수출증가에 따른 무역수지 개선효과가 큼
전문성과 독점적 기술력	− 기술혁신의 아이디어를 사업화한 벤처기업은 핵심역량에 주력하고 그 외에 것들은 외부에 의존함
탄력적인 생산체제와 유연한 노동시장	− 시장수요와 기술변화에 대응한 생산체제 및 인력 충원·감원
높은 위험과 불확실성	− 짧은 역사, 취약한 경영기반, 새로운 첨단기술 분야의 사업화로 인한 위험과 불확실성이 크고, 자금 및 인력이 부족하지만, 성공할 경우, 이익은 매우 큼

<자료: 벤처기업 육성정책의 제반 문제점 및 개선방안, 부패방지위원회, 2002>

성장단계별 주요 벤처기업 육성정책 종합

구 분		창업기	성장기	안정기
일반정책		-벤처기업확인제도 -산업재산권 출자 가능 -설립자본금 완화(2천만 원) -벤처기업 유한회사 예외(300인) -벤처특허 우선 심사	-코스닥 등록심사 우대	-
금융 관련	정책 자금	-중소·벤처창업자금	-경영안정자금 -구조개선사업	-
	투자 자금	-민간벤처캐피탈 지원 및 정부재정출자 -연기금 등 대형 기관투자가 벤처투자 -모태펀드(FOF) 조성 -신기술사업화 펀드 조성*	-민간벤처캐피탈 지원 및 정부재정출자	-
	신용 보증	-신용보증심사 시 우대	-신용보증 심사 시 우대	-
	기타	-대형 기술가치평가 전문기관 육성* -체계적인 전문인력 양성*	-	-M&A펀드조성 -구조조정펀드조성 -Secondary펀드조성 -벤처기업주식교환 　가능 -M&A 규제완화
기 술		-KOSBIR -INNO-BIZ -R&BD 프로그램	-KOSBIR -INNO-BIZ	-
인 력		-교수/연구원 겸임·겸직, 휴직허용 -스톡옵션, 병역특례지도	-	-
입 지		-창업보육센터(실험실공장등록가능) -벤처기업집적시설 입주 특혜 -벤처기업육성촉진지구, 전용단지지원	-	-
경 영		-중소기업상담회사 -중소·벤처기업 환위험관리 지원사업	-	-
세 제		-법인세·소득세, 재산세·종토세 50%감면 -등록세/취득세 면제	-	-
판 로		-	-TV, 라디오 광고지원 -신기술제품20%구매의 　무화 -구매조건부 신제품 　개발사업 -대기업 수요연계기술 　개발추진	-
해외진출		-	-미국SBIR진출지원 -INKE, 해외지원센터 -환위험관리 지원사업 -Global Star Fund*	-

* 검토 중이거나 추진 예정임

□ 벤처기업 확인 시 받는 혜택 및 지원내용

구 분		주요 지원내용	근 거
창업	주식회사 설립규모에 대한 특례	−설립자본금 2천만 원 이상(일반기업은 5천만 원 이상) ● 예비벤처기업의 주식회사 창업 ● 개인벤처기업의 주식회사 전환	벤처육성특별법 제10조의 2
	교수·연구원 창 업	−교수·연구원이 벤처기업을 창업하거나 임원으로 근무하기 위한 휴직 가능 −교수·연구원의 벤처기업 대표자 또는 임직원 겸임·겸직 가능	벤처육성특별법 제16조, 16조의 2
	산재권 출자	−벤처기업에 대한 현물출자 대상에 특허권, 실용신안권, 의장권 등의 권리 포함	벤처육성특별법 제6조
	실험실 공장	−대학·연구소의 실험실 공장 EH는 창업보육센터에 입주한 벤처기업은 공장등록 가능	벤처육성특별법 제18조의 2
창업세제	법인세, 소득세 50% 감면	−창업 후 2년 이내 벤처기업으로 확인을 받은 기업(창업벤처중소기업)의 경우 50% 감면 * 창업중소기업의 경우 과밀억제권역 이외의 지역에서 창업한 경우만 해당	조세특례제한법 제6조
	등록세 면제	−창업벤처중소기업이 벤처확인일로부터 2년 이내에 취득하는 사업용 재산의 등기에 대한 등기	저세특례제한법 제119조제3항
	취득세 면제	−창업벤처중소기업이 창업일로부터 2년 이내에 취득하는 사업용 재산에 대해 취득세 면제	조세특례제한법 제120조 제3항
	재산세, 종토세 50% 감면	−창업벤처중소기업이 당해 사업을 영위하기 위해 소유하는 사업용 재산에 대해 창업일로부터 5년간 재산세 및 종합토지세의 50% 감면	조세특례제한법 121조
금융	코스닥 등록	−등록심사 시 우대(자본금 및 자기자본이익률 기준 하향 적용, 설립 후 경과연수 및 부채비율 적용면제 등)	유가증권협회 등록규정(증권업협회)
	정책자금	−중소기업정책자금 심사 시 우대 (부채비율적용면제, 가점 등)	중진공 규정 (융자사업처)
	신용보증	−담보력이 부족하나 기술력이 우수한 벤처기업은 '지식기반기업'으로 분류하여 같은 기업당 100억 원까지 지원이 가능하고, 보증한도도 매출액의 1/3까지 우대 −신용보증 심사 시 우대 (보증한도 확대, 간이심사대상 확대 등)	신보 및 기술신보 규정(보증심사부서)
	투자지원	−창업투자회사(조합)의 투자대상에 업력제한 없음 * 일반기업의 경우 창업 후 7년 이내 기업만 해당	창업지원법 제7조

구 분		주요 지원내용	근 거
인력	스톡옵션	− 부여대상 확대: 외부전문인력, 발행주식 50%까지 　상법상 10%, 내부임직원만 가능 − 행사이익에 대해 소득공제(연간 3천만 원 한도)	벤처육성 특별법 제16조의 3 조세특례 제한법 제15조
	병역특례	− 병역특례 연구기관으로 지정받을 수 있는 신청기회 　2회 부여 * 일반기업 1회 − 산업기능요원 추천심사 시 가점 부여	병역법 시행렬 제73조 중소기업청 요령 (인력지원과)
해외진 출지원	해외 진출지원	− 벤처기업의 해외진출 촉진을 위한 지원(박람회 · 전시 　회, 컨설팅, 시장조사 등) − 미국 SBIR 진출지원(법률컨설팅, 법인설립비 등)	중기청 추진사업 (해외시장과)
특허	우선 심사	− 벤처기업이 출원한 경우 우선 심사 대상	특허법 시행령 제9조
판로	방송광고	− 벤처기업에 대해 TV, 라디오 광고지원(규정요금의 　30% 적용, 광고비 70% 감면)	내부지침 (한국방송광고 공사, 영업1국)
	제품판매 지원	− 벤처기업의 제품 중 KT, NT, EM 제품은 　조달청과 계약 시 수의계약이 가능	−
기타	유한회사	− 벤처기업인 유한회사의 경우 사원 수 300인까지 가능 * 일반기업은 50인 이하	벤처육성 특별법 제16조의 5
	주식교환	− 벤처기업의 경우 주식교환 가능(전략적 제휴의 경우, 　신주발행을 통한 주식교환의 경우)	벤처육성 특별법 제15조
	집적시설입 주 벤처기업 특례	− 과밀억제권역 내에서의 취득세, 등록세, 재산세 중과 　세율 적용 면제	지방세법 제 280조
	도시형 공장등록	− 창업보육센터 입주기업은 '도시형 공장' 설치 가능	벤처법 제18조의 3
	벤처기업 전용단지	− 벤처기업전용단지, 벤처기업집적시설의 설치와 운영 　에 필요한 국공유재산을 매각 또는 대여 가능 − 벤처기업전용단지 내의 건축허가 특례	벤처법 제19조, 벤처법 제21조
	벤처기업 육성 진지구 지정	− 벤처기업육성촉진지구의 지정을 통해 집적을 실현하 　고, 지자체에는 정부의 우선 지원	−

<자료: 중소기업청 벤처넷 홈페이지>

○ 중소기업청

구분	세부 사업 내용
일반	- 벤처기업확인제도
자금	- 정책자금: 중소기업 구조개선자금, 중소·벤처창업자금, 중소기업 개발 및 특허 기술사업화 자금, 중소기업 수출금융 지원자금, 중소기업 협동화 자금, 지방중소 기업 육성 자금 - 신용보증: 구매자금융보증, 무역금융보증, 지식기반산업에 대한 보증 - 자금출자: 창투사 투자 - 자금회수 시스템 구축: 벤처기업 M&A 지원(법제도 개선, M&A 펀드조성(예정)
기술	- 기술혁신형 중소기업(Inno-Biz)육성사업　- 수출대상국 제품규격 보급 - 신기술아이디어 사업화 타당성 평가　- 생산현장 애로기술지도 - 중소기업 기술혁신개발사업　- 중소기업 기술지도대학(TRITAS) - 산학연 공동기술개발 컨소시엄 사업　- 중소기업 기술인력양성교육 지원사업 - 기업협동형 전략기술개발 지원사업　- 중소기업 원격기술교육 지원사업 - 구매조건부 신제품개발 지원　- 싱글 PPM 품질혁신운동지원 - 중소기업 공정혁신 지원　- 기술혁신연계시스템 구축 및 운영 - 중소기업 기술이전개발사업　- 우수중소기업제품마크(GQ) 인증제도 - 해외규격인증획득 지원사업　- 시험연구장비 이용개방 등
판로	- 공공기관의 중소기업제품 구매제도 - 신기술개발제품 등에 대한 우선구매제도 - 중소기업 공동상표개발 지원 - 중소기업 구조조정 활성화 및 자생력 기반구축 등
해외 진출	- 벤처기업 해외진출지원　- SBIR 참여사업 - 내수기업의 수출기업화사업　- 국제 조달시장 진출지원 - 중소기업 수출대행 지원사업　- 해외지원센터 지원 - 해외시장개척요원 양성사업　- 공동물류·A/S센터 설치 - 중소기업 무역촉진단 파견사업　- 수출인큐베이터 설치 - 해외유통시장 진출지원　- 인터넷 중소기업관 구축지원 등
인력	- 외국인산업연수제도,　- 중소기업인력지원특별법 특례(겸직허용) - 산업기능요원제도　- 대학생중소기업체험활동 - 청년채용 패키지 사업　- 경영기술지원단 - 해외고급기술인력 도입 및 연수사업 등
입지	- 입지지원사업: 중소기업전용산업단지, 아파트형 공장 - 창업보육센터 확장 및 운영사업 - 벤처기업육성촉진지구 지정·지원제도 등
기타	- 엔젤투자마트 개최: 자금조달 기회 확대 - 창업사업계획승인제도: 일괄 의제처리하여 공장설립 간소화 - 정보화혁신사업: 중소기업 생산정보화사업, 정보화혁신 종합컨설팅 지원, 지역별 정보화 혁신 클러스터 육성, 업종별 정보화혁신 클러스터 육성, 중소기업 정보화 혁신 전문기업제도, 중소기업 정보화교육 등

<자료: 중소기업청 홈페이지 / 한국경영전략연구포럼, 중소·벤처기업 지원제도 총람, 2004>

* 벤처기업현황(2001~2006.2)

월＼연　도	2001년	2002년	2003년	2004년	2005년	2006년
1월	9,148	11,286	8,767	7,607	8,030	9,853
2월	9,518	11,234	8,690	7,541	8,151	10,070
3월	9,978	11,058	8,533	7,464	8,310	–
4월	10,398	10,739	8,474	7,618	8,525	–
5월	10,762	10,581	8,432	7,898	8,713	–
6월	9,923	10,182	8,288	8,202	8,959	–
7월	10,431	9,833	8123	8,370	9,018	–
8월	10,772	9,711	8,034	8,485	9,090	–
9월	11,022	9,570	7,957	8,613	9,228	–
10월	11,220	9,426	7,987	8776	9,322	–
11월	11365	9106	7,788	7,433	9,382	–
12월	11,392	8,778	7,702	7,967	9,732	–

8) 혁신 주도형 경제로의 이행을 위한 벤처기업 육성정책

전략 1. 지역혁신체계(RIS) 및 클러스터와 연계한 벤처육성정책 추진

[정책과제 1-1] 지역산업과 결합된 기술집약형 중소기업의 육성
[정책과제 1-2] 지역혁신 주체의 역량 강화
[정책과제 1-3] 국가균형발전과 지역 간 경쟁의 균형성 확보

전략2. 산업적 특성 및 기업의 역량을 고려한 정책 세분화

[정책과제 2-1] 기업역량 및 산업적 특성을 고려한 정책적 접근
[정책과제 2-2] 대기업-중소기업 간의 협력강화로 상생문화 실현

전략 3. 벤처기업의 성장단계별로 필요한 정책포트폴리오 구축

[정책과제 3-1] 창업 단계의 벤처정책 차별화
[정책과제 3-2] 성장 단계의 벤처정책 차별화
[정책과제 3-3] 성숙·구조조정 단계의 벤처정책 차별화

전략 4. 벤처기업 육성정책 추진의 효율성 제고

[정책과제 4-1] 창업 단계의 벤처정책 차별화
[정책과제 4-2] 성장 단계의 벤처정책 차별화
[정책과제 4-3] 성숙·구조조정 단계의 벤처정책 차별화
[정책과제 4-4] 체계적 성과 관리를 통한 미활용 연구성과의
회수 및 재활용

② 비제조업용 벤처기업자가진단 평가

벤처기업 자가진단 평가표
(비제조업용)

20 ..

중 소 기 업 청
벤 처 기 업 국

기업 현장실사 시 사전준비 자료

① 회사개요(사업계획서)
② 최근 3년간 재무제표
③ 최고경영자 이력서 및 경력 증명서
④ 임원(부문별 책임자 포함)의 이력서
⑤ 주주명부(개인별 지분율 포함)
⑥ 기업의 조직도(연구소, 부서별 인원현황 포함)
⑦ 최근 3개월간의 전 직원 월급명세서
⑧ 산업재산권(특허, 실용신안, 의장, 상표권 등) 출원서 또는 등록증 사본
⑨ 기업의 제품 또는 기술 등에 대한 국내·외 인증획득 증명서
⑩ 정부 및 공공기관의 포상, 우수제품으로의 선정, 제품 및 기술에 대한 외부발표 등이 있
   는 경우 입증할 수 있는 자료
⑪ 수출, 투자유치, 금융기관 대출, 전략적 제휴, 외부기관의 기업평가 등이 있는 경우 입증
   할 수 있는 자료
⑫ 기타(세부평가항목에 대한 객관적 입증 자료 등)
   − 기업부설연구소 인증서, 중장기계획서, 제조공정도, QC공정도, 작업표준서, 공정일지(또
     는 생산일지)
   − 사업자등록증, 법인등기부등본, 통장사본(주금납입, 주거래, 대출금)

벤처기업 자가진단 평가모형 구성

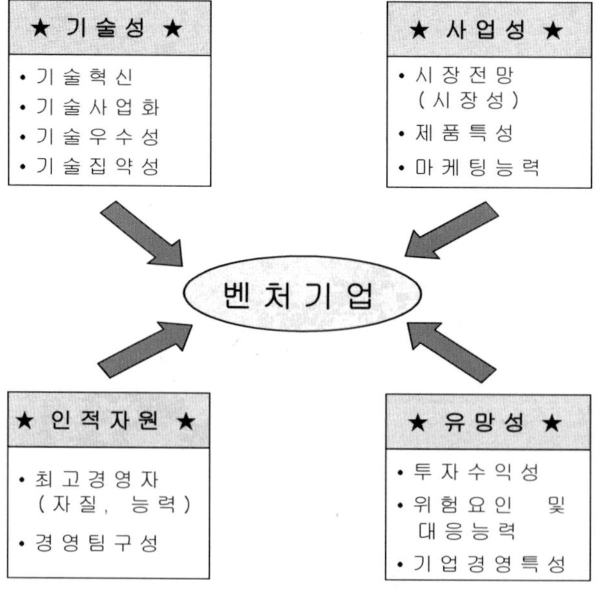

평가신청업체 부문별 평가결과

부 문	대 항 목	문항 수	배 점	자가진단	평가결과
Ⅰ. 인적자원	1. 최고경영자(자질, 능력)	12	13.0		
	2. 경영팀 구성 능력	6	7.0		
	계	18	20.0		
Ⅱ. 기 술 성	1. 기술혁신 능력	8	8.0		
	2. 기술사업화 능력	9	10.0		
	3. 기술우수성	9	9.0		
	4. 기술집약성	8	8.0		
	계	34	35.0		
Ⅲ. 사 업 성	1. 시장전망(시장성)	9	12.0		
	2. 제품 특성	7	9.0		
	3. 마케팅 능력	7	9.0		
	계	23	30.0		
Ⅳ. 유 망 성	1. 투자수익성	5	5.0		
	2. 위험요인 및 대응능력	4	4.0		
	3. 기업 경영특성	6	6.0		
	계	15	15.0		
총 계		90	100.0		

<실사 요원 최종 평가 의견>

1) 인적자원

가) 최고경영자(자질, 능력 등)

(1) 최고경영자가 추진하는 사업경영 전략의 우선순위는?(해당 항목 4개까지 v 표시)

① 기술·서비스·S / W프로그램 등에 대한 내용 파악(   )

② 기술진, 관리진의 구성 및 관리(   )

③ 시장 특성, 수요 파악(   )

④ 주변기술·제품(용역·서비스) 특성이해, 문제 해결노력(   )

⑤ 사업경영에 대한 비전 제시 및 실행(   )

⑥ 기술혁신, 사업화, 시장진출 등 단계별 계획수립(   )

⑦ 해당 항목 없음(   )

(2) 최고경영자가 현재까지 추진한 벤처경영 사업화 실적은?(해당 항목 모두 v 표시)

① 기술도입, 외부공동개발, 자체개발 등으로 기술확보(   )

② 개발제품(용역·서비스)의 시장진출(   )

③ 자체 및 투자유치를 통한 자본 조달(   )

④ 제품(용역·서비스)개발, 사업화 등에 관련한 내부 경영관리 체제 구축(   )

⑤ 각종 정보 획득을 위한 외부 인적 네트워크 구축(   )

⑥ 해당 항목 없음(   )

(3) 최고경영자가 중점적으로 실현하고자 하는 분야는? (관심도, 중시 고려), (해당 항목 모두 v 표시)

① 제반 관리부문 노력 지속(   )

② 기술개발 및 생산(제작)에 노력 지속(   )

③ 제품(용역·서비스) 판로확대 노력 지속(   )

④ 자금조달, 투자유치 노력 지속(   )

⑤ 벤처 경영에 전념, 타 분야 겸직 안 함(   )

⑥ 해당 항목 없음(   )

(4) 최고경영자가 중시하는 벤처경영 추진능력은?(해당 항목 모두 v 표시)

① 신기술·신사업 호기심( )　　　② 기술혁신의 적극적 실천력( )

③ 사업자금 조달 능력( )　　　④ 기술경쟁 및 시장 위기 시 대처능력( )

⑤ 기업조직의 탄력적 운영 능력( )   ⑥ 해당 항목 없음( )

(5) 최고경영자가 자신 있게 확보하고 있는 해당 벤처비즈니스에 대한 지식은?(해당 항목 모두 v 표시)

① 해당 분야의 기술지식 확보( )

② 해당 분야의 경영지식 확보( )

③ 선진 벤처기업 성공·실패요인 인지( )

④ 국내 유사경쟁 벤처 동향 파악( )

⑤ 창업기, 발전기 등 단계별 전략 수립이 가능한 지식

   (R&D, 시장·경영 등) 확보( )

⑥ 해당 항목 없음( )

(6) 최고경영자가 확보한 대외적 도덕성, 신뢰성은?(동 항목은 벤처기업 확인 후에도 체크내용과 실제가 다른 경우에는 벤처기업 확인취소 등의 불이익을 받을 수 있으므로 작성에 신중을 기하여 주시기 바랍니다.), (해당 항목 모두 v 표시)

① 거래조건 불이행 사례 없음( )

② 부도 경험 없음( )

③ 개인적 신용불량 실적 없음( )

④ 자산가압류 등 법적제재 경험 없음( )

⑤ 사업·개인적 세금체납 실적 없음( )

⑥ 사기 및 배임죄에 연고된 적이 없음( )

⑦ 한정치산, 금치산자, 또는 파산선고 판정 없음( )

(7) 기업 자체가 확보한 대내적 도덕성, 신뢰성은?(동 항목은 벤처기업 확인 후에도 체크내용과 실제가 다른 경우에는 벤처기업 확인취소 등의 불이익을 받을 수 있으므로 작성에 신중을 기하여 주시기 바랍니다.), (해당 항목 모두 v 표시)

① 자본금 형성 과정 시 사채 등을 통한 가장납입 실적 없음( )

② 임금체불한 사례 없음( )

③ 임원들의 개인적 신용불량이나 범법 행위 사실 없음( )

④ 회사자금을 임원 또는 주주들에게 대출 또는 유용한 사례 없음( )

⑤ 종업원과 합의한 사항을 파기한 적이 없음( )

⑥ 특수 관계인과의 거래관계(이면합의 등) 없음( )

(8) 최고경영자의 신기술, 신시장 개척에 대한 기술혁신 경험은?(해당 항목 1개만 v 표시)

　① 기존시장에 신기술 또는 신기능 제품(용역·서비스) 적용(　)

　② 기존기술을 패키지화, 새로운 용도 개발 등으로 신시장에 적용(　)

　③ 신기술로 유사·대체 제품(용역·서비스) 개발, 시장 개척(　)

　④ 신기술로 신시장을 적극적으로 개척(　)

　⑤ 신개념 기술로 제품(용역·서비스) 개발, 세계시장 겨냥(　)

　⑥ 해당 항목 없음(　)

(9) 최고경영자의 벤처비즈니스에 대한 목표시장 설정 방법은?(해당 항목 모두 v 표시)

　① 자체 시장조사 평가에 근거(　)

　② 시장 세분류를 통한 전략적 접근(　)

　③ 과거 유사시장 접근 경험에 근거(　)

　④ 경쟁사 및 수요처의 의견에 근거(　)

　⑤ 전문(시장)조사기관에 시장조사 의뢰 및 그 평가결과에 근거(　)

　⑥ 해당 항목 없음(　)

(10) 기술 및 경영 혁신에 대한 최고경영자의 의지 및 방침이 정립되어 있고, 이를 토대로 사내의 조직 및 직원 간에 기술혁신에 대한 정신적 일체감이 형성되어 있는가? (사내 리더십), (해당 항목 모두 v 표시)

　① 기술혁신 철학 및 방침 수립(　)

　② 기술혁신 관련 직원교육 장려 및 개최 실적 보유(　)

　③ 기술혁신 관련회의 경영자 참여 및 회의 주관(　)

　④ 기술혁신 당위성 및 시급성에 대한 전 직원의 이해 및 공유(　)

　⑤ 기술혁신 및 경영 참여자에 대한 구체적인 동기부여책 마련(　)

　⑥ 해당 항목 없음(　)

(11) 기술 및 경영혁신에 대한 최고경영자의 의지 및 방침이 정립되어 있고, 이를 토대로 사내의 조직 및 직원 간에 기술혁신에 대한 정신적 일체감이 형성되어 있는가? (사외 리더십), (해당 항목 모두 v 표시)

　① 거래선 협상력(　)　　　　　② 업계 주도력(　)

　③ 투자선 협상력(　)　　　　　④ 시장 친화력(　)

⑤ 기타 대외 활동력 ( )   ⑥ 해당 항목 없음( )

(12) 최고경영자의 해당 분야 벤처비즈니스와 관련된 과거 근무경력은? (전 직장 경력 포함), (해당 항목 1개만 v 표시)

① 동종 업종 근무경력 3년 미만( )

② 동종 업종 근무경력 3년 이상~5년 미만( )

③ 동종 업종 경력 5년 이상~7년 미만( )

④ 동종 업종 경력 7년 이상~10년 미만( )

⑤ 동종 업종 근무경력 10년 이상( )

나) 경영팀 구성 능력

(13) 기술, 생산, 판매, 재무 등 핵심 직무별로 각각 책임자급 전문가의 확보 여부는?(해당 항목 1개만 v 표시)

① 최고경영자가 전담( )

② 일반직원이 각각 담당( )

③ 기술, 생산, 판매, 재무 분야 중 1명 확보( )

④ 기술, 생산, 판매, 재무 분야 중 2명 이상 확보( )

⑤ 기술, 생산, 판매, 재무 등 핵심전문가 모두 확보( )

(14) 원활한 사업 추진에 필요한 기술, 생산, 판매, 재무 등 직능별 사업팀 구성 여부는?(해당 항목 모두 v 표시)

① R&D 팀 구성( )   ② 생산(제작, 상용화)기술 팀 구성( )

③ 판매·유통 팀 구성( )   ④ 재무·관리 팀 구성( )

⑤ 사업·경영기획 팀 구성( )   ⑥ 해당 항목 없음( )

(15) (동종업계 평균과 비교하여) 조직관리 및 근무상태는?(해당 항목 모두 v 표시)

① 종업원 전체 이직이 매우 낮음( )

② 직원들이 현 복리후생, 급여 수준 만족( )

③ 종업원 우리사주 비율이 높음( )

④ 직원들의 자발적 야근 빈도 높음( )

⑤ 핵심 책임자급 전문가 이직이 매우 낮음( )

⑥ 해당 항목 없음( )

(16) 전반적인 기업가 정신의 조직 내 확산 정도는?(해당 항목 모두 v 표시)

① 전사적으로 새로운 사업(기업가정신)에 매우 적극적임( )

② 전사적 위험요소에 대한 다각적(제품, 아이템, 시장, 기술 등)인 분산 / 대응 시스템 구축( )

③ 전 사원 신규 사업 아이디어 제안에 대한 인센티브 제안제도 마련 / 실적 풍부( )

④ 전 사원이 신규사업의 도입, 추진에 적극적이고 보편화되어 있음( )

⑤ 전 사원의 신규사업 제안이 자유롭고, 사업타당성 검토 체제 구축 / 추진 실적 보유( )

⑥ 해당 항목 없음( )

(17) 분야별(기술, 생산, 판매, 재무, 기획) 책임자급의 해당 분야 평균 경력연수는? (타 회사 경력 포함), (해당 항목 1개만 v 표시)

① 3년 미만( ) 　　　　② 3년 이상~5년 미만( )

③ 5년 이상~7년 미만( ) 　　　④ 7년 이상~10년 미만( )

⑤ 10년 이상( )

(18) 최고경영자 및 자사에 대한 외부 평판 대응 방안은?(해당 항목 1개만 v 표시)

① 별로 신경 쓰지 않고 있음( )

② 평판 내용을 파악하고 있는 중( )

③ 평판 내용을 정확히 파악하고 있음( )

④ 평판 내용 모두 파악, 대응책 마련( )

⑤ 비판에 대해 사전 예방 조치( )

2) 기술성

가) 기술혁신 능력

(19) 기술혁신 수행과정상 연구개발인력들의 긍정적 사고 확보 여부는?(해당 항목 모두 v 표시)

① 신기술 습득의지가 확고하다( )

② 개발 목표가 뚜렷하다( )

③ 신기술 신제품(용역·서비스) 개발의지가 강하다( )

④ 활력성 있는 사내 연구분위기가 조성되어 있다( )

　⑤ 기술혁신에 대한 발전지향적 사고방식을 소유하고 있다( )

　⑥ 해당 항목 없음( )

(20) 기술개발의 중추적인 역할을 담당하고 있는 조직의 편성·운영 여부는?(해당 항목 1개만 v 표시)

　① 외부기관 의뢰 및 수시 활용( )

　② 실험실, 개발실 형태의 조직 운영( )

　③ R&D(기술개발) 전담조직 편성, 운영( )

　④ 비공인 부설연구소 보유( )

　⑤ 공인된 기업 부설연구소 보유( )

(21) 신규사업을 성공적으로 수행하기 위한 자체 내 기술혁신 수행 방식은?(해당 항목 모두 v 표시)

　① Project 관리가 과학적, 합리적이다( )

　② 기술개발 결과를 문서화, 전산화 등을 통하여 체계적으로 관리하고 있다( )

　③ 기술개발을 위한 자원(인력, 설비, 재료 등)관리가 효율적이다( )

　④ 외부 기술 확보를 위한 수단 파악과 실행이 신속하다( )

　⑤ 자체 기술혁신과 기술도입, 위탁연구 결과를 효율적으로 결합한다( )

　⑥ 해당 항목 없음( )

(22) 최근 기술개발인력을 대상으로 실시한 교육은?(해당 항목 모두 v 표시)

　① 사장, 기술이사가 기술개발관련 사내교육( )

　② 대학, 연구소 파견 외부교육( )

　③ 기술전문가 초청 사내 전문교육( )

　④ 외부 기술관리, 신기법 교육과정 참가( )

　⑤ 외국 및 국내 제휴기관(기업) 현장 파견교육( )

　⑥ 해당 항목 없음( )

(23) 기술혁신 관련 외부기술지원기관과(기업, 대학 및 연구기관 등)의 기술이전이나 공동 연구개발 등의 협력 및 그 결과는?(해당 항목 1개만 v 표시)

　① 3건 이상( )　　　　② 2건( )　　　　③ 1건( )

　④ 구체적 추진을 위해 제안서, 계획서 준비 중( )　　　⑤ 활용 없음( )

(24) 기술정보확보를 위한 체제 구축과, 그 체계적 실행 여부는?(해당 항목 모두 v 표시)

① 인터넷을 통한 기술정보의 확보 및 활용 체계 구축( )

② 기술정보(예: 연구정보, 개발정보, 제품정보, 시장정보 등) 분류 및 자료화 구축( )

③ 국내 및 해외 기술전시회, 박람회 등의 참가 및 사업화 연계( )

④ 회사차원 국내외 기술정보전문기관(학회, 정보기관 등)에의 회원가입, 심층 정보수집( )

⑤ 전사적으로 연구소, 공장, 판매 등 모든 부서 인력이 기술정보를 수집하는 체제( )

⑥ 해당 항목 없음( )

(25) 기술개발 및 시험연구 장비 확보 정도는?(해당 항목 2개까지 v 표시)

① 기술개발을 위한 시험·계측 장비와 시설이 충분히 갖춰져 있다( )

② 기술개발을 위한 신규 시험분석 장비를 신속하게 구입, 활용하고 있다( )

③ 계획된 예산범위 내에서 필요 연구 장비를 순차적으로 구비하고 있다( )

④ 연구장비를 유지·보수 및 관리하는 전담 부서나 전문기관과 계약되어 있다( )

⑤ 연구개발 시설·장비를 외부에서 잘 활용하고 있다( )

⑥ 해당 항목 없음( )

(26) 주력제품(용역·서비스)에 활용되는 핵심 보유기술의 확보 방법은?(해당 항목 1개만 v 표시)

① 외부(개인, 기업, 정부출연 연구기관, 해외)로부터의 기술도입이나 기술 이전( )

② 국내외 대학, 연구기관과의 위탁연구 결과( )

③ 국내외 대학, 연구기관과의 공동연구 결과( )

④ 모기업에서 패키지 형태로 분사하여 확보( )

⑤ 자사의 자체 기술혁신 결과물( )

나) 기술사업화 능력

(27) 신제품(용역·서비스) 개발을 결정하기 위한 사전 아이디어 수집방법은?(해당 항목 모두 v 표시)

① 소비자 요구파악( )　　　② 국내·외 개발사례 연구( )

③ 관련 전문가의 자문( )　　　④ 정보서비스기관 제공 정보 이용( )

　　　⑤ 사내·외 제안제도 활용(　)　　　⑥ 해당 항목 없음(　)

(28) 신제품(용역·서비스) 개발 계획 수립과 개발단계의 표준화 정도는?(해당 항목 모두 v 표시)

　　　① 개발 절차서 및 매뉴얼의 보유(　)

　　　② 개발 단계별 일정계획 수립 추진(　)

　　　③ 개발제품(용역·서비스)의 특성을 고려한 별도 개발팀의 구성(　)

　　　④ 보유기술 및 기존제품(용역·서비스)과의 연계성 검토 결과 활용(　)

　　　⑤ 개발 달성목표(수준) 및 달성 여부 평가기준 보유(　)

　　　⑥ 해당 항목 없음(　)

(29) 양산제품(용역·서비스) 생산(제작, 상용화)을 체계를 갖추고 있는가?(해당 항목 모두 v 표시)

　　　① 단계별 개발 계획의 수립(　)

　　　② 추진결과에 대한 검토 및 검증자료 보유(　)

　　　③ 보유기술과의 연계성 검토자료 보유(　)

　　　④ 경험이 풍부한 기술인력 보유(　)

　　　⑤ 외부 전문기관과의 긴밀한 협력 추진(외부기관 위탁, 공동작업 등)(　)

　　　⑥ 해당 항목 없음(　)

(30) 제품(용역·서비스) 상용화를 위한 핵심기술 보완 능력은?(해당 항목 1개만 v 표시)

　　　① 해외에서 기술도입 및 핵심부품 수입(　)

　　　② 대부분 외부전문기관 도움(　)

　　　③ 일부 외부전문기관 도움(　)

　　　④ 국내기업 또는 기관과 공동연구추진(　)

　　　⑤ 핵심기술 보완을 완전히 자체 해결 가능(　)

(31) 기술·제품(용역·서비스)의 생산(제작, 상용화) 과정 등의 표준화 수준은?(해당 항목 모두 v 표시)

　　　① 제품(용역·서비스·S / W) 기능 표준화 구축(　)

　　　② 제품(용역·서비스·S / W) 기능 단위별 제작(상용화) 표준화 구축(　)

　　　③ 관련 제품(용역·서비스·S / W)와의 호환 시스템(가능성) 표준화 구축(　)

　　　④ 핵심부품(중간재) 모듈 등 표준화 구축(　)

⑤ A / S 표준화 구축( )

⑥ 해당 항목 없음( )

(32) 해당 기업이 보유한 제품(용역·서비스·서비스)(S / W프로그램 등록 포함) 및 기술에 대한 국내·외 인증 획득 건수는?(해당 항목 1개만 v 표시)

① 인증획득 실적 없으나 계획 중( )   ② 인증 1건 획득( )

③ 인증 2건 획득( )   ④ 인증 3~4건 획득( )

⑤ 인증 5건 이상 획득( )

(33) 제품(용역·서비스·S / W프로그램) 제조(상용화) 체계 확립 여부는? (아웃소싱 포함), (해당 항목 모두 v표시)

① 새로운 제품(용역·서비스·S / W프로그램) 개발 툴(tool)을 구비( )

② 특수 분야별 수요에 대응할 수 있는 외부 협력 및 내부 추진체계 구축( )

③ 제품(용역·서비스·S / W프로그램) 개발, 제작, 상용화 등 단계별 추진체계 구축( )

④ 국제표준 및 공정표준 등 재사용이 가능한 용역, S / W, 프로그램 다수 확보( )

⑤ 국내외 관련 업체와의 공동 개발, 제작, 상용화 추진을 위한 네트워크 구축( )

⑥ 해외, 국내의 최상업체 벤치마킹과 그 결과를 본사에 채용할 수 있는 체계 구축( )

⑦ 해당 항목 없음( )

1) 중핵기업육성품목(6개 품목)

(1) Mobile Phone용 마그네슘 다이캐스팅 소재부품

세부 과제명	Mobile Phone용 외장 케이스용 Mg다이케스팅 부품개발		
	1. 연구과제의 목표		

기술개발 목 표	성능지표	현재 기술수준 비교		2010년 기술개발 목표
		국 내	지멘스(獨)	
	염수분무시험 (5% NaCl, 35℃)	72h	96h	108h
	Cross cut (1㎜ 간격, taping)	3회	5회	5회
	RCA 시험 (paper 33회 / min, 275g) 혹은 (paper 1m / min, 175g)	50회(275g) 100회(175g)	50회(275g) 150회(175g)	70회(275g) 180회(175g)
	낙추 시험(500g추, 50㎝)	1회	2회	2회
	내산성 시험 (pH4.6, 2㎜ taping)	48h	72h	72h

2. 연구과제의 주요 내용 및 범위

- Mg다이케스팅 소재용 기계적, 화학적 전처리기술개발
  - 소재 표면 활성화 및 표면레벨링 및 연마를 위한 Blasting 또는 바렐연마 제어조건 연구
- Mg다이케스팅 소재용 친환경 고 내식 Non-Chromate 화성처리 및 양극산화 기술개발
  - 마그네슘 표면의 부식반응을 억제시키기 위해 사용되는 6이 크롬을 대체할 새로운 화성 처리방법인고 내식 Non-Chromate 기술의 양산신뢰성확보 기술개발
- Mobile Phone 외장 다이케스팅 표면 패터닝 기술 및 친환경 도장기술개발
  - Mg 다이캐스팅 소재표면에 다양한 패턴을 구현하기 위한 금형기술과 소재표면 밀착성 을 제공하는 다양한 감각의 친환경 도료를 접목하여 도장 양산신뢰성확보기술개발

세부 과제명	Mobile Phone용 EMI Shield용 Mg다이케스팅 박형부품개발		
	1. 연구과제의 목표		

기술개발 목표	성능지표	현재 기술수준 비교		2010년 기술개발 목표
		국 내	Motorola(美)	
	염수분무(5% NaCl, 48h) 후 전기전도도(Ω)	1.5Ω	1.0Ω	0.9Ω
	최소성형두께(mm)	0.4mm	0.3mm	0.3mm
	주조성형두께편차	±0.05 mm	±0.02mm	±0.02mm
	열충격(−40〜85℃,4h / cycle)	10cycle, 1chamber	15cycle, 2chamber	15cycle, 2chamber

2. 연구과제의 주요 내용 및 범위

○ Mg다이케스팅용 고속 / 고압 Hybrid Direct인젝션시스템 개발
  - 사출 시 Mg 다이캐스팅 성형소재의 밀도를 높이고 표면결함현상 등의 문제를 줄일 수 있는 기술이며, 소재에서 기인하는 결점을 사출과정에서 최대한 줄일 수 있어 생산 경쟁력을 확보
○ 용탕유동해석 및 박형부품 최소 성형두께 0.3mm구현 기술개발
  - Mobile수요업계의 요구에 따른 박형부품 성형문제의 대표적 부품인 EMI Shield에 대해 FEA 열유동 해석과 실험결과를 적용하여 금형개발 시 성형조건을 Optimizing함으로써 세계최고 수준인 성형두께 0.3mm를 구현할 수 있는 열유동 해석기술개발.
○ Mg 다이케스팅용 SF6 사용저감 고 내식 합금소재 양산적용기술개발
  - Mg의 발화점을 상승시켜, 용융상태에서의 안정성을 확보하여 생산공정 중 SF6가스 사용을 저감할 수 있고, 용탕의 유동성을 개선할 수 있는 Mg 다이케스팅용 고 내식 합금소재의 양산적용기술개발.

세부 과제명	Mobile Phone용 LCD Bracket Mg다이케스팅 부품개발		
	1. 연구과제의 목표		

기술개발 목표	성능지표	현재 기술수준 비교		2010년 기술개발 목표
		국 내	NEC(日)	
	염수분무시험 (전처리＋도금, 5%NaCl, 35℃)	48h	72h	96h
	염수분무시험(전처리＋도금＋증착, 5%NaCl, 35℃)	48h	72h	96h
	염수분무시험(전처리＋레이저＋도금, 5%NaCl, 35℃)	48h	72h	96h
	열충격(−40〜85℃,4h / cycle)	15cycle, 1chamber	27cycle, 2chamber	27cycle, 2chamber
	내산성 시험 (pH4.6, 2mm taping,45℃)	48h	72h	72h

2. 연구과제의 주요 내용 및 범위

○ Mg다이케스팅 친환경 Ni-Free 3이 크롬도금 양산신뢰성 기술개발
  - 6가크롬 대체 Ni-Free, Mg 다이케스팅 소재상 3가크롬 도금 양산 신뢰성확보기술개발
○ Mg다이케스팅 도금표면상 레이저 패터닝 신뢰성 확보기술개발
  - 고객 니즈에 따른 미려한 레이저 식각 및 페터닝 기술과 패턴부 기능성 및 내식성 향상
   을 위한 표면처리 기술개발
○ Mg다이케스팅 도금표면 멀티칼라 증착기술개발
  - 대용량(지름 2000㎜급) E-Beam Multi-color 양산용 증착 장비개발
  - 양산공정증착 칼라균질성 및 칼라재현성확보를 위한 멀티코팅 증착두께 제어기술개발
  - 증착표면 산화방지 및 밀착성향상 신뢰성기술개발

(2) 초음파 진단기

세부 과제명	초음파 진단기용 초음파 BeamForming IC		
	1. 연구과제의 목표		
기술개발 목 표	성능지표	현재 기술수준 비교		2010년 기술개발 목표
		국 내	필립스(美)	
	샘플링 주파수	60㎒	40㎒	60㎒
	송 / 수신 채널 수	8 / 4	32 / 16	32 / 16
	동시집속 주사선수	2	4	4
	ADC 비트수	10	12	12
	LVDS 연동	무	유	유

2. 연구과제의 주요 내용 및 범위

○ 초음파 진단기에 사용되는 초음파 송수신 BeamForming IC의 개발은 고급 초음파 진단기
 의 개발과 연관해서 가장 중요한 부품이며, 이 소자의 정밀도에 따라서 초음파 진단기의
 성능이 좌우된다.
○ 초음파 송수신 BeamForming IC 개발
  - 송신 32채널, 수신 4채널 초음파 BeamForming 알고리듬 분석 및 개발
  - 12bit ADC를 위한 LVDS Interface 개발
  - Bi-PBF 알고리듬 분석 및 실시간 구현 가능한 실용화 기술개발
  - 최대 4개의 동시 집속 주사선수를 위한 알고리듬 분석 및 기술개발
  - 동적 개구 기능(Apodization) 알고리듬 개발 및 기술개발
  - Embedded MicroProcessor를 위한 RISK 분석 및 기술개발

세부 과제명	초음파 진단기용 고압 Pulser driver monolithic IC

1. 연구과제의 목표

기술개발 목표	성능지표	현재 기술수준 비교		2010년 기술개발 목표
		국내	Supertex(美)	
	최대입력주파수	8 MHz	10 MHz	10 MHz
	상승 / 하강시간	35 ns	30 ns	30 ns
	출력Peak Current	2.5A	3A	3A
	채 널 수	2	2	2

2. 연구과제의 주요 내용 및 범위

- 현재의 hybrid type의 pulser driver를 monolithic으로 대체
- Low - Power 설계
  - Monolithic 구현을 위해 필수
  - 최적화된 전류 공급
- Pre - driver 개발
  - Pulser driver의 빠른 상승 / 하강시간 달성
  - 상승 / 하강의 대칭 유지
- 집적도의 향상
  - 회로의 최적화

세부 과제명	Portable 초음파진단기용 디지털 신호처리 SoC

1. 연구과제의 목표

기술개발 목표	성능지표	현재 기술수준 비교		2010년 기술개발 목표
		국내	필립스(美)	
	동작 주파수	120 MHz	80 MHz	120 MHz
	송 / 수신채널 수	16 / 8	1 / 1[1]	32 / 16
	Dynamic Range	Min: 0 dB Max: 70 dB	Min: 0 dB Max: 70 dB	Min: 0 dB Max: 80 dB
	Image Size	640×440	1024×768[2]	800×600
	Frame Rate	200	943[3]	400

2. 연구과제의 주요 내용 및 범위

- 32채널 동적 송신 및 16채널 동적 수신 집속 기능 개발
  - Serial ADC와의 LVDS 인터페이스 개발
  - FDCU(Focusing Delay Calculation Unit) 기능 개발
- 초음파 신호처리 기능 개발
  - 힐버트 변환(Hilbert Transform)을 위한 필터 개발
  - Color / Doppler 기능 구현을 위한 필터 및 신호 처리 기능 개발
  - Spectral Doppler 기능 구현을 위한 필터 및 신호 처리 기능 개발
- 초음파 영상처리 기능 개발
  - 디지털 스캔 컨버전(Digital Scan Conversion) 개발
  - VGA Controller 개발

1) Back-end Processor Only
2) 최상급
3) 최상급

세부 과제명	초음파진단기용 초단 저잡음 가변이득증폭 Analog IC		
1. 연구과제의 목표			
기술개발 목　표	성능지표	현재 기술수준 비교		2010년 기술개발 목표
		국　내	ADI(美)	
	Input Voltage Noise	미생산	$0.84\,nV/\sqrt{Hz}$	$1.0\,nV/\sqrt{Hz}$
	Bandwidth		50 MHz	40 MHz
	Phase Accuracy		±0.1 deg	±0.25 deg
	Crosstalk		−84 dB	−80 dB
	Number of Channels		4	8
2. 연구과제의 주요 내용 및 범위			

○ 초음파 진단기용 Analog Front-end IC 개발
○ Ultra Low Noise Amplifier 개발
　-Ultra-low Input Noise Amplifier 설계
　-채널 간 Cross-talk을 최소화하기 위한 회로 및 Layout 기술개발
　-Harmonic Distortion 개선을 위한 선형화기술개발
○ Variable Gain Amplifier 개발
　-Amplifier의 Dynamic Range 및 SNR 개선을 위한 회로 구조 개발
　-Linear-in-dB Gain Control을 위한 방법 개발
○ CW(Continuous Wave) 개발
　-I/Q Demodulator을 위한 회로 구조 개발
　-Phase Shifter을 위한 회로 구조 및 효율적인 Control 방법 개발
　-Low Power Consumption을 회로 기술 및 Power-mode 기법 개발

(3) 65㎚급 반도체용 Batch Type 습식 세정장비

세부 과제명	고정밀 소형 Dumping Robot		
1. 연구과제의 목표			
기술개발 목　표	성능지표	현재 기술수준 비교		2010년 기술개발 목표
		국　내	미쯔비시(日)	
	위치정밀도(㎜)	L,R ≤±0.4 U,D ≤±0.2	L,R ≤±0.1 U,D ≤±0.1	L,R ≤±0.1 U,D ≤±0.1
	가반중량(kgf)	≥0.5	≥1	≥1
	Cycle Time(sec)	≤30	≤20	≤20

2. 연구과제의 주요 내용 및 범위

- ○ Wafer Pusher와 Aligner Unit 개발
  - Slit Miss Detector 개발
- ○ Loader / Unloader Robot 개발
- ○ Half Pitch Formation & Face to Face Function Robot 개발
- ○ 고속반송 Robot(High Performance 기능 추가) 개발
  - Wafer transfer robot
  - Horizontal transfer robot

세부 과제명	반도체 세정용 판형 2㎒급 Megasonic 발진기		

1. 연구과제의 목표

기술개발 목표	성능지표	현재 기술수준 비교		2010년 기술개발 목표
		국 내	Kokusai(日)	
	최대 주파수(㎒)	1	1	2
	△f(㎑)	4～5	〈1	〈2
	변환효율(위상차)	30도	15도	15도

2. 연구과제의 주요 내용 및 범위

- ○ 고효율의 Megasonic 진동소자 및 발진기 개발
- ○ Bath Type 세정장치에 최적인 Megasonic 세정방식 개발

세부 과제명	65㎚급 반도체 세정용 Batch식 Dryer		

1. 연구과제의 목표

기술개발 목표	성능지표	현재 기술수준 비교		2010년 기술개발 목표
		국 내	Kokusai(日)	
	Water Mark (@HF Last, KLA ISO Patterned Wafer)	Free @D / R = 120㎚	Free @D / R = 90㎚	≤100ea @D / R = 45㎚
	건조 Time(sec) (@RD Process)	≤500	≤400	≤300
	Pressure (@DRY Chamber)	상 압	상 압	감 압
	Particle (2㎜ edge exclusion) (@RD Process)	≤10ea 120㎚	≤5ea 120㎚	≤50ea 65㎚

2. 연구과제의 주요 내용 및 범위

○ Water Mark Free한 Dryer 장치 및 공정 개발
○ IPA등의 Chemical 사용량을 최소로 하여 CoO 측면에 유리한 장치 개발
○ 미세 Pattern의 쓰러짐 없는 건조장치 개발

세부 과제명	운영부(System Integration)		
1. 연구과제의 목표			

	성능지표	현재 기술수준 비교		2010년 기술개발 목표
		국　내	DNS(日)	
기술개발 목　표	Through－put(매 / hour) (@SPM＋HF＋SC1＋DRY)	≥250	≥300	≥400
	MTBF(hour)	≥750	≥1000	≥1250
	Particle(ea) (@2㎜ Edge exclusion SPM＋DHF＋SC1＋DRY)	≤20ea 120㎚	≤10ea 120㎚	≤100ea 65㎚
	Etch Rate Uniformity(%) (HF 100;1 @Tox)	≤5.0	≤3.0	≤3.0
	Water Mark (@HF Last, KLA ISO Patterned Wafer)	Free @D / R＝120㎚	Free @D / R＝90㎚	≤100ea @D / R＝45㎚

2. 연구과제의 주요 내용 및 범위

○ High Through－put의 Bath Type세정장치 개발
○ 65㎚반도체소자 생산의 Particle Spec 및 Etch Rate Spec을 만족하는 장치개발
○ 고신뢰성 장치 개발

(4) 경량화 부품용 고특성 스크랩 재활용 알루미늄 재료

세부 과제명	자동차 차체용 스크랩 재활용 알루미늄소재(A7xxx계)			
	1. 연구과제의 목표			
기술개발 목 표	성능지표		현재 기술수준 비교		2009년 기술개발목표
			국 내	ALCAN(美)	
	스크랩 첨가비율(%)		10	40	〉50
	회수율(%)		80	85	〉90
	결정립도(μm)		200	150	〈140
	수소 함량(cc / 100g)		0.25	0.23	〈0.20
	개재물	크기(μm)	150	100	〈90
		함량(Vol.%)	0.03	0.03	〈0.02
	기계적 특성	인장강도(MPa)	380	400	〉410
		연신율(%)	7	8	〉9

2. 연구과제의 주요 내용 및 범위

- ○ 자동차 경량화 알루미늄 고 안전성 차체부품용 스크랩주조 알루미늄 A7xxx계열 합금개발
- ○ A7xxx 계열 스크랩 주조 알루미늄 합금의 기계적 특성 향상기술개발
  - Zn 첨가 금속간 화합물 제어 공정기술
  - 균질화 처리 공정기술개발
  - 고강도 고연성 열처리 공정기술개발
- ○ A7xxx 계열 알루미늄 합금의 조직 제어기술개발
- ○ 알루미늄 합금의 스크랩 첨가비율 확보 공정기술개발
  - Dross, Skimming, Degasing 공정설계 기술개발
- ○ 알루미늄 합금 부품의 회수율 증가 가공공정 기술개발
  - 알루미늄 주조공정의 회수율 증가기술
  - 알루미늄 압출공정의 회수율 증가기술

세부 과제명	철도차량 차체용 스크랩 재활용 알루미늄소재(A6xxx계)			
1. 연구과제의 목표				

	성능지표	현재 기술수준 비교		2009년 기술개발목표
		국　내	ALCAN(美)	
기술개발 목　표	스크랩 첨가비율(%)	30	60	〉70
	회수율(%)	80	85	〉90
	결정립도(μm)	200	150	〈140
	수소 함량(cc / 100g)	0.25	0.23	〈0.18
	개재물　크기(μm)	150	100	〈90
	개재물　함량(Vol.%)	0.03	0.03	〈0.02
	기계적 특성　인장강도(MPa)	260	280	〉300
	기계적 특성　연신율(%)	10	12	〉12

2. 연구과제의 주요 내용 및 범위

○ 철도차량 차체용 경량화 알루미늄 선재의 기계적 특성향상 스크랩 첨가 압출소재 개발
○ 국산화 고속철의 단면강성 향상을 위한 최적 설계기술개발
○ A6xxx 계열 스크랩주조 알루미늄 합금의 기계적 특성 향상기술개발
　−Excess Si 첨가 용해기술개발
○ 철도차량 차체용 A6xxx 계열 알루미늄 합금부품의 조직 제어기술개발
○ 알루미늄 합금의 스크랩 첨가비율 확보 공정기술개발
　−Dross, Skimming, Degasing 공정설계 기술개발
○ 경전철, 지하철, 고속철 등 차체 알루미늄 선재부품의 회수율 증가 공정기술
　−알루미늄 주조공정의 회수율 증가기술
　−알루미늄 압출공정의 회수율 증가기술

세부 과제명	반도체 디스플레이용 스크랩 재활용 알루미늄소재(A5xxx계)			
	1. 연구과제의 목표			

	성능지표		현재 기술수준 비교		2009년 기술개발목표
			국 내	ALCAN(美)	
기술개발 목 표	스크랩 첨가비율(%)		0	30	〉50
	회수율(%)		80	85	〉90
	결정립도(μm)		200	150	〈140
	수소 함량(cc / 100g)		0.25	0.18	〈0.15
	개재물	크기(μm)	150	100	〈90
		함량(Vol.%)	0.03	0.03	〈0.02
	기계적 특 성	인장강도(MPa)	180	200	〉220
		연신율(%)	7	9	〉10
	용접부강도(모재대비)(%)		80	85	90

2. 연구과제의 주요 내용 및 범위

○ 반도체 디스플레이용 모듈에 사용되는 알루미늄 부품의 소재성능을 향상시킴으로써 모듈
　의 안전성을 확보할 수 있는 핵심기술개발
○ 알루미늄 합금의 스크랩 첨가비율 확보 공정기술개발
　−Dross, Skimming, Degasing 공정설계 기술개발
○ PDP, LCD 등 디스플레이용 부품모듈의 알루미늄 부품의 회수율 증가 가공공정 기술개발
　−알루미늄 주조공정의 회수율 증가기술
　−알루미늄 압출공정의 회수율 증가기술
○ 디스플레이용 부품의 선재를 이용한 부품가공 용접부 강도향상 기술
　−전처리 기술개발
　−용입 깊이 제어기술개발
　−HAZ 제어기술개발

(5) Submerged Cargo Pump Module

세부 과제명	Hydraulic Driven Submerged Cargo Pump & Pipe Stack		
	1. 연구과제의 목표		
	성능지표	현재 기술수준 비교		2010년 기술개발목표
		국　내	Frank Mohn(Norway)	
기술개발 목 표	Flow Rate(㎥ / hr)		600	600
	Total Head(mlc)		125	125
	Pump Efficiency(%)	미생산	79.0	79.0
	Residual Cargo(ℓ)		150	75
	Noise [dB(A)]		90	89
	Vibration(㎜ / s, p)		8	8

2. 연구과제의 주요 내용 및 범위

- 유압모터를 이용하여 구동되는 원심 Pump로서 화물의 종류(Product Oil, Chemical Oil)에 따른 Pump의 Casing과 Impeller의 최적설계(유량, 압력)기술개발
- 유압 Motor로 공급되는 고압의 작동유 유량을 조정함으로써 Pump의 회전수를 조절하는 Flow Control Valve의 개발
- 특수강 재질의 대형 Pipe 용접 / 제조 및 검사 기술개발
- 토출 측에 이중출구 구조적용(Double-Volute) 및 유동해석으로 Cargo Oil을 Pumping하면서 발생되는 펌프의 소음을 저감하는 기술개발
- 각 배관의 형상에 따른 마찰저항 저감 기술개발
- Pipe Stack 조립 / 정렬 및 제작 / 검사 방안 기술개발
- Cargo Pump 등 주요 부품 국산화 및 System Engineering

세부 과제명	Hydraulic Power Package		
	1. 연구과제의 목표		
	성능지표	현재 기술수준 비교		2010년 기술개발목표
		국　내	Frank Mohn(Norway)	
기술개발 목 표	Capacity(ℓ / min×㎫)		3,160×27	3,174×28
	Noise [dB(A)]	미생산	105	103
	Vibration(㎜ / s, p)		8	8

2. 연구과제의 주요 내용 및 범위

- ○ 고압의 작동유압(28 ㎫)을 생성하기 위한 Electric Motor, Diesel Engine 및 Hydraulic Pump 의 상호 Matching / 응용기술개발
- ○ 소음 및 진동발생원을 파악하여 고무호스 배관 및 탄성 마운트 등을 적용하여 소음 및 진동 차단 / 저감을 위한 장치 개발
- ○ Hydraulic Power Pack의 운전 및 제어용 Control Panel 장치 개발
- ○ Hydraulic Pump의 Trouble을 예방하기 위한 안전진단기술과 내구성 기술개발
- ○ 유압유의 청정도를 증가시키기 위한 여과기술개발
- ○ Hydraulic Power Pack의 성능시험 규격 및 Test 장치 개발

(6) 반도체 STI용 나노세리아 슬러리

세부 과제명	나노 전구체 기반 반도체용 세리아			
	1. 연구과제의 목표			
기술개발 목　표	성능지표		현재 기술수준 비교		2010년 기술개발 목표
			국　내	Hitachi(日)	
	입자 크기 (㎚)	1차	50	50	50～30
		2차	250	250	200～150
	순도(%)		≥99.95	≥99.95	≥99.99

2. 연구과제의 주요 내용 및 범위

- ○ 고순도 나노 전구체 형상 제어 기술개발
  - 반도체 공정에 치명적인 중금속 및 확산 계수가 높은 중요 금속 이온 농도를 1ppm 이하로 제어한 고순도 전구체 개발
  - Super Fine 세리아 제조를 위한 나노 전구체 형상 최적 제어 기술개발
- ○ Super Fine 세리아 입자 합성 기술개발
  - 비정상 입자 성장을 최소화시킬 수 있는 결정 성장 기술개발
  - 균일한 미세 입자 크기 분포 제어 기술개발

세부 과제명	STI용 세리아 슬러리			
	1. 연구과제의 목표			
기술개발 목 표	성능지표		현재 기술수준 비교		2010년 기술개발 목표
			국 내	Hitachi(日)	
	Removal Rate (Å / min)	Oxide	미생산	3,000±500	3,000∼5,000
		Nitride		50±10	50±5
	Selectivity(Oxide vs. Nitride)			〉35	〉35
	Scratch Count(# / ㎠) (폭 1∼2㎛ / 길이1∼10㎛)			0.16	0.02
	Metal Contamination(ppm)			〈1	〈1
	2. 연구과제의 주요 내용 및 범위				

- Super Fine 세리아 입자의 입도 제어 및 분산 기술개발
  - 입도 조절 공정 최적화를 통한 균일 입자 분포 구현 기술개발
  - 미세 입자 분산 공정 최적화를 통한 세리아 입자 응집 방지 기술개발
  - 미세 입자 분포 및 분산 안정성 강화를 통한 저Scratch 슬러리 개발
- Dishing 및 Erosion 최소화 가능한 세리아 슬러리 및 첨가제 기술개발
  - 계면 활성제 구조 제어 및 하전 밀도 최적화 기술개발
  - 계면 활성제 분자량 및 농도 제어 기술개발
  - 첨가제 조성 제어를 통한 막간 연마 속도 제어 기술개발

2) 기초원천 소재품목(6개 품목)

(1) 엔진 및 파워트레인용 내열 마그네슘소재

세부 과제명	중력(저압)주조공법을 이용한 내열 마그네슘 V-type 엔진 블록 소재			
	1. 연구과제의 목표			
기술개발 목 표	성능지표	현재 기술수준 비교		2010년 기술개발 목표
		국 내	VW(獨)	
	고온내구(전부하내구)	미생산	170℃	180℃
	경량화		20%	24%
	NVH		Al과 동등	Al과 동등

2. 연구과제의 주요 내용 및 범위

○ 마그네슘 엔진블록을 위한 설계 및 해석 기술개발
  - 기존 알루미늄 재질의 엔진블록에 마그네슘 소재를 적용하여 엔진의 요구특성을 만족할 수 있도록 하는 설계기술과 해석기술을 개발.
○ 소재 특성이 반영되고 엔진 요구특성을 만족하는 마그네슘 엔진블록 개발
  - 양산 엔진을 대상으로 설계를 변경하여 동등수준 이상의 마그네슘 엔진블록 개발.
  - 엔진 요구특성을 만족하기 위한 마그네슘제 베드플레이트, 베어링 캡 인서트, 고장력 볼트, 알루미늄 볼트 등의 개발을 포함.
○ 마그네슘 엔진블록 적용을 위한 요소기술개발
  - 엔진블록 요구특성을 만족하는 마그네슘 엔진블록 개발 및 양산을 위한 소재기술, 주조, 금형설계 등의 공정기술, 냉각수 및 알루미늄 볼트 등에 의한 부식 억제기술, 마그네슘과 기타 부품 간의 기밀성 및 결합력 확보를 위한 실링기술 등의 요소기술을 개발.

세부 과제명	고압 주조공법을 이용한 항복강도 130MPa(150℃)급 내열 마그네슘 자동변속기 케이스 소재		

1. 연구과제의 목표

기술개발 목 표	성능지표	현재 기술수준 비교		2010년 기술개발 목표
		국 내	BENZ(獨)	
	고온내구(정속내구)	미생산	140℃	150℃
	경량화		24%	24%
	NVH		Al과 동등	Al과 동등

2. 연구과제의 주요 내용 및 범위

○ 자동변속기 케이스에 적용 가능한 고강도 내열 마그네슘합금 평가
  - 기존 소재 업체에서 개발한 합금의 적합성 평가 및 데이터 구축
  - 신소재 재활용기술개발을 통한 소재 원가절감
○ 자동변속기 케이스 마그네슘합금 적용 설계 / 해석 기술 확보
  - 소재 변경에 따른 국부적인 취약부 개선 및 주조성 고려한 신설계
  - 열적 특성, 냉각 성능 및 내식성을 고려한 주변 부품 설계
  - 케이스 소재 변경에 의한 시스템 변경 고려(신개념 도입)
  - 체결력, 내구성 확보를 위한 볼트 개발
○ 대형 주조품 금형 설계 및 양산 주조 기술 확보
  - 주조 해석에 의한 최적의 주조 방안 및 금형 설계
  - 대형 내열 마그네슘합금 주조품 양산 기술(다이캐스팅 및 가공)

세부 과제명	고압 주조공법을 이용한 항복강도 130㎫(150℃)급 내열 마그네슘 오일팬 소재

1. 연구과제의 목표

기술개발 목 표	성능지표	현재 기술수준 비교		2010년 기술개발 목표
		국 내	Honda(日)	
	고온내구(전부하내구)	미생산	150℃	150℃
	경량화		24%	24%
	NVH		Al과 동등	Al과 동등

2. 연구과제의 주요 내용 및 범위

○ 오일팬에 적용 가능한 고강도 내열 마그네슘합금 평가 및 국산화 개발
  - 기존 소재 업체에서 개발한 합금의 적합성 평가 및 데이터 구축
  - 신소재 재활용기술개발을 통한 소재 원가절감
○ 오일팬 마그네슘합금 적용 설계 / 해석 기술 확보
  - 내열 마그네슘합금의 주조성 및 소음저감을 위한 고강성 신설계
  - 냉각 성능, 진동소음성능 및 부식성을 고려한 시스템 설계
  - 내열 마그네슘합금 적용에 따른 오일팬 특성 변화 분석
○ 내열 마그네슘합금 주조품 금형 설계 및 양산 주조 기술 확보
  - 주조 해석에 의한 최적의 주조 방안 및 금형 설계
  - 기존 마그네슘합금(AZ91D, AM50B)대비 열악한 용탕 유동성을 고려한 주조기술 확립
  - 내열 마그네슘 합금 주조품 양산 기술(다이캐스팅 및 가공)

세부 과제명	파워트레인용 항복강도 140㎫(175℃)급 내열 마그네슘합금 소재(엔진 블록 용)

1. 연구과제의 목표

기술개발 목 표	성능지표	현재 기술수준 비교		2010년 기술개발 목표
		국 내	DSM(이스라엘)	
	상온 항복강도	미생산	150㎫	150㎫
	고온 항복강도(175℃)		140㎫	140㎫
	총 크리프 변형량 (175℃, 120㎫, 100Hr)		0.1% 이하	0.1% 이하
	내부식성 (mg / ㎤ / day, 200Hr, SST)		0.12 이하	0.12 이하

2. 연구과제의 주요 내용 및 범위

○ 합금 원소 첨가에 따른 미세조직 및 기계적 특성의 변화를 정량적으로 해석하여 최적 합
  금계 선정을 위한 D / B 구축
○ 선정된 최적 합금계와 시험편 금형을 이용하여 중력(저압) 제품 제조를 위한 기초 / 기반
  공정 조건 확립
○ 엔진용 일반냉각수 사용가능하도록 개발 합금의 내식성을 향상시키는 기술개발

세부 과제명	파워트레인용 항복강도 130MPa(150℃)급 내열 마그네슘합금 소재(T / M 케이스 및 오일팬 용)			
	1. 연구과제의 목표			
기술개발 목 표	성능지표	현재 기술수준 비교		2010년 기술개발 목표
		국 내	DSM(이스라엘)	
	상온 항복강도		150MPa	150MPa
	고온 항복강도(150℃)		125MPa	130MPa
	총 크리프 변형량 (150℃, 70MPa, 200Hr)	미생산	0.4% 이하	0.4% 이하
	내부식성 (mg / cm² / day, 200Hr, SST)		0.1 이하	0.1 이하
	유동성		AM수준	AM수준

2. 연구과제의 주요 내용 및 범위

- 합금 원소 첨가에 따른 미세조직 및 기계적 특성의 변화를 정량적으로 해석하여 최적 합금계 선정을 위한 D / B 구축
- 선정된 최적 합금계와 시험편 금형을 이용하여 고압주조 제품 제조를 위한 기초 / 기반 공정 조건 확립
- 마그네슘합금 scrap으로부터 청정 용탕을 제조하기 위한 용탕 청정화 시스템 구축
- 용탕 청정화 기술개발을 효율적으로 수행하기 위해서 공정 변수에 따른 청정 용탕 및 재활용 지금의 성분 및 특성 변화를 정확하게 평가할 수 있는 연구
- 청정 용탕을 이용한 ingot forming 공정 및 in-house recycling을 결합한 새로운 재활용 공정 개발
- AM60B에서 AZ90D 수준의 내식성 및 주조성 확보

(2) 전자부품용 저열팽창 Fe-Ni합금 판재

세부 과제명	고강도 Lead Frame 판재 제조기술			
	1. 연구과제의 목표			
기술개발 목 표	성능 지표	현재 기술수준 비교		2010년 기술개발 목표
		국 내	대동특수강(日)	
	인장강도(kgf / mm²)	–	60 – 75	65 〈
	연신율(%)	–	min 5	5 〈
	열팽창계수(x10⁻⁶ / ℃) (30~450℃)	–	6.7 – 7.4	〈 7.4
	제품 폭(mm)	–	200 〈	200 〈

<table>
<tr><td colspan="2" align="center">2. 연구과제의 주요 내용 및 범위</td></tr>
</table>

○ Lead Frame 판재소재의 특성을 고려한 불순물 및 개재물 제어, 주조, 정밀압연, 가공 및 열처리, 시
　험평가 등 제조에 필요한 핵심기술개발
○ 고강도 Lead Frame 판재소재 제조기술
　　−Lead Frame용 저열팽창 Fe−Ni 합금설계 및 특성평가 기술
　　−불순물과 개재물 제어를 통한 용해주조 및 Hot Strip 제조기술
　　−박판 형상제어를 위한 정밀압연 기술
　　−판재제조를 위한 Pilot Scale 공정제어 기술

세부 과제명	고인성 Electron Gun 판재 제조기술		
1. 연구과제의 목표			

기술개발 목표	성능 지표	현재 기술수준 비교		2010년 기술개발 목표
		국　내	대동특수강(日)	
	인장강도(kgf / ㎟)	−	40−60	〉50
	연신율(%)	−	min 25	25〈
	열팽창계수(x10^{-6} / ℃) (30−400℃)	−	4.0−4.7	〈4.7
	제품 폭(㎜)	−	200〈	200〈

2. 연구과제의 주요 내용 및 범위

○ 전자총 판재의 저열팽창성, 가공성, 타발성을 고려한 주조용해, 정밀압연, 가공 등 핵심제
　조기술개발
○ 고인성 Electron Gun 판재소재 제조기술
　　−Electron Gun용 저열팽창 Fe−Ni 합금설계 및 특성평가 기술
　　−불순물과 개재물 제어를 통한 용해주조 및 Hot Strip 제조기술
　　−박판 형상제어를 위한 정밀압연 기술
　　−가공성 향상을 위한 열처리 기술
　　−판재제조를 위한 Pilot Scale 공정제어 기술

(3) 철강 연주용 Cu mold

세부 과제명	철강연주용 2200㎜급 광폭 Cu 몰드		
	1. 연구과제의 목표		
기술개발 목표	성능 지표	현재 기술수준 비교(CuAgP / CuCrZr)		2010년 기술개발 목표
		국 내	KME(獨)	
	내연화온도(℃)	미생산	350 / 450	350 / 450
	경도(HB)		90 / 120	90 / 120
	입도(㎛)		50㎛	50㎛
	도금층 내구성	50	100	100
	균일전착성	±20%	±10%	±10%

2. 연구과제의 주요 내용 및 범위

- ○ 용탕거동 및 열응력해석 simulation program 개발
- ○ 몰드디자인 능력 배양
- ○ 연속 주조 시 발생 가능한 주괴결함, 몰드내구성 등에 대한 이론적 접근
- ○ 기존소재 / 기존 표면처리재를 이용한 Bloom -, Beam Blank -, Tubular -, Slab -Mold 제조 기술 확립(제품 폭: max. 2200㎜)
- ○ 주조 / 압연 / 압출 / 단조 / 기계가공 / Ni -Cr 도금 제조기술 확보
- ○ thermo -mechanical 처리에 의한 균질 입자미세화 기술개발
- ○ 대형물 균질 도금기술(예: Ni =max. 5㎜, Cr =max. 50㎛) 개발

세부 과제명	철강연주용 신합금 적용 차세대급 Cu 몰드		
	1. 연구과제의 목표		
기술개발 목표	성능 지표	현재 기술수준 비교(CuAgP / CuCrZr)		2010년 기술개발 목표
		국 내	KME(獨)	
	내연화온도(℃)	미생산	350 / 450	350 / 450
	경도(HB)		90 / 120	90 / 120
	조직균질성(%)		100	100
	입도(㎛)		50㎛	50㎛
	열전도성(%)		95 / 85	95 / 90

2. 연구과제의 주요 내용 및 범위

- ○ 내열성, 내마모성, 고전도성, 내식성 등을 가진 합금설계기술
- ○ 신합금에 대한 주조 / 압연 / 압출 / 단조 / 기계가공 / Ni -Cr 도금 제조기술 확보
- ○ 신합금 적용 Bloom -, Beam Blank -, Tubular -, Slab -Mold 제조기술 확립 (제품 폭: max. 2200㎜)

세부 과제명	철강연주용 신 표면처리재 적용 Cu 몰드		
1. 연구과제의 목표			

기술개발 목 표	성능 지표	현재 기술수준 비교(CuAgP / CuCrZr)		2010년 기술개발 목표
		국 내	KME(獨)	
	경도(HV)	700	1,200	1,200
	코팅층 두께균일성(%)	±20	±10	±10
	코팅 내구성(%)	50	100	100
	표면 코팅층 응력제어(%)	10	100	100

2. 연구과제의 주요 내용 및 범위

○ 복층 Ni / Cr도금소재 대체 단층 복합도금재료 제조기술
  - Ni(or Cr(Ⅲ)) - Ceramics(고강도, 내열성 세라믹 미세입자)
  - 제조공정인자(온도, pH, 농도, 전류밀도 등) 및 미세입자 공석률(wt.%) 제어기술
  - 복합도금소재 내부응력 최소화 첨가물질 개발
○ 환경 친화적 고기능성 전해 합금도금재료 개발
  - 금속합금 및 비정질 도금소재: Ni - X(B, Co, W, Mo)
  - 적정 공정인자 및 합금원소 공석률(wt.%) 제어기술
  - 도금소재 합성 및 응력제어 물질 개발
○ 신표면처리재 적용 Bloom -, Beam Blank -, Tubular -, Slab - Mold 제조기술 확립
  (제품 폭: max. 2200㎜)

(4) 자동차 파워트레인 섀시용 차세대 고강도 신철강재

세부 과제명	고출력 엔진 커넥팅로드용 45K 피로강도급 고성능 단조분할 합금강		
1. 연구과제의 목표			

기술개발 목 표	성능지표	현재 기술수준 비교		2010년 기술개발 목표
		국 내	아이찌(日)	
	인장압축피로(kgf / ㎟)	35	40	45
	영구변형(EL, %)	22	15	10

2. 연구과제의 주요 내용 및 범위

○ 개재물 제어 기술
  - 제강중 Ca처리에 의한 MnS 형상 제어 기술
  - Oxide Metallurgy를 도입하여 Ti, Zn 및 Mg 산화물에 MnS를 석출시켜 절삭성을 향상시키는 기술
○ 합금설계 기술
  - 피로강도를 향상시키기 위한 합금첨가 기술
  - 전기로 조업에 따른 불순물 제거 / 이용 기술

세부 과제명	고내구 변속기용 1050℃ 열처리급 고강도 진공침탄 합금강		
1. 연구과제의 목표			
기술개발 목　표	성능지표	현재 기술수준 비교		2010년 기술개발 목표
		국　내	아이찌(日)	
	접촉피로수명(10^6 / 회)	1.7	2.5	2.5
	GCT(℃)	980	1000	1050

2. 연구과제의 주요 내용 및 범위

- ○ 석출물 제어 기술
  - − 미세 석출물(Nb, V, Ti의 Carbonitride) 형성 기술
  - − 석출물에 따른 입성장 억제 기술(Grain Coarsening Temperature(GCT) 향상)
- ○ 연주제어 기술
  - − 침탄 전 미세 편석 방지 기술
- ○ 합금 설계 기술
  - − 침탄 후 급냉(gas quenching)이 가능한 합금에 의한 경화능 제어기술
  - − 내 pitting성 향상을 위한 합금설계기술
- ○ 진공 침탄 공정 제어 기술

세부 과제명	고성능 엔진 배기 매니폴드용 배기온도 950℃급 초내열 내식 철강		
1. 연구과제의 목표			
기술개발 목　표	성능지표	현재 기술수준 비교		2010년 기술개발 목표
		국　내	Hitachi(日)	
	사용배기온도(℃)	830	850	900
	고온인장강도(㎫)(800℃)	60	70	100
	열피로 수명, Nf(200 ↔ 800℃)	＞80	＞90	＞95
	두께(㎜)	4.5t	3.5t − 4.0t	3.0t

2. 연구과제의 주요 내용 및 범위

- ○ 합금 / 공정 설계 기술
  - − 설계 및 기초 특성 계통화 평가 기술
  - − 미세조직 제어 기술
  - − 열 피로 특성 평가기법 개발 및 측정기술
  - − 고온 저 / 고 주기 피로시험
- ○ 제조공정 기술
  - − 정밀 셀 구조 공정제어 기술
  - − 시제품 특성 및 품질 평가 기술
- ○ 설계 및 전산 모사 기술
  - − 제품형상 설계 기술
  - − 열변형 전산모사 기술

(5) 고신뢰성 반도체CMP용 32㎚급 복합 세라믹 소재

세부 과제명	반도체 Cu CMP용 32㎚급 복합산화물 소재 슬러리(1st Step Slurry)		

1. 연구과제의 목표

연마제 성능지표	현재 기술수준 비교		2010년 기술개발 목표
	국 내	Cabot(美)	
입자크기(1차)	80 - 120㎚	60 - 120㎚	50 - 80㎚
입자크기(2차)	150 - 200㎚	100 - 200㎚	100 - 150㎚
Large Particle	〈1㎛	〈1㎛	0.8㎛
Metal Impurity(5% Solid)	〉30ppm	〉20ppm	〈10ppm

※ 단순산화물 기준임(복합 산화물은 미생산)

연마 성능지표		현재 기술수준 비교		2010년 기술개발 목표
		국 내	Cabot(美)	
Cu Removal Rate(Å / min)		〉4000	〉5000	〉6000
Barrier Metal Removal rate(Å / min)		〈100	〈60	〈50
Oxide Removal rate(Å / min)		〈100	〈60	〈50
Dishing (Å)*1	100㎛ Pad	〈1500	〈1000	〈400
	1㎛ L / S	〈300	〈100	〈100
Erosion(Å)*2		〈500	〈400	〈200
WIWNU(1σ%)*3		〈8	〈7	〈6
WTWNU(1σ%)*4		〈6	〈5	〈4
Particle	Size(㎚)	90	90	90
	(# / wafer)	〈300	〈250	〈200
Scratch(#)*5		〈30	〈20	〈15

*1: Dishing @ 100㎛*100㎛ large Pad and 1㎛ Line and Space Pattern
*2: Erosion @ 1㎛ Line and Space Pattern with 50% Pattern Density
*3: Within Wafer Non-Uniformity, Cu 3000Å Removal 기준,
　　3㎜ Edge Exclusion, 49 points polar map
*4: Wafer to Wafer Non-Uniformity, Cu 3000Å Removal 기준
*5: 기준 size 1㎛ 이상

2. 연구과제의 주요 내용 및 범위

○ 연마슬러리에 사용되는 연마입자의 고순도화 기술, 균일한 입자 크기 및 형상 제어기술 및 고분산 입자의 제조기술개발
○ 연마 막의 연마 performance를 극대화하기 위한 연마입자 표면물성 제어 기술개발
○ 2 psi 이하의 저 압력에서 High removal rate 및 High selectivity를 유지하면서, 연마 후 Low defectivity, Low dishing and errosion, High planarization를 가지는 고안정성의 연마 slurry 개발
○ 연마 막, pad 및 장비의 특성에 따른 연마슬러리의 신조성설계기술개발

세부 과제명	반도체 Cu Barrier Metal CMP용 32㎚급 복합산화물 소재 슬러리(2nd Step)

1. 연구과제의 목표

연마제 성능지표	현재 기술수준 비교		2010년 기술개발 목표
	국　내	Cabot(美)	
입자크기(1차)	80 − 120㎚	60 − 120㎚	50 − 80㎚
입자크기(2차)	150 − 200㎚	100 − 200㎚	100 − 150㎚
Large Particle	〈1㎛	〈1㎛	0.8㎛
Metal Impurity(5% Solid)	〉30ppm	〉20ppm	〈10ppm

연마 성능지표		현재 기술수준 비교		2010년 기술개발 목표
		국　내	Cabot(美)	
Cu Removal Rate(Å / min)		〈1000	〈800	〈1000
Barrier Metal Removal rate(Å / min)		〈1500	〈1500	〈1500
Oxide Removal rate(Å / min)		〈1000	〈1000	〈1000
Dishing (Å)*1	100㎛ Pad	〈500	〈300	〈200
	1㎛ L / S	〈300	〈100	〈100
Erosion(Å)*2		〈500	〈200	〈200
WIWNU(1σ %)*3		〈8	〈7	〈6
WTWNU(1σ %)*4		〈6	〈6	〈4
Particle	Size(㎚)	90	90	90
	(# / wafer)	〈300	〈250	〈200
Scratch(#)*5		〈30	〈15	〈10

*1: Dishing @ 100㎛*100㎛ large Pad and 1㎛ Line and Space Pattern
*2: Erosion @ 1㎛ Line and Space Pattern with 50% Pattern Density
*3: Within Wafer Non − Uniformity, Barrier Metal 1000Å Removal 기준, 3㎜ Edge Exclusion, 49 points polar map
*4: Wafer to Wafer Non − Uniformity, Barrier Metal 1000Å Removal 기준
*5: 기준 size 0.5㎛ 이상

기술개발 목　표

2. 연구과제의 주요 내용 및 범위

○ 연마슬러리에 사용되는 연마입자의 고순도화기술, 균일한 입자 크기 및 형상 제어기술 및 고분산 입자의 제조기술개발
○ 2 psi 이하의 저 압력에서 연마 후 Low defectivity, Low dishing and errosion, High planarization를 가지는 고안정성의 연마 slurry 개발

(6) 자동차 고품질 표면소재용 친환경 소재

세부 과제명	내후성이 우수한 insert molding용 decoration 필름 소재		
	1. 연구과제의 목표		

	성능지표	현재기술수준 비교		2010년 기술개발 목표
		국 내	Avery Dennison(美)	
기술개발 목 표	인장강도(kgf / ㎠)	미개발	380	380
	내Scratch성(연필강도)		HB	HB
	접착력(%)		98	98
	촉진내후성(△E)		2	3

	2. 연구과제의 주요 내용 및 범위

○ 자동차의 내외장에 사용되는 3차원 성형 부품의 외관을 형성하는 insert molding용 필름의 소재 및 제조기술개발
○ Insert molding용 필름 소재 개발
　－ 수지 formulation 및 blend 기술개발
　－ 필름 설계 및 평가 기술개발
　－ Dry & thermal lamination process 개발

세부 과제명	건식공정을 이용한 메탈라이징 내·외장 코팅제		
	1. 연구과제의 목표		

	성능지표	현재기술수준 비교		2010년 기술개발 목표
		국 내	Red Spot(美)	
기술개발 목 표	부착성(M-1~M-6)	M-3	M-2	M-2.5
	내습성(hr)	24	240	168
	내열성(hr)	1	300	200
	내마모성(횟수)	20	10,000	10,000
	촉진내후성(△E)	3	2	2.8

	2. 연구과제의 주요 내용 및 범위

○ 건식 메탈라이징 공정을 이용하여 환경성, 신뢰성이 향상된 고품질 표면소재 코팅제 및 시스템 제조 핵심 기술개발
○ 메탈라이징 코팅 소재 개발
　－ 소재 종류별 부착기술개발
　－ 메탈라이징 공정 기술개발
　－ 내후성, 내습성, 내열성 향상 기술개발
　－ 양산화 기술개발

세부 과제명	Flowmark free 고성능 고외관 PP 복합소재			
	1. 연구과제의 목표			
기술개발 목 표	성능지표	현재기술수준 비교		2010년 기술개발 목표
		국 내	JPP(日)	
	용융지수(g / 10min)	18	23	23
	Flowmark 발생률(%)	70	30	40
	Izod충격강도($kg \cdot cm$ / cm)[상온]	40	45	45
	굴곡탄성률(kg / cm^2)	13,000	15,500	15,000
	2. 연구과제의 주요 내용 및 범위			

○ 자동차 내외장용 플라스틱 소재로서 기계적 성능이 탁월하고 flowmark가 없는 고외관의 PP 복합소재 핵심 제조기술개발
○ Flowmark free PP 복합소재 개발
　－분자량 분포 제어 가능한 폴리프로필렌 중합 기술개발
　－최적의 성능 발현을 위한 elastomer, filler 성분 선정 및 배합 기술개발
　－대형 사출물의 가공성, 외관 평가 방법 개발

3) 미래수요 창출품목(9개 품목)

(1) 입체시각 기반 1.3M급 로봇용 인공눈

(Stereo-based Robot Eye with 1.3M-pixel Resolution)

세부 과제명	70dB급 WDR 카메라 모듈 개발			
	1. 연구과제의 목표			
기술개발 목 표	성능지표	현재 기술수준 비교		2010년 기술개발 목표
		국 내	Sharp(日)	
	WDR(dB)	48	60	70
	Zoom	1	3	3
	Illumination(Lux)	5	5	1
	Resolution(pixel)	VGA	VGA	1.3M

2. 연구과제의 주요 내용 및 범위

○ 다양한 분야의 지능형로봇에 안정적으로 활용될 수 있는 로봇용 인공눈을 만들 수 있는
   카메라모듈저조도 및 70㏈ Wide Dynamic Range 카메라 모듈 개발
   - 조도(Illumination) 1 lux에서 시각인식, 동작인식 및 추적이 가능한 카메라 모듈
   - WDR 70㏈ 수준으로 저조도 및 고조도에서 동일한 성능이 구현되는 카메라 모듈
○ 카메라 모듈 Hardware 구성
   - Auto Focus 기능(10㎝∼∞) 탑재(소비전류: 40㎃ 이하, 12V 기준)
   - 3배 줌기능 탑재(소비전력: 60㎃ 이하, 12V 기준)
   - Fixed 및 AF / Zoom 상태에서 Stereo Vision이 가능한 모듈
   - IEEE 1394 interface
   - Size: 25×25×20㎜ 이하
   - 해상도: 1.3M
   - ISP 일체형 CMOS 이미지센서
   - 목표원가: 30만 원

세부 과제명	2자유도 인공눈 방향제어 모듈

1. 연구과제의 목표

	성능지표	현재 기술주순 비교		2010년 기술개발 목표
		국 내	Sagebrush Tech.(美)	
기술개발 목 표	Panning Range(°) *1	20(+ / −)	50(+ / −)	50(+ / −)
	Tilting Range(°) *1	20(+ / −)	30(+ / −)	30(+ / −)
	Speed max.(° / sec)	90	300	300
	Speed min.(° / sec)	0.7	0.5	0.5
	Repeatability(°)	0.7	0.051418	0.05
	Size(WxHxD)('㎤)*2	8000	3500	500

*1: 응용에 따라 다르게 설정 가능
*2: 1개 모듈 기준
※ N / A: Not Applicable

2. 연구과제의 주요 내용 및 범위

○ 방향제어 모듈은 탑재되는 카메라 모듈이 지향성을 갖도록 하기 위해 rolling 각과 pitching 각의 2 자
   유도의 각도를 능동적으로 조절하는 장치
   - 인간의 안구운동과 비교할 때 회전 속도는 최대 300° / sec, 위치정밀도는 0.05°가 구현되어야 함
○ 방향제어 모듈의 외형은 인간의 안구 모양
   - 크기: 300㎤
   - 무게: 300g
○ 입체시각용 인공눈 유닛은 이동 중인 로봇, 차량 등에도 탑재되므로, 수동형 또는 능동형의 진동저감
   기능(stabilizer)을 갖추어야 하며, 비포장조건, 충돌조건 등에서 동적 안정성이 확보되어야 함
○ 방향제어 모듈은 그림과 같이 방향제어 기구(mechanism)와 방향제어 컨트롤러(controller)로 구성
○ 방향제어 컨트롤러는 속도 / 방향제어, 진동제어, Vergence control, Visual Servoing 기능을 가져야 함

세부 과제명	스테레오 비전기반 실시간 3D Depth SoC 개발		
1. 연구과제의 목표			

기술개발 목　표	성능지표	현재 기술수준 비교		2010년 기술개발 목표
		국　내	Videredesign(美)	
	처리속도(fps)	30	30	60
	처리 영상 크기(pixels)	VGA	VGA	1.3M
	서브픽셀 분해능(pixel)	1	1 / 16	1 / 32
	소비전력(㎽)	N / A	N / A	50

※ N / A: 국내 미개발로 세부 스펙기준의 결과 없음

2. 연구과제의 주요 내용 및 범위

○ Color 기반의 스테레오 영상 입력을 바탕으로 실시간으로 3D depth map을 계산해 주는 SoC 개발
- Passive sensing 방식으로 dense stereo depth map 계산
- 스테레오 카메라 보정변수를 반영하여 3D depth 정보를 추출해야 함
- 3D depth map을 계산하기 위한 전처리 및 후처리의 모든 계산과정을 포괄하는 SoC이어야 함
- Depth discontinuity 영역에서의 error를 보상하는 알고리즘이 포함되어야 함
○ 3D depth SoC 개발 사양
- 처리속도: 30 frame per second(fps) 이상
- 처리 영상 크기: VGA급(640*480pixels)
- 서브픽셀 분해능: 1 / 16pixel
- SoC 크기: 10㎜*10㎜ 이하
- 소비전력: 70㎽ 이하

(2) 5톤급 굴삭기용 하이브리드 동력시스템

세부 과제명	5톤급 굴삭기 하이브리드용 전동기 일체형 유압펌프		
1. 연구과제의 목표			

기술개발 목　표	성능 지표	현재 기술수준 비교		2010년 기술개발 목표
		국　내	KAYABA(日)	
	최고 압력(Bar)	비교 대상 없음	300	300
	효율(%)		78*	75

* 전동기 효율 87%, 펌프효율 90%

2. 연구과제의 주요 내용 및 범위

○ 디젤엔진 및 축전지를 동시에 사용하는 5톤급 하이브리드 굴삭기의 각 구동장치(붐, 암, 버킷)류에 유압동력을 공급할 수 있는 전동기 일체형 유압펌프의 개발
○ 주요 기술개발
 - 소용량 가변형 사판식 피스톤 펌프의 개발
 - 전동기 일체형 유압펌프의 압력 및 유량 응답속도 향상을 위한 핵심기술개발
 - 굴삭기용 고효율 AC모터 설계 및 최적화 기술개발
 - 양산화에 대응하는 실용화 기술개발
 - 내진동 / 내환경 설계기술개발

세부 과제명	5톤급 굴삭기 하이브리드용 감속기일체형 전동기		

1. 연구과제의 목표

기술개발 목표	성능지표	현재 기술수준 비교		2010년 기술개발 목표
		국 내	국 외	
	최대토크(㎚)	비교 대상 없음	비교 대상 없음	190
	효 율(%)			80
	출 력(Kw)			30

2. 연구과제의 주요 내용 및 범위

○ 디젤엔진 및 축전지를 동시에 이용하는 하이브리드 동력시스템이 적용된 굴삭기의 선회를 위한 감속기 일체형 전동기의 개발
○ 주요 기술개발
 - 대용량 저소음 동축형 감속기의 개발
 - 소형 고토크 고효율 전동기의 개발
 - 응답성 및 승차감 향상을 위한 백래쉬 최소화 기술개발
 - 자주선회 방지를 위한 locking 기술개발

세부 과제명	5톤급 굴삭기 하이브리드용 ECU		

1. 연구과제의 목표

기술개발 목표	성능지표		현재 기술수준 비교		2010년 기술개발 목표
			국 내	국 외	
	하드웨어 기능	Control Time(㎳)	비교대상 없 음	비교대상 없 음	8.0
		ECU 진동내구(g)			5
	소프트웨어 기 능	배터리 관리기능(%)			40 - 60
		동력분배 기능			Serial or Parallel

2. 연구과제의 주요 내용 및 범위

○ 5톤급 하이브리드 굴삭기에 탑재되어 있는 발전기의 출력전력 및 축전장치의 충·방전 전력을 제어하는 하이브리드 제어기(H-ECU)의 개발
○ 주요 기술개발
　－전체 시스템의 에너지 소비효율을 극대화하는 제어알고리즘 개발
　－부하 측에서 검출된 요구전력과 엔진-발전기 및 보조전원(배터리, 캐패시터)과의 효율적인 전력배분 알고리즘 개발
　－일정 충전량을 유지하는 배터리 관리용 알고리즘 개발
　－전동작동기의 요구전력을 검출하는 부하전력 검출수단 및 장치개발
　－H-ECU Hardware-in-the-Loop-Simulation 기술개발
　－실용화 단계에 대응하는 내구성 및 안정성 확보

(3) 차세대 성형기계용 하이드로포밍 제어시스템

세부 과제명	5,000ton급 Hydro-forming 프레스용 초고속 Multi-Axis 다축 정밀 동조 제어기		
1. 연구과제의 목표			
기술개발 목　표	성능지표	현재 기술수준 비교		2010년 기술개발 목표

기술개발 목　표	성능지표	국　내	MOOG(獨)	2010년 기술개발 목표
	위치제어 accuracy	1.0㎜	0.3㎜ 이내	0.3㎜ 이내
	압력제어 accuracy	5%	Error rate 3% 이내	Error rate 3% 이내
	Controller 1Cycle 프로세스 시간	2.5msec	2msec	2msec

2. 연구과제의 주요 내용 및 범위

○ 다축 정밀 동조 제어 기술개발
　－Controller 간의 CAN 통신 적용
　－Controller의 1 Cycle time을 줄이기 위한 실린더별 Controller 개별 제어
　－동조 제어 알고리즘 개발
○ 정밀 위치/압력 제어 기술개발
　－디지털 신호 처리 센서 사용(고분해 기능 SSI 센서 사용)
　－PI 제어 이외의 Servo V/V 전용 제어 Factor 사용(FF Gain)
○ 저속 제어 시 실린더 Vibration 억제 기술개발
　－제어 프로그램의 주파수 Filter 알고리즘 적용
○ PC 기반의 제어 HMI 개발
　－Ethernet/RS 232 통신을 이용한 Controller 와의 Interface 통신 프로그램 개발
○ 안전사고 관리 알고리즘 개발
　－제어 모드 전환 알고리즘 개발(압력 제어 ↔ 위치 제어)
　－위험 상황별 실린더의 안전 동작 알고리즘 개발
○ 하이드로포밍 Press 시스템을 포함한 전체 시스템 시제작 및 제어기 검증
　－시험평가 동시 수행을 통해 구성단위 시스템의 안정성 확인/검증

세부 과제명	5,000 ton급 Hydro - forming 프레스용 Intensifier Actuator		
1. 연구과제의 목표			

기술개발 목 표	성능지표	현재 기술수준 비교		2010년 기술개발 목표
		국 내	MOOG(獨)	
	출력 압력(bar)	210bar	2,500bar	2,500bar
	사용 유체(구조)	Hydraulic	Hydraulic + Water	Hydraulic + Water
	작동 속도(mm / s) (at 260ton)	30mm / sec	50mm / sec	50mm / sec

2. 연구과제의 주요 내용 및 범위

○ 주요 개발 사양
  - Cylinder Size: 350(Bore)×155(Rod)×370(Stroke)
  - Supply Pressure: 300bar
  - High Pressure of Water: 2,500bar
  - Intensification Ratio: 1:11
  - Water Volume: 2.25Liters
○ 주요 구성품
  - Cylinder + Servo Valve + Position Sensor + Pressure Sensor
○ 5,000 ton급 Intensifier Actuator 서보 메커니즘 설계, 부품 제작, 시험평가 기술
○ Intensifier Actuator 부품 전산유동 해석 및 실험적 검증 수행
  - Hydraulic Jamming을 방지하는 최적 Balancing Groove 설계
  - 외부 환경의 종속변수 해석 및 외부 조건에 강인한 부품 설계
○ 초고압 환경에 적합한 Intensifier Actuator 부품의 Dynamic Sealing System 개발
○ Intensifier Actuator 부품 FEM 해석 및 실험적 검증 수행
  - 내부 초고압 형성에 의한 부품 변형 및 압력 영향 특성 분석
○ Intensifier Actuator 부품의 정밀 가공, 열처리, 표면처리 및 맞춤가공의 최적 공정 개발

세부 과제명	5,000 ton급 Hydro - forming 프레스용 Axial Feeding Actuator		
1. 연구과제의 목표			

기술개발 목 표	성능지표	현재 기술수준 비교		2010년 기술개발 목표
		국 내	MOOG / (독)	
	작동 압력(bar)	210bar	300bar	300bar
	구동 방식	Position Control +Velocity Control	Position Control +Velocity Control +Force Control	Position Control +Velocity Control +Force Control
	Water Pressure	210bar	2,500bar	2,500bar

<table>
<tr><td colspan="2">2. 연구과제의 주요 내용 및 범위</td></tr>
</table>

○ 주요 개발 사양
  - Cylinder Size: 340(Bore)×220(Rod)×275(Stroke)
  - Supply Pressure: 300bar
○ 주요 구성품
  - Cylinder + Servo Valve + Position Sensor + Pressure Sensor
○ 5,000 ton급 Hydro-forming용 Axial Feeding Actuator 서보메카니즘 설계, 부품 제작, 시험평가 기술
○ Axial Feeding Actuator 부품 전산유동 해석 및 실험적 검증 수행
  - Hydraulic Jamming을 방지하는 최적 Balancing Groove 설계
  - 외부 환경의 종속변수 해석 및 외부 조건에 강인한 부품 설계
○ 초고압 환경에 적합한 Axial Feeding Actuator 부품의 Dynamic Sealing System 개발
○ Axial Feeding Actuator 부품 FEM 해석 및 실험적 검증 수행
  - 내부 초고압 형성에 의한 부품 변형 및 압력 영향 특성 분석

(4) LCD 러빙포 섬유소재

세부 과제명	LCD 패널 제조용 40,000ea / ㎠급 고밀도 파일 러빙포		
	1. 연구과제의 목표		
기술개발 목표	성능지표	현재 기술수준 비교		2009년 기술개발 목표
		국 내	Yoshikawa(日)	
	파일밀도(ea / ㎠)	미생산	32,000±600	40,000±600
	파일길이 변동(㎛)		±100	±70
	파일 기모각도 변동(°)		±3	±2.5
	배향막 이방성 편차(%)		30	25
	파일 빠짐성(ea / ㎠)		1.2	1.0

<table>
<tr><td colspan="2">2. 연구과제의 주요 내용 및 범위</td></tr>
</table>

○ 초고밀도 입체규칙성 러빙포 제조기술개발
  - Sizing, 초고밀도 제직 기술개발
  - 파일섬유 표면개질 기술개발
  - 파일각도 제어 기모기술개발
  - 파일길이 제어 전모기술개발
  - Coating 기술개발
○ 러빙포와 러빙공정 변화에 따른 LCD 배향막 구조 및 LCD 화질 특성 연구

세부 과제명	LCD 광학필름 제조용 고압축탄성 미세파일 러빙포			
	1. 연구과제의 목표			
기술개발 목 표	성능지표	현재 기술수준 비교		2009년 기술개발 목표
		국 내	Yoshikawa(日)	
	파일밀도(ea / ㎠)	미생산	32,000±600	40,000±600
	파일길이(㎜)		1.8±0.1	2.0±0.07
	파일섬유 직경(㎛)		15	13
	압축회복률(%)		52	55

2. 연구과제의 주요 내용 및 범위

- ○ Sheath – Core Type Cellulose 섬유 개발
  - 직경 13 ㎛의 Sheath – Core 섬유 제조 기술개발
- ○ 초고밀도 입체규칙성 러빙포 제조 기술개발
  - Sizing, 초고밀도 제직 기술개발
  - 압축회복률 제어 가공기술개발
  - 파일각도 제어 기모기술개발
  - 파일길이 제어 전모기술개발
  - Coating 기술개발
- ○ 러빙포와 러빙공정 변화에 따른 광학필름의 물성 연구

(5) 반도체 / 저장매체 / 박막디스플레이 산업용 e－Fabric

세부 과제명	극세섬도 섬유소재를 이용한 IT산업용 Polishing Pad			
	1. 연구과제의 목표			
기술개발 목 표	성능지표	현재 기술수준 비교		2010년 기술개발 목표
		국 내	Rohm&Haas(美)	
	섬도(Denier)	1 / 100	5 / 1000	5 / 1000
	Fabric 표면거칠기(Ra, ㎛)	30	19	19
	Ra / comp(%)	N / A	3.8	3.8
	Scratch Count	N / A	250	250
	※ N / A: 성능스펙의 국내기술수준 파악불가			

2. 연구과제의 주요 내용

- ○ 극세섬도 섬유소재의 방사기술 확보(5 / 1000데니어급)
- ○ Polishing Pad 최적 Fabric조직구조(인공피혁을 포함한 부직포, 직물, 편물) 개발
- ○ Polyurethane composite 적용기술개발
- ○ Fabric 표면 거칠기(Ra) 19㎛ 수준의 기술개발
- ○ 초미세 반도체회로 CMP 공정에 적합한 Polishing Pad의 Compressibility 제어기술을 확보
- ○ Ra / compressibility 3.8 수준 기술 확보 및 개선가능 물성치 확보
- ○ Scratch Count 250 이하의 Polishing Pad 기술개발
- ○ 자체 평가 및 검증 시스템 확보
- ○ IT산업의 변화발전에 대응할 수 있는 부품소재 설계기술과 양산화시스템 확보

세부 과제명	Stitch Density 5500 ea / inch^2 급 박막디스플레이용 고기능 와이퍼

1. 연구과제의 목표

	성능지표	현재 기술수준 비교		2010년 기술개발 목표
		국 내	가네보(日)	
기술개발 목 표	LPC(ea / ㎡, 2μm)	15000	5000	**2000**
	이온(ppb)	300	50	**20**
	NVR(g / ㎡)	0.05	0.01	**0.005**
	Stitch density(ea / inch^2)	4200	5400	**5500**

2. 연구과제의 주요 내용 및 범위

- ○ 박막디스플레이용 고기능 Wiper용 원단에 최적인 극세 원사의 개발.
- ○ 박막디스플레이용 고기능 Wiping 성능이 발휘되는 구조의 원단의 제직 / 제편 구조설계 기술개발
- ○ 고성능 Wiping 성능의 발휘를 위한 고도 수축가공 Process 및 폐수처리 System 개발
- ○ 박막디스플레이용 적용을 위한 이 물질 최소화 공정기술개발
- ○ 개발부품소재의 신뢰성 있는 평가 시스템 구축
- ○ 일본 가네보사의 고성능 Wiper소재와 동등 또는 그 이상의 성능을 갖도록 하는 고밀도 고기능성 와이퍼 개발
- ○ 변화 발전하는 박막디스플레이 산업에 대응할 수 있는 고기능 Wiping 원단의 설계기술과 양산화 시스템 확보

(6) Broadband Network 모듈(Set-Box)

세부 과제명	Broadband Network용 VHF / UHF 대역 스펙트럼 센서		
	1. 연구과제의 목표		
기술개발 목　표	성능지표	현재 기술수준 비교		2010년 기술개발 목표
		국　내	Philips(美)	
	Detection Sensitivity(dBm)	미개발	미개발	-90
	Sensing time(msec)			2
	Power consumption(mW)			500
	Frequency range(㎓)			0.05~0.860

2. 연구과제의 주요 내용 및 범위

○ 개발 주요 내용
 - 에너지 검출(MRSS) 방식과 신호형태(Feature) 검출 방식을 결합한 스펙트럼 센서
 - 아날로그 신호 처리에 의한 저전력 실시간 스펙트럼 검출 및 할당 가능한 IC 개발
 - 저전력 Broadband Network 용 모듈을 위한 RFIC 기반의 스펙트럼 센서 칩 개발
 - 스펙트럼 검출 정보를 처리하는 Modem과 MAC 연동을 위한 제어 알고리즘 개발
○ 개발 범위

주파수 범위(㎒)	대역폭(㎒)	전력 레벨(dBm)	신호 형태
54~862	1~8	≤ -117	AM, FM, ATSC, DMB, OFDM

세부 과제명	Broadband Network용 VHF / UHF 대역 송수신기		
	1. 연구과제의 목표		
기술개발 목　표	성능지표	현재 기술수준 비교		2010년 기술개발 목표
		국내	Philips(美)	
	Dynamic range(dB)	85	85	90
	Phase noise(dBc / Hz@10㎑)	85	90	90
	Image rejection(dB)	60	60	65
	전송 전력(Watt@6 / 7 / 8㎒)	N / A	N / A	4
	Efficiency(%)	N / A	N / A	23
	Harmonics(dBc)	N / A	N / A	-25
	※ N / A: 세부 스펙기준의 검증된 결과 없음			

2. 연구과제의 주요 내용 및 범위

○ 개발 주요 내용
- Broadband Network 모듈의 제품 경쟁력을 위해 LINC, Outphase 및 Digi-IF 등의 기술 기반으로 디지털 기술을 적용한 저전력 Multi-band 송수신기 IC 개발
- 저전력, 소형화를 목표로 기저대역 신호와 RF Front-end IC의 제어 알고리즘 기술개발
- 수신기의 Dynamic range, Image rejection 최적화 알고리즘 개발
- 송신기의 선형성, 전송전력, Efficiency 향상을 위한 알고리즘 개발

○ 개발 범위

주파수 범위(㎒)	대역폭(㎒)	전력 레벨(Watt)
54~862	1~8	≤4

세부 과제명	Broadband Network용 VDSL급 Adaptive Modem

1. 연구과제의 목표

	성능지표	현재 기술수준 비교		2010년 기술개발 목표
		국 내	Philips(美)	
기술개발 목 표	Adaptive Modulation	QPSK~64QAM	QPSK~64QAM	~64QAM
	Diversity	N / A	Tx / Rx(2×2)	Rx(2×2)
	Adaptive PAPR control	$\rangle\pm6\,dB$	±6 dB	±6 dB
	Spectral efficiency	$\langle$ 3bits / Hz / s	3bits / Hz / s	5bits / Hz / s
	Link balancing	N / A	F / B $\rangle$ 4	F / B = 3

※ N / A: 세부 스펙기준의 검증된 결과 없음

2. 연구과제의 주요 내용 및 범위

○ 개발 주요 내용
- 스펙트럼 효율성과 Multiple Access를 고려하여 QPSK~64QAM 변조 방식이 가능한 저전력 Modem IC 개발
- CMOS IC 기반으로 저전력, 고성능 Modem 개발 및 신뢰성 향상 알고리즘 개발
- 효율적으로 Broadband Network 모듈 구현을 위해 스펙트럼 검출 신호 처리 및 송수신기의 선형성을 증가시키기 위한 제어 알고리즘 개발

○ 개발 범위

주파수 범위(㎒)	대역폭(㎒)	변조방식
54~862	1~8	QPSK~64QAM

(7) LCD 5세대급 이상 패턴형성 임프린트 장비

세부 과제명	LCD 임프린트 모듈			
	1. 연구과제의 목표			
기술개발 목　표	성능지표	현재 기술수준 비교		2010년 기술개발 목표
		국　내	I‐trix(日)/ EVGroup (오스트리아)	
	기판 크기	6″Wafer	500×700㎜	≤1,100×1,300㎜
	스탬프 얼라인 정도	0.5㎛(8″Wafer)	0.5㎛(8″Wafer)	≤3㎛
	스테이지 평탄도	5㎛(8″Wafer)	5㎛(8″Wafer)	≤100㎛
	가압 균일도	5%(8″Wafer)	5%(8″Wafer)	≤5%
	조도(온도) 균일도	15%	15%	≤5%

2. 연구과제의 주요 내용 및 범위

○ 기존의 노광공정을 대체할 수 있는 LCD 공정용 5세대급 이상 임프린트 장비 및 관련 부품의 개발
　-임프린트 장비 모듈의 개발
　-고정밀 얼라인 스테이지 개발
　-비젼 얼라인 알고리즘의 개발
　-임프린트 장비 관련 핵심 모듈의 개발
○ 임프린트 공정 기술 및 패널 제작 공정 기술개발
　-임프린트 공정 기술개발
　-임프린트 공정 적용 패널 제작 공정 기술개발

세부 과제명	LCD 임프린트 공정용 스탬프			
	1. 연구과제의 목표			
기술개발 목　표	성능지표	현재 기술수준 비교		2010년 기술개발 목표
		국　내	DNP / NTTAT(日)	
	스탬프 / 몰드 크기	6″	6″	≤400×500 (20″Panel)
	패턴균일도	5%(6″Wafer)	5%(6″Wafer)	≤5%
	선폭	50㎚(6″Wafer)	50㎚(6″Wafer)	≤8㎛
	선간격 / 선폭	2 : 1(6″Wafer)	2 : 1(6″Wafer)	≥40 : 1
	사용횟수(수명)	검증 결과 무	검증 결과 무	≥5K회

2. 연구과제의 주요 내용 및 범위

○ LCD 기판에 대한 임프린트 방식 패턴형성을 위한 스탬프 / 몰드 개발
   - 스탬프 / 몰드 제작기술개발
   - 스탬프 / 몰드 재료 기술개발
   - 스탬프 / 몰드 제작 공정 기술개발
   - 표면 처리 기술개발
   - 양산 적용을 위한 스탬프 / 몰드 제작기술개발

세부 과제명	LCD 임프린트 공정용 레지스트		
	1. 연구과제의 목표		

	성능지표	현재 기술수준 비교		2010년 기술개발 목표
		국내	Micro Technology(獨)	
기술개발 목 표	경화시간(Sec)	60sec(@100nm)	60sec(@100nm) (Micro Technology)	≤60sec
	경화마진	측정결과 없음	측정결과 없음	≥5%
	CD	0.07um (@5×5㎟ Stamp) 5um (@LCD노광공정용 레지스트)	0.07um (@5×5㎟ Stamp) 5um (@LCD노광공정용 레지스트)	≤5um

2. 연구과제의 주요 내용 및 범위

○ LCD 기판의 임프린트 방식 패턴형성을 위한 레지스트 개발
   - 임프린트 공정용 레지스트 소재 개발
   - 임프린트 공정용 레지스트 합성 기술개발

(8) 자동차 Crash Pad용 PU(폴리우레탄)계 표면일체화 부품

세부 과제명	PU Spray를 이용한 C / Pad 표면부품		
	1. 연구과제의 목표		

기술개발 목　표	성능지표	현재 기술수준 비교		2009년 기술개발 목표
		국내(TPO)	Benz(독, PU)	
	내광성(색상변화)	2.0	1.5	1.5
	내광성(광택변화)	1.0	0.6	0.6
	내마모성(회)	500	500	500
	냄새(급)	2	3.0	3.0
	엠보 깊이(μm)	70	150	150
	옥외폭로(Langley)	5만	10만	10만

2. 연구과제의 주요 내용 및 범위

○ 자동차 C / Pad 용도의 PU계 소재 일체화 표면부품 개발에 있어서 C / Pad main 판넬에 적용 가능한 PU Spray 성형용 소재 및 공정기술개발
○ C / Pad용 PU Spray Skin 개발
　－C / Pad main 판넬 부품에 적용하기 위한 PU Spray Skin 개발
　－Spray 공법에 적합한 PU 소재개발
　－PU Spray Skin 공정기술개발
　－PU Spray Skin의 신뢰성 평가기술개발
　－2－tone Color 성형기술개발
○ 상기 성능지표 시험법은 국내 완성차업체의 시험규격에 준한다.

세부 과제명	PU RIM / ROM을 이용한 C / Pad 부품(Console, G / box, Cup holder, Ash tray용)		
	1. 연구과제의 목표		

기술개발 목　표	성능지표	현재 기술주순 비교		2009년 기술개발 목표
		국내(PVC PSM)	Benz(獨)	
	생산성(분 / cycle)	6	5	**5**
	내광성($\triangle$E, 색상변화)	2.0	1.5	**1.5**
	냄새(급)	2	3.0	**3**
	엠보 표현력(μm)	100	150	**150**
	보증거리(km)	50,000	100,000	**100,000**

2. 연구과제의 주요 내용 및 범위

- 자동차 C / Pad 용도의 PU계 소재 일체화 표면부품 개발에 있어서 모듈 내 Console, Glove box, Cup holder, Ash tray 등의 소형 부품에 적용 가능한 RIM ROM 성형용 PU 소재 및 공정기술개발
- PU RIM(Reaction Injection Molding) 및 ROM(RIM Over Molding) 기술개발
    - 주변 부품과 엠보, 광택, 칼라, 질감이 매칭되는 RIM / ROM 부품 개발
    - RIM 공법을 이용한 Console 및 Glove box의 표면부품 개발
    - ROM 공법을 이용한 Cup holder 및 Ash tray 표면부품 개발
    - 최적의 물성을 갖는 RIM / ROM 성형을 위한 PU 소재 개발
    - RIM / ROM 공정기술개발
    - RIM / ROM 부품의 신뢰성 평가기술개발
- 상기 성능지표 시험법은 국내 완성차업체의 시험규격에 준한다.

세부 과제명	PU CCM을 이용한 C / Pad 고광택 부품(Center Fascia, Garnish 등)

1. 연구과제의 목표

	성능지표	현재 기술주순 비교		2009년 기술개발 목표
		국내(Paint)	Benz(獨)	
기술개발 목 표	도막두께(㎜)	0.5~0.8	2.0	2.0
	내스크래치성(급)	4	5	5
	내광후부착성	M -2.5 이하	M -1	M -1
	냄새(급)	2	3	3
	내마모성(회)	1,000	1,000	1,000

2. 연구과제의 주요 내용 및 범위

- 자동차 C / Pad 용도의 PU계 소재 일체화 표면부품 개발에 있어서 모듈내 wood grain이 포함된 garnish, center fascia 등의 고광택 부품에 적용가능한 CCM 성형용 PU 소재 및 공정기술개발
- PU CCM(Clear Coat Molding)을 이용한 고광택 부품개발
    - CCM 공법을 이용한 garnish 및 center fascia 등의 Wood grain 고광택 표면처리 기술개발
    - 최적의 물성을 갖는 CCM 성형을 위한 PU 소재 개발
    - CCM 공정기술개발
    - CCM 부품의 신뢰성 평가기술개발
- 상기 성능지표 시험법은 국내 완성차업체의 시험규격에 준한다.

(9) LNG Cargo Pump Module

세부 과제명	Main Cargo Pump		
	1. 연구과제의 목표		
기술개발 목 표	성능지표	현재 기술주순 비교		2010년 기술개발 목표
		국 내	EBARA(美)	
	용량(Capacity)	미생산	1700㎥ / h	1700㎥ / h
	양정(Differential Head)		155m	155m
	정격유량에서 NPSHr		1.8m	1.8m
	효율(Efficiency)		77.6%	77.6%
	설계압력(Design Pressure)		10.0barg	10.0barg
	2. 연구과제의 주요 내용 및 범위		

○ 극저온 환경하에서의 최적 임펠러 및 케이싱 형상개발
 - 임펠러, 인듀서 및 케이싱 형상 설계
 - 열응력을 고려한 펌프의 구조 개발
 - 시제품 제작 및 성능 시험
○ 극저온 환경을 고려한 펌프의 구동 메커니즘 개발 및 소재 연구
 - 진동, 소음 계측 및 분석(API & ISO 및 선급 기준적용)
 - 윤활 성능 해석 및 내구성 평가
 - 펌프 구성부품의 적정소재 선정 / 시험(적용규격: ASTM & ANSI)
○ 안전성 및 신뢰도 확보를 위한 안전장치 개발 및 신뢰성 검증
 - 자동 정지 장치, 경보 및 지시기 개발 및 성능 검증
 - 안전성 및 신뢰성 평가

세부 과제명	Spray / Stripping Pump		
	1. 연구과제의 목표		
기술개발 목 표	성능지표	현재 기술주순 비교		2010년 기술개발 목표
		국 내	EBARA(美)	
	용량(Capacity)	미생산	50㎥ / h	50㎥ / h
	양정(Differential Head)		135m	145m
	정격유량에서 NPSHr		0.7m	0.7m
	효율(Efficiency)		54.4%	54.4%
	설계입력(Design Pressure)		10.0barg	10.0barg

2. 연구과제의 주요 내용 및 범위

○ 극저온 환경하에서의 최적 임펠러 및 케이싱 형상개발
 - 임펠러, 인듀서 및 케이싱 형상 설계
 - 열응력을 고려한 펌프의 구조 개발
 - 시제품 제작 및 성능 시험
○ 극저온 환경을 고려한 펌프의 구동 메커니즘 개발 및 소재 연구
 - 진동, 소음 계측 및 분석(API & ISO 및 선급 기준적용)
 - 윤활 성능 해석 및 내구성 평가
 - 펌프 구성부품의 적정소재 선정 / 시험(적용규격: ASTM & ANSI)
○ 안전성 및 신뢰도 확보를 위한 안전장치 개발 및 신뢰성 검증
 - 자동 정지 장치, 경보 및 지시기 개발 및 성능 검증
 - 안전성 및 신뢰성 평가

세부 과제명	Emergency Pump		

1. 연구과제의 목표

	성능지표	현재 기술주순 비교		2010년 기술개발 목표
		국 내	EBARA(美)	
기술개발 목 표	용량(Capacity)	미생산	550㎥ / h	550㎥ / h
	양정(Differential Head)		155m	155m
	정격유량에서 NPSHr		2.3m	2.3m
	효율(Efficiency)		68%	68%
	설계입력(Design Pressure)		10.0barg	10.0barg

2. 연구과제의 주요 내용 및 범위

○ 극저온 환경하에서의 최적 임펠러 및 케이싱 형상개발
 - 임펠러, 인듀서 및 케이싱 형상 설계
 - 열응력을 고려한 펌프의 구조 개발
 - 시제품 제작 및 성능 시험
○ 극저온 환경을 고려한 펌프의 구동 메커니즘 개발 및 소재 연구
 - 진동, 계측 및 분석(API & ISO 및 선급 기준적용)
 - 윤활 성능 해석 및 내구성 평가
 - 펌프 구성부품의 적정소재 선정 / 시험(적용규격: ASTM & ANSI)
○ 안전성 및 신뢰도 확보를 위한 안전장치 개발 및 신뢰성 검증
 - 펌프 설치시의 열충격을 고려한 구조 및 적정 소재 선정
 - Foot Valve 내구성 확보를 위한 구조 및 적정 소재 선정
 - 안전성 및 신뢰성 평가

벤처기업확인서발급신청서	처리기간
	15일

신청인	업체명	(설립일:)	사업자등록번호	
	대표자	(한 자:)	주민등록번호	
	업 종	(산업분류코드:□□□□□)	주 생산품	
	본사□□□-□□□		전 화	
			팩 스	
	공장□□□-□□□		전 화	
			팩 스	

확인신청내용(해당 번호에 ○표)

번호	벤처기업 요건		확인관련 서류
1	벤처캐피탈투자기업		① 한국벤처캐피탈협회, 한국벤처투자조합, 다산벤처 또는 신기술사업금융회사 등이 증명한 서류
2	연구개발투자기업		① 기업부설연구소인증서 사본
3	신기술개발기업		① 특허·실용신안 등록원부(단, 출원공개 중인 기술은 특허청장이 증명한 서류)·중앙행정기관장이 신기술사업임을 증명한 서류 또는 공공연구기관 등이 이전기술임을 증명한 서류
4	기술평가기업	창업 중인 기업 또는 자체기술개발기업	① 벤처기업 평가서 원본 ② 창업 중인 기업은 사업계획서 첨부
		산정기준미달 또는 의장권보유기업	① 벤처기업 평가서 원본

벤처기업육성에관한특별조치법 제25조의 규정에 의하여 벤처기업임을 확인하여 주시기 바랍니다.

년   월   일

(지방)중소기업청장 귀하   신청인   (서명 또는 날인)

수수료
없 음

※ 첨부서류
　기업의 현황 및 실태조사표(별표 4호)

<table>
<tr><td colspan="5" align="center">벤처기업확인서재발급신청서</td><td>처리기간</td></tr>
<tr><td colspan="5"></td><td>7일</td></tr>
</table>

신청인	업체명	(설립일:)		사업자등록번호	
	대표자	(한자:)		주민등록번호	
				E-mail	
	업 종			주 생산품	
	본사□□□-□□□			전 화	
				팩 스	
	공장□□□-□□□			전 화	
				팩 스	

재발급신청내용(해당 번호에 ○표)

번호	구 분	변경내용			변경사유
		업체명	대표자	소재지	
1	법 인				
2	개인사업자				
3	예비벤처				

벤처기업확인요령 제9조의 규정에 의하여 벤처기업확인서를 재발급하여 주시기 바랍니다.

년   월   일

수수료
없 음

(지방)중소기업청장 귀하   신청인   (서명 또는 날인)

※ 첨부서류
 1. 사업자등록증사본(법인의 경우 법인등기부 등본)
 2. 기발급받은 벤처기업확인서 원본
 3. 포괄사업양도양수계약서 사본 및 주주임을 증명하는 서류
   (개인사업자의 법인전환의 경우)

210㎜×297㎜(신문용지 54g / ㎥)

(실험실 창업 서식2-1호)

<table>
<tr><td>접수번호</td><td></td></tr>
</table>

겸직 허가서 신청서

한 양 대 학 교
총 장 귀 하

본인은 한양대학교 교수(대학원생)로서 다음과 같은 사유로 겸직 허가를 신청한다.

－다 음－

1. 성   명:

2. 소   속: ○○대학 ○○학부   (전화: －   )

3. 직   위:

4. 겸 직 사 유:

5. 겸 직 신 청 기 간: ○○년   ○월   ○일   부터
                   ○○년   ○월   ○일   까지

○○○○년   ○월   ○일

소 속 학 과 장: (인)
신   청   인: (인)
※ 겸식사유 증빙서류 첨부

(실험실 창업 서식2-1호)

접수번호	

겸직 허가 연장 신청서

한 양 대 학 교
총 장 귀 하

본인은 한양대학교 교수(대학원생)로서 다음과 같은 사유로 겸직 허가를 신청한다.

-다   음-

1. 성   명:

2. 소   속: ○○대학 ○○학부   (전화: -   )

3. 직   위:

4. 겸 직 사 유:

5. 겸 직 신 청 기 간: ○○년   ○월   ○일   부터
　　　　　　　　　　　　 ○○년   ○월   ○일   까지

○○○○년   ○월   ○일

소 속 학 과 장: (인)
신   청   인: (인)
※ 겸직사유 증빙서류 첨부

5 해외 Venture business의 특성

1) 해외 벤처기업 육성정책 현황

외국의 성공한 클러스터의 사례를 중심으로 각 국의 혁신시스템과 연계한 벤처정책

구 분	내 용
미 국	-자생적인 실리콘밸리의 구축과 연계한 벤처기업의 생성 및 발전 -보호육성이 아닌 시장 메커니즘에 의해 벤처기업이 성장할 수 있도록 인프라구축에 중점(신용보증 중심의 금융지원 등) -혁신 전 중소기업을 위한 각종 프로그램(SBIR 등)을 실시
이스라엘	-국내시장의 한계로 인해 창업 초기부터 글로벌화를 지향하였고 이에 대한 정부의 적극적인 지원 -외국인 투자 및 해외 우수 인력의 확보를 위한 적극적인 인센티브 제공 -벤처캐피탈과 인큐베이터의 적절한 자금지원과 벤처기업 설립 지원
대 만	-정부의 주도적인 과학기술단지 조성과 이와 연계한 벤처기업의 적극적 육성
중 국	-정부는 벤처집적 단지 조성, 창업보육센터 설립, 벤처투자자금 조성 등의 다양한 벤처기업 지원 정책을 통해 직접적으로 육성에 관여하고 있음 -연구소와 연구기관에서 파생된 벤처기업
인 도	-IT산업 발전에 필요한 기본요소의 충족 및 시의적절한 정부의 지원 -수출 지향적인 벤처정책
핀란드	-울루 테크노폴리스 중심의 클러스터 정책과 연계한 벤처기업 육성 -주요 대기업인 노키아와 벤처기업 간의 수평적 협력관계 도모

자료: 과학기술정책연구원

일반적으로 벤처기업은 고위험-고수익(high risk high return)을 추구하는 기업을 의미하지만 이에 대한 명확한 정의는 존재하지 않음

<국외 연구문헌에서 이루어진 벤처기업의 정의>

연구자	벤처기업의 정의
cooper(1981)	연구개발을 강조하거나 기술적으로 새로운 지식을 이용하는 데 역점을 두는 회사
Bollinger, L., K. Z. Hope, and J. M Utterback.(1983)	소수의 핵심창업자가 기술혁신과 아이디어의 개발, 새로운 지식을 이용하는 데 중점을 둔 회사 또는 이를 상업화하려는 동기를 기본적으로 갖고 설립한 회사, 특히 기존의 여타 기업에 부속된 별개의 사업부나 계열사가 아닌 자본적으로 완전히 독립된 사업체
Carland, Hoy, and Carland(1984)	신제품 도입, 신생산 방식, 신시장 개척, 산업재조직 등의 행위 범주에 포함되는 기업으로 목표를 수익성과 성장성에 두고 혁신적인 전략 실행을 통해 사업을 하는 기업
Coutarell(1985)	성장이 기대되는 소기업 또는 중소기업
Gladstone(1988)	상당한 경제적 공헌을 할 잠재력을 가진 젊은 기업, 고속성장 기업 또는 고속 성장의 잠재력을 보이는 신생기업
Schoolhoven et al.(1990)	연구대상으로서 반도체 산업에서의 신생벤처(new venture)를 반도체 장비를 개발·생산·판매할 목적으로 설립된 신조직(new organization)이라고 정의하고, 이를 NTBC(new technology based companies)와 혼용하여 사용함
McDougall and Robinson(1990)	HTF(High Technology Firms)를 연구하면서 연구대상을 Dun and Bradstreet로부터 컴퓨터와 통신장비 분야의 장비제조업체들을 연구대상으로 함
Sapienza & Gupta(1994)	New Venture와 Venture라는 용어를 혼용하면서 연구샘플로서 Venture를 Venture Capital과 지원관계를 맺고 있는 biotechnology, computer와 같은 high-technology 산업 내의 (중소)기업으로서 조직 연령이 평균 4년인 기업
Dollinger(1995)	창조와 혁신, 모험과 불확실성에의 도전으로 새로운 결합을 창조하는 기업가 정신을 바탕으로 하는 신생 소기업
Bachher and Guild(1997)	Technology Based Firm이라는 용어를 사용하면서 벤처기업을 "기술을 상품화해서 그것으로부터 경쟁우위를 추구하는 기업"이라고 정의하고, 소프트웨어와 의료기기회사를 연구대상으로 함
Cable & Shane(1997)	"new business start-ups with venture capital banking"이라고 정의하고 new venture 및 enterpreneur라는 용어와 혼용함
Shrader & Simon(1997)	연구대상으로서 신생 벤처(new venture)를 "컴퓨터 및 통신장비 제조산업에 속한 8년 이하의 회사"로 정의함
Boocock and Woods(1997)	전통적 금융계로부터 자금지원이 종종 거절되는 고성장 기업가적 기업
Chrisman et al.(1999)	그 발전단계에서 아직 성숙된 사업이라고 생각될 수 있는 단계에 도달하지 못한 기업
Ovit and McDougall(1994) Zahra el al.(2000)	신생벤처기업(New Venture Firm)이란 "6년 EH는 그 이하의 회사로서 조직 생애 주기상 초기의 (국제)시장에 진입하는 기업"이라고 정의함

이춘우(2001), "벤처기업의 개념 및 특징에 관한 선행문헌 검토", 「산업과 경영」, 13(2), 충북대학교

○ 선진국의 경우, 첨단산업 분야에서 새로운 아이디어나 기술혁신의 사업화를 목적으로 설립된 신생기업(start-ups)을 의미하며, 특정조건을 충족시키는 기업만으로 국한되어 정의하지는 않고 있음
  - 미국: 일반적으로 벤처캐피탈이 투자한 기업을 의미하기도 하며, 중소기업투자법(SPIA)에서 "위험성이 크지만 성공할 경우 높은 기대수익이 예상되는 신기술 또는 아이디어를 독립기반 위에서 영위하는 신생기업(New business with high risk-high return)"으로 규정
  - 일본: 중소기업의 창조적 사업 활동 촉진에 관한 임시조치법에서 "중소기업으로서 R&D투자비율이 매출액의 3% 이상인 기업, 창업 후 5년 미만인 기업"으로 분류
  - OECD: "R&D 집중도가 높은 기업" 또는 "기술혁신이나 기술적 우월성이 성공의 주요 요인인 기업"으로 정의

주요국의 벤처기업에 대한 개념

항 목	미 국	일 본	대 만
개 념	위험성은 크나 높은 부가가치가 예상되는 신생기업	특정중소기업자 ① R&D비율 3% 이상 ② 업력 5년 미만	기술집약형 중소기업 (2년마다 정부에서 첨단업종을 지정)
관련법	중소기업투자법(Small Business Investment Act)	중소기업의 창조적 사업활동촉진에 관한 임시조치법	촉진산업조례 제8조

김경태·최상렬(1998), "우리나라 벤처기업의 발전방안에 관한 연구". 「동림경영연구」, 제8집, 한국동림경영학회, p.3; 중소기업진흥공단(1998), 「벤처기업 활성화 심포지엄」

□ 벤처기업의 국가경쟁력 기여 효과

○ 산업구조 고도화
  - 최근의 정보기술과 인터넷으로 대표되는 디지털 혁명은 지식경제, 인터넷경제, 디지털경제 등으로 표현되는 신경제(new economy)로의 패러다임 변화를 촉발하는 계기가 됨
  - 벤처기업은 전통적인 산업(기업)과 딜리 대규모 자본과 시설투자가 아닌 신기

술과 아이디어를 통해 산업발전을 선도하고 높은 R&D투자를 바탕으로 지속
적인 혁신을 창출한

○ 최근 정부의 각종 중소·벤처기업 정책은 대기업과의 협력을 통한 동반성장을
기조로 하여 다양한 정책이 추진되고 있거나, 추진 예정임

　　* 중소·벤처기업 경쟁력 강화대책(2004.3.25)

○ 금융시장 발전

　－벤처기업의 발전은 벤처캐피탈을 비롯해 금융부문의 확대와 자본시장의 발전
을 가져옴

　－향후 벤처기업이 제2의 도약을 하기 위해서는 원활한 금융시스템의 구축이 절
대적인 선결과제임

○ 고용 창출

　－대기업과 중소기업에 비해 상대적으로 기술집약적 첨단산업에 속한 벤처기업
은 고부가가치 분야에서의 성장률이 높고 아웃소싱을 통한 파급효과가 크며,
새로운 관련 분야의 시장수요를 증대시킴

　－벤처기업의 고용증가율을 대기업과 중소기업에 비해 높은 수치를 보이고 있음

　　* 2000년 고용증가율: 벤처기업 24.3%, 대기업 / 중소기업 3.8%, 1999년 고용증
가율: 벤처기업 18.8%, 대기업 / 중소기업 1.4%

□ 역동적 기업역량(Dynamic Firm Capability)

○ 슘페터(1934)는 기업경쟁 환경을 결정짓는 요소로서 급속하고 본질적이며 불연속
적인 기술변화, 복잡한 글로벌 경영환경, 사업적·전략적 불확실성 등을 제시함

○ 역동적 기업역량(Dynamic Firm Capability, DFC)의 이론적 배경은 진화론적 관
점과 네오 슘페테리언사상(Neo Schumpeterian)을 기반으로 성립되었고, 구체적
으로 기업은 지식을 학습하고 창조하는데 각기 다른 기업 고유의 역량(Firm
Specific Factor)을 지니고 있음을 강조하고 있음.

○ 또한 기업별로 특정기간이나 환경 속에서 축적된 상이한 지식의 범주를 지니고
있고 각각의 범주 속에서 달성한 위치와 경로를 바탕으로 환경의 변화에 맞게
새로운 혁신의 형태를 달성하는 능력을 지니게 됨

역동적 기업역량의 구성요소

구성요소	특　　　　　　　　　　　　　　징
Position	기업이 보유하고 있는 전략적인 자산 또는 역량(resource) 측면이 강조되고 있으며, 비교우위를 선점할 수 있는 다양한 자산이 포함됨
Process	조정, 통합, 학습, 재변형을 통해 형성되는 조직적인 루틴 또는 구조이며, Position이 형성도기 위해 강조되는 역동적인 공정과정으로 인식됨
Path	기업의 과거지향적인 부분뿐 아니라 미래 행동을 제약하는 기존 기업의 역사로서 인식되고, 기술 시장 관련 사업적 기회를 창출할 수 있는 기반으로 인식됨

- ○ DFC의 이론적 정의는 지속적으로 진화하고 세분화되는 등 그 의미가 변화하고 있으며 이를 정리하면 다음과 같음

역동적 기업역량의 의미 비교

구　분	전통적 견해	새로운 견해
정　의	루틴을 배울 수 있는 루틴	특정한 조직 및 전략적 프로세스
이종성	기업 고유의 요소 (Idiosyncratic)	기업고유의 요소를 통합시킨 공통성(Best Practice)
패　턴	세분화, 분석적 루틴	시장 메커니즘에 의해서 복잡함부터 단순함까지의 범위 포함
결　과	예측 가능함	시장메커니즘에 따라 예측가능과 불가능 동시 존재
비교 우위	VRIN (Valuable, Rare, Inimitable, Non Substitutable)	가치 및 특성뿐 아니라 대체할 수 있는 것을 포함하는 광범위한 기업역량
진　화	유일한 경로	학습메커니즘과 관습, 성문화 등을 통해서 이뤄진 경로

2) 미국의 벤처기업 육성정책의 특성

- ☐ 자생적인 지역혁신 시스템의 구축과 연계한 벤처기업의 생성 및 발전
- ○ 미국의 실리콘밸리는 스탠포드 대학교의 주도하에 고급 인력이 창업할 수 있는 분위기를 조성하여 기술집약적인 벤처기업을 배출하는 역할을 하게 되면서 출발함
- ☐ 시장 메커니즘과 중소기업 성장 환경구축의 조화를 통한 벤처기업 육성
- ○ 중소기업을 국가경제의 중추를 담당하는 '활력 있는 다수(the vital majority)'로 인식하여 시장메커니즘에 입각한 정책을 구사힘

－중소기업 간 상호 경쟁, 대기업과의 공정한 경쟁, 활발한 진입과 퇴출이 가능
하도록 정책적 지원
□ 혁신적인 중소기업을 위한 각종 프로그램을 실시
ㅇ 중소기업투자공사(SBIC)의 중소기업에 대한 보증 및 우수한 기술력을 갖춘 중
소기업을 육성하기 위한 SBIR(Small Business Innovation Research)의 대표적인
사례임

(1) 실리콘밸리

□ 생성 배경
ㅇ 실리콘밸리는 1938년 스탠포드 대학의 터먼 교수가 제자인 휴렛과 패커드에게
설계도면과 현금 538달러를 주고 창업을 권유한 것에서 시작함

〈표 3-1〉 실리콘밸리 상위 20개사

순위	기업명	업종	순위	기업명	업종
1	휴렛패커드	컴퓨터·주변기기	11	어플라이드 머티리얼즈	반도체장비
2	인 텔	반도체	12	CNF	트럭킹·항공
3	시스코시스템즈	통신장비	13	맥스터	저장장치
4	선마이크로 시스템즈	중대형컴퓨터	14	로스 스토어스	의류유통
5	솔렉트론	전자서비스	15	나이트 라이더	신물출판
6	샌미나-SCI	전자관리서비스	16	AMD	반도체
7	오라클	기업용 소프트웨어	17	프랭클린리소시즈	투 자
8	캘파인	발정장비	18	일렉트로닉 아츠	엔터테인먼트S／W
9	애질런트	계측장비	19	벨 마이크로프로덕트	전자유통
10	애플컴퓨터	컴퓨터	20	N비디아	입체그래픽프로세서

<자료: 메일경제신문사, 2004>

□ 실리콘밸리의 성공요인
ㅇ 실리콘밸리 인근의 스탠포드, 버클리, 산타클라라 대학교와 7개의 단과대학 등에
서 배출된 인력들이 지속적으로 공급되고 있음
ㅇ 벤처기업 창업 시에는 엔젤투자, 성장기에는 벤처캐피탈, 성숙기에는 나스닥에서

투자자금이 회수되는 등 벤처기업의 성장단계별로 필요한 자금지원이 원활함
- ○ 스핀오프, 산학협동, 창업활성화 등을 통해 기술이 재창출될 수 있는 여건이 구비됨
- ○ 대학, 무역협회, 벤처기업, 전문 컨설팅·시장조사·광고회사, 벤처캐피탈 등 실리콘밸리 내 다양한 혁신 주체들이 강력한 네트워크로 연계되어 있어 물적, 인적, 기술적인 교류가 활발함

3) 이스라엘의 벤처기업 육성정책 특성

- □ 국내시장의 한계로 인해 창업 초기부터 글로벌화를 지향함
- ○ 국내시장이 거의 형성이 안 될 정도로 취약하여 이스라엘의 벤처기업은 자연스럽게 창업과 동시에 글로벌 시장을 겨냥하면서 경쟁력을 갖게 되었고 정부나 벤처캐피탈도 이를 적극 지원함
  - －이스라엘의 벤처모델은 실리콘밸리에 회사를 설립하여 미국에서 자본을 조달하고 IPO를 하는 것을 목표로 함
  - * 과학기술정책연구원, 벤처기업의 경쟁력 강화 및 지속성장을 위한 정책방안, 2002
- □ 외국인 투자 및 해외 우수 인력의 확보를 위한 적극적인 인센티브
- ○ 외국인 투자 및 해외인력 유치를 위한 세제혜택, 보조금 지급, 보증 등 다양한 인센티브 제공
- ○ 유태인 인재를 스카우트하기 위해 외국에 있는 유태인의 답사여행을 위한 비용을 지불하고 연구 및 창업에 대한 인센티브를 제공
- □ 벤처캐피탈과 인큐베이터의 적절한 자금지원과 벤처기업 설립 지원
- ○ 1990년대 급성장한 민간의 벤처캐피탈과 공공에서 설립한 YOZMA 펀드는 창업 초기단계에 있는 기업들을 적극 지원함

(1) 실리콘와디(Silicon wadi)

- □ 개 요*
- ○ 실리콘와디는 지역적으로 텔아비브의 Kiryat Weizmann Science Park과 Herzliya Industrial Zone, 북부 하이파 시의 Matam R&D Park, 그리고 예루살렘을 잇는

삼각지대에 형성됨

* 과학기술정책연구원, 해외 신흥 혁신클러스터의 특성 및 성장요인, 2001

4) 대만의 벤처기업 육성정책의 특성

□ 정부의 주도적인 과학기술단지 조성
○ 대만의 신죽과학공업단지는 중소기업 위주의 제조업에서 상대적으로 취약한 기업의 연구개발능력을 보완하기 위해 자본집약적이고 첨단기술지향적인 발전모델을 계획하면서 추진됨

(1) 신죽과학공업단지

□ 생성 배경
○ 중소기업의 연구개발능력의 한계로 인해 정부 주도로 1979년 과학공업원구설치법을 제정하였고 1980년부터 본격적인 단지 개발에 착수하여 인프라 구축에만 약 7.8억 달러를 투입함
  - 주력인 IT산업을 발전시키기 위해 하이테크 분야의 연구개발 및 생산, 인력양성을 촉진하는 IT집적지임

5) 중국의 벤처기업 육성정책 특성

□ 정부 주도의 벤처기업 육성
○ 정부는 벤처집적 단지 조성, 창업보육센터 설립, 벤처투자자금 조성 등의 다양한 벤처기업 지원 정책을 통해 직접적으로 육성에 관여하고 있음
□ 연구소와 연구기관에서 파생된 벤처기업
○ 중국의 대표적인 지역혁신 클러스터인 중관촌의 초창기 벤처기업들은 중국과학원과 북경대학, 청화대학에서 직접 창업한 기업들이며 현재 매출액 상위를 기록하는 유수의 벤처기업들이 이러한 형태의 기업들임

(1) 중관촌

□ 생성 배경

○ 대부분의 중국과학원 연구소들이 중관촌에 설립되었고 1980년대 중반 시장경제로의 전환에 따라 많은 기업들이 창업되면서 전자거리를 형성하게 되었으며, 주변에 북경대, 청화대 등이 존재함

6) 인도의 벤처기업 육성정책 특성

□ IT산업 발전의 기본요소의 충족 및 정부의 지원

○ 인도의 IT 소프트웨어 산업은 2002년 세계 시장점유율의 20%를 차지하고 있고 실리콘밸리 전체 기술인력의 40%를 공급하며 세이캠5(SEI-CAMM5, IT 분야 최고 기술보유 기업에 부여하는 기술등급)를 받는 50개 기업 가운데 29개를 보유할 정도로 성장함*

  * 매일경제, 2002.12.20

(1) 방갈로

□ 생성 배경

○ 방갈로는 소프트웨어를 바탕으로 한 IT산업의 중심지로 인도의 실리콘밸리라고 일컬어짐

○ 방갈로는 인도의 지식산업 및 핵심 분야의 공공 투자에 대한 명확한 지침을 제시한 2차 5개년 경제계획에 따라 정책적으로 육성되기 시작함
  －2차 5개년 계획에 따라 공공부문의 첨단연구기관이 설립되어 기술이 취약한 벤처기업들의 기술역량 제고에 크게 기여함

○ 정부가 방갈로를 정책적으로 육성하기 이전부터 설립·운영되던 인근 지역의 인도과학원, Chennai 인도공과대학원, Mumbai 인도공과대학원 등 우수한 연구 및 교육기관은 IT산업이 발전할 수 있도록 전문화된 인력과 기술을 제공함

7) 핀란드의 벤처기업 육성정책의 특성

□ 클러스터 중심의 정책
○ 1980년대 중반 산업별 정책지원보다는 클러스터별 경제정책으로 전환하면서 울루 테크노폴리스가 조성되었고 이에 속한 대학, 연구소, 기업을 중심으로 산학연 협력 네트워크를 구성하여 상호 간의 지식 및 정보의 공유, 자금지원 등이 이루어짐

(1) 울루 테크노폴리스

□ 생성 배경 및 현황
○ 20세기 초 울루시는 지역의 풍부한 자원(밍크, 연어, 타르)으로 번성하였고 1950년대 울루대학의 설립을 통해 울루시를 북구의 과학기술 중심지로 육성할 목표를 세움
○ 그러나 울루시는 산업기반이 취약하여 울루대학에서 배출된 인재들이 헬싱키 등 도심지역으로 이탈하자 이를 방지하고 지역경제를 활성화시키기 위해 1982년 울루 테크노폴리스를 건설함*
  * 대덕밸리 국제화를 위한 혁신클러스터 워크숍, 세계 주요 클러스터의 성공요인과 대덕밸리의 발전

8) 해외 벤처기업 육성정책 종합

구 분	내 용
미 국	- 자생적인 실리콘밸리의 구축과 연계한 벤처기업의 생성 및 발전 - 보호육성이 아닌 시장 메커니즘에 의해 벤처기업이 성장할 수 있도록 인프라 구축에 중점 (신용보증 중심의 금융지원 등) - 혁신적 중소기업을 위한 각종 프로그램(SBIR 등)을 실시
이스라엘	- 국내시장의 한계로 인해 창업 초기부터 글로벌화를 지향하였고 이에 대한 정부의 적극적인 지원 - 외국인 투자 및 해외 우수 인력의 확보를 위한 적극적인 인센티브 제공 - 벤처캐피탈과 인큐베이터의 적절한 자금지원과 벤처기업 설립지원

구 분	내　　　　　　용
대 만	-정부의 주도적인 과학기술단지 조성과 이와 연계한 벤처기업의 적극적 육성
증 국	-정부는 벤처집적 단지 조성, 창업보육센터 설립, 벤처투자자금 조성 등의 다양한 벤처기업 지원정책을 통해 직접적으로 육성에 관여하고 있음 -연구소와 연구기관에서 파생된 벤처기업
인 도	-IT산업 발전에 필요한 기본요소의 충족 및 시의적절한 정부의 지원 -수출지향적인 벤처정책
핀란드	-울루 테크노폴리스 중심의 클러스터 정책과 연계한 벤처기업 육성 -주요 대기업인 노키아와 벤처기업 간의 수평적 협력관계 도모

□ 세계적인 클러스터 경쟁 추세

o 1990년대 이후 국가 경제발전을 위한 정책의 초점으로 클러스터가 등장하면서 세계적으로 클러스터를 조성하기 위한 관심과 노력이 증가됨

　　-실리콘밸리, RTP(이상 미국), 시스타(스웨덴), 울루(핀란드), 중관촌(중국), 실리콘와디(이스라엘), 신죽과학공업원구(대만), 방갈로(인도) 등이 대표적인 성공 사례임

세계의 클러스터 추진 현황

구 분		60년대 이전	70년대	80년대	90년대 이후
산업집적	세계	• 실리콘밸리 • Route 128	• 쓰꾸바(일본) • 캠브리지(영국) • 소피아앙티폴리 (프랑스)	• 신죽(대만) • 구마모또(일본) • 시스타(스웨덴) • 울루(핀란드)	• 푸동 / 중관촌(중국) • MSC(말레이시아) • IT2000(싱가폴)
	한국	• 전통공업단지 • 수출자유지역	• 대덕연구단지	• 첨단산업단지	• 대덕밸리 • 테크노파크
정책의 중심		공업단지	과학연구단지	테크노폴리스 (첨단기술단지)	산업클러스터

<자료: 산업클러스터의 국내외 사례와 발전전략, SERI, 2002>

제 2 장

사업타당성 분석

1 기술타당성 분석(technical analysis)

○ 기술적 타당성 평가요소

기술적 타당성 평가요소는 크게 나누어

① 계획제품의 용도 품질 경쟁성 검토

② 입지의 적합성 검토

③ 생산능력의 검토

④ 생산공법 및 공정의 검토

⑤ 시설계획의 검토

⑥ 생산자원의 검토

⑦ 시설소요자금의 검토

등으로 분류할 수 있다.

○ 계획제품의 용도 품질 경쟁성 분석

계획제품의 용도 품질 경쟁성은 제품의 용도, 주요 소비처 및 제품의 특성과 제품의 물리 화학적 특징을 비롯하여 기술보유 내용, 기술수준 수준, 기술의 장래성 등을 검토한다. 분석방법은 통상 두 대상 또는 다수의 대상들을 상호 비교하는 일반적인 방법을 사용할 수 있다. 예를 들어 내마모성을 비교한다 할 때, 5점 척도(매우 강함, 강함, 보통, 약함, 매우 약함), 7점 척도(극히 강함, 꽤 강함, 강함, 보통, 꽤 약함, 극히 약함, 매우 약함) 등을 사용하여 경쟁제품과 계획제품을 비교할 수 있다.이러한 비교분석과정에서 밝혀진 내용은 계획제품이 경쟁제품에 비해 어떤 점에서 차별적 우위성을 갖고 있는지 또는 계획제품이 지니고 있는 약점이 무엇이며 이를 보안하기 위해서 무엇을 어떻게 할 수 있는지에 대한 검토를 가능하게 해 준다. 물론 계획제품의 성격에 따라 검토해야 할 내용이 달라지지만, 일반특성에서 검토할 내용은 다음과 같이 제시할 수 있다.

－제품의 용도 및 주요 소비처

－제품의 기능 물리 화학적 특징

－특허, 실용신안 등 품질 및 기술의 수준

－제품 및 기술의 경쟁력

－국내외 경쟁업체 현황

－대체기술 여부 등 기술의 장래성

○ 생산능력의 적정성 검토

이론적으로 특정 계획사업의 최적생산규모를 계산하는 것은 불가능하므로 경쟁업체와의 경쟁, 시장수요 등을 고려하여 적정 여부를 판단하게 된다. 즉 실무적으로는 동종 기업들 중 생산규모 상위 50%에 속하는 기업들의 평균생산능력을 계산하여 계획사업의 생산능력과 비교해보고, 계획사업의 가능판매액과 계획사업의 생산능력을 대비하여 적정 여부를 검토할 수 있다. 그리고 계획사업의 손익분기점을 계산해 계획사업의 생산능력과 비교하여 적정성 여부를 판단할 수 있다. 즉 계획사업의 손익분기점비율(손익분기점의 매출액 / 추정된 매출액)이나 안전한계(margin of safety) 비율[(추정된 매출액－손익분기점매출액) / 추정된 매출액]을 계산하여 모범기업이나 경쟁기업의 그것들과 비교할 수 있다. 일반적으로 손익분기점비율이 50% 이하이면 매우 우수한 것으로 평가되며, 80% 이상이면 불량한 것으로 평가한다. 그리고 안전한계비율은 높은 값을 가질수록 더욱 우수하고 안전한 기업으로 평가된다.

○ 생산시설의 검토

생산시설에 대한 검토에서는 부지와 공장 면적, 기계보유 대수 등 양적인 측면과 생산성과 성능 등 질적인 측면에서 보유하려는 고정자산이 얼마나 적합한 것인지를 검토하고, 품질과 원가 면에서 경쟁기업의 그것과 어떻게 다른지를 평가하게 된다. 토지의 경우에는 제품의 성격 및 생산능력 등을 검토하여 소요면적을 산정하고 확보된 토지가 이에 적절한 것인지를 검토한다. 또한 건물의 경우에는 제품, 제조공정, 제조공법, 시설 내용 등을 고려하고 소요면적, 구조와 배치 등을 참작하여 건축할 건물의 적합성을 평가한다.

○ 원재료

계획하고 있는 제품을 생산하는 데 투입되는 원·부 재료의 내용, 소요량, 요구되는 품질 및 규격, 조달가능성 등을 평가하여 원재료문제로 인한 생산상의 차질가능성과 원가부담 등을 검토한다. 원·부 재료의 내역 및 소요량은 일반적으로 계획제품 단위당 원·부 재료별로 표시되는 원단위로서 파악하게 되며, 이를 경쟁업체와 비교하여 원재료비 구성상의 장·단점을 파악한다. 또한 원재료의 국내·외 수급상황, 가격동향 등을 검토하여 소요원재료의 조달가능성을 평가하고 조달할 원재료의 품질과 가격 면에서 경쟁업체와의 경쟁가능성을 검토한다. 특히 철강, 석유화학, 목재, 점토, 시멘트 등 원재료 물동량이 큰 제품의 경우 소요원자재의 조달가능성에 대한 검토에서는 원자재의 성격상 수송비가 문제로 될 수 있으므로 이를 입지와 연계하여 검토해야 한다.

ㅇ 노동력

계획사업에 필요한 소요인원, 노동력의 질, 임금수준, 노동력의 확보가능성 등을 검토하고 인원계획이 적절한지를 검토한다. 소요인력은 설비 및 공정별로 구분하여 한 번 교대하는 데 필요한 인원수를 산정한다. 또한 소요인력을 기술자, 숙련공, 미숙련공으로 구분하여 산정한다. 특히 기술자 또는 기능공 중 특별한 자격능력 및 자격조건이 필요한 경우를 검토하고 이들의 확보가능성도 검토한다. 그리고 동종업계의 임금수준을 조사하여 계획사업에서 제시하고자 하는 임금수준으로 인력을 확보할 수 있을 것인지도 검토한다.

2 고도기술수반산업

1) 전자·정보 및 전기 분야

(1) 〈전자·정보부문〉

　1. 컴퓨터(64Bit 이상) 제조 및 설계

　○ Personal Computer(펜입력·무선통신PC, 전자책단말기(e-book Device), PDA(32bit 이상), HPC, WPC, IPC에 한함)(산업자원부, 정보통신부, 문화관광부)

　○ 고성능 Workstation(Office, Engineering에 한함)(산업자원부, 정보통신부)

　○ 지능형 멀티미디어 컴퓨터(산업자원부, 정보통신부)

　○ 고속병렬처리 컴퓨터(1GIPS 이상)(산업자원부, 정보통신부)

　○ 광컴퓨터, 신경망 컴퓨터(산업자원부, 정보통신부)

　○ 중대형 서브·병렬벡터처리 컴퓨터(산업자원부, 정보통신부)

　2. 컴퓨터 기억장치, 입·출력장치, 기타 주변기기 및 그 부품 제조

　○ 기억장치(산업자원부, 정보통신부)

　　－3.5인치 이하 HDD, 8인치 이상 HDD

　　－2.5인치 MODD / ODD

　　－광카드, 광Tape Drive

　　－Flash Memory

　　－IC Card

　　－52배속 이상 CD-ROM 드라이브

　　－CD-I 드라이브

　　－테이프 드라이브(QIC, 8㎜, 4㎜)

　　－CD / OD Autochanger

　　－CD-R, CD-RW, DVD-P, DVD-ROM, MD, DVD-RW, CD 및 DVD복합기(P / R / RW) 및 핵심부품

　○ 입력장치(산업자원부, 정보통신부)

　　－고해상도 고속이미지 스캐너

　　－펜입력장치

　　－Tablet(Digitizer)

　　－터치판넬

　　－3차원 마우스

　　－음성・문자・화상인식기

○ 출력장치(산업자원부, 정보통신부)

　　－컬러 LCD

　　－초박형 LCD

　　－3차원 디스플레이

　　－컬러 프린터

　　－600 DPI 이상의 LBP

　　－유기EL

○ 분석장치(산업자원부, 정보통신부)

　　－고속 고해상도 A / D

　　－D / A Board

　　－GPIB Interface Board 등 데이터 분석 부품류

○ 유・무선 Data 통신기술 및 핵심부품(IEEE1394), 적외선(Ird), Image Radar, 전
　 파 등 기술 및 ASIC(산업자원부)

○ 200MIPs 이상의 CPU chip set(산업자원부)

○ 출력장치용 엔진 및 헤드(산업자원부)

3. 방송, 무선통신기기 및 그 핵심부품 제조

○ GPS, Gallileo, LBS, 지구관측 등 위성이용 시스템, 단말기 및 그 핵심부품(산업
　 자원부, 정보통신부)

○ 위성 시스템, 단말기 시험계측장비 및 그 핵심부품(산업자원부, 정보통신부)

○ 광통신 시스템 및 그 핵심부품(산업자원부, 정보통신부)

○ 디지털방송 시스템(디지털 및 무선 CATV 시스템, HDTV송・수신 시스템, 위성
　 방송 시스템), 단말기(가입자 수신기 등) 및 그 핵심부품, 인터넷방송시스템,
　 DMB시스템(산업자원부, 정보통신부)

○ 초고속정보통신시스템, 광전송기기(고속・대용량 데이터 통신기기, 고속・지능형
　 교환기기 등), 단말기(FAX, 동화상전화기 등) 및 그 핵심부품(산업자원부, 정보

통신부)

○ 위성멀티미디어 시스템(위성통신·방송융합시스템 포함), 단말기 및 그 핵심부품
(산업자원부, 정보통신부)

○ 기타 디지털 방식의 통신기기(디지털키폰시스템, PDA, PCS등) 및 그 핵심부품
(산업자원부, 정보통신부)

○ 네트워크 접속장치(VDSL, 케이블모뎀, 전력선통신, 라우터 등)(산업자원부, 정보
통신부)

○ Digital 정보통신기기 interface 기술(산업자원부, 정보통신부)

○ 초고주파 고정, 이동통신시스템 및 그 핵심부품(산업자원부, 정보통신부)

○ 광대역 스마트 안테나기술(산업자원부, 정보통신부)

4. 반도체소자, 재료, 장비 및 그 부품 제조

○ 반도체소자 제조 및 설계(정보통신부, 산업자원부)

 －개별소자{다이오드(Small Signal용, Power용 중 800V 이상), 트랜지스터(Small
   Signal용 중 Single Electron Transistor, Cabon Nano Tube, Power용 중 600V
   이상), 다이리스터(1200V 이상), Intelligent Power Module}

 －집적회로{바이폴라, 아나로그, 로직(ASIC, Standard Cell, Cell Library, System
   On Chip), 마이크로콤포넌트, 메모리}

 －화합물 반도체(광소자, 고속전자소자)

○ 반도체 재료(정보통신부, 산업자원부)

 －실리콘웨이퍼(Epitaxial 웨이퍼, 12인치 이상 웨이퍼)

 －화합물반도체용 웨이퍼

 －특수 웨이퍼(플라스틱, 유리, 세라믹)

 －TAB tape

 －BGA tape

 －스파터링타겟

 －다결정실리콘원재료

 －포토마스크(KrF등 파장 248㎚ 이하)

 －포토레지스터 및 감광처리약품

 －Die 접착제

 －리드프레임(BGA 이상)

　　－본딩와이어(Cu에 한함)

　　－Process Chemical

　　－유해물질 청정기술

　　－Special Gas

　　－반도체제조용연마제(Cu, Al에 한함)

　　－Solder Ball(500μm 이하 및 Pb Free)

　　－Process Materials

　　－Process Tool(웨이퍼Carrier, Bath, Tweezer)

○ Special Gas제조(혼합정제·충전·분석 포함) 장비 및 그 부품(산업자원부)

　　－Fill manifold(충전장치)

　　－Manifold controls(충전장치)

　　－Life safty system(Toxic Gas Detector에 한함)

　　－Gas Purifier(정제기)

　　－R.G.A Vacuum gauge(잔가스 처리장치)

　　－Gas Analyzer(가스분석기)

　　－Analyzer(가스분석기)

　　－배관부품(EP처리된 배관부품)

　　－STS Valve(316L 이상)

○ 반도체 제조·검사·분석장비 및 그 부품(산업자원부, 정보통신부)

○ SPM(Scanning Probe Microscope) 장비부품 기술(PZT, Laser diode 등)(과학기술부)

○ Cr－coated photomask 등 제작기술(과학기술부)

5. 정밀시험·계측·계량기기 및 부품·장비 제조(산업자원부, 정보통신부)

6. 방송수신기기 및 기타 영상·음향기기 제조

○ 디지털 신호처리방식 영상 및 결상기기(디지털 LCD TV, PDP TV, 프로젝션 TV, 영상 Projector, Camcorder, 비선형 AV 편집장비)(정보통신부, 산업자원부)

○ LCD(TN－LCD 제외) 및 관련 부품, 소재, 장비(제조, 검사, 분석 장치)(정보통신부, 산업자원부)

○ 평판디스플레이(PDP, EL, VFD, FED, 거울구동방식, LCOS) 및 관련 부품, 소재, 징비(제조, 검사, 분석 장치)(정보통신부, 산업자원부)

○ 전자관(CPT 29″, CDT 17″ 이하 제외) 및 핵심 부품(정보통신부, 산업자원부)

　　○ 3차원영상 복원 및 실시간 영상처리기술(정보통신부, 산업자원부)
　　○ 디지털 Signal recoding 기술(HDD, DVD, Tape 응용기술)(정보통신부, 산업자원부)
　　○ 디지털 음향기기 멀티미디어용 DSP(정보통신부, 산업자원부)
　　○ 디지털 앰프(정보통신부, 산업자원부)
　　○ 디지털 보청기(내이 삽입형의 초소형보청기 및 응용기술)(정보통신부, 산업자원부)
　　○ 초박형 스피커(정보통신부, 산업자원부)
　　○ 3차원 음상 복원 및 음향 홀로그래픽(정보통신부, 산업자원부)
　　○ 음향 센서(계측기용 마이크, 녹음기용 마이크, 특수신호감지용 마이크, 수중음향 센서 등)(정보통신부, 산업자원부)

7. 악기 제조(첨단악기에 한함)
　　○ 전자악기 핵심부품(악기음 발생부품, 디지털 효과음 발생장치, 건반 Mechanism 관련부품)(산업자원부, 정보통신부)
　　○ 악기음 발생 핵심기술(악기음 Sampling기술, 악기음 분석 및 발생기술, 악기음발생 신알고리즘 기술), Computer Music 프로그램(산업자원부, 정보통신부)
　　○ 디지털 신호처리방식의 음원 모듈(산업자원부, 정보통신부)

8. 가정용 전기기기 제조
　　○ Home networking 관련 시스템(유무선 통신 media 및 반도체 활용)(산업자원부, 정보통신부)
　　○ 디지털가전 시스템 및 단말기(인터넷 셋톱박스, 인터넷 냉장고 등)(산업자원부, 정보통신부)
　　○ CFC 대체 냉매용 압축기(산업자원부)
　　○ 무세제 절전형 세탁기(산업자원부)
　　○ 시스템 에어컨(흡수식 포함)(산업자원부)
　　○ 신Mechanism Compressor(산업자원부)
　　○ Inverter 적용 기기(산업자원부, 정보통신부)
　　○ 적외선(Infrared) 적용기술, 청정 기술(공기 정화, 살균, 탈취)(산업자원부, 정보통신부)

(2) 〈전기부문〉

9. 초고압 전력기기 및 전기응용기기 제조
　　○ 765KV용 현수애자(산업자원부)

○ 발전기 보호용 차단기(산업자원부)

○ 초전도 응용기기(초전도 발전기, 변압기, 케이블, 한류기)(산업자원부)

○ 불연 또는 난연 전력용 변압기(345KV 이상)(산업자원부)

○ 전력설비 자동운전 및 보호관리 시스템(EMS, SCADA, DAS에 한함)(산업자원부)

○ 열처리용기기(산업자원부)

　－직류아크식 전기로 / －신소재 가공용전기로 / －고주파유도로(30㎑－500㎑) / －표면장착부품 납땜 및 절단기 / －표면처리식 유도가열장치 / －원적외선 가열장치(가열기, 건조기) / －Microwave건조기 / －초음파 응용기기

10. 일반용 조명장치 제조

○ 3파장·5파장 형광체(산업자원부)

○ 방전등용 발광판(LCD 포함)(산업자원부)

○ 무전극 방전등, LCD용 백라이트 램프(산업자원부)

○ 메탈할라이드 램프, 저·고압 나트륨램프(산업자원부, 정보통신부)

○ 광학용 할로겐램프, 크세논램프(산업자원부, 정보통신부)

○ 디지털 신호처리방식 후라쉬 시스템(산업자원부)

○ 전자식 네온변압기, HBO 수은 램프(반도체 Stepper용 노광장치)(산업자원부)

○ 자동조명제어장치(산업자원부)

○ 전자식 교통신호 및 조명등 감지 제어 시스템(산업자원부)

○ 무대 조명 장치용 dimmer system(산업자원부)

○ Computer Console, Plasma응용 Lighting(산업자원부, 정보통신부)

(3) 〈전자·전기부품 및 재료부문〉

11. 광 및 자기기록 매체(디지털 방식의 것과 디스크형의 것에 한함) 및 소재, 장비 제조(산업자원부, 정보통신부)

12. 고기능 트랜스포머 제조

○ 로타리 트랜스포머(산업자원부, 정보통신부)

○ 고주파(150㎑ 이상) 트랜스포머(산업자원부, 정보통신부)

○ 아몰퍼스 트랜스포머(산업자원부, 정보통신부)

13. 정밀모터(산업용 포함) 및 핵심부품 제조

○ AC, DC 서보 모터(산업자원부)

- 스테핑 모터(산업자원부)
- 브러시레스 DC 모터(산업자원부)
- 전기자동차 및 전철구동용 모터(산업자원부)
- 리니어 모터(산업자원부)
- 고효율 전동기(산업자원부)
- 초음파 모터(산업자원부)
- 스캔 모터(산업자원부)
- 갈바노 모터(산업자원부)
- 초소형 DC Micro 모터(산업자원부)
- DC Coreless 모터(산업자원부)

14. 전자 세라믹스용 원료 및 부품 제조
- 압전 세라믹스용 원료 및 부품(압전 액츄에이터)(산업자원부, 정보통신부)

15. 고성능 센서 제조
- 반도체센서(압력, 가속도, 유량유속, 온도, 가스, 홀소자)(산업자원부, 정보통신부)
- 비접촉, 비파괴, 다기능 세라믹스(산업자원부, 정보통신부)
- 신기능 유기센서 및 재료(산업자원부, 정보통신부)
- 고속 수발광소자, 고효율 광전도셀 및 비냉각 열화상 센서(산업자원부, 정보통신부)
- CCD, CMOS형 이미지 센서(100만 화소 이상)(산업자원부, 정보통신부)
- 방사선 센서, 이온, 바이오센서(산업자원부, 정보통신부)

16. 나노가공기술관련 부품, 기기 제조 및 설계
- 극미세가공 및 관련 기술(산업자원부, 정보통신부)
- 극미세가공된 요소 부품 및 관련 핵심 부품(산업자원부, 정보통신부)
- 극미세가공용 설계, 공정 기술 및 평가용 기기(산업자원부, 정보통신부)
- 극미세패턴 및 형상 성형기술(산업자원부, 과학기술부)
  - 초고밀도 디스크 저장매체, 마이크로 렌즈 어레이
- 나노소자 응용기술(산업자원부, 정보통신부)
  - 나노반도체 전자소자 / - 나노광전소자 / - 나노금속전자소자 / - 분자소자
- 나노기반기술(산업자원부, 정보통신부)
  - 나노전자소자 시뮬레이터 / - 나노급 평가분석 / - 나노구조 공정 / 재료 / - 나노 리소그래피

17. 기타 전자·전기관련 부품 및 재료 제조
- 무공해 고성능 2차 전지 및 관련부품·소재·장비(산업자원부, 정보통신부)
- 제어장치 및 시스템용 전용부품(산업자원부, 정보통신부)
- SMD 및 칩형 부품(산업자원부, 정보통신부)
- 고정밀 스위치 및 콘넥터, 릴레이, 고밀도 수정진동자(VCO, TCXO)(산업자원부, 정보통신부)
- 식별기용 핵심부품(동전 메커니즘, 이미지센서를 사용한 광학식 지폐식별 인식기)(산업자원부, 정보통신부)
- 인쇄회로기판 및 관련 소재, 장비(산업자원부, 정보통신부)
  - Opto-Electronics 기판
  - BCB Polymer를 이용한 기판
  - Sputtering 기술을 이용한 BUM 기판
  - 유전율 3.0 이하 자재를 이용한 RF 또는 Microwave 다층기판
  - 3차원기판
- 전자식 아날로그 손목시계용 무브먼트(산업자원부, 정보통신부)
- 고성능 자기헤드(산업자원부, 정보통신부)

2) 정밀기계·신공정 분야

1. 섬유기계 제조
- 염색, 나염기 및 CCK, CCM(산업자원부)
- 지능화된 제직준비기(산업자원부)
- 직기 및 편기(산업자원부)
- 섬유용 물류자동화시스템(산업자원부)
- 제지기계용 Clothing(forming fabrics에 한함)(산업자원부)
- 중합기(인조섬유 제조용에 한함)(산업자원부)
- 방사기(산업자원부)
- 자동자수기(산업자원부)

○ 최적배치재단기(산업자원부)

2. 인쇄기계 제조

○ 매엽식옵셋인쇄기(산업자원부, 정보통신부)

○ 인쇄롤제판기술{가공전산 process(S / W)}(산업자원부, 정보통신부)

○ 주변기기(바코드 시스템 및 검사장비)(산업자원부, 정보통신부)

3. 플라스틱 성형기 제조

○ 수치제어식 프라스틱 성형가공기의 핵심부품(산업자원부)

4. 금속 절삭가공기계 제조

○ 수치제어 금속절삭기계 및 핵심부품(산업자원부)

○ 초정밀가공기계(초정밀 선반 및 연삭기)(산업자원부)

5. 금속 성형기계 제조

○ 수치제어 금속 성형기계 및 핵심부품(산업자원부)

6. 전자응용 가공공작기계 및 그 부품 제조

○ 수치제어식 방전·전해가공기(산업자원부, 정보통신부)

○ 레이저 발생장치(기체·고체·반도체·액체·화학·자유전자레이저) 및 부품(산
  업자원부, 정보통신부)

○ 레이저 응용기기(절단·용접·천공·Marking·Micro Fabrication·Laser CVD·Laser
  Etching용 가공기)(산업자원부, 정보통신부)

○ 레이저 응용 계측장치(Laser 방식의 Scale, Encoder, Interfero－meter)(산업자원부,
  정보통신부)

7. 산업용 로봇 제조

○ 다기능 산업용로봇 및 주변장치(산업자원부)

○ 로봇의 신호처리장치(산업자원부, 정보통신부)

8. 산업처리공정 제어장비 제조

○ 산업처리 자동조절용 기기(산업자원부)

9. 건설광산용 기계장비 제조

○ 건설 또는 광업용 기계 및 핵심부품(산업자원부)

10. 산업용 물품취급장비 제조

○ 산업용 운반하역기계 및 주변기기(산업자원부)

11. 공기조화장치 제조

ㅇ 공조기기 및 핵심부품 제조(산업자원부)

12. 금속주조 및 기타 야금용 기계 제조

ㅇ 금속 압연기 및 압연기용 로울 제조(산업자원부)

ㅇ 다이케스팅기(산업자원부)

13. 펌프 및 압축기 제조

ㅇ 액체펌프, 기체펌프, 진공펌프(산업자원부)

14. 기타 분류 안 된 특수목적용 기계 제조

ㅇ 권선기(금속처리용에 한함)(산업자원부)

ㅇ 건조기(농산물·목재 및 제지용의 것은 제외)(산업자원부)

ㅇ 코팅머신(도포기)(산업자원부)

ㅇ 마이크로머신 및 주변장치, 그 제조장비, 관련기술(산업자원부)

ㅇ 초고압 Water-jet가공기 및 주변장치(산업자원부)

ㅇ Micro Filter 및 Disk Type Filter(화학 및 섬유화학용)의 제조장치, 기술(산업자원부)

ㅇ 화학공정용 여과기, 건조기, 혼합기(산업자원부)

ㅇ 인쇄회로기판 제조장치(산업자원부, 정보통신부)

15. 액체 여과기 제조

ㅇ 산업용 액체여과기 및 청정기(산업자원부)

16. 베어링 제조(산업자원부)

17. 호환성 공구 제조

ㅇ 고성능절삭공구(다이아몬드공구, 초경합금공구, 고속도강공구, 서메트공구, 세라
믹공구, CBN공구, PVD, CVD코팅공구)(산업자원부)

18. 주형 및 금형 제조

ㅇ 정밀금형(자동차, 전자, 반도체, 광학, 항공기, 의료기기용) 제조기술(산업자원부)

19. 기어 및 동력전달장치 제조

ㅇ 전동축, 기어, 기어박스(산업자원부)

ㅇ 고비율정밀감속기(산업자원부)

ㅇ 고정밀 볼스크류 및 LM가이드(산업자원부)

ㅇ 고주파스핀들(산업자원부)

ㅇ 신규원리에 의한 액츄에이터, 센서, 동력전달장치(산업자원부)

ㅇ 초정밀 유공압부품(산업자원부)

○ AC 서브코트롤러, 인버터, PLC(산업자원부)

20. 내연기관 제조

○ 산업용 디젤엔진 및 부품의 설계, 제조기술(산업자원부)

○ 차량용 디젤엔진 및 부품의 설계, 제조기술(산업자원부)

○ 천연가스용 엔진{CNG 엔진, DUAL FUEL(혼소)엔진}의 설계, 제조기술(산업자원부)

21. 마이크로가공관련 부품 및 기기 제조

○ 전자빔, 레이저, 이온(플라즈마), 분자 및 원자빔 가공기술 및 3차원 미세구조물 가공기기(산업자원부, 정보통신부)

○ 마이크로가공된 핵심요소부품(마이크로센서류, 정보기기용, 무선/광통신용, 바이오칩, 기타 초소형 정밀부품)(산업자원부, 정보통신부)

○ 기타 마이크로 절삭가공(산업자원부, 정보통신부)

22. 열교환기 제조

○ 저소음 열교환기(43dB 이하)(산업자원부)

23. 비전기식 조리 및 난방기구 제조

○ 저 Nox 기술(30,000kcal/h 이상이면서 60ppm 이하)(산업자원부)

○ 가스거버너(330mmH2O 이하 저압용)(산업자원부)

○ 내열강화성유리(세라믹소재의 800℃ 이상의 내열강화유리)(산업자원부)

○ 점화봉(이그나이터) 및 오븐밸브(기계식 포함)(산업자원부)

24. 농업용 기계 제조

○ 수확·탈곡 겸용기 및 그 부품(산업자원부, 농림부)

○ 메카트로닉스화한 첨단 경운·정지용 기계 및 그 부품(산업자원부, 농림부)

○ 무인자율 자동 방제용 기계 및 그 부품(산업자원부, 농림부)

○ 컴퓨터·센서 등을 이용한 농작업용 로봇 및 그 부품(산업자원부, 농림부, 정보통신부)

○ 컴퓨터·센서 등을 이용한 농산물 가공기계 및 그 부품(산업자원부, 농림부, 정보통신부)

○ 착유자동화를 위한 선진화된 착유로봇(산업자원부, 농림부)

○ 작물생육환경 계측을 위한 센서개발(산업자원부, 농림부)

○ 컴퓨터·센서 등을 이용하여 영양분·수분을 자동 공급하는 기술을 장착한 양액공급 및 관수장치(산업자원부, 농림부, 정보통신부)

○ 농업용 시설(순환식 양액재배시설)에 이용되는 살균장치(UV램프, Sand filter, 오존살균기 등)(산업자원부, 농림부)

○ 채소이식기 및 핵심부품(트랜스미션, 감속부 및 식부장치, 이식장치, 유압장치)(농림부)

25. 식·음료 및 의약품 제조용 핵심기계 및 부품

○ 펌프 및 밸브(산업자원부)

○ 원심분리기(산업자원부)

○ 유화기(산업자원부)

○ 균질기(산업자원부)

○ 살균 및 멸균팩 자동충진기(산업자원부)

○ 기타 신식품 제조·가공기계 / 설비(산업자원부)

26. 포장기·용기세척기 제조

○ 계량·계수포장기(산업자원부)

○ 충진기, 실링기 및 성형기(산업자원부)

○ 라벨기 및 캡핑기(산업자원부)

○ CARTONER 및 CASE PACKER(산업자원부)

○ BLISTER 포장기(P.T.P)(산업자원부)

○ 수축, 진공포장기 및 오버랩핑기(산업자원부)

○ 정제기 및 과립기(산업자원부)

○ 결속기, 제함기, 봉함기 및 제대기(산업자원부)

○ 팔렛타이저(산업자원부)

3) 재료 소재 분야

(1) 〈금속재료부문〉

1. 신금속 제조

○ 금속자성재료(Ferrite, Alnico계 및 Bond 자석 제외)(산업자원부)

○ 초전도재료(산업자원부)

○ 유전재료(산업자원부)

○ 기능재료(산업자원부)

○ 구조재료(우주항공소재)(산업자원부)

○ 회유금속(산업자원부)

○ 내열재료(가스터빈 부품 및 소재)(산업자원부)

2. 압연, 압출 및 연신제품 제조

○ 신주조·압연기술(산업자원부)

○ 신가공기술(압출, 제관)(산업자원부)

○ 무계목 강관(Seamless Pipe) 제조기술(산업자원부)

○ 반용융 성형가공기술(산업자원부)

○ 열연속 압연기술(산업자원부)

○ 3조 이상의 다조슬리팅 압연 기술(철강제품 제외)(산업자원부)

○ 스텐레스 극박판 냉간 압연 기술(산업자원부)

3. 열처리, 도금 및 기타 처리업

○ 첨단표면처리 설비 및 기술(산업자원부)

4. 제철 제강업

○ 용융환원 제철기술(산업자원부)

○ 유가금속 회수 및 재활용기술(산업자원부)

○ 용탕 중 미량원소 분석기술(산업자원부)

(2) 〈화학재료부문〉

5. 합성수지 및 기타 플라스틱물질 제조 및 합성고무 제조

○ 고분자 복합재료(산업자원부)

○ 고분자 분리막(산업자원부)

○ 의료용 고분자(산업자원부)

○ 정보산업용 고분자(산업자원부)

○ 전기특성 고분자(산업자원부)

○ 고기능성고분자(산업자원부)

○ 다성분계 고분자소재(산업자원부)

○ 엔지니어링 프라스틱(산업자원부)

ㅇ 환경친화성고분자(산업자원부)

ㅇ 실리콘고분자(산업자원부)

ㅇ 특수고무소재(산업자원부)

ㅇ 신공정기술의 고분자 및 유기화학물질(산업자원부)

6. 재생용 비금속 가공원료 제조

ㅇ 타이어·고무 재활용 기술(열 또는 전기의 발생과 이용, 원재료 회수 분말화)(산업자원부)

7. 재생플라스틱 수지 제조 및 재생용 비금속가공원료 제조

ㅇ 플라스틱 Recycle 기술(산업자원부)

ㅇ 폐플라스틱 분류 및 재생기술(산업자원부)

8. 유리섬유 및 광학용 유리 제조

ㅇ 광기능성 세라믹스(산업자원부)

9. 산업용 도자기(파이세라믹스 포함) 제조

ㅇ 전자기능성 세라믹스(산업자원부)

ㅇ 기계기능성 세라믹스(산업자원부)

ㅇ 복합기능성 세라믹스(산업자원부)

ㅇ 생화학·생체 세라믹스(산업자원부)

ㅇ 에너지·환경용 세라믹스(산업자원부)

10. 구조용 정형내화제품 제조

ㅇ 열기능성 세라믹스(산업자원부)

11. 플라스틱제품 제조

ㅇ 엔지니어링 플라스틱 성형제품(산업자원부)

ㅇ 엔지니어링 플라스틱 필름, 시트 및 관(산업자원부)

ㅇ 위생용 엔지니어링 플라스틱 제품(산업자원부)

ㅇ 건축용 엔지니어링 플라스틱 제품(산업자원부)

ㅇ 기계장비 조립용 엔지니어링 플라스틱 제품(산업자원부)

ㅇ 마이크로 복제기술(Micro Replication Technology) 및 이를 이용한 패스너(Fastener) 또는 후크(Hook) 제품 및 기타 관련 제품(산업자원부)

(3) 〈섬유재료부문〉

12. 섬유제품 및 섬유원료 제조

○ 고강도 섬유(산업자원부)
- 고강도 폴리에스터 섬유(9g / d 이상)
- 고강도 폴리아크릴로니트릴섬유
- 고강도 폴리에틸렌섬유(30g / d 이상)
- 고강도 폴리플로필렌섬유
- PBO(Polybenzoxazole 섬유(40g / d 이상)

○ 특수 기능성 섬유(산업자원부)
- 보론섬유
- 질화규소섬유
- 탄화규소섬유
- 폴리아미드섬유(연속사용온도 260℃ 이상)
- 아세탈섬유
- 알루미나섬유
- 아라미드섬유(연속사용온도 240℃ 이상)
- 생분해성섬유
- 형상기억섬유
- 도전성섬유(10^{-2}S / ㎝ 이상)}

○ 다기능 섬유(산업자원부)
- 폴리페닐렌설파이드(PPS)섬유(연속사용온도 190℃ 이상)
- 3차원 적층 복합섬유
- 산업용플라즈마 가공기술(가공 진공도 1.0Torr 이상)
- 복합재료용 3축직물
- 워셔블 아세테이트
- 생분해성 PLA(Polylactic acid)섬유(생분해연수 2년 이내)
- 초극세 섬유(0.001d 이하)
- 천연크림프형 섬유
- 초고속방사섬유(5,500m / min 이상)

13. 봉제의복 제조

- 3차원 인체계측기술(가상현실응용)(산업자원부)
- 제품설계기술(감성평가 및 분석기술, 3D CAD 활용기술, 입체재단기술)(산업자원부)
- 의복의 3차원 봉제기술(산업자원부)
- 첨단봉제기술(산업자원부)
  - 특수 Attachment 개발기술
  - 지능형 의복(Smart Clothing) 제조기술}

14. 부직포 제조
- 고기능성 부직포(산업자원부)
  - Flashspun
  - Melt Blown
  - Spunlace법
  - Spundbond / Meltblown 복합 부직포
  - 직립배향 부직포
  - 정전화 부직포

15. 염색가공업
- 세번수 모직물의 심색화 기술(L치 10 이하)(산업자원부)
- 복합 섬유제품의 방염가공 기술(산업자원부)
- 무제판 잉크분사 날염기술(산업자원부)
- 에너지자원·절약형 염색기술(산업자원부)
  - 에너지 절약형 염색기술
  - 초음파응용 염색기술
  - 저온 염색기술
  - 초저욕비 염색기술(1 : 3 이하)
  - 고주파 염색기술
  - 플라즈마 가공기술
- 레이저응용 제판기술(산업자원부)
- 무장력 열풍가공기술(산업자원부)
- 실크의 방발염 기술(산업자원부)
- 면의 전사날염 기술(산업자원부)

4) 신물질·정밀화학 및 생물산업 분야

(1) 〈신물질·정밀화학부문〉

1. 의약품 제조
   - 의약 원료 및 중간체 신합성기술(산업자원부)
   - 신물질개발기술(신약탐색 및 설계기술)(산업자원부)
   - 희귀의약품(Orphan Drug) 합성·제조기술(산업자원부)
   - 의약품 제형개발 및 제제화(DDS 등)기술(산업자원부)
   - 진단용 시약(산업자원부)
2. 화장품 제조
   - 화장품 원료 및 중간체 신합성 기술(산업자원부)
3. 농약 제조
   - 신합성농약제조기술(물질특허를 얻은 것)(산업자원부)
4. 무기안료, 염료, 유연제 및 기타 착색제 제조
   - 안료(축합다환계 고급유기안료, 고기능성무기안료)(산업자원부)
   - 염료(퀴녹살린계 및 복합관능형 반응성 염료, 안트라퀴논계 염료, 고견뢰도 금속 착염염료)(산업자원부)
5. 일반도료 및 관련제품 제조
   - 도료(실리콘탄성 방수도료, 불소수지도료, 전기절연도료, 세라믹도료, 탄성우레탄 도료, 무용제형 도료, 수계도료, 무독성도료, 기능성 도료)(산업자원부)
6. 산업용 가스 제조
   - 전자공업약품(고순도 가스)(산업자원부)
7. 사진용 화학제품 및 감광재료 제조
   - 사진재료(사진재료 및 그 약품)(산업자원부)
8. 방향유 및 관련제품 제조
   - 조합향료(향료보류제, 사향계, 대환상계, 합성향료)(산업자원부, 보건복지부)
   - 향료제조기술(산업자원부, 보건복지부)
     - 향미성분 분석기술
     - 천연향료 물질개발 및 합성기술

　　－효소반응향료 및 개발기술

　　－반응을 이용한 조미향료 개발기술

　　－초임계 이산화탄소 추출기술

　　－장기지속형 고분자향료 개발기술

　　－향료 합성기술(Menthol, Artificial Musk)

　　－Aromacalogy 사용기술

9. 석유화학계 기초화합물 및 기타 기초유기화합물 제조

○ 염안료·향료·계면활성제·첨가제·접착제의 원제 및 중간체(산업자원부)

○ 산업용 Biocide(산업자원부)

10. 기타 기초무기화합물 제조

○ CFC 및 Halon 대체물질(산업자원부)

11. 계면활성제 제조

○ 계면활성제(섬유공업용, 화장품공업용 및 식품공업용)(산업자원부)

12. 접착제 및 젤라틴 제조

○ 자외선 중화형 접착제(산업자원부)

○ 폴리우레탄계 및 에폭시 수지계 접착제(산업자원부)

○ 반응성 핫멜트 접착제(산업자원부)

13. 화합물 및 화학제품 제조

○ 기타 고도기술을 수반하는 화학품 중간체 및 원료(산업자원부)

14. 그 외 기타 분류 안 된 화학제품 제조

○ 연구용 시약(화학제품, 생물학제품)(산업자원부)

○ 촉매기술(촉매합성, 촉매담지, 조촉매)(산업자원부)

○ 첨가제(산업자원부)

　　－저독성 고무가황 촉진제

　　－점도향상제

　　－페놀계 및 Phosphite계 산화방지제

　　－플라스틱 대전방지제

　　－자외선 안정제 및 난연제

　　－방담제

　　－연료유·엔진오일 및 산업용 윤활유 첨가제

　　　－킬레이트 약품제

　　　－충격보강제

　　　－감열기록지용 감열증감제

　　　－현색제

　○ 전자공업약품(고순도 유·무기 약품, 도금용 약품)(산업자원부)

(2) 〈생물산업부문〉

15. 생물의약품 관련기술

○ 신규 단백질·탄수화물·펩타이드·핵산제제(산업자원부, 보건복지부)

○ 유전자요법(Gene therapy)제제(산업자원부, 보건복지부)

○ 면역질환치료제, 항체이용 암치료제 등 질병의 치료 및 진단에 사용되는 제제
(산업자원부, 보건복지부)

○ 동·식물, 미생물, 균주 등을 이용한 제제(산업자원부, 보건복지부)

○ 혈액제제 분획 및 제조기술(단, 동 기술은 제9조의 기술도입대가에 대한 조세감
면대상에만 해당되며 제4조제1항의 외국인투자자에 대한 조세감면대상에는 해당
되지 않는다.)(산업자원부, 보건복지부)

○ 신규유용물질 탐색기술 및 안정성 평가 관련 기술(산업자원부, 과학기술부)

16. 생물산업 첨단생산기술

○ 인공효소 및 인공장기(산업자원부)

○ 생물전자(바이오센서, 바이오칩)(산업자원부, 정보통신부)

○ 형질전환 동·식물생산 및 이용기술(과학기술부)

○ 유전자발현 분석 및 유전자조절기술(산업자원부)

○ 미생물 농약(산업자원부)

○ 무공해 생물농약(산업자원부)

○ 생물공학기법을 이용한 신소재식품(첨가물 포함)개발 기술(산업자원부)

○ 생물정화(Bio-remediation)(산업자원부)

○ 바이오에너지(Bio-energy)(산업자원부)

17. 생물관련 복합기술

○ 바이오인포매틱스 관련기술(정보통신부)

○ 휴먼 인터페이스 기술(정보통신부)

- ○ 인체 부착 / 장착형 바이오 전자소자(정보통신부)
- ○ 분자 전자소자 제조기술(정보통신부)
- ○ 지능형 의약품(정보통신부)
18. 생체인식기술(정보통신부)
19. 생체 의료 정보기술(정보통신부)

5) 광학 · 의료기기 분야

1. 사진기, 영사기 및 관련장비 제조
- ○ 화상기록기기
    - −즉석인화 카메라(산업자원부)
    - −35㎜ 롤필름용 카메라(산업자원부)
    - −Still video 카메라(산업자원부)
    - − 적외선카메라(산업자원부, 정보통신부)
    - − 영화촬영기(산업자원부, 정보통신부)
    - −VTR카메라(산업자원부, 정보통신부)
    - − 캠코더(산업자원부, 정보통신부)
    - −Digital Still Camera(Digital화상처리기술)(산업자원부, 정보통신부)
    - −24㎜ 롤필름용 카메라(Advanced Photo System 카메라)(산업자원부, 정보통신부)
- ○ 상재생기기(전자식복사기 중 간접정전기록방식의 것, 미니랩, 영사기)(산업자원부, 정보통신부)
2. 기타 광학기기 제조
- ○ 상 관측 및 검사기기(줌쌍안경, 고분해능 현미경)(산업자원부, 정보통신부)
3. 광부품, 소재 및 관련장비 제조
- ○ 첨단 광부품 및 소재, 관련장비 및 응용기기(산업자원부, 정보통신부)
- ○ 광응용기술(산업자원부, 정보통신부)
- ○ Holography(산업자원부, 정보통신부)
4. 의료기기 세조

○ 생체현상 측정·기록장치(심전계 및 환자감시장치 제외)(산업자원부, 보건복지부)
○ 전기·전자식 진료기구·기계(산업자원부, 보건복지부)
○ 인공관절, 인체조직 및 기능대치품(산업자원부, 보건복지부)
○ 내장기능 대용기(산업자원부, 보건복지부)
○ 정형 및 기능회복용 기구(산업자원부, 보건복지부)
○ 전자식 혈압계용 소형펌프(산업자원부, 보건복지부)
○ 심혈관 기계·기구(산업자원부, 보건복지부)
○ 의료정보시스템(원격영상치료장치)(산업자원부, 보건복지부)

6) 항공·수송 분야

(1) 〈항공·우주·방위산업부문〉

1. 항공기, 우주비행체 및 보조장치 제조
○ 항공기 및 우주비행체(산업자원부, 과학기술부, 건설교통부)
○ 항공기 및 우주비행체 관련 보조장치, 시험장비, 치공구(산업자원부, 과학기술부, 건설교통부)
○ 항공기 및 우주비행체 관련 비행제어, 항공전자시스템의 제조, 수리, 운용기술(Software 관련기술 포함)(산업자원부, 과학기술부, 건설교통부)

2. 항공기용 엔진 및 부품 제조
○ 항공기 및 우주비행체용 엔진(엔진부품 및 소재 포함)의 제조, 수리, 개조 기술(산업자원부, 과학기술부, 건설교통부)
○ 항공기 및 우주비행체용 부품 및 소재의 제조, 수리, 개조 기술(산업자원부, 과학기술부, 건설교통부)

3. 무기 및 총포탄 제조
○ 방산물자(산업자원부)

(2) 〈자동차 부문〉

4. 자동차 부품

○ 동력발생장치(산업자원부)
  - 전자제어식 엔진
  - 경량화 및 신소재이용 엔진
  - 대체연료 엔진
  - 압축착화식 엔진
  - 하이브리드 엔진
  - 연료분사장치(전기식 펌프장치 포함)
  - 저공해 초희박 엔진
  - 자동차 배기가스 정화장치
  - 터보차져 시스템(Turbo Charger System)
  - 연속가변밸브개폐기구
  - Intake Modular System
  - 동력발생용 연료전지스택 및 연료개필기
○ 동력전달장치(산업자원부)
  - 유압식클러치
  - 자동변속기
  - 무단변속기
  - 동력전달축
  - 등속조인트(C.V Joint)
  - 전자식클러치
  - 트랜스퍼 또는 부변속기(Transfer Case Assy)
  - 반자동변속기
  - 수동변속기(변속치차표면 거칠기 6.3S 이하 및 동력차단장치 직접방식 또는
    변동 챔퍼 슬리브 스플라인인 경우에 한함)
○ 현가장치(감응력 가변식 및 전자제어식)(산업자원부)
○ 주행안전 정보장치(산업자원부)
  - 차간거리유지 정보시스템
  - 음성정보장치
  - 자동운행장치
  - 입체식 계기장치

- 운전자위치 자동제어장치
- 연료탱크(플라스틱제에 한함) 및 연료시스템
- 충돌에너지 흡수재료
- 에어백(Wheel 포함)
- 안전벨트
- 운행기록계(Drive Recoder)
- 자동차종합정보장치(Navigation & Multi-information System)
- 타이어공기압부족경보시스템
- 차선이탈경보시스템
- 후방충돌 가속제어 Head Rest
- Intergrated Child Seat
- 발수Glass
- 차량용 특수헤드램프
- 타이어압력 모니터링 시스템(TPMS)

○ 조향장치(유압식 조향장치, 4륜조향장치, 전자제어식 조향장치)(산업자원부)
○ 차체시스템(산업자원부)
- 주행저항저감형(공기저항계수 0.45 이하, 도장공정 포함)
- 저소음기술(능동소음 제어기술)
- 고안전 신소재응용 차체
- 경량차체용 부품(알루미늄, 플라스틱, 경량합금 사용부품)
○ 냉·난방장치(신냉매 냉방장치, 전기자동차용 냉방장치, 전자클러치)(산업자원부)
○ 제동장치{유공압 브레이크, 제동력배분 브레이크, 전자제어식 제동장치(ABS), 구동력 조절장치(TCS)}(산업자원부)
○ 필터 재생기술을 이용한 Particulate Trap System 기술(산업자원부)
○ 전기자동차용 모터와 콘트롤러(산업자원부)
○ 지능형 차량(Intelligent Vehicle)용 부품(산업자원부)
○ 휠베어링 유니트(Wheel Bearing Unit)(산업자원부)
○ 모듈시스템(섀시, 운전석 등)(산업자원부)
○ 에어갭 배기 매니폴드(Air Cap Exhaust Manifold)(산업자원부)
○ 자동차용 타이밍 벨트, 멀티 브이리벳 벨트, 브이 벨트, 자동인장장치, 자동드리

이브시스템(산업자원부)
- 키 세트 베젤(80℃, 500hr 내구 만족)(산업자원부)
- 고온 / 고압용 진동 및 소음 절연체(산업자원부)

5. 전자 · 전기장치
- 알터네이터(산업자원부)
- 스타터(산업자원부)
- 모터류(제어용, 지능형 또는 Brushless형일 것)(산업자원부)
- 멀티플랙스와이어 하네스(산업자원부)
- 전자제어장치(ECU)(산업자원부)
- 전기자동차용 축전지(산업자원부)
- 전기자동차용 급속충전장치(산업자원부)
- 배기가스 저감 및 자기진단장치(산업자원부)

6. 자동차부품 리사이클링 설계 및 제조(산업자원부)

7. 저공해 자동차 설계 및 제조
- 전기, 하이브리드, 태양열, 수소, 대체연료(천연가스 포함) 자동차(산업자원부)

(3) 〈철도차량부문〉

8. 철도차량 및 그 부품의 설계 및 제조
- 전동차{VVVF(가변압, 가변주파수)제어방식} 및 그 부품(산업자원부)
- 고속전철 및 그 부품(산업자원부)
- 자기부상열차 및 그 부품(산업자원부)
- 고속전철 유지보수용 장비, 시험기기, 궤도장비 및 그 부품(산업자원부)

9. 전기기관차 및 그 부품의 설계 및 제조
- 5,000kW급 이상 전기기관차 및 그 부품(산업자원부)
- AC모터구동형 디젤전기기관차 및 그 부품(산업자원부)

10. 경전철 시스템 및 그 부품의 설계 및 제조
- 관절대차, 차체프레임 및 그 부품(산업자원부)
- 무인자동화 운전시스템(산업자원부)

11. 열차운행시스템기술 및 그 부품의 설계 및 제조
- Personal Rapid Transit 시스템 및 그 부품(산업자원부)

○ 열차신호통신시스템(ATO, ATC) 및 그 부품(산업자원부)
○ 철도차량 Tilting System 및 그 부품(산업자원부)
○ 전동차 견인용 AC견인전동기(산업자원부)

(4) 〈엘리베이터부문〉

12. 엘리베이터 및 에스컬레이터와 그 부품의 설계 및 제조
○ 240m/min 이상 고속엘리베이터, 리니어 엘리베이터, 초고속 엘리베이터, 모듈화된 네트워크시스템에 의한 분산제어방식의 엘리베이터 및 그 핵심부품(구동장치, 속도제어장치, 리니어모터)(산업자원부)
○ 55dB 이하의 저소음 에스컬레이터, 그 핵심부품(구동장치, 안전장치)(산업자원부)

(5) 〈조선·해양부문〉

13. 첨단기술소요 선박 및 해양구조물 설계 및 제조
○ 액화가스운반선(−150℃ 이하의 것에 한함)(산업자원부)
○ 초고속선(50노트 이상의 것에 한함) 및 차세대 선박(초전도 전자추진선, 연료전지추진선)(산업자원부, 해양수산부)
○ 특수선박(잠수정, 탐사선, 폐기물수거선), 원자력선(산업자원부, 해양수산부)
○ 선박생산 자동화 기술(산업자원부, 해양수산부)
○ 해양구조물 관련 설계 및 제작기술(산업자원부, 해양수산부)
○ 해양개발장비(심해저탐사선, 자원채취기 등) 및 관련기술(수중 계측기기, 수중 항법기기, 수중 통신기기 등)(산업자원부, 해양수산부)
○ 대형 크루즈선(총톤수 10,000톤 이상)(산업자원부, 해양수산부)

14. 첨단엔진 주요 기능부품의 설계 및 제조
○ 연료전지이용 엔진(산업자원부)
○ 하이브리드 엔진(연료계통에 한함)(산업자원부)
○ 전자제어식 엔진(산업자원부)
○ 선박용 가스터빈(산업자원부)

15. 첨단 선박용 기자재 설계 및 제조
○ 극저온 액화탱크용 양하역 설비와 제어시스템 및 관련 기자재(산업자원부)
○ 특수 프로펠러(가변피치 프로펠러, 덕트 프로펠러, 이중반전 프로펠러) 및 첨단

보조기기(산업자원부)
- ○ 선박용 고효율 동력시스템 기술(산업자원부)
- ○ 자동항법, 통신 및 첨단계측장치(산업자원부)
- ○ 자동제어 및 첨단조절장치(산업자원부)

7) 환경·에너지 및 자원 분야

(1) 〈환경·안전부문〉

1. 대기오염물질 처리장치 및 기술
- ○ 고온용 세라믹 필터기술을 장착한 집진장치(환경부)
- ○ 탈황시설의 촉매제조기술 및 탈황시설에서 발생되는 폐가스처리용 촉매제조기술 (환경부)
- ○ 이산화탄소 다량발생시설에서의 이산화탄소 발생절감 및 이용기술(다만, 이산화 탄소의 생물·화학적 고정화기술, 이산화탄소의 분리·회수기술 및 수소 제조기 술은 제외)(환경부)
- ○ 전자빔, 플라즈마를 이용한 유해가스 처리기술(환경부)
- ○ 흡착제 및 촉매를 이용한 탈황 및 탈질기술(환경부)
- ○ 자동차 배기가스 제어를 위한 촉매기술(환경부)
- ○ 초고속 기류식 소연장치(환경부)
2. 수질 및 수량관리를 위한 장치 및 기술
- ○ 무인자동 샘플링 취수장치(환경부)
- ○ 폐수처리 및 정수처리용 삼투막, 이온분리 및 분리막 제조기술(환경부)
- ○ 의료용 수소이온농도 조절기(환경부)
- ○ 생물 또는 물리화학적 방법을 이용한 지하수 정화기술(환경부)
- ○ 누수탐지장비 및 기술(환경부)
3. 폐기물처리(시설의 개발을 포함), 재활용에 관한 첨단기술 및 관련제품
- ○ 유기성폐기물의 혐기성소화기술(환경부)
- ○ 가로형 회전날개 및 그에 대향하여 흐르는 다단법에 의한 고효율암모니아 Stri-

pping장치(환경부)
- 저공해 소각기술(환경부)
- 방사성폐기물 처리기술(환경부)
- 폐황산 재생기술(환경부)
- 매립가스 포집·정제 및 발전 등 자원화 장치 및 기술(환경부)
- 열분해 가스화용융 기술(환경부)
- 불량매립지 복원·안정화기술(환경부)
- 혼합 폐프라스틱 재활용 기술(환경부)
- 생활 폐기물의 효율적 처리를 위한 파쇄, 선별, 포장, 생물학적 분해 등 생활폐기물 처리기술(환경부)
- 유해산업폐기물 처리기술(환경부)
- 폐기물재활용기술 및 관리시스템(환경부)
- 슬러지 처리기술(환경부)
- 탈수 건조 슬러지의 폐기물 처리시설과의 혼소기술(환경부)

4. 석유 정제

- 석유의 분해·탈황, 감압증류, 수소화 처리 및 알킬레이션 기술, 이성화 및 방향족화 기술, 유황 및 폐가스 회수기술, 산소화합물 제조기술, 방향족화합물 추출기술(산업자원부)

5. 기타 환경관련 제품, 기술

- 식물성 플랑크톤 현장자동 측정기기 및 관련기술(환경부)
- 환경오염 측정·감시·처리기술, 관련제품(환경부)
- 지구환경보전기술(CFC대체물질 개발 및 이용기술)(환경부)
- 보일러에서 발생되는 폐가스 처리용 탈질설비 제조기술 및 NOX 저감기술(환경부)
- 보일러 배출가스 중의 탈황처리기술(환경부)
- 석유코우크스 또는 석유감압잔사유(Vacuum Residue)의 고효율연소, 가공이용 및 유효이용기술(환경부)
- 생활폐기물 또는 하수슬러지 소각처리 등 유동상 소각처리기술(환경부)
- 석탄(유연탄)의 고효율 연소기술(환경부)
- 석탄(유연탄)가공 이용기술(환경부)
- 석탄회의 유효 이용기술(환경부)

○ 중유회(Oil Soot)의 유효 이용기술(환경부)

○ 혼합폐플라스틱 분리기술(환경부)

○ 다이옥신 저감기술(환경부)

○ 폐유리병 색상별 분리기술(환경부)

○ 천연가스차량(NGV)보급관련 제품 및 시설(환경부)

○ 기타 대기 · 수질 · 폐기물 관련 기술 중 5년 이내 특허를 득한 신기술(환경부)

○ 올레핀 / 방향족화합물 저감기술(산업자원부)

○ 대장균 연속자동측정장치(환경부)

○ 촉매의 재생 및 처리기술(산업자원부)

○ 고체 및 액체 유황 처리 / 이용 기술(산업자원부)

6. 청정생산설비 제조업

○ 제품의 초기설계 단계부터 저공해, 저폐기물, 재활용 등을 고려한 환경친화형 제품 및 설계기술(산업자원부, 환경부)

○ 공장 내 생산공정의 환경오염물질 배출을 원천적으로 사전 예방하거나 최소화할 수 있는 공정개선 또는 신공정기술(산업자원부, 환경부)

○ 생산공정 중 환경오염물질을 유발시키는 원 · 부재료의 변경기술(산업자원부, 환경부)

○ 생산공정 또는 제품의 폐기 시 발생하는 부산물, 폐기물의 재활용, 회수, 재사용 관련기술 및 시설(산업자원부, 환경부)

(2) 〈에너지 · 자원부문〉

7. 대체에너지 기술 및 이용설비

○ 발전기술 및 발전기(산업자원부)

　－태양광(실리콘계 박막 태양전지 제조기술, 태양전지건물일체형 건자재화 기술, 태양광발전시스템 성능평가 기술)

　－풍력(풍력발전기술, 풍력발전기)

　－연료전지발전시스템

　－소수력

　－석탄가스화

　－조력 및 조류(산업자원부, 해양수산부)

　－파력

ㅇ 신연료 제조기술(바이오에너지, 수소에너지)(산업자원부)

ㅇ 열이용기술 및 이용설비(산업자원부)

　　－태양열 냉난방 및 발전시스템, 지열, 폐기물에너지(RDF제조 및 이용설비)

ㅇ 석탄액화기술(산업자원부)

ㅇ Biomass에너지 이용기술 및 이용설비(산업자원부)

　　－메탄가스·LFG 발생 및 이용설비

8. 기타 기관 및 터빈 제조

ㅇ 복합화력 발전설비(산업자원부)

ㅇ 조력·풍력·태양력 발전설비(산업자원부, 해양수산부)

ㅇ 수력 발전설비(산업자원부)

9. 핵반응기 제조

ㅇ 원자력 발전설비(산업자원부)

10. 발전

ㅇ 동력발전기술, 유동층연소발전기술, MHD(전자유체)발전기술(산업자원부)

11. 발전(원자력)

ㅇ 원자력 발전연료 설계·제조·운영기술 및 방사성동위원소 제조기술(산업자원부,
　　과학기술부)

ㅇ 원자력 발전설비·연구용 원자로의 설계, 제조기술(산업자원부, 과학기술부)

12. 송전 및 전력저장

ㅇ 직류 및 초고압(765kV급 이상) 송전기술(산업자원부)

ㅇ 대용량 전력저장기술(산업자원부)

ㅇ 전력관련 초전도기술(산업자원부)

13. 석유정제 및 윤활유 제조

ㅇ 윤활기유 및 윤활유(산업자원부)

14. 에너지절약 설비 제조

ㅇ 투과광 조절용 Window 제조기술(산업자원부)

ㅇ 비접촉 온도계측 기술(산업자원부)

ㅇ 재열사이클에 의한 고효율 이동변환기술(산업자원부)

ㅇ 고기능 분리막을 갖춘 복합형 반응기 제조기술(산업자원부)

ㅇ 알루미늄 스크랩 정제기술(산업자원부)

○ 화인세라믹스 원료의 에너지 절약형 제조기술(산업자원부)

○ 2성분 열매체 복합발전 기술(산업자원부)

○ 열교환기·열펌프 제조기술(산업자원부)

○ 고효율에너지기자재 제조기술(산업자원부)

○ 에너지절약형 대체냉매 냉각기술(산업자원부)

15. 자원탐사 관련기기 제조 및 관련 기술

○ 지하수 Monitoring System 기기(산업자원부, 정보통신부)

○ TBM disk cutter 기기(산업자원부)

○ 심부지열 탐사기기(산업자원부, 정보통신부)

○ 원격탐사기기, 중·자력 및 탄성파 탐사기기, 비저항·SONIC·중성자·밀도차 등 고도검층기기(산업자원부, 정보통신부)

8) 건설·사회기반시설 분야

1. 건설신소재 및 신자재 관련부문

○ 초고강도 콘크리트 제조 및 시공기술(건설교통부)

○ 초유동 콘크리트 제작 및 시공기술(건설교통부)

○ 고강도경량 콘크리트 제작 및 시공기술(건설교통부)

○ 항균 건자재 제조기술(건설교통부)

○ 산업부산물·건설폐기물 재이용, 건자재 개발 및 시공기술(건설교통부)

○ 인공경량골재 제조기술(건설교통부)

○ 섬유보강 콘크리트 제조기술(건설교통부)

○ 폴리머 콘크리트 제조기술(건설교통부)

○ 잔디 콘크리트 제조기술(건설교통부)

○ 투명차음벽 제조기술(건설교통부)

○ 시스템창호 설계, 제작기술(건설교통부)

○ 허니컴 건자재 기술(건설교통부)

○ 인조목재 및 관련가공기술(건설교통부)

- 온수난방 대체용 물질 및 관련기술(건설교통부)
- 구조물의 보수·보강재료 및 기술(건설교통부)

2. 건설기계 자동화 및 로봇화

- 건설기계 무인화(건설교통부, 정보통신부)
- 철골용접로봇(건설교통부, 정보통신부)
- 미장공사용로봇(건설교통부, 정보통신부)
- 수중토목작업로봇(건설교통부, 정보통신부)
- 교량안전진단로봇(건설교통부, 정보통신부)
- 노면하구조물탐사시스템(건설교통부, 정보통신부)

3. 건축공법 및 설비기술

- 인텔리전트빌딩 에너지절약시스템 및 사무실 개별 냉·난방 공조시스템(건설교통부)
- 아파트무인경비시스템(건설교통부, 정보통신부)
- 철골부재의 CAD화 및 제작 자동화(건설교통부, 정보통신부)
- 건축 면진구조시스템 및 초고층건축물 구조시스템(건설교통부)
- 토목구조물, 시설물 등의 비파괴검사·진단기기(건설교통부)

3 시장성 분석(market analysis)

(1) 실무에서의 시장조사 절차

○ 조사제안서(research proposal)

조사문의를 하면 조사대상(제품이나 기업)과 마케팅의사결정 문제를 고려하여 조사문제를 도출하고 이를 해결하기 위한 자료와 정보를 설계하고 전반적인 조사과정을 제시한다. 조사 자료와 정보를 수집, 분석, 해석에 요구되는 조사 설계를 명시하고 이를 실행하기 위한 조사 예산과 조사 기간을 제시한다. 아래와 같은 조사 과정에 포함되는 과업과 방법, 진행 일정 및 예산이 제시되어 의뢰사가 조사를 통해 주어진 예산과 기간 내에 조사 목적을 달성할 수 있는지를 평가할 수 있도록 해야 한다.

○ 조사설계(research design)

조사계약 체결 후(조사 시행 결재 후) 실제조사를 실행하기 위해 축적된 유사한 조사자료와 조사대상과 관련된 2차 자료를 검토하여 구체적인 자료수집 방법, 설문 및 조사표(관찰조사) 작성, 표본 추출 방법, 분석방법 등을 상세히 규정하여 이에 따라 조사가 진행될 수 있도록 한다.

○ 실사(field work)

실사팀은 조사설계와 표본설계에 따라 자료를 수집한다. 면접에 의한 조사의 경우에는 숙련된 면접원(interviewer)을 선발하고, 그들이 해당 조사를 정확하게 수행하도록 훈련(orientation)시키며, 자료 수집상의 오류가 발생하지 않도록 철저히 감독한다. 또한 응답이 잘못 표기된 것에 대해서는 확인하여 교정하고(editing), 회수된 질문지 일부에 대해서 검증조사를 통해 자료수집 과정상 발생할 수 있는 문제와 오류를 최소화한다.

○ 분석을 위한 자료정리

수집된 자료는 부호화 작업(coding)과 입력 작업(punching)을 거쳐 전산 입력되며, 입력된 자료에 대한 오류검증을 다시 한번 실행한다. 본격적인 자료분석에 앞서서 입력된 자료에 대한 빈도분석표(frequency table)와 응답자 특성별 교차집계표 (crosstabulation)를 산출하여 중간보고서를 작성한다.

○ 자료분석(data analysis)

조사목적을 달성하기 위해 명시된 조사문제에 대한 답을 제공하기 위해 다양한 통계분석방법을 적용한다.

○ 보고서 작성(reporting)

보고서는 조사 결과 얻어진 정보를 의사결정자가 이용하기 편리한 형태로 정리, 표현, 해석하고 경우에 따라서는 관리적 제안(managerial recommendation)을 제시하기도 한다. 의뢰자가 원하는 설명회(presentation)를 실시하기도 한다.

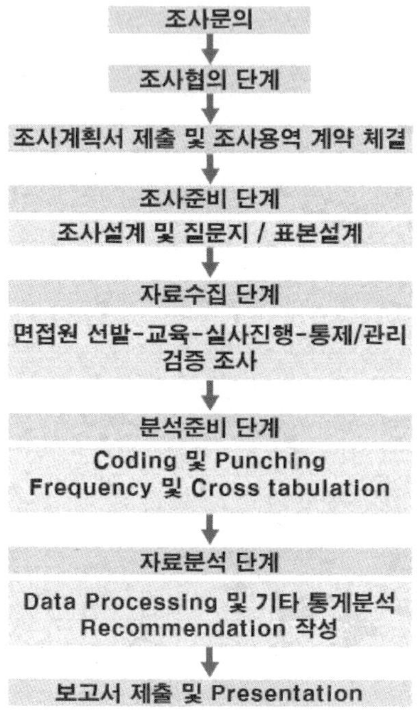

(2) 국제무역에서 말하는 시장조사

첫째 어느 곳에 구매 잠재력을 가진 고객이 있는가를 발견하는 것이고 둘째 외국 고객들은 어떤 상품을 원하고 있는가, 즉 그들의 기호에 맞는 상품을 창조 개발하는 것이다. 자기가 생산하는 물건을 어떻게 하면 가장 많이 비싸게 팔 수 있으며, 유통분배비용(ditribution cost)을 가장 적게 할 수 있으며, 어느 때에 팔 것이며, 어디에다 팔 것이냐 하는 것 등을 조사 연구 분석하는 것이 임무이다.

○ 해외시장조사의 의의

외국과 무역거래를 함에 비용과 위험을 최소화하고 극대화하기 위해서는 사전에 신속 정확한 해외시장조사가 필수적인 전제 조건이다. 그 방법에 우선 대상 시장의 전반적 개황(정치, 경제, 사회, 풍도, 기후, 언어 등)을 조사한 다음 취급상품에 대한 세부적인 내용(무역관리제도, 시장특성, 수요와 공급, 유통구조, 경쟁상대, 거래처 등)을 조사하는 일련의 단계를 거치게 된다.

ㅇ 시장조사의 내용

일반사항: 해당국의 정치, 경제, 사회, 문화, 종교, 인구, 언어 등 / 경제동향: 경제성장, 국민소득, 물가, 임금, 고용, 국제수지 등 / 산업동향: 산업구조 특히 제조업 등 / 무역동향: 대외무역구조, 특히 품목별, 지역별 경쟁국 진출동향 등 / 무역관리제도: 통화정책, 수입관리제도, 대한 수입규제, 기타 관세율 및 외환관리제도 등 / 시장특성 및 유통구조: 일반적인 시장 특성 외에 소비자계층, 상관습 및 구매시기, 유통구조의 형태, 주요 수입상 명단 등 / 시장접근방법: 중개상, 전문 수입상, 도매상 등 / 교역현황: 우리나라의 전체 교역량 및 해당 품목에 대한 수입규모 / 기타 사항: 해당국의 항만사정, 통신시설, 여행 시 유의사항, 국민성, 상관습, 소비자분석 등

ㅇ 정량조사

-quantitative research, 설문지를 이용한 일반면접조사, 조사결과를 양적인 숫자로 측정 / -일반면접조사는 대인면접(personal interview, 사람을 직접 만나서 면접)과 전화면접(telephone interview, 전화로 면접)과 우편조사(postal questionnaire)가 있다. 대인면접조사는 호별방문조사(door to door)와 차단조사(mall intercept, 장소를 몇 군데 정해 놓고 지나가는 사람을 대상으로 조사)

ㅇ 정성조사

-qualitative research, 그룹이나 개인을 대상으로 하는 심층면접조사 / -심층면접(depth interview, 정신과 인터뷰를 도입, 대화지침서 사용)과 집단토의(group discussion, 7~8명 참석자, 사회자의 안내로 토의)와 투사기법(projection techniques, 막연하고 완전하지 못한 문장이나 그림을 응답자가 완성하게 만드는 조사 방법)을 사용한다.

(3) 시장조사의 필요성

ㅇ 소비자 중심 시장의 출현-구매자 중심의 시장이 나타나기 시작, 제품의 품질과 성능

ㅇ 경쟁의 심화가 시장조사의 수유를 유발한다-광고의 효율성을 높이고

ㅇ 위험을 줄이려는 욕구에서 시장조사가 확산된다-전문적 정보의 수집과 분석

ㅇ 기술 및 소비자 태도 변회의 가속화-새로운 영역이 개척되고 다양한 신제품이

출시

○ 정보기술의 급속한 진보로 인해 시장조사가 필요-수집 자료의 추이, 예측, 빈도 분포, 평균, 상관관계의 형태로 집계

(4) 시장조사의 정보원

○ 기초조사-정보가 간행물 형태로 존재할 때; 정부보고서, 무역협회자료, 은행자료, 도서관, 불만사항, 생산보고서, 회계장부

○ 기획조사-경쟁제품의 시장 및 상표추이를 모니터링, 판촉전략, 신제품, 가격변화, 광고, 마케팅기획에 대한 효과를 평가

○ 정량 및 정성조사-중립적이고 모호하지 않은 용어, 면접원의 편견을 최소화, 전체 모집단을 대표할 수 있는 크기의 표본을 조사

(5) 설문지 작성

○ 설문유형

  -폐쇄형과 개방형 질문

  -폐쇄형 질문은 정확하게 응답할 수 있도록 도와주기 때문에 질문은 폐쇄형이 좋다. 전혀 예상을 할 수 없거나 응답을 한정하고 싶지 않을 때에 사용

○ 응답보기 형태

  -질문을 작성할 때에는 응답을 어떻게 받았느냐에 따라 통계분석방법이 달라지기 때문이다. 통계분석에서는 응답보기를 측정을 위한 척도라고 하는데 척도에는 명명척도(nominal scale), 서열척도(ordinal scale), 등간척도(interval scale), 비율척도(ratio scale)의 네 종류가 있다.

  -명명척도는 남자는 1, 여자는 2와 같이 응답보기 하나하나에 수량적 의미가 없는 숫자를 부여하는 것이다.

  -서열척도는 응답보기 중에서 가장 중요한 혹은 가장 좋아하는 것부터 순서를 매기도록 하는 방법이다.

  -등간척도는 서열척도에서 한 걸음 더 나아가 부여되는 수치 사이의 간격이 똑같은 것이다.

  -비율척도는 등간척도가 갖지 못하는 절대영점을 가지고 있기 때문에 수치상의 비율도 계산할 수 있는 척도이다.

(6) 통계적 자료분석

- ○ 자료분석－자료의 특성분석; 평균의 계산, 표와 그래프의 활용 / －질문 간의 관련파악; 상관계수, 회귀분석 / －다차원적 분석; 셋 이상의 질문 간의 관계
- ○ 자료분석의 준비－조사원의 응답내용에 대한 점검, 자유응답법의 질문에 대한 코딩
- ○ 단순집계분석－질적자료, 양적자료, 응답자의 대표성확인 불능에 의한 영향의 보정
- ○ 통계적 가설검정에 의한 분석－표본조사에서의 평균과 비율의 비교, 통계적 가설검정순서와 검정결과가 갖는 의미
- ○ 크로스집계에 의한 분석－단일응답형식의 질문, 복수응답형식 및 순위응답형식의 질문, 수치기입응답형식의 질문, 질문 항목 간의 관계유무에 대한 검정
- ○ 다중크로스 표와 다변량 분석－질문 항목 간의 관계를 파악하기 위한 지표

(7) 표본조사 개요

① 통계조사란 무엇인가?

* 일상생활 통계조사의 예를 들면:
－통계청에서 매 5년마다 실시하는 인구 및 주택 센서스(대표적인 전수조사) / －여론조사(예: 선거 전에 실시되는 후보자 간의 지지율 조사, 국가정책에 대한 지지도 조사, TV시청률 조사 등) / －시장조사(기업체에서 소비자의 상품에 대한 기호, 태도, 만족도 등을 조사) / －품질조사(생산현장에서 행해지는 불량률 조사) / －물가조사 / －농산물의 생산량 조사 등등 이밖에도 다양한 분야에서 통계적 조사방법은 활발하게 응용되고 있다.

* 올바른 통계자료가 생산되기 위한 조건
－올바른 통계조사(표본조사) 이론에 따른 데이터 수집 / －얻어진 데이터에 대한 적절한 통계기법의 적용 / －믿을 수 있는 통계 생산

* 통계조사 방법의 종류: 전수조사, 표본조사
  －전수조사
    - 조사대상으로 하는 집단의 모든 개개의 단위를 조사하는 방법
    - 대표적인 예: 인구 및 주택조사 센서스, 농업 총조사, 사업체 총조사 등
    - 사용목적: 어떤 정책 결정의 중요한 기초 자료로 사용(인구 및 주택 센서스의 경우 주요 선거에 대한 선거구 분할에 사용)다른 표본조사의 기초 자료

로 활용(전수조사 자료는 다른 표본조사의 추출 틀로 사용된다.)

- 전수조사의 어려운 점: 엄청난 조사비용 및 시간소요, 숙련된 많은 수의 조사원 필요 대부분의 통계조사는 표본조사로 이루어지고 있다.

② 전수조사와 표본조사

- 표본조사(sample survey)

전체 모집단 중 일부의 부분집단을 과학적인 추출 방법에 따라 추출하여 그 추출된 일부분을 대상으로 조사하여 얻어진 정보를 토대로 전체 모집단에 대한 특성을 추정하는 것.

- 전수조사에 비하여 표본조사가 갖는 장점

① 경제성 ● 실제조사에서 비용과 노력이 적게 소요 / ● 조사결과의 집계, 자료처리 등의 비용과 노력이 적게 소요

② 신속성 ● 전수조사에 비해 자료수집과 처리 면에서 훨씬 빠르다. / ● 선거예측이나 쌀 수확량의 예측 등에서 표본조사가 널리 사용된다.

③ 심도 있는 조사가 가능하다는 측면 ● 경제적, 시간적 제약으로 전수조사에서 불가능한 복잡한 조사 가능

④ 조사의 정확성 ● 실제 조사과정에서 조사원에 대한 철저한 관리를 하여 비표본 오차를 줄일 수 있다.

⑤ 숙명적 필요성 ● 제품의 파괴검사, 혈액검사 등과 같이 전수조사가 불가능한 경우에 적당.

* 표본조사가 갖는 단점(한계점)

- 모집단을 제대로 대표하지 못하는 표본을 사용할 경우 잘못된 통계를 만들게 된다. 1936년 미국 대통령 선거에 대한 여론조사 결과는 랜돈 후보(상류층이 지지)와 루즈벨트 후보(서민층이 지지)의 대결 전화번호부와 자동차 등록대장을 사용하여 표본 추출된 200만 명에 대하여 우편조사 랜돈 후보의 압도적 승리 예상(잘못된 예측) 실제결과: 루즈벨트 후보의 압도적 승리

- 표본 추출을 위하여 전화번호부와 자동차 등록대장을 사용하였기 때문에 표본이 모집단 내의 서민층을 반영하지 못하여 나타난 결과이다.

- 표본이 모집단을 적절히 반영하지 못하면 현실을 왜곡한 통계결과를 얻게 된다. ─희소한 부차 모집단(소지역별 자료)의 특성까지 알기는 힘들다. '희소한 부차 모집단인 경우에는 표본조사에 의해서 추출된 표본이 대단히 적

기 때문에 적은 표본이 부차 모집단을 대표하지는 못하기 때문이다.'

* 전수조사의 표본조사에 대한 역할

 －여러 표본조사의 모집단 상황에 대한 기초 자료와 표본 추출 틀(sampling frame)로 사용됨 / －전수조사 자료는 모수 추정과정에서 중요한 자료로 이용됨 / － 예: 사람을 대상으로 하는 표본조사에서 인구센서스 자료를 분석하여 얻은 연령 및 성별 분포 등의 분석결과는 표본 추출 및 추정 단계에서 사용된다.

③ 표본조사와 기본용어

 －기본단위(elementary unit: 단위)

  • 표본조사에서 필요한 정보를 얻기 위해 관찰, 면접을 할 때 조사의 대상이 되는 요소

  • 명확하게 정의되어야 하고, 구체적으로 확인할 수 있어야 한다.

  • 예: 여론조사(각 개인), 가계조사(각 가구), 농가경제조사(농가), 쌀 수확량 조사(단위 구) 등

* 모집단(population)

 －조사목적에 의하여 규정되는 모든 기본단위의 집합

 －모집단은 내용, 기본단위, 범위 그리고 시간으로 정의됨

  예) 노동력 조사를 하고자 할 때 모집단의 정의 : • 노동력에 관한 특정한 사항(내용), 대한민국 국민(기본단위) / • 남한의 모든 영토 내(범위), 1999년 10월 1일 기준(시간)

 －모집단에 대한 명확한 정의 필요

  예) 농가경제 조사는 농가: "300평 이상의 경지를 가지고 농사를 짓는 가구"로 정의→ 조사원에 따른 농가의 자의적 판단(정의)을 막는다.

 －모집단의 구분: 유한모집단, 무한모집단은 • 모집단을 구성하는 기본단위의 수가 유한인지 무한인지에 따라 결정 / • 표본조사에서는 대부분 유한모집단을 다룬다.

 －모집단의 구분: 목표모집단, 조사가능 모집단은 • 목표모집단(target population): 조사목적에 의해 개념상 규정된 모집단 조사가능 모집단(accessible population): 표본을 추출하기 위해 규정된 모집단 → 원칙적으로 이 두 모집단은 일치하여야 한다.

* 추출단위(sampling unit)

-표본 추출 단계에서 구체적으로 뽑히는 단위

  예) 가계조사: 기본단위(가구), 추출단위(가구)는 여론조사(표본으로 가구를 뽑고 그 안에서 특정 개인을 조사할 경우):기본단위(각 개인), 추출단위(가구) 농가경제조사: 기본단위(가구), 추출단위(농업조사구) / -하나의 기본단위로 구성되거나 여러 개의 기본단위들이 모여서 구성된다.

* 추출 틀(sampling frame)

-모집단 내의 모든 추출단위들의 리스트 / -모집단의 모든 추출단위를 누락 없이 그리고 중복 없이 포함해야 한다. / -추출 틀은 조사가능 모집단의 구체적 표현이다. / -추출 틀이 불안전하면 왜곡된 통계가 작성된다.

  예) 1936년 미국 대통령 선거의 경우: '표본조사에서 불완전한 추출 틀을 사용하여 실패한 사례'

-추출단위의 결정에서는 정해진 추출단위에 대한 추출 틀의 작성이 가능한가에 대한 검토가 선행되어야 한다.

  예) 우리나라 가구당 평균소득을 조사하고자 하는 경우에 모집단은 우리나라 전체 가구이고, 조사의 기본단위는 가구가 된다. 만약 추출단위를 가구로 결정하였다면 우리나라 전체 가구에 대한 방대한 양의 리스트가 필요하지만 추출단위를 동(洞)으로 한다면 전국의 전체 동에 대한 목록을 만들면 되기 때문에 훨씬 수월한 작업이다.

(8) 표본 추출법

○ 누구를 면접할 것인가는 무엇을 물어볼 것인가 다음으로 가장 중요하다. 이것이 표본 추출(sampling)의 문제인 것이다. 표본을 설계하고 추출함에 있어 조사자가 고려해야 할 점은 다음과 같다.

○ 조사대상 모집단의 정의

-표적집단이나 특정표본을 추출할 모집단의 범위는 조사의 목적에 따라 달라진다.

○ 표본의 크기

-불확실성을 최소화할 수 있기 때문이며, 분석결과가 항상 100%의 정확성이 필요한 것은 아니다.

-대규모 표본을 추출하려면 높은 비용을 부담해야 한다.

-전국 5대 도시의 성인남녀를 대상으로 할 경우는 1500~2000명 정도를 조사

하는 것이 보통이다. 여기서 95%의 신뢰구간과 ±5%의 표본 오차란 의미는 조사결과 A라는 의견을 가진 응답자가 60~70% 정도 나온다는 뜻이다.

○ 응답대상자를 선정하는 방법

- 무작위 표본 추출 혹은 확률 표본 추출: 모집단의 모든 항목이 표본으로 선정될 확률이 동일한 표본 추출법.

- 등간격 표본 추출법: 모집단의 전화번호나 주소록이 있을 때, 난수표를 이용해 출발점을 결정한 후, 몇 개 건너 1개씩 표본을 선발하는 방법.

- 할당 표본 추출법: 무작위로 조사지역이나 전화번호를 선정한 후, 최종 응답자는 난수표가 아닌 면접원 마음대로 결정하는 것이다.

- 군집 표본 추출법(cluster sampling): 조사대상자들이 모여 있는 곳을 찾아가거나 한곳에 모이게 해 면접하는 방법.

○ 표본(sample)

＊ 모집단의 특성치를 알아보기 위하여 모집단의 기본단위 중에서 추출된 부분집합 / ＊ 표본: 유의 표본, 확률 표본

○ 표본 설계란?

＊ 모집단을 잘 대표할 수 있는 표본을 추출하고 추출된 표본에서 조사된 정보를 이용하여 모집단의 특성치를 추정하는 전 과정을 말한다.

＊ 표본 설계 시 고려해야 할 내용:－가능한 한 적은 비용과 노력으로 모집단을 잘 반영할 수 있는 표본 추출법은 무엇인가? / －표본 오차를 목표하는 수준 이내로 유지하면서 비용을 최소화하기 위한 표본의 크기는? / －표본에서 조사된 자료를 이용하여 모수를 추정하기 위한 적절한 추정방법은 무엇인가? /

● 표본 설계는 조사결과에 대한 정확도(목표오차)결정, 기본단위와 추출단위의 결정, 표본 추출 방법의 결정, 표본크기 결정, 모수추정 방법 등으로 구성된다.

○ 유의 추출법

＊ 각 추출단위들이 표본으로 추출될 확률을 객관적으로 나타낼 수 없는 표본 추출법→ 대부분 조사자의 주관적 판단에 의해 표본을 얻는다.

＊ 유의 추출법의 대표적인 예: －전형법(typical sampling method)조사자가 그의 지식과 경험에 의하여 모집단을 대표한다고 생각되는 추출단위를 주관적으로 선정하는 방법 / 예) 서울시의 생계비 조사를 하기 위해 조사원이 가구원 수나 소득이 서울시의 평균적이라 판단되는 가구를 표본으로 선정하는 방법을

말한다. 가령, 서울의 가구당 평균가족 수가 4인이고, 평균소득이 100만 원에서 120만 원이라면 여기에 해당하는 가구를 표본으로 선정하게 된다. / –할당법(quota sampling method)표본이 모집단의 구조와 같도록 미리 표본을 할당하고 조사대상자의 선정은 조사자의 주관적인 판단에 의하는 방법 / 예) K 대학교 학생의 학습방법에 대한 조사를 하는데 전체 K 대생의 학과별, 학년별, 성별 구성을 알아본 후에 표본의 학과별, 학년별, 성별별 구성도 이와 같도록 표본을 각 범주에 할당하는 방법.

* 유의 추출법의 한계: 표본 추출 시 조사자의 주관이 개입되어 표본 자료로부터 구한 추정 값에 대한 통계적 정확도에 대해 논의할 수 없기 때문에 과학적인 조사방법이라고 할 수 없다.

○ 확률 추출법

* 표본의 추출이 조사자의 주관에 의존하는 것이 아니라 추출단위에 대하여 사전에 정해진 추출확률에 따라 표본을 추출하는 방법 / * 확률 표본 추출법의 예: 단순임의 추출법, 층화 추출법, 계통 추출법, 집락 추출법 등

* 확률 표본의 특징: –표본이 모집단의 특성이나 구조를 잘 반영한다. / –표본 추출 방법이 객관적으로 이루어져 주어진 추출 방법에 따라 누구나 표본 추출가능 / –추정의 정확도를 계산할 수 있다: ● 보통 표본조사는 확률 추출법에 의한 조사를 의미한다. 확률 표본 추출법을 이용하면 조사자는 처음부터 목표하는 허용오차한계를 만족할 수 있도록 표본설계를 하고 조사가 끝난 뒤에는 조사결과로부터 실제 성취한 통계적 정확도를 구하여 확인할 수 있다.

(9) 시장조사는 성공적인 전략 수립의 첫 단계

(가) 시장조사

어떤 사업을 해보고자 할 때 가장 고민이 되는 것은 무엇일까.

사업 아이템, 자금, 운영방식, 인력배치 등 어느 것 하나 고민되지 않는 것이 없겠지만, 그중에서 '어떤 사업을 할까'의 문제가 가장 핵심적인 문제가 아닐까 싶다. 처음 사업을 시작하려고 하시는 분들뿐만 아니라, 현재 사업을 하고 계신 분들이라도 마찬가지로 앞으로 어떤 방향으로 사업을 이끌어갈 것인가 하는 고민은 계속되리라 생각된다. 이러한 문제를 해결하기 위해서는 흔히 '시장조사를 많이 해야 한다.'라는 말을 듣게 되는데, 시장조사란 무엇이고 어떤 의미가 있는지, 시장조사를

통해 얻어 내야 할 것은 무엇인지, 시장조사는 어떻게 해야 하는지 등등에 대해 살펴보려고 한다. 원론적인 접근으로 인해 시장조사가 매우 거창해 보여, 대기업에서나 할 수 있는 일처럼 보일 수 있으나 실제로 시장조사는 방법과 규모의 차이가 있을 뿐 대기업뿐만 아니라 소규모 자영업에도 꼭 필요한 단계이다. 쉽게 말해서 시장조사란 어떤 아이템에 대한 전망을 예측하기 위하여 과거에서 현재까지의 시장 상황, 트렌드를 살펴봄으로써 앞으로 이 아이템을 개발하는 것이 사업성이 있는지 없는지, 개발한다면 어떤 방향으로 가야 할지를 타진해 보는 일련의 과정이라고 할 수 있다.

● 시장조사 왜 필요한가

시장조사를 하는 근본적인 이유는 기업의 이윤 극대화를 위해서이다. 시장조사에 근거하여 세분시장을 파악하고 적절한 전략을 수립하여 고객을 공략해야만 성공적인 전략이 될 확률이 높기 때문이다. 시장조사에 근거하지 않은 무분별한 전략은 실패할 확률이 높고, 시행착오로 인한 시간, 금전적인 낭비를 가져올 수 있다.

● 시장조사시 유의사항

① 다양한 방법, 다각도로 접근할 것

이미 머릿속에 그림을 그려 놓고 거기에 맞도록 시장조사를 맞춰가는 경우가 많다. 시장조사는 나의 주장을 뒷받침해 줄 근거 자료를 찾는 것이 아닌, 실체를 파악하는 데 의의가 있다. 다양한 방법, 다각도의 접근을 할 수 있도록 모든 가능성을 열어 두고 시장조사를 해야 한다.

② 개별적인 업체의 성과보고서에 의존하지 말 것

경쟁업체 분석, 업계 동향 파악을 하려고 하면 사실, 자료 구하기가 그리 쉽지는 않다. 정작 필요한 자료보다는 곁도는 자료가 더 많다고 해도 과언이 아니며, 개별적 성과, 매출 자료에 의존하게 마련이다. 시장조사는 결과보다는 과정에 더 중점을 두고 조사해야 하므로 이러한 자료는 참조하는 데에 활용하도록 해야 하며, 이보다는 성공하는 업체들의 전략을 파악하는 데 중점을 두어야 한다.

③ 외국의 성공 사례에 의존하지 말 것

사업 구상 단계에서 흔히 하는 사례가 해외의 성공 사례를 벤치마킹하거나 유사한 모델로 국내에 적용하려고 하는 것이다. 외국의 성공 사례에 의존하기에 앞서 국내 시장 환경 분석이 우선되어야 하며, 국내시장 적용 시 일어날 수 있는 문제점과 대안을 먼저 파악해야 한다.

④ 시장조사는 한 번에 끝나지 않고 지속적으로

시장은 항상 변화해 가는 환경이므로 어느 한 시점의 조사로 모든 것이 끝나는 것이 아닌 만큼 지속적인 조사가 이루어져 한다. 시장을 항상 예의 주시하고 변화하는 환경에 능동적으로 대처해야 하는 것은 기업가의 기본 마인드라고 할 수 있다.

⑤ 발로 직접 뛰면 다르다.

인터넷을 통해 다양한 정보 수집이 가능하기는 하지만, 인터넷에 올라온 정보는 어쩌면 정보라기보다는 자료에 가깝다고 할 수 있으며 검증되지 않은 내용도 많아 자체의 한계가 있다. 또한 실질적으로 도움이 되는 핵심 요점은 실제로 부딪치면서 얻어지는 경우가 많으므로 발로 뛰는 시장조사에 보다 적극적인 노력이 필요하다.

● 소호몰 창업 시에 하는 시장조사

다양한 목적으로 활용되는 시장조사에서 주로 판매 활동을 위한 시장조사는 기술조사 위주로 진행된다.

기술조사

- 목적: 경제상황이나 소비자의 변화와 같은 전반적 시장상황과 소비자 행태를 분석하기 위해 수행
- 종류: 관련시장조사, 시장점유율 조사, 매출액 분석, 유통경로 조사, 구매 관련 자료, 인구 통계학적 변수 분석

- □ 관련시장조사: 시장크기, 소비자의 구매력, 기본유통업자의 이용가능성
- □ 시장점유율 조사: 자사 및 기존 경쟁사의 시장점유율
- □ 매출액 분석: 지역별, 제품 계열별, 거래 고객 규모별 매출액 조사
- □ 유통경로 조사: 유통업자의 수, 유통업자의 소재지 등 분석
- □ 구매관련 자료: 특정사이트에 대한 인지도, 인터넷을 통한 판매상품에 대한 평가, 선호상품, 구매의사, 구매경험상품, 구매희망상품
- □ 시간변화에 따른 시장변수에 대한 소비자의 반을 측정

(나) 온라인 시장조사

협의의 의미로는 인터넷 검색을 시장조사에 활용하는 정도를 의미하지만 궁극적인 온라인 시장조사의 의미는 온라인을 오프라인과 동등한 개념의 시장(Market)으로 보고, 인터넷시장에서 해당 아이템의 현황 및 전망, 사업 모델 등에 대한 총괄적인 점검을 하는 단계라고 볼 수 있다. 인터넷 창업이라면 온라인 시장조사와 함께 오프라인 시장조사가 모두 병행되어야 한다. 이 장에서는 인터넷 창업(소호몰 창업)을

준비하는 과정에서 필요한 온라인 시장조사 방법에 대해 소개한다.

(다) 무엇을 조사해야 할까

1. 사업 아이템 검토

어떤 아이템을 정하고 이것을 소호몰을 통해 팔아야겠다고 생각을 했다면, 그 아이템을 정하게 된 나름대로의 이유가 있을 것이다. 그런데 실제로 그 아이템이 소호몰에서 잘 팔릴지, 경쟁 상황은 어떠한지, 수요는 충분하지 등을 검토함으로써 결론적으로 사업성은 있는지 여부를 예측해 봐야 할 것이다.

1) 시장규모 및 수요 예측

① 검색엔진 키워드 활용

인터넷을 통해 상품을 구입하는 고객은 인터넷의 특성상 정보 검색에서부터 출발한다. 고객이 무언가를 원할 때는 그것을 하나의 '키워드(검색어)'로 요약하여 검색엔진에서 검색을 하게 된다. 검색어는 상품명, 카테고리명, 브랜드명 등으로 다양하게 검색이 이루어질 것이다. 역으로 이러한 상품을 판매하는 사업자는 고객이 많이 검색하는 검색어에 맞추어 광고를 하게 된다. 즉 검색사이트의 키워드 조회 수를 통해서 해당 키워드에 대한 수요의 정도를 파악해 볼 수 있다. 다만, 해당 키워드의 검색의도가 정보 검색을 위해서인지, 상품 구매를 위해서인지는 정확히 판단하기 어렵고 키워드에 따라 편차가 심하다는 점, 동음이의어에 대한 구분이 명확하지 않다는 점을 고려하여 예상 수요를 예측해야 한다. 예를 들면 소호몰을 오픈해 보고자 하는 주부 L씨는 결혼 5년 차로 아이 2명을 키우고 있는 경험을 살려 아동복 전문 소호몰을 만들어 보고자 한다. 성인보다 유, 아동의 경우 성장이 빨라 새 옷에 대한 수요가 지속적으로 있다는 점, 실제 구매자인 엄마의 취향에만 맞으면 쉽게 구매가 일어난다는 점, 한 가정에 1~2명의 자녀만 양육하므로 저가보다는 고가의 아동복 수요도 많다는 점 등이 아동복을 선택한 이유라고 한다. 과연, 아동복은 소호몰하기에 적합한 아이템인가? 예측 자료는 예상 수치이므로 정확한 판단을 하기에 무리가 있다고 보이나, 검색수가 높다는 것은 수요가 많다는 것을 의미하므로 브랜드 선호도를 파악할 수 있다. 대개 '어떤 아이템이 온라인 시장에서 얼마만큼 팔렸다.'라는 자료는 구하기도 어려울 뿐만 아니라 정확한 자료가 없다고 봐도 무리가 아니다. 유통이 온라인/오프라인의 구분 없이 혼합되어 있는 현실에서 유통 채널별로 매출집계를 하기는 어렵기 때문에, 상기와 같은 방법으로 예상 수치를 가늠해 보기도 한다. 하지만 수치성에 포함되지 않는 많은 변수가 있으므로 참고 자료 정도로 활용하는 편이 좋다.

② 사이트 수 측정

사이트 수 측정은 해당 아이템을 취급하는 사이트 수가 전체 온라인 시장에서 몇 개나 될까를 추정해 보는 것이다. 즉 아동복 온라인 쇼핑몰이 몇 개인지는 정확히 알 수 없으므로 주요 검색엔진에 등록된 사이트 수를 파악하는 것으로 수치를 예측해 보는 것이다. 검색엔진에 등록되어 있지 않은 사이트는 소비자에게도 노출되기 어려운 사이트이므로 배제해도 무방하다. 검색창에 '아동복' 키워드를 검색했을 때 나타나는 사이트 수는 다음과 같다.

구 분	특 징	랭키사이트 순위	알렉사 방문자 수	예상 방문자 수(일)	예상 매출(월)
A사이트	해외 쇼핑 구매대행	2,142	5.55	555~721	555만~720만 원
B사이트	해외 쇼핑 구매대행	3,768	20	2,000~2,600	2,000만~2,600만 원
C사이트	해외 쇼핑 구매대행	4,046	0.9	90~117	90만~117만 원

▶ 알렉사닷컴의 방문자 수: Reach per million users 3 mos.Avg.

- 알렉사닷컴의 3개월 평균 방문자 수는 실제로 사이트에 몇 명이 방문하는 것으로 추측하는지 추측해 보는 데이터로 보통 100~130배수 정도의 폭이라고 사이트 운영자들이 말하기에 예상수치를 뽑아보았다.
- 예상 방문자 수×구매율×평균단가×영업일수＝예상 월매출
- 랭키닷컴과 알렉사닷컴의 차이가 많아서 해석하는 데에 어려움이 있다.
- 보수적으로 잡긴 했으나, 예상 월매출이 생각보다 너무 적을 것 같다. 매출대비 실제 수익은 얼마나 될까? 카드 수수료를 제외하고 약 10% 정도라고 예상하니 월 수익은 50~260만 원 정도 예상.

③ 순위 사이트 살펴보기

순위 사이트의 순위는 어떻게 파악되며 순위를 통해 무엇을 알 수 있을까? 순위 사이트는 패널들을 통해 수집되는 트래픽 정보를 통해 사이트를 분석하는 데에 의미가 있다. 단순히 순위가 1위다, 2위다 하는 것을 보기 위함이 아니라, 순위 분석, 트래픽 분석, 분야별 순위 파악이 가능하며 동일 업종에서의 경쟁사이트에 대한 매출, 방문자 수 예측이 가능하다. 예를 들면 온라인 쇼핑몰 중 아동복 전문몰들을 살펴보려고 했다. 그런데 어느 사이트가 잘되고 있는 사이트인지 알 수가 없어서 국내 순위사이트인 랭키닷컴(rankey.com)을 찾아보았다. 상위 3개 업체를 대상으로 하여 예상 방문자 수 및 예상 매출을 알아보기로 하였다.

ADVICE

검색엔진 키워드 조회 수, 주요 포털의 관련 사이트 수, 순위 사이트, 알렉사닷컴 등을 활용한 온라인 시장조사 방법은 가장 흔히 쓰이는 방법 중의 하나이다.

다만, 시장조사를 통해 얻게 된 수치를 어떻게 해석할 것이냐의 문제가 관건이라고 할 수 있다.

L씨가 하신 시장조사 방법이 틀린 것은 아니나 몇 가지 아쉬운 점은 다음과 같다.

1. 검색엔진의 키워드 조회 수와 주요 포털의 관련 사이트 수 데이터가 2004년 6월에 국한된 내용으로 해당 검색어의 추이 파악이 불가능하다는 것이다. 인터넷에서 뜨고 있는 아이템인지, 지고 있는 아이템인지…… 그 이유는 무엇인지 등의 파악이 필요하겠다.

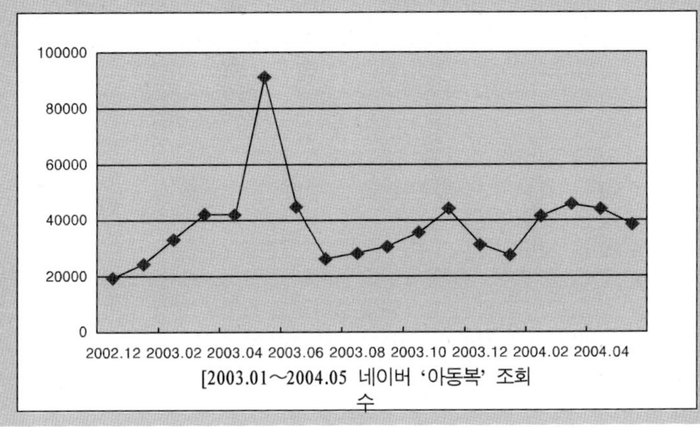

[2003.01~2004.05 네이버 '아동복' 조회 수]

2. 마케팅은 어떻게 하고 있는지?

아이템에 대한 파악을 했으면 마케팅에 대한 시장조사도 해야 한다.

온라인 시장조사인 만큼 온라인 마케팅을 중심으로 조사한다. 온라인 마케팅의 대표적인 수단으로는 검색엔진 등록 및 광고, 이벤트, 사은금, 쿠폰 등이 있다. 취급하고자 하는 아이템이 주로 어떤 키워드로 검색엔진에 등록되어 있는지, 경쟁사이트들의 프로모션 방법은 어떠한지를 파악해 볼 수 있다.

구 분	검색엔진 등록현황				검색엔진 광고현황				비　　고
	네이버	야후	다음	엠파스	네이버	야후	다음	엠파스	
A사이트	○	○	○	○	○	−	−	−	네이버 플러스프로 지속적으로 광고, 키워드 – 아동복, 짐보리, 베이비부
B사이트	○	−	−	○		○	○	−	오버추어 광고 집행, 키워드 – 아동복, 베이비폴로, 베네통
C사이트	○	○	−	−	−	−	−	○	엠파스 프리미엄 사이트 등록, 키워드 – 아동복, 유아복, 아가방
D사이트	−	−	−	−	○	−	−	−	네이버 스폰서링크 노출 중, 키워드 – 아동복, 엘르, 수입아동복

3. 그밖에 여러 가지 모두

오픈하고자 하는 쇼핑몰이 비록 소호몰이라 할지라도, 시장조사는 좀 더 광범위하고 폭넓게 하는 편이 좋다. 사이트를 오픈하고 나면 이래저래 바쁘기 때문에 다른 사이트들이 어떤 움직임을 보이고 있는지 살펴볼 겨를이 없기 때문이다. 준비 단계에서 다양한 가능성을 열어 두고 관련 사항을 살펴봐야 하겠다. 예를 들면

그 외 여러 가지 조사해야 할 사항들	• 검색 포탈이나 종합몰에서 해당 아이템은 어떤 유통경로를 가지고 있는지…… • 검색 포탈, 종합몰에 입점은 가능한지…… • 경매 사이트에서 팔고 있는 업체들은 주로 어떤 업체들이며 특징은 무엇인지…… • 중저가형 쇼핑몰에서 잘 팔리는 아이템은 어떤 것인지…… • 가격비교 사이트에 등록된 업체는 있는지 • 가격비교 사이트 등록비용은 얼마인지 • 예상 광고비용은…… • 사이트별로 취급 브랜드의 차이는 있는지…… • 오프라인 제조사이면서 온라인에서 직접 몰을 운영하는 회사는 없는지…… • 같은 상품의 경우 가격이 동일하게 팔리고 있는지…… • 몰마다 가격 차이는 얼마나 나는지…… • 고객 불만은 주로 어떤 것인가

시장조사는 앞서 언급한 바와 같이, 오프라인과 온라인이 별개가 아니므로 상호 보완적인 접근이 필요하다. 다음 장에서 말씀드릴 오프라인 시장조사, 경쟁업체 조사를 통해 오픈하고자 하는 아이템에 대한 총체적인 점검 단계가 되어야 하겠다.

(라) 인터넷 창업에 오프라인 시장조사가 필요할까?

오프라인 시장조사란

인터넷 창업, 즉 온라인 시장에서 어떤 사업을 전개하고자 할 때 하게 되는 오프라인 시장조사의 주된 목적은 크게 3가지로 나누어 볼 수 있다.

① 시장의 규모: 오프라인/온라인 시장 크기, 시장 점유율, 시장 변수, 대내외적 환경 분석

② 유통경로: 도매, 소매 시장 파악, 협력업체 선정, 관련 기관 및 제휴처 파악

③ 소비자 조사: 소비자의 구매 패턴, 선호도 조사

온라인 시장이 상품판매의 장이 되고 생산, 유통, 소비자는 오프라인 시장에 있게 되므로 온라인/오프라인 시장은 서로 상반된 것이 아닌 상호 보완적인 의미를 가

지므로, 유기적인 관계를 가질 수 있도록 하는 시장조사가 필요하다.

무엇을 조사해야 할지……. 취급하는 상품의 종류에 따라 시장조사의 목적과 방법은 각각 다르다.

1. 자체 생산/제조 판매하는 상품의 경우

* 아이템: 테디베어, 손뜨개, 액세서리, 먹을거리(반찬, 케이크, 쿠키), 비누, 맞춤 의류, 지역특산물(고춧가루, 멸치, 된장, 생선), 꽃, 화분 등

* 특　　징: 상품을 직접 제조하므로 일단 안정적인 공급선의 문제는 해결이 된 상태
　　　　　　가까운 지인을 통해 상품공급을 받는 경우
　　　　　　오프라인 매장 운영 경험 있다(없을 수도 있다).
　　　　　　해당 아이템에 대한 지식과 경험을 어느 정도 갖추고 있다.
　　　　　　온라인 시장의 특성은 잘 모른다.

* 시장조사를 통해 무엇을 얻어낼까?

1) 원가를 낮춰라

원가는 생산원가뿐만 아니라, 배송비, 포장비 등 원가에 해당하는 모든 금액을 의미한다. 원가경쟁력은 가격경쟁력으로 이어질 수 있다. 일반적으로 소비자들은 온라인 상품은 오프라인보다 저렴한 가격이어야 한다는 인식이 있기 때문에 현재 오프라인에서 판매하는 가격보다 저렴하게 팔아야 하는 부담이 있다. 원가를 낮추기 위해서는 관련 거래처와의 관계가 중요하다. 시장조사를 통해 최적의 신규 거래처를 확보해야 하겠다.

2) 트렌드를 파악하라

트렌드는 일시적인 유행보다 더 큰 개념으로 사회 전반을 움직이는 흐름이나 조류를 의미한다. 상품 하나 파는 데 이렇게 거창한 개념을 어떻게 파악하느냐고 할 수도 있으나, 트렌드를 남보다 먼저 파악할 수 있다면, 아마도 시장의 선도자가 될 수 있을 것이다. 트렌드를 파악하는 목적은 소비자가 무엇을 원하는지, 라이프스타일은 어떻게 바뀌고 있는지, 소비 패턴은 어떠한지 등을 알아봄으로써 실제로 판매하는 상품에 반영하여 궁극적으로 소비자에게 선택되는 상품을 제조/판매하는 데 목적이 있다. 트렌드를 파악하는 방법은 따로 있는 것은 아니다. 주변에 대한 관심, 사람에 대한 관심에서 출발하며 트렌드에 가장 민감한 TV, 잡지, 신문, 영화 등을 자주 접하여 터득하고 이를 해당 상품에 적용해 보도록 시도해야 한다.

3) 경쟁업체를 파악하라

업체 동향뿐만 아니라 동종 상품을 취급하는 경쟁 사이트 파악은 필수. 경쟁사이트의

강점은 무엇인지, 약점은 없는지를 파악함으로써 차별화 포인트를 찾아내야 한다.

2. 상품을 공급받아 판매하는 상품의 경우

* 아이템

  －브랜드 상품군: 인라인, 화장품, 소형가전, 건강보조식품, 자동차 용품, 컴퓨터, 명품류, 수입아동복, 속옷 등 / －비브랜드 상품군: 주얼리, 동대문 의류, 패션 소품(벨트, 가방, 구두), 침구, 생활 소품(스탠드, 장식품, 소형가구), 건강보조용품 등

* 특　징: 소호몰 초보자가 많다.

        공급원을 찾는 것이 가장 문제라고 생각한다. 마진율이 생각보다 높지 않다. 해당 아이템에 대해 잘 모르고 시작하는 경우가 많다.

* 시장조사를 통해 무엇을 얻어낼까?

1) 최상의 공급업체를 찾아라

앞서 설명한 '원가를 낮춰라'와 일맥상통하는 부분이다. 상품을 공급받아서 판매하는 경우 원활한 상품 공급선을 찾는 것이 시장조사의 핵심이라고 해도 과언이 아니다. 상품공급업체 찾는 요령에 대해서는 '상품조달 계획'페이지에서 상세히 보실 수 있다.

2) 오프라인 도매시장을 방문한다

동대문은 의류, 장안동은 자동차용품, 남대문은 액세서리 부자재 외 기타 등등 이런 식으로 품목별로 도매시장이 형성된 곳이 있게 마련이다. 도매시장을 직접 방문하여 현장 분위기를 익혀 둠과 동시에 관련 정보를 수집해야 한다.

[도매시장 방문 시의 주의점은 다음과 같다.]

① 도매시장의 시간대를 알고 가야 한다.

도매시장은 주로 새벽에 도／소매상들을 대상으로 장사를 한다. 보통 밤 9시경부터 익일 오전 12시 이전에 끝나는 경우가 많다. 도매상들은 각자의 상황에 따라 시간이 다소 유동적이므로 미리 시간대를 알아두었다 방문해야 한다. 특히 바쁘게 거래가 일어나는 시간대는 피하는 편이 좋다. 물건 팔기 바쁜 시간에 뭔가를 알아보려는 사람에겐 별로 관대하지 않기 때문이다.

② 말도 한 마디 못 붙여 본다

정작 조사를 나가서는 눈으로만 구경하고 말 한 마디 못 붙이고 돌아오시는 분들도 간혹 계시다. 시장조사는 아이쇼핑(eye shopping)이 아니므로 알고자 하는 내용은 반드시 알아보고 와야 한다. 궁금한 사항을 메모하여 미리 숙지한 후 자연스럽게

접근하도록 한다.

③ 너무 덤벼들어도, 너무 모르는 것처럼 보여도 문제

한번에 너무 많은 것을 알려고 하는 의욕으로 꼬치꼬치 캐묻지 않도록 한다. 또는 아무것도 모르는 인상을 줄 경우 바가지를 쓸 수 있으니 사전지식은 어느 정도 알고 가야겠다. "제가 처음이라 아무것도 몰라요. 도와주세요."라는 말을 아무나 붙잡고 할 필요는 없다.

④ 오랫동안 거래할 만한 파트너를 찾아야 한다

사업은 사람과 사람이 만나서 하는 것임을 잊지 말아야 한다. 장기적인 거래를 가져갈 수 있는 좋은 파트너를 찾을 수 있도록 만남에 신중해야 한다.

⑤ 싸게 준다는 말에 혹하지 말 것

동일한 상품군이 모여 있는 도매시장에서는 상인 간에 손님을 잡으려는 경쟁이 치열하다. 싸게 준다는 말에 현혹되기보다는 주변 상점을 모두 직접 돌아보면서 가격을 비교한 후 선택하도록 한다.

⑥ 도매점이 맞긴 한가?

남대문 혹은 동대문에 있다고 해서 모두 도매점은 아니다. 00도매시장이라 씌어진 상가 안에 있다고 해도 도매상인 경우도 있고 2차 도매상인 경우도 있다. 유통 단계가 길어질수록 가격은 당연히 올라가기 마련이므로 1차 도매상과 거래하는 편이 좋다.

⑦ 거래에도 기술이 필요하다

일명 '네고(negotiation 협상, 교섭)'라고 하는 것도 요령이 필요하다. 처음부터 협상 능력을 가지기는 어렵겠으나, 밀고 당기는 기술 아닌 기술을 스스로 터득해야 한다. 주의할 점은 너무 솔직해도 또는 너무 폐쇄적이거나 거짓말에 능해도 협상에는 도움이 되지 않다.

3) 트렌드를 파악하라

4) 경쟁업체를 파악하라

3. 직접 수입하여 판매하는 상품의 경우

* 아이템: 수입 식품, 비타민, 수입 의류, 수입화장품, 캐릭터 상품, 생활소품 등

* 특 징: 수출입 업무 경험을 가지고 있는 경우가 많다.

　　　　현재 쇼핑몰 운영자로, 새로운 상품 공급원으로 시도하는 경우

　　　　해외 연고자를 통한 협업을 고려 중인 경우

　　　　해외 체류 경험, 관심 등이 많은 경우

* 시장조사를 통해 무엇을 얻어낼까?

1) 수입관련업무는 기본이므로 이에 대한 제반 조사는 여기서 설명치 않기로 한다.

2) 상품 선별을 위한 시장조사가 관건

① 유명 브랜드라고 다 잘 팔리지 않는다

몇 년 전부터 나이키, 오클리, 리바이스 등의 브랜드 상품을 저가로 인터넷 쇼핑몰에서 많이 팔고 있다. 공식 수입원을 통해 들어온 상품이 주로 대리점, 백화점에서 유통되는 반면 병행 수입을 통해 들어온 상품이 주로 온라인 시장에서 판매되고 있다. 소비자의 수요에 대한 공급 측면에서 보면 싸고 질 좋은 제품을 공급할 수 있는 것도 경쟁력이라 볼 수 있다. 다만, 상품을 들여올 때 브랜드만 보고 상품 선별을 제대로 하지 않는 실수를 범하지 않도록 주의해야 한다. 나이키의 경우 한 시즌에 출시되는 아이템만도 2만 여 종에 이르며 국가별로 팔리는 스타일, 사이즈 스펙, 컬러는 각기 다르다. 흑인이 선호하는 칼라, 스타일이 있는가 하면 동양인이 선호하는 컬러와 스타일이 있다. 한국인의 체형, 취향을 먼저 고려한 상품 선별능력이 필요하다.

② 상품이 좋아도 수요가 충분치 않다면

일부 계층만이 사용하는 상품, 예를 들면 최고급 와인, 유럽 왕실에 공급한다는 식기류, 알프스 생수 등과 같은 전체 소비계층이 1%도 되지 않는 상품은 온라인 쇼핑몰 아이템으로는 적절치 않다. 이는 명품과는 좀 다른 의미로 백화점 및 온라인 쇼핑몰에서 이미 대중화를 넘어선 명품은 수요가 충분하다고 볼 수 있으나, 백화점에서도 한 달 판매 건수가 10건 이하인 상품이라면 다른 관점에서 봐야 할 필요가 있다.

③ 가격만 싼 상품은 외면당한다

과거에는 수입품이라고 하면 주로 미국, 일본, 독일 등의 선진국 제품이 많아 '수입품은 비싸다.'라는 고정관념이 있었는데, 최근에는 오히려 수입품이라고 하면 '중국산 아닌가?'라는 반응이 먼저 나온다고 한다. 중국산 제품의 품질이 많이 향상되었고, OEM방식으로 인한 유명 브랜드 상품도 많이 있다. 단, 품질이 뒷받침되지 않은 저가형 제품은 오히려 고객이 외면할 수 있으므로 가격만으로 경쟁력을 가지려고 한다면, 소비자에게 외면당할 상품이 될 가능성이 높다.

④ 마케팅 비용이 더 드는 상품은 피한다

이미 소비자의 인지도를 확보한 상품이 훨씬 판매하기 쉽다. 예를 들어 sony 디지털 카메라를 일본 직수입으로 가져와 국내가격 대비 10만 원 저렴하게 판매하는 것은 쉽지만 해외에서는 알려져 있지만 국내에서 생소한 브랜드(특히, 화장품이나 식품류)의 경우 구매 저항이 발생하므로 소호몰을 운영하는 입장에서 그러한 제품을 수입할 경우 판매에 어려움이 있을 수 있다. 신규 런칭의 부담을 가지기보다는 인지도 있는 브랜드 제품을 수입하는 편이 안전하다.

⑤ 해외시장조사 인터넷으로 쉽고 빠르게

해외시장의 상품 트렌드를 파악하기 위한 가장 쉬운 방법은 인터넷을 활용하는 방법일 것이다. 종합쇼핑몰이나 전문몰을 즐겨찾기 해두고 수시로 방문하여 상품 선별능력을 높여 두어야 하겠다. 또한 국내의 해외 쇼핑 구매 대행 사이트를 통해서 국내에서 반응이 좋은 상품은 어떤 상품인지도 파악해 볼 수 있다.

컴퓨터	www.newegg.com
종 합	www.walmart.com
종 합	www.amazon.com
액세서리	www.bluenile.com
의류, 신발, 액세서리, 화장품	www.nordstrom.com
캐주얼 의류	www.bananarepublic.com
유명 브랜드 신발 / 의류 / 액세서리	www.footlocker.com
캐주얼 의류	www.eddiebauer.com
의류, 액세서리, 가정용품	www.spiegel.com
캐주얼 의류	www.jcrew.com
유아용 의류, 장난감	www.gymboree.com
애견용품	www.petsmart.com
종 합	www.jcpenney.com
종 합	www.macys.com
캐주얼 의류	www.gap.com
컴퓨터, 전자	www.outpost.com
종합 가정용품	www.target.com
스포츠의류, 용품	www.eastbay.com
캐주얼 의류	www.abercrombie.com
유아용 의류, 장난감	www.babystyle.com
유아용 의류, 장난감	www.babyuniverse.com
스포츠 용품	www.fogdog.com

사업타당성 분석흐름도

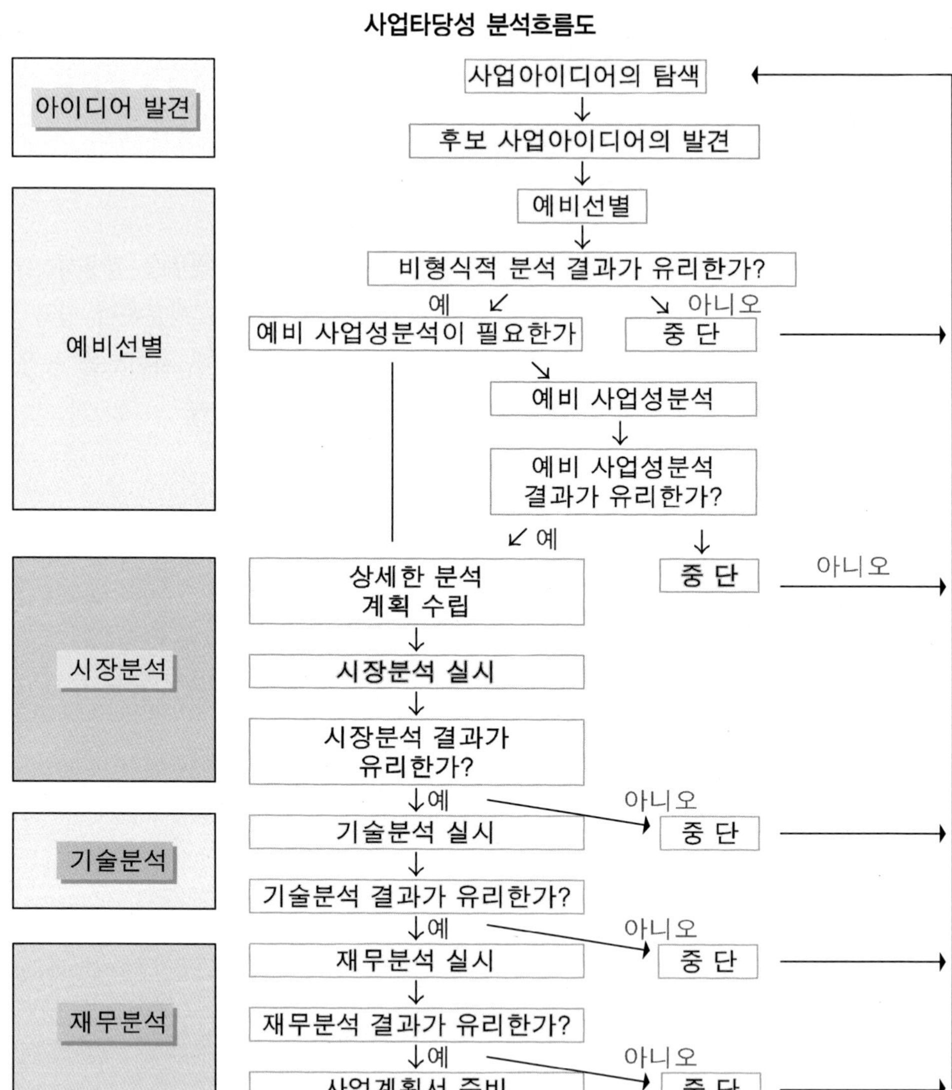

(마) 사업아이템 선별과정

후보아이템을 다음의 평가항목으로 비교, 분석한다. 평가자는 평가요소별 세부검토 사항에 대한 가중치를 부여하고 각 요고에 대하여 점수를 산정한다.

주요항목	평가요소	세부검토사항
상품성	상품의 적합성	창업자가 잘 아는 제품이나 공정인가? 비필수품이거나 사치품은 아닌가?
	상품의 독점성	창업중소기업의 참여를 배제하는 사실상의 독점은 없는가? 정부의 인, 허가에 의해 실제 창업이 제한되어 있지 않은가?
시장성	시장의 규모	예상되는 고객의 수는 어느 정도인가? 국내 및 해외시장 규모는 금액으로 어느 정도인가?
	경 쟁 성	경쟁자의 세력 및 지역별 분포는 어떤가? 경쟁제품과 비교했을 때 품질과 가격관계는 유리한가? 판매 유통이 용이하며, 물류비용이 저렴한가?
	시장의 장래성	잠재 고객 수의 증가가 예상되는가? 새로운 창업기업의 침투가능성은 어느 정도인가?
수익성	생산 비용의 효익성	적정 비용으로 제품을 생산할 수 없는 요인이 있는가? 생산공정이 복잡하지 않고, 효율성은 있는가?
	적정 이윤 보장성	원자재조달이 용이하고, 값은 안정적인가? 필요한 노동력 공급이 용이하며 저렴한가? 제조원가, 관리비, 인건비 등 제 비용 공제 후 적정 이윤이 보장되는가?
안정성	위협 수준	경제 순환 과정에서 불황 적응력은 어느 정도인가? 기술적 진보 수준은 어느 정도이며, 기술적 변화에 쉽게 대처할 수 있는가?
	자금투입의 적정성	초기 투자액은 어느 정도이며, 자금조달이 가능한 범위인가? 이익이 실현되는 데 필요한 기간은 어느 정도이며, 그동안 자금력은 충분한가?
	재고 수준	원자재 조달, 유통과정상 평균재고 수준은 어느 정도이며, 재고상품의 회전기간은 어느 정도인가? 수요의 계절성은 없는가?

(바) 사업타당성 분석

■ 기술분석

기술분석에서는 시장분석의 결과에 의거하여 설정한 매출량을 만족시키기 위한 생산활동의 기술적 실현가능성과 제품원가를 추정한다. 이러한 정보를 얻기 위해 조사해야 하는 내용은 다음과 같다.

1. 제품의 특성: 제품의 용도, 물리적·화학적 특성
2. 제조공정: 채택하고자 하는 공정, 채택이유, 세부적인 공정흐름 분석
3. 기계와 장비: 구입하고자 하는 규격, 성능, 신뢰성, 제조자, 가격, 대금지불방식,

4. 애프터서비스, 예비부품 조달, 인도방식과 일정 등

5. 원자재: 종류, 가격, 수량, 공급자, 공급자 위치, 공급방법, 물리적·화학적 특성 등

6. 건물: 필요한 건물의 크기 및 특성, 건축비용 등

7. 대지 및 위치: 필요한 대지의 크기, 가격, 위치 등

8. 동력과 용수: 전기·가스·공업용수 수요량과 조달방법, 비용 등

9. 폐기물: 폐기물의 종류, 수량, 처리방식, 관련비용, 규제 등

10. 일정: 건설에 필요한 기간

11. 인력: 직접·간접 노동력, 기술수준, 임금 등

12. 원가 및 설비투자 비용 추정: 제품의 제조원가 추정 및 설비투자액 추정

(사) 사업성 검토의 범위

■ 시장성 분석

시장조사란 시장을 발견 분리, 계량화할 수 있는 자료를 조사, 분석하여 판매량을 추정하기 위한 활동 / 시장성 분석이란 계획상품을 어느 정도나 판매할 수 있겠는가를 조사하는 일, 시장조사는 사업Item의 선별 수단으로 이용될 수 있다.

① 시장의 특성 ② 수요분석 ③ 공급분석 ④ 미래 수요분석 ⑤ 시장점유율 추정

■ 기술성 분석

기술성 분석은 프로젝트가 기술적으로 타당한가를 조사하고, 이의 타당성이 인정되는 경우 기술적으로 실현가능한 여러 가지 대안 중에서 잠정적인 선택을 하고 그 대안들에 대한 원가(Cost)를 추정하는 활동을 말한다.

기술성 분석의 내용은 다음과 같다.

① 제품의 용도 및 특성

② 제조공정

③ 생산일정 및 공장규모

④ 생산기계 및 장비선정

⑤ 공장위치 선정 및 레이아웃

⑥ 소요 노동력

⑦ 원재료의 특성 및 수급관계

⑧ 폐기물의 유·무 및 그 처리방법

■ 경제(재무)분석

기업의 목표는 이윤의 추구에 있으므로 시장성 분석과 기술성 분석을 통하여 획득

한 자료를 종합하여 재무제표를 추정하고, 필요한 자본의 규모를 결정하며 투자안의 경제성을 평가하는 활동을 수행한다. 프로젝트의 내용이 시장성과 기술성을 만족시킨다 하더라도, 최종적인 투자의 결정은 경제성의 여부에 있다고 하여도 과언이 아니므로 경제성 분석은 매우 신중히 실시되어야 한다.

■ 공익성 분석

공익성 분석은 사업계획이 공익에 미치는 손해와 이익을 조사하는 활동을 말한다. 현대의 기업은 영리성 추구 이외에 기업의 사회적 책임이라는 부수적인 목적을 지니므로, 사업계획이 공공의 안녕과 질서를 저해한다든가 국민 경제적 측면에서의 기여도가 없는 경우에는 기업화가 허용되지 않을 수도 있다. 그러므로 사업타당성 분석에 있어서 이 부분에 대한 검토도 소홀히 하여서는 안 된다. 공익성 분석에서의 고려사항은 다음과 같다.

① 부가가치 효과 ② 국제수지 효과 ③ 고용효과 ④ 지방경제 활성화 효과 등

■ 사업성 검토의 단계

사업성 검토의 단계: 사업성 검토의 단계는 사업구상단계에서 창업까지 각 단계별 분석내용을 종합적으로 검토하여 의사결정을 하는 과정으로, 먼저 사업아이디어를 구상하게 되면 예비사업성 검토를 통하여 사업성 여부를 가늠한 다음 시장성, 기술성, 공익성 측면에서의 사업타당성을 검토하게 된다. 이 같은 단계를 거쳐 타당성이 인정되면 창업조직을 결성하고 사업계획서 작성 등의 창업과정을 거친다.

그림은 사업타당성 검토의 단계를 나타내고 있다

(아) 사업타당성 검토의 의미

○ 사업성 검토가 다음과 같은 중요성을 갖고 있기 때문이다.

첫째, 살아 숨쉬는 생물과도 같이 변화하는 환경에 적응하지 못하면 기업은 생명을 유지할 수 없기 때문에 변화된 환경에 적응하기 위한 노력을 계속해야 한다. 기존제품의 생산을 확대하거나 시장을 확장해야 하고, 소비자의 변화된 욕구에 부응할 수 있는 신제품을 개발해야 한다. 그리고 부단히 새로운 시장을 개척해야 하며, 새로운 사업 분야를 추가해 다각화를 추진해야 한다. 그러나 이러한 모든 행위에는 필연코 자본의 희생이 따르게 마련이다. 그리고 그 결과가 반드시 기업에게 유리한 것으로만 나타나는 것이 아니므로, 이를 시행하기 전에 면밀한 분석과 검토가 요망되는 것이다. 둘째, 창업이나 신규투자에는 대부분 거대한 자본의 희생이 따르게 마련이다. 이러한 희생은 반드시 상응하는 보상이 전제될 때 정당화되는 것이나. 만약 잘못된 사업성 검토나 주

먹구구식 투자로 인해 거대한 자본이 회수 불가능하게 된다면 개인이나 사회 전체적으로 볼 때 큰 손실이 아닐 수 없다. 따라서 창업이나 신규투자에 앞서서 반드시 그 성공가능성에 대한 다각적인 검토와 분석이 필요하게 된다. 분석된 정보에 의해 가능성이 낮은 투자를 회피함으로써 성공할 수 있는 확률을 높일 수 있기 때문이다. 셋째, 사업성 검토에서 얻은 정보는 사업을 추진하는 주체가 지니고 있는 약점을 보완하고 미래의 위험상황에 대비할 수 있도록 하는 전략정보로 이용될 수 있다는 점이다. 예를 들어 그런 대로 수익성은 있으나 기술, 경쟁, 자금 등이 경쟁기업에 비해 취약하다는 분석정보를 입수했다면 향후 무엇을 집중적으로 보완해야 할 것인지가 보다 분명해진다. 사업타당성 분석의 내용과 형식은 사업의 특성에 따라 일정하지는 않지만 일반적으로 시장성분석(market analysis), 기술적 타당성 분석(technical analysis), 재무타당성 분석(financial analysis), 공익성 분석(social profitability analysis)으로 구성된다.

(자) 아이템의 선정

주요항목	평가요소	세부 검토사항
상품성	상품의 적합성	-창업자가 잘 아는 제품인가? -상품이 비 필수품이거나 사치품은 아닌가? -정부의 인·허가 등에 의한 제한이나 독점은 없는가?
시장성	시장의 규모	-예상되는 고객의 수는 어느 정도인가? -국내 및 해외시장 규모는 금액으로 어느 정도인가?
	경 쟁 성	-경쟁자의 세력 및 지역별 분포는 어떤가? -경쟁제품과 비교했을 때 품질과 가격관계는 유리한가? -판매 유통이 용이하며, 물류비용이 저렴한가?
	시장의 장래성	-잠재 고객 수의 증가는 있는가? -새로운 창업기업의 침투가능성은 어느 정도인가? -소비자 성향이 안정적이고, 필요성이 증가하는가?
수익성	제품생산비용의 효익성	-적정 비용으로 제품을 생산할 수 없는 요인이 있는가? -생산공정이 복잡하지 않고, 효율성은 있는가?
	적정 이윤 보장성	-원자재 조달이 용이하고, 값은 안정적인가? -필요한 노동력 공급이 용이하며 저렴한가? -적정 이윤이 보장되는가?
안정성	위험수준	-경제순환 과정에서 불황 적응력은 어느 정도인가? -기술적 진보 수준은 어느 정도이며, 기술적 변화에 쉽게 대처할 수 있는가?
	자금투입 적정성	-초기 투자액은 어느 정도이며, 자금조달이 가능한 범위인가? -이익이 실현되는 데 필요한 기간은 어느 정도이며, 그동안 자금력은 충분한가?
	재고수준	-원자재 조달, 유통과정상 평균재고 수준은 어느 정도이며, 재고상품의 회전기간은 어느 정도인가?

1) 전자·정보 및 전기 분야

1. 정보처리 및 컴퓨터 운영 관련기술
- ○ 시스템통합(SI), 시스템의 관리·운영(Out-sourcing 포함) 및 기술자문(정보통신부, 산업자원부)
- ○ LAN, MAN, WAN 및 디지털통신 네트워크 기술(정보통신부, 산업자원부)
- ○ 데이터베이스관리시스템(DBMS)엔진 개발(정보통신부, 산업자원부)
- ○ 정보기술Solution 또는 패키지 개발(정보통신부, 산업자원부)
- ○ 정보통신 제품시험 인증기술(정보통신부, 산업자원부)

2. 소프트웨어(S / W)의 개발 및 제작기술
- ○ 시스템소프트웨어{분산처리기술, 통신처리 및 관리. 운영기술, 대용량 자동처리 알고리즘, 보안관리프로그램, OS(Kernel, Device Driver), OS와 입출력장치 연결 등, 인터넷 / 인트라넷 관련기술}(정보통신부, 산업자원부)
- ○ 응용소프트웨어{주문형 소프트웨어, 프리젠테이션 소프트웨어, 패키지기술, 게임·영상·음향 등 멀티미디어 소프트웨어, 과학계산기술, 자연어 대화처리기술, 기계어 번역기술, 자기진단·복구기술, Human Interface(음성 / 문자 / 화상인식), 해석용S / W}(정보통신부, 산업자원부)
- ○ 개발도구 프로그램(정보통신부, 산업자원부)

3. 컴퓨터를 이용한 자동관리시스템 기술
- ○ 인텔리전트빌딩 통신서비스 및 OA시스템 운영·관리서비스(정보통신부, 산업자원부)
- ○ POS, 자동인식기기 등 물류자동화 시스템 및 보안관리 시스템(정보통신부, 산업자원부)
- ○ 전문가 시스템(Expert System)(정보통신부, 산업자원부)
- ○ 홍채인식, 안면인식, 지문인식 등 생체측정기술(정보통신부, 산업자원부)

4. 전자상거래 관련 기술
- ○ 전자상거래기반S / W기술(산업자원부, 정보통신부)

  - 전자카탈로그기술
  - 전자상점구축S / W기술
  - 전자지불시스템기술
  - 디지털서명기술
  - 비즈니스컴포넌트기술
  - 전자화폐기술
  - 디지털저작권관리기술
  - 무선인터넷저작기술
  - 기타 전자상거래시스템 구축을 위한 기반S / W기술로 국내 개발 또는 상용화 되지 않은 기술
- 전자상거래 응용 S / W기술(산업자원부, 정보통신부)
  - 상품정보 검색기술
  - XML기반 전자상거래 기술
  - 고객관리기술(CRM)
  - 공급망관리기술(SCM)
  - 디지털 컨텐츠 유통기술
  - XML / EDI 연동기술
  - 계약자 통합 기술정보 서비스(CITIS)
  - 전자조달기술
  - 전자시장(eMarketplace)기술
  - 기타 국내 개발 또는 상용화되지 않은 기술

2) 엔지니어링 서비스

1. 기타 엔지니어링 서비스
- 시스템 통합 및 엔지니어링 기술(경영관리 포함)(산업자원부, 정보통신부)
- FMS, CIM 운영제어 시스템, FMS, CIM 정보관리시스템(산업자원부, 정보통신부)
- 고도설계 자동화시스템(CAD / CAM / CAE), 물류운영관리시스템(산업자원부, 정

보통신부)

○ 국제, 국내 규격에 의거한 표준통신시스템 및 인터페이스(산업자원부, 정보통신부)

○ 산업용 디젤엔진 및 부품, 차량용 디젤엔진 및 부품, 천연가스용 엔진(CNG 엔진, DUAL FUEL 엔진 등)의 기술지원(산업자원부)

○ 항공기, 우주비행체, 동부품 및 시험장비의 설계, 평가 개조 등의 기술지원(산업자원부, 과학기술부)

○ 생산자동화기술의 연구개발업(산업자원부, 정보통신부)

○ Mechatronics제품의 설계, 제조공정 등에 대한 연구개발업(산업자원부, 정보통신부)

○ 지역 냉·난방 엔지니어링기술(과학기술부)

○ 지반·지질정보 획득 관련시험·검사, 계측, 평가 기기운영 및 수리기술(과학기술부)

3) 어업 관련 분야

1. 양식업 관련 서비스
○ 첨단 양식용 시설의 운영 및 경영 컨설팅(시설의 자동제어 프로그램 제작·보급, 최적이용에 관한 지도 및 교육)(산업자원부, 해양수산부, 정보통신부)

2. 양식·종묘 생산
○ 양식용 종묘 생산기술(국내에서 개발 또는 상용화되어 있지 않은 품종의 종묘생산기술의 보급·지도·교육)(산업자원부, 해양수산부)

○ 양식 기술(국내에서 개발 또는 상용화되어 있지 않은 품종의 양식기술의 보급·지도·교육)(산업자원부, 해양수산부)

4) 신물질·정밀화학 및 생물산업 분야

1. 의약원료 및 연구·진단용 시약 관련 기술
○ 의약(화장품 포함)용 신물질 개발지원기술{(신물질 및 합성기술, 실험동물개발 및 육종기술, 전임상시험기술(신물실 평가기술) 등}(산업자원부, 보건복지부)

- 신농약 개발지원기술(신농약 탐색기술, 인축 및 환경에 안전성 평가기법 등)(산업자원부, 보건복지부)
- 임상시험기술(산업자원부, 보건복지부)
- 의약(화장품 포함)산업의 공정 및 공장설계기술(산업자원부, 보건복지부)
2. 생물학적 제제(혈액제제 제외) 관련기술
- 신규유용물질 탐색기술(산업자원부, 보건복지부)
- 생물학적 제제 개발지원기술{신생물학적 제제 탐색·배양 및 제제화 기술, 실험동물개발 및 육종기술, 전임상시험기술(신생물학적 제제 평가기술) 등}(산업자원부, 보건복지부)
- 생물학적 제제 임상시험기술(산업자원부, 보건복지부)
- 생물정보학 기술(산업자원부, 보건복지부, 정보통신부)
- 생물학적 제제 제조공정 및 공장설계기술(산업자원부, 보건복지부)
3. 생물산업의 공정 및 공장설계기술 및 시스템(산업자원부)
4. 첨단 의료진료 서비스
- 원격진료용 의료기기(정보통신부)
- 전자의료정보 관리시스템(정보통신부)

5) 광학·의료기기 분야

1. 의료기기 관련 기술
- 신의료기기의 개발지원기술 및 임상시험기술(산업자원부, 보건복지부)
- 의료기기 제조공정 및 공정설계 기술(산업자원부, 보건복지부)

6) 수송 분야

1. 자동차관련기술 시험·검사 및 분석업(산업자원부)
2. 첨단기술소요선박, 해양구조물의 설계, 선급관련업, 선박 및 해양구조물의 특수한 시험,

계측, 평가, 검사, 수리, 엔지니어링 분석업
○ 첨단기술소요선박 및 해양구조물의 설계 및 선급기술(산업자원부)
○ 선박 및 해양구조물의 특수한 시험, 계측, 평가, 검사, 수리 및 엔지니어링 분석
기술(국내에 도입되어 있지 않은 기술)(산업자원부)

7) 환경·에너지 및 자원 분야

1. 수질 및 수량관리를 위한 장치 및 기술
○ 생물 또는 물리화학적 방법을 이용한 지하수 정화기술(환경부)
○ 누수탐지 장비 및 기술(환경부)
2. 기타 환경관련 서비스업
○ 토양오염 방지 및 복원기술(농림부)
○ 환경기반기술(환경부)
○ 해양환경보전기술(연안어장환경개선기술, 오염환경복원기술, 적조방제기술, 해양
환경모니터링기술, 유류오염방제기술 등)(환경부, 해양수산부)
○ 환경생태관리기술(생태계모니터링기술, 생태계복원기술, 습지보전기술 등)(환경
부, 해양수산부)
3. 안전관리 체계기술(산업자원부)
4. 발전 A / E(산업자원부)
5. 발전(원자력)
○ 원자력 발전설비·연구용 원자로의 운영, 유지, 보수, 해체, 철거에 관한 기술(산
업자원부)
○ 방사성 폐기물의 운반, 처리, 처분에 관한 기술(산업자원부)
○ 원자력 응용 및 시험기술(산업자원부)
○ 원자력 안전보장 조치기술(산업자원부)
6. 가스제조 및 배관 공급
○ LNG인수기지 및 관련시설, 가스수송관로의 설계·제작 및 운영에 관한 기술(산
업사원부)

7. 전기 및 열에너지 지하저장기기 구축
- 압축공기(CAES) 및 압축가스(CGES) 지하저장기술(산업자원부)
- 축열기술(산업자원부)
- 함수층 내열수 저장기술(산업자원부)

8. 자원개발
- 지반침하방지 및 지하공간 활용기술(산업자원부)
- 광산개발안전관련기술(통기, 배수, 화재방지 등)(산업자원부)
- 광산기계 자동화 및 무인화 기술(채광, 굴진, 운반, 선광 등)(산업자원부, 해양수산부)

8) 건설·사회기반시설 분야

1. 건축공법 및 설비기술
- 구조물폭파해체공법(건설교통부)
- 설비시스템 제어를 위한 전문가 시스템(건설교통부, 정보통신부)
- 빌딩 시공 자동화(건설교통부, 정보통신부)
- 인공지반 구축기술(건설교통부, 정보통신부)
- 건축물 유지보수·보강기술(건설교통부, 정보통신부)
- 토목구조물, 시설물 등의 비파괴검사·진단기술(건설교통부, 정보통신부)

2. 첨단교통 관련기술
- 장애물 및 차선 감지기술(건설교통부, 정보통신부)
- 초고속 교통정보 분석 및 송·수신 기술(건설교통부, 정보통신부)
- 신호·안전·교통관제 및 경보시스템(건설교통부, 정보통신부)
- 도로 주행정보 도로지원기술(건설교통부, 정보통신부)
- 교통량 조절 신호시스템 구축기술(건설교통부, 정보통신부)

3. 사회기반시설 및 토목 분야 첨단공법, 기술
- 위성항법시스템(GPS, DGPS, NDGPS, WADGPS, 시각동기 부가정보)에 의한 응용시스템 제조기술(건설교통부, 정보통신부)

○ 부유식 해양 인공섬 설계 및 축조기술(건설교통부)

○ 침매터널의 설계·시공기술(건설교통부)

○ 해양목장 및 시공기술(건설교통부)

○ 파-에너지 변환 방파제 설계 시공기술(건설교통부)

○ 구조물 안전진단 통합시스템(건설교통부)

○ 위성영상, 레이다영상, 항공영상의 처리기술(건설교통부, 정보통신부)

○ GIS활용기술(건설교통부, 정보통신부)

○ 교량 면진구조물 설계 시공기술(건설교통부)

○ 저분진 터널 라이닝 시공기술(건설교통부)

○ 원자력 등 매스콘크리트 구조물 정밀시공기술(건설교통부)

○ 태양열 및 축열이용 도로 융설시스템(건설교통부)

○ 사회기반시설 경관설계기술(건설교통부)

○ 자연형 하천 설계기술(건설교통부)

○ 수리구조물(댐, 수로터널)의 누수탐사 및 안전도 평가기술(건설교통부)

9) 디지털 컨텐츠 사업 분야

(1) 〈게임부문〉

1. 모바일 관련 게임 분야

○ 모바일용 2D, 3D 게임 엔진(각 모바일 기기용 펌웨어-math 라이브러리, 기본 그래픽 & 사운드 라이브러리, 각기 다른 하드웨어에 최적화 알고리즘 등)(문화관광부, 정보통신부)

○ 모바일 기기용 개발도구(맵 편집기, 캐릭터 & 동작 편집기 등)(문화관광부, 정보통신부)

○ 모바일 기기 온라인기술(기존 통신망과의 연결성 확보, 유무선 기반 모바일 온라인 기술, 하부 네트워킹 기술 등)(문화관광부, 정보통신부)

2. PC & 온라인 관련 게임 분야

○ PC & 온라인 3D게임 엔진(3자원 그래픽, 사운드, 애니메이션 처리기술)(정보통

신부, 문화관광부)

○ 분산서버기술(대형 게임공간 관리기술, 분산처리기술, 동시 다중 접속자 관리기술, 자동 백업 및 영속성 유지기술 등)(정보통신부, 문화관광부)

○ 온라인 3D공간 기반맵 저작기술(게임진행 스크립트 기술, 게임 공간 편집, 저작기술)(정보통신부, 문화관광부)

○ 물리기반의 게임공간 표현 및 상호작용기술(물리 법칙 알고리즘, 지능적 객체 처리기술)(정보통신부, 문화관광부)

○ 특수효과 생성 및 저작기술(파티클 등 특수효과 연출 및 편집기술)(정보통신부, 문화관광부)

3. 콘솔 관련 게임 분야

○ 콘솔 플랫폼용 3D게임 엔진(각 메이저사별로 출시되는 플랫폼용 3D 게임엔진, 이를 위한 미들웨어로 SDK, API 개발)(정보통신부, 문화관광부)

○ 콘솔 온라인서버 엔진개발(전용 프로토콜 및 네트워크 기술, 고성능, 확장성 지원을 위한 게임서버기술, 이기종 게임서버 통합기술, 게임테이터 통합기술)(정보통신부, 문화관광부)

○ 콘솔 게임용 데이터 자동변환기술(게임데이터의 호완성 확보를 위한 표준포맷 개발, 상용 저작 도구의 데이터 변환기술 및 플러그 인 개발 등)(정보통신부, 문화관광부)

4. 아케이드 관련 게임 분야

○ 아케이드 3D게임용 범용 기판 및 엔진 제작기술(PC기반 범용 3D 게임용 기판 제작기술, 3D그래픽, 사운드, 기기간 네트워크 처리기술)(정보통신부, 문화관광부)

○ 아케이드용 VR인터페이스기술(인간의 오감에 반응하는 인터페이스 디바이스 제작기술)(정보통신부, 문화관광부)

○ 아케이드게임 엔진 제작기술(컨텐츠 로딩, 인터페이스 컨트롤, 기기 간 통신 기술 등)(정보통신부, 문화관광부)

(2) 〈영화, 미디어부문〉

5. 컴퓨터 그래픽스 / 애니메이션 분야

○ 모델링 기술(폴리곤 기반, 실사기반, 실측기반 모델링 기술, 이동형 3D 스캐닝 기술, Geometry 압축 표현기술)(정보통신부, 문화관광부)

○ 애니메이션 기술(모션캡쳐, 모션변형, NLA(Non Linear Animation 기술))(정보통신부, 문화관광부)

○ 렌더링 기술(실사기반 렌더링, 컬러과학, 물체표면속성재현, Non-photorealistic 렌더링기술)(정보통신부, 문화관광부)

○ 디지털액터처리기술(디지털 액터행동, 감정처리, 상호작용처리, 디지털 엑스트라 기술)(정보통신부, 문화관광부)

6. Post-Production 제작 분야

○ 비디오편집(비선형편집, 2D영상 변형기술)(정보통신부, 문화관광부)

○ CG 실사 합성(Virtual Studio, 광학합성, 카메라정보 추출, 조명조건, 색감 일치 기술)(정보통신부, 문화관광부)

○ 음향제작(특수음향효과, 영상/음향 동기화 기술, 입체음향 생성 기술)(정보통신부, 문화관광부)

(3) 〈가상현실 컨텐츠〉

7. 몰입형/체감형 VR 컨텐츠

○ 몰입형 VR컨텐츠 제작기술(혼합현실, 증강현실 기술, 입체 음형 제작기술)(정보통신부, 문화관광부)

○ 몰입형 VR디스플레이 기술(입체영상 처리기술, 고품질 영상처리 기술, 실시간 영상처리 기술)(정보통신부, 문화관광부)

○ 체감형 VR컨텐츠 제작기술(생체신호처리, 웨어러블 컴퓨팅 기술, 오감형 인터페이스 기술)(정보통신부, 문화관광부)

8. Web 3D 컨텐츠 분야

○ Web 3D 브라우징기술(2D/3D 가상물체 표현 기술, Web 3D 환경 네비게이션 기술, Web 3D물체와 상호작용 처리기술, 대용량 웹 컨텐츠 적재기술)(정보통신부, 문화관광부)

○ Web 3D컨텐츠 저작기술(가상환경/모델링 데이터 생성, 가상 물체 상호작용 처리 저작, Web 3D컨텐츠 생성기술)(정보통신부, 문화관광부)

○ Web 3D컨텐츠 서비스기술(Flash, ASP, PHP 결합 기술, 통합 서비스기술)(정보통신부, 문화관광부)

(4) 〈문화콘텐츠 부문〉

9. 문화콘텐츠 기획 및 디자인기술

○ 문화콘텐츠정보 디자인기술{시각영상, 음악/음향, 촉감, 향기 등의 디자인기술(가상공간 디자인기술, 디지털 음향 및 객체디자인기술, 디자인 통합화기술), 감성형 디자인인터페이스기술(감정입출력기술, 감성 계측/정량화기술, 디자인 경황 분석/예측기술, 디자인 가치평가기술)}(문화관광부)

○ 문화콘텐츠 저작도구 개발{저작기술, 자동화기술, 공동저작기술}(문화관광부)

○ 문화콘텐츠 표준화기술(문화관광부)

10. 문화콘텐츠 제작기술(상품화)

○ 문화콘텐츠 Richness 증가기술{음향기술(입체음향기술, 멀티채널기술, 음향생성 및 편집기술 등), 그래픽스기술(실사기반모델링 및 렌터링기술, 입체영상 합성 및 편집기술 등), 가상현실기술(2D 및 3D 객체생성기술, 오감신호 상호작용 기술 등)}(문화관광부)

○ 문화콘텐츠 제작 및 응용기술개발{애니메이션, 캐릭터, 만화, 음악, 게임, 모바일·인터넷콘텐츠, 방송영상, 가상현실, 3D그래픽, 공연 등의 제작 및 응용기수 개발}(문화관광부)

11. 문화콘텐츠 저장, 전송 및 배급기술

○ 네트워크 전달기술, 팩키지 전달기술, 방송형 전달기술 등을 활용한 문화콘텐츠 저장 및 검색기술(문화관광부)

12. 문화콘텐츠 서비스기술

○ 사용자 인터페이스기술{미디어기기 설계 및 디자인기술}(문화관광부)

○ 저작권 보호, 복제방지 및 과금기술(문화관광부)

10) 전문디자인업

1. 디자인관련기술

○ CAD/CAM 등을 응용한 디자인기술(산업자원부)

○ Virtual Reality를 응용한 디자인기술(산업자원부)

○ 포토샵, 일러스트 등을 이용한 평면적기술(산업자원부)

○ 3D 렌더링을 이용한 디자인기술(산업자원부)

11) 기타 산업지원 서비스업

1. 연구개발업

○ 반도체 패키징기술의 연구개발업(산업자원부)

○ 디지털 이동통신, 위성통신 및 위성방송 관련 제품(단말기 포함)의 연구개발업
  (산업자원부)

○ Digital Paging Subscriber제품의 연구개발업(산업자원부)

○ 반도체 생산 자동화기술 연구개발업(산업자원부)

○ 반도체 환경안전기술 연구개발업(산업자원부)

○ 반도체 신뢰성기술 연구개발업(산업자원부)

○ 나노기술 가공제품의 연구개발업(산업자원부)

2. 엔지니어링서비스업(사회간접자본 시설에 한함)(산업자원부, 과학기술부)

3. 고도기술수반사업에 사용되는 시설재의 임대·유지·보수 서비스업(관련부처)

4. 물류업

○ 표준규격시설을 갖춘 창고업{표준팔렛트(1,100㎜×1,100㎜)와 정합성을 갖춘 자동
  창고 및 랙(설비)창고에 한함}(산업자원부, 건설교통부)

○ 일정기준{안벽: 300m, 전면수심: (−12m), 전체 면적 12만 ㎡} 이상의 규모를
  갖춘 컨테이너부두에서의 하역사업(산업자원부, 건설교통부, 해양수산부)

○ 물류 표준화·자동화·정보화 사업(산업자원부, 정보통신부)

○ 자기의 계산으로 매입한 상품을 도매하거나 수수료를 받고 위탁받은 상품을 도
  매점포 또는 소매점포에 공급하는 도매배송업{국제표준화바코드(EAN·UCC시
  스템), FR−ID, 표준 팔렛트 등을 이용한 상품 및 점포 정보시스템을 갖추고,
  회전랙·POS(판매시점정보관리)·자동분류시스템·디지털피킹시스템 등 상품의
  유통기능 효율화를 위한 기기 및 장비를 갖춘 집배송시설을 이용하는 경우에
  한함}(산업자원부, 정보통신부)

○ 2이상 기업의 화물 또는 상품을 효율적으로 처리하기 위한 물류시설을 개발 노

는 운영하는 공동 물류업{무인반송차, 로봇파렛타이저등 첨단물류장비와 창고관리시스템(WMS) 등 물류정보시스템을 이용하는 경우에 한함}(산업자원부, 정보통신부, 건설교통부)

○ 운송, 보관, 하역, 포장, 물류주선, 물류컨설팅 등의 종합적 물류서비스를 복합적으로 제공하는 종합물류업{인공위성을 이용한 위치추적시스템과 SCM(공급체인관리) 등 총체적인 물류관리시스템을 갖추고 표준화된 물류장비와 차량을 이용하는 경우에 한함}(산업자원부, 건설교통부)

5. 레이더 등을 이용한 강우관측 및 예보기술 서비스업(산업자원부, 기상청)

6. 기술계 학원

○ 고도기술수반사업 및 산업지원서비스업에 종사할 고급인력을 양성하는 교육 학원(산업자원부)

○ 컴퓨터 보조 디자인 학원(산업자원부)

7. 항공종사자 교육훈련원(산업자원부, 건설교통부)

8. 유통업 중 소매업

○ 선진 정보화 프로그램, 정보화 기기 및 시설을 이용한 소매업(산업자원부)
  - 매장관리 프로그램(pricing solution, category management solution 등)
  - 전사적 정보화 프로그램(Enterprise System: ERP), Web POS, B2C 전자거래(인터넷 전자상거래, Interactive TV, 전자카탈로그, Royalty program) 등
  - 물류관리를 위한 프로그램(수배송, 창고관리, 자동발주)
  - 매장의 효율성을 높이기 위한 Self-checkout 기기, Self-scan 기기, 상품정보 제공 및 주문을 위한 Kiosk, 전자가격표시시스템, 전자 POS 사인(electronic POS signage)

9. 유통업 중 도매업

○ 상품개발 연구시설, 상품실험시설, 본부 운영시스템, 자동수발주시스템 및 EDI 등을 이용한 구매 및 상품개발사업(산업자원부)

○ 소매지원사업(산업자원부)
  - 제품의 구매, 진열을 위한 POS 데이터서비스사업, 매장관리프로그램, 시범점포 운영 등
  - Mobile과 Web기반의 SFA시스템 등 정보제공시스템
  - Supervisor 양성, 점주교육, 점포지도 등 교육사업

1) 기술분석의 평가요소

물론 계획제품의 성격에 따라 검토해야 할 내용이 달라지지만, 일반특성에서 검토할 내용은 다음과 같이 제시할 수 있다.
- 제품의 용도 및 주요 소비처
- 제품의 기능 물리 화학적 특징
- 특허, 실용신안 등 품질 및 기술의 수준
- 제품 및 기술의 경쟁력
- 국내외 경쟁업체 현황
- 대체기술 여부 등 기술의 장래성
○ 입지의 적합성

공장이든 판매장이든 계획사업의 사업장이 들어설 입지는 제품의 제조원가 또는 판매가격에 큰 영향을 미친다. 뿐만 아니라 일단 입지가 결정되고 나면 바람직한 방향으로 주변여건이 급격하게 변화되지 않는 한 주어진 여건을 수동적으로 감수해야만 하므로 그 영향을 긴 기간에 걸쳐 피할 수 없게 된다는 특징을 갖고 있다.

2) 경제성 분석의 의의

○ 경제성 분석

경제성 분석이란 어떤 사업이 경제적으로 얼마나 매력적인 것인지의 여부를 판단하기 위하여 그 사업과 관련된 모든 수익과 비용자료를 추정하고 분석·검토하는 일체의 과정을 말한다. 아무리 계획사업의 상품이나 제품의 품질이 좋고, 시장성이 뛰어나서 성공적으로 생산, 판매되더라도 수익이 제대로 창출되지 못한다면 그 사업은 근본직으로 사업의 실익이 없는 것으로 판단할 수 있다. 경제성 분석은 추정 재무제표의 작성을 그 전제로 하고 있다. 수익전망은 향후 3년 내시 5년간의 추정 제조원가명세서와 추정 손익계산서를 작성하여야만 그 예측이 가능하며, 예측된 매출액 및 당기순이익 규모에 의해 손익분기 분석이 가능하다. 또한 추정 대차대조표와 자금조달 운용계획이 작성되어야만 이를 근거로 투자수익 및 계획사업에 대한 경제성평가가 가능하고, 자금흐름 예측에 의거하여 자금수진 및 자금조달능력을 검토할 수 있기 때문에 수익성 분석은 추정 재무제표 작성을 전제로 하고 있다. 그러나 추정 재무제표의 작성은 그 절차가 비교적 복잡하고, 회계학적 기본 지식을 바탕으로 작성되는 것이기 때문에 비전문가에게는 막막하기도 한 과정이기도 하다. 여기서는 직관적이고 개괄적인 설명으로 간단히 제시해 보고자 한다.

○ 경제적 타당성 분석

경제적 타당성 분석은

① 수익 전망, ② 손익분기점 분석, ③ 투자수익 및 경제성 분석, ④ 자금수지 및 자금조달 능력검토 등으로 분류할 수 있다.

* 손익분기점 산출방식: 등식법, 공헌이익법

등식법; 매출＝변동비＋고정비＋이익(＝0)

공헌이익법; 손익분기점 판매수량＝고정비／단위당 공헌이익

공헌이익＝매출액－변동비

총비용＝변동비＋고정비

- 목표이익분석(Target profit analysis): 목표이익달성판매량＝(고정비＋목표이익)／단위당 공헌이익
- 안전한계(The margin safety): 총매출액－손익분기점매출액

3) 경제성 분석평가

○ 수익 전망

수익 전망은 추정 손익계산서를 근거로 하여 예측한다. 창업 후 3년 내지 5년간의 추정 손익계산서, 추정 대차대조표 및 자금수지 예상 표를 작성한 후, 이를 근거로 기준시점 이후 3년 내지 5년간의 수익 전망 및 흑자실현 가능 시점 등 수익성을 검토한다.

주요 검토항목을 예를 든다면,

-연도별 매출액, 매출 총손익, 영업이익, 경상이익, 당기순이익 분석 / -매출원가
는 동 업계와 비교하여 과다하지 않은가? / -판매비와 일반관리비는 매출액 또
는 전체적인 영업규모에 비해 과다하지 않은가? / -당기 순이익률은 경쟁사 대
비 어느 정도 수준인가? / -2~3년 내에 이익실현(흑자전환)이 가능한가?

○손익분기점 분석

손익분기점 분석은 손익분기점 매출액, 즉 기업이 영업활동에서 발생하는 수익과
비용이 일치하는 매출액과 비용은 어느 정도이며, 어느 시점에서 실현 가능한지를
중점적으로 분석한다. 어느 정도 매출을 실현해야 분기점에 도달할 수 있는 것인지,
분기점 도달시점은 영업개시 후에 언제가 될 것인지가 분석의 핵심과제가 된다. 손
익분기점 분석은 사업 성패의 관건인 동시에 자금 수급계획의 기준이기도 하다. 매
출이 손익분기점에 이르기 전까지, 그리고 손익분기점에 이른 후에도 일정 기간 동
안은 자금의 투입만이 이루어지기 때문에 동기간 동안 소요될 자금을 미리 확보하
지 많으면 사업이 본궤도에 오르기 전에 도산하고 마는 결과를 가져올 수 있다. 따
라서 손익분기점 분석은 자금조달계획을 미리 수립하기 위한 척도로서 활용할 수
있다. 나아가 손익분기점 산출 후에 손익분기점 달성시점을 재조정할 필요성이 있
는 경우에 판매수량, 금액, 고정비, 변동비 등의 타당성을 검토·개선함으로써 손익
분기점 자체를 재조정할 수 있는 유용한 분석법 중에 하나이다.

○ 투자수익 및 경제성 분석

투자수익 및 경제성 분석은 여러 가지 투자수익률 산출 방식에 의한 투자수익률을
산출함과 동시에 계획사업을 통해 최소한 목표수익률 이상의 수익실현이 가능하며,
나아가서 사업의 경제성은 있는지를 분석하게 된다. 이를 분석하는 방법으로 대표적
인 것은 회계적 이익률법, 회수기간법, 순 현재가치법(Net Present Value Method),
내부 수익률법(Internal Rate of Return Method) 등이 있다.

가. 회계적 이익률법

회계적 이익률법이란 회계적 자료를 활용하여 연평균 순이익을 구하고 이를 연평균
투자액으로 나눈 값이 예상하고 있는 목표이익률보다 클 경우, 채택하는 방법이다.
이 방법은 간단하여 이해하기 쉽고 자료수집이 용이한 반면 목표수익률 설정이 자
의적이라는 단점이 있다.

나. 회수기간법

사업에 소요되는 투자금액의 회수기간이 예상하고 있는 목표 회수기간보다 짧을 경우 채택하는 방법이다. 이 방법은 간단하여 이해가 쉽고 회수기간을 고려한 현금흐름을 반영하고 있으며 유동성 확보에 유리하다. 그러나 회수기간 이후의 현금흐름을 무시하고 있으며 목표 회수기간 설정이 자의적인 단점이 있다.

다. 순 현재가치법(NPV 법)

순 현재가치법은 투자로부터 발생하는 현금유입의 현재가치에서 현금유출의 현재가치를 뺀 값이 0보다 크게 나오는 경우 사업을 채택하는 방법이다. 현재가치를 산출하기 위해서는 다소 복잡한 공식이 필요하나 여기서는 생략하고 다른 경영학 서적을 참고하기 바란다.

라. 내부 수익률법(IRR 법)

내부 수익률법이란 투자로부터 발생하는 현금투입과 현금유출의 현재가치를 같게 하는 할인율(내부 수익률)이 기업의 자본조달 및 사용에 드는 비용, 즉 자본비용보다 클 경우에 그 사업이나 투자안을 채택하는 방법이다. 이것 또한 순 현재가치법과 같이 다소 계산이 어렵고 복잡하여 개념 설명으로만 제공하고 그 외 자세한 내용은 다른 경영학 서적으로 갈음하고자 한다.

(1) 6Sigma 기본개념

가) 6Sigma

6시그마란 제품의 에러 발생률을 1백만 개당 3.4회로 한다는 아주 높은 차원에 목표를 두고 있는 전사적 경영 혁신 활동이다. 기존의 100PPM 경영을 훨씬 뛰어넘는 20세기의 마지막이자 21세기를 준비하는 일류 기업들의 각광받는 경영혁신 기법이다. 또한 6시그마는 단순히 품질관리 부문에만 머무는 것이 아니라 마케팅, 엔지니어링, 서비스 등 경영활동 전반을 대상으로 하고 있다.

나) 6Sigma는 어떻게 시작되었나

6시그마 기법은 Motorola의 정부용 전자기기 사업부문에서 근무하던 Mikel J. Harry에 의해 1987년 창안되었다. Harry는 어떻게 하면 품질을 획기적으로 향상시킬 수 있을 것인가를 고민하던 중 통계 지식을 활용하자는 착안을 하게 되었다. 이 통계적 기법과 제품품질에 대한 위기감에서 1970년대 말부터 사내에 공유되어 온 밥갈빈회장이 시작한 품질개선 운동과 결합하여 탄생한 것이 바로 6시그마 운동이다. Harry는

1990년 Motorola 회사 내에 설치된 Motorola 대학 내에 '6시그마 인스티튜트'를 열고 연구를 거듭하여 6시그마 컨셉에 의한 높은 수준의 엔지니어링 기법을 개발해 나갔고, 관련 기술을 체계화하여 수준 높게 발전시켰다. 그 결과 6시그마는 Motorola 이외의 기업에도 적용가능한 경영기법으로 확립되었으며 제품품질 또한 획기적으로 좋아졌다. 이후 Texas Instrument, ABB, GE, IBM, Sony, Nokia 등에서 성공적으로 적용되었거나 적용 중에 있다.

다) 6σ (Sigma)의 메커니즘

○ 시그마(σ)는 표준 편차라고 불리며 분포의 산포 정도, 즉 에러나 미스의 발생 확률을 가리키는 통계 용어이다. 통계학에선 1백만 회의 오퍼레이션 중 3,4회 에러가 나는 수준을 6시그마로 규정하고 있다. 6σ 수준의 에러 발생 확률이면 거의 모든 품질·경영관리 목표로 충분하다고 생각한 발안자가 '6시그마'라는 기준으로 한 것이다. 따라서 6σ는 너무 엄격하므로 에러의 확률이 1백만 번에 233회를 5시그마, 4시그마는 6천2백10회 미스가 발생하는 수준이다.

○ 6σ는 실제 업무상 실현될 수 있는 가장 낮은 수준의 에러로 인정되고 있는 '20세기 최후의 경영기법'인 것이다.

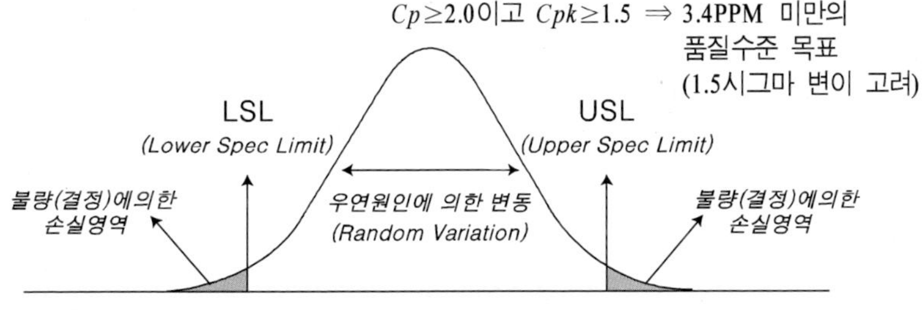

라) 6σ (Sigma) 활동

○ 통계 용어에 불과한 6시그마를 기업경영이 도달해야 할 '목표치', '기법', '활동'으로 설정하는 것이 6시그마 운동의 출발점이다. 6시그마의 목표 달성을 위해 필요한 도구를 '6시그마 기법', 그 기법을 사용해서 회사 전체가 하나가 되어 추진하는 활동을 '6시그마 활동', 이것들을 포괄하는 일련의 개념을 '6시그마 컨셉'이라고 부른다.

마) Mikel J. Harry 박사의 6σ(Sigma) 정의

현재 컨설팅 업체인 '6시그마 아카데미'의 회장이며 이 활동의 원조격인 Harry 박사는 6시그마에 대해 어떻게 정의를 내리고 있을까?

○ 첫째, 통계적 측정치(Statistical Measurement)이다.

객관적인 통계수치로 나타나기 때문에 제품이나 업종, 업무 및 생산 process가 다르더라도 비교할 수 있다는 뜻이다. 따라서 고객만족(CS)의 달성 정도와 방향 등을 정확히 알 수 있게 해주는 척도다. 즉 "제품과 서비스, 공정의 적합성을 재는 탁월한 척도"라는 게 그의 정의다.

○ 둘째, 기업 전략(Business Strategy)이다.

경쟁우위를 갖게 해주기 때문이다. 시그마 수준을 높이는 만큼 제품품질이 높아지고 원가는 떨어진다. 그 결과 고객만족 경영을 달성할 수 있다.

○ 셋째, 철학(philosophy)이다.

6시그마는 기업 내의 업무에 대한 사고방식을 바꿔버린다. 무조건 열심히 일하는 것보다는 '스마트하게' 일하도록 하는 철학이 바로 6시그마이다. 이 활동은 제품을 생산하는 제조 방식에서부터 구매 오더를 작성하는 방식까지 모든 작업에서 발생할 수 있는 에러를 줄이는 일이다.

(2) 6Sigma 추진목표

가) 6Sigma 추진목표

6시그마 운동이라고 명칭하는 새로운 개념의 '경영품질 운동'은 종래의 품질운동이 추구했던, 제품과 생산공정에만 국한되지 않고 모든 관리 시스템과 서비스의 전 분야에까지 적용함으로써, 경영관리의 총체적 프로세스에 내재된 모든 종류의 불량요소를 제거하고, 불량과 관리 시스템의 착오가 유발하고 있는 엄청난 규모의 경영손실을 획기적으로 극소화시키는 데 역점을 두고 있다. 21세기는 흔히 '무한 경쟁의 시대'라 불린다. 경쟁이 기업 경영의 전 분야에 걸쳐서 장소와 시간에 구애됨이 없이 벌어진다는 의미다. 무한경쟁의 시대엔 기업 경쟁력은 단순히 코스트를 줄이거나 품질을 향상시키는 것만으로 높아지지 않는다. 따라서 과학적인 분석 기법을 사용하여 제품과 서비스 및 전 관리 프로세스를 분석, 개선하여 무결점에 가까운 품질 수준으로 향상시킴으로써 조직의 손실을 극소화시키고 이윤을 극대화시켜야만 총체적으로 경쟁력이 올라갈 수 있어 제품이나 서비스 중 불량품이나 에러 발생률을 1백만 개당 3~4개로 줄이는 6시그마의 목표를 달성할 수 있는 것이다. 현재 인간의 힘으론 달성할 수 있는 최고 경지인 6시그마는 그저 공장의 일부 공정을 바꾸거나 최신 기계를 설치한다고 도달할 수 있는 게 아니다. 따라서 경영 관리의 총체적 프로세스는 물론 전 종업원의 가치관도 바뀌어야만 가능하다.

나) 6Sigma와 기존 품질관리의 차별성

6시그마는 QC(품질관리), TQC(전사적 품질관리), TQM(전사적 품질경영) 등 전통적 품질관리 기법과는 큰 차이가 있다. 과거 품질관리 기법이 대량생산 시대에 부합하는 공장 중심의 운동이었다면 6시그마는 정보화 사회에 알맞은 21세기형 전방위 경영혁신 운동으로 요약할 수 있다.

○ '불량'에 대한 개념의 차별성

전통적 품질관리 운동의 목표는 고객에게 인도되는 최종 생산품의 불량을 줄이는 것이었다. 제조공정에서 불량품이 나오는 것엔 별 관심이 없었고 회사 밖으로 나가는 제품에 대해서 불량품이 있는지 여부를 따졌다. 여기에 문제가 있었다. 회사 내에서 실제로 제조된 제품은 출하된 제품의 평균 3배에 달한다. 그만큼 '품질 실패비용'이 크다는 얘기다. 수익 구조가 나빠지는 것은 당연하다. 이에 반해 6시그마는 불량이 일어날 수 있는 원인을 근본적으로 제거하는 기법이다. 회사 내 전 부문에서 오류가 발생할 수 있는 구조, 시스템 그 자체에 메스를 가한다는 데 강점이 있다. 이는 곧 코스트와 시간을 줄이고 고객에게 언제나 변함없는 품질을 제공할 수 있는 기반을 마련한다는 획기적인 의미를 지닌다. 6시그마는 또 진정한 의미의 '전사적인 품질운동'이다. 80년대 제조업체의 품질수준을 개선하는 데 큰 역할을 담당한 QC는 생산 제조현장에 국한된 것이다. 특정 공정을 대상으로 숙련도를 향상시키는 데 초점이 맞춰져 있으며 자동차나 가전 공정 등에 '라인 밸런싱(흐름식 공정)'을 도입한 것도 QC운동의 일환이었다. TQC와 TQM은 QC의 한계를 극복하기 위해 품질운동의 대상범위를 확대했으나 부분적인 데 그쳤다. 반면 6시그마는 특정 부문의 '개선'이 아니라 경영 전반을 대상으로 한 '혁신' 활동이다. 개선과 혁신은 언뜻 보면 유사해 보이지만 실제에선 엄청난 차이가 있다. 생산 공장 해외이전을 예로 들어보자. 대부분의 기업들은 본국에서 파견된 기술자가 일정한 시간을 두고 현지 채용 인력을 교육해 가며 생산 프로세스를 바꿔간다. 그러나 6시그마로 전개할 경우 사전에 완벽하게 디자인된 생산 시스템을 그대로 수출해 '턴키방식'으로 곧바로 조업에 들어갈 수 있는 것이다. 한마디로 회사 전 부문의 수준을 측정할 수 있는 통계적인 툴을 통해 비효율적인 업무를 최대한 제거하고 가장 적절한 업무 프로세스를 고안해 내는 것이다. 특히 이 같은 방식은 생산현장은 물론 구매, 판매, 총무, 회계 등 간접부문에서도 큰 효과를 낼 수 있는 장점이 있다. 6시그마는 또 QC 등이 분임조를 바탕으로 한 '아래에서 위로(bottom-up)' 방식인 데 비해 '위에서 아래로(top-down)' 방식을 취한다는 점도 특징이며 경영능력이 검증된 최고경영자가 뚜렷한 목표를 향해 강력한 추진력을 동원할 때 전사적인 효과를 낼 수 있다는 의미다.

(3) 6Sigma 품질수준

가) 6Sigma

6시그마 기법이 경영기법으로서 우수한 점은 목표로 설정한 6σ라는 숫자의 절묘함에 있다. 그러면 수율을 99.99966%까지 높인다는 6σ의 품질수준은 과연 어느 정도인가?

- 책 속의 오자를 낼 수 있는 확률을 다른 시그마 수준과 비교해 보면 이해하기가 쉽다.

- 표준편차 3σ가 나타내는 수율은 93.3%. 이는 책 한 권의 한 페이지당 1.5개의 오자가 나는 확률이다.
- 수율 99.3%인 4σ는 책 한 권의 30페이지당 1개의 오자가 나는 확률
- 수율 99.98%인 5σ는 백과사전 한 세트당 1개의 오자가 나는 확률이다.
- 수율 99.99966%인 6σ의 경우는 작은 도서관의 전체 장서 가운데 단 1개의 오자만이 날 수 있는 지극히 작은 확률을 의미한다.

또 Sony사의 미니카세트 '워크맨'의 품질 수준이 6시그마라고 가정한다면 지난 79년 이후 97년 3월까지 생산된 1억 6천만 개의 워크맨 중 불량품은 5백44개밖에 없다는 것이다. 게다가 소니가 엄격히 실시하는 출하검사로 공정 중 발생한 5백44개의 불량품은 대부분 검사 과정에서 발견됐을 터이니 시중에 출시된 불량품은 사실상 'Zero'에 가깝다고 볼 수 있다.

○ 6σ 품질수준 적용 예

시그마는 데이터들이 중심으로부터 떨어져 있는 정도를 나타내는 단위다. 규격 중심과 규격 한계선 사이가 표준편차의 6배와 크기가 같을 경우 6시그마의 공정 능력을 갖고 있는 것으로 간주한다. 예를 들어 지름이 1㎝인 볼트를 생산할 경우 공정에서 최적의 조건을 유지하더라도 생산되는 볼트의 지름은 모두 똑같을 수 없다. 1.021㎝나 0.98㎝ 등과 같이 변동이 있게 마련이다. 이 변동을 산포라고 하며 통계학에서 산포를 측정하는 방법 중 하나로서 표준편차를 사용하는데 시그마는 이 표준편차를 나타내는 기호다. 만약 볼트의 지름이 0.95~1.05㎝ 사이의 제품을 합격품으로 할 경우 규격 한계값은 0.5㎝가 된다. 그리고 산포의 측정값인 시그마(표준편차)가 0.0083이라고 할 때 규격상한까지의 길이를 시그마 값으로 나타내면 0.05 / 0.0083 = 6시그마가 된다. 반대로 산포가 커서 표준편차가 0.025일 경우 규격상한까지의 길이는 2시그마가 된다. 따라서 산포가 클수록 규격범위 내에 들어올 가능성을 나타내는 시그마 값(규격 한계 값을 표준편차로 나눈 수치)은 낮아지며 제품의 불량률은 높아지게 된다. 문제는 생산제품의 평균과 목표 값은 항상 일치하지 않는다는 점이다. 작업자의 숙련도와 작업 환경 및 생산 설비의 특성에 따라 차이가 나기 때문이다. 그러나 장기적으로 평균값은 목표 값에서 표준편차의 ±1.5배까지 차이가 나는 것으로 알려져 있다. 따라서 품질수준을 나타내는 시그마는 목표 값에서 평균값까지의 거리인 1.5시그마를 감안해야 한다. 이 같은 중심 이동을 고려했을 때 품질수준 6시그마는 통계학적으로는 1백만 번에 3.4회(3.4PPM)의 에러가 나는 수준을 가리킨다. 만약 이 같은 평균이동을 고려하지 않은

경우 6시그마 수준은 10억 개당 2개의 불량품이 나오는 0.002PPM에 해당된다. 6시그마 운동은 제품설계 제조 및 서비스의 품질 산포를 최소화해 규격 상한과 하한이 품질 중심으로부터 6시그마 거리에 있도록 하겠다는 것이다. 이를 위해 제조뿐만 아니라 제품개발과 영업 등 기업활동의 모든 요소를 작업공정별로 계량화하고 품질에 결정적인 영향을 미치는 요소의 오차 범위를 6시그마 내에 묶어 두는 것이다. 품질관리의 정도를 시그마로 나타내는 이유는 제품과 공정에 따라 달라지는 목표 값과 규격 한계 값을 통일해 품질수준을 표시하는 단일한 기준으로 편리하기 때문이다. 서로 다른 공정의 품질 수준을 비교하는데도 유용할 뿐만 아니라 품질 개선의 정도도 객관적인 수치로 측정할 수 있다.

나) 6Sigma 품질 확률분석

경영혁신 수단으로서 6시그마 활동은 제품설계제조 및 서비스의 품질산포를 최소화해 규격 상한과 하한이 품질 중심으로부터 6시그마 거리의 품질수준을 나타내는 것으로 통계분석 패키지인 'SigmaPro-21 패키지'로 분석한 규격한계의 변화에 따른 불량률 변화와 평균이 ±1.5σ 흔들리는 경우의 불량발생 확률분석 내용이다.

[규격한계의 변화에 따른 불량률 변화]

규격 관계	양품률(%)	불량률(PPM)	불량률	불량률×(1/2)	표준정규분포의 우측퍼센트점 (SigmaPro-21 패키지 계산 값)
±σ	68.27	317300	0.3173	0.15865	0.158655256032944
±2	95.4	45500	0.0455	0.02275	0.0227500610053539
±3σ	99.73	2700	0.0027	0.00135	0.00134996720589697
±4σ	99.9937	63	0.000063	0.0000315	0.0000316860350721981
±5σ	99.999943	0.57	0.00000057	0.000000285	0.00000028710499577554
±6σ	99.9999998	0.002	0.000000002	0.000000001	0.00000000099012187337876

[평균이 ±1.5σ 움직이는 경우의 불량 확률영역 분석]

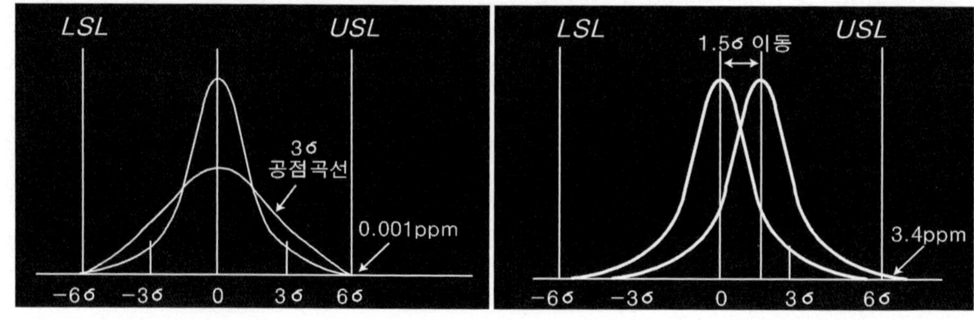

▶ **6Sigma 수준별 불량 정도 사례**

구 분	3시그마	4시그마	5시그마	6시그마
면 적	소규모 상점 넓이	평균 거실의 넓이	전화기가 놓인 면적	다이아몬드 알 크기
오자 수	책 한 장당 1.5개	책 30장당 1개	백과사전 한 질당 1개	소규모 도서관의 소장 도서들 중 1개
10억 달러당 부채	2백 70만 달러	6만7천 달러	5백70달러	2달러
거 리	미주대륙 횡단	5분 드라이브 거리	주변 주유소까지 거리	4발작 거리

(4) 6Sigma 성공요소

가) 6Sigma 성공요소

신종의 경영기법이나 경영 전략의 붐이 일어나면 의미하는 바가 순식간에 세계의 공통인식으로 된 것처럼 보인다. 그러나 사실을 말하면 본질은 이전에도 있었던 기법이나 전략의 재탕일 경우가 많다. 6시그마 기법을 혁신적이라고 소개하면 분명히 저항감을 느끼는 사람이 있을 것이고 6시그마 기법을 표면적으로만 파악하면 또다시 '단순한 개선기법'에 그치고 만다. 6시그마의 본질을 확인할 수 있어야 비로소 그 효용을 자기 것으로 할 수 있다. 하나의 새로운 패러다임으로 끝나지 않고 기업의 한국형 개선 툴로 자리매김할 수 있는 활동으로 성공하기 위한 성공요소를 검토해 보자. 6시그마 활동은 경영혁신 운동이다. 기본적으로는 품질경영 활동이지만 차원이 기존의 품질운동과 다르다. 대상이 제품이 아니라 제품 설계에서 출하까지의 모든 경영활동 및 프로세스에 대한 개선 과정이다. 그렇다면 6시그마의 패러다임을 어떻게 조직에 심을 수 있을까. 6시그마의 이러한 속성은 경영혁신의 성공을 위한 여러 가지 조건을 요구하고 있다.

ㅇ 6시그마 운동이 성공하기 위해서는 최고경영자의 강력한 리더십이 필요하다.

6시그마 운동으로 괄목할 만한 성과를 거두고 있는 제너럴 일렉트릭(GE)에는 잭 웰치라는 '카리스마'적 최고경영자가 자리잡고 있다. 그는 6시그마 운동을 펴면서 교육을 승진 승급과 연계시킴으로써 전 사원의 참여를 유도하고 있다. 모토로라의 밥 갤빈 회장도 회의를 직접 주재하는 등 의지를 보였다. 최고경영자가 앞에서 끌면 자연히 현장에서의 성과도 빠른 법이다.

ㅇ 통계관리 툴에 의한, 정확한 Data에 의한 관리이다.

6시그마에서는 개선의 도구로 통계적 방법들이 많이 사용된다. 이들 통계적 도구들은 '투명한 데이터'가 필요하다. 이는 사실 그대로의 데이터이자 분석할 수 있는 형식을 갖춘 데이터다. 6시그마를 도입하는 기업들은 데이터분석 방법론을 배우지만 정작 이를 적용할 데이터가 없는 경우가 많다. 잘 정의된 문제에서 주어진 데이터를 분석하고 해석하는 방법을 배우지만 데이터를 수집하는 것은 배우지 못한다. 투명한 데이터를 수집하는 체계는 아주 시급히 갖춰져야 한다. 아무리 훌륭한 ERP (전사적 자원관리) 시스템도 사람이 사실을 감추기로 하면 얼마든지 감출 수 있다. 정직한 데이터가 필요하며 정직한 데이터를 만들 수 있는 환경이 조성돼야 한다. 많은 품질관련 지표의 허구를 직시하고 6시그마의 공통 척도인 시그마 수준으로 통일하려면 이전의 잘못을 그대로 인정하고 새로 시작하는 것도 필요하다. 데이터 수집체계에 대한 검토와 정비는 6시그마에 들어가기 전에 반드시 필요한 작업이다. 또한 추진조직의 체형에 맞는 통계 분석용 s / w의 선택 및 적용에 있다. 특히 국내 기업들은 Data의 규모가 작고 Data의 수집체계 역시 정확하지 않은 경우가 많아 ISO - 9000 시스템의 '통계적 기법' 관리 시스템 구축 시 이론에 의한 문서 시스템으로 끝내지 말고 보다 더 실제적인 관리가 될 수 있도록 추진 담당자 및 지도요원도 세심한 관심을 가져야 할 것이다.

○ 직원들에 대한 지속적이고 체계적인 교육과 훈련이다.

교육과 훈련은 어떤 캠페인에든지 필요하지만 6시그마 운동에서 특히 강조되고 있다. 모토로라와 GE은 6시그마 운동을 성공시키기 위해 전 사원을 대상으로 교육을 시켰다. 또 6시그마 운동을 주도할 블랙 벨트를 수천 명씩 양성했다.

○ 6시그마 활동이 조직의 체형에 맞는 일상적인 경영혁신 활동으로 전개될 수 있도록 시스템을 구축

매일 아침 개최하는 부서회의나 식사시간과 같은 일상생활 중 하나라는 인식을 가져야 정착될 수 있다는 것이다. 특별한 일을 수행 중이라는 느낌을 갖게 한다면 오히려 거리감을 가져다줄 뿐임. 또 부품을 조달하는 회사의 경우 협력업체들도 이 운동에 참여시켜야 한다. 모토로라는 부품 업체들이 너무 많아 6시그마를 달성하는 데 어려움을 겪었다. 이 회사는 최근 협력업체 수를 10분의 1 수준으로 줄이기까지 하고 있다.

○ 6시그마 운동을 시작하기 전에 충분한 준비기간을 가질 필요가 있다.

시그마를 성공한 기업들은 6개월에서 1년 정도 사전 준비기간을 거쳐 회사에 맞는 전략을 수립하고 난 뒤 시작했다. 6시그마가 성공했다고 생각되는 시점까지 보통 4~5년이 걸렸다. 6시그마는 이처럼 장거리 경주다. GE는 예외적으로 2년 만에 가시적

인 성과를 내기 시작했다. 이는 최고경영자와 GE의 독특한 기업 문화의 결과다. 그러나 GE도 사전에 많은 준비를 했다. 준비 없이 당장 실시하면 성공가능성은 그만큼 작아진다.

4) TRIZ(창의적 문제해결 이론)

러시아어인 Teoriya Reshniya Izobretatelskikh Zadatch의 약자로 1940년대 옛 소련에서 개발되기 시작해 지금도 계속 보완, 발전되고 있다. 약 200만 건 이상의 특허를 조사, 분석하여 보편적인 발명원리를 제시하는 이론이며 변증법적인 사고방식으로 창의적인 문제 해결을 위한 방법론을 제시한다.

(1) Taguchi' method(다구찌 실험계획법)

설계변수의 조건을 연구하는 최적화 기법이며 안전성, 기능성, 재현성을 추구하는 엔지니어링 툴이다. 제품 또는 공정의 여러 설계변수 중에서 결과치에 민감한 조건과 둔감한 조건을 찾아 단기간에 최적의 조건을 찾아낼 수 있다. Robust Design Method라고도 한다. 창의설계연구실에서는 설계 및 실험변수 설정에서부터 논문에 이르기까지 다양한 분야에 다구찌실획법을 적용하고 있다.

(가) 통계적 공정관리(staristical process control)의 실시

정상적인 생산 활동의 경우는 공정이 변동하게 되는데 이 공정 변동 원인에는 우연히 일상적으로 발생하는 원인과 이상 원인인 특별 원인이 있다. 우연 원인의 경우는 개별 측정값은 각기 달라도, 한 집단으로 보면 어떤 분포로 표시 가능하기에 그 공정은 통계적 관리상태에 있다고 표현하며 통상 공정 개선이란 이 우연 원인의 변동을 줄이기 위한 활동이라고 할 수 있다. 그러나 이상 원인의 경우는 제품의 동질성 유지가 어렵기에 공정관리상의 특별한 조치가 필요해진다. 이렇게 공정의 관리를 통계적 특성을 이용하여 현 공정에서 제조한 제품들이 그 분포 패턴을 벗어날 경우, 바로 확인하고 조치를 취할 수 있는 수단을 제공하는 것이 통계적정관리이다. 통계적 공정의 관리대상제품 또는 공정특성은 제조물의 특성을 고려하여 사내에서 협의, 선정하되 안전에 관련된 특별 특성은 반드시 포함시켜야 한다. 규격 상한과

하한은 관련 규격의 요구사항을 만족하고, 소비자의 기대를 만족하는 범위 내에서 해당 공정의 수용 능력을 고려하여 결정하되 관리도법, 실험 계획법 등의 기법을 활용한다.

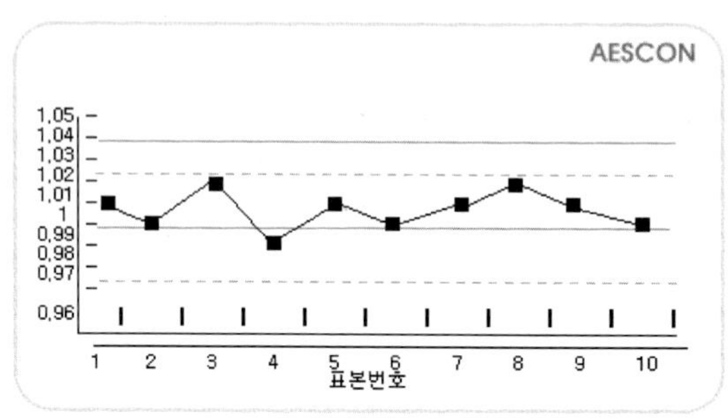

(나) 관리도법

1920년 BELL 연구소의 W. Shewart 박사가 개발한 공정 관리용 도구 현장에서 작업자가 쉽게 이용할 수 있는 장점이 있고 일반적으로 위 그림에서 보인 계량형 관리도인 x－r 관리도가 현장에서 많이 사용되나 이외에 결점수, 불량률 등으로 계수적인 공정 특성치일 경우. 계수형 관리도인 p.c 관리도가 주로 사용된다.

가) 초기 공정 능력 조사

양산공정이 설계 요구 조건을 충족하는 제품을 생산할 수 있는가를 판단하기 위해 제조 및 조립공정에서 초기에 생산한 제품을 측정하고, 데이터를 이용 초기 공정능력 수용기준에 따라 평가 및 조치하여 대책을 마련한다. 즉 제조상의 결함 예방을 위해서는 안전에 관련된 모든 특별 특성에 대해 초기 공정능력 조사를 수행할 필요가 있다. 공정능력은 주어진 규격치에 대한 산포의 정도를 표시하는 cp와 여기에 중심선의 치우침의 정도까지를 고려하여 검토하는 cpk가 있다.

그 산출공식과 계산결과에 대한 관리 방책을 정리해 보면 다음과 같다.

(가) 공정능력지수

산포 중심; $Cp(Process\ Capability) = (USL - LSL) / 6\delta$

또는 $Cp = Su - Sl / R / d2$

여기서 σ는 표준 편차 r은 범위이다.

(나) 중심 설계치와의 결합 정도를 고려한 공정능력 지수; $Cpk = (1 - K)$

k(치우침도)＝I m −u I /((USL −LSL) / 2)

m(규격한계 중심)＝(USL +LSL) / 2

u: 측정값 평균

(다) 공정능력 cp에 따른 관리 방책(국내기준)

- 1.68～　　　　　특급(ppb)　　과 잉　　제품고급화
- 1.34～1.67　　　1급(ppm)　　충 분　　공정관리 간소화
- 1.01～1.33　　　2급　　　　　만 족　　공정관리에 유의
- 0.68～1.00　　　3급　　　　　부 족　　공정개선 및 규격 재검토
- 0.00～0.67　　　4급　　　　　매우부족　공정개선 및 규격 재검토

일반적으로 공정능력지수는 1.33 이상이 되어야 해당 공정의 결함 예방 능력이 충분하다고 할 수 있다.

(라) 중심 고려 공정능력지수 cpk와 양품률 관계

- Cpk 1.0: 3σ, 99.73%
- Cpk 1.33: 4σ, 99.9937%
- Cpk 1.67: 5σ, 99.999943%
- Cpk 2.0: 6σ, 99.9999998%

해당 공정의 공정능력지수 수준이 만족스럽지 못하면 공정 자체에 대한 추가적 분석과 조치를 하여야 한다.

나) 공정(중간)검사 및 시험

원활한 공정관리를 위해서는 공정 검사가 필요해지는데 먼저 품질계획 대비 공정 / 중간검사를 시행하고 결과를 기록한다. 또한 공정 / 중간시험 및 검사의 계획에 따라 초기 제품검사, 작업자검사, 자동시험, 정기검사 주기, 순회검사 등을 행하고 그 결과를 기록한다. 제품안전성에 대하여 수용 가능 여부가 검증될 때까지 제품이 다음 공정으로 넘어가는 것을 방지하기 위한 체계를 수립하고, 그 기준을 결정하며 또한 제어 불능의 공정상태가 발생 시는 조치요령을 명시한다. 즉 부적합품의 수집장소, 부적합품의 수집장소, 부적합품 식별방법, 부적합품 봉쇄, SPC 도표에 기록법 등을 정한다.

다) 제품 / 최종검사 및 시험

소비자를 보호하기 위해서는 품질 계획에 규정된 모든 검사와 시험이 종료 기록될 때까지 어떤 제품도 출하가 금지된다. 특히 안전관련 제품은 높은 수준의 보증을

필요하다. 최종출하검사 또는 수용 시(acceptance test)는 전수검사를 기본으로 하나 객관적, 합리적인 LOT 샘플링 및 / 또는 연속적 샘플링방법도 강구될 수 있다. 이때, 재작업된 부품이 종종 제품 결함의 원인이 되므로 특별한 극도의 주의가 필요하며. 별도의 기록 관리가 필요해진다. 이때의 검사 시 정확하게 교정된 장비, 문서화된 시험방법 명확한 수용기준을 사용하는 것이 필수적이다.

제 3 장

Venture business의 창업

□ 창업기본절차 흐름도

창업예비 절차
회사설립 및 신고
공장설립 및 자금조달절차
개업준비절차
사업구상
사업인가 및 신고
공장설립기본계획수립
인력충원 및 교육
사업핵심 요소결정
창업사업계획
조직구성
• 업종 및 사업 아이템 선정
• 사업규모결정
• 기업형태 결정
• 창업멤버와 조직구조
• 기타사업핵심 요소결정
법인설립등기
법인설립신고
사업자등록신청
사업자등록신청
(법인)
(개인)
공장입지선정
공장설립신고
공장건축
공장설립완료보고
생 산
관 리
영 업
원부자재조달
시운전
시제품생산
회사규정제정
제장표·서식제정
직원교육실시
영업체계확립
시장개척활동
사업타당성 검토
사업계획서 작성
설비설계
설비발주
시설설치
융자신청
융자승인
자금인출
취업규칙 작성 및 신고
고용보험신고
산업재해보험신고
건강보험신고
기타대외기관신고

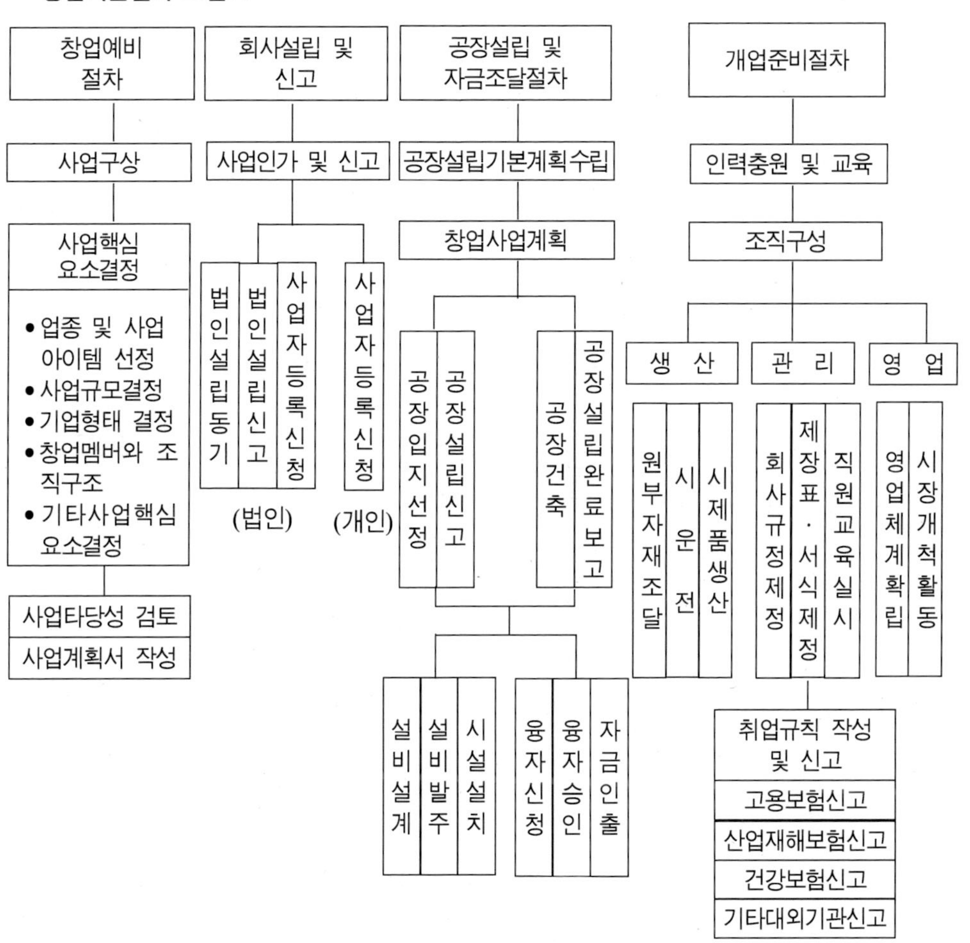

□ **창업기본절차 흐름도**

창업준비절차
점포입지선정절차
기업준비절차
사업구상
후보상권 및 시장조사
(상권 및 시장분석)
직원채용
사업핵심요소결정
사업아이템 및
취급상품선정
자본규모결정
(자금조달계획 결정)
사업형태 결정
(머리점 / 자영업)
기타 사업요소 결정
입지 타당성 조사
(고객이름 편의성 분석)
실내인테리어
내부장식
점포입지결정
상품수금계약
점포계약조건
및 하자확인
상품매입. 진열
상권 및 시장분석
사업계획서 작성
(사업전략 포함)
상품주요 공급처 협의
자금준비 및 조달
점포등기부등본열람
매매가력 / 입자료확인
권리금 확인
임차기간 / 멍도일확인
기타특별조건확인
개인인내문배포
사업자등록신청
영업개시
점포계약체결
(매매 / 일차)

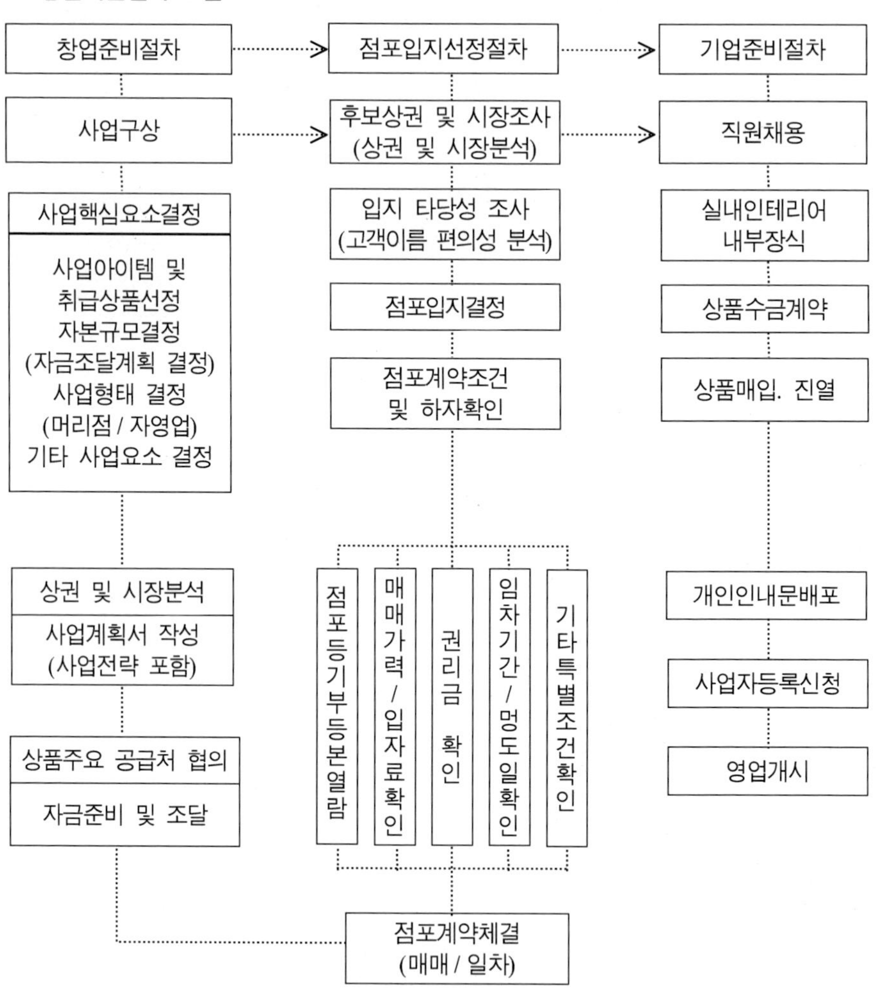

□ 서비스업 창업 절차도

창업준비절차
회사설립절차
사무실입지 선정절차
개인준비절차
사업구상
입지타당성 분석 (고객이용편의성분석)
인력출원 및 연수
사업핵심요소 결정
사업아이템 선정
사업규모 결정
기업형태 결정
창업멤버와 조직구성
기타 사업핵심 요소 결정
사업인 허가 및 신고(필요 시)
사무실 입지 결정
사규, 제장표, 서식제정
사무실 계약조건 및 하자 확인
경영전략 수립
사업타당성 분석
사업계획서 작성
법인설립등기
법인설립신고
사업자등록신청
사무실등기부등본열람
임차료/관리비확인
임차기간/명도일확인
기타특별조건확인
사업개시

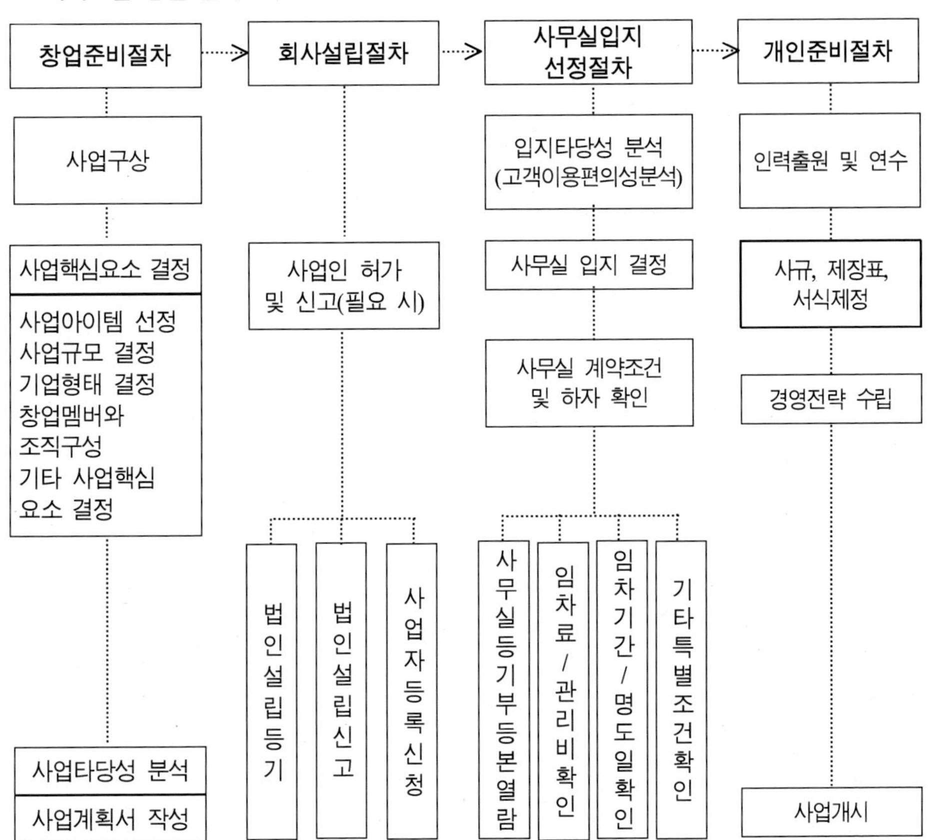

□ 사업인허가 절차 흐름도

| 절차흐름도

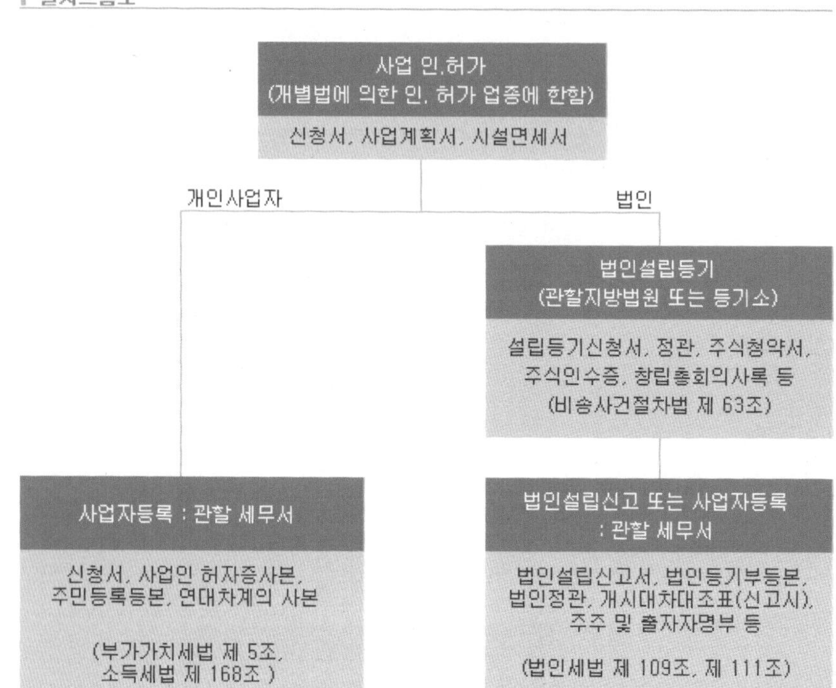

그러나 이 경우에도 시장·군수·구청장에게 창업사업계획승인 신청 시, 공장설립이 가능한 용도지역(준도시지역, 농어촌산업지구)으로 변경을 신청하여 용도변경 인·허가를 받은 경우에는 공장설립을 할 수 있다.

※ 창업자가 아닌 중소기업자도 중소기업창업지원법상의 창업사업계획승인절차에 따라 공장설립절차 이행가능(기업규제완화특별조치법 제9조).

▌공장설립가능여부에 대한 검토 흐름도

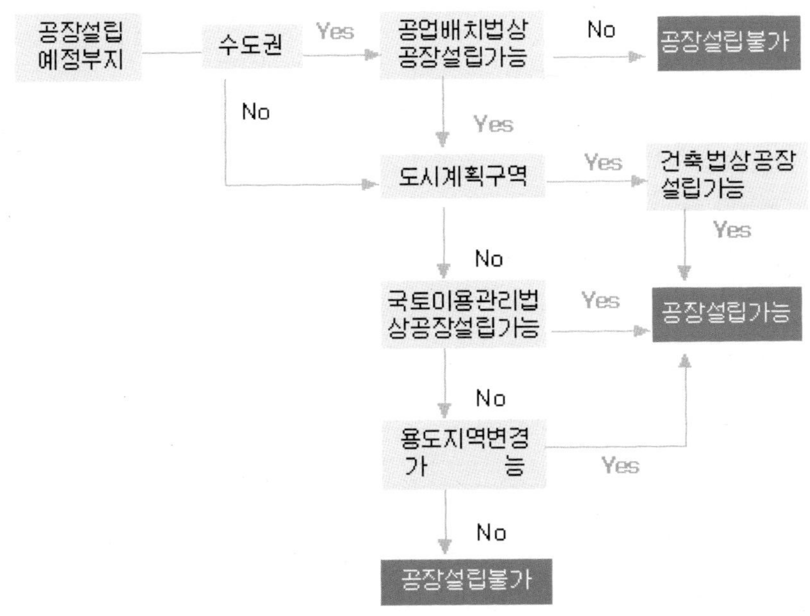

1) 개인기업과 법인기업 간 비교

(1) 개 요

기업의 법률적 형태에 있어서 중요한 것은 개인기업과 회사형태의 기업이다. 개인
기업은 기업이 완전한 법인격이 없으므로 소유자에게 종속되는 기업이고 회사형태
의 기업은 완전한 법인격을 가지고 스스로의 권리와 의무의 주체가 되며 기업의 소
유자로부터 분리되어 영속성을 존재할 수 있는 기업이다. 일반적으로 기업의 영속
성·성장성 측면에서 주식회사 형태의 기업을 창업하는 것이 유리하다. 주식회사는
개인기업보다 대외공신력과 신용도가 높기 때문에 신주 및 회사채 발행을 통한 자
금조달이 용이하고, 영업수행에 있어서도 기업의 이미지가 제고되어 유리한 점이
많다. 특히, 벤처기업을 창업하는 경우에는 개인기업보다는 주식회사의 형태로 하는
것이 더욱 유리하다고 할 수 있다.

구 분	개인기업	법인기업
장 점	- 설립등기가 필요 없고 사업자등록만으로 사업개시가 가능하므로 기업설립이 용이 - 기업이윤 전부를 기업주가 독점할 수 있음 - 창업비용과 창업자금이 비교적 적게 소요되어 소자본을 가진 창업자도 창업가능 - 일정규모 이상으로는 성장하지 않는 중소규모의 사업에 안정적이고 적합 - 기업활동에 있어 자유롭고, 신속한 계획수립, 계획변경 등이 용이 - 개인기업은 인적조직체로서 제조방법, 자금운용상의 비밀유지가 가능	- 대표자는 회사운영에 대해 일정한 책임을 지며, 주주는 주금납입을 한도로 채무자에 대해 유한책임을 짐 - 사업양도 시에는 주식을 양도하면 되므로 주식양도에 대하여 원칙적으로 낮은 세율의 양도소득세가 부과됨. 또한 주식을 상장 후에 양도하면 세금이 없음 - 일정규모 이상으로 성장가능한 유망사업의 경우에 적합 - 주식회사는 신주발행 및 회사채 발행 등을 통한 다수인으로부터 자본조달이 용이 - 대외공신력과 신용도가 높기 때문에 영업수행과 관공서, 금융기관 등과의 거래에 있어서도 유리
단 점	- 대표자는 채무자에 대하여 무한책임을 짐 - 대표자가 바뀌는 경우에는 폐업을 하고, 신규로 사업자등록을 해야 하므로 기업의 계속성이 단절됨 - 사업양도 시에는 양도된 영업권 또는 부동산에 대하여 높은 양도소득세가 부과됨	- 설립절차가 복잡하고 최소한 5천만 원 이상의 자본금이 있어야 설립이 가능 *주식회사인 벤처기업의 설립 자본은 2천만 원 이상임 - 대표자가 기업자금을 개인용도로 사용하면 회사는 대표자로부터 이자를 받아야 하는 등 세제상의 불이익이 있음

(2) 세제상의 특징 비교

개인기업은 소득세법의 적용을 받으므로 과세기간은 매년 1월 1일부터 12월 31일까지이며, 과세소득은 총수입에서 필요경비를 공제한 금액이 되며, 대차대조표 공고의무가 없다. 이에 반해, 법인은 법인세법의 적용을 받고, 그 과세기간은 정관과 규칙에서 정하는 회계기간에 따라 달라지며 과세소득은 익금총액에서 손금총액을 공제한 금액이다. 대차대조표의 공고의무가 있으나, 세부담은 여러 가지 상황에 따라 차이가 있을 수 있다. 세율 측면에 있어서는 개인기업(10%~40%로 누진)보다 법인기업(16%~28%)이 유리하다. 세무사의 의견을 들어 종합하면, 세부담 측면에서 기업을 설립한 후 연간 매출총액이 5억 원 이상으로 예상되면 법인기업으로 하는 것이 유리하다.

내 용	개인기업	법인기업
과세근거법	소득세법	법인세법
과세기간	매년 1월1일부터 12월 31일까지	정관에 정하는 회계기간
과세소득	총수입금액 – 필요경비	익금의 총액 – 손금의 총액
과세범위	특정소득에 대해서는 종합과세를 하지 않고 원천징수만으로 분리과세	분리과세가 인정되지 않음
이중과세 여부	하나의 원천소득에 대해 이중과세가 되지 않음	법인에게 법인세 과세 후, 주주의 배당에 대해 소득세 과세
세율구조	세 율: 10%~40%로 누진적용 주민세: 소득세의 10%	세 율: 16%~28% 주민세: 법인세의 10%
납세지	개인기업의 주소지	법인등기부등본상의 본점 / 주사무소
기장의 의무	수입금액에 따라 일기장의무자, 간이장부 의무자, 복식부기의무자로 구분	수입금액에 관계없이 복식부기의무자
외부감사제도	적용되지 않음	자산총액이 60억 원 이상인 경우, 공인회계사의 감사를 받음
대차대조표 공고	대차대조표 공고의무가 없음	법인세 신고기간 내에 일간신문에 공고의무가 있음

2 주식회사 설립

1) 개 요

주식회사란 자기가 인수한 주식의 금액을 한도로 회사에 대하여 출자의무를 질 뿐 회사채권자에 대하여는 전혀 책임을 지지 않는 사원(간접유한 책임사원), 즉 주주로만 구성되는 회사를 말한다. 주식회사는 3인 이상의 발기인이 발기인조합을 구성하여 상법이 정하는 바에 따라 정관 작성, 주식인수 및 주금납입 등 일정한 절차를 거쳐 법원에 설립등기를 함으로써 설립된다. 주식회사는 전형적인 자본단체로서, 회사의 소유와 경영이 분리되는 현상이 가장 뚜렷하다. 즉 주식회사는 주주의 변동이 회사의 존재 및 경영에 미치는 영향이 가장 적은 회사형태로서 항구적인 사업을 경영하기 위하여 흔히 이용된다. 주식회사의 사원인 주주의 지분을 주식으로 세분화되어 그 양도가 자유로워 주주는 언제든지 주식의 양도로서 투자한 자본을 용이하게 회수할 수 있다. 주주는 유한책임을 지기 때문에 회사가 해산하는 경우, 종국에 가서 주식을 포기함으로써 더 이상의 책임을 지지 않으므로 오늘날 주식은 합리적인 투자대상이 되고 있다.

설립절차

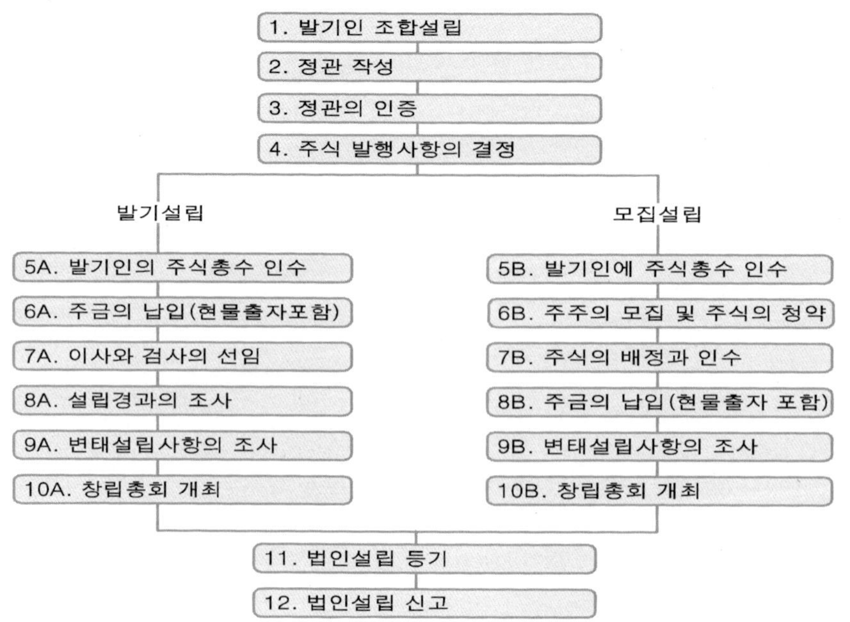

3 교수 연구원의 실험실 창업

1) 교수 / 연구원의 벤처 창업

(1) 실험실 창업이란

'실험실 창업'이란 교수 또는 연구원이 대학 또는 연구기관의 실험실 내에서 기업을 설립하고, 대학 또는 연구기관이 보유하고 있는 연구시설을 활용하여 그가 개발한 연구성과를 사업화하는 것을 말한다. 정부에서는 1998년 12월 30일 교수·연구원의 실험실 창업을 촉진하기 위하여 「벤처기업육성에관한특별조치법」을 개정하였다. 동 개정법률 안에는 교수 및 연구원이 소속기관장의 허가를 받아 현직에 있으면서 벤처기업을 창업하거나 벤처기업 임·직원으로의 겸직(법 제16조의2)을 할 수 있도록 하였고, 그 소속기관장의 승인을 받아 대학·연구기관이 보유하고 있는 연구시설 안에 '실험실 공장'을 설치할 수 있는 근거를 마련함과 동시에 실험실공장에 대해서는 공업배치및공장설립에관한법률에 의한 공장등록(법 제18조의2)을 할 수 있도록 하였다. 또한, 벤처기업(주식회사)의 최저 자본금을 2,000만 원으로 인하(법 제10조의2)하고, 대학 또는 연구기관이 운영 중인 창업보육센터 등에 입주한 벤처기업에 대하여 공장등록(법 제18조의3)을 할 수 있도록 하였다. 이러한 조치로 인하여 지식기반을 갖춘 젊은 세대와 교수·연구원의 창업자금 부담이 획기적으로 완화되었고, 박사급 고급인력의 90% 이상이 근무하는 대학 및 연구기관의 실험실에서 연구성과의 사업화를 촉진하는 실질적인 법적근거가 마련되어 그 의미가 크다고 할 수 있다.

(2) 실험실 창업절차도

가) 실험실공장 설치(제조업의 경우)

〈유형 1〉

예비벤처 기업확인		실험실공장 설치 승인		벤처기업 설립		실험실공장 설치·등록		벤처기업 경영
지방중소기 업청	⇒	대학의 장연구기관장	⇒	주식회사 개인기업	⇒	실험실내 제조시설설치	⇒	고용·생산 판매·수출

① 벤처기업 확인: 예비 창업자는 벤처기업평가기관으로부터 사업성 및 기술성을 평가받아 관할 지방중소기업청에서 벤처기업 확인받음
② 실험실공장 설치승인 및 겸직 허가: 소속기관장으로부터 실험실공장 설치승인과 벤처기업 대표자 겸직 허가를 동시에 받음
③ 기업설립 : 주식회사 설립자본금을 2,000만 원 이상을 할 수 있음(이 경우, 법인설립등기신청서에 벤처기업 확인서를 첨부하여야 함)
④ 실험실공장 설치 및 등록 : 공장등록신청서에 '실험실공장설치 승인서'를 첨부하여야 함

〈유형 2〉

실험실공장 설치 승인		벤처기업 확 인		벤처기업 설립		실험실공장 설치 · 등록		벤처기업 경 영
대학의 장 연구기관장	⇒	지방중 소기업청	⇒	주식회사 개인기업	⇒	실험실내 제조시설설치	⇒	고용 · 생산 판매 · 수출

① 실험실 공장 설치 승인: 소속기관장으로부터 실험실공장 설치승인을 받음
② 벤처기업 확인: 예비 창업자는 벤처기업평가기관으로부터 사업성 및 기술성을 평가받아 관할 지방중소기업청에서 벤처기업 확인받음
③ 기업설립 : -기업설립 전 단계에서 소속기관장으로부터 벤처기업 대표자 겸직 허가를 받아야 함/ -주식회사 설립자본금을 2,000만 원 이상으로 할 수 있음(이 경우, 법인설립등기신청서에 벤처기업 확인서를 첨부하여야 함)
④ 실험실공장 설치 및 등록: 공장등록신청서에 '실험실공장설치 승인서'를 첨부하여야 함

나) 실험실 내 사업자등록(비제조업, S / W, 아웃소싱의 경우)

예비벤처 기업확인		겸직 허가, 장 소사용허가		벤처기업 설립		벤처기업 경영		아웃소싱을 통한 생산
지방중소 기업청	⇒	대학의 장 연구기관장	⇒	주식회사 개인기업	⇒	프로그래밍, S / W, 기획	⇒	외주생산 판매 · 수출

① 벤처기업 확인: 벤처기업 평가 후 사전에 관할 지방중소기업청으로부터 벤처기업 확인을 받아야 함
② 겸직 허가 및 실험실 사용허가: 소속기관장으로부터 벤처기업 대표자 겸직 허가와 실험실 사용허가(또는 장소임대 계약)를 받아야 함
③ 기업설립: 주식회사 설립자본금을 2,000만 원 이상으로 할 수 있음(이 경우, 법인설립등기신청서에 벤처기업확인서를 첨부하여야 함). 법인설립등기, 사업자등록(또는 법인설립신고) 시에 주소지를 실험실로 함

다) 대학·연구소외의 지역에 공장 설치

예비벤처 기업확인		겸직 허가		벤처기업 설 립		공장설치 공장등록		벤처기업 경 영
지방중소 기업청	⇒	대학의 장 연구기관장	⇒	주식회사 개인기업	⇒	공업단지, 벤처빌딩, 창업보육센터	⇒	고용·생산 판매·수출

① 벤처기업 확인: 벤처기업 평가 후 사전에 관할 지방중소기업청으로부터 벤처기업 확인을 받아야 함
② 벤처기업 : 대표자 겸직 허가 소속기관장으로부터 벤처기업 대표자 겸직 허가를 받아야 함
③ 기업설립 : 주식회사 설립자본금을 2,000만 원 이상으로 할 수 있음(이 경우, 법인설립등기신청서에 벤처기업확인서를 첨부하여야 함). 법인설립등기, 사업자등록(또는 법인설립신고) 시에 주소지를 실험실로 함
④ 공장 설치 및 등록 : 공업단지, 벤처기업집적시설, 창업보육센터 등에 공장설치가 가능함

(3) 실험실 창업 절차

○ 1단계 벤처기업 확인

벤처기업 확인은 11개 지방중소기업청에서 실시하고 있다. 벤처기업 확인을 위해서는 사전에 벤처기업평가기관(기술표준원, 기술신용보증기금, 중소기업진흥공단 등)으로부터 사업성 및 기술성 평가를 받은 다음에 관할 지방중소기업청에서 벤처기업

확인 신청을 하여야 한다.

창업 전에 벤처기업 확인(예비벤처기업 확인)을 받으면 무엇이 유리한가?
　① 설립자본금을 2천만 원 이상으로 주식회사를 설립할 수 있다.
　② 수도권지역은 법인설립 등기 시 등록세가 면제된다.(1999.9월부터 시행예정)
　③ 벤처창업자금, 기술신용보증 등 각종 지원혜택의 수혜범위가 넓다.
　④ 사전에 사업의 타당성을 평가받아 사업의 실패율을 줄일 수 있다.

교수 연구원	⇒	벤처기업 평가기관	⇒	벤처기업 확인기관	⇒	벤처기업 임직원 겸 직허가(소속기관장)	또는	실험실공장 설치 승인(소속기관장)

○ 2단계 실험실공장 설치승인 및 겸직 허가

① 실험실공장을 설치하고자 하는 자는 그 소속기관장으로부터 실험실공장 설치승인과 겸직 허가를 받아야 한다.

② 대학 또는 연구기관 내의 실험실에서 비제조업, S / W업종 등을 창업하는 자는 그 소속기관장으로부터 겸직 허가와 함께 실험실사용 허가(장소임대계약 등)를 취득해야 한다.

③ 대학 또는 연구기관 내의 창업보육센터와 대학 또는 연구기관 이외의 지역에서 창업하는 자는 그 소속기관장으로부터 겸직 허가를 받아야 한다.

○ 3단계 회사설립 및 사업자등록

동 단계는 사업의 인·허가 업종에 대해서는 미리 해당 업종을 관장하는 관청에서 사업의 인·허가를 받고 사업자등록 또는 법인설립 등기 및 법인설립 신고를 하는 단계다. 사업을 하기 위해서 인·허가를 받아야 하는 경우가 있다. 예를 들면, 의약품을 제조하고자 하는 경우에는 약사법 제26조의 규정에 의하여 의약품 제조업 허가를 미리 받아야 한다. 업종선택 및 사업계획수립단계에서 미리 해당하는 업종의 인·허가사항 등을 파악해 두는 것이 유리하다. '개인기업'의 경우에는 사업장을 관할하는 세무서에 사업자등록을 위한 신청서를 제출한 후 사업자등록증을 교부받음으로써 간단히 설립할 수 있으나 '법인'의 경우에는 관할지방법원이나 등기소에 설립등기를 한 후에 관할세무서에 법인설립 신고를 하여야 한다. 주식회사의 자본을 2,000만 원 이상으로 설립하는 경우에는 관할등기소에 법인설립 등기신청 시 11개 지방중소기업청장이 발급한 벤처기업확인서를 첨부하여야 한다.

○ 4단계 실험실공장 설치 및 공장등록

실험실 내에 설치될 수 있는 공장은 바닥면적 합계가 500㎡ 미만인 도시형공장(공해 배출 시설 설치 허가를 요하지 않는 공장)이다. '실험실 공장설치 및 등록'에서 자세히 설명하고자 한다.

가) 실험실공장이란

교수 또는 연구원의 벤처기업의 창업을 촉진하기 위하여 대학이나 연구기관이 보유하고 있는 연구시설 안에 공업배치및공장설립에관한법률 제28조의 규정에 의한 도시형공장에 해당하는 업종의 생산시설을 갖춘 사업장을 말함

- 설치규모: 생산시설용으로 쓰이는 바닥면적의 합계가 500제곱미터 미만인 시설
- 영위업종: 대기·수질·소음·공해 등의 발생이 적은 도시형 공장(공해배출시설의 설치허가를 요하지 않는 공장)

* 수도권 지역에서는 생산시설용의 바닥면적에 제조시설＋사무실＋창고를 포함하나, 수도권 외의 지역에서는 제조시설만을 바닥면적에 포함

* 배출시설: 대기환경보전법, 수질환경보전법 또는 소음·진동규제법에 의한 배출시설

실험실 내에 연구 및 제조를 위한 생산시설과 포장설비 등 기타 시설을 설치한 후에 시장·군수·구청장에게 공장등록 신청을 하여야 한다. 이때에 소속기관장의 실험실공장설치승인서를 첨부하여 제출하여야 한다. 시·군·구에서는 실험실공장에 대하여 현지확인을 거쳐 10일 이내에 공장등록 대장에 기재하고 공장등록증을 발급한다. 공장등록증을 교부받으면 이제 창업의 절차는 끝내고 본격적인 사업에 착수할 수 있다.

○ 5단계 사업개시 및 기타 행정절차

절 차	구비서류	법적근거
취업규칙신고 노동부지방사무소	신고서 취업규칙 의견서	근로기준법 제96조
사업장설치계획신고 노동부지방사무소	신고서 건물평면도 기계,설비배치도면 설비의 표시도면	산업안전보건법 제48조
산업재해보험관계성립신고 노동부지방사무소	신고서	산업재해보상보험법 제12조
의료보험관련신고 직장의료보험조합	신고서	의료보험법시행령 제19조
고용보험관계신고 지방노동청(사무소)	신고서	고용보험법 제7조

2) 공장설립 진행순서

□ **업무진행 총괄도**

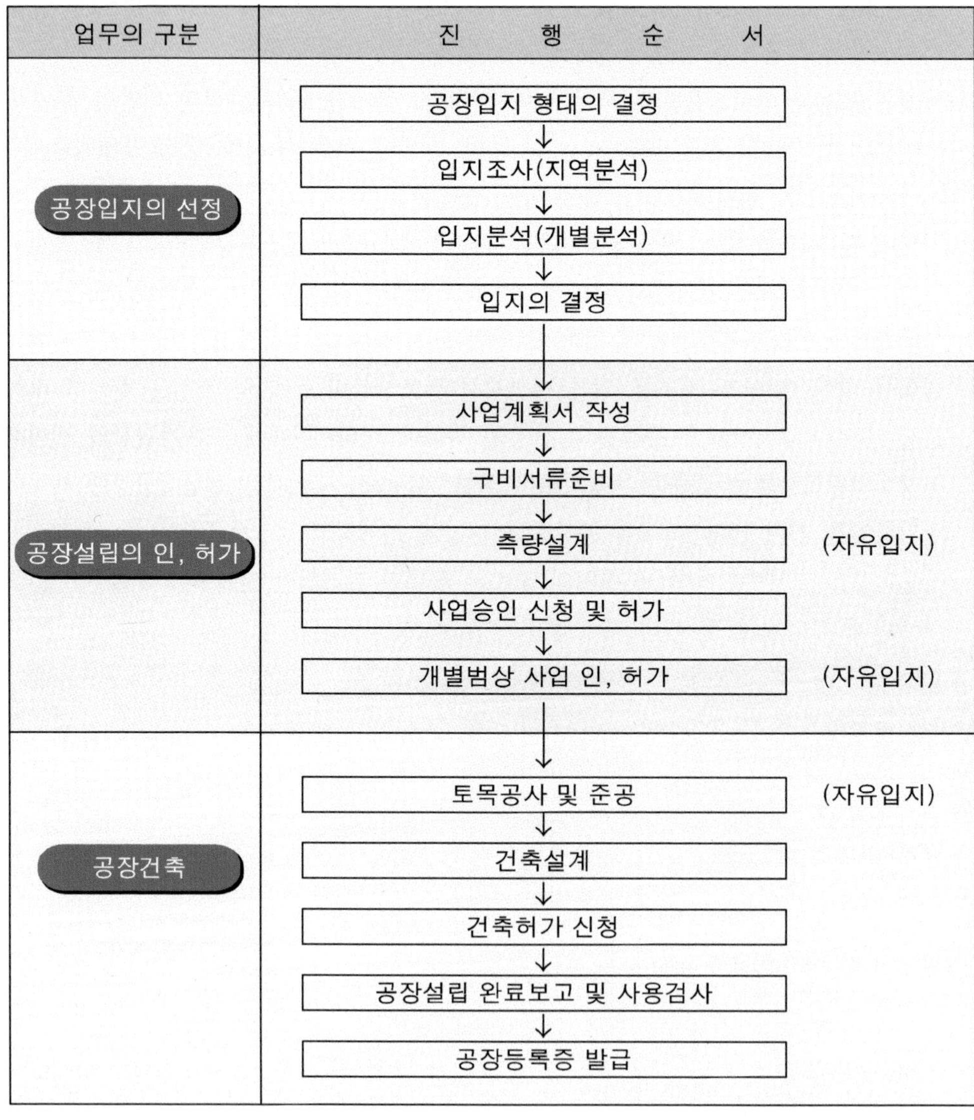

(1) 공장입지선정

공장을 설립할 수 있는 지역은 공장건설을 위해 조성한 계획입지(국가공단, 지방공단, 농공단지)와 국토이용관리법 및 도시계획법상 세분된 대별적인 용도지역(지구) 중 공장설립이 허용되는 자유입지에 한정되어 있다. 계획입지는 '산업단지및개발에 관한법률'에 정한 목적에 부합할 경우 입주가 가능하며, 자유입지는 「국토이용관리법」, 「도시계획법」, 「수도권정비계획법」 등이 허용하는 지역에서 공장설치가 가능하다.

가) 입지조사

자유입지조사

구 분	내 용
지역분류의 유형 (지역선정)	① 권역에 따른 분류 ② 시장위치에 따른 분류 ③ 상용수송시설에 따른 분류 ④ 주된 생산요소에 따른 분류
지역분석	① 행정적 요인 ② 사업여건 요인 • 공장설립 예산(부지 매입가격) • 시장위치 • 노동력 • 교통여건 • 생활기반시설 • 관련산업과의 위치 • 동력, 용 · 배수의 조건 ③ 투자성 요인 ④ 자연적 요인

계획입지 분양정보

입지형태	분양정보원
국가 및 지방공업단지	① 대한상공회의소 공업입지센터 ② 한국토지개발공사 ③ 해당 지역 시, 군, 구 공업과
농공단지	① 대한상공회의소 공업입지센터 ② 전국 농어촌 공업유치 사무소 ③ 해당 지역 시, 군, 구 공업과
협동화사업단지	중소기업진흥공단 협동화사업부
아파트형 공장	① 대한상공회의소 공업입지센터 ② 중소기업진흥공단 입지사업부 ③ 아파트형 공장 사업 주체(시공업체)

나) 공장설립가능 여부에 대한 검토

□ 공장설립가능 여부에 대한 검토 흐름도

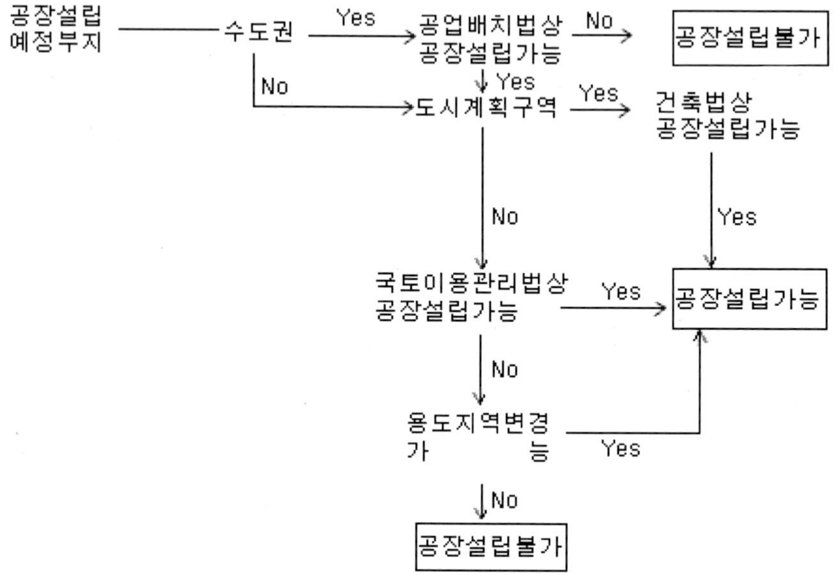

(2) 공장설립의 인·허가

가) 구비서류의 준비

자유입지 승인 신청 구비서류

입지형태	구비서류명
공장설립 신고(허가)에 의한 입지	① 공장배치도
창업사업 계획승인에 의한 입지	1. 위치도 2. 공장예정지 지적도 3. 부동산 권리자의 사용동의서 4. 공사 개요서 5. 개략 설계도서 6. 개략 공사비 조서
개별 입지 지정에 의한 입지	① 공장배치도

아파트형 공장	1. 공장배치도
	2. 토지대장등본 또는 토지등기부등본
	3. 토지사용승낙서 또는 토지매매계약서
	   (아파트형 공장의 설립자와 토지소유자가
	   다른 경우에 한함)
	4. 도시계획 사실관계 확인원

계획입지 승인 신청 구비서류

입지형태	구비서류명
국가 및 지방공단	1. 재정상태를 확인할 수 있는 서류 2. 사업시행을 위한 인·허가를 받았거나 받을 수 있는 서류 3. 용지소요 내역서 4. 시설소요 내역서(임차입주자에 한함)
농공단지	1. 재정상태를 확인할 수 있는 서류 2. 사업시행을 위한 인·허가를 받았거나 받을 수 있는 서류 3. 용지소요 내역서 4. 시설소요 내역서(임차입주자에 한함)
협동화 사업단지	사업 주체의 정관 내부계약서 참가업체의 사업자등록증

나) 사업승인 신청 및 허가

공장입지형태		처리기관 및 기간		
		접수(경유)	처 리	계
자유입지	공장설립 신고 (허가)에 의한 입지	시, 군, 구	시, 군, 구 15일	15일
	창업사업 계획승인 에 의한 입지	시, 군, 구	시, 군, 구 45일 (서울특별시, 직할시에 한함)	45일
	개별입지 지정에 의한 입지	시, 군, 구	시, 군, 구 60일	60일
	아파트형 공장	상공부(설치자가 시, 도지사, 시장, 군수, 구청장일 경우), 시, 군, 구	좌동 20일(신고) 30일(허가)	20일(신고) 30일(허가)
계획입지	국가 및 지방공단	상공부, 도(시, 군, 구) 공업단지 관리공단	상공부, 도(시, 군, 구) 공업단지 관리공단 15일	15일
	농공단지	상공부, 도(시, 군, 구) 공업단지 관리공단	상공부, 도(시, 군, 구) 공업단지 관리공단 15일	15일
	협동화사업단지	중소기업진흥공단	중소기업진흥공단 50일	50일

절차명	내 용	관련법규
1. 공장건축허가	- 연면적 200㎡ 이상이거나 3층 이상의 건물 (구비서류) 1건축허가신청서 - 신청건축물의 동별 개요 - 대지의 범위를 증명하는 서류 - 설계도면	- 건축법 제8조
2. 착공신고	- 건축공사를 착수하기 전(구비서류) - 착공신고서 - 동별 건축내용	- 건축법 제16조
3. 중간검사	- 기초공사 시 철근배치를 완료한 때 - 단열시공이 전체공정의 50% 공정에 달하였을 때 (구비서류) - 중간검사 신청서 - 공사 감리 보고서	- 건축법 제17조
4. 건축사용검사	- 건축공사 완료일로부터 7일 이내(구비서류) - 사용검사 신청서 - 신청건축물 동별 개요 - 설계도서 1부 - 공사감리 보고서	- 건축법 제18조
5. 공장설립완료 보고	- 사용검사일로부터 6월 이내 공장 가동에 필요한 기계시설을 설치한 후(구비서류) - 공장설립 완료 보고서 - 공장배치도 - 사용검사필증	- 공장배치및공장설립 에관한법률 제15조
6. 공장등록증	- 공장설립 완료보고서를 받은 날로부터 1월 이내	- 공장배치및공장설립 에관한법률 제16조

창업 및 공장설립 절차 개선방안
-제조업 개별입지를 중심으로-

2004. 9

1) 국무조정실

(1) 정책환경 및 추진경위

□ 창업 및 공장설립을 위해서는 부지확보, 행정절차 및 비용문제 등이 중요하나,

○ 최근 공장부지에 대한 규제강화로 부지확보에 어려움이 많고

   * 공장입지로 선호되는 관리지역(구준농림·준도시지역)의 경우 '03.1월 국토계획법 개정으로 부지면적 1만 ㎡ 이상의 경우에만 공장설립 가능

○ 복잡한 절차 및 비용, 고임금으로 인한 수익성 악화 등으로 국내 창업 건수가 감소되고 국내 제조업의 해외이전 증가

   * 창업승인 건수: '1년 6,796건, '02년 9,257건, '03년 7,804건

   * 제조업 해외투자 현황: '00년 1,064건(1,492백만 불), '01년 1,256건(3,756 백만 불), '02년 1,556건(1,650백만 불), '03년 1,742건(1,917백만 불)

□ 개별입지에 대한 규제완화, 설치간소화, 부담금 경감 등 창업관련 규제개선 노력 강화 필요

○ 입지규제는 상당 부분 개선되었으나(산업입지제도 개선방안, '04.4.16), 공장설립의 대부분을 차지하는 개별입지의 경우 동 방안에 포함되지 않은 관리지역 내 공장설립면적 제한(1만 ㎡) 폐지를 강력하게 요구

   * 관리지역은 구준도시지역 및 준농림지역으로서 현행 용도지역 중 공장설립이 상대적으로 용이한 지역(보전·생산·계획관리지역으로 세분)

○ 산업단지 등 계획입지는 절차가 간편하나 토지가격이 비싸고(개별입지의 2~3배) 입지 부적정 등으로 입주를 기피하는 실정
  * 계획입지 미분양 현황: 1,356만 ㎡(국가산업단지 711만 ㎡, 지방산업단지 526만 ㎡, 농공단지 89만 ㎡, 기타 30만 ㎡)
─ 이에 대하여는 건교부가 단지별로 분양가 인하, 입주업종 확대, 소필지 분할, 복합레저단지 활용 등 미분양 해소대책 추진 중

<입지형태별 공장승인 현황>

입지형태	‘01년	‘02년	‘03년	계
개별입지 (관리지역㎡미만)	5,353 (3,904 : 72.9%)	7,036 (5,130 : 72.9%)	4,722 (2,627 : 55.6%)	17,111(71.7%) (11,661 : 68.1%)
계획입지	1,443	2,221	3,082	6,746(28.3%)
계	6,796	9,257	7,804	23,857(100%)

□ 따라서 제조업의 개별입지 창업을 대상으로 부지공급 원활화, 인·허가 절차개선, 비용부담 경감 등을 중심적으로 검토
○ 특히 문제제기가 가장 많은 공장설립 면적제한 완화 방안도 검토대상에 추가
□ 수요자 중심의 규제개선이 되도록 현장을 대상으로 업체, 전문가 등에 대한 광범위한 실태조사 및 의견수렴 실시
○ 일선행정기관, 창업상담회사, 업체 등을 대상으로 창업실태조사(중소기업청 공동): ’04년 3~4월
○ 중소기업, 관련 연구소·학회·전문가 등 의견수렴: ’04년 6월~7월(3회)
○ 시민단체 및 관계부처 협의: ’04년 6월~8월(4회)

(2) 창업현황 및 문제점

□ 규제현황
○ 제조업 창업관련 규제는 총 328건이나 개별업종 관련 규제나 세제관련 규제 등을 제외하면 주요 규제는 68건임
  ─주요 규제 68건은 입지 및 사업계획승인 관련(의제처리 포함) 규제가 대부분을 차지

〈창업관련 주요 규제 현황〉

계	입 지	사업계획승인	공장건축·등록	부담금
68건(100%)	30건(44.1%)	21건(30.9%)	13건(19.1%)	4건(5.9%)

☐ 창업절차 및 소요기간

○ 창업은 통상 5단계 절차를 거쳐 이루어지며 부지물색, 공장건축기간을 포함해 총 1~2년 소요

　－인·허가 행정절차기간(구비서류 준비기간 포함)은 평균 180일 정도 소요

☐ 창업비용

〈목표 및 추진전략〉

행정절차 소요기간 및 비용감축

(180일→100일, 150백만 원→15백만 원)

<table>
<tr><td align="center">공장용지 공급확대</td><td align="center">인·허가 절차개선</td></tr>
<tr><td>

● 최소면적(1만 ㎡) 제한 완화

● 2종지구단위구역 내 규제완화

● 농지전용 허가절차 간소화

</td><td>

● 사전환경성 검토 개선

● 일괄의제처리범위 확대

● 각종 구비서류 감축

● One-Stop 서비스 개선

</td></tr>
</table>

(3) 공장용지 공급 확대

〈기본방향〉

○ 입지관련 규제의 합리화

☐ 공장설립 면적(1만 ㎡) 제한 완화검토

○ '03.7월부터 난개발 방지를 위해 관리지역 내에서는 부지면적이 1만 ㎡ 이상인 경우에만 공장설립을 허용－대부분의 중소기업이 공장용지로 관리지역을 선호하고 있으나 부지면적(1만 ㎡ 이상) 제한으로 공장설립이 사실상 불가능

　＊ 전체 등록공장의 92.7%가 부지면적 1만 ㎡ 미만이며 중소제조업체 평균면적은 3,146㎡임(03년 12월 말 기준)

〈사 례〉

8,500㎡의 공장용지를 기확보하고 있던 충남지역 K회사는 1만 ㎡ 확보를 위한 추가부지 매입에 2개월의 기간과 7,500만 원의 비용소요

⇨ 농공단지 허용업종(473개)에 대해서는 1만 ㎡ 이하의 소규모 공장설립이 가능토록 규제를 완화하되

　－농공단지 입주금지 업종(63개) 등은 불허(추가 금지업종은 산자부·환경부 협의)

　－사전환경성 검토와 난개발방지심의를 통하여 개별적으로 허용 여부를 결정하고, 농공단지 폐수배출 허용기준인 BOD 30ppm 등 이하에 대하여만 허용

☞ 국토계획법(난개발방지 관련규정 신설) 및 시행령(71조) 개정

※ 기존 공장증설에 대한 최소면적(1만 ㎡) 제한은 기업애로해소대책회의 결정(2004.4.2)에 따라 폐지

□ 2종지구단위계획구역 내 공장용지비율의 합리적 조정

○ 2종지구단위계획구역 내 공장용지를 구역면적의 최대 60%로 제한하고 있어 공장용지의 효율적 활용저해

⇨ 현행 녹지비율 20%는 유지하되 여건에 따라 공장용지 활용을 확대하기 위해 공장용지비율을 최대 70%로 상향조정(공장용지 10% 증가 효과)

　* 제2종지구단위계획: 계획관리지역 EH는 개발진흥지구를 체계적·계획적으로 개발 또는 관리하기 위한 계획(3만 ㎡ 이상 부지개발 시 적용)

☞ 제2종지구단위계획수립지침(건교부 지침) 개정

□ 농지전용 허가절차 간소화

○ 시·군·구청장의 농지전용(농업진흥지역 외)허가권이 1만 ㎡로 제한되어 있어 그 이상 면적의 전용은 광역단체장 또는 농림부장관의 허가 필요

　－관리지역의 공장설립면적이 1만 ㎡ 이상인 점을 감안해 기초단체장 허가권 행사면적을 상향조정하여 처리단계 축소 필요

⇨ 시장·군수·구청장의 허가기준을 2종지구단위계획 기준규모(3만 ㎡)까지 상향조정

☞ 농지법 시행령(제72조) 및 동 시행규칙(별지 16호 서식) 개정

(4) 인·허가 절차개선

〈기본방향〉

○ 인·허가 절차 간소화 및 이행기간 단축

□ 사전환경성검토제도 개선

○ 구비서류가 복잡하고 분량이 많아 절차지연 및 비용부담 초래

　－구비서류가 100～200쪽에 이르고, 절차에 2～3개월(서류준비기간 포함) 소요되며, 전문업체 대행 시 1,500만 원 정도 부담

〈사　례〉

충남지역 전분 제조업체 K회사의 경우 사전환경성검토를 대행업체에 의뢰하여 시행하는 데 2개월의 기간과 1,500만 원의 비용소요

○ 사전환경성검토는 사업계획승인 전에 이루어져야 하므로 절차가 지연되는 경우가 발생

⇨ 사전환경성검토항목을 대기질, 수질오염원 등 핵심적인 사항으로 축소, 조정하여 환경보호와 창업부담 경감

　＊ 검토사항 축소에 따라 검토기간(현행 30일)을 20일로 단축

　　(서류 100～150쪽 감축, 기간 10일 단축, 비용 1,000만 원 절감)

　　(예시) 검토항목 중 생태자연도, 사회·경제환경 요인, 환경피해유발 실험물은 생략, 일부 항목은 필요지역에 한해 예외적으로 제출

☞ 환경부고 시 및 환경정책기본법 시행령(제9조) 개정

⇨ 사업계획승인 시 일괄처리에 포함

□ 개발행위허가제도 개선

○ 공장건축 등 개발행위 허가요건으로 4m 도로 개선을 의무화함으로써 비용증가 및 절차지연 초래

　－농촌지역의 도로가 대부분 3m인 점을 고려할 때 4m 도로를 개설하기 위해서는 추가적인 부지 확보 필요

〈사　례〉

충남 천안시 소재 A사의 경우 4m 도로를 건설하기 위해 991㎡의 도로부지 확보 및 공사비로 1개월의 기간과 3,000만 원의 비용소요

⇨ 창업은 공장건축이 수반되므로 일반 건축물과 동일하게 건축법을 적용하고 국토계획법상 도로확보 의무를 폐지(20백만 원 경감)

☞ 국토계획법 시행령(제56조) 등 관련규정 개정

○ 공장설립의 경우 사업계획승인, 선용허가, 건축허가 등을 통하여 유사한 사항을 중복 검토

* 구비서류: ① 개발행위허가신청서, ② 토지의 소유권 동의서(사업계획승인과 중복), ③ 설계도서, ④ 당해 건축물의 용도 및 규모 기재서류, ⑤ 위해방지·환경오염방지·경관·조경 등을 위한 설계도서 및 그 예산내역서(사전환경성 검토와 중복) 등

⇨ 창업의 경우 중복되는 구비서류 감축

□ 일괄의제처리 범위확대

○ 신속한 처리를 위해 의제처리제도(중소기업창업지원법상 32개 항목)를 운영하고 있으나 의제처리사항 제한으로 실효성 미흡

⇨ 창업단계별로 35개 항목(첨부3)의 인·허가사항을 추가

☞ 중소기업창업지원법(제22조1항, 3항) 개정

□ 각종 구비서류 감축

○ 각종 인·허가관련 구비서류 중 자체 확인할 수 있는 사항도 민원인에게 요구하고 있어 절차 지연(예시) 임야도, 지적도, 지형도, 토지이용계획서, 등기부등본 등

⇨ 인·허가기관에서 자체 확인할 수 있는 구비서류 제외

* 15개 인·허가절차 관련 104건 구비서류 중 31건(첨부4) 감축

□ 각종 변경사항에 대한 절차 개선

○ 이미 승인 또는 허가받은 사항에 대하여 경미한 변경이 있는 경우에도 다시 승인 또는 허가를 받도록 하고 있어 절차 지연

⇨ 경미한 변경의 경우 신고로 대체하고 변경사항에 대해서만 구비서류를 제출토록 개선(변경사항 발생 시 1개월 단축 효과) (예) 회사명 또는 대표자성명 변경, 세부업종 변경(공장입지기준고시에 의한 업종분류 내), 5% 이내의 면적변경, 법정 허용범위 내의 시설물 면적변경 등

☞ 국토계획법(제56조2항), 산지관리법 시행규칙(제10조3항), 농지법 시행규칙(제25조2항 및 별지서식 제16호 등) 등 개정

□ 창업민원 One-Stop 서비스 개선

○ 복합민원 일괄처리를 위해 각 기관에 실무종합심의회(2차로 민원조정위원회)를 운용할 수 있도록 하고 있으나(민원사무처리에 관한 법류시행령, 임의규정), 형식적으로 운용

- 심의회 개최 대신 부서별 개별처리와 관계기관 간 문서협의 등으로 인해 지연처리 사례발생

⇨ 창업민원에 대해서는 회의개최를 의무화하고, 실무종합심의회(위원장: 처리주무부서장) 대신 부기관장이 위원장인 민원조정위원회에서 처리토록 개선

☞ 민원사무처리에 관한 법률 시행령(제28조) 개정 또는 민원행정제도개선에 관한 기본지침에 반영

□ 협의기간 종료 시 협의간주 규정 신설

○ 관계기관 협의 시 미루기식 관행이 상존하며 법정 협의기간 내에 회신을 하지 않는 사례 발생

⇨ 법정 협의기간(10일) 내에 협의에 대한 회신을 하지 않은 경우에는 협의된 것으로 간주하는 규정신설

☞ 산업집적활성화및공장설립에관한법률에 관련규정 신설

※ 중소기업창업지원법은 규정 포함

□ 사업계획승인기간 등 단축

○ 의제처리 확대, 구비서류 감축 등 창업관련 인·허가 절차가 간소화됨에 따라 사업계획승인기간을 단축할 필요

⇨ 사업계획승인기간(현행 30일)을 20일로 단축

☞ 중소기업창업지원법(제21조), 산집법 시행규칙(제6조) 개정

○ 공장등록 통보기한이 등록신청 후 7일로 지나치게 길어서 사업개시 지연 등의 불편사례 발생

⇨ 공장등록 통보기한을 7일에서 3일로 단축

☞ 산업집적활성화및공장설립에관한법률시행규칙(제9조) 개정

(5) 규제의 투명성 제고 및 서비스 개선

〈개선방향〉

○ 창업절차에 대한 예측가능성 제고

○ 양질의 행정서비스 제공

□ 불명확한 규정의 구체화 및 명료화

○ 공장설립과 관련된 각종 인·허가 요건, 구비서류 등이 불명확하게 규정되어 있어 집행공무원의 재량이 작용

⇨ 관련 법령을 전체적으로 검토하여 명확하고 구체적으로 규정함으로써 공무원의 재량을 최소화

<사례1>

농지법(제39조2항제5호)은 전용목적보다는 전용면적이 과다한 경우 전용을 제한할 수 있도록 규정(농림부 지침으로 건폐율 등을 감안한 최소면적으로 하고 있으나 구체적·객관적인 기준이 없음) → 건폐율 등의 허용이 어느 범위 내에서 가능한지 객관적으로 규정

<사례2>

산지관리법 시행령(제20조1항제6호)은 산림기능의 유지, 경관보전 등을 위하여 전용허가에 필요한 조건을 붙일 수 있도록 규정 → 필요한 조건을 구체적으로 제시

<사례3>

사도개설법(제5조)은 시장·군수의 필요성 판단에 따라 공사계획서, 경비예산명세서, 기타 필요한 서류를 요구할 수 있도록 규정 → 필요한 경우를 구체적으로 규정

<사례4>

토양환경보전법(제11조)은 시장·군수·구청장이 필요하다고 인정하는 경우에 포괄적으로 구비서류를 요구할 수 있도록 규정 → 필요한 경우와 그에 따른 구비서류를 구체적으로 규정

□ 법령 미근거 서류요구 금지

○ 행정편의를 위해 법령에도 없는 구비서류를 관행적으로 요구하는 경우가 있어 절차지연 및 민원초래

  (예) 사업계획승인 시 토지이용계획서, 지적도, 토지(임야)대장, 산지전용 시 토사처리동의서 등

⇨ 법정 미근거 서류 금지 및 이행실태 점검 ☞ 지침마련 및 실태점검(행정자치부)

□ 창업관련 매뉴얼 및 가이드 발간·배포

○ 담당공무원의 관계법령 미숙지 및 전문성 결여로 불필요한 자료 요구 및 보완요구 사례 빈번

⇨ 창업민원처리 가이드 및 농지전용, 개발행위허가 등 관련업무 매뉴얼 마련, 보급 (산자부, 중기청, 농림부, 건교부)

(6) 행정절차비용 경감 및 지원강화

〈개선방향〉

○ 각종 부담금 감축 또는 폐지

○ 창업비용 경감 및 지원확대

□ 농지·산지·초지 등 대체조성비 면제

○ 농지·산지·초지를 전용하여 공장을 설립하는 경우에는 대체조성비를 납부토록 하고 있어 창업기업에 부담

  － 농지조성비의 경우 1만 ㎡의 공장설립 시 최소 1억 원 부담

  * 농지조성비: 10,300 ~ 21,900원 / ㎡, 대체산림조성비: 1,581원~3,162원 / ㎡, 초지조성비: 7,570천 원 / 1만 ㎡당

〈사　례〉

충남 예산군 소재 K회사의 경우 농지 10,024㎡를 전용하여 공장을 설립하는 데 10,300만 원의 농지조성비 부담

○ 농지조성비 징수 및 사용내역('03): 4,226억 원 징수, 서남해안 간척사업, 대단위 농업개발사업, 유휴지개발사업 등에 3,689억 원 사용

  － 휴경농지에 대한 장려금 지원정책 등을 감안할 때 대체농지 조성의 필요성에 대한 재검토 필요

⇨ 중소기업이 창업을 위하여 농지·산지·초지를 전용하는 경우 조성비를 면제(1만 ㎡ 농지의 경우 1억 원의 비용부담 완화효과)

☞ 농지법(제40조) 등 개정

□ 개발행위 이행보증금 축소

○ 위반행위에 대비한 보증금 예치의 성격으로서 성실한 의무이행자에게는 불필요한 부담

  － 실제 의무불이행으로 인하여 이행보증금을 사용하는 경우는 극히 미미함에도, 대부분의 시·군·구가 부지조성 공사비의 100%를 기준으로 금액 산정

  * 1만 ㎡ 개발 시 최소 2억 원 예치 또는 보험증권으로 대체(수수료 2백만 원)

〈사　례〉

충북지역 소재 일반 제재업의 D회사는 연접면적 4,958㎡의 공장설립에 2억여 원의 개발행위이행보증금 보험증권으로 2백만 원의 보험료 부담

⇨ 부지조성 공사비의 20% 수준으로 축소

  * 국가를 당사자로 하는 계약에 관한 법률시행령(제52조)은 공사계약이행보증의 한 방법으로 계약금액의 100분의 20 이상의 계약보증금 납부를 규정

☞ 국토계획법(제60조) 개정

□ 중소기업 창업절차비용 지원 확대

ㅇ 창업비용을 지원하고 있으나 예산의 제한으로 수혜업체 수, 지원내용 및 지원금액이 제한되어 실효성 미흡

　－예산의 한정('03년, '04년 각 15억 원)으로 '03년의 경우 전체 창업 7,800여 건 중 200건(전체 대상의 3%) 정도 지원

　－지원수준도 실제 행정절차 소요비용의 20~30% 수준에 불과

⇨ 지원대상을 전체 창업 건수의 최소 50% 이상으로 단계적 확대

☞ 중소기업창업지원법(제20조 등 근거규정) 정비와 예산부처 협의

(7) 기대효과

가) 직접적인 효과

□ 행정절차기간 단축: 179일 → 100일(▽79일)

ㅇ 각종 인·허가 요건완화, 기간 단축, 서류간소화 등으로 행정절차 소요기간 79일 단축

□ 행정절차비용 절감: 150백만 원 → 15백만 원(▽135백만 원)

ㅇ 1만 ㎡ 농지전용의 경우 조성비 면제, 이행보증금 축소, 인·허가 요건 완화 등으로 공장설립비용 1억 3천 5백만 원 절감

□ 창업증가 효과: 2,200여 건(2005년)

ㅇ 관리지역 1만 ㎡ 미만 평균('01, '02년) 창업 건수 4,517건의 50% 산정

나) 경제적 파급효과

□ 고용창출 효과: 약 4만2천 명

＊ 2,200건(창업증가 예상 건수)×18.9(중소제조업 평균종업원)

□ 부가가치 창출효과: 약 2조 5,000억 원

＊ 2,200건(창업증가 예상 건수)×11.37억 원(중소제조업 평균 부가가치액)

(8) 향후추진계획

□ 개선방안 세부추진계획 수립·제출('04년 9월)

※ 계획수립 없이 곧바로 조치가 가능한 사항은 즉시 시행

□ 관계법령 정비 등 후속조치 시행(' 04년 9월~12월)

□ 개선방안 추진상황 점검(' 05년 3월)

※ 부처별 행정조치사항:

부처별 행정조치사항

분야별 과제	행정조치사항	주관부처
공장용지 공급확대	○ 공장설립 최소면적 제한 완화 　-1만 ㎡ 제한규제 완화	건설교통부
	○ 2종지구단위구역 내 공장용지비율 조정 　-2종지구단위구역 공장용지비율 상향(70%) 조정	건설교통부
	○ 농지전용허가 간소화 　-기초단체장의 전용허가권 범위를 3만 ㎡까지 확대	농림부
인·허가 절차개선	○ 사전환경성검토 제도개선 　-사전환경성검토항목 축소·조정	환경부
	○ 개발행위허가제도 개선 　-국토계획법상의 도로확보의무 폐지 　-중복되는 구비서류 감축	건설교통부
	○ 창업지원법상 일괄의제처리범위 확대 　-중소기업창업지원법상 의제처리 확대(35개 항목)	중소기업청
	○ 각종 구비서류 감축 및 제출시기의 신축적 운영 　-자체 확인할 수 있는 구비서류 제외(31건) 　-구비서류 제출시기를 신축적으로 규정	농림부 등 해당 부처
	○ 각종 변경사항에 대한 절차개선 　-경미한 변경사항은 신고로 대체	농림부, 산림청, 산업자원부, 중소기업청
	○ 창업민원 One-Stop 서비스 개선 　-복합민원 처리제도 개선 　-창업민원 대행에 대한 지원확대	행정자치부, 산업자원부
	○ 협의기간 종료 시 협의간주 규정 신설 　-법정 협의기간 내 불회신 시 협의간주	산업자원부
	○ 사업계획승인기간 등 단축 　-현행 30일에서 20일로 단축 　-공장등록 통보기한을 7일에서 3일로 단축	산업자원부, 중소기업청

분야별 과제	행정조치사항	주관부처
투명성 제고 및 서비스 개선	○ 불명확한 규정의 구체화 및 명료화 　－규제내용을 명확하고 구체적으로 규정	농림부·산 림청 등
	○ 각종 규제·구비서류의 표준화 　－각종 사업계획서 표준화 　－각종 구비서류 작성예시, 구체화	산업자원부, 농림부 등
	○ 법령 미근거 서류요구 금지 　－법령 미근거 서류금지 / 이행실태 점검	해당 부처
	○ 창업관련 매뉴얼 및 가이드 발간 　－창업절차관련 매뉴얼 규정 및 절차 가이드 발간	산업자원부, 중소기업청
	○ 민원처리 Report Card 비치 의무화 　－이의제기 및 평가를 위한 Report Card 비치	인·허가기관
	○ 창업민원처리실태 점검·평가 　－'05년 상반기 창업민원 실태 점검	국무조정실
부담경감 및 지원강화	○ 농지, 산지, 초지 등 조성비 면제 　－중소기업 창업을 위한 전용 시 조성비 면제	농림부, 산림청
	○ 이행보증금 축소 　－부지조성공사비의 20% 수준으로 축소	건설교통부
	○ 중소기업 창업절차비용 지원확대 　－지원대상 업체 수 및 수준 확대(50% 이상)	중소기업청

창업비용

◆ 수도권의 지역 개별입지에 1만 ㎡의 농지를 전용하여 공장을 설립하는 경우 최소 소요비용
⇨ 최소 21억 원 소요
　○ 부지매입비: 3억 원(최소 100,000원 / 평×3,000평)
　○ 농지조성비: 1억 원(최소 10,300원 / ㎡×10,000 ㎡)
　○ 사업타당성 검토: 5백만 원
　○ 사전환경성검토: 1천 5백만 원
　○ 토목설계비용: 1천 5백만 원
　○ 건축설계비용: 1천만 원
　○ 도로확보 의무(진입도로 개설 시): 2천만 원
　○ 창업절차 대행비용: 1천 5백만 원
　○ 공장건축비: 10억 원(1,000,000원 / 평×1000평)
　○ 기계시설자금: 최소 5억 원
　○ 공장부지조성공사 등: 2억 원

※ 총계: 21억 8천만 원
　▲ 행정절차비용: 1억 5천만 원

중소기업창업지원법상 의제처리 현황 및 개선

구 분	현 행	추가항목
사업 계획 승인 시	① 산집법에 의한 공장설립 등의 승인 ② 사방사업법상 벌채 등의 허가 및 사방지지정의 해제 ③ 공유수면의 점·사용의 허가 및 실시계획의 인가·신고 ④ 공유수면매립의 면허 ⑤ 하천공사의 허가 및 하천점용허가 ⑥ 산지전용허가 및 산지전용신고와 입목벌채 등의 허가·신고 ⑦ 사도의 개설허가 ⑧ 국토계획법상 개발행위허가(형질변경, 토지분할에 한함) ⑨ 국토이용계획의 변경결정 및 토지거래계약허가 ⑩ 농지의 전용허가 ⑪ 초지의 전용허가 또는 신고 ⑫ 국유재산 사용·수익허가 및 도로·하천·구거 및 제방의 용도폐지 ⑬ 도로의 점용허가	① 사전환경성검토 ② 분묘 개장의 허가 ③ 농업기반시설의 목적 외 사용의 승인 ④ 지방재정법상 행정재산 및 보전재산의 사용·수익허가 및 행정재산 및 보전재산의 용도폐지 ⑤ 건축허가, 건축신고, 가석건축물 건축의허가 또는 신고 및 공작물축조의 신고
관계 행정 기관 협의 사항	–	① 도축업·축산물가공업의 조건부 허가 ② 가스용품제조사업의 허가 ③ 고압가스제조허가, 용기 등의 제고등록 및 특정고압가스사용의 신고 ④ 먹는샘물제조업의 조건부 허가
건축 허가 시	① 도로의 점용허가 ② 하수도 점용허가 및 배수설비의 설치신고 ③ 오수처리시설, 단독정화조설시신고 ④ 소방시설 건축허가 등 동의, 소방시설공사의 신고 및 위험물 제조소 등의 설치허가 ⑤ 대기·수질·소음·진동·오수 및 분뇨 등 배출시설의 설치 허가 또는 신고 ⑥ 폐기물처리시설 설치승인 또는 신고 ⑦ 전용수도설치의 인가 ⑧ 자가용전기설비 공사계획인가, 신고 ⑨ 화약류 간이저장소 설치의 허가 ⑩ 가설건축물의 건축허가 또는 신고, 공장물축조의 신고 ⑪ 건축물의 건축 및 공작물의 설치허가, 도시기반시설 시행자의 지정 및 실시계획의 인가 ⑫ 특정토양오염유발시설 설치신고 ⑬ 액화석유가스저장소 설치의 허가 ⑭ 고압가스저장소 설치의 허가	–

구 분	현 행	추가항목
사업 계획 승인 시	① 오수·분뇨 및 축산폐수처리 준공검사 ② 소방시설공사의 완공검사와 위험물 제조소 등의 완공검사 ③ 폐기물처리시설 사용개시의 신고 ④ 수질·소음·진동 배출시설 등의 가동개시 신고 ⑤ 총포·도검·화약류 등 단속법상의 완성검사	① 자가용 전기설비의 사용전검사 ② 소방시설설치유지 및 안전관리에 관한 법상 사용승인의 동의 ③ 대기환경보전법상 가동개시 신고 ④ 액화석유가스의 안전 및 사업관리 법상 저장소설치, 가스용품제조시설 완성검사 ⑤ 고압가스의 제조·저장소설치, 용기 등의 제조시설 설치공사의 완성검사 및 특정고압가스시설의 완성검사 ⑥ 국토의계획및이용에관한법률상의 준공검사 ⑦ 지적법상 토지이동 등의 등록신청
관계 행정 기관 협의 사항	–	① 출판사의 등록 및 인쇄소의 신고 ② 양곡가공업의 등록 ③ 인삼제조업의 신고 ④ 사료제조업의 등록 ⑤ 비료생산업의 등록 ⑥ 도축업·축산물가공업의 허가 ⑦ 계량기의 제작업·수리업 등의 등록 ⑧ 산업안전보건법상 물질제조의 허가 ⑨ 유해화학물질관리법상 관찰물질의 제조신고, 유독물제조업의 등록 및 급제한유독물제조업의 허가 ⑩ 분뇨 또는 축산폐수재활용의 신고 ⑪ 먹는 샘물제조업 허가, 수처리제조업의 등록 및 정수기제조업의 신고 ⑫ 식품 또는 식품첨가물의 제조업·가공업 및 기구 또는 용기·포장의 제조업의 허가 및 신고 ⑬ 건강기능식품제조업의 허가 ⑭ 장애인 의지·보조기 제조업 통보 ⑮ 골재채취업의 등록 ⑯ 건설기계정비업의 신고 ⑰ 자동차폐차업의 등록 ⑱ 수산물가공업의 등록 및 신고 ⑲ 사행기구제조업의 허가
계	32항목	35항목

중소기업창업지원법상 의제처리 현황 및 개선

연 번	인 · 허가	현행 구비서류	감축방안(감축서류)
1	사전환경성 검토	- 토지이용현황 등(4건)	- 환경성검토항목 조정(1건)
2	공장설립(사업계획) 승인	- 설립승인신청서등(10건) (※관행적 실제 요구서류)	- 토지이용계획확인서, 지적도, 토지(임야)대장, 건축물대장, 토목측량설계도면(5건)
3	공장설립승인 후 변경사항 승인 · 신고	- 승인 시: 공장설립승인 구비서류와 동일(10건) - 신고 시: 변경신고서, 변경사항 증명서류(2건)	- 사업계획서, 의제처리 신청서류, 토지 · 건축물 사용권 증명서류(3건)
4	농지전용허가	- 사업계획서 등(7건)	- 지적도등본 또는 임야도등본, 지형도(2건)
5	농지전용신고	- 사업계획서 등(4건)	- 지적도등본 또는 임야도등본(1건)
6	농지전용허가 후 변경허가	- 농지전용허가 시 서류 + 변경사유서 등(8건)	- 사업계획서, 지적도등본 등, 피해방지계획서, 지형도, 농지승낙서 등(5건)
7	농지전용 용도변경 승인	- 사업계획서 등(4건)	- 지적도등본 또는 임야도등본(1건)
8	산지전용허가	- 사업계획서 등(9건)	- 임야도, 지형도(2건)
9	산지전용신고	- 사업계획서 등(9건)	- 임야도, 지형도(2건)
10	초지전용허가	- 사업계획서 등(7건)	- 지적도 및 임야도, 시장 · 군수 · 농림부장관 인정서(2건)
11	개발행위허가	- 소유증명서류 등(7건) ※의제처리 관련서류 별도	- 토지의 소유권 동의서, 위해방지 · 환경오염방지 · 경관 · 조경 등을 위한 설계도서 및 그 예산내역서(2건)
12	토지거래계약허가	- 토지이용계획서 등(3건)	- 토지등기부등본(1건)
13	하천점용허가	- 설계서 등(7건)	- 위치도(1건)
14	공유수면 점 · 사용 허가	- 사업계획서 등(8건)	- 지형도(1건)
15	분묘개장허가	- 토지(임야)대장 등(5건)	
15개 인 · 허가 절차		**104건**	**31건**

창업관련 주요 규제(68건) 현황

항 목	입 지	사업계획승인	공장건축 · 등록	부담금
규제 수(68건)	30	21	13	4
비 율(100%)	44.1%	30.9%	19.1%	5.9%

〈창업관련 주요 규제 목록〉

구 분		인 · 허가	관련부처	관련법령
입지 (30건)	1	전통사찰보존구역 주변지역 제한 문화관광부 전통사찰보존법	문화관광부	전통사찰보존법
	2	농업진흥지역에서 공장의 제한적 허용 농림부 농지법	농림부	농지법
	3	농업보호구역에서 공장의 제한적 허용 농림부 농지법	농림부	농지법
	4	대기환경보전법 별표8에 의한 1~4종 사업장	환경부	농지법·대기환경보전법
	5	특정 대기 유해물질을 배출하는 시설 환경부 농지법	환경부	농전법
	6	수질환경보전법 시행령 별표1에 의한 1~4종 사업장	환경부	농지법·대기환경보전법
	7	특정 수질 유해물질을 배출하는 시설 환경부 농지법	환경부	농지법
	8	농지전용면적 3만 ㎡ 초과하는 공장(연접 포함) 농림부 농지법	농림부	농지법
	9	초지조성 지구 내에서의 입지제한 농림부 초지법	농림부	초지법
	10	사방지에서 입지제한 농림부 사방사업법	농림부	사방사업법
	11	산지의 전용제한 기준 산림청 산지관리법	산림청	산지관리법
	12	상수도보호구역 등의 산지전용 제한 산림청 산지관리법	산업자원부	산지관리법
	13	공장의 신설 등의 제한 산업자원부 산집법	산업자원부	산집법
	14	아파트형 공장의 입주 제한 산업자원부 산집법	산업자원부	산집법
	15	산업기술단지에 입주의 제한적 허용 산업자원부 산집법	산업자원부	산집법
	16	산업용지의 분할 제한 산업자원부 산집법	환경부	산집법
	17	자연환경보전지역에서의 입지제한 환경부 자연환경보전법	환경부	자연환경보전법
	18	특별대책 Ⅰ권역 입지제한 환경부 환경정책기본법	환경부	환경정책기본법
	19	특별대책 Ⅱ권역 입지제한 환경부 환경정책기본법	환경부	환경정책기본법
	20	상수도 보호구역 내 입지제한 환경부 수도법	환경부	수도법
	21	수변구역에서의 입지제한(한강수계) 환경부 한강수계상수원법	환경부	한강수계상수원법
	22	수변구역에서의 입지 제한(낙동강수계) 환경부 낙동강수계관리법	환경부	낙동강수계관리법

구 분		인 · 허가	관련부처	관련법령
입지 (30건)	23	수변구역에서의 입지제한(금강수계) 환경부 금강수계관리법	환경부	금강수계 관리법
	24	수질 1등급이역이 아닌 경계로부터 상류 유하거리 10㎞ 이내의 집수구역	환경부	수질환경 보전법
	25	상수원보호구역이 아닌 지역의 취수시설로부터 상류로 유하거리 15㎞ 이내의 집수구역	환경부	수질환경 보전법
	26	다른 법률에 의한 용도지역 등의 변경제한	건설교통부	국토 계획법
	27	2종지구단위계획의 수립 건설교통부 국토계획법	건설교통부	국토 계획법
	28	계획관리지역 내 제한적 허용 건설교통부 국토계획법	건설교통부	국토 계획법
	29	사전환경성검토 협의 환경부 환경정책기본법	환경부	환경정책 기본법
	30	개발행위허가 건설교통부 국토계획법	건설교통부	국토 계획법

구 분		인 · 허가	관련부처	관련법령
사업계획 승인 (21건)	1	공장설립(사업계획)승인	산자부, 중기청	산집법, 창업지원법
	2	공장설립승인 후 변경사항승인 · 신고	산자부, 중기청	산집법, 창업지원법
	3	농지전용허가	농림부	농지법
	4	농지전용신고	농림부	농지법
	5	농지전용허가 후 변경허가	농림부	농지법
	6	농지전용 용도변경승인	농림부	농지법
	7	산지전용허가	산림청	산지관리법
	8	산지전용신고	산림청	산지관리법
	9	산지전용허가 후 변경허가	산림청	산지관리법
	10	산지전용 용도변경 승인	산림청	산지관리법
	11	초지전용허가	농림부	초지법
	12	제2종지구단위계획수립	건설교통부	국토계획법
	13	도시계획시설사업 시행자 지정	건설교통부	국토계획법
	14	도시계획시설사업 실시계획 인가	건설교통부	국토계획법
	15	토지거래계약허가	건설교통부	국토계획법
	16	하천공사시행허가	건설교통부	하천법

구 분		인·허가	관련부처	관련법령
사업계획 승인 (21건)	17	하천점용허가	건설교통부	하천법
	18	공유수면 점·사용허가	건설교통부	공유수면관리법
	19	분묘개장허가	건설교통부	장사법
	20	사도개설허가	건설교통부	사도법
	21	도로점용허가	건설교통부	도로법
공장건축 및등록 (13건)	1	건축허가	건설교통부	건축법
	2	하수도점용허가 및 배수설비 설치신고	건설교통부	하수도법
	3	전용상수도설치허가	건설교통부	수도법
	4	전기설비공사계획 인가 및 신고	기타	전기사업법
	5	건축허가 시 소방동의 절차	국토	소방시설설치유지안정법
	6	소방시설공사의 신고	기타	소방시설공사업법
	7	가설건축물 건축허가 및 신고	건설교통부	건축법
	8	공작물 축조의 신고	건설교통부	건축법
	9	폐기물처리시설의 설치승인	환경부	폐기물관리법
	10	오수처리시설의 설치승인	환경부	오수·분뇨 처리관리법
	11	각종 배출시설의 허가·신고	환경부	오수·분뇨 처리관리법 대기·수질 환경보전법
	12	토양오염유발시설설치신고	환경부	토양환경보전법
	13	공장등록	산자부, 중기청	산집법·창원지원법
부담금 (4건)	1	농지조성비	농림부	농지법
	2	대체산림자원조성비	산림청	산지관리법
	3	초지조성비	농림부	초지법
	4	개발행위이행보증금	건설교통부	국토계획법

□ 창업절차 5단계

○ 1단계: 업종 선정 및 사업계획 수립

창업을 하려면 먼저 업종 및 사업 아이템을 선정한 후, 이에 대한 타당성 조사를 실시하고 사업규모, 기업형태, 창업멤버와 조직구성 등을 포함한 사업계획을 수립하여야 한다.

업종 선정
업종 및 사업 아이템의 결정
– 적성에 맞는 아이템 결정
사업타당성 조사
– 객관적인 입장에서 검토

→

사업계획 수립
사업규모 결정
기업형태 결정
창업멤버와 조직구성
기타 사업 핵심요소 결정

공장 설립이 필요한 때에는 먼저 사업계획 수립단계부터 다음 사항을 검토하여 자신이 설립하고자 하는 공장의 업종·규모 등에 대한 이해를 충분히 한 후에 관계법령에 맞추어 설립절차를 이행하여야 시행착오를 줄일 수 있다. 사업계획 수립단계에서 다음의 사항을 검토 없이 추진하는 창업자가 공장설립 시 애로를 많이 겪는다. 따라서 필수적으로 다음의 사항을 검토하기 바란다. 공장설립이 필요한 경우 사전검토를 위하여 관련 부처, 시·군·구청 또는 중소기업 상담회사에 직접 방문, 전화 또는 민원문서를 통하여 상담하기 바란다.

공장설립이 필요한 경우 사전검토

① 당해 사업이 한국표준산업분류상 제조업에 해당되는지 여부와 업종명·분류번호

② 설립하고자 하는 공장의 규모: 공장건축면적 및 공장용지면적

③ 제조시설 중 환경관련법에 의한 환경배출시설을 설치하는지 여부

④ 중소기업 창업자에 해당되는지 여부

⑤ 기술도입신고 대상인지 여부

⑥ 세제·금융지원을 받을 수 있는지 여부

⑦ 외국인 투자에 해당되는지 여부

⑧ 첨단산업에 해당하는지 여부

⑨ 개별법상의 사업 인·허가 대상인지 여부

○ 2단계: 회사설립 및 사업자 등록

사업계획 수립 이후부터는 예비창업자가 직접 사업계획을 실행에 옮기는 단계다. 즉 해당 업종을 담당하는 관청에서 사업의 인·허가를 받아야 하고 해당 관청에 사업자등록 또는 법인설립등기를 하는 단계다. '개인기업'의 경우에는 사업장을 관할하는 세무서에 사업자등록을 위한 신청서를 제출한 후 사업자등록증을 교부받음으로써 간단히 설립할 수 있다. 그러나 '법인'의 경우에는 관할지방법원이나 등기소에

설립등기를 한 후에 관할세무서에 법인설립 신고를 하여야 한다.

절차 흐름도 → 자세히 보기

○ 3단계: 공장입지 선정 및 공장설립승인

* 공장입지 선정

공장을 설립할 수 있는 지역은 국가공단, 지방공단, 농공단지와 같이 공장을 건설하기 위해 국가 등에서 조성해 놓은 곳(계획입지)이나 「국토이용관리법」 및 「도시계획법」상으로 세분된 개별적인 용도지역(지구) 중 공장설립이 허용되는 지역(자유입지)이다.

① 계획입지는 「산업입지및개발에관한법률」에서 정한 목적(국가공단은 국가기간 산업 육성 분야, 지방공단은 지역개발 분야, 농공단지는 농어촌지역개발 분야 등)에 부합할 경우 신청하여 입주할 수 있으며 ② 자유입지는 「국토이용관리법」 및 「도시계획법」 등이 허용하는 지역에서 공장설립이 가능하다 자유입지일 경우 공장설립이 허용되는 지역인지의 여부를 알기 위해서는 해당 군청의 「국토이용 계획확인원」, 「지적공부」 또는 해당 시청의 「도시계획확인원」의 열람을 신청하여 확인할 수 있다.

〈자유입지와 계획입지 장단점 비교〉

구 분	자유 입지	계획 입지
장 점	적지, 적소 입지선정 가능 저렴한 토지확보 가능	공장설립절차 간소 기반시설 공유 및 집적 경제효과 공장 설립 시 소요기간 단기
단 점	입지 및 개발절차 복잡 용도전용의 애로 주민과 마찰가능(장기간 소요)	적시, 적소 선택 불가능 높은 분양가

* 공장설립승인

공장을 설립할 장소를 선정한 후, 관할 시장 군수 구청장에게 공장설립승인을 얻어야 한다. 계획 입지인 공단 지역(국가 공단, 지방 공단, 농공 단지)에 공장을 설립코자 하는 경우에는 「공업배치및공장설립에관한법률」에 의거 공업 단지 입주 계약을 체결하면, 별도의 공장설립승인을 받을 필요가 없다. 그러나 「국토이용관리법」 및 「도시계획법」에서 정한 공장설치가 허용되는 지역(자유입지)에서 공장 건축 면적 $500\,m^2$ 이상의 공장을 설립하고자 할 때는 공장설립승인을 반드시 받아야 한다.

자유 입지에서의 공장설립승인은 공업 배치법상 공장설립승인과 창업지원법상 창업사업계획승인이 있는데, 창업사업계획승인을 통하여 공장을 설치하는 경우에는 국토 이용계획 변경절차까지도 의제처리할 수 있어 유리하다. 이때의 공장 건축 면적은 수도권에서는 제조시설·사무실·창고의 건축 면적이 합산되며 수도권 이외의 지역에서는 제조시설의 건축 면적만을 의미한다.

공장설립승인 필요 유무

① 계획입지(공단지역)에서는 공장설립승인 필요 없음

  공장용지를 분양받은 기업이 관리기관과 입주계약을 체결하면 시장·군수·구청장에게 별도의 공장설립승인을 받을 필요는 없음(계획입지에서는 창업사업계획승인도 필요 없음).

② 자유입지(국토이용관리법, 도시계획법상 공장설치 허용지역)에서는 공장설립승인 필요, 공장설립승인절차(공업배치및공장설립에관한법률): 제조업을 영위하고자 하는 자가 임의적으로 공장입지를 선정하여 적법절차에 따라 공장을 설립하는 절차 {공장설립승인(→ 건축허가) → 사용승인 → 공장설립 완료신고(공장등록)}, 창업사업계획승인절차(중소기업창업지원법): 사업개시일로부터 5년 이내인 창업 중소기업이 공장을 설립할 때 적용되는 절차 {창업사업계획승인→건축허가→사용승인→공장설립 완료신고(공장등록)}

공장설립을 위한 준비절차

절 차	내 용	준비서류
1. 부지 선정	업종의 특성상 유리한 지역선정	-
	도로, 전기사용이 용이한 지역	
	민원발생이 적은 지역, 공장밀집지역	
2. 입지 검토	창업지원법상 창업 해당 유무 파악	토지이용계획확인원
	공장입지 파악(국토이용관리법, 농지법, 산림법 등 30개 법률 검토)	지적도
	업종파악, 환경보전법 파악(공해분제)	토지대장
	-	토지등기부등본
	-	기계시설내역

절 차	내 용	준비서류
3. 부지 계약	계약금 일부지급으로 토지계약	토지이용계획확인원, 지적도, 토지대장, 공시지가확인원, 토지등기부등본, 사용승낙서, 인감증명서, 법인등기부등본 또는 정관(법인에 한함)
	부동산사용승낙서, 인감증명서 발급	
4. 사업계획서 작성	창업사업계획서 또는 공장설립사업계획서 작성	
	인·허가사항검토(30개 법률에 의한 62개 인·허가)	
	건물배치도, 구적도 작성	
	지형도 준비	
5. 사업계획서 승인 신청	시지역 중소기업과, 군지역 지역경제과 1차 검토	–
	민원실 접수, 처리기간 30일 소요	
6. 사업계획승인	인허가 관련법률에 의한 법률검토 후승인 (시·군 협의부서: 지역경제과, 환경과, 도시과, 농지과, 산림과, 건축과, 면사무소)	–
7. 대체농지, 입지조성비 및 각종 부담금납부	승인 후 각종 부담금 전용부담금 및 대체농지 조성비, 대체조림조성비, 각종 국유지점용료 등 납부	–
	창업사업계획승인업체 전용부담금 50% 감면	
8. 공장건축	승인에 의한 공장 건축	–
	공장 건축 완료보고	

○ 4단계: 공장건축 및 공장설립

토지를 매입한 후 공장부지 조성을 위하여 각 개별법에서 정하고 있는 토지 형질변경 행위를 위한 개발행위신고(산림을 훼손하는 작업을 하고자 하는 경우에 작업 착수계를 제출하는 등) 등의 절차가 있는 경우 이를 이행하여야 한다. 또한, 부지 조성을 완료한 후, 각 개별법에서 정한 준공검사 등 개발행위 완료에 따른 행정절차를 이행하여야 한다. 부지 조성이 완료되면 공장을 건축하기 위하여 건축허가를 받아야 하는데 이때 건축 공사를 위한 도로 점용, 건축물 안의 수도·전기·소방 시설과 환경배출시설 설치 허가 등을 동시에 신청하여 건축허가 시 한꺼번에 모든 인·허가를 받을 수 있다. 또한, 건축허가를 받은 후 착공 신고 및 최종 건축 완료 시 사용승인을 신청하여야 하며 사용승인 신청 시 각종 시설(수도, 전기, 정화조 등)에 대한 준공검사를 동시에 신청하여 한꺼번에 검사 가능하다.

공장 건축 단계도

건축허가: 시, 군, 구(건축법 제8조)
건축허가신청서 및 허가서, 기타 구비서류

도로점용, 건축물 안의 수도·전기·소방 시설과 환경배출시설 설치허가 등을 동시에 신청 가능

↓

건축착공신고: 시, 군, 구(건축법 제16조)
건축물착공신고서 및 기타 구비서류

↓

건축물의 사용승인: 시, 군, 구 (건축법 제18조)
건축물사용승인신고서 및 사용승인서, 공사감리완료보고서 등

건축공사 완료일로부터 7일 이내에 신고 각종 시설(수도, 전기, 정화조 등)에 대한 준공검사를 동시에 신청·검사 가능

↓

공장설립완료신고: 시, 군, 구(공장배치및공장설립에관한법 제15조)
건축허가신청서 및 허가서, 기타 구비서류

공장 건축물이 완료되면 기계, 장치 등을 설치한 후 공장설립 완료 신고를 하면 관할 시·군·구에서 현지 확인을 거쳐 10일 이내에 발급하는 공장등록증을 교부한다. 또한, 환경배출시설이 설치된 경우에는 가동개시 신고를 한 후 공장을 가동하여야 한다. 공장등록증을 교부받으면 이제 창업의 절차는 끝내고 본격적인 사업에 착수할 수 있다.

소기업에 대한 공장등록 특례

소기업의 개념

- 업종: 중소기업기본법의 규정에 의한 중소기업 중에서 제조업과 대통령령이 정하는 제조업 관련 서비스업
  * 제조업 관련 서비스업: 운송업, 보관 및 창고업, 산업용 기계장비 임대업, 정보처리 기타 컴퓨터운용 관련업, 엔지니어링 서비스업, 기술시험·검사 및 분석업, 산업설비 청소업, 패션디자인업, 폐기물 수집·처리업, 폐수처리업, 영화 제작업, 방송프로그램 제작업 등

- 면적: 공장의 건축면적 또는 이에 준하는 사업장 면적 500㎡ 미만
  * 건축면적은 수도권은 제조시설＋사무실＋창고이나 수도권 외는 제조시설

- 부가가치세법에 따라 사업자등록증을 교부받은 기업

- 상시종업원 수: 50인 이하(제조업 관련 서비스업은 30인 이하)

공장등록에 대한 특례

- 소기업의 사업자등록증은 공업배치법상의 공장등록증으로 봄

○ 5단계: 사업개시 및 기타 행정절차

□ 벤처기업 확인 신청서

벤처기업확인신청서				처리기간
				15일

신청인	업체명	(설립일:)	사업자등록번호	
	대표자		주민등록번호	
	업 종		주 생산품	
	본사 □□□ - □□□			전 화
				팩 스
	공장 □□□ - □□□			전 화
				팩 스

확인신청내용(해당 번호에 ○표)

번호	벤처기업요건	확인관련 서류
1	번체투자기업	온라인 벤처확인신청서 작성 시 벤처캐피탈 투자회사로부터 투자받은 실적을 기재
2	연구개발기업	온라인 벤처확인신청서 작성 시 연구개발비 내용을 기재
3	신기술기업 (창업 중인 기업 포함)	기술사업계획서(별지서식 1 - 1호 서식)

벤처기업육성에관한특별조치법 제25조의 규정에 의하여
벤처기업임을 확인하여 주시기 바랍니다.

년   월   일
신청인   (서명 또는 날인)

(지방)중소기업청장 귀하

※ 첨부서류(벤처넷에서 작성) 경영실태조사서	수수료
	별도 정함

2단계 회사설립 및 사업자등록

<법인기업>

상법상 법인기업의 유형은 회사의 채무에 대한 사원의 책임을 기준으로 합명회사, 합자회사, 유한회사, 주식회사 등으로 구분된다. 사원이 회사채무에 대해 부담하게 되는 변제책임에는 유한책임과 무한책임이 있다.

① 합명회사: 합명회사는 회사의 채권자에 대하여 연대·무한책임을 부담하는 사원 만으로 조직된 회사를 말한다. 이러한 무거운 책임을 부담하는 대신 사원은 회 사의 업무를 집행할 권리와 의무를 가지며, 회사를 대표할 권리를 갖는다.

② 합자회사: 합자회사는 무한책임사원과 유한책임사원으로 조직되는 회사로서, 무 한책임사원은 합명회사의 사원과 같이 회사의 채권에 대해 연대·무한책임을 지며, 회사의 업무집행권과 대표권을 갖는다. 그러나 유한책임사원은 회사의 채 권자에 대해 직접 변제할 책임을 지기는 하지만 그 책임은 출자액을 한도로 하 며 유한책임사원은 회사의 경영권에 대한 참가권리가 없다.

③ 유한회사: 유한회사는 2인 이상 50인 이내의 유한책임사원으로 구성되는 회사로 서 중소규모의 기업에 적절한 기업형태이다. 이는 합명회사와 주식회사의 장점 을 택한 기업형태로서 소규모경영에 직접 참여하면서도 책임의 유한성이라는 이 점을 살리려는 의도에서 발달한 회사이다. 유한회사의 기관으로는 이사, 감사, 사원총회가 있다. 사원은 1명 또는 2명 이상의 이사를 임명하며 대체로 사원 중 에서 이사가 임명된다. 사원총회는 최고의사결정기관으로서 주식회사의 주주총 회 같은 것이라고 할 수 있다. 의결권의 행사는 소유지분에 비례한다.

④ 주식회사: 주식회사는 자본이 주식으로 분할되어 주식의 인수를 통해 출자하거 나 기발행된 주식을 취득함으로써 주주(사원)가 되며, 주주는 주식의 인수가액 한도 내에서 출자의무를 질 뿐 회사의 채권자에 대하여 직접책임을 지지 않는 형태의 회사이다. 소유와 경영이 분리된 전형적인 주식회사의 경우에 있어서 주 주는 주주총회에 참석하여 중요 의사결정에 대한 의결권을 가지지만, 업무집행 과 회사대표권은 없고 그 권한을 이사회와 대표이사에게 위임한다. 그러나 주주 는 주주총회에서 감사를 선임하여 업무를 감독하게 하거나 직접 감독시정권을 행사할 수도 있다.

3단계 공장입지 선정 및 공장설립승인

<공장설립 준비절차>

4단계 공장건축 및 공장설립

공장 건축물이 완료되면 기계, 장치 등을 설치한 후 공장설립 완료 신고를 하면 관할 시·군·구에서 현지 확인을 거쳐 10일 이내에 발급하는 공장등록증을 교부한다. 또한, 환경배출시설이 설치된 경우에는 가동개시 신고를 한 후 공장을 가동하여야 한다. 공장등록증을 교부받으면 이제 창업의 절차는 끝내고 본격적인 사업에 착수할 수 있다.

절 차	내 용	준비서류
1. 부지선정	• 업종의 특성상 유리한 지역선정 • 도로, 전기 사용이 용이한 지역 • 민원발생이 적은 지역, 공장밀집지역	–
2. 입지검토	• 창업지원법상 창업 해당 여부 파악 • 공장입지 파악(법률 검토) • 업종파악, 환경보전법 파악(공해문제)	토지이용계획 확인원, 지적도, 토지대장, 토지 등기부등본, 기계시설내역
3. 부지계약	• 계약금 등으로 토지계약 • 부동산 사용승낙서, 인감증명서발급	–
4. 사업계획서 작성	• 창업사업계획서, 공장설립사업계획서 작성 • 인·허가사항검토 • 건물배치도, 지적도 작성 • 지형도 준비	토지이용계획 확인원, 지적도, 토지대장, 공시지가 확인원, 토지 등기부등본, 사용승낙서, 인감증명서, 법인등기부등본, 정관(법인에 한함)
5. 사업계획서 접수	• 시지역중소기업과, 군지역 경제과 1차 검토 • 민원실 접수, 처리기간 30일 소요	–
6. 사업계획승인	• 인·허가 관련 법률에 의한 법률검토 후 승인(시군 협의 부서: 지역경제과, 환경과, 도시과, 농지과, 산림과, 건축과, 면사무소)	–
7. 대체 농지, 임지 조성비, 각종 부담금 납부	• 승인 후 각종 부담금 전용부담금 및 대체농지 조성비, 대체조림조성비, 국유지 점용료 등 납부 • 창업승인 업체 전용부담금 50% 감면	–
8. 공장 건축	• 승인에 의한 공장건축 • 공장 건축 완료보고	–

공장설립가능 여부에 대한 검토 흐름도

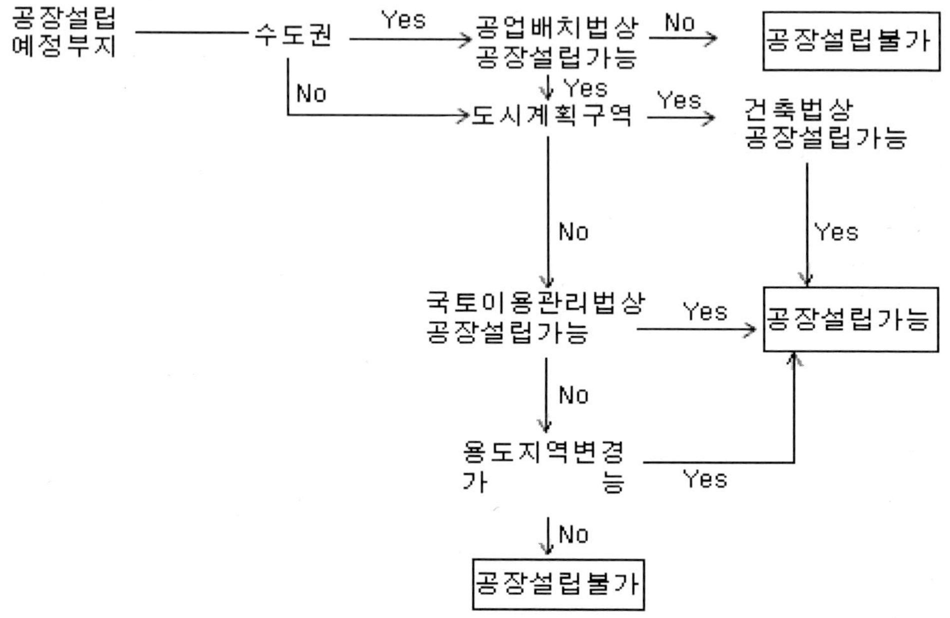

<기타 행정절차>

업종별 연구개발 투자비율

업종(산업분류코드)	비 율
제조업(15～37)	
-의약품(242)	6% 이상
-기계 및 장비제조업(29)	7% 이상
-컴퓨터 및 사무용기기(30)	6% 이상
-전기기계(31)	6% 이상
-반도체 및 전자부품(321)	6% 이상
-의료, 정밀, 광학기기 및 시계(33)	8% 이상
-기타 제조업	5% 이상
도매 및 소매업(50～52)	6% 이상
통신업(64)	7% 이상
사업서비스업	10% 이상
-정보처리 및 기타컴퓨터 운용관련업(72)(인터넷산업)	(5% 이상)
기타 산업	5% 이상

벤처창업평가 특별보증제도

| 중소기업청
(중소기업진흥공단)

지원사업 신문공고 | → | 기술신용보증기금
(기술평가센터, 영업점)

신청서 및 사업계획서
접수 | → | 기술평가센터

기술성, 사업성 평가
적정지원금액 심사 | → |

| 심의위원회
(중기청, 중진공, 기술신보 등)

지원대상자 및
지원금액 최종결정 | → | 중진공　　기술신보　　대출금융기관

자금배정　보증서 발급　　대출실행 |

절　차	구 비 서 류	법 적 근 거
부동산등기 관할지방법원 또는 등기소	° 신청서 °등기원인증빙서류 °주민등록등본(대리인신 　청시 권한 증빙서류) °등기의무자의 권리에 　관한 등기필증	부동산등기법제40조
↓		
취업규칙신고 노동부지방사무소	°신고서 °취업규칙 °의견서	근로기준법 제96조
↓		
사업장설치계획신고 노동부지방사무소	°신고서 °건물평면도 °기계, 설비배치도면 °설비의 표시도면	산업안전보건법 제48조
↓		
산업재해보험관계성립 신고 노동부지방사무소	°신고서	산업재해보상보험법 제12조
↓		
의료보험조합관련신고 시·도	°신고서	의료보험법시행령 제19조
↓		
고용보험관계신고 지방노동청(사무소)	°신고서	고용보험법 제7조

◦ 입지지원제도

<벤처기업육성촉진지구 지정 현황 지역예산>

지 역	예 산		비예산		계
	개 수	대상지역	개 수	대상지역	
서 울	-	-	3	성동(성수동, 행당동, 도선동 일부) 영등포(여의도동, 영등포, 당산동일부) 홍릉(KIST인근 등)	3
경 기	1	안양(인덕원~명학역, 벨트, 관양2동 등)	3	부천(상동, 중1동 일부 등) 안산(한양대, 원시동 등) 성남(서현역 인근 등)	4
인 천	1	주안 1,6동 등	-		1
부 산	1	대연동, 남천동 일부	1	하단동(테크노파크 인근 등)	2
울 산	1	무거동·다운동 (울산과학대 등)	-	-	1
대 구	1	동대구로, 신천동 등	-	-	1
경 남	1	마산(내서)	-	-	1
경 북	2	포항(포항공대인근 등) 구미(공단, 신평동)	-	-	2
광 주	2	금남(충장, 서남동 등) 첨단(오룡, 대촌, 월촌, 월계, 쌍암동)	-	-	2
전 남	1	목표(무안, 동명동 등)	-	-	1
대 전	1	대덕연구단지	-	-	1
충 북	1	오창(옥산, 오창면)	-	-	1
충 남	1	아산시(선문대, 호서대 인근, 탕정·배방면)	-	-	1
전 북	1	전주(전북대, 중노송동, 서노송동 등)	-	-	1
강 원	1	춘천(후평동 등)	1	원주(의료기기, 태장농공단지 등)	2
계	16		8		24

5 창업사업계획 승인제도의 적용

(1) 벤처비지니스의 유형

① Venture spin-off: 파생된 독립적 벤처기업, 가장 전형적인 형태로서 독립적으로 벤처기업을 창업하여 운영하는 것을 의미한다. 창업자의 창업 이전의 직장을 의미하는 배태조직(incubating organization)은 대학, 연구소, 대기업인 경우가 많다. 즉 이러한 배태조직으로부터 파생되어 나온 사업이라는 의미이다.

② New style joint venture: 합작벤처, 중소규모의 고도의 기술을 제공하고 대기업은 자본과 판매망 또는 기술결과의 활용과 적용에 역점을 두는 경우이다.

③ Venture merging: 벤처머징, 대기업이 전략적 필요에 의해 벤처기업을 흡수, 합병하여 자회사나 하나의 사업부로 운영하는 경우를 말한다.

④ Internal venture: 내부벤처, 대기업이 회사 내부에 모험자본을 준비해 놓고 내부의 종업원들에게 사업 아이디어를 제안하게 하여 스스로 벤처기업을 운영하거나 또는 이에 참여하도록 하는 방식이다. 최근 대기업들이 적극적으로 추진하고 있는 전략의 하나로써 기업 내에 기업가정신을 고취시킬 수 있는 장점이 있다.

⑤ Venture capital: 벤처캐피탈, 금융회사의 하나로 벤처기업에 투자를 통한 자본참여를 하기 때문에 넓은 의미에서 벤처기업과 연관된다고 할 수 있다. 이때에 벤처캐피탈은 원칙적으로 자본참여만 할 뿐 경영에 참여하지 않는다.

⑥ Venture nuturing: 벤처기업육성, 벤처기업에 지본참여를 함과 아울러 경영참여까지 한다. 그러나 경영참여가 경영권확보 자체를 목적으로 하기보다는 벤처기업을 정상적으로 운영하기 위한 과도기적 지원, 육성을 하는 것이 일반적이다.

신용장기준 금융과 실적 기준 금융의 비교

구 분	신용장기준	실적기준
수혜자격	수출신용장 보유업체	과거수출실적 보유업체
융자한도 사정	수출업체 보유 수출신용장	과거일정 기간 수출실적에 평균원자재의존율(원자재금융) 또는 평균기득률(생산자금)을 감안하여 사정
융자기간	당해수출신용장 등의 유효기일 범위 내에서 선적기일 또는 인도기일에 7일을 가산한 기일 이내로 최장 180일 이내(90일 단위로 융자)	90일 이내(단, 표준항해일수 10일 이내 지역으로부터의 원자재 수입 시는 60일 이내)
융자금상환	당해 융자대상 수출대금 입금 시	융자기간 만료 시
편의성	수출신용장 건별로 금융관리를 하게 되므로 수출신용장이 없는 경우에는 취급할 수 없음	수출신용장보유 없이 금융 취급할 수 있어 편리
특 징	신규업체 및 사전 원자재 확보가 필요 없는 업종의 편리	원자재금융은 대부분 실적기준을 이용

자금별 융자 계획

구 분	신용장기준	실적기준
생산자금	당해수출신용장 등의 기득외화액×융자취급전월 평균환율×융자비율	생산자금 융자한도급액×융자취급전월 평균환율×융자비율
원자재금융	수입어음외화액, 수입대금 또는 내국신용장어음의 외화금액×융자취급전월 평균환율×융자비율	좌 동
포괄금융	수출신용장 등의 자사제품 수출금액×융자취급전월 평균환율×융자비율	수출실적확인서금액×융자취급전월 평균환율×융자비율

융자 시기 및 기간

자금별	융자시기	융자기산일	융자기간
생산 자금	소요원자재 확보가 확실한 때 * 실적기준의 경우는 융자금액범위 내	융자취급	신용장기준: 180일 이내 -90일 단위로 융자 - 선적(인도)기일 + 7일 이내 -유효기일 이내 실적기준: 90일 이내
원자재 금융	수입어음 또는 내국신용장어음 결제 시	융자취급일(L / G발급일) * 내국신용장에 의한 원자재 금융은 세금계산서상의 공급일자	
포괄 금융	융자금액 범위 내 수시취급	융자취급일	

- 융자금의 상환: 소정 융자기간 만료 전이라도 당해 융자대상 수출대금 입금 시 동 대금으로 상환함. 다만, 실적 기준 금융의 경우 융자기간 만료 시 상환함.
- 융자 금리: 금융기관이 자율적으로 결정(일반대출금리보다 우대)
- 융자 취급 은행의 제한: 하나의 수출신용장과 관련된 수출입 승인, 무역 금융 취급 및 수출대금의 영수는 동일 외국환은행에서 이루어져야 함. 다만, 당해 외국환 은행을 관할하는 한국은행 자금부장 또는 지점장이 부득이하다고 인정하여 승인하는 경우는 예외로 함.

(2) 벤처창업 조세감면

개 요

창업중소기업이란 수도권 외에서 창업한 중소기업을 말하고 창업벤처중소기업이란 창업 후 2년 이내에 벤처기업으로 확인받은 중소기업을 말한다. 중소기업 및 벤처기업의 창업을 촉진하기 위한 세제지원에는 국세와 지방세로 크게 대별된다. 국세 감면 내용은 창업기업에 대하여는 6년간 당해 사업에서 발생하는 소득에 대한 소득세 또는 법인세의 50% 상당하는 세액을 감면한다.

구 분	소득세, 법인세	취득세, 등록세	재산세, 종합토지세
감면기간	최초소득발생연도와 그 다음연도~5년 내	창업일 (벤처기업확인일)~2년 내	창업일 (벤처기업확인일)~5년간
감면세율	50%	면 제	50%

(3) 소득세 또는 법인세 감면

근거법령: 조세특례제한법 제6조(창업중소기업 등에 대한 세액감면) 제2항

감면내용: 당해 사업에서 최초소득발생 과세연도와 그다음 과세연도개시일로부터 5년 이내에 종료하는 과세연도까지 소득세 또는 법인세의 50% 감면

감면요건: 수도권 외의 지역 소재 창업중소기업: 수도권 외의 지역에서 창업한 중소기업 , 창업벤처중소기업: 창업 후 2년 이내에 벤처기업으로 확인받은 기업

감면신청: 신청 시기, 최초소득발생 사업연도의 다음 사업연도 3월(개인은 5월) 이내에 신정

신청방법: 납세지 관할 지방세무서장에게 과세표준신고서와 함께 세액감면신청서 제출

(4) 취득세 면제

근거법령: 조세특례제한법 제120조(취득세 면제) 3항

감면내용: 당해 사업을 영위하기 위하여 벤처기업확인일로부터 2년 이내에 취득하는 사업용 재산에 대한 취득세 면제. 다만, 취득일로부터 2년 이내에 당해 재산을 정당한 사유 없이 당해 사업에 직접 사용하지 않는 경우는 면제세액을 추징

감면요건: 창업벤처기업(창업일로부터 2년 이내 벤처기업으로 확인받은 기업)에 해당될 것. 창업일(벤처기업확인일)로부터 2년 이내에 취득

사업용 재산: 2년 이내 당해 사업에 직접 사용할 것, 감면대상 업종에 해당할 것

감면신청: 신청 시기, 취득세 과세대상 물건을 취득한 날로부터 30일 이내

신청방법: 취득세 감면신청은 지방세법 시행규칙 별지 제51호 서식에 의하여 세액감면을 신청해야 함.

(5) 등록세 면제

근거법령: 조세특례제한법 제119조(등록세 면제) 제3항

감면내용: 창업중소기업의 법인설립등기에 대하여 등록세 면제. 당해 사업을 영위하기 위하여 창업일(벤처기업 확인일)로부터 2년 이내에 취득하는 사업용 재산의 등기·등록에 대한 등록세 면제. 다만, 등기일로부터 2년 이내에 당해 재산을 정당한 사유 없이 당해 사업에 직접 사용하지 않는 경우는 면제세액을 추징

감면요건: 창업중소기업청(창업벤처중소기업)에 해당될 것. 창업일(벤처기업 확인일)로부터 2년 이내에 취득

사업용 재산 : 2년 이내 당해 사업에 직접 사용할 것. 감면대상 업종에 해당할 것

감면신청: 신청 시기. 사업용 재산의 등기·등록 신청 시

신청방법: 등록세 감면신청은 지방세법 시행규칙 별지 제51호의 서식에 의하여 세액감면을 신청해야 함.

(6) 재산세 및 종합토지세 감면

근거법령: 조세특례제한법 제121조(재산세 등의 감면)

감면내용: 당해 사업을 영위하기 위하여 소유하는 사업용 재산에 대하여 창업일로부터 5년간 재산세 및 종합토지세의 50% 감면

감면요건: 창업 벤처기업(창업일로부터 2년 이내에 벤처기업으로 확인받은 기업)에 해당할 것. 창업일(벤처기업 확인일)로부터 5년간(5과세연도) 감면

감면대상 업종에 해당할 것

(7) 인지세 면제

근거법령: 조세특례제한법 제116조(인지세 면제) 제119호

감면내용: 중소기업창업지원법에 의한 창업자가 창업일로부터 2년 이내에 당해 사업과 관련하여 금융기관으로부터 융자를 받기 위하여 작성하는 증서·통장·계약서 등의 서류에 대하여는 인지세를 면제

(8) 농어촌 특별세의 비과세

근거법령: 농어촌 특별세법 제4조제3호

면제내용: 창업중소기업이 받은 소득세 또는 법인세·취득세·등록세 등의 세액감면에 대하여는 농어촌특별세(세액감면의 20%)를 부과하지 아니함.

- 창업사업계획승인제도의 적용

1. 의제처리되지 않는 법률(인·허가)과 창업사업계획승인제도와의 관계는?

   회신: 창업 28280-5(88.1.7)

【질의요지】

창업사업계획승인절차에 의하면 공장설치 예정지에서의 공장설립과 관련된 인·허가 사항을 복합하여 의제처리하도록 되어 있음. 그런데 사업계획승인 시 검토되는 사업성 검토 사항과 공장설치 예정지에 적용되는 법률과의 상관관계를 설명하여 주시기 바라며, 공업배치법상 공장설치가 불가하다고 하면 사업계획승인신청도 무효가 되는지? 또한 사업계획승인을 받은 후 창업지원법에 의해 의제처리되지 않는 타법에 저촉되어 입지를 변경해야 할 경우 새로운 지역에서 별도의 사업계획승인을 받을 수 있는지?

【답 변】

> 사업성 검토와 의제처리법률과의 상관관계에 대하여: 창업사업계획에 대한 사업성 검토는 공장설치 예정지에서 공장설립에 따른 인·허가 여부(법률저촉 여부)에 대한 검토를 주로 하게 되며, 따라서 중소기업창업지원법상 의제처리되는 인·허가사항일 경우에는 동 인·허가를 규정하고 있는 개별법상의 인·허가기준에 따라 사업계획승인이 가능할 것이며, 의제처리되지 않는 타 법률상 인·허가사항에 대하여는 당해 인·허가를 별도로 득하여야 하는 것임.
> 입지변경과 사업계획승인에 대하여: 중소기업창업지원법에 따라 창업사업계획승인을 받았다 하더라도 공장설치예정지가 동법에 의해 의제처리되지 않는 타법에 저촉되어 공장설치가 불가한 경우에 새로운 지역에서의 별도의 창업사업계획승인은 가능할 것임.

2. 창업사업계획승인과 공장규모와의 관계는?
　　회신: 창업 55477−122('94.4.11)

【질의요지】

강원도 ○○지역에서 건평 50평 정도의 소규모공장을 창업하고자 하는데 인·허가 주무관청인 ○○군청. 지역경제과에서는 공업배치법에 의한 공장설립신고의 대상이 아닌 규모이기 때문에 창업사업계획승인대상에서도 제외된다는 의견인 바, 이에 대한 승인가능 여부?

【답 변】

> 창업사업계획승인제도는 창업중소기업의 '공장'설립절차간소화를 위하여 공장설립과 관련된 여러 가지 인·허가사항을 창업사업계획승인으로 일괄 의제처리하여 주는 제도인 바, 공업배치법 제13조의 규정에 의한 공장설립신고대상(공장건축면적 200㎡ 이상)이 아닌 규모의 공장이라 하더라도 공장등록대상(공장건축 면적 100㎡ 이상: 공업배치법 제16조, 공장설립업무처리지침 제12조)인 규모의 공장을 설립하고자 한다면, 동 공장설립과 관련된 여러 가지 인·가를 일괄처리받기 위한 창업사업계획승인신청은 가능할 것이나, 동 공장 준공 후에는 일반 공장으로 등록되어 사후관리되어야 할 것으로 사료됨.

3. 공장이전 시에도 창업사업계획승인을 득할 수 있는지?
　　회신: 창업 55477−146('94.5.7)

【질의요지】

당사는 1991년 9월 17일 창업하여 경기도 ○○공단에서 조업 중이며 1993년 기술집약형 중소기업으로 선정되어 해마다 상당한 매출성장을 하고 있으며, 따라서 현재의 공장으로서는 성장은 불구하고 관리가 불가할 정도로 협소하여 확장하고자 하며, 수도권보다 인력이나 부지비용이 상대적으로 유리한 충남 ○○군에 공장을 조성 이전하고자 하는 바 중소기업창업지원법에 의한 사업계획승인대상에 해당되는지의 여부?

【답 변】

> 중소기업창업지원법에 의한 창업사업계획승인제도는 '공장을 보유하고 있지 못한 창업자가 사업개시일(창업일)로부터 5년 이내인 경우'를 그 적용대상으로 하고 있는 바, 따라서 사업개시일로부터 5년 이내인 창업자라 하더라도 공장을 소유한 경우에는 창업지원법에 의한 창업사업계획승인대상에서 제외됨
> 한편, 창업자가 아닌 일반중소기업자의 공장의 신설·증설 및 이전 시 공장설립절차와 관련하여서는 공업배치및공장설립에관한법률 제13조의 규정에 의한 공장설립신고또는기업활동규제완화에관한특별조치법 제8조의 규정에 의한 사업계획승인에 의해 검토될 수 있을 것임

※ 5년 이내 → 7년 이내로 개정

4. 수도권정비계획법과 국토이용관리법 적용 시 창업가능 여부는?
   회신: 중정 28280 −(87.1.27)

【질의요지】
당사는 기술집약형 중소기업으로써 경기도 내에 공장을 신설코자 하는데 아래 지역에서도 중소기업창업지원법에 의하여 공장을 신설할 수 있는지?
○ 수도권정비기본계획에 고시된 이전촉진권역
○ 국토이용관리법상 용도지역

【답 변】

> 공장건설가능(허용)지역에 한하여 가능함
> - 수도권정비계획법상 수도권정비계획에 고시된 지역에서는 공업지역 등 수도권정비계획법상 공장 건설이 가능한 지역에 한하여 창업사업계획승인이 검토됨.
> - 국토이용관리법상 용도지역은 현행 5개 지역으로 구분되어 있으므로 공업지역 등 동법에 의한 공장건설허용지역에서만 창업이 가능함. 다만, 중소기업창업지원법의 규정에 의해 국토이용관리법상의 용도지역 변경이 수반되어 사업계획의 승인을 받은 경우에는 공장신설이 가능함.

5. 법인의 변경등기 후 새로운 창업사업계획승인 가능 여부는?
　회신: 창업 28280 − 140('91.2.23)

【질의요지】

공장을 건설 중이던 Y(주)가 H(주)로 상호를 바꾸면서 주주의 전원교체하여 이를 변경등기한 후 창업사업계획승인신청을 할 수 있는지?

【답　변】

> 　법인이 주주를 전원 교체하고 상호를 변경하였다 하더라도 동일 법인에 대한 변경등기에 불과할 경우 동 법인이 새로이 사업을 개시하였다고 보기는 어려울 것이며 중소기업창업지원법 제21조 및 동법 시행령 제27조에 의거 창업사업계획은 공장설치 예정에 대한 사전승인사항이므로 이미 공장설치를 진행 중인 동 법인은 창업사업계획승인의 대상이 아님
> 　아울러 설혹 H(주)가 변경등기가 아닌 설립등기에 의한 신규법인이라 할지라도 중소기업창업지원법 시행령 제2조제1항제1호에 의거 타인으로부터의 사업승계에 해당되므로 역시 창업사업계획의 승인대상이 아님

6. 제2공장의 설치 또는 별도의 회사설립 시 승인신청 가능 여부는?
　회신: 창업 28280 − 8359('90.8.29)

【질의요지】

당사는 1987년 ○월 ○일 ○○군으로부터 창업사업계획승인을 받아 (주)D 레미콘을 설립하여 1987년 ○월 ○일자로 공장등록을 필하여 현재까지 레미콘제조업을 영위하고 있는 업체임

　1) 창업사업계획승인을 받은 업체와 동일 업종의 신규 창업사업계획승인을 받을 수 있는가?

　2) 동사는 운송거리가 평균(왕복) 96km로 경영의 어려움으로 중간지점에 제2공장을 설치할 경우 창업지원법의 해택을 받을 수 있는지?

　3) 개인이 아스콘 제조공장을 설립할 경우 중소기업창업승인을 신규로 받을 수 있는지?

【답 변】

> 창업사업계획승인을 받은 업체와 동일 업종으로 신규 창업사업계획승인을 받는 것은 종전 업체를 폐업하지 않고 별도의 회사를 설립(창업)하는 경우에 가능함(질의 1)
> '제2공장의 설치'는 중소기업창업지원법에 규정된 창업이 아니므로 동법에 의한 지원대상이 아님(질의 2)
> 법인대표자가 법인과 별도로 개인사업으로서 신규 창업사업계획승인을 받는 것은 가능하나, 이 경우 창업은 중소기업창업지원법 제2조에 규정된 '창업의 범위' 내에서 행해져야 함(질의 3)

7. 창업사업계획승인제도의 적용기간은?

　　회신: 창업 28280－893('90.9.14)

【질의요지】

창업사업계획의승인에관한통합업무처리지침 제4조(적용기간)의 "창업자로서 사업개시일로부터 5년 이내인 창업자에 대하여 적용함"이라고 기술되어 있는바, 이의 좀 더 명확한 해석은?

【답 변】

> 창업사업계획의승인에관한통합업무처리지침 제4조에 규정된 "사업개시일로부터 5년 이내인 창업자"라 함은 "공장등록을 하지 않는 자가 사업개시일로부터 5년 이내에 신규로 공장을 설립하기 위하여 사업계획승인신청하는 경우"를 의미함

※ 사업개시일로부터 7년 이내로 개정(2000.8)

8. 창업사업계획승인업체의 타 지역에서의 공장설립(신설·증설) 절차는?

　　회신: 창업 55477－266('94.7.18)

【질의요지】

당사는 충남 ○○군을 본점소재지로 하여 Core제조를 사업목적으로 하는 창업사업계획승인을 받았으나, 금번 이와는 별도로 성장성·수익성 제고를 목적으로 사업품목의 다각화를 위해 충북 ○○군에 소재하고 있는 각종 저항기 제조공장의 건물·설비 일제를 구입하여 공장등록을 신청코자 합니다. 당해 공장은 충북 ○○군으로부터 창업사업계획승인을 득하였으나 부도가 발생되어 제3자에게 경매된 공장인 바,

당사가 기업활동규제완화특별조치법 제8조에 의해 창업자가 아닌 일반중소기업자의 공장설립을 위한 사업계획승인절차에 의해 동 공장에 대한 공장등록을 신청할 수 있는지 여부?

【답 변】

> 중소기업창업지원법에 의하여 창업사업계획의 승인을 득한 업체가 당해 승인지역 이외의 지역에서 새로이 공장을 설립하고자 할 경우 동 공장설립과 관련하여 공업배치및공장설립에 관한법률, 기업활동규제완화에관한특별조치법 등에 의한 설립절차에 의하여 공장설립이 검토될 수 있을 것인지 바,(창업사업계획승인제도가 사업계획승인업체의 새로운 공장설립을 제한하고 있는 내용은 없음)
> 귀 질의와 같이 기 창업사업계획의 승인을 득한 업체가 당해 승인지역 이외의 지역에서 부도발생 등으로 창업사업계획의 승인이 취소된 부지를 매입하여 새로이 공장을 설립하고자 할 경우에도 공업배치및공장설립에관한법률 제13조의 규정에 의한 공장설립신고 또는 기업활동규제완화에관한특별조치법 제8조의 규정에 의한 사업계획승인을 득할 경우에는 공장설립이 가능할 것임

9. 임대공장사업자의 창업사업계획승인제도를 적용받을 수 있는 기간은?

　　회신: 창업 29280−150('92.5.16)

【질의요지】

대전직할시에서 임차공장을 얻어 사업자등록을 내고 제조업을 영위하여 업체가 3년이 지난 후 충남 금산군에 농지를 구입하여 공장으로 사용을 하고자 할 경우 창업지원법 시행규칙 제8조에 의한 사업계획승인을 하여 승인을 받음으로써 창업지원법 제22조에 의한 허가 등을 일괄하여 받을 수 있는지 여부

−갑설: 창업지원법 시행령 제4조의 규정에 의한 지원기간이 5년이므로 당연히 시행규칙 제8조의 사업계획승인신청을 통하여 법 제21조의 승인을 득함으로써 사업을 개시할 수 있다.

−을설: 창업지원법 시행령 제4조의 규정은 자금지원이나 인력의 파견 등만을 규정한 것이고 입지승인에 따른 지원은 현지에서 창업을 하였을 경우에만 해당하므로 시행규칙 제8조의 사업계획승인신청 대상이 아니다.

【답　변】

> 　귀 질의에 대하여 다음과 같이 회신하며, 아울러 사업계획의 승인 여부는 승인권자인 시장
> ·군수·구청장이 창업사업계획의승인에관한통합업무처리지침 등 유관법령에 의거 종합하여
> 판단하게 됨
> 　중소기업창업지원법은 중소기업의 설립촉진을 위한 지원법으로 동 지원법 제21조의 규정에
> 의한 사업계획승인은 공장설립절차를 간소화시켜 창업자의 공장설립을 지원하기 위한 제도로
> 서 그 지원대상은 동법 시행령 제4조에서 개시일부터 5년 이내인 창업자로 정하고 있음
> 　따라서 신청대상은 동법 시행령 제4조에서 규정하고 있는 내용과 같이 사업개시일로부터 5년
> 이내 창업자가 공장설립을 위한 경우는 대상이 되는 것이며 그 구체적인 표현이 「창업사업계획
> 의승인에관한통합업무처리지침」 제3조에 명문화된 것으로, 동 건의 경우 공장등록이 되었더라도
> 동종 업종의 공장을 일치하지 않았다면 사업을 개시한 날로부터 5년 이내에는 신청대상이 됨.
> 　다만, 법 제21조에서 공장설치의 사업승인을 개시 이전에 득하도록 규정하고 있고 또한 동
> 법 시행령 제27조의 규정에서 신청서는 공장설치예정지에 제출토록 하고 있기 때문에 신청서
> 는 공장을 설치되어 있지 않는 자에 대해서만 적용이 되는 것이며 공장설치 여부는 공부(公
> 簿)인 등록대장에 기재되어 있는지 여부에 따라 판정하는 것이 타당함.

※ 사업개시일로부터 7년 이내로 개정(2000.8)

10. 배우자 명의로 사업개시 시 창업인정 여부는?

　　회신: 창업 28280-153('92.5.19)

【질의요지】

본인은 공장부지면적 1,057.7㎡, 건축면적 359.71㎡에 TV전자부품(브라운관고정용
품) 제조공장을 영위하는 사업자입니다. 현재 공장을 하고 있는 위치와 유하거리로
6km 떨어진 거리에 지목이 전(田)이며 국토이용관리법상 용도지역이 경지지역으로
서 업종은 달리 분류되지 않는 전자관 및 기타 전자부품제조공장(중소기업우선업종
임: 생산품목—전자총, 리드프레임)으로 다음의 경우 창업을 할 수 있는지?

－본인이 기존사업장에서 기존사업을 폐지 않고 다른 장소에서 부인 명의로 다른
　업종을 생산할 경우 창업인정 여부?

【답　변】

> 　중소기업창업지원법 시행령 제2조의 규정에 의한 '창업이 아닌 범위'에 해당되지 않을 경
> 우, 귀하가 제시한 사례는 창업으로서 인정됨. 다만 창업자로 인정되는 경우에도 동법 제21
> 조의 규정에 의하여는 공장설치를 지원받기 위하여 공장설치예정지를 관할하여 시장, 군수,
> 구청장으로부터 사업계획을 승인받아야 하며 이때 사업계획의 승인 여부는 창업사업계획의
> 승인에 관한 통합업무지침 등 유관법령에 의거 시장·군수·구청장이 종합 판단하게 됨

11. 동일지역 내에서 생산되는 원자재를 주원료로 하는 경우란?
   회신: 창업 28280-541('91.6.22)

【질의요지】

모래·자갈·시멘트를 주원료로 한 시멘트관(흄관) 제조에 대하여 모래·자갈만이 생산되는 지역 내에서 창업사업계획의승인에관한통합업무처리지침 제21조의 "동 지역 내에서 생산되는 원자재를 주원료로 하는 경우"라고 하는 규정이 적용되는지 여부?

【답 변】

창업사업계획의승인에관한통합업무처리지침 제21조제2항제2호에 규정된 "동지역 내에서 생산되는 원자재를 주원료로 하는 경우"의 인정 여부는 지방자치단체별로 지역특성을 고려하여 승인권자가 판단할 사항임

12. 통합지침 제21조제2항 2호 내지 4호의 인정 여부?
   회신: 창업 28280-49('92.2.11)

【질의요지】

창업사업계획의승인에관한통합업무처리지침 제21조제2항제2호의 동지역 내에서 생산되는 원자재를 주원료로 하는 경우 동법 제3호의 동 지역 내 기존 공장제품 또는 부산물을 주원료로 하는 경우 주원료에 대하여

   가) 원료가 2종일 경우 주원료의 비율
   나) 원료가 3종 이상일 경우 주원료의 비율
   다) 빙과류의 경우 물이 제품의 다수 비율을 차지할 때 물을 주원료로 인정 여부?

【답 변】

창업사업계획의승인에관한통합업무처리지침 제21조의 규정에 명시된 '주원료'의 인정 여부는 지방자치단체별로 지역특성·지역경제에 대한 기여도 등을 고려하여 승인권자인 시장·군수·구청장이 판단하여야 할 사항이므로 귀 질의와 같이 단순히 물리적·화학적 배합비율로 따라 결정되는 것이 아님

13. 가칭법인에 대한 사업계획승인 가능 여부는?

　　회신: 창업 28280-306('92.9.8)

【질의요지】

동사에서는 창업요건을 구비한 창업사업계획승인신청서를 가칭법인으로 ○○군에 제출하였으나 실제 법인설립이 선행되어야 한다는 이유로 창업신청서류가 반려되었습니다. 가칭법인으로 창업서류를 제출할 경우 창업서류 검토 시 결격 사유가 되는지 여부?

【답　변】

　중소기업창업지원법 제21조의 규정에 의거 창업자는 창업사업계획의 승인을 얻어 사업을 개시할 수 있으므로 가칭법인의 창업자도 사업승인 직후 승인내역대로 법인설립등기하는 것이 전제된다면 창업사업계획승인신청대상이 되며 이 경우 동법인은 중소기업창업지원법 시행령 제2조제1항 각호에 해당하지 않아야 함

14. 창업사업계획승인 업체의 타 지역에서의 사업개시 시 제한 여부는?

　　회신: 28280-361('92.10.21)

【질의요지】

창업사업계획승인을 받은 당 법인이 서울 서초동에 지점설치를 하면서 기존의 업종인 섬유제품제조에 컴퓨터 소프트웨어 개발 및 판매를 추가하고자 하여 군청에 1차 질의를 해본 바, 군청에서는 당초 허가업종 이외에는 법인설립 후 5년간 업종추가는 불가하다는 답변을 받았는데 이의 가능 여부?
－위 추가업종의 매출 비율은 전체의 약 10% 미만이 될 전망이며 모든 영업행위 일체는 서울지점에서만 이루어질 것으로 사료됨

【답　변】

　중소기업창업지원법 제21조 및 동법 시행령 제27조의 규정에 의한 창업사업계획승인은 공장설치 예정지를 관할하는 시장·군수·구청장이 관할지역 내에서 창업자가 공장을 설치할 수 있도록 지원하는 제도로서 당해 공장설치와 무관한 여타 지역에서의 창업자의 사업범위를 규율하고 있지 않음.

15. 가압류된 공장설립 예정부지에서의 창업사업계획승인 여부?

　　회신: 창업 55477-104('94.3.29)

【질의요지】

○○면 소재 ○○토건(주) 대표이사로부터 창업지원법에 의거 레미콘 공장 창업사업계획승인 신청서류를 '94.2.17일 접수받아 행정 내적처리와 도청협의과정에 있는 바 '94.2.17일 채무관계로 제3자가 설립코자 하는 대지에 법원을 통하여 가압류 신청을 취하여 놓은 상태입니다. 이런 경우 인·허가행정청에서는 승인을 하여야 하는지 아니면 위의 법적관계를 해제하여 승인을 하여야 하는지?

【답 변】

> 창업사업계획승인제도에 의해 공장설립을 하고자 할 때에는 원칙적으로 토지소유자에게 창업사업계획승인이 가능할 것이나, 부득이 타인명의의 토지에 공장을 설립하고자 할 경우 토지소유자의 토지사용승낙서 또는 동의서를 첨부하여 사업계획승인신청을 할 수 있도록 하고 있음(창업지원법 시행 규칙 제8조).
> 토지소유자의 공부상에 가압류 및 근저당이 설정되어 있는 경우 시장·군수·구청장은 관련자의 토지사용승낙서가 첨부된 사업계획서에 의해 창업사업계획승인제도의 사후관리조항 등을 감안하여 승인 여부를 결정할 사항임.

※ 원 소유주의 사용승낙을 받은 토지가 가압류 및 근저당설정되어 있을 경우에 부동산권리권자의 사용동의서는 원래 토지소유주는 물론 설정기관의 사용동의서까지 포함됨.

16. 창업사업계획의 일부승인 가능 여부?

　　회신: 창업 55477−343('94.10.5)

【질의요지】

산업입지및개발에관한법률 및 중소기업창업지원법에 따라 공장설립을 하고자 합니다. 상기 법률에 의하면 일괄의제처리 항목이 여러 가지가 있다. 사업승인신청 시 의제처리되는 항목을 강제규정으로 하여 일괄적으로 신청하여야 하는지 아니면 사업주의 사정상 추후에 개별법에 의하여 따로 신청하여도 되는지요?

【답 변】

> 산업입지및개발에관한법률과 공업배치및공장설립에관한법률에 의한 개발입지정 승인제도와 중소기업창업지원법에 의한 창업사업계획승인제도에서는 공장설립절차를 간소화하기 위하여 당해 승인을 받은 때에는 공장설립과 관련한 여러 가지 인·허가사항을 일괄 처리된 것으로 보고 있음

이와 같은 입지지정 및 사업계획의 승인에 있어 승인권자는 일괄처리 인·허가사항 중 당해 공장설립 시 검토되어야 하는 인·허가사항 전부를 신청받아 검토함이 원칙일 것이나, 귀 질의와 같이 공장설립자의 사정에 의해 인·허가사항 중 일부사항이 제외된 승인신청서가 제출되었을 경우 '일부'승인도 무방할 것임

다만, 이 경우 승인신청서에 포함되지 아니한 인·허가사항에 관하여는 개별법에서 정한 절차에 따라 별도로 인·허가를 받아야 공장설립이 가능할 것임을 알려드립니다.

17. 기존공장 매입을 통한 창업사업계획승인신청 가능 여부?

회신: 창업 55477-205('95.6.13)

【질의요지】

A회사: 공업배치및공장설립에관한법률에 따라 93. 4월 창업등록 완료

　　　업종: 금속구조재제조업(38135)

B회사: 93.7월 법인 설립

　　　업종: 금속구조재제조업(38135)

상기 B회사는 자금난으로 경영사정이 악화된 A회사의 공장부지 일체

(부지·건물·기계설비)를 매입하여 중소기업창업지원법에 의한 창업사업계획승인을

받을 수 있는지?

【답　변】

중소기업창업지원법에 의한 창업사업계획승인제도는 공장을 보유하고 있지 않은 창업자가 새로이 공장을 설립할 때, 공장설립 및 건축허가와 관련하여 득하여야 할 여러 가지 인·허가사항을 일괄처리하여 주는 공장설립절차간소화제도입니다.

따라서 창업자라 하더라도 공업배치법 등에 의한 관련 절차에 의해 이미 설립되어 있는 공장을 매입하여 사업을 하고자 하는 경우라면 창업사업계획승인제도에 의한 공장설립절차는 적용되지 않는 사항임을 알려드립니다.

18. 창업사업계획승인신청 지역의 변경가능 여부?

회신: 창업 55477-420('94.2.2)

【질의요지】

○ ○○중공업(주) 및 ○○중공업(주)에 조선기자재를 생산·납품하는 (주)○○이라는 협력업체로 ○○군에서 창업사업계획승인을 1994.9.17로 득하였으나 현지 주

민들이 공해피해에 대한 우려로 무조건 반대를 하여 현재 사업에 착수조차 못
하고 있는 실정입니다.

○ 양대 조선소와 약속한 공장 준공일이 촉박하여 주민들과의 합의가 불투명한 상
태에서 무작정 기다릴 수가 없어 주민들과의 마찰이 없는 지역으로 새로이 창
업사업계획승인을 받고자 계획 중에 있으며,

○ 새로운 부지는 기존에 승인 받은 지역으로부터 약 2km 정도 떨어진 곳으로 관
련법규에 저촉되지 않는 지역입니다.

○ 그래서 (주)○○과 주민들이 합의될 때까지 기존 승인 받은 지역을 취소하지 않
고 보류한 상태에서 다른 곳에 사업변경 등의 방법으로 창업사업계획승인을 득
할 수 있는지요?

【답 변】

창업사업계획의 승인을 득한 업체가 당해 승인지역 이외 지역에서 공장을 설립하고자 할
경우, 동 공장설립과 관련하여는 공업배치및공장설립에관한법률 및 기업활동규제완화에관한
특별조치법에 의한 공장설립절차에 의해 공장설립이 검토될 수 있는 것임.

19. 부동산사용승낙이 취소된 창업사업계획승인신청의 처리
    회신: 창업 55477-284('95.8.26)

【질의요지】

○ 토지사용승낙자 甲이, 창업사업계획승인을 득한 乙과, 95.1.12일 부동산 매매계
약을 체결하고 95.2.28일 중도금 및 95.3.30일까지 잔금을 지급한다는 계약을 하
였으나 중도금 및 잔금을 지급하지 않아, 토지사용승낙자 甲의 토지사용승낙 취
소장이 접수되었는 바, 이런 경우 사업계획승인을 취소해야 하는지?

【답 변】

사업계획승인을 득한 업체에 대한 사업계획승인의 효력이 유효한 상태하에서 그 승인지역 이
외 지역에서의 사업변경 등의 방법에 의한 신규창업사업계획은 창업지원법에 의한 창업사업
계획승인대상에서 제외되는 사항임.
　민법 등 관련법령의 규정에 의하여 토지매매계약이 당연무효가 되지 않는 한 부동산 소유
자로부터 계약불이행에 따른 창업사업계획의 취소 신청에 의한 창업사업계획승인의 취소는
불가하나, 동 부동산의 사용에 대한 사용동의의 무효 또는 권리의 부존재 등을 확인할 수 있

는 객관적인 서류의 제출 시에는 이를 근거로 취소 여부를 결정할 사항으로 이 경우에도 승인권자는 창업사업계획승인을 얻은 자에게 동 사실을 통보하여 부동산 사용동의에 대한 내용을 보완하도록 권고한 후, 이를 보완하지 아니하는 때에는 사실상 동 토지 위에 공장설립이 불가능함으로 창업사업계획승인의 효과를 기대할 수 없는 경우에 해당되므로 중소기업창업지원법 제23조의 규정에 따라 창업사업계획승인을 취소할 수 있을 것임.

20. 도로를 중간에 둔 동일 법인의 2개 공장에 대한 창업 가능 여부?

  회신: 창업 55477-275('94.7.25)

【질의요지】

동일 법인이 폭 6m 도로(농어촌소득원도로)를 사이에 두고 동일한 생산품을 제조하고 생산공정이 연결되는 A, B 두 개의 공장을 동시에 설립할 경우 2개의 공장 모두 창업이 가능한지의 여부를 질의합니다.

  A공장 ③ 공정에서 B공장 ④ 공정으로 이송

【답 변】

  A, B공장 설립에 있어 공장 중간에 도로가 위치한 경우 당해 도로의 용도폐지 또는 국유재산사용수익허가 등을 득하여 A, B공장으로 단일공장으로 공장설립허가 및 공장등록한다면, 이는 '단일공장'으로써 창업사업계획의 승인대상이 될 것임.
  A, B공장이 개별공장으로써 각각 별개의 공장설립허가, 공장등록대상이 된다면 A, B공장 중 1개의 공장은 '제2공장의 설치' 보아 창업사업계획승인대상에서 제외됨을 알려드립니다.

21. 폐기물재활용(공해)업종의 창업가능 여부?

  회신: 창업 55477-237('94.6.30)

【질의요지】

축산분뇨 및 도축폐기물과 톱밥 등을 재활용하여 일정 기간 혼합·건조·발효시켜

부산물비료(퇴비)를 생산코자, 중소기업창업지원법에 의거 창업하고자 하는 바, 상
공자원부 고시 1994-119호 제2항 1-6조(공해업종의 입지제한) 규정에 의거, 중소
기업 창업불가사유가 되는지의 여부를 질의합니다.

【답 변】

> 상공자원부 고시 제1993-119호【공장입지승인관련 인·허가 등의 처리기준 및 절차】제2
> 장 1-6조(공해업종의 입지제한)의 내용은 인근지역의 환경에 대한 영향을 고려하여 공장의
> 입지를 제한할 수 있도록 한 것으로써, 창업(공장설립) 승인의 인·허가권자인 시장·군수·
> 구청장이 판단 결정할 사항이며, 절대적인 창업(공장설립) 불가사유는 아닙니다.
> 　그러나 창업(공장설립)을 위해서는 설비의 시설규모, 환경오염물질 배출종류 및 규모에 따
> 라 당해 공장설립예정지에 적용되는 개별법령에 저촉되지 않는 범위 내에서 가능함을 알려드
> 립니다.

22. 창업승인업체의 기계설비 추가설치 제한 여부
　　　회신: 창업 55477-226('94.24)

【질의요지】

폐사는 중소기업창업지원법에 의거 창업하고 현재 육계계열화사업체로 지정(농림수
산부 93.8.1)받아 축산물위생처리법에 의한 도계장을 경영하고 있는 업체입니다. 금
번 도계부산물공동처리시설을 폐사 도계장에 시설하고자 농림수산부에서 배정하는
축산발전기금에 의한 도계부산물공동처리자금을 신청하였으나 '2개 업체의 부산물
을 공동처리'하는 것을 중소기업창업지원법통합지침의 사업목적에 위배된다는 사유
로 반려되었습니다. 중소기업창업지원법에 의해 창업한 업체가 도계부산물공동처리시
설을 공장부지 내에 설치하는 것이 동법 제21조 및 통합지침 제5조에 저촉되는지 회
신하여 주시기 바랍니다.

【답 변】

> 　창업사업계획의 승인을 받은 업체가 기 승인받은 제조업종을 계속 영위하면서 동 제조활동상 필요에
> 의해 기계설비를 추가 설치하고자 할 경우, 창업사업계획승인제도에서 동설비의 추가설비를 제약하고
> 있지는 않습니다. 다만, 기계설비의 추가설비를 위하여는 추가되는 설비의 시설규모와 이에 따른 환경오
> 염물질 배출규모에 따라
> -국토이용관리법 등 토지이용과 관련된 법령
> 　-수질 및 대기환경보전법 등 환경과련 법령
> 　-건축법 등 기계시설설치허가와 관련된 법령 등에 저촉되지 않는 범위 내에서 가능할 것임.

23. 공장설립 승인받은 공장의 창업사업계획승인으로의 변경방법은?
　　회신: 창업 55477－386('97.10.17)

【질의요지】

○ 1996.6.21 공배법에 의거 공장설립신설승인을 득하여, 1997.10.13 농지전용부담금 등 납부 후 공장용지부지 정리작업 중에 있음.

○ 이와 같은 상황에서 공장설립승인 후 창업사업계획승인으로 변경이 가능한지 여부

○ 만약 변경이 가능하다면 기용도지역 변경허가를 받아 추진 중에 있던 산림 및 농지는 원상회복을 시켜야만 되는지 여부(민원인)

【답　변】

　창업사업계획승인제도는 창업자의 공장설립 절차를 간소화하고 부담금감면 등의 지원을 하기 위한 제도이므로, 귀하의 질의와 같이 「공업배치및공장설립에관한법률」의 규정에 따라 공장설립승인을 얻어 공장부지 조성공사 중인 창업자가 조세 등의 특례지원을 받기 위하여 공장설립승인을 취하하고 「중소기업창업지원법」에 의한 창업사업계획승인을 받고자 하는 경우에도 창업사업계획승인 신청이 가능하다고 봅니다.
　이 경우, 창업사업계획승인의 신청 및 처리방법은
－내용·규모·업종 등이 당초 공장설립승인의 것과 동일한 경우에는 기발급받은 공장설립승인서 및 공장설립취하원을 창업사업계획승인신청서에 첨부하여 제출하고, 공장설립승인신청 시 기제출한 서류는 창업사업계획승인 신청 시 제출한 것으로 가름하여 처리될 수 있으며,
－내용 등의 변경이 있는 경우에는 변경 부분에 대한 첨부서류만 추가로 징구하고 위의 경우와 동일하게 처리될 수 있습니다.

24. 창업공장 립에 관한 질의
　　회신: 창업 55477－254('97.7.1)

【질의요지】
창업사업계획승인을 콘크리트 타일·기와·벽돌 및 블록제조업(26955)과 이에 대한 시멘트·벽돌·블록을 생산품으로 득하였고 제품 제조공정상 건축물폐자재는 분쇄기로 분쇄한 후 골재는 위탁처리하고 모래는 시멘트·벽돌 및 블록 제조용으로 흙은 성토로 재활용한다 하였을 시 창업승인 공장에서 건물폐기물 중간처리업이 가능한지의 여부.
【갑설】 당초 창업승인 시의 제품제조공정상 건축물폐자재는 분쇄기로 분쇄한 후 골재는 위탁처리하고 모래는 시멘트·벽돌 및 블록제조용으로 흙은 성토로 재활용한다 하였으므로 건설폐기물 중간처리업(제조업 대상이 아님)을 겸

해서 할 수 있다.

【을설】 업종이 콘크리트 타일·기와·벽돌 및 블록제조업(26955)이며 창업지원법
    에 의해 승인된 업체로 승인 업종(제조업) 외에 일반서비스업인 건설폐기
    물 중간처리업을 할 수 없음.

【답　변】

> 중소기업창업지원법 제3조 및 동법 시행령 제3조의 규정에 의한 창업대상 업종은 제조업,
> 광업, 건축·엔지니어링 기타 기술서비스업, 정보처리 기타 컴퓨터운용관련업 등으로 동 업종
> 분류는 통계청에서 고시된 한국표준산업분류를 기준으로 하고 있음
> 　귀 질의와 같이 건축폐기물을 이용하여 시멘트벽돌 등을 생산하는 산업활동에 대하여 한국
> 표준산업분류를 관장하는 해당 관련부서에서 유권해석을 붙임과 같이 일반폐기물수집처리업
> (한국표준산업분류: 90011)으로 분류하고 있으며, 동 업종은 중소기업창원지원법 적용범위대
> 상 업종에는 포함되지 않음.

25. 행정자치부 질의응답사례(행정자치부 행정제도과 2001.11.5)

【질의요지】

공장부지매입 및 공장설립 등 창업관련된 민원사무 처리과정에서 지역주민의 반발
이 있을 경우에는 어떻게 처리해야 하는가?

【답　변】

> 민원사무의 처리는 관련법령에 정해진 민원사무처리기준에 의하여 처리하여야 함. 따라서
> 법령 등에 규정되어 있지 않은 절차나 구비서류를 요구하여서는 안 됨.
> 　최근 일부 지방자치단체에서 공장설립 등 창업관련 민원을 처리하는 과정에서 주민들의 반
> 발을 이유로 관련규정에 없는 주민동의서, 주민설명회 등을 요구하는 경우가 있는데 이는 바
> 람직하지 못한 것임. 주민의 행정참여 욕구의 증대, 환경보전, 주민이익의 보호 등을 이유로
> 지역사회의 이해와 관련된 각종 민원업무 처리 시 주민들의 참여, 의견개진, 반발 등이 점차
> 증가하는 추세에 있으며 이는 앞으로도 계속될 것임.
> 　그러나 이에 대한 대책으로 민원인이 주민들을 직접 설득하도록 하거나, 민원신청을 철회
> 하도록 하는 것은 바람직하지 않으며 행정기관이 적극적으로 나서 민원사무를 긍정적으로 처
> 리하려는 자세가 필요함, 즉 민원사항과 관련되는 법령의 내용, 지역주민의 의사, 민원처리
> 시의 득과 실 등을 잘 검토하여 필요에 따라 행정예고, 행정지도, 주민설득·홍보 등의 방법
> 을 체계적이고 다각적으로 사용함으로써 모두에게 이익이 되는 결과를 이끌어 내는 데 행정
> 기관이 주도적 역할을 하여야 할 것임. 또한 민원사무처리에 관한 법률시행령에 의한 실무종
> 합심회, 민원조정위원회 개최 시 관련 당사자 등을 참여토록 하여, 구체적이고 진지한 논의를
> 통한 해결방안도 생각해 볼 수 있다.

제4장

자금조달과 회계관리

1 벤처기업에 투자한 자금을 회수하는 방법

(1) 〈회계의 개요〉

▶ 자금계획 수립 시 유의사항

자금계획이란 일정 기간 동안 자금의 증감과 항목별 자금배정을 계획하는 것이다. 일반적으로 자금조달이라고 하면 금융기관으로부터 차입금을 조달하는 것으로 생각하기 쉽다. 그러나 현금예금만이 자금이 아니라 외상매출금이나 재고자산 등도 자금의 한 변형인 것이다. 따라서 회사의 원재료 등의 구입계획과 판매대금 등의 회수계획을 상호 연결하여 자금계획을 수립하여야 한다.

▶ 자금부족의 해결책

단계별	자금조달에 관한 세부사항
1	자금계획이 제대로 이루어지지 못하면 자금여유가 있어도 수익성 증대는 물론 흑자부도가 발생할 수도 있다. 반면 자금수지 계획이 철저하면 자금부족은 사전에 예방할 수도 있다.
2	자금조달은 기업 전체의 업무이다. 이는, 자금계획은 판매계획 – 이익계획 – 구입계획 – 원가계획 – 외상채권회수계획 – 생산계획 – 투자계획 등과 같은 각 계획에 의거하여 수립된다.
3	수입은 가능한 소극적으로 하여 최소한의 입금액만을 고려하고 지출은 가능한 적극적으로 하여 최대한의 출금액을 고려하는 것이 안전하다.
4	이익이 발생하였다고 하여 그만큼 자금이 증가하는 것은 아니다. 따라서 채권회수정책과 재고감축전략이 바로 자금 조달이다. 따라서 자금계획을 수립하는 데 있어서 판매대금의 회사가 현금인지, 어음인지, 그 비율은 어떻게 구성되는지 파악해야 한다. 또한 현금에서 어음으로 결재조건이 변경되었거나 어음의 기한이 연장된다면 각각의 대비책도 강구해야 한다.
5	자금계획을 수립할 때에는 판매와 구입 등 직접적인 영업활동에 의한 자금의 증감뿐만 아니라 상여금, 세금, 배당 등의 항목도 함께 고려해야 한다.
6	평상시에 회사의 담보여유능력, 은행차입능력을 스스로 진단하고 은행관계에 신뢰도를 부여하고 협력을 강화한다.
7	계속적인 금리동향, 자금동향을 체크하고 구속성 예금을 고려한 차입 및 지급일과 입금일의 균형을 유지하는 어음을 발행한다.

(2) 〈재무분석〉

● 수익성 비율

항 목	내 용
총자본 순 이익률	{당기순이익 / ((당기 총자본 + 전기 총자본) / 2)}×100
총자본 경상이익률	경상이익 / 총자본(기중평균)×100
자기자본 순 이익률(ROE)	{당기순이익 / ((전기자기자본 + 당기자기자본) / 2)}×100
매출액(영업수익)순 이익률	당기순이익 / 매출액×100
매출액 총이익률	총이익 / 매출액×100
금융비용 / 매출액비율	금융비율 / 매출액×100
자산운용수익률	(투자영업이익 / 평균운용자산)×100

● 안정성 비율

항 목	내 용
자기자본비율	(자본총계 / 자산총계)×100
부채비율	(부채총계 / 자본총계)×100
차입금 의존도	{(단기차입금 + 유동성장기부채 − 기타유동성장기부채 − 유동성 미지급금, 선수금 + 사채 + 장기차입금)}×100
고정비율	고정자산 / 자기자본×100
유동비율	(유동자산 / 유동부채)×100
당좌비율	(당좌자산 / 유동부채)×100
영업수지율	(영업수익 / 영업비용)×100
예대마진율	대출이자율 − 수신이자율
자기 자본대 차입금비율	(당기차입금 / 당기자기자본)×100
예대율	(대출금 / 예수금)×100

● 활동성 비율

항 목	내 용
총자본 회전율	매출액 / {(당기총자본 + 전기총자본) / 2}
매출 채권회전율	매출액 / 매출채권
재고자산 회전율	매출액 / 재고자산
자기자본 회전율	매출액 / 자기자본

● **성장성 비율**

항 목	내 용
매출액 증가율	{(당기매출액 − 전기매출액) / 전기매출액}×100
총자산 증가율	{(당기총자산 − 전기총자산) / 전기총자산}×100
자기자본증가율	{(당기자기자본 − 전기자기자본) / 전기자기자본}×100
대출금 증가율	{(당기대출금 − 전기대출금) / 전기대출금}×100

(3) 〈손익분기점(BEP)분석〉

개점·창업을 행하는 예비 창업자가 반드시 분석해 보아야 할 것이 손익분기점 매출액으로, 예상 매출액과의 비교를 통하여 투자의 타당성 및 채산성 여부를 판단하게 된다. 먼저, 손익분기점(Break Even Point)이란 총매출과 그것을 위해 지출된 총비용이 일치되는 매출액을 의미한다. 즉 일정 기간의 매출액이 그 기간에 지출된 비용과 같아서 이익도 손실도 발생하지 않는 지점을 가리킨다. 손익분기점(P) 계산식은 다음과 같다.

$$P = F / 1 - (V / S)$$

* F: 고정비, V: 변동비, S: 매출액

고정비에는 개점·창업 시에 일시적으로 지출되는 부문이 있는가 하면, 매월 정기적으로 지출되는 부분도 있다. 즉 보증금, 권리금, 관련 시설·인테리어비 등과 같은 항목은 일시에 지불되지만, 임차료나 재료비, 관리비 등은 매월 지출되게 된다. 손익분기점 계산에 있어 보증금이나 권리금 등은 은행에 입금하였을 때의 은행이율만큼의 금액을 매월 지출되는 비용으로 보면 되고, 시설·인테리어비 등에 들어간 비용은 감가상각비로 처리하면 된다. 예를 들어, 점포 임차기간이 2년이라면 총시설비용(시설·인테리어비 등)을 24개월(2년)로 나눈 금액을 감가상각비로 계산하면 되는 것이다. 하나의 사례를 들어 손익분기점 계산을 해보도록 하자. 금년 4월로 교직 생활 20년이 되는 김 씨는 퇴직금 등의 관계로 명예퇴직을 하는 동시에 커피숍을 개점키로 하고 집에서 출퇴근이 비교적 손쉬운 ○○동에 1층 점포를 임차했다. 점포의 임차기간은 2년이며 임차보증금 3,000만 원에 월임차료 100만 원, 권리금 6,000만 원을 주었다. 그리고 점포의 시설·인테리어비용으로 2,400만 원, 개점에 따른 기타 비용으로 600만 원, 종업원 두 명을 고용하여 인건비로 200만 원, 수도·전기·광열비 등으로 60만 원의 지출이 필요하다고 할 경우 김 씨의 손익분기점 매출액은 얼마일까? 먼저, 비용별로 나누어 살펴보면 다음과 같다.

① 투자 내역

내 용	투자 금액(만 원)	매월 금리(만 원)	연 금리
임차 보증금	3,000	25	연 10%
권 리 금	6,000	50	연 10%
시설 · 인테리어비	2,400	20	연 10%
기타 비용	600	5	연 10%
합 계	12,000	100	

② 고정비 내역

내 용	금액(만 원)
매월 금리	100
인 건 비	200
수도 · 전기 · 광열비	60
매월 임차료	100
감가상각비(2년)	100
합 계	560

③ 변동비 내역

내 용	변동비율(%)
상품 원가율(커피)	60.0
소모품 비율(크림, 설탕, 냅킨 등)	6.0
합 계	66.0

- 매월 금리: (12,000×10%) / 12개월＝100만 원
- 감가상각비: 시설 · 인테리어비 / 24개월＝100만 원
- 상품 원가율: 커피의 마진율이 40%라면 상품 원가율은 60%가 된다.
- 소모품 비율: 평균 소모품비 / 매출액

그럼 단계별로 공식을 대입하여 손익분기점 매출액을 계산하면,

고정비(F) = 560만 원

변동비율(V / S) = 0.66(66.0%)

손익분기점 = 고정비 / (1 − 변동비율) = 560 / (1 − 0.66)

　　　　 = 1,647.1만 원(월)

결국 김 씨의 커피숍은 1개월에 적어도 1,647.1만 원의 매출액은 올려야 손실 없이 점포를 운영할 수 있게 된다. 이 경우 손익분기점 이후 발생하는 초과 매출액을 전부 이익으로 보아서는 안 된다. 이익은 손익분기점 초과 매출액 중 변동비를 빼거나 총매출액에서 고정비와 변동비 합산 금액을 뺀 나머지 부분이 된다.

$$이익(G) = 매출액(S) - [고정비(F) + 변동비(V)]$$

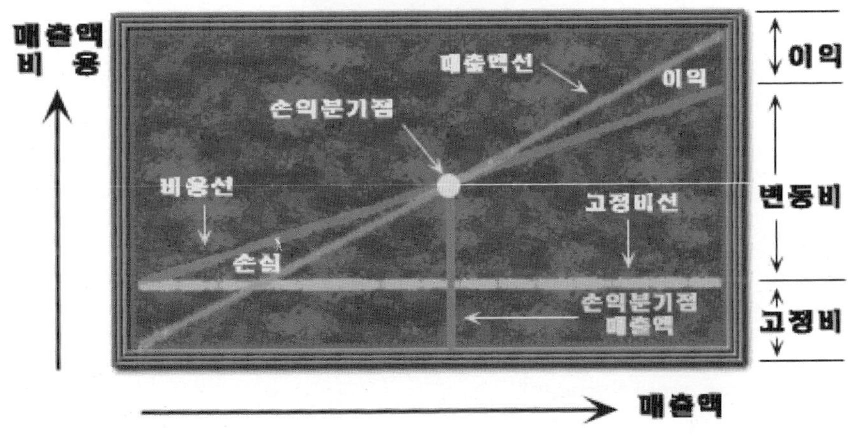

(1) 공헌이익 = 매출액 − 변동비

(2) 영업이익 = 공헌이익 − 고정비

(3) 변동비율 = 변동비 / 매출액

(4) 공헌이익률 = 공헌이익 / 매출액: 공헌이익률이 높으면 그만큼 제품의 수익률이 높다.

(5) 손이분기점의 매출액 = 고정비 / 공헌이익률

(6) 목표이익달성의 매출액 = (고정비 + 목표이익) / 공헌이익률

(7) 목표이익달성의 매출량 = (고정비 + 목표이익) / 단위당 공헌이익

(8) 매출액－매출원가＝매출 총이익

(9) 매출총이익－판매관리비＝영업이익

(10) 영업이익＋영업외수익－영업외비용＝경상이익

(11) 경상이익＋특별이익－특별손실＝법인세 비용차감 전순이익

(12) 법인세 비용차감 전순이익－법인세비용＝당기순이익

$$\text{목표이익을 고려한 손익분기점 매출량}(St) = \frac{\text{고정비}+\text{목표이익}}{\text{단위당공헌이익}}$$

$$\text{목표이익을 고려한 손익분기점 매출액}(Qt) = \frac{\text{고정비}+\text{목표이익}}{\text{공헌이익율}}$$

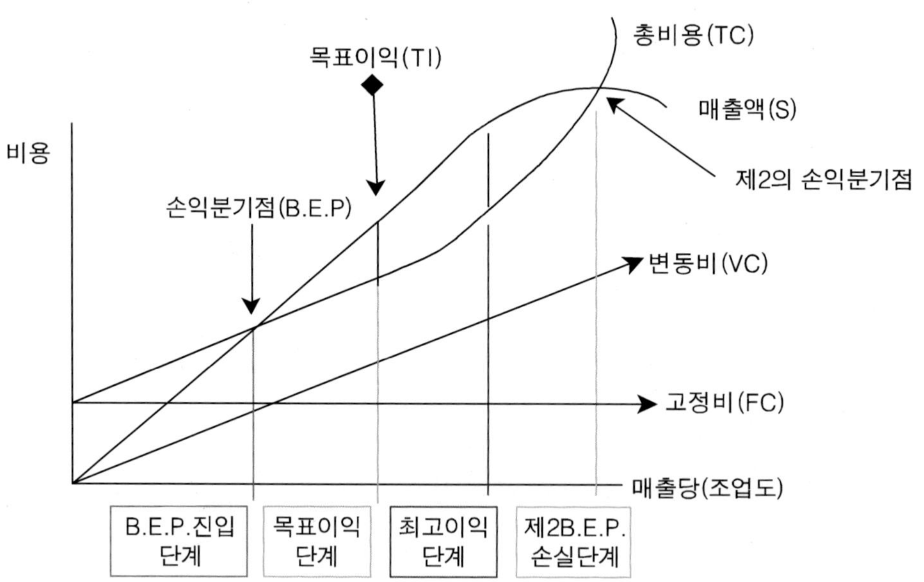

(1) 〈엔젤〉

	벤처캐피탈	엔 젤
투자단계	창업 후 주식공개까지의 후기 성장단계(Later stage) 선호	사업구상에서 발아 또는 성장 초기단계(Seed or Early stage) 선호
투자동기	고수익성	고수익성 · 친분 · 인연 중시
지원내용	자금지원 중심	자금지원 및 다양한 전문 노하우 제공
투자재원	투자가를 모집하여 펀드조성	개인 자산
자격요건	일정한 법적 자격요건 존재	자격요건 없음
위험허용도	상대적으로 작음	상대적으로 큼
투자수익성	상대적으로 작음	상대적으로 큼
피투자가의 위치	거리제한 없음	근거리 선호(160km 이내)
신분노출여부	공개적	익명을 선호
투자가와 피투자가의 만남	사전적으로 공지	우연성이 큼

출처: 중소기업청 엔젤투자 가이드, 서울젤클럽, 엔젤과 벤처캐피탈의 차이점 엔젤의 특징

- 엔젤은 '초기 성장단계'의 걸친 투자가 중심이나, 벤처 캐피탈은 '후기 성장단계'를 중심으로 투자
- 엔젤의 주요 투자동기는 벤처 캐피탈보다 높은 수익성 추구와 친구 · 지인 등에 의한 친분과 인연을 중시
- 엔젤은 기업에 자금만을 지원하는 것이 아니고 경영자에게 다양한 전문노하우를 제공하는 등 경영 참여 비중이 벤처 캐피탈보다 큼
- 엔젤은 투자기업의 신속한 동태파악을 중요시하기 때문에 일반적으로 근거리에 소재하는 기업을 선호

■ 엔젤

① 신생 벤처기업의 장기적인 자금조달의 어려움

② 주식시장의 활동은 불가능

③ 금융차입 의존 시 기업의 부채비율 상승으로 도산의 원인

④ 창업유치 단계에서 투자유치 환경 열악함

⑤ 또한 벤처캐피탈은 사업화가 이루어진 기업에 집중될 뿐만 아니라 최근 경기 침체로 인한 자금회수의 어려움으로 투자 곤란

- 엔젤 투자의 흐름
  - <1단계> 엔젤되기(entering): 규모가 큰 클럽이 투자기회 많음
  - <2단계> 투자할 기업 고르기(filtering): 투자유치 희망기업 찾기, 기업분석
  - <3단계> 투자협상(negotiating): 기업실사, 투자규모·가격, 투자절차
  - <4단계> 투자한 기업에 대한 감시 및 성공기업
  - <5단계> 투자회수(exiting): 상장, 지분양도, M&A, 기업의 매수
- 엔젤의 유형

  리드엔젤(Lead Angel)-대부분 창업경험이 있는 50세 전후의 성공한 은퇴 경영자로서 벤처기업 지원에 주도적인 역할을 하고 있으면 풍부한 자금, 경영경험 및 기술평가 능력 등을 보유하고 있어 비상근이사로 참여하기도 함

  서포트엔젤(Support Angel)-전문지식을 가지고 창업자를 지원하는 변호사, 회계사, 컨설턴트 등의 전문적 종사가 또는 벤처기업의 지인을 말함. 간접적인 지원을 하나 자기자금을 투자하기도 함.

- 엔젤의 필요성

  설립 직후의 벤처기업은 생산설비가 없고 재고부담이 없어 많은 자금을 필요하지 않으나, 대부분 연구개발 단계에 있어 연구가 획기적인 제품으로 이어져 성공할지 여부가 불확실하기 때문에 자금조달이 어려운 시기이며, 특히, 우리나라 금융관행 아래서는 담보력이 취약한 이 단계의 기업이 외부자금을 조달하는 것이 매우 어려운 실정

- 엔젤(Angel)의 정의
  - 엔젤은 창업 초기단계(early stage) 기업에 천사처럼 나타나 필요한 자금을 공급하는 개인투자가를 지칭함
  - 창업 직후 자금조달이 어려운 벤처기업에 대해 필요한 자금지원과 경영에 관한 자문 등을 수행함.
  - 미국은 엔젤을 Accredited Investor, 영국은 Business Angel 등으로 지칭
  - 우리나라에서는 「벤처기업육성에관한특별조치법」에서 창업 7년 이내의 벤처기업 또는 전환한 지 7년 이내의 벤처기업에 투자하는 '개인 또는 개인들로 구성된 조합'을 지칭
  - 창업 3년 이내의 벤처기업 또는 전환한 지 3년 이내의 벤처기업에 투자하는 경우, 조세감면 혜택을 주고 있음(조세특례제한법 시행령 제12조)

■ 벤처캐피탈과 일반금융기관

구 분	벤처캐피탈	일반금융기관
지원대상	성장유망 중소벤처기업	담보력 있는 업체
지원형태	주식인수, 전환사채인수 등	융자
담 보	요구 안 함	담보 · 보증서 요구
회수방법	기업공개, 환매, M&A	원리금 상환
리스크	높다	낮다
기대수익	투자이익 등	일정이자
지원결정	전문적인 투자심사	담보능력, 추가대출 여력
지원효과	장기적인 안정자금확보 대외신용도 제고	재무구조악화 이자 및 상환부담

■ 한국 벤처캐피탈과 미국 벤처캐피탈

구 분	한국 벤처캐피탈	미국 벤처캐피탈
자금규모	중소규모	대규모
경영참여	자금지원	경영권 장악
출자방법	보충주〈CB〈우선주	우선주
회수방법	기업공개, 환매	기업공개, M&A, 청산

■ 엔젤(클럽)과 엔젤 투자조합의 비교

구 분	엔젤조합	미국벤처캐피탈	
		엔 젤	엔젤클럽
성 격	2인 이상 49인 이하의 개인이 벤처기업 투자를 목적으로 금전을 출자한 일시적 계약	개인투자자	개인 투자자들로 구성된 임의적 모임
근 거	민법 제13조, 벤처기업육성에관한특별조치법 제13조	벤처기업육성에관한 특별조치법 제13조	–
결성요건	출자총액 5억 원 이상	–	클럽별 정관에서 규정
조세감면	– 투사금액의 30% 종합 소득공제 – 양도차익 비과세	좌 동	좌 동
조세감면 요 건	– 창업 / 전환 후 3년 내의 벤처 기업에 투자하여 5년 이상 주식보유 / 지분유지 – 출자 후 다음 과세연도까지 투자	– 창업 / 전환 후 3년 내의 벤처 기업에 투자하여 5년 이상 주식보유 / 지분유지	좌 동

■ 엔젤의 투자절차

벤처기업 → 엔젤클럽 ← 개인투자가(엔젤)
투자신청기업 평가
－기술성, 사업성 평가
－주식가치 평가
벤처투자설명회
Venture Fair
－수시 개최
－벤처기업의 사업계획 설명
투자희망 엔젤모집
－벤처기업의 사업계획 설명
－투자희망 엔젤의 벤처기업 실사
－투자 희망회원 협의
투자 내용협상
－투자규모, 형태, 방법, 조건 등 협의
－투자자문 및 조정
투자확정 및 계약
－투자계약서 작성
투자회수
－증권시장(코스닥)에 상장
－투자자금 및 투자수익 회수

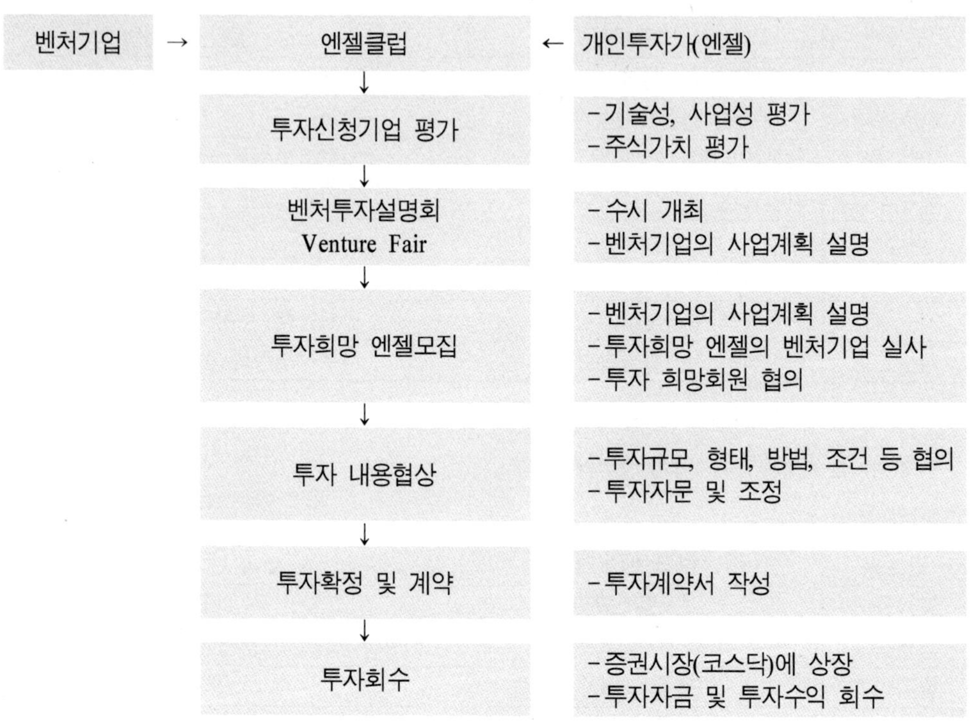

1) 리드엔젤(Lead Angel)

- 대부분 창업경험이 있는 50세 전후의 성공한 은퇴 경영자로서 벤처기업 지원에 주도적인 역할을 하고 있으며 풍부한 자금, 경영경험 및 기술평가 능력 등을 보유하고 있어 비상근이사로 참여하기도 함

2) 서포트 엔젤(Support Angel)

- 전문지식을 가지고 창업자를 지원하는 변호사, 회계사, 컨설턴트 등의 전문직 종사자 또는 벤처기업의 지인을 말함. 간접적인 지원을 하나 자기자금을 투자하기도 함.

■ 설립 직후의 벤처기업과 벤처캐피탈
 - 설립 직후의 벤처기업은 생산설비가 없고 재고부담이 없어 많은 자금을 필요로 하지 않으나, 대부분 연구개발 단계에 있어 연구가 획기적인 제품으로 이어져 성공할지 여부가 불확실하기 때문에 자금조달이 어려운 시기, 특히, 담보력이 취약한 이 단계의 기업이 외부자금을 조달하는 것이 매우 어려운 실정, 신생 벤처기업의 장기적인 자금조달의 어려움, 주식시장의 활동은 불가능, 금융차입 의존 시, 기업의 부채비율 상승으로 도산의 원인, 창업유치 단계에서 투자유치 환경 열악함.
 - 또한 벤처캐피탈은 사업화가 이루어진 기업에 집중될 뿐만 아니라 최근 경기침제로 인한 자금회수의 어려움으로 투자 곤란.
■ 엔젤과 벤처캐피탈
 엔젤은 '초기 성장단계'의 걸친 투자가 중심이나, 벤처캐피탈은 후기 성장단계를 중심으로 투자, 엔젤의 주요 투자동기는 벤처캐피탈보다 높은 수익성 추구와 친구, 지인 등에 의한 친분과 인연을 중시, 엔젤은 기업에 자금만을 지원하는 것이 아니고 경영자에게 다양한 전문노하우를 제공하는 등, 경영참여 비중이 벤처캐피탈보

다 커서 엔젤은 투자기업의 신속한 동태파악을 중요시하기 때문에 일반적으로 근
거리에 소재하는 기업을 선호한다.

■ 엔젤과 벤처캐피탈의 차이점

항 목	벤처캐피탈	엔 젤
투자 단계	창업 후 주식공개까지의 후기 성장 단계(Later stage) 선호	사업구상에서 발아 또는 성장 초기 단계(seed or early stage) 선호
투자 동기	고수익성	고수익성 · 친분 · 인연 중시
지원 내용	자금지원 중심	자금지원 및 다양한 전문 노하우 제공
투자 재원	투자가를 모집하여 펀드 조성	개인 자산
자격 요건	일정한 법적 자격요건 존재	자격요건 없음
위험 허용도	상대적으로 작음	상대적으로 큼
투자수익성	상대적으로 작음	상대적으로 큼
피투자가의 위치	거리제한 없음	근거리 선호(160km 이내)
신분노출 여부	공개적	익명을 선호
투자가와 피투자가의 만남	사전적으로 공지	우연성이 큼

출처: 중소기업청 엔젤투자 가이드, 서울젤클럽

3) 엔젤클럽현황

지 역	엔젤클럽명	결성일	대표자	간 사	전화번호	회원 수
서 울	서울엔젤클럽	1999.2	박용성	백중기 실장 여경 팀장	02 - 316 - 3441	1,000
	기보엔젤클럽	1999.3	이진주	정성훈 과장 최선종 대리	02 - 789 - 9322	319
	숭실대학교	1998.5	배명진	배명진	02 - 820 - 0017	100
	무한엔젤클럽	1997.5	조대연	최재원 팀장	02 - 553 - 0981 (내선: 400)	99
	스마트21엔젤클럽	1999.6	신형강	정경미, 한상영	02 - 579 - 8732 / 3	72
	한국발명엔젤클럽	1999.6	이기성	황종한 김은종	02 - 556 - 7176	55
	서강엔젤클럽	1999.3	장흥순	김현국	02 - 705 - 8756	12

지 역	엔젤클럽명	결성일	대표자	간 사	전화번호	회원 수
부 산	항도엔젤클럽	1999.3	박영복	강대기 교수	051 – 789 – 9333	100
	부산테크노 엔젤클럽	1998.7	강중길	최종수 교수	051 – 410 – 4402	58
대 구	미래엔젤클럽	1997.5	하영호	이종훈 회계사	053 – 754 – 5455	22
대 전	대덕엔젤클럽	1997.8	한기익	신해수	042 – 483 – 7110	50
경 기	경기엔젤클럽	1999.5	문병익	이용우 과장	0331 – 236 – 8891	580
충 북	충북엔젤클럽	1998.5	서도원	조규호 교수	0431 – 276 – 3335	31

■ 주식인수(지분투자) 절차 및 구비서류

인수절차	구 비 서 류
계 약	1. 신주인수계약서(생략 가능 또는 엔젤 공동으로 계약) 2. 청약서
납 입	3. 지정 납입계좌에 주금 납입
투자증명	4. 주권, 변경 등기부등본 수령 　● 주식 미발행 시 　　– 주식보관증 　　– 주식 미발행 확인서 　　– 변경 등기부 등본 수령
사후관리	5. 투자업체에 대하여 IR(사업설명회) 계획 요구 　(정기적인 IR을 통한 회사경영 확인) 6. 주주총회참석(정기재무제표 확인)

4) 엔젤조세지원제도

■ 개요: 벤처기업의 직접 금융조달을 활성화하기 위하여 벤처기업에 5년 이상 투자
　　　하는 개인투자가(개인 투자조합 포함)에 대하여 투자소득세 및 종합소득금
　　　액 일부를 공제해 주는 제도

■ 조건: 개인투자가와 투자기업 간 특수 관계가 없어야 함.

■ 투자 종류: 주식, 전환사채, 또는 신주인수권부사채 인수(지분투자)

■ 조세지원 내역: 양도차익 비과세 및 종합소득세 감면

지원대상	지원 내용	관련 규정
소득세	엔젤(엔젤조합)이 벤처기업에 투자한 주식 및 출자지분 양도차익 비과세	조세특례제한법 제14조제1항
	엔젤(엔젤조합)이 벤처기업에 투자한 금액의 20%를 당해 연도 도는 다음연도의 종합소득금액에서 공제(1과제연도)	조세특례제한법 제16조제1항

■ 양도소득세 비과세

구 분	엔 젤	엔젤투자조합
관련규정	벤처기업육성에관한특별조치법 제14조 및 조세특례제한법 제14조제1항	
대상주식 및 지분	창업 후 7년 이내의 벤처기업 또는 벤처기업으로 전환한 지 7년 이내인 벤처기업에 대한 최초 출자일 것 개인 및 조합원과 특수 관계가 없는 벤처기업일 것(*주 1)	
양도제한	출자일로부터 5년 이내에 양도하는 경우 양도소득세를 부과함.	

(주 1) 특수 관계 범위(법인세법 시행령 87조제1항)
　　　① 친족(배우자, 직계 존비속과 그 배우자, 형제와 그 배우자)
　　　② 본인이 대표이사이거나 그 주식의 50% 이상을 보유한 법인
　　　③ ②의 법인이 주식의 30% 이상을 출자한 법인

■ 투자액에 대한 소득공제

구 분	엔 젤	엔젤투자조합
관련규정	벤처기업육성에관한특별조치법 제14조 및 조세특례제한법 제14조제1항	
대상주식 및 지분	벤처기업육성에관한특별조치법에 의하여 벤처기업에 투자하는 경우	벤처기업육성에관한특별조치법에 의한 개인투자조합에 출자하여 이를 출자받은 과세연도의 다음 과세연도 종료일까지 벤처기업에 투자하는 경우
소득공제 금액	벤처기업에 투자한 금액의 20%	거주자가 개인투자조합에 출자한 금액 *개인투자조합이 벤처기업에 투자한 금액 / 개인투자조합의 출자총액 *20%
소득공제 한도	종합소득금액의 100분의 70	
세액의 추징	투자일로부터 5년 이내에 양도하는 경우	
소득공제 신청		개인 및 개인투자조합의 관리자(업무집행조합원)의 출자 또는 투자확인서 첨부
적용시한	1999년 1월 1일부터 2000년 12월 31일까지 출자 또는 투자분에 한함	

■ 엔젤의 필요성

　설립 직후의 벤처기업은 생산설비가 없고 재고부담이 없어 많은 자금을 필요하지 않으나, 대부분 연구개발 단계에 있어 연구가 획기적인 제품으로 이어져 성공할지 여부가 불확실하기 때문에 자금조달이 어려운 시기이며, 특히 우리나라 금융관행 아래서는 담보력이 취약한 이 단계의 기업이 외부자금을 조달하는 것이 매우 어려운 실정이다.

○ 신생 벤처기업의 장기적인 자금조달의 어려움

○ 주식시장의 활동은 불가능

○ 금융차입의존 시 기업의 부채비율 상승으로 도산의 원인

○ 창업유치 단계에서 투자유치 환경 열악함

■ 엔젤의 특징

　엔젤은 '초기 성장단계'의 걸친 투자가 중심이나, 벤처캐피탈은 '후기 성장단계'를 중심으로 투자 엔젤의 주요 투자동기는 벤처캐피탈보다 높은 수익성 추구와 친구·지인 등에 의한 친분과 인연을 중시 엔젤은 기업에 자금만을 지원하는 것이 아니고 경영자에게 다양한 전문노하우를 제공하는 등 경영참여 비중이 벤처캐피탈보다 큰 엔젤은 투자기업의 신속한 동태파악을 중요시하기 때문에 일반적으로 근거리에 소재하는 기업을 선호한다.

■ 엔젤과 벤처캐피탈의 차이점<출처: 중소기업청 엔젤투자 가이드, 서울엔젤클럽>

	벤처캐피탈	엔　젤
투자단계	창업 후 주식공개까지의 후기 성장단계(Later stage) 선호	사업구상에서 발아 또는 성장초기단계(seed or early stage) 선호
투자동기	고수익성	고수익성·친분·인연 중시
지원내용	자금지원 중심	자금지원 및 다양한 전문 노하우 제공
투자재원	투자가를 모집하여 펀드 조성	개인 자산
자격요건	일정한 법적 자격요건 존재	자격요건 없음
위험허용도	상대적으로 작음	상대적으로 큼
투자수익성	상대적으로 작음	상대적으로 큼
피투자가의 위치	거리제한 없음	근거리 선호(160km 이내)
신분노출 여부	공개적	익명을 선호
투자가와 피투자가의 만남	사전적으로 공지	우연성이 큼

【별표 1호 서식】

* 표지의 굵은 선 안은 기재하지 마십시오.

정리번호		관리번호		접수번호		산업분류번호	

중소기업	☐ 구조개선 ☐ 경영안정	☐ 지식기반 ☐ 특별경영안정	자금 신청서

<table>
<tr><td rowspan="11">기업현황</td><td colspan="2" rowspan="2">업 체 명</td><td>한글:</td><td rowspan="2">대 표 자</td><td>한글:</td></tr>
<tr><td>영문:</td><td>영문:</td></tr>
<tr><td colspan="2">법인등록번호</td><td></td><td>주민등록번호</td><td></td></tr>
<tr><td colspan="2">사업자등록번호</td><td></td><td>설립연월일</td><td>년   월   일</td></tr>
<tr><td rowspan="3">연락처</td><td>전 화</td><td colspan="3">대표자: ( )   –   담당자: ( )   –</td></tr>
<tr><td>휴대폰</td><td colspan="3">대표자: ( )   –   담당자: ( )   –</td></tr>
<tr><td>E–mail</td><td colspan="3">대표자: 담당자:</td></tr>
<tr><td colspan="2">홈페이지 주소</td><td></td><td>FAX</td><td>( )   –</td></tr>
<tr><td rowspan="3">소재지</td><td>본 사</td><td colspan="3">주소: 우편번호[–   ]</td></tr>
<tr><td rowspan="2">공 장</td><td colspan="2">주소: 우편번호[–   ]</td><td>소유   ☐ 자가 ☐ 임차</td></tr>
<tr><td>면적 대지: ㎡ 공장: ㎡</td><td colspan="2">용도지역: (전용공업, 공업, 준공업, 상업, 주거)지역 기타 지역(   )</td></tr>
</table>

<table>
<tr><td rowspan="2">주 생산품목</td><td>한글:</td><td rowspan="2">매 출 액
[수출액]</td><td rowspan="2">백만 원
[백만 원(천 불)]</td></tr>
<tr><td>영문:</td></tr>
<tr><td>종 업 원 수</td><td>명</td><td>자 본 금</td><td>백만 원</td></tr>
<tr><td>자산총액</td><td>백만 원 부채총계   백만 원</td><td>자본총계</td><td>백만 원</td></tr>
</table>

<table>
<tr><td rowspan="4">신청</td><td>소요자금</td><td>시설: 백만 원
운전: 백만 원</td><td>신청금액</td><td>시설: 백만 원
운전: 백만 원</td></tr>
<tr><td>대출취급기관</td><td colspan="3">☐ 진흥공단   ☐   은행   지점</td></tr>
<tr><td>담보제공방법</td><td colspan="3">☐ 신용   ☐ 신용보증서   ☐ 부동산   ☐ 기타</td></tr>
<tr><td>신용보증기관</td><td colspan="3">기금   지점</td></tr>
</table>

동 신청서상에 기재된 내용에 대하여는 귀 공단 지원사업 및 신용정보 제공에 활용하여도 이의가 없음을 확인합니다.

20 년 월 일
신청인(대표)   (인)

중소기업진흥공단이사장 귀하

(1) 신청서 작성요령

① 설립연월일: 법인기업은 법인등기부등본상 설립일, 개인기업은 사업자등록증상의

개업연월일과 일치하도록 기재(개인기업의 법인전환 시 설립연월일은 개인사업자등록증상의 개업연월일로 기재)

② 자산총액, 총매출액, 수출액은 최근 결산연도를 기준으로 작성

③ 종업원 수는 최근 3개월간 소득세 징수액집계표(A01: 월급여근로자)의 평균으로 기재

④ 입력란이 모자랄 경우 별지 작성 요망

⑤ 인터넷 http://www.sbc.or.kr에 접속 → 자금 / 입지지원사업 → 신청서받기

(2) 첨부서류

구 분	첨부서류명
공 통	1. 법인등기부등본 1부(법인에 한함) 2. 최근 월의 국세(부가세, 법인세)와 지방세(재산세, 주민세 완납증명원) 각 1부 3. 최근 3개년 재무제표(재무제표 제출이 불가능한 업체는 추정재무제표 제출)와 금융거래확인서(거래금융기관 모두 제출) 각 1부

해당 시	1. 신청시설에 대한 견적서(또는 계약서)와 카탈로그(또는 설계도면) 각 1부
	  - 경(공)매자금 신청의 경우, 매매계약서 또는 잔금납입 기일통지서
	  - 공장인수 또는 중고설비구입의 경우에는 매매계약서
	  - 건축자금 신청의 경우에는 건축계약서
	2. 수출실적확인서

(3) 투자설비내역(해당 업체만 작성)

(단위: 백만 원)

시 설명	규 격	수 량	단 가	소요금액 (VAT 제외)	제작사 (국산 / 외산)	비 고
합 계						

주) 설비명은 계약서 또는 견적서상의 품목명과 일치시키고 중고설비의 경우 비고란에 기재

(4) 운전자금 소요내역

(단위: 백만 원)

구 분		내 역	금 액
소 요 자 금	기술개발비용		
	시제품제작비		
	원·부자재구입비 및 인건비 등		
	시장개척비 등		
총소요금액			

※ 소요자금 산정내역을 세부적으로 작성

(5) 약 도

- 주변지리정보, 대중교통수단, 주차가능 여부 등은 반드시 기재

담당자 휴대폰: ___________________________

(6) 정상화 계획서(특별경영안정사업 신청 시만 작성)

1. 구조조정 원인 및 현황
   - 재무부문
   - 기술부문
   - 기타부문

※ 각 부문에서 겪고 있는 애로를 기술할 것
2. 회생전략
    - 경영 및 관리능력 제고
    - 시장(산업) 동향분석
    - 영업 및 마케팅
    - 기술부문
    - 재무부문
3. 자금지원 시 향후 3년간 매출 / 현금흐름

(2) 첨부서류

구 분	첨부서류명
공 통	1. 법인등기부등본 1부(법인에 한함) 2. 최근 월의 국세(부가세, 법인세)와 지방세(재산세, 주민세 완납증명원) 각 1부 3. 최근 3개년 재무제표(재무제표 제출이 불가능한 업체는 추정재무제표 제출)와 금융거래확인서(거래금융기관 모두 제출) 각 1부
해당 시	1. 신청시설에 대한 견적서(또는 계약서)와 카탈로그(또는 설계도면) 각 1부 - 경(공)매자금 신청의 경우, 매매계약서 또는 잔금납입 기일통지서 - 공장인수 또는 중고설비구입의 경우에는 매매계약서 - 건축자금 신청의 경우에는 건축계약서 2. 수출실적확인서

(3) 투자설비내역(해당 업체만 작성)

(단위: 백만 원)

시 설 명	규 격	수 량	단 가	소요금액 (VAT 제외)	제작사 (국산 / 외산)	비 고
milling machine	bf-10b3s	1	300	300	00기계	-
-	-	-	-	-	-	-
-	-	-	-	-	-	-
합 계	-	1	300	300	-	-

주) 설비명은 계약서 또는 견적서상의 품목명과 일치시키고 중고설비의 경우 비고란에 기재

(4) 운전자금 소요내역

(단위: 백만 원)

구 분		내 역	금 액
소요자금	기술개발비용	개발인력인건비 5인 *10개월	100
	시제품제작비		
	원·부자재구입비 및 인건비 등	재료구입	100
	시장개척비 등		
총소요금액			200

※ 소요자금 산정내역을 세부적으로 작성

(5) 약 도

■ 주변지리정보, 대중교통수단, 주차가능 여부 등은 반드시 기재

담당자 휴대폰: (000) 000 - 0000 과장 홍 길 동
주변지리정보: 여의도 MBC 맞은편
대중교통수단: 지하철 5호선 여의도, 여의나루역 하차 도보 5분 거리
주차가능 여부: 가능

(6) 금융거래확인서(해당 금융기관에서 발급)

금 융 거 래 확 인 서

(기준일: 20   .   .   .)

1. 여신 현황

(단위: 천 원)

종 별	용 도	이 율	당초차입		잔 액	대출기한	비 고	금융기관 거래성실도 (우량업체, 할인우대 등)	
			일 자	금 액					
								종 류	
								선정일자	
								유효기간	
								비 고	

종 별	용 도	이 율	당초차입		잔 액	대출기한	비 고	금융기관 거래성실도 (우량업체, 할인우대 등)
			일 자	금 액				
계								

※ 정책자금지원과 관련된 여신은 비고란에 정책자금명을 기재하여 주시기 바람

2. 담보 현황

(단위: 천 원)

소재지	소유자	채무자와의 관계	종 류	수 량 (㎡, 점)	감정가격	감정일자	설정내용 (순위, 금액)	비 고
계								

3. 기준일로부터 1년 이내 당좌부도 발생 유무: 있음(1차부도일, 2차부도일, 3차부도일), 없음

4. 기준일 현재 원금 또는 이자의 납입지체 여부: 있음   없음

5. 최근 3개월 이내 10일 이상 계속된 원금 또는 이자의 납입지체 명세

    (20   년   월   일부터 기준일까지)

    (대상기간 중에 상환 또는 대환처리된 여신에 대하여도 납입지체 내역을 기재하여 주시기 바람)

(단위: 천 원)

여신종별	납입지체발생일	납 입 지 체 금 액		납입지체정리일	납입지체일수	비 고
		원 금	이 자			

당업체와 귀행과의 위 거래상황을 확인하여 주시기 바랍니다.(용도: 중소기업진흥공단 제출용) 　　　　　　20 ．　．　． 기업체명 대 표 자　　　　　　　　□□	위와 같이 상위 없음을 확인함 　　　　　　20 ．　．　． 은행(기금)　　　점(부)장　　　□□ 전화번호:

※ 작성상 유의사항 이면참조

중소기업진흥공단

작성상 유의사항

1. '기준일'은 신청일로부터 1개월 이내 최근 시점으로 하고, 금액의 두부, 해당 항목의 유무 등에 '확인인'을 날인하여 주실 것
2. 여신 현황
   가. 신용보증, 지급보증, 외화지급보증 등의 우발채무도 기재하실 것
   나. 당좌대출, 할인어음, 무역금융 등 한도거래인 경우에는 한도설정금액을 기재하시고, 기준일 현재의 잔액을 비고란에 기재하실 것
   다. 금융기관 거래성실도의 내용 중 한도액이 설정된 경우에는 비고란에 기재하실 것
3. 담보 현황
   가. 담보 물건별 소재지, 소유자, 수량, 설정내용 등을 빠짐없이 기재하여 주실 것
   나. 선순위 설정이 있을 때는 선순위내용을 적자로 표시(선순위권자, 순위, 설정액)하시고 감정가격은 총액(선순위 공제 전)으로 기재하실 것
   다. 견질담보물(예: 첨담보된 별도 부동산 등) 내용은 구분 표시하실 것
   라. 담보후취 조건부 대출의 경우 예상평가액을 구분 표시하실 것
   마. 타행 지급보증서 등의 담보 현황도 기재하실 것
4. 당좌부도 발생
   기준일로부터 1년 이내 당좌부도발생(가계당좌부도 포함) 유무의 있음 또는 없음 란에 ○표 하고, 1차, 2차, 3차 부도일자를 기재하실 것
5. 납입지체 여부 및 납입지체 명세
   가. '납입지체'라 함은 이자 납입지체로 인한 연체대출금 분류 유예 및 이자선납

일수에 대한 연체금리적용 면제 등에도 불구하고 대출금의 원금(분할상환금 포함) 또는 이자가 납입 기일에 상환되지 않은 경우를 말하며, 지급보증 대지급금 보유 및 기한의 이익을 상실시킨 경우를 포함함

나. '기준일 현재 납입지체 여부'는 원금, 이자의 구분 없이 있음 또는 없음 란에 ○ 표시 하실 것

다. '최근 3개월 이내 10일 이상 계속된 납입지체명세'의 기산일은 작성기준일로부터 소급하여 3개월 이전 응당일이 됨. 납입지체 사실이 없을 때는 '해당 사항 없음'이라 표시하실 것

라. 특히 당좌대출, 무역금융 등의 납입지체상황이 누락되지 않도록 하실 것

6. 기　타

기재사항란이 부족한 경우에는 별지를 첨부하여 작성하여 주시고, 반드시 간인을 날인하여 주실 것

기 업 현 황 표
(자금신청, 보증신청, 대출신청)

작 성 일   20   년 ○   월 ○   일
기업체명   ○ ○ ○ ○ ○
대 표 자   ○ ○ ○
작 성 자   ○ ○ ○

중소기업진흥공단

신 용 보 증 기 금

기술신용보증기금

은   행

참고사항	본 기업현황표의 내용은 귀사의 신용조사 자료가 되므로 정확하게 작성하여 주시기 바랍니다.
유의사항	본 기업현황표의 작성을 사실과 다르거나 허위의 자료를 제출할 경우에는 저희 기관 내규에서 정하는 바에 따라 향후 자금(신용보증)지원을 받을 수 없을 뿐만 아니라 전국 은행연합회의 「금융기관의 신용정보 교환 및 관리규약」에서 정하는 바에 따라 신용불량 거래처로 등록되어 타 기관과의 금융거래에서 불이익을 초래하며 민·형사상의 책임을 질 수도 있습니다.

(1) 기업체 개요

(단위: 백만 원)

기 업 체 명	000000		대표자명	000
소 재 지	주 소		전화번호	FAX
본 사	서울 영등포구 여의도동 000 - 00		02 - 000 - 0000	000 - 0000
사 업 장	1) 서울 구로구 구로동 000 - 00 2) 경기도 안산시 00동 000 - 00		02 - 000 - 0000 031 - 000 - 0000	000 - 0000 000 - 0000
홈페이지 주소	www.sbc.or.kr	E - Mail 주소	000@sbc.or.kr	
설립(개업)일자	1990. 1. 1	법인등록번호	000000 - 0000000	법인형태	주식회사

사업자 등록 번호	000 - 00 - 00000	무역업허가번호	00000
기 업 규 모	소기업	상시종업원	15 명

업 종 분 류	분 류 번 호	대 분 류	중 분 류	소 분 류
	29141	D	29	291

주요제품(상품)명	볼트

주 거 래 은 행	00은행 가리봉지점	당좌거래은행	00은행

경 영 규 모	결 산 일	총 자 산	납입자본금	매 출 액	순 이 익
	12월 31일	1,000	500	1,000	100

연 혁		관 계 회 사	
연 월	내 용	기업체 명	0000
1990. 1	설립	대표자 명	000
1992. 3	법인전환	법인(주민) 등록번호	
1995. 5	중소기업청 100PPM 품질혁신 인증획득		
1998. 7	벤처기업 인증 획득	소재지	서울 구로구
2000. 12	기업부설연구소 설립	업종 (주요제품)	철강제품
		결산기준일	
		자본금	

(2) 대표자 및 경영진 현황

(단위: 백만 원)

<table>
<tr><td colspan="6" align="center">대　표　　　자(경영실권자)</td></tr>
<tr><td>성　　　명</td><td colspan="2">0 0 0</td><td>주민등록번호</td><td colspan="2">000000 - 0000000</td></tr>
<tr><td>현　주　소</td><td colspan="3">서울 영등포구 여의도동 000</td><td>전화번호</td><td>02 - 000 - 0000</td></tr>
<tr><td>건 강 상 태</td><td></td><td>취미</td><td>종교</td><td>가족상황</td><td></td></tr>
<tr><td>자 격 증</td><td></td><td>상훈</td><td></td><td>경영형태</td><td></td></tr>
<tr><td>동 업 계 평</td><td colspan="2">양호(O)보통( )불량( )</td><td colspan="2">동 업계 종사 기간</td><td>10년</td></tr>
<tr><td>최 종 학 력</td><td colspan="5">1970년 0월 00 학교(대학원) 00 학과(졸업 수료 중퇴)</td></tr>
</table>

<table>
<tr><td rowspan="4">주 요 경 력</td><td>기　　간</td><td>근 무 처</td><td>근무처 업종</td><td>(담당업무)</td></tr>
<tr><td>1970.1 - 1980. 2</td><td>00000</td><td>철강제품</td><td>관리</td></tr>
<tr><td>1980.1 - 1990.1</td><td>000</td><td>볼트류</td><td>관리</td></tr>
<tr><td>1990.1 - 현재</td><td>000000</td><td></td><td>대표</td></tr>
</table>

<table>
<tr><td rowspan="4">거주주택</td><td>소재지</td><td colspan="3">서울 영등포구 여의도동</td><td rowspan="2">소유자
(관계)</td><td rowspan="2">( )</td></tr>
<tr><td>대　㎡, 건　㎡</td><td>임차관계</td><td colspan="2">전세 　백만 원, 월세 　천 원</td></tr>
<tr><td>설정관계 등</td><td colspan="5"></td></tr>
<tr><td>기타소유자산</td><td colspan="5"></td></tr>
</table>

<table>
<tr><td colspan="6" align="center">경영진(20 년 0 월 0 일 현재)</td><td colspan="4" align="center">주주(2000년 0 월 0 일 현재)</td></tr>
<tr><td>직 위</td><td>성 명</td><td>주민등록
번　호</td><td>경영실권
자와 관계</td><td>최종
학력</td><td>주요경력</td><td>주주명</td><td>경영실권
자와 관계</td><td>소유주식
금　액</td><td>비율
(%)</td></tr>
<tr><td>대표</td><td>000</td><td>000000</td><td>본인</td><td>대졸</td><td></td><td>000</td><td>본인</td><td>300</td><td>60%</td></tr>
<tr><td>이사</td><td>000</td><td>000000</td><td>타인</td><td>대졸</td><td></td><td>000</td><td>타인</td><td>200</td><td>40%</td></tr>
<tr><td>감사</td><td>000</td><td>000000</td><td>타인</td><td>대졸</td><td></td><td></td><td></td><td></td><td></td></tr>
<tr><td></td><td></td><td></td><td></td><td></td><td></td><td></td><td></td><td></td><td></td></tr>
<tr><td></td><td></td><td></td><td></td><td></td><td></td><td></td><td></td><td></td><td></td></tr>
<tr><td></td><td></td><td></td><td></td><td></td><td></td><td colspan="4" align="center">계(주주 수 2 명)</td></tr>
<tr><td></td><td></td><td></td><td></td><td></td><td></td><td>액면가</td><td>5천 원</td><td>주식 수</td><td>천 주</td></tr>
</table>

(3) 생산 및 영업 현황

가. 매출현황

(단위: 백만 원)

기 간 제품, 상품	전전기 1999.1.1~12.31	전 기 2000.1.1~12.31	당 기 2001.1.1~12.31
볼 트	300	500	1,000
계(수출실적)	(천 불)	(천 불)	100 (77 천 불)
반기별 실적 — 상반기	(천 불)	(천 불)	(천 불)
반기별 실적 — 하반기	(천 불)	(천 불)	(천 불)

나. 최근영업상황

(단위: 백만 원)

매출(수출) 실적(2001.12.31 현재)	1,000	(77 천 불)
수 주(L / C) 액(2002.2월 현재)	(L / C: 50 천 불)	
가격동향 / 제품(상품, 용역)	전년과 동일	원 재 료 / 전년과 동일
매출조건	현금 70 % / 외상 30 % 결제기간(45일 − 90일)	매입조건 / 현금 70 % / 외상 30 % 결제기간(50일 − 60일)

다. 주요거래처

(단위: 백만 원)

구분	상 호	연간거래액	전화번호	거래기간	구분	상 호	연간거래액	전화번호	거래기간
매출처	00물산 00자동차 00상사 기 타	300 200 300 200			매입처	00제강 00철강	100 200		
						계	300	약 2개 업체	
					외주가공	00금속 00금속	100 100		
	계	1,000	약 10개 업체			계	200	약 2개 업체	

라. 사업장 주요 시설

(단위: 백만 원)

사 업 장 및 주요 시설(2001년 12 월 31 일 현재)								
주사업장	소 재 지	서울 영등포구 여의도동 000				소유자 (관계)		000 (본인)
	대 ㎡, 건 ㎡	임차관계	전세 백만 원, 월세 천 원					
	설정 관계	00은행 담보설정						
	입지 조건	양호		가동 상황	월평균 24 일 1일 평균 8 시간			
	생산 방식	자사제조 80 % 외주가공 20 %		주문생산 80 % 시장생산 20 %				
상시종업원	사무직	3	기술직	2	기능직	10	기타	계 15

주요 시설(2001년 12 월 31일 현재)				제품 및 품질수준	
종 별	수 량	단 위	장부 가격	제 품 명	용 도
milling m/c	10	대	500	볼트	전자부품
former m/c	5	대	300		
				규격 표시 허가	유(0) 무( )
계	15	대	800	특 허 등	유(0) 무( )

마. 주요 생산 제품 개요

제품용도 및 특성(상품 및 서비스 주요 내용)	볼트: 자동차 조립부품으로 샤시, 버디, 엔진에 조립되는 부품으로 00자동차 등에 납품하고 있음. self drolling screw: 수출을 주종으로 하는 제품으로 일반 나사제품과 달리 철판을 관통하여 피물체를 체결하는 제품임.
제품생산공정도	※ 주 제품에 대해 기재하며, 비제조업의 경우 서비스 흐름도를 작성 가공 → 열처리 → 도금 → 포장 → 출하
향 후 수 요 전 망	자동차산업 및 전자산업의 성장으로 2002년도에는 2001년도 대비 매출액 30% 증가가 예상됨.

바. 기술개발실적(최근 3년 이내 개발실적만 중요도 순서로 기재)

개발과제 및 내용	개발기간	개발방법 (독자개발, 외주, 공동개발, 기타)	소요금액 (백만 원)	비 고 (사업화현황, 참여인원 등)
자동차 엔진용	1997~1998	독자개발	100	
볼트개발	1998~1999	독자개발	50	
earth 볼트개발	1999~2000	독자개발	100	
허브볼트개발	2000~2001	독자개발	60	특허출원 중

사. 규격표시 획득현황

규격표시명	허가(승인)품목	허가(승인)번호	승 인 기 관	허가(승인)일자
ISO 9002	볼 트	B000 - 000	중소기업인증센터	1997. 1. 1
QS 9000	볼 트	000 - 000	중소기업인증센터	1999. 1. 1

주) 규격표시명: ① ISO, KS, JIS, UL, QS, CE 등 국내외규격 ② Q Mark 등 품질인증
　　　　　　　③ 전, 열 등 형식승인 ④ KT, NT 등

아. 산업 및 지적재산권 등록현황

종 류	고안의 명칭	등록번호	등록일	발명자 (고안자)	권리권자
실용신안	펀치기구	0000000	2000.1.1	000	000000
실용신안	어스용 볼트	0000000	2001.1.1	000	000000

주 1. 종류: ① 발명특허등록 ② 실용신안권등록 ③ 의장권등록 ④ 프로그램 등록 등
　 2. 출원 중인 경우 등록번호와 등록일란에 신청접수번호와 신청일을 기재

정책자금(신용보증, 여신거래)신청서

Ⅰ. 신청인

업체명	○ ○ ○ ○ ○ ○		대 표 자	○○○
주 소	본 사	서울 영등포구 여의도동 ○○○		
	사업장	서울 구로구 ○○동 ○○○		

Ⅱ. 신청내용

1. 정책자금(중진공)

소요자금	시설: 300 백만 원 운전: 200 백만 원		신청금액	시설: 300 백만 원 운전: 200 백만 원
대출취급기관	□ 진흥공단	□ ○○ 은행 가리봉 지점		
담보제공방법	□ 신용 □ 신용보증서	□ 부동산 □ 기타		
신용보증기관	기금 지점			

2. 신용보증(보증기관)

보증신청내용		관련주채무내용	
보증종류	보 증	채무종류 (대출과목)	
신청금액		채무액 (대출금액)	
보증기한	20 . . .	이행기한 (대출기한)	20 . . .
보증해지방법		이행방법 (대출상환방법)	
보증방법	(개별, 근) 보증	이자율(%)	
비 고			

3. 여신거래(은행)

소요금액		신청금액		용도	
여신희망일	년 월 일		여신기간	년(또는 월)	
상환방법	□ 원금일시상환 □ 원금균등분할상환 □ 원리금균등할부상환 □ 수시입출통장				

Ⅲ. 연대보증인

위 기관으로부터 연대보증인 입보 요청이 있을 경우 이에 응하겠습니다.

20   년 0 월 0 일

신청인(대표)　　OOO　　(인)

중소기업진흥공단(신용보증기금, 기술신용보증기금,　　　　은행) 앞

사 업 계 획 서
(자금신청, 보증신청, 대출신청)

작 성 일　20 년 O 월 O 일
기업체명 ＿O O O O O O＿
대 표 자 ＿ O O O ＿
작 성 자 ＿ O O O ＿

중소기업진흥공단

신 용 보 증 기 금

기술신용보증기금

　　　　은　행

I. 개 요

신청자금명	구조개선(자금, <u>융자</u>, 사업, 지원)		중분류 사업명	세분류 사업명	
계획사업명	신제품 개발		계획제품	볼 트	
사업기간	20**. *.∼20**.*.(총 12개월)		사업구분	☐ 1년 이내 사업 ☐ 1년 초과 사업	
투자규모	시설자금	300			
	운전자금	200			
상세내용	(사업의 동기, 제품의 특성, 기존사업과의 관계, 공장입지, 보육기술 등)				

o 신규 판매처 개발로 매출액 증가 예상되므로 안정적인 생산량을 확보하기 위하여 신규 시설 투자
o 신제품개발을 통하여 제품경쟁력을 향상시키고자 연구개발비 투자

II. 소요자금 규모 및 조달계획

(단위: 백만 원)

소요자금			조달계획	
계획시설명	수 량	금 액	차입금	자기자금
대 지	㎡			
건 물	㎡			
기 계	1대	300	300	
기 타				
소 계		300	300	
1회전 추가 소요운전자금	(회전기간 일)			
합 계				
자금조달방법 및 일정			(자기자금 및 차입금으로 구분하여 구체적으로 기재)	
중소기업진흥공단 OOOO사업자금 대출을 통하여 조달				

Ⅲ. 주요설비명세

(단위: 백만 원)

설비명	규 격	단 가	수 량	금 액	구입처
milling m / c	bf - 10b3s	300	1	300	00기계
합 계					

Ⅳ. 공사진행 일정(인허가내용 포함)

사업승인(　월), 기계도입(　월), 제품생산(　월)

Ⅴ. 생산능력(일　10 시간, 년　298 일 가동기준)

(단위: 백만 원)

제품명	단 위	시설 전(A)		시설 후(B)		증가율 (B - A) / A
		수 량	금 액	수 량	금 액	
볼 트			1,000		1,300	30%
합 계			1,000		1,300	30%

Ⅵ. 판매계획

1. 개 요

(단위: 백만 원)

제품명	단 위	판매단가 (　원)	예상매출액				
			2002년	2003년	2004년	년	년
볼 트			1,300	2,000	3,000		
합 계			1,300	2,000	3,000		

2. 주요 판매(예상)처

(단위: 백만 원)

업체명 (대표자)	소재지(전화)	판매품목	예 상 판매금액	판매조건
ㅇ ㅇ 자동차 ㅇ ㅇ 상 사	경기도 00 000 경남 00시 000	볼트 볼트	500 300	현금 30일 어음
기 타			200	
합 계			1,000	

3. 주요 원재료 구매(예상)처

(단위: 원)

업체명 (대표자)	소재지(전화)	구매품목	단 가	구매조건
ㅇ ㅇ 제강 ㅇ ㅇ 철강	서울 구로구 경북 00시	철선 철선		30일 어음 현 금

Ⅶ. 시장성

ㅇ 동 업계 동향: 당사의 주 제품인 볼트를 생산하는 업체는 한국금속공업협동조합에 등록된 업체만 00개 업체이며 등록하지 않고 영위하는 중소규모의 업체가 수백 개에 달하며 품질 신기술개발에 의한 제품력과 제품을 생산하기 위한 원가절감 노력을 하고 있음.

ㅇ 경쟁관계: 00기계, 000기계 등과 경쟁관계에 있으며, 현재 내수시장 점유율은 당사가 00%로서 업체 0위를 차지하고 있음.

ㅇ 판매전략: 기술수준의 향상 및 불량률 제로 목표로 국내 고정거래처의 신뢰도를 확보하고 신개발품 연구와 더불어 철저한 생산체계로 원가를 절감하여 경쟁력을 확보하며 대외적인 정보와 거래처 상황에 적극 대처하여 신속 정확한 납품이 되도록 운영하고 있음.

－동 업계 및 수요산업 동향, 경쟁업체, 판매전략 등을 기재

Ⅷ. 추정손익계산서(3개년)

항 목	2001년도	2002년도	2003년도
	금 액	금 액	금 액
매출액	0,000	0,000	0,000
매출원가	000	000	000
매출총손익	000	000	000
판매비와 관리비	00	00	00
운반비	0	0	0
노무비	0	0	0
복리후생비	0	0	0
기 타	0	0	0
영업손익	00	00	00
영업외수익	00	00	00
이자수입	0	0	0
기 타	0	0	0
영업외비용	00	00	00
이자비용	0	0	0
기 타	0	0	0
경상손익	00	00	00
특별이익	00	00	00
특별손실	0	0	0
법인세비용차감전순손익	0	0	0
법인세비용	0	0	0
당기순손익	00	00	00

매출액대비 연구개발투자비 명세서

신청인	상호명		사업자 등록번호	
	대표자명		주민등록 번호	
	주 소		전화번호	

연구개발투자비 내역

작성자:　　　　　주소:　　　　　　　　　　전화:

매출액(A)		원	연구개발비(B)	원
연구개발비 내 역	1. 기술개발비:　　　　　　　　　　　　원 ㅇ 자체기술개발비:　　　　　　　　원 ㅇ 위탁 및 공동기술개발비:　　　　원 ㅇ 기 타:　　　　　　　　　　　　원 2. 인력개발비:　　　　　　　　　　　원 ㅇ 위탁훈련비:　　　　　　　　　　원 ㅇ 기타:　　　　　　　　　　　　　원			
B / A			%	

위의 확인사실이 허위작성임이 밝혀질 경우, 벤처기업 확인업무와 관련한 불이익 및 관련 규정에 의한 처분을 감수할 것임을 약속합니다.

년　　　월　　　일

사무소(법인)　　　　　□□

첨부서류 1. 별표2의 연구개발비 산정표 및 근거서류 목록
　　　　　2. 공인회계사의 감사보고서, 세무사 경영 · 기술지도사의 산정의견서
　　　　　3. 기업부설연구소 인정서 사본

1. 창업중소기업의 창업일의 정의
   회신: 세정 13407−934('99.6.26)

【질의요지】

가. 본인은 1999년 1월 초부터 자동차부품을 생산코자 사업계획을 구상하고 공장을 매입기 위하여 자금염출 등 제반 준비를 완료하고 마침내 법원의 경매물건을 낙찰받아 3억 2천여 만 원을 주고 1999년 4월 16일 등기를 필하고 취득세, 등록세를 납부한 사실이 있으며 관할세무서로부터 사업개시일 1999.4.10일로 동년 6.21 사업자등록필을 교부받은 사실이 있음.

나. 중소기업체가 창업을 하고 부동산(공장)을 취득하여 지방세(취득세, 등록세) 75%의 세제지원을 받기 위하여 경북달성군청에 기히 납부한 취득세, 등록세 환급 신청한바 다음과 같은 사유로 세제지원의 혜택을 받지 못하였음.

다. 관한군청(○○군청)에서는 사업자등록증 발급일자 이전에 공장을 매입하였다 하여 감면혜택을 받을 수 없다 하나

   1) 이는 부가가치세법 시행규칙 제3조에 의한 사업개시일이 명시된 바 창업일 기산점과 사업자등록증 발급일자와는 차이가 있음은 통례임

   2) 본인은 사업자등록증 발급 이전에 1999년 초부터 사업을 구상, 자금염출을 위하여서는 상당한 기간이 소요되며 따라서 사전에 사업자등록증을 교부받을 수 있는지 여부를 미처 누구나 알지 못하는 사실일 것임.

   3) 지방자치단체에서 기본법(세법)을 무시하고 업무지침으로 명시함은 업무처리상 관의 편의로 임의 규정한 내부예규이며 이는 쟁의가 다분한 악법임
      예) 개인은 사업자등록증 교부일자, 법인은 설립등기일자

   4) 당연히 관할 세무서장이 인정한(사업자등록증에 명시된) 사업개시일을 창업일로 보는 것이 타당함

【답　변】

　중소기업창업지원법 시행규칙 제3조에 의하면 창업일은 창업자가 개인일 경우에는 부가가
치세법 시행규칙 제3조의 규정에 의한 사업개시일(중소기업창업지원법 제21조제1항의 규정
에 의한 사업계획의 승인을 얻어 사업을 개시하는 경우에는 부가가치세법 제5조제1항의 규
정에 의한 사업자등록일)로 규정되어 있고, 부가가치세법 시행규칙 제3조에 의하면 제조업에
있어서는 제조장별로 재화의 제조를 개시하는 날을 사업의 개시일로 규정하고 있음
　귀문의 경우 사업계획승인을 얻어 사업을 개시하는 경우라면 사업자등록일이 창업일이 되
며, 사업계획의 승인을 얻어 사업을 개시하는 경우가 아니라면 재화의 제조를 개시하는 날이
창업일이 되므로 창업일 이후에 사업용 자산을 구입한 경우라면 취득세와 등록세 감면대상임.

2. 창업중소기업의 범위

　　회신: 세정 13407－603('99.5.18)

【질의요지】

1) '갑' 회사(주식회사)의 법인설립 후 상황은 다음과 같음

일　자	내　　　　　용
'99.4.3	○○광역시를 본점소재지로 하는 '갑' 회사 설립
'99.4.9	농어촌지역인 ○○군 ○○읍에 소재하는 공장(토지, 건물, 기계만 경락 인수함)을 경매를 통해 '갑' 회사 명의로 경락받음
'99.4.16	법원으로부터 경락허가 통지받음
'99.4.20	'99.4.13 주주총회의 결의로 본점소재지를 위 공장이 소재하는 ○○군 ○○읍으로 이전하고 본점소재지 변경등기함
'99.5.14	경락받은 공장의 대금 완납 및 소유권이전 등 기신청 예정
'99.5.15	공장 가동개시 예정

2) 갑 회사는 농어촌지역인 ○○군 ○○읍 소재 섬유제작업체를 입찰을 통해 경락을
　받아 창업하기 위하여 법인을 설립하고자 하였으나 위 입찰의 경우 최고 입찰자에
　게 낙찰이 되기 때문에 경락이 될지 안 될지 알 수 없는 상황이고 또한 이건 물건
　의 소재지에는 아무런 연고가 없으며, 어느 위치의 물건이 경락이 될지 안 될지 알
　수 없는 상황이며, 개인으로 응찰하면 법인으로 전환하기 위하여 이중으로 소유권
　이전등기를 하여야 하는 등 문제가 있어 하는 수 없이 입찰에 참가하기 위하여 대

표이사의 연고지인 ○○광역시에 일단 법인설립을 하여 이건 공장 입찰에 99.4.9 응찰하여 99.4.16 낙찰허가를 받고 잔금 납부 및 창업활동(공장가동) 이전에 본점소재지를 창업물건 소재지로 이전하여 창업활동을 위해 준비 중에 있음.

3) 또한 법인설립 이전에 공장이나 공장용지를 매입하면 취득세 등을 감면받을 수 없고, 그렇다고 공장용지도 매입하지 않은 상태에서 지상건물도 없는 타인의 대지 위에 법인 본점등기를 할 수 없는 것이 현 실정임. 그리고 당사와 같이 법원 경락허가를 받은 즉시 창업활동 전(잔금지급전)에 본점소재지를 창업물건 소재지인 농어촌지역으로 이전하여 잔금을 납부하고 창업활동을 할 예정인 바, 이러한 경우 실질적인 창업활동은 본점소재지로 본점을 이전한 후에 이루어지게 됨.

【답 변】

> 조세특례제한법 제6조와 제119조제3항 및 제120조제3항 규정은 '농어촌지역에서 창업한 중소기업'이 적용대상이므로 귀문의 경우 농어촌지역이 아닌 ○○광역시에서 창업(창업일은 법인설립등기일을 말함)을 한 후 비록 농어촌지역으로 이전하였다고 하더라도 농어촌지역에서 창업한 중소기업에 해당되지 않음

3. 창업중소기업에 관한 지방세 감면

회신: 세정 13407－88(’00.1.21)

【질의요지】

축산물종합처리장건설사업실시요령(’96.9농림부축산국)에 의거 가칭 ○○○마을에서 기본 사업계획서를 수립하여 ’96.12.24 농림부에 사업신청을 하였으며 ’97.3.18 농림부로부터 축산물종합처리장 사업계획승인을 득하였음.(3개년 사업으로 총사업비 8,000백만 원 중 축산발전기금 융자 6,320백만 원, 자담 1,680백만 원) ○○도 ○○시 ○○읍 ○○리 1283번지 소재에 ’97.4.29 주식회사 ○○○○마을 법인을 설립하여 사업계획에 의거 사업장 부지매입을 시작하였으며, 또한 사업선정부지의 용도변경을 비롯한 국토이용계획변경 신청을 ’97.6월에 농림부에 신청하였으며, 지역주민의 민원발생으로 인한 민원 해결을 동시에 진행하게 되었음. 97.12월 누구도 예상치 못한 IMF사태로 동 사업을 진행하는 과정에서 어려움이 98년 내내 이어짐으로 하여 본 사업을 포기하

려고 하였으나, 축산농가 소득증대의 고용창출에 기여한다는 신념하에 행정기관과 더불어 새로운 각오와 신념으로 현재에 이르게 되었음. 축산물종합처리장 건설 추진과정에서 서술한 대로 건설을 위한 기본 준비 단계와 실질적으로 건축허가를 받은 후 13개월의 시공기간을 거쳐 '99년 12월 23일 준공허가를 득하였음. 따라서 공장의 조속한 가동을 위하여 타 축산물종합처리장보다 더 열심히 하여 빠른 시일 내에 준공을 할 수 있었음. 왜냐하면 본 축산물 종합처리장 건설사업은 사업의 규모나 성격상 창업일로부터 부지매입을 비롯한 각종 인·허가과정, 공사기간을 검토할 때 도저히 2년 이내는 그 누구도 공장가동을 위한 완공이 어려우므로 더욱 부당하다고 판단됨. 법에 대해 문외한인 저희들로서는 창업일로부터 지금에 이르기까지 계속 공장건설과정 중인 사업이고, 또한 사업승인일로부터 3개년을 목표로 공장신축건설 사업으로 진행 중인 정책사업이며, 모든 법적 절차를 밟아서 최단기간 내에 사업을 완료하였고, 한 시간이라도 헛되이 보내지 않았다고 생각함. 또한 창업중소기업감면 혜택의 법제정 취지는 건전한 중소기업을 육성하고 고용창출을 위한 것이라고 생각함.

【답　변】

조세특례제한법 제119조제3항 및 제120조제3항의 규정에 의하여 창업중소기업이 당해 사업을 영위하기 위하여 창업일로부터 2년 이내에 취득한 사업용 재산에 대하여는 등록세·취득세를 면제하도록 되어 있고, 법인의 경우 창업일이라 함은 법인설립등기일을 말하므로 법인설립등기일('97.4.29)로부터 2년을 경과하여 사업용 재산을 취득하였다면 취득세·등록세의 감면대상에서 제외됨.

4. 창업벤처중소기업의 농어촌특별세 비과세 여부

회신: 세정13407－6570(2000.5.25)

【질의요지】

서초구청에서는 지방세 감면금액(취득세·등록세)의 100분에 20에 해당하는 농특세 부과통지를 당사에 해옴에 따라 당사에서 서초구청 공문을 검토한 결과 당사는 조세특례제한법 제6조 ②항에 해당되는 창업벤처중소기업이므로 농어촌특별세법 제4조 3절에 의하여 농어촌특별세 비과세 대상이며, 귀부에서 회신한 공문내용 조세특례제한법 제119조 ③항, 제20조 ③항에 의하여 감면받은 창업벤처중소기업으로서 농특세 부과는 부당하다고 판단됨.

【답　변】

> 농어촌특별세법 제4조제3호의 규정에 의하여 조세특례제한법 제119조제3항과 제120조제3항의 규정에 의한 창업중소기업에 대한 감면에 대하여는 농어촌특별세를 비과세하는 것이나, 창업벤처중소기업에 대하여는 농어촌특별세가 비과세되지 않음.

5. 창업중소기업의 등록세 감면

회신: 세정13407-1257('99.1.7)

【질의요지】

저는 '98.12.1일 자동차부품제조업을 하고자 개인사업자 등록증을 교부받았습니다. 그리고 공장을 취득하고 조세감면규제법에 의거(113조2항) 지방세(등록세)를 면제(75%) 신청하였으나 ○○군 관계자는 전 소유자가 하던 동종의 생산품을 생산하는 업종에 종사하기 때문에 창업중소기업이 아니라 지방세 감면을 받을 수 없다는 것이었습니다. 조세감면규제법 제113조제2항에서 말하는 '창업중소기업'은 중소기업창업지원법 제2조 및 시행령제2조에서 말하는 창업중소기업이 아니라 개인은 사업자등록을 법인은 등기필을 함으로써 창업중소기업이 되는 것인지 여부

【답　변】

> 조세특례제한법 제119조제3항(구 조세감면규제법 제113조제2항)의 규정에 의하면 창업중소기업이 당해 사업을 영위하기 위하여 창업일로부터 2년 이내에 취득하는 사업용 재산에 관한 등기 및 창업중소기업의 법인설립의 등기에 대하여는 등록세의 100분의 75에 상당하는 세액을 감면하도록 되어 있고.
> 　중소기업창업지원법 제2조제1호 및 같은 법 시행령 제2조제1항제1호의 규정에 의하면 '창업'이라 함은 새로이 중소기업을 설립하는 것을 말하며, 타인으로부터 사업을 승계하여 승계 전의 사업과 동종의 사업을 계속하는 경우에는 창업의 범위에 해당되지 않는다고 되어 있으므로 귀문의 경우와 같이 타인으로부터 사업을 승계하여 승계 전의 사업과 동종의 사업을 계속하는 경우에는 창업의 범위에 해당되지 아니하여 등록세가 감면되지 아니함

6. 창업중소기업의 자본금증자 등기 시 등록세

회신: 세정 13407-340('99.3.16)

【질의요지】

방송업(케이블TV방송)의 경우 '법인설립의 등기'에 대하여 조세특례제한법 제119조3

항은 등록세의 '100분의 75'에 상당하는 세액을 감면하도록 규정하고 있으나, 설립의 등기를 제외한 다른 사항의 대한 등기에 대하여는 감면 여부를 규정하고 있지 않습니다. 따라서 법인의 설립등기 시에 등록세의 '100분의 75'에 상당하는 세액을 감면받은 방송업을 영위하는 기존 법인이 '자본증가로 인한 신주발생(증자)'의 등기를 하고자 하는 경우 등록세액의 감면 여부에 대한 의견이 분분한 바, '자본증가로 인한 신주발행(증자)'의 등기 시에도 위 조세특례제한법 제119조3항의 규정에 의거, 등록세의 '100분의 75'에 상당하는 세액을 감면받을 수 있는지 여부에 관하여 질의.

【답 변】

> 조세특례제한법 제119조제3항의 규정에 의하면 창업중소기업의 법인설립의 등기에 대해서만 등록세의 100분의 75에 상당하는 세액을 감면하도록 규정하고 있으므로 설립등기 후에 자본금증자로 인한 등기 시에는 등록세가 감면되지 아니함.

7. 창업중소기업 자본증자에 따른 등록세 면제
　　회신: 세정 13407-970('99.7.31)

【질의요지】

97년 4월 24일 창업한 중소기업으로써 현재 정부의 지원으로 남해안 패류껍질을 주원료로 탄산칼슘을 생산하여 여천 국가공단에 수질개선제를 납품한 업체임. 98년도 자본증자 및 은행대출 시 설정할 때 납부하여야 하는 등록세를 면제대상이라고 하였으나 ○○시 세무계에서는 ○○시 조례에 의하여 취득세에 한하여 면세대상이며 증자·대출 시 근저당권설정에는 제외된다고 하여 하는 수 없이 납부하였음. 상기와 같이 중소기업 창업에 의하여 등록세 면제기간이 언제까지이고, 면제 범위가 창업 시 취득세에만 한정되는지 궁금하여 문의함.

【답 변】

> 조세특례제한법 제119조제3항의 규정에서 창업중소기업이 당해 사업을 영위하기 위하여 창업일부터 2년 이내에 취득하는 사업용 재산에 관한 등기 및 창업중소기업의 법인설립의 등기에 대하여는 등록세의 100분의 75에 상당하는 세액을 감면하는 것이나 귀문의 경우 지방세법 제137조제1항제1호 (2) 규정의 자본증가 또는 출자증가에 따른 법인등기에 대하여는 등록세 감면대상에 해당하지 않음

8. 창업중소기업에 대한 지방세감면

【질의요지】

조세제한특례법 시행령 제2조 규정에서 중소기업의 범위는 제조업·광업·건설업·운수업·어업·도매업·소매업·부가통신업·연구 및 개발업·엔지니어링사업·정보처리및컴퓨터운영관련업·자동차정비공장을 운영하는 사업 등으로 규정하고 있고, 창업중소기업에 대한 세액감면은 조세특례제한법 제6조제1항 규정에서 2003년 12월 31일 이전에 대통령령이 정하는 수도권 이외의 지역에서 창업한 중소기업으로 규정되어 있고 동법 시행령 제5조제2항에서 법 제6조제1항에서 '대통령령으로 정하는 수도권'이라 함은 별표 1의 지역을 말한다고 규정함으로써 농어촌지역에서 창업하는 모든 중소기업이 해당된다고 볼 수 있어 조세특례제한법 제6조제3항에는 창업중소기업과 창업벤처중소기업의 범위는 제조업·광업·부가통신업·연구 및 개발업·방송업·엔지니어링사업·정보처리 및 컴퓨터운용관련업을 영위하는 중소기업으로 한다고 규정함으로써 위 조세제한특례법 제5조제1항과 제3항이 상치되는 면이 있다고 볼 수 있어 업무담당자에 따라 해석을 달리할 수 있는 소지가 있을 것으로 예상됨. 또한 창업중소기업의 경우 당해 사업을 영위하기 위하여 창업일로부터 2년 이내에 취득하는 사업용 재산에 대하여는 취득세와 등록세를 면제하고 그 사업용 재산에 대한 재산세와 종합토지세는 창업일로부터 5년간 100분의 50에 상당하는 세액을 감면하도록 규정되어 있음. 본 업체는 1999.12.13일자로 정우종합정비주식회사를 법인설립등기하였으며 이후 법원경락물건인 자동차정비공장을 1999.12.27자에 정우종합정비 ㈜명의로 경락받아 등기등록하는 과정에서 관할행정기관에서는 조세제한특례법 제6조제3항의 중소기업범위에 포함되지 않으므로 감면사유에 해당하지 않는다는 해석에 따라 등록세와 취득세를 우선납부하고 등기를 완료하였음. 참고로 우리 업체에서는 중소기업 진흥공단경남지역본부에서 창업중소기업으로 인정받아 중소기업 및 진흥기금(공장경락자금) 290백만 원을 결정(중진 경남 540-37, 2000.1.4)받았음. 저희 업체에서는 위 관련법 등을 종합하여 볼 때 조세제한특례제한법 제6조제1항, 동법 시행령 제2조 및 제5조제2항의 규정에 의거 창업중소기업에 해당되므로 마땅히 감면되어야 할 것으로 판단되어 질의하오니 취득세, 등록세와 앞으로 부과될 재산세와 종합토지세의 감면대상 여부를 설명하여 주시기 바람.

【답 변】

> 귀문의 경우 '자동차정비공장'은 조세특례제한법 제6조제2항 규정의 창업중소기업의 범위에 포함되지 아니하므로 동법 제119조제3항 및 제120조제3항 규정의 등록세, 취득세 감면대상에서 제외됨.

9. 창업벤처중소기업의 범위
　　회신: 세정13407－522('00.4.25)

【질의요지】

당사는 1995년 3월 29일 인천 ○○공단에서 설립된 반도체조립용 장비 및 금형을 제조(매출에 수출 70% 내수 30%)하는 수출유망중소기업입니다. 또한 동 사업을 영위하다가 1999년 9월 10일 벤처기업육성에관한특별조치법 제25조에 의하여 인천지방중소기업청에서 벤처기업 확인을 받았습니다. 조세특례제한법 (1999년 8월 31일 법률 제5996호로 개정) 제119조3항에는 창업중소기업 및 창업벤처중소기업이 당해 사업을 영위하기 위하여 창업일(창업벤처중소기업의 경우에는 벤처기업으로 확인받는 날을 말한다)부터 2년 이내에 취득하는 사업용 재산에 관한 등기 및 창업중소기업의 법인설립의 등기에 대하여는 등록세를 면제한다. 다만, 등기일로부터 2년 이내에 당해 재산을 정당한 사유 없이 당해 사업에 직접 사용하지 아니하는 경우에는 면제받은 세액을 추징한다고 개정되었습니다. 당사는 밀려드는 주문량을 현재의 공장 규모로는 생산을 소화해낼 수 없어 현재의 공장을 매각하고 남동공단 단지 내로 좀 더 큰 공장용 토지 및 건물을 매입하여 이전을 계획하는 바, 이전 시 상기 법에 의하여 세액을 면제받을 수 있는지의 여부

【답 변】

> 조세특례제한법 제119조제3항과 제120조제3항의 규정에 의한 창업벤처중소기업이라 함은 조세특례제한법 제6조제2항의 규정에 의하여 창업 후 2년 이내에 벤처기업으로 확인받은 기업을 의미하는 것이므로 귀문의 경우 '95.3.29 설립하고 '99.9.10 벤처기업으로 확인받은 귀사는 창업벤처 중소기업에 해당되지 아니하여 취득세와 등록세 감면대상이 아님

10. 창업중소기업에 해당 여부
　　회신: 세정13407－703('00.6.25)

【질의요지】

당사는 농어촌지역인 ○○○도 ○○시 ○○읍에서 1998년 2월 11일 부도로 인한 사실상 폐업 중인 기존공장을 일시 임차하여 법인설립등기하고 (임대인이) 부도 난 기존업체가 생산하던 업종과 동종의 업종(주형 및 금형 제조업 29294)을 영위하던 중 경매진행으로 1999년 6월 17일 경매로 낙찰 받은 개인(이영식)으로부터 매입한 공장으로 경락절차에 의거, 유입 물건을 매수하였을 뿐 채권 채무를 인수하지 않고 동종의 사업을 최초로 영위하는 경우로서 창업중소기업에 해당되는 것이라 생각하여 질의합니다. 아래의 절차에 의하여 부동산을 취득했습니다.(채권채무는 일체 인수하지 않았습니다.) 이 경우 창업중소기업에 해당되어 취득세, 등록세를 감면받을 수 있는지요?

<취득절차>

① 1998년 1월 ㈜○○(임대인)당좌거래 정지(부도) 공장가동중지

② 1998년 2월 11일 ㈜○○○시스템 설립등기(임차인)

③ 1998년 3월 16일 ○○지방법원 경매개시결정('98타경11040)

④ 1999년 6월 17일 경매낙찰자○○○

⑤ 1999년 7월 30일 낙찰자 ○○○과 매매계약으로 소유권이전

㈜○○○시스템

【답 변】

> 귀문의 경우 기존 공장을 임차하여 종전 사업자와 동종의 사업을 영위하는 경우에는 조세특례제한법 제119조제3항과 동법 제120조제3항의 규정에 의한 창업중소기업에 해당되지 않음

11. 창업중소기업의 정의 관련 질의

회신: 세정13407-546('00.4.24)

【질의요지】

당사는 현재 벤처기업으로서 금번 사업계획에 따라 경기도 ○○시 소재의 공장(대지 및 건물)을 매입할 계획이 있어 다음과 같이 질의하오니 회신을 바랍니다.

1) 공장 매입 시기: 2000년 4월 이후
2) 매입 대상처: 경기도 ○○시 ○○동 소재 공장(대지 및 건물)

　－서부지역 관리공단 내 위치

3) 질의내용: 벤처기업인 당사가 상기 지역의 공장을 매입할 경우 취득세, 등록세 감면 또는 면세대상이 되는지의 여부와 관계 법령 조항

【답　변】

> 조세특례제한법 제119조제3항과 제120조제3항의 규정에 의한 창업벤처중소기업이라 함은 조세특례제한법 제6조제2항의 규정에 의하여 창업 후 2년 이내에 벤처기업으로 확인받은 기업을 의미하는 것이므로 귀문의 경우 1986.9.12 설립하여 99.9.28 벤처기업으로 확인받은 귀사는 창업벤처중소기업에 해당되지 아니하여 취득세와 등록세 감면대상이 아님

12. 창업벤처중소기업 취득세 관련 질의
　　　회신: 세정13407－550('00.4.24)

【질의요지】

○ 당사에서 1999년 12월 30일 매입한 물건(서초구 양재동 275－6 삼호물산빌딩 비동7층 701－1호)에 대한 지방세 감면신청(2000.3.29)을 90일 이내 ○○구청에 접수하였으며,

○ 접수에 대한 회신을 검토한 결과 회신에 대한 적용 법규가 맞지 않는다고 판단되어 지방세 유권해석 질의를 드립니다.

○ ㈜○○○○는 1997.11.10에 창업하여 벤처기업(1999.4.9 서울지방중소기업청 확인)으로 등록하였으므로 조세특례제한법 제119조제3항 및 제120조제3항에서 "창업벤처중소기업이 당해 사업을 영위하기 위하여 취득하는 사업용 재산에 관하여는 취득세와 등록세를 면제한다."라고 규정하고 있어 면세대상이며

○ 서초구청 '지방세 감면 신청서 회신'에 대한 감면대상이 되지 않는다는 적용 법규는 부칙(1999.8.31 법률 제5996호) 제2조(제6조, 제31조 해당) 아닌 제10조(【지방세에 관한 적용례】제119조 내지 제121조의 개정규정은 이 법 시행 후 최초로 취득하는 분(부동산 취득)부터 적용한다)가 적용되어야 될 것으로 사려됨.

○ 따라서 당사는 1997.10.31일에 설립되어 1999.4.9일에 벤처기업으로 확인을 받았기에 개정된 법에 의한 취득세 능록세 감면대상으로 볼 수 없다는 서초구청딤딩자의 잘못 적용된 고정관념 속의 유권해석으로 불이익을 당하고 있으므로, 공정

하고 적법한 유권해석을 부탁드립니다.

【답 변】

조세특례제한법 제119조제3항과 동법 제120조제3항, 부칙('99.8.31 법률 제5996호) 제10조의 규정에 의하여 조세특례제한법 제6조제2항의 규정에 의한 창업벤처기업이 벤처기업으로 확인받은 날로부터 2년 이내에 취득하는 사업용 재산에 대하여는 취득세와 등록세를 면제하는 것이므로 귀문의 경우 '97.11.10 벤처기업으로 창업하여 '99.4.9 벤처기업으로 확인받아 '99.12.30 취득하는 사업용 재산에 대하여는 취득세와 등록세가 면제됨

13. 창업중소기업의 취득세 감면 해당 여부
회신: 세정 13407－1310('00.11.16)

【질의요지】

저는 1998년 12월까지 골판지상자 제조회사에서 근무를 하다 동년 12월 28일 동업종을 창업하여 1년 2개월 동안 사업을 운영하던 중 2000년 2월 1일 재직직원들과 같이 투자하여 법인사업자로 전환하였습니다. 저희 회사는 금년 10월 25일 ○○공단 내 공장을 매입하여 11월 초에 이전할 계획입니다. 창업 후 2년 이내에 부동산(사업용)을 매입했을 경우 지방세 면제대상으로 알고 있으나 관할구청에 방문하여 의견을 청취한 결과, 개인사업자로 시작하여 전환하였기 때문에 감면 해당이 안된다고 하여 질의하오니 회신 바람.

【답 변】

조세특례제한법 제119조제3항 및 동법 제120조제3항의 규정에서 의하여 창업중소기업이 당해 사업을 영위하기 위하여 창업일로부터 2년 내에 취득하는 사업용 재산에 대해서는 취득세와 등록세를 면제하고 있고 창업중소기업은 2003년 12월 31일 이전에 수도권 외의 지역에서 창업한 중소기업에 한함
1998년 12월 28일 골판지상자 제조회사를 창업하고 사업을 운영하던 중 2000년 2월 1일 법인사업자로 전환을 하였다면 중소기업창업지원법 제2조 및 동법 시행령제2조제1항제2호의 규정(개인사업자인 중소기업자가 법인으로 전환하거나 법인의 조직변경 등 기업형태를 변경하여 변경전의 사업과 동종의 사업을 계속하는 경우에는 창업의 범위에 해당하지 않음)에 의하여 창업중소기업에 해당하지 않아 취득세와 등록세의 면제대상에 해당되지 아니함

14. 창업벤처중소기업이 취득한 농지의 취득세 감면대상 여부
회신: 세정 13407－988('00.8.1)

【질의요지】

저희 회사는 99년 6월 20일에 설립된 창업벤처중소기업으로 자체공장을 설립할 목적으로 준농림지역인 전답을 매입하였던 바, 공장설립승인을 받은 후 소유권이전에 따른 취득세, 등록세는 이미 감면을 받았으며, 준농림지인 전답이 공장을 설립하여 준공검사를 받았으며, 준농림지인 전답이 공장을 설립하여 준공검사를 받으면 지목이 공장용지로 바뀐다고 하는데, 지목이 변경되면 이에 따른 취득세를 납부하여야 하나 저의 회사는 벤처기업으로서 지목변경에 따른 취득세 납부에 대해 감면혜택이 있는지 여부를 질의하오니 회답하여 주시기 바람.

【답　변】

> 조세특례제한법 제120조제3항의 규정에 의하여 창업벤처중소기업이 당해 사업을 영위하기 위하여 벤처기업으로 확인받는 날부터 2년 이내에 취득하는 사업용 재산에 대하여는 취득세를 면제하는 것이므로 귀사가 조세특례제한법 제6조제2항의 규정에 의한 창업벤처중소기업에 해당되고 공장용 건축물을 신축하기 위하여 취득한 농지를 당해 목적에 따라 공장용지로 지목변경(벤처기업으로 확인받는 날부터 2년 이내인 경우에 한함)한 경우라면 동 지목변경에 따른 취득은 취득세 감면대상임

15. 취득세 질의

　　회신: 세정 13407-1154('00.10.2)

【질의요지】

○ 당 법인은 1997년 7월 1일 법인설립하여 1998년 12월 16일 벤처기업육성에관한특별조치법 제25조에 의거 벤처기업으로 지정되어 그 확인서상의 기간은 1998.12.16~2000.6.30으로 등재되어(당시는 벤처확인기간은 1년 6개월로 정하였으나 현재는 2년의 기간으로 변경되었음) 있습니다. 금년 6월 30일에 그 기한이 종료되어 2000.8.26~2002.8.25까지 벤처기간확인을 연장받았습니다.

○ 당 법인은 설립일로부터 현재까지 본점 사업용 사무실을 임차하여 사용하던 중 금년 8월 17일에 서울시내에 본점 사업용 건물을 취득(승계취득)하였습니다.

※ 지방세법상 대도시 내 본점용 부동산 취득은 원시취득(신축, 증축)은 중과세이며 승계취득은 일반세율로 과세한다고 되어 있음(지방세법 제112조제3항)

○ 위와 같은 정황에서 당 법인의 본점용 건물 취득은 조세특례제한법 제120조제3

항에 의거 감면이 되는지 질의하고자 함.

[예 시]

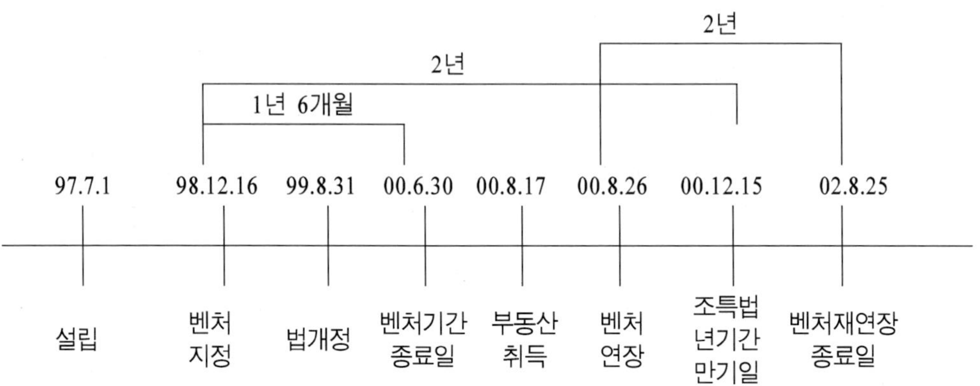

<갑설> 감면대상이 아니다.

<사유> 조특법 제6조제2항에서 창업벤처중소기업의 용어정의를 하였고 동법 제6조, 제120조는 1999년 8월 31일에 개정되었기에 동법의 개정일 이후에 벤처기업으로 지정된 경우에 한하여 감면이 가능한 것이나, 위 법인은 개정일 이전인 1998년 12월 19일에 벤처기업으로 지정(창업)되어 감면혜택을 받을 수 없으며 또한 동법의 개정에 따른 부칙 제2조에서도 이법 시행 후 최초로 벤처기업으로 확인받은 분부터 적용한다고 명시되었기에 감면대상이 아니다.(본법에서 창업이란 벤처기업으로 확인된 날을 말하는 것으로 조특법 제119조제3항에서 용어정의를 하고 있음) <을설> 감면대상이 아니다. <사유> 위 법인은 조특법 제6조에 해당하는 창업벤처중소기업의 요건에 해당하는 법인이며, 또한 1999년 8월 31일 법 개정 이전에 벤처기업으로 확인되었다 할지라도 확인된 날로부터 2년 이내에 취득하였다면 감면대상이 된다고 본다. 단, 처음 벤처기업으로 확인받은 기간이 1998.1.219~2000.6.30이기에 그 기간 내의 취득이라면 감면이 되지만, 위 법인은 그 기간이 지난 200년 8월 17일에 취득하였기에 조특법상의 창업 후 2년 내의 기간에 적용할 것이 아니라 벤처기업 확인서상의 기간을 적용하여야 한다고 보기에 감면대상 요건에 부합하지 않으며, 첫회 벤처기업 확인서 기간이 지나 재연장 받았다고 무한정 계속하여 감면혜택을 부여하는 것은 입법취지에 어긋나기에 감면대상이 아니다. <병설> 감면대상이다. <사유> 첫째, 갑설에서 부칙 제2조에 따라 법 개정 이후에 벤처기업으로 창업되었기에

감면대상이 아니라고 하나, 부칙 제2조는 창업벤처기업의 용어정의를 처음으로 규정함과 동시에 법 시행 후 처음으로 벤처기업으로 확인되어야만 소득세, 법인세를 감면하여 준다고 하였다. 즉 부칙 제2조는 소득세, 법인세 감면을 위해서는 법 시행 후 벤처지정(창업)이 되어야만 국세감면을 한다는 것이지 지방세의 취득세 감면까지 법 시행 후 벤처기업으로 지정되어야 한다는 것으로 확대해석할 수 없다. 또한 부칙 제10조에서 이 법의 시행 후 최초로 취득하는 것부터 적용한다고 명시하였기에 만약, 법 시행 전에 부동산을 취득하여 법 시행 후 벤처기업으로 지정되었다면 감면이 불가능한 것으로 되겠지만 부칙 제2조를 터 잡아 부칙 제10조까지 연결하여 해석은 불가능하기에 감면대상이며 둘째, 을설에서 위 법인의 벤처확인기간이 1998.12.19~2000.6.30으로 되어 있기에 그 기한이 지난 2000년 8월 17일에 부동산을 취득하였기에 감면대상이 아니라고 해석하는데, 조특법 제120조에서는 창업일로부터 2년 이내 취득하는 것으로 명시하였을 뿐 최초 벤처기업확인서상의 기간 내 취득이라고 명시된 조문이 없는데도 불구하고 굳이 확인기간 내 취득하여야 함을 거론함은 본 법을 지나치게 축소하여 해석하는 것으로 본다. 조특법상의 2년이라는 것은 근래에 벤처기업으로 지정된 후 자생적인 존립이 가능하기 위해서는 2년 정도의 기간 내에 지원을 하면 될 것으로 판단하여 벤처기업육성에관한특별조치법상 벤처확인기간 2년을 조특법에서 차용한 것으로 보며, 조특법상의 고유개념으로 정착되어야 한다고 본다. 조특법상의 감면은 엄격하게 적용하여야 하는 것에는 변론이 있을 수 없으나, 법 개정 당시 감면을 엄격하게 하자면 최초 벤처기업확인서상의 기간 내에 취득이라고 명시하면 될 것을 2년이라고 조특법에서 명시하였기에 본법의 2년 개념에 따라 위 법인은 1998년 12월 19일에서 2000년 12월 18일까지 취득하는 부동산은 취득세 감면에 해당하며, 본 취득 물건 역시 감면이다. 셋째, 조특법 제5조의 개정과 관련하여 개정 전 벤처지정기업은 국세의 피해를 보고 있기에 국세에서도 납세자의 혜택 및 조세형평을 위해 부진정 소급적용 내지 개정추진 중이며, 벤처창업기업의 육성발전을 위해 개정된 법이 개정시기가 부적절하여 세법적용의 해석상 논란의 여지가 있다면 과세관청의 이익보다 납세자 이익우선주의 원칙에 의거, 법해석을 하는 것이 진정한 조세부과권자의 행정작용이기에 선감면의 행정작용을 한 후 추후 법리직인 논쟁이나, 지방세법상의 추징(가산세)의 기능을 사용하여 보완하는 것이 합리적이기에 감면이다.

【답 변】

> 조세특례제한법 제119조제3항과 동법 제120조제3항의 규정에 의하여 조세특례제한법 제6조의 규정에 의한 창업벤처중소기업이 벤처기업으로 확인받은 날부터 2년 이내에 취득하는 사업용 부동산에 대하여는 취득세와 등록세를 면제하는 것이므로 귀사가 조세특례제한법 제6조의 규정에 의한 창업벤처중소기업으로서 '97.7.1 설립되고 '98.12.16 벤처기업으로 확인받은 날부터 2년 이내인 2000.8.17 사업용 재산을 취득하는 경우에는 취득세와 등록세 감면대상임

16. 벤처중소기업의 취득세 감면관련 질의

회신: 세정13407-383('01.4.9)

【질의요지】

당사는 1999년 4월 벤처기업확인을 받은 제조업체로서 2000년 8월 서울시 금천구 가산동에서 영등포구 양평동으로 공장 및 본점 이전을 하며 토지, 건물을 취득한 바 (중소기업진흥공단구조개선자금을 지원받아 경매를 받았으며, 신축 및 증축사항은 없었음) 관할 ○○구청으로부터 공장 구입에 따른 등록세와 교육세에 대해서는 감면조치를 의거한 면제조치, 취득세와 농어촌특별세에 대해서는 부과취소처분 신청에 따른 면제조치를 받았던 바, 현재 ○○구청이 상기 행정처분에 대하여 등록세·교육세에 대해서는 감면을 행정 처분 근거가 있어 논외로 하고, 취득세·농어촌특별세에 대해서는 부과예고 예정인 바, 1999년 8월 31일 조특법 부칙조항 제정 이전 시점에 벤처를 받은 회사는 벤처 받은 시점에서 2년 이내 취득물건에 대한 세재 혜택이 적용되는지의 여부와 등록세감면대상법인합병장려업종(당사 공장등록증상 업종이 31109임) 내무부고시제 95-65에 의거 증과세 대상이 아닌지 여부에 대하여 질의함.

【답 변】

> 조세특례제한법 제120조제3항에서 창업중소기업 및 창업벤처중소기업이 당해 사업을 영위하기 위하여 창업일부터 2년 이내에 취득하는 사업용 재산에 대하여는 취득세를 면제하도록 규정하면서 동법 부칙(1999.8.31 법률제5996호) 제10조에서 "제119조 내지 제121조의 개정규정은 이 법 시행 후 최초로 취득하는 분부터 적용한다."고 규정하고 있는 바 귀문과 같이 귀사가 1999년 4월 벤처기업으로 확인받고 당해 사업용 재산을 2000년 8월에 취득하였다면 조세특례제한법 제120조제3항의 규정에 의하여 취득세 면제대상에 해당되고 또한 농어촌특별세법 제4조제3호에서 조세특례제한법 제6조, 제119조제3항 또는 제120조제3항의 규정의 의한 세액감면분에 대하여는 농업촌특별세를 비과세한다고 규정하고 있으므로 귀문과 같이 조세특례법 제120조제3항의 규정에 의하여 취득세가 면제된 당해 사업용 재산에 대하여는 농어촌특별세가 비과세되나 이에 해당 여부는 과세권자가 사실조사 후 판단할 사항임

17. 창업중소기업 해당 여부

　　회신: 세정13407−313('01.3.22)

【질의요지】

당사는 철강제조업을 목적으로 1999년 12월 24일 설립하여 2001년 1월 사무실 및 야적장부지를 경락받고 2000년 6월 7일 공장부지인 부산시 장림동 ○○번지의 부동산 및 기계기구, 구축물을 법원으로부터 경락 취득하였습니다. 종업원은 전근무지에서 경락 매각되는 바람에 경락 인수한 강사가 전근무지 종업원 중 일부를 신규로 채용하였습니다. 경락으로 취득하는 회사의 채권채무를 인수받지 않고 포괄적으로 사업승계를 받지 않는다는 전제조건에서 동종 업종을 최초로 영위할 경우에는 창업으로 인정되는 줄 알고 있습니다. 그러나 사업의 승계라는 조건이 애매모호하며 부동산과 기계기구, 구축물 및 종업원(신규채용)을 취득할 경우에는 사업의 승계로 보아 창업중소기업이 아니라고 하는데, 채권 및 채무를 승계하지 않는다는 조건에서 단지, 경락의 부동산 등과 기존사업장의 직원을 신규직원으로 채용하더라도 사업의 포괄적 양도가 아니기 때문에 창업중소기업에 해당되는 줄로 알고 있습니다. 이에 대한 귀부의 의견은?

【답　변】

> 중소기업창업지원법 시행령 제2조제1항제1호에서 타인으로부터 사업을 승계받아 승계 전의 사업과 동종의 사업을 계속하는 경우에는 창업에 해당되지 아니하도록 규정하고 있습니다만, 귀문과 같이 병원경락에 의하여 채권·채무는 인수하지 아니하고 부동산과 기계기구만을 취득한 자가 종업원은 경락 전 종업원을 일부 신규채용하여 경락 전 사업을 최초로 영위하는 경우라면 창업으로 간주하는 것이 타당하다고 사료됨

18. 취득세 등 감면에 관한 질의

　　회신: 세정13407−60('01.7.9)

【질의요지】

유한회사○○(이하부터 '당사'라 함)는 농어촌지역인 전라북도 김제시 △△면 □□리 484번지에 1999년 1월 4일 곤크리드(레미콘)제품 제조업을 목적으로 설립되어 같은 일자부터 사업을 개시하였습니다. 1999년 1월 4일부터 2000년 1월 18일까지 레미콘 제조업을 영위하다가 부도로 인하여 휴업상태에 있는 (유)○○산업의 공장부지,

공장건물 및 레미콘 제조시설 일체를 당사가 임차하여 레미콘을 제조하는 사업을 영위하였습니다. 당사가 임차한 공장이 경매가 진행되어 2001년 1월 18일자로 당사가 경락받아 취득하여 현재까지 동종의 사업을 영위하고 있습니다. 경락받아 취득하는 과정에서 채권·채무 등은 승계하지 아니하고 법원에서 경매된 물건만을 취득하였습니다. 이상과 같은 경과를 요약하면 다음과 같습니다.

1999. 4. 4	법인설립등기
1999. 1. 4	사업자등록상 사업개시일
1999. 1. 4	공장임차개시
2000. 1. 18	공장임차종료
2000. 1. 18	법원으로부터 경락받아 취득
2000. 6	현재 같은 장소에서 설립사와 같은 사업을 영위하고 있음

위와 같은 당사와 공장취득과 관련하여 농어촌지역의 창업중소기업으로 보아 취득세와 등록세 등을 감면받을 수 있는지?

【답 변】

> 조세특례제한법 제119조제3항 및 제12조제3항의 규정에 의거 창업중소기업이 창업일로부터 2년 이내에 취득하는 사업용 재산에 대하여 취득세와 등록세를 감면하는 것이므로 귀문과 같이 타인으로부터 사업을 승계하여 승계 전의 사업과 동종의 사업을 계속하는 경우에는 창업으로 볼 수 없지만, 법원으로부터 경락에 의한 취득일 뿐 채권·채무를 인수하지 아니한 경우라면 창업중소기업에 해당되는 것이나 이에 해당 여부는 과세권자가 사실조사 후 판단할 사항임

19. 창업중소기업의 창업일 관련 질의
　　회신: 세정 13407－605('01.6.5)

【질의요지】

당사는 2001년 3월 22일 창업사업계획승인을 받았습니다. 승인 후 건축허가 및 기타 의제처리사항 허가를 받으려 하는데 토지소유주가 타 지역에 있는 관계로 불편하고 복잡하여 토지매매를 먼저 한 후 사업자 등록증을 교부받았습니다. 창업일은 2001년 3월 30일이고, 사업자 등록증 교부일은 2001년 4월 26일이며, 토지매매 등기 이전일은 2001년 4월 16일입니다. 조세특별제한법에 의한 취득세 및 등록세 감

면 혜택은 다음 둘 중 어느 것을 기준으로 하여야 하는지 알려 주셨으면 합니다. 법 기준으로는 창업일(조특법 및 조감법 제6조)이란 창업중소기업이 개인일 경우 부가가치세법 시행령 제7조의 규정에 의한 사업자등록교부일을 말하고 법인인 경우에는 법인 설립등기일을 말한 대로 되어 있는데 여기서 창업일을 사업자등록교부일로 보아야 하는지 또는 개업일 기준으로 보아야 하는지요?

【답 변】

> 조세특례제한법 제119조제3항 및 동법 제120조제3항의 규정에 의한 창업중소기업의 '창업일'이라 함은 중소기업창업지원법 시행령 제3조 각호의 1에 의거 판단하는 것임

20. 창업벤처중소기업의 취득세 등 감면 질의

회신: 세정 13407-595('01.6.4)

【질의요지】

당사는 벤처기업 확인 업체로서 다음 사항을 들어 지방세인 등록세나 취득세 등은 감면대상으로 보는데 지방자치단체는 행자부의 시행령을 들어 감면대상이 아니라고 세금을 부과징수하고 있는 바, 답변하여 주시기 바랍니다.

1. 회사설립일: 1997년 10월 23일
2. 공장부지매입일: 1998년 7월 18일(해당 세금 납부함)
3. 벤처기업확인일: 2000년 6월 26일
4. 공장건축준공일: 2000년 9월 2일(해당 세금 납부함)
5. 자동차 구입일: 2001년 1월 30일(해당 세금 감면받음)
6. 자동차 구입일: 2001년 4월 28일(해당 금액 감면받음)

【답 변】

> 조세특례제한법 제119조제3항제1호 및 동법 제120조제3항의 규정에 의하여 취득세와 등록세를 면제받을 수 있는 창업벤처중소기업이라 함은 동법 제6조제2항에서 창업 후 2년 이내에 벤처기업육성에관한특별조치법 제25조의 규정에 의하여 벤처기업으로 확인받은 기업으로 규정하고 있는 바, 귀 법인은 당해 법인설립일('97.10.23)로부터 2년이 경과된 후에 창업벤처중소기업으로 확인('00.6.26)받았기 때문에 조세특례제한법 제119조제3항제1호 및 동법 제120조제3항의 규정에 의한 취득세·등록세를 면제받을 수 없음

21. 벤처기업집적시설의 지정취소 시 감면받은 취득세 등의 추징 여부
회신: 세정 13407－609('00.6.5)

【질의요지】

1. 감면상황

A사(벤처기업)는 본사 건물 전체에 대하여 1998년 벤처기업집적시설로 지정을 받아 임대 부분에 대해서는 지방세법 제276조4항('00.12.29 개정 전)을 적용하여 취득세 및 등록세를 면제받았고, 자가사용분에 대해서는 280조 3항(2000.12.29 개정 전)의 벤처기업집적시설에 입주하는 자로 처리되어 취득세 및 등록세 중과조항만 배제를 받았습니다. A사는 이후 현재까지 위 건물에 대하여 벤처기업집적시설의 지정요건을 충족해 왔습니다.

2. 질의내용

위 1과 같은 상황에서 자가사용분의 증가 등의 이유로 건물의 취득일로부터 5년 이내에 벤처기업집적 시설의 취소된다면 2000년 12월 29일에 신설된 지방세법 276조 3항 단서 후단의 "부동산의 취득일로부터 5년 내에 벤처기업집적시설의 지정이 취소된 경우 그 해당 부분에 대하여는 감면된 취득세, 등록세, 재산세 및 종합토지세를 추징한다"는 규정과 관련하여 이전에 감면받은 취득세 및 등록세의 추징 여부에 관하여 아래의 갑설과 을설 중 어느 것이 타당한지 질의를 드립니다. (갑설) 감면된 취득세 및 등록세는 추징되지 않음. 이유: 2000년 2월 29일에 신설된 지방세법 276조 3항의 단서 규정이 적용됨. (을설) 감면된 취득세 및 등록세는 추징되지 않음. 이유: 2000년 12월 29일에 신설된 지방세법 276조 3항 단서 후단의 규정은 부칙 1조에 따라 2001년 1월 1일부터 시행되었으며, A사의 벤처기업 집적시설의 지정은 그 시행일 이전이었으며, 또한 부칙 10조에 의하면 이 법 시행 당시 종전의 규정에 의하여 감면받은 부분에 대해서는 예에 의하도록 규정하고 있음

3. 사　견

을설이 타당하다고 사료됩니다.

【답　변】

> 지방세법 제276조제3항의 단서 "부동산의 취득일로부터 5년 내에 벤처기업 집적시설의 지정이 취소된 경우 그 해당 부분에 대하여는 취득세·등록세·재산세 및 종합토지세를 추징한다"는 규정은 동법 부칙(2000.12.29 법률 제6312호 제19조의 규정에 의거 2001.1.1 이후 취득 부동산부터 적용됨

22. 사업용 재산에 대해 취득세 등이 면제되는 창업벤처중소기업의 범위

【질의요지】

조세특례제한법 제119조제3항과 동법 제120조제3항 규정에 의하여 창업벤처중소기업의 경우에는 벤처기업으로 확인받은 날을 말한다고 규정하고 있는 바, 당사는 법인설립을 1992.6.24에 설립하고 중소기업청장으로부터 벤처기업확인서를 1998.12.4에 받은 신기술개발벤처기업으로서 벤처기업 확인받은 날로부터 2년 이내에 취득하는 사업용 재산에 대하여는 취득세, 등록세가 면제되는지.

【답　변】

> 조세특례제한법 제119조제3항과 동법 제120조제3항의 규정에 의하여 조세특례제한법 제6조제2항의 규정에 의한 창업벤처중소기업에 해당되는 경우에 한하여 벤처기업으로 확인받는 날부터 2년 이내에 취득하는 사업용 재산에 대하여 취득세와 등록세를 면제하는 것이나, 귀 문의 경우 귀사는 창업벤처중소기업(벤처기업육성에관한특별조치법 제2조제1항의 규정에 의한 벤처기업 중 조세특례제한법 시행령 제5조제4항에 해당하는 기업으로서 창업 후 2년 이내에 벤처기업으로 확인받은 기업)에 해당되지 않아 취득세와 등록세가 면제되지 않음.

23. 취득세 등이 감면되는 창업중소기업이 취득하는 사업용 재산의 범위

【질의요지】

1998년 3월에 경북경산시 남천면 ○○리에 법인(본점)을 창업했음

1999.12.27에 대구광역시 달서구 ○○동에 공장을 등록했음

이곳은 지점 등기함

구조세특례제한법 제6조 규정에서 기술집약형을 삭제할 걸로 알고 있음

그러면 1999.12 말에 공장을 매입한 부분은 취득세 및 등록세감면대상이 되지 않는지

【답　변】

> 귀문의 경우 조세특례제한법 제6조제1항의 규정에 의한 창업중소기업에 해당된다면 1998년 3월에 법인설립을 하고 1999.12.27 사업용 재산을 취득하였다 하더라도 조세특례제한법 제119조제3항과 동법 제120조제3항의 규정에 의하여 취득세와 등록세가 면제됨.

24. 창업중소기업의 등록세 등 감면대상 사용재산의 범위

【질의요지】

당사는 1999.7.15 충청남도 천안시 ○○동 5-2 아파트형공장에서 임대공장으로 창업한 중소기업임. Bshot Blast기계를 제작하는 중소기업으로 2000.3.10 인근 아산시 영인면 ○○리 75-1로 본점을 이전하고 2000.3.15 주식회사 ○○○으로 상호를 변경하였으며 질의하고자 하는 내용의 요지는 다음과 같음. 2000.2.14 천안지원경매 5계로부터 충남 아산시 영인면 ○○리 75-4외 7필지에 대한 공장 및 기계기구를 경락받아 3월 24일 취득한 사실이 있음. 그러나 창업중소기업에 대한 등록세·취득세에 대한 감면을 받고자 아산시에 문의한 결과 도시지역 내 공단지역에서 창업한 법인은 감면대상이 아니라 하였으나 개정된 세법(1999년 8월)에 의하면 지역에 대한 요건이 명시되지 않았으며 당사는 구법에 의하면 지역에 대한 요건이 명시되지 않았으며 당사는 구법에 의하여도 부동산에 대한 취득은 2000.3.24로 감면대상이 될 수 있을 것으로 생각됨.

【답　변】

> 귀문의 경우 귀 법인이 조세특례제한법 제6조제1항의 규정에 의한 창업중소기업에 해당되는 경우라면 1999.7.15 창업하였다 하더라도 2000.3.24 취득한 사업용 재산에 대하여는 취득세 등을 면제받을 수 있음.

25. 창업중소기업 또는 창업벤처기업이 취득하는 사업용 재산에 대한 취득세 등 면제되는 취득기간의 범위

【질의요지】

조세특례제한법 제119조 및 제120조(1999.8.31 개정)에 의거 창업중소기업 및 창업벤처기업이 당해 사업을 영위하기 위하여 창업일로부터 2년 이내에 취득하는 사업용 재산에 대하여 취득세, 등록세를 면제한다고 되어 있고, 동법 부칙 제10조(지방세에 관한 적용례)의 적용규정에는 제119조 내지 제121조의 개정규정은 이 법 시행(1999.8.31)후 최초로 취득하는 분부터 적용한다고 규정되어 있는 바, 감면요건에 다음과 같이 양설이 있어 질의함. <갑설> 부칙 제2조(세액감면에 관한 적용례) 제6조 및 제31조의 개정규정이 "이 법 시행 후 최초로 창업하거나 벤처기업으로 확인받은 분부터 적용한다."라고 되어 있는바 부칙 제10조(지방세에 관한 적용례)에 있어서도 이 규정을 준용하여 개정일인 1999.8.31 이후 창업 또는 벤처기업을 확인받고 2년 이내에 취득하는 사업용 재산에 대해 감면받을 수 있다는 설. <을설> 갑설에서 주장하는 부칙 제2조는 국세인 법인세, 소득세감면에 관한 적용례에 국한한다고 보아야 하며 부칙 제10조(지방세에 관한 적용례)의 규정은 개정일인 1999.8.31 이후 사업용 재산을 취득하여야 하고, 취득시점이 창업 또는 벤처기업 확인받은 날로부터 2년 이내이어야 한다는 설.

【답　변】

> 귀문의 경우 창업중소기업 또는 창업벤처중소기업에 해당되고 1999.8.31 이후 사업용 재산을 취득(취득시점이 창업일로부터 2년 이내)한 경우에는 취득세와 등록세를 면제함이 타당함.

26. 취득세 등이 면제되는 창업중소기업의 사업용 재산의 범위

【질의요지】

㈜○○하이테크에서 회사(법인)설립은 1998.10.24일에 하였고 벤처기업육성에관한특별조치법 제25조에 의거 2000.2.18 벤처기업임을 확인받은 업체로서 1999.11.1 공장용부동산을 계약하여 1999.11.29일, 공장용 부동산을 취득하였고 취득세등록세를 납부하였음. 개정된 조세특례제한법(법률 제5996호, 1999.8.31) 제199조제3항 및 제120조제3항에서 창업중소기업이 당해 사업을 영위하기 위하여 창업일로부터 2년 이내에 취득하는 사업용 재산에 대한 취득세·등록세의 면제비율이 1999.8.31 이전에는 100분의 75로 되어 있었으나 그 이후에는 전액 면제하도록 개정되었고 개정 법률 부칙 제20조에서 제119조 내지 제121조의 개정규정은 이 법 시행 후 최초로 취득하는 부분부터 적용한다고 규정하고 있으므로 법 개정 이후 취득한 부동산은 취득세·등록세가 100% 면제되어야 하는 것인지 75% 감면하는 것인지 그리고 기

납부한 취득세·등록세는 환불받을 수 있는지

【답　변】

> 귀문의 경우 개정된 조세특례제한법(법률 제5996호, 1999.8.310 제6조제1항의 규정에 의한 창업중소기업에 해당하는 경우라면 동법 제119조제3항과 제120조제3항의 규정에 의하여 창업일로부터 2년 이내에 취득하는 사업용 재산에 대하여는 취득세와 등록세가 면제(1999.8.31 이후에 취득하여야 함)됨을 알려드림.

27. 취득세 등 면제되는 창업벤처기업의 범위

【질의요지】

본사는 창업사업계획승인을 받아 중소기업을 운영하고 있는 업체임. 조세특례제한법 제119조제3항(등록세), 같은 법 제120조제3항(취득세)의 규정에 의하면 창업일로부터 2년 이내에 취득하는 사업용 재산에 대하여 취득세와 등록세를 면제하도록 되어 있는 바, 취득부동산에 대한 감면대상 여부를 질의함

－업체명: ㈜○○○(176011－××××××) / －소재지: 구미시 산동면 ○○리 292－3번지 / －대　표: 황○호(510920－×××××××　)/ －전　화: (0546)472－×××× / －법인설립등기일: 1999.2.1 / －사업자등록일: 1999.2.2 / －벤처기업확인일: 2000.4.26 / －창업사업계획승인일: 1999.12.22 / －업　종: 달리 분류되지 않은 플라스틱일반성형제품제조업(25299) / －공장현황: 용지면적 3,537㎡, 제조시설면적 1,503㎡, 부대시설면적 487.5㎡

【답　변】

> 조세특례제한법 제119조제3항 및 제120조제3항 규정에 의하여 창업중소기업 및 창업벤처중소기업이 당해 사업을 영위하기 위하여 창업일(창업벤처중소기업의 경우에는 벤처기업으로 확인받은 날)부터 2년 이내에 취득하는 사업용 재산에 대하여는 취득세와 등록세가 면제되는 것이며 여기서 창업중소기업 및 창업벤처중소기업의 범위는 조세특례제한법 제6조 규정에 의하므로 귀문의 경우 동법 제6조에 규정된 요건에 적합하다면 취득세·등록세면제 대상임.

28. 공장을 경락 취득하여 동종 사업을 영위하는 경우 창업중소기업 해당 여부

【질의요지】

조세특례제한법 제119조(등록세의 면제 등)와 제120조(취득세의 면제 등)를 창업중소기업에 적용함에 있어 다음의 사례에 대하여 질의 함. 갑주식회사는 섬유제품(제직)제조업을 사업목적으로 1999년에 법인을 설립하면서 경북 경산시에 본점소재지를 두고 사업용 재산(토지, 건물)을 취득하였음. 이때 조세특례제한법 제119조제3항과 제120조제3항에 따라 등록세와 취득세를 면제받았음. 본 회사는 2000.4월에 염색공정을 추가하고자 경매에 의해 대구광역시에 소재하고 있는 사업용 재산(공장: 토지, 건물)을 취득하였음. 기계장치나 인력을 인수받은 바 없으며, 취득 후 염색공정에 필요한 기계장치를 새로 구입할 예정이며 인원도 확보해야 함. 경매는 단독응찰이 아닌 공동응찰이었으나, 취득한 공장의 건물은 2개 동으로 되어 있고 각각 사용하기 위해 각각의 건물과 부속토지의 지분별로 응찰하였으며, 토지와 건물은 구획이 구분되어 공부상뿐만 아니라 사용목적상 지분비례로 완전히 나눌 수 있음. 위 사례와 같을 경우 1999년 법인설립(창업) 후 2년 이내인 2000.4월에 본 회사가 경매에 의해 응찰지분만큼 취득하는 사업용 재산(공장용 토지와 건물)에 대하여 조세특례제한법 제119조제3항과 동법 제120조제3항을 적용받아 등록세와 취득세를 면제받을 수 있는지.

<질의자 의견>

비록 경매에 의하여 취득한 공장용 토지와 건물이지만 사업목적에 사용하기 위해서는 반드시 새로운 (염색공정용)기계장치를 구입·설치해야 하고 새로운 인원을 충원해야 하므로 사업의 단순한 승계로 볼 수 없으며, 또한 공동응찰한 재산이라 하더라도 각 기업지분이 분명하고 각 기업의 사업용 재산으로 사용되므로 조세특례제한법 제119조와 제120조를 적용하여 등록세와 취득세를 면제하여야 한다고 생각됨.

【답　변】

> 조세특례제한법 제119조제3항 및 제120조제3항 규정의 창업의 범위에 있어 타인의 사업을 승계하여 승계된 사업과 동종의 사업을 계속하는 경우에는 중소기업창업지원법 시행령 제2조제1항 규정에 의하며 창업에 해당되지 아니하는 것이며, 귀분의 경우가 이에 해당 여부는 과세권자가 당해 기업의 구체적인 승계상황을 검토하여 사실 판단할 사항임

29. 임차공장만은 경락 취득하여 사업을 영위하는 경우 창업중소기업 해당 여부

【질의요지】

창업중소기업에 대한 조세특례제한법 제119조제3항 및 제120조제3항 감면규정적용과 관련민원이 빈번함으로 질의함

1) 제조업체인 ○법인은 본점소재지를 ○○시 ○○동 지역에서 1999.5.14 법인설립등기를 하고 1999.9.2 공장부지를 취득하여 2000.2.23 공장용건물을 준공 받은 경우 창업중소기업으로 보아 취득세, 등록세를 감면받을 수 있는지

<갑 설>창업중소기업의 판단기준은 창업일이 되므로 질의법인의 경우 법인설립등기일 현재인 1999.5.14자 당시 시행 조세특례제한법(1999.8.31자 개정 전 법률) 제6조에 의거 판단할 사항이며, 동법 제6조에서 규정하고 있는 창업중소기업은 농어촌지역에서 창업한 중소기업을 말하므로 농어촌 외 지역에서 창업한 경우라면 창업중소기업으로 볼 수 없어 등록세, 취득세 감면대상이 될 수 없음

<을 설>1999.8.31자 개정 조세특례제한법 제6조제1항에 의하면 2003.12.31 이전에 수도권 외의 지역에서 창업한 중소기업을 창업중소기업으로 규정하고 있으므로 비록 1999.5.14자로 법인설립등기되어 있다고 하더라도 1999.8.31 이후 취득한 재산이라면 취득세, 등록세가 면제되어야 할 것임

<우리도의 의견>

질의법인의 경우 농어촌지역이 아닌 동지역에서 1999.5.14자로 법인설립등기를 하였으므로 그 당시 조세특례제한법(1999.8.31 자로 개정되기 전의 법률) 제6조의 창업중소기업에 해당되지 않으며, 설령질의 법인이 1999.8.31자 개정조세특례제한법의 적용은 개정일(1999.8.31)부터이므로 1999.5.14 설립된 법인에게까지 소급하여 적용할 수 없으며 개정조세특례제한법 부칙 제2조제1항의 규정에 의하면 제6조 개정규정은 이 법 시행 후 최초로 창업하는 중소기업부터 적용하도록 되어 있고, 부칙 제12조제1항에는 종전의 제6조의 규정을 적용받던 중소기업에 대하여는 종전의 규정을 적용한다고 규정하고 있음. 따라서 창업중소기업 해당 여부는 창업 당시의 법률에 따라 판단할 사항이므로 갑설이 타당하다고 생각됨.

2) 개인사업자(사업자등록증상 사업개시일 1998.9.1)가 폐업된 기존공장을 임차(1998.9.1~1999.9.19)하여 동종 사업을 영위하다가(1999.9.20) 동 공장을 경락받았을 경우 창업중소기업의 사업용 재산취득으로 보아 지방세가 감면되는지

<갑 설>기존공장을 임차하여 기존공장의 업종과 동일한 업종을 영위하는 것은 중소기업창업지원법 시행령 제2조제1항제1호의 '사업의 승계'에 해당되어 창업중소기

업으로 볼 수 없으므로 창업일 이후에 법원의 경락에 의하여 사업용 재산을 취득하였다 하더라도 지방세를 감면할 수 없음.

<을 설>기존공장을 임차하여 사용하는 것은 통상 공장용 건축물을 취득하기 전에 임시적으로 사용하기 위한 것으로 '사업의 승계'에 해당된다고 볼 수 없으므로 임차하던 공장을 경락받아 취득한 경우에는 창업중소기업의 사업용 재산취득으로 보아 지방세가 감면됨.

<우리의 의견>

법원으로부터 공장을 경락받아 사업을 개시할 경우에는 창업중소기업의 사업용 재산으로 보아 지방세가 감면되지만, 창업일 이후 기존공장을 임차하여 사업을 개시한 경우에는 중소기업창업지원법 시행령 제2조제1항제1호의 '사업의 승계'에 해당되므로 그 이후 법원의 경락을 받아 취득하였다 하더라도 지방세감면을 받을 수 없다고 생각되므로 갑설이 타당함.

【답 변】

1. 귀문 1), 2)의 경우 각각 '을설'(1999.5.14 창업한 중소기업인 경우에는 1999.8.31 이후 취득하는 사업용 재산에 대하여는 취득세와 등록세를 면제하며, 폐업된 공장에 대한 채권채무를 승계하지 않고 동 공장을 경락받는 경우에는 타인의 사업을 승계한 것으로 볼 수 없는 것이므로 취득세와 등록세면제) 이 타당함
2. 부가가치세법 시행규칙 제3조제1호에 의하여 제조업에 있어서는 제조장별로 재화의 제조를 개시하는 날이라 함은 귀도 의견과 같이 당해 업종의 제품을 제조하기 위하여 공장을 가동한 날로 보는 것이 타당함.

30. 창업벤처중소기업의 사업용 재산에 대한 등록세 등 면제요건

【질의요지】

당사는 1995.3.29 인천 ○○공단에서 설립한 반도체조립용장비 및 금형을 제조하는 (매출에 수출 70%, 내수 30%) 수출유망중소기업임. 또한 동 사업을 영위하다가 1999.9.10 벤처기업육성에관한특별조치법 제25조에 의하여 인천지방중소기업청에서 벤처기업확인을 받았음. 조세득례제한법(1999.8.31 법률 제5996호로 개정) 제119조제3항에는 창업중소기업 및 창업벤처중소기업이 당해 사업을 영위하기 위하여 창업일(창업벤처중소기업의 경우에는 벤처기업으로 확인받는 날을 말한다. 이하 같다)부

터 2년 이내에 취득하는 사업용 재산에 관한 등기 및 창업중소기업의 법인설립의 등기에 대하여는 등록세를 면제한다. 다만, 등기일로부터 2년 이내에 당해 재산을 정당한 사유 없이 당해 사업에 직접 사용하지 아니하는 경우에는 면제받은 세액을 추징한다고 개정되었음. 당사는 밀려드는 주문량에 현재의 공장규모로는 생산을 소화해낼 수 없어 현재의 공장을 매각하고 ○○공단단지 내로 좀 더 큰 공장용 토지 및 건물을 매입하여 이전을 계획하는 바, 이전 시 상기 법에 의하여 세액을 면제받을 수 있는지

【답 변】

> 조세특례제한법 제119조제3항과 제120조제3항의 규정에 의한 창업벤처중소기업이라 함은 조세특례제한법 제6조제2항의 규정에 의하여 창업 후 2년 이내에 벤처기업으로 확인받은 기업을 의미하는 것이므로 귀문의 경우 1995.3.29 설립하고 1999.9.10 벤처기업으로 확인받은 귀사는 창업벤처중소기업에 해당되지 아니하여 취득세와 등록세감면대상이 아님

31. 취득세 면제되는 창업벤처중소기업의 범위

【질의요지】

당사에서 1999.12.30 매입한 물건(서초구 ○○동 275−6 ○○물산빌딩 비동 7층 701−1호)에 대한 지방세감면신청(2000.3.29)을 90일 이내 서초구청에 접수(접수번호 107)하였으며, 접수에 대한 회신(서초구청 문서번호 세일13400−1869)을 검토한 결과 회신에 대한 적용법규가 맞지 않는다고 판단되어 서초구청 지방세유권해석 질의함. ㈜○○칼스는 1997.11.10에 창업하여 벤처기업(1999.4.9 서울지방중소기업청 확인)으로 등록하였으므로 조세특례제한법 제119조제3항 및 제120조제3항에서 "창업벤처기업중소기업이 당해 사업을 영위하기 위하여 취득하는 사업용 재산에 관하여는 취득세와 등록세를 면제한다."고 규정하고 있어 면세대상이며 서초구청 '지방세감면신청서회신'에 대한 감면대상이 되지 않는다는 적용법규는 부칙(1999.8.31. 법률 제5996호) 제2조(제6조, 제31조 해당)가 아닌 제10조((지방세에 관한 적용례), 제119조 내지 제121조의 개정규정은 이 법 시행 후 최초로 취득하는 분(부동산취득)부터 적용한다)가 적용되어야 될 것으로 생각됨. 따라서 당사는 1997.10.31일에 설립되어 1999.4.9일에 벤처기업으로 확인을 받았기에 개정된 법에 의한 취득 시

등록세감면대상으로 볼 수 없다는 서초구청담당자의 잘못 적용된 고정관념 속의 유권해석으로 불이익을 당하고 있으므로 공정하고 적법한 유권해석을 부탁함.

【답 변】

조세특례제한법 제119조제3항과 동법 제120조제3항, 부칙(1999.8.31 법률 제5996호) 제10조의 규정에 의하여 조세특례제한법 제6조제2항의 규정에 의한 창업벤처중소기업이 벤처기업으로 확인받은 날로부터 2년 이내에 취득하는 사업용 재산에 대하여는 취득세와 등록세를 면제하는 것이므로 귀문의 경우 1997.11.10. 벤처기업으로 창업하여 1999.4.9 벤처기업으로 확인받아 1999.12.30 취득하는 사업용 재산에 대하여는 취득세와 등록세가 면제됨.

32. 취득세 등 감면되는 창업벤처중소기업의 요건

【답 변】

조세특례제한법 제119조제3항과 동법 제120조제3항 부칙(1999.8.31 법률 제5996호) 제10조의 규정에 의하여 조세특례제한법 제6조제2항의 규정에 의한 창업벤처중소기업이 벤처기업으로 확인받은 날로부터 2년 이내에 취득하는 사업용 재산에 대하여는 취득세와 등록세를 면제하는 것이므로 귀문의 경우 1996.6.28 창업벤처중소기업으로 설립하여 1998.6.26 벤처기업으로 확인받아 그 확인받은 날로부터 2년 이내인 2000.3.21 사업용 재산을 취득하는 경우에는 취득세와 등록세감면대상임.

33. 취득세 등 면제되는 확인받은 창업벤처중소기업의 범위

【질의요지】

공장취득에 따른 취득세, 등록세감면 또는 면세에 관한 질의임.

당사는 현재 벤처기업으로서 금번 사업계획에 따라 경기도 안산시 소재의 공장(대지 및 건물)을 매입할 계획이 있어 다음과 같이 질의함

- 공장매입 시기: 2000.4. 이후 / - 매입대상처: 경기도 안산시 ○○동 소재 공장(대지 및 건물) - 서부지역관리공단 내 위치 벤처기업인 당사가 상기 지역의 공장을 매입할 경우 취득세, 등록세감면 또는 면세대상이 되는 지의 여부와 관계법령조항은 무엇인지

【답　변】

> 　조세특례제한법 제119조제3항과 제120조제3항의 규정에 의한 창업벤처중소기업이라 함은 조세특례제한법 제6조제2항의 규정에 의하여 창업 후 2년 이내에 벤처기업으로 확인받는 기업을 의미하는 것이므로 귀문의 경우 1986.9.12 설립하여 1999.9.28 벤처기업으로 확인받은 귀사는 창업벤처중소기업에 해당되지 아니하여 취득세와 등록세감면대상이 아님.

34. 창업중소기업에 대한 지방세 면제 여부

　　회신: 세정 13407-76(ʼ01.01.17)

【질의요지】

조세특례제한법 제119조제3항 및 제120조제3항의 규정에 의하여 창업중소기업이 당해 사업을 영위하기 위하여 창업일부터 2년 이내에 취득하는 사업용 재산에 대하여는 취득세와 등록세를 면제토록 규정하고 있으나, 다음과 같은 사례의 경우 면제대상 여부에 대한 양설이 있어 질의함. ㈜○○는 1999년 6월 28일 서울특별시 강서구 등촌동(수도권지역)에 제조업 및 무역업을 사업목적으로 법인설립등기 후 무역업을 영위하던 중 2000년 11월 13일 충북 음성군(수도권 이외 지역)으로 법인의 본점을 이전하여 2000년 12월 26일 음성군수로부터 창업계획승인을 받아 공장(제조업)을 신축할 경우 창업일로부터 2년 이내에 취득하는 사업용 재산에 대한 취득세 및 등록세가 면제대상이 되는지 여부.

<갑　설> 조세특례제한법 제6조제1항의 규정에 "2003년 12월 31일 이전에 대통령령이 정하는 수도권 외의 지역에서 창업한 중소기업(이하 ‘창업중소기업’이라 한다)과……" 하였으므로 이 법 제119조제3항 및 제120조제3항의 규정에 의한 면제도 수도권 이외의 지역에서 창업한 중소기업의 경우에만 해당될 뿐 질의 법인의 경우와 같이 수도권 지역에서 법인을 창업 후 수도권 이외의 지역으로 법인을 이전하여 창업사업 계획승인을 받았을 경우에는 면제대상이 아님.

<을　설> 조세특례제한법 제6조에 규정된 창업중소기업의 범위는 소득세 또는 법인세를 감면하기 위한 규정이므로 같은 법 제119조제3항 및 제120조제3항에는 면제대상 창업중소기업에 대한 지역의 범위를 규정하고 있지 아니하므로 창업중소기업이 수도권 이외의 지역에서 법인을 창업하여 수도권 이외의 지역으로 법인을 이전하여 창업계획승인을 받았으므로 창업일로부터 2년 이내에 취득하는 사업용 재산은 면제대상임

【답 변】

귀문의 경우 '갑설(면제대상이 아님)'이 타당함

35. '창업'이란 중소기업을 새로이 설립하는 법인의 경우 '법인설립등기일'을 말하는 바, '창업 후 2년 이내'에 벤처기업으로 확인받은 기업 해당 여부 판단기준

【질의요지】

1. 사실관계

−설립등기일: 1998.8.21 / −사업자등록 신청일: 1998.9.3 / −개업일: 1998.9.7 / −사업자등록 교부일: 1998.9.3 / −벤처기업신청일: 2000.8.11 / −중소기업청 확인실사일: 2000.8.17 / −벤처기업확인서 교부일: 2000.9.2

2. 질의 내용

조세특례제한법 제6조제2항의 '창업일'이란 어느 날인지와, '창업 후 2년 이내' 벤처기업으로 확인받은 기업의 '2년 이내'란 어느 날인지 여부

【답 변】

귀 질의의 경우 조세특례제한법 제6조제2항 규정의 '창업'이라 함은 중소기업을 새로이 설립하는 법인의 경우 '법인설립등기일'을 말하는 것이며, 같은 항 규정의 '창업 후 2년 이내'에 벤처기업으로 확인받은 기업에 해당되는지는 벤처기업육성에관한특별조치법 제25조의 규정에 의한 벤처기업으로 확인을 받은 날(동 규정에 의하여 발급받은 '벤처기업확인서'의 유효기간 초일)을 기준으로 판단하는 것임

36. 단순히 기업의 형태만을 변경하여 변경정의 사업과 동종의 사업을 계속한 경우로서 '창업'에 해당하지 않은 사례

【질의요지】

1. 법인의 설립과정

(1) 법인 설립과정

－사업의 내용: 조세특례제한법상의 제조업 등을 영위하는 중소기업에 해당됨

(2) 개인기업 'B'의 소유주 'C'가 보유하고 있는 토지를 'A'에게 매각

－'A'의 토지구입자금은 은행권차입으로 진행

(3) 신설법인 'A'는 'C'에게서 매입한 토지 위에 신규 공장·건축물 등을 준공하였으며 필요한 기계 및 설비를 구입함

－자원의 조달: 차입금 및 자본의 증자

(4) 개인기업 'B'가 보유하고 있는 기계를 신설법인 'A'에 매각함.

－'A' 법인의 전체 기계는 신규제작분 및 'B'로부터의 구입분이 각각 절반 정도임.

2. 기타 사항

(1) 'C'가 'A'에게 매각한 토지는 개인기업 'B'의 사업장과 무관한 토지임. 'B'의 사업장과 'C'가 'A'에게 매각한 토지는 동일 관역시내의 다른 구에 소재함.

(2) 개인기업주 'C'는 신설법인 'A'의 최대주주 및 대표이사임.

(3) 신설법인 'A'는 'C'에게서 매입한 토지 위에 신규 공장·건축물 등을 준공하였으며 필요한 기계 및 설비를 구입함.

(4) 개인기업 'B'가 보유하고 있는 기계를 신설법인 'A'에게 매각함

－'A'법인의 전체 기계는 신규제작분 및 'B'로부터의 구입분이 각각 절반 정도임

3. 질의사항

(1) 상기 절차에 의하여 신설되는 'A'법인은 중소기업창업지원법 시행령 제2조의 창업의 범위에 해당되는지

(2) 상기 법인의 설립과정의(4)에서 개인기업 'B'가 보유한 기계만을 'A'에게 현물출자 시 'A'법인의 중소기업창업지원법 시행령 제2조의 창업의 범위에 해당되는지

(3) 상기 법인의 설립과정(4)에서 개인기업 'B'가 보유한 기계와 그와 관련된 은행 차입금을 한정한 소극적인 양수도를 'A'에게 실행한다면 중소기업창업지원법 시행령 제2조의 창업의 범위에 해당되는지

【답　변】

귀 질의의 경우 단순히 기업의 형태만을 변경하여 변경전의 사업과 동종의 사업을 계속한 것으로 보아야 할 것이므로 창업의 범위에 해당하지 아니하여 사업에서 발생한 소득에 대하여는 조세특례제한법 제6조제1항의 규정을 적용받을 수 없는 것임.

37. 1999.1.1 모기업으로부터 사업의 일부를 분리해 설립한 분사기업이 기존사업을
    승계하여 사업영위 시 '창업중소기업 등에 대한 세액감면' 적용 안 됨
    회신: 법인 46012-564('01.3.16)

【질의요지】

1. 사실관계

◇ 분사현황: A사는 B사가 운영하여 온 제조영업에 관한 일체의 권한을 사원들이
양도받기로 하고 1998.12.31일자로 분사계약을 하였음

◇ 창업일: 1999.1.1 / ◇ 사업분리 계약일: 1998.12.31 / ◇ 최대주주: 대표이사○
○○ / ◇ 벤치기업 지정일: 2000.12. 9

A사는 대통령령(2000.1.21 개정) 및 산업자원부령(2000.6.17 개정)이 창업의 요건에
는 해당되나 벤처기업 법인세 감면관계가 불명확하여 적용 여부를 질의함

【답　변】

> 귀 질의와 같이 1999.1.1 모기업으로부터 사업의 일부를 분리하여 설립한 분사기업이 기존
> 사업을 승계하여 사업을 영위하는 경우 조세특례제한법 제6조의 규정에 의한 창업중소기업
> 등에 대한 세액감면 규정을 적용할 수 없는 것임

38. 타인의 제조사업부문을 자산양수도 방식에 의해 취득해 동종의 사업을 계속 영
    위함으로써 발생하는 소득은 '창업중소기업 등에 대한 세액감면' 적용 안 됨
    회신: 법인46012-529('01.03.12)

【질의요지】

(사실관계)

당사는 내연기관용 시동기(STARTER MOTER)를 생산하는 중소제조업으로서 수도
권 외의 지역에서 창업하였기에 1997회계연도부터 조세특례제한법 제6조에 의하여
창업중소기업 등에 대한 세액감면을 받고 있음. 당사는 2001년도 중에 타 회사부터
자동차용 발전기 제조장비 등 관련 라인을 개별자산 양수방식에 의하여 취득하여
중고기계 등을 당사 공장에 설지하고 낭사가 생산할 계획임. 딩사의 개별자신 앙수
방식이란 타사의 발전기 제조사업관련 채권, 채무를 인수하지 아니하고 단순히 제

조장비를 구입하는 것을 말하며, 당사가 속한 지방으로 이전을 원하는 자석 발전기 (ALTERNATOR) 생산에 소속된 종업원 150명 중 120명을 채용할 예정임. 표준산업분류표에 의한 업종의 번호는 기존 내연기관용 시동기와 시동발전기 제조업과 내연기관용 자석발전기 제조업이 모두 동일한 군에 속함.(31901 내연기관용 전장품 제조업(Manufacture of electrical equipment for internal combustion engines)) 당사는 현재 창업중소기업 세액감면의 잔여기간이 남아 있음.

1. 위 사실관계에 대해서 기존사업장에 추가 증설되는 자동차용 발전기 제조사업에 발생되는 소득에 대해서도 조세특례제한법 제6조(창업중소기업 등에 대한 세액감면)에 의한 세액감면을 받을 수 있는지 여부

2. 1 질의에 대해서 기존사업장에 새로운 사업장을 설립할 경우에도 조세특례제한법 제6조(창업중소기업 등에 대한 세액감면)에 의해서 세액감면을 받을 수 있는지 여부

【답 변】

> 귀 질의 1과 2의 경우 타인의 제조사업부문을 자산양수도 방식에 의하여 취득하여 동종의 사업을 계속 영위함으로써 발생하는 소득에 대해여는 조세특례제한법 제6조제1항의 적용을 받을 수 없는 것임

39. 다른 사업자의 사업 일부를 인수하여 종전의 사업자와 같은 업종을 영위하는 것은 '창업'으로 볼 수 없음

    회신: 법인406012-1309('00.06.05)

【질의요지】

갑 법인이 영위하는 사업 중 특정 부분의 사업을 신설법인인 을 법인이 일부 자산을 인수하여 사업을 영위할 경우 을 법인에 대하여 조세특례제한법 제6조의 규정을 적용할 수 있는지.

【답 변】

> 조세특례제한법 제6조의 규정을 적용함에 있어 창업이라 함은 사업을 새로이 개시하는 것을 말하는 것으로서 다른 사업자의 사업 일부를 인수하여 종전의 사업자와 같은 업종을 영위하는 것은 창업으로 볼 수 없으므로 동조의 규정은 적용받을 수 없는 것임

40. 종전 사업자가 폐업한 장소에서 법인 설립해 종전 사업자와 동종 사업 영위 또는 타인의 사업을 승계해 승계 전 사업과 동종 사업을 계속하는 경우에는 '창업'에 해당하지 않음
    회신: 법인46012-1264('00.05.30)

【질의요지】
종전 사업자가 공장이나 토지를 취득하여 종전 사업자와 동일한 업종을 영위하는 법인을 설립 시 창업중소기업 해당 여부

【답   변】

> 조세특례제한법 제6조의 규정을 적용함에 있어 종전 사업자가 폐업한 장소에서 법인을 설립하여 종전 사업자와 동종의 사업을 영위하거나, 타인으로부터 사업을 승계하여 승계 전의 사업과 동종의 사업을 계속하는 경우에는 창업에 해당되지 않으므로 같은 법에 의한 세액감면을 적용할 수 없는 것임

41. 개인기업을 양수하여 동종의 사업을 영위하는 경우 '창업'에 해당하지 않고, 1999.08.31 이전에 벤처기업으로 확인받은 것은 '창업벤처기업'에 해당하지 않음. 회신: 법인460012-696('00.03.14)

【질의요지】
1995년 1월 개인으로 봉천동에서 컴퓨터관련사업을 시작하여 1998년까지 운영하다가 1999년 1월 법인을 설립한 후 199년 3월 개인사업을 양수하여 법인으로 운영하는 중소 제조회사로서 1999년 2월 중소기업청장으로부터 벤처기업으로 확인을 받음.
1) 위 법인이 창업중소기업에 대한 세액공제를 받을 수 있는지 여부
2) 연말정산 시 출자주주들이 소득공제를 받을 수 있는지 여부
3) 1999년 10월 한국산업기술진흥협회로부터 기업부설연구소로 인정서를 받은 상태에서 등록되어 있는 연구원에 대한 인건비 등 지출분에 대하여 기술 및 인력개발비 세액공제가 가능한지 여부

【답 변】

> 법인이 개인기업을 양수하여 개인이 영위하던 사업과 동종의 사업을 영위하는 것은 조세특례제한법 제6조의 규정에 의한 창업에 해당되지 아니하며, 1999.8.31 이전에 벤처기업으로 확인받은 것은 동법의 규정을 적용받을 수 있는 창업벤처기업에 해당되지 아니하는 것이고 조세특례제한법 제16조제1항제4호의 소득공제는 벤처기업에 투자하는 것은 동법의 규정을 적용받을 수 없는 것임.
> 또한 조세특례제한법 제10조의 규정에 의한 기술 및 인력개발비세액 공제가 적용되는 전담부서는 기술개발촉진법 제5조의 규정에 의하여 과학기술부장관에게 신고한 기업의 연구개발 전담부서를 말하는 것임.

42. 창업중소기업 세액감면 적용받는 법인이 다른 농어촌지역의 기존공장을 추가 취득한 경우, 당해 기존공장은 동 세액감면 안 되나, 중소제조업 등에 대한 특별세액감면은 적용됨

    회신: 법인460012-619(´00.03.06)

【질의요지】

1997년에 농어촌지역에서 창업하여 조세특례제한법 제6조의 창업중소기업 등에 대한 세액감면을 적용받는 법인이 1999년 중에 다른 농어촌지역에 소재한 기존사업자의 공장을 인수하여 기존사업자가 영위하던 업종을 계속 영위하는 경우 동 사업장에 대하여 조세특례제한법 제6조·제7조 및 제26조 등의 세액공제를 중복하여 받을 수 있는지 여부

【답 변】

> 창업중소기업 등에 대한 세액감면을 적용받는 법인이 다른 농어촌지역에 소재한 기존공장을 추가로 취득한 기존농장에 대하여는 조세특례제한법 제6조의 적용을 받을 수 없는 것이나 중소기업의 요건을 충족 시 같은 법 제7조의 중소제조업 등에 대한 특별세액감면은 적용받을 수 있는 것이며, 조세특례제한법 제6조의 창업중소기업 등에 대한 세액감면을 적용받는 법인은 같은 법 제127조제4항의 규정에 의하여 같은 법 제26조의 임시투자세액공제를 적용하지 아니하는 것임.

43. 기존공장을 경락절차로 취득한 후 종전 사업자와 동일사업을 영위 시는 '창업'에 해당 않고, 창업 후 2년 이내에 벤처기업으로 확인받은 것이 아니어서 동 세액감면 적용 안 됨

회신: 법인46012-584(′00.02.29)

【질의요지】

(현　황)

1997.12.: 종전 법인(갑) 부도발생, 폐업신고

1998.1.~1999.2.: 종업원 대표명의로 임시공장 가동

1998.12.: 현재 법인(을) 법인설립 및 현재 공장 낙찰받음.

1999.3.: 종업원 명의 공장은 폐업하고 현재 법인(을)이 경락받은 공장을 가동 시작
하여 현재까지 운영 중에 있음.

2000. 2.: 벤처기업으로 확인받음.

(법인(을)의 업종과 법인(갑)의 업종이 동일함)

1) 상기와 같은 상황에서 법인(을)이 조세특례제한법 제6조의 2의(창업벤처중소기
업)에 해당이 되는지.

2) 그리고 창업벤처중소기업에 해당되는 경우 벤처기업으로 확인받기 전에 1999년
과세소득분에 대하여는 다른 세제상 혜택(예컨대 중소제조업 특별세액감면, 임
시투자 세액공제 등)을 받다가 2000년 이후 과세소득에 대하여 창업벤처중소기
업으로 세액감면을 받을 수 있는지에 대하여 질의함

【답　변】

조세특례제한법 제6조제2항의 규정에 의한 창업벤처중소기업에 대한 세액감면을 적용함에
있어 창업벤처중소기업은 창업 후 2년 이내에 벤처기업으로 확인받은 중소기업을 말하는 것
으로서 귀 질의와 같이 기존공장을 경락절차에 의해 취득한 후 종전 사업자와 동일한 사업을
영위하는 경우에는 동조의 규정에 의한 창업에 해당되지 아니하는 것이며, 2000.2. 벤처기업
으로 확인을 받았다 하더라도 창업 후 2년 이내에 확인받은 것이 아니므로 동조의 규정에
의한 세액감면을 적용할 수 없는 것임.

44. 종전 사업자의 업종과 새로이 설립된 법인의 업종이 동일한 경우 '창업중소기
업세액감면'이 배제되는 바, 그 업종의 분류기준 및 새로운 업종을 개시하는 경
우 동 세액감면 적용요건

회신: 법인46012-4200(′99.12.06)

【질의요지】

조세특례제한법 제6조의 창업중소기업의 범위와 관련하여 당사는 1998년, 개인사업자로 창업하여 건설업을 1999.11. 현재까지 영위하던 중 건설업의 한계를 느끼고 제조업을 병행하기 위하여 ○○군 ○○면에 공장부지를 임대하여 개인사업을 폐업시키고 법인을 창업하였는데, 창업 시 ○○군청으로부터 예규(소득 22601-585, 1989.2.17; 법인 22601-592, 1990.3.7)를 인용하여 등록세 상당액을 면제받지 못하였음. 이때, 위 예규, "개인사업자가 법인전환 후 변경 전의 사업과 동일한 사업을 하는 경우에는 창업으로 보지 아니한다."는 규정과 비교하여 당사는 창업중소기업의 범위에 해당하는 제조업을 신설하여 법인을 설립하였기에 동일한 사업을 하는 경우에 해당하지 아니하므로 본 예규를 적용할 수 없다고 생각되어 질의함.

【답 변】

> 조세특례제한법 제6조의 규정을 적용함에 있어 종전 사업자의 업종과 새로이 설립된 법인의 업종이 통계청장이 작성·고시하는 표준분류의 세분류에서 정하는 업종과 동일한 경우에는 동종의 사업으로 보아 같은 법의 세액감면을 적용받을 수 없는 것이며 종전 사업자가 기존 업종에 세분류를 달리하는 업종을 추가하여 사업을 새로이 개시하는 경우 사업개시일부터 당해 사업연도 말까지의 추가된 업종의 수입금액이 당해연도의 총수입금액에서 차지하는 비율이 50% 이상이 되는 경우에는 추가된 업종을 동종의 사업으로 보지 아니하는 것이므로 같은 법의 세액감면을 적용받을 수 있는 것임.

45. 기존공장을 취득(경매 포함)하거나 임차해 종전 사업자와 동일한 사업을 영위하는 경우는 창업중소기업에 대한 세액감면 적용 안 됨

　　회신: 법인46012-3644('99.19.05)

【질의요지】

당 회사는 1998.12.28자로 농어촌지역인 ○○군에 법인 설립. 1999.1.11자로 상기의 지역에서 기존공장(임대인)과 관련된 제반 권리에 대한 양수도 없이 단순 공장만을 임차하여 사업자 등록. 상기지역과 다른 농어촌지역의 사업용 재산인 공장(부지 및 건물)을 1999.3.6 임의경매에 의한 낙찰을 원인으로 1999.3.30 소유권이전등기. 위와 같은 경우 창업중소기업으로 보아 조세특례제한법에 의한 조세감면이 가능한지 여부

【답　변】

> 귀 질의의 경우 기존공장을 취득(경매에 의한 취득을 포함)하거나 임차하여 종전 사업자와 동일한 사업을 영위하는 경우에는 조세특례제한법 제6조의 규정에 의한 창업중소기업에 대한 세액감면을 적용할 수 없는 것임

46. 제조업 영위사업자가 '기술집약형 중소기업 해당 사업'을 다른 장소에서 새로이 신설하는 경우는 '창업'에 해당되지 않음

　　회신: 소득46011－1470('99.04.20)

【질의요지】

부산광역시에 소재하는 개인중소기업이 사업을 영위하던 중 특허기술개발기업으로 벤처기업육성에관한특별조치법 제25조의 규정에 의하여 벤처기업임을 확인받는 경우, 조세감면규제법 제6조제1항제2호 및 같은 법 시행령 제6조제2항에 의한 별표 10의 사업(제4호 및 제8호 해당)을 새로이 신규 개업하고자 하는 때에 해당하여 창업중소기업 등에 대한 세액감면을 적용받을 수 있는지.

【답　변】

회신: 소득46011－2937('98.10.10)

농어촌지역에서 소매업을 영위하다 폐업하고 다른 농어촌지역에서 새로이 제조업을 개시한 경우 '창업'에 해당함

> 제조업을 영위하는 사업자가 조세감면규제법 시행령 제6조제2항의 규정에 따른 별도 10에 규정된 '기술집약형 중소기업 해당 사업의 범위' 내의 사업을 다른 장소에서 새로이 신설하는 경우에는 창업으로 볼 수 없으므로 같은 법 제6조제1항제2호의 규정에 의한 창업중소기업 등에 대한 세액감면을 적용받을 수 없는 것임.

공동사업장을 폐업하고 기계장치 등을 그대로 이전해 공동사업장과 동일한 업종을 단독으로 사업 개시한 경우 창업중소기업에 대한 세액감면 적용 안 됨. 회신: 소득46011－2062('98.07.23), 회신: 소득46011－1965('98.07.16)

서비스업으로 사업개시한 사업자가 제조업으로 변경하거나 제조입들을 추가히는 경우 창업에 해당 안 된 중소기업창업 등에 대한 세액감면 적용 안 됨.

회신: 소득46011 – 1037('98.04.24)

농어촌지역 이외의 지역에서 도매업영위 사업자가 농어촌지역의 기존공장을 인수해 사업장을 이전하고 제조업 업종을 추가하는 것은 창업에 해당 안 됨

회신: 법인46012 – 719('9803.25)

기존의 창업중소기업에 대한 세액감면을 적용받는 법인의 동일한 장소에 같은 업종을 영위하는 법인을 설립하는 경우는 동 세액감면 안 됨

회신: 법인46012 – 241('98.01.31)

'과밀억제권역'에서 창업하여 동 권역 이외의 지역으로 이전한 기술집약형 중소기업은 창업중소기업에 해당 안 돼 동 세액감면이 적용 안 됨.

중소기업의 범위

상시근로자 수·자본금·매출액 중 하나가 중소기업기본법 시행령별표의 범위기준에 적합한 기업으로서, 독점규제및공정거래에관한법률에 의거 지정된 대규모기업집단(자산총액의 합계액의 순위가 1위부터 30위까지인 기업)에 속하지 아니하고, 종업원 수가 1,000명을 초과하지 않는 기업을 말합니다.

해당 업종	표준산업 분류부호	범위기준
1. 제조업	D	상시근로자 수 300인 미만 또는 자본금 80억 원 이하 (상시근로자 수는 1000명 미만이어야 함)
2. 광 업 건설업 운수업	C F 60~62	상시근로자 수 300인 미만 또는 자본금 30억 원 이하 (상시근로자 수는 1000명 미만이어야 함)
3. 대형 종합 소매업 호텔업 정보처리 및 기타 컴퓨터운영 관련업	5211 55111 72	상시근로자 수 300인 미만 또는 매출액 300억 원 이하 (상시근로자 수는 1000명 미만이어야 함)
4. 종자 및 묘목 생산업 어 업 전기, 가스 및 수도사업 연료 및 관련제품 도매업 휴양콘도 운영업 여행알선, 창고 및 운송관련서비스업 통신업 엔지니어링 서비스업 병 원 영화산업 방송업	01123 B E 5171 55113 63 64 7432 8511 871 872	상시근로자 수 200인 미만 또는 매출액 200억 원 이하 (상시근로자 수는 1000명 미만이어야 함)

해당 업종	표준산업 분류부호	범위기준
5. 도매 및 상품중개업	51	상시근로자 수 100인 미만 또는 매출액 100억 원 이하 (상시근로자 수는 1000명 미만이어야 함)
통신판매업	5281	
방문판매업	52893	
산업용 기계장비 임대업	712	
전문, 과학 및 기술 서비스업	74	
사업지원서비스업	75	
공연산업	873	
뉴스 제공업	881	
유원지 및 테마파크운영업	88992	
하수처리, 폐기물처리 및 청소관련 서비스업	90	
6. 그 밖의 모든 업종		상시근로자 수 50인 미만 또는 매출액 50억 원 이하 (상시근로자 수는 1000명 미만이어야 함)

※ 업종분류는 통계청 고시 제2000 - 1호(2000.1.7) 표준산업분류기준에 의함

□ 상시근로자

- 당해 기업에 계속하여 고용되어 있는 근로자로서 다음에 해당하는 자를 제외한 자를 상시근로자로 봄
- − 일용근로자

  −3월 이내의 기간을 정하여 근로하는 자

  −기술개발촉진법 시행령에 의한 기업부설연구소의 연구전담요원
- 상시근로자 수는 직전 사업연도의 매월 말일 현재의 인원을 합하여 해당 월수로 나눈 인원을 기준으로 계산함

□ 자본금이란?

주권상장법인과 협회등록법인의 경우는 직전 사업연도 말 현재 대차대조표상 자본금에 자본잉여금을 합한 금액을, 기타 기업의 경우는 대차대조표상 자본금과 자산에서 부채를 차감한 금액 중 많은 금액을 자본금으로 봄. 다만, 외부감사대상기업으로서 주권상장 또는 협회등록법인이 아닌 기업은 대차대조표상의 자본금만을 자본금으로 봄.

□ 매출액이란?

외부감사대상기업의 경우는 기업회계기준에 따라 작성한 직전 사업연도 손익계산서상 매출액을, 기타 기업의 경우는 세법에 따라 작성한 회계장부상의 매출액을 매출액으로 봄.

□ 창업 또는 합병기업의 중소기업 해당 여부 판정방법

설립등기일(개인기업은 사업자등록일)부터 산정일까지의 매출액과 상시근로자 수를 연간규모로 환산하여 적용. 자본금은 설립등기일 현재의 자본금을 적용.

ㅁ 2개 이상의 사업을 하는 경우 중소기업 해당 여부 판정방법

매출액이 큰 업종을 주 업종으로 보며, 당해 기업이 영위하는 업종 전체의 사업규모를 주 업종의 중소기업범위와 비교하여 중소기업 해당 여부를 판정함

ㅁ 중소기업 유예기간

중소기업이 규모의 확대 등으로 중소기업범위를 초과하게 된 경우에는 초과사유가 발생한 연도와 그 다음 3년간은 중소기업으로 봄.

창업지원체계도

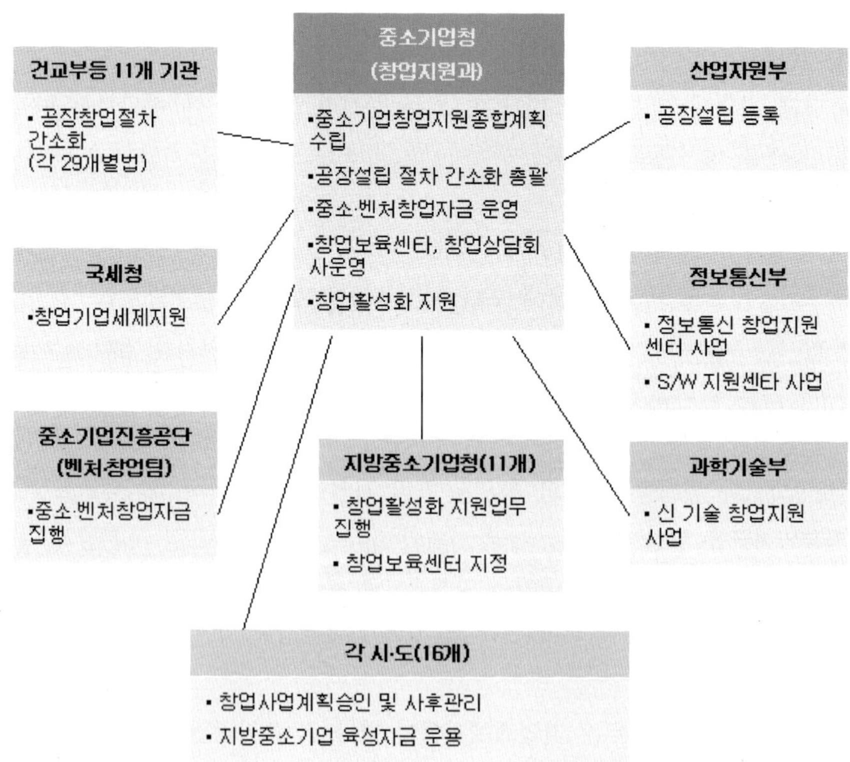

제 5 장

Venture business 사업계획서 작성

공장설립(등록) 절차

○ 공장설립(등록) 업무구분

▷ 산업단지 내(산업단지 내 아파트형공장 포함) 공장설립(등록) 관련업무

→ 산업단지관리공단

▷ 산업단지 외 기타 지역(아파트형공장 포함) 공장설립(등록) 관련업무

→ 시 기업지원과

○ 공장설립(등록) 절차

▷ 공장건축면적(제조시설＋사무실＋창고)이 500㎡ 이상－의무사항

공장설립승인신청 → 승인서 교부(20일, 공장설립의 승인신청내용의 전부가 시장의 권한에 속하는 경우 14일, 의제처리가 필요치 않은 경우 7일) → 공장설립완료 신청 → 공장등록(3일)

* 제출서류 ┌ 공장설립승인신청 시(별지제5호서식, 사업계획서) ☞ 다운로드
　　　　　└ 공장설립완료 신청 시(별지제7호서식)

▷ 공장건축면적(제조시설＋사무실＋창고)이 500㎡ 미만

공장등록 신청 → 공장등록(7일, 의제처리하는 경우 20일)

* 제출서류: 별지제9호서식, 사업계획서

○ 공장등록 변경신청

▷ 공장등록 완료 후 변경사항이 발생하였을 경우에는 공장등록 변경신청을 하여야 함 → 회사명, 대표자 성명, 면적, 업종(변경, 추가) 등

* 제출서류: 별지제9호서식, 공장등록증원본, 변경사항을 증명하는 서류

○ 공장등록 취소신청

▷ 공장등록 후 운영하던 공장이 폐업, 관외이전, 양도양수 등 공장을 운영할 수 없을 때에는 공장등록 취소신청을 하여야 함

→ 면허세 등 세금문제가 대두됨으로 중요한 사항임

* 제출서류: 대표자가 공장등록대장 지참 후 시에 직접 신청

(또는 대표자 확인이 가능한 경우 FAX신청도 가능)

○ 공장등록 신청 시 유의사항(산업단지 제외)

▷ 공장 건축면적이 500㎡ 이상일 경우에는 건축물의 용도가 공장으로 되어 있어야 함

▷ 공장 건축면적이 500㎡ 이상인 경우 공장등록 가능한 건축물 용도 → 공장

▷ 공장 건축면적이 500㎡ 미만인 경우 공장등록 가능한 건축물 용도
→ 제2종 근린생활시설, 공장

※ 건축법(조례), 산업집적활성화및공장설립에관한법률, 기타 관련법령이 수시 개정으로 변경될 수 있으니 사전에 시로 문의하시기 바람

※ 공장 건축면적 산정은 1개의 건물에 입주해 있는 공장업체 수(공장등록 유무)는 관계가 없으며 공간으로 사용하고 있는 바닥면적을 합산하여 계산

※ 공장등록을 하기 위하여 건물을 임대하고자 할 경우에는 해당 건물에 기존공장이 없는지 확인 후, 기존공장이 있으면 바닥면적(임대면적)을 필히 확인하여야 함

○ 아파트형공장 설립

▷ 아파트형공장의 정의: 3층 이상 6개 업체 이상이 입주할 수 있는 건축물

▷ 아파트형공장 설립 가능지역
- 일반주거, 준주거, 일반상업, 자연녹지지역

▷ 설립절차

설립승인 신청 → 설립승인 → 건축허가 신청 → 분양공고안 승인신청

분양공고안 승인 → 건축물 사용승인 → 설립완료신고

※ 설립절차 중 설립승인 신청 및 설립완료 신고 시 산업단지는 관리공단으로, 기타 지역은 성남시로 신청. 다만, 분양공고안 승인신청은 성남시에 신청

▷ 제출서류 ┌ 설립승인신청 시: 별지제19호서식
└ 설립완료신고서: 별지제20호서식

〈사업계획서의 필요성〉

○ 기본적 필요성

◆ 감정적 편견의 억제에 기여: 감상적(자아도취적) 아이디어 또는 경험에 의존하는 주먹구구식 계획의 제거를 돕는 역할을 담당함.

◆ 사업에 대한 헌신도의 시험: 창업자의 자기 사업에 대한 헌신도는 완벽한 계획

으로 나타낼 수 있음.

◆ 계획 및 조치의 정당성을 입증: 구체적, 세부적 사업계획은 계획 및 아이디어의 정당성을 입증하여 현실감과 성공가능성을 높여주는 역할을 함.

◆ 사업아이디어의 도상(圖上) 검증: 도상연습은 중대한 실수를 문서상에 국한시켜 적은 비용으로 수정 가능하게 하여 사업의 성공률을 높임.

◆ 전후 일관성 있는 전략으로 발전: 계획을 문서로 작성하는 것은 사업과 관련된 구성요소들을 재검토, 재인식할 수 있어 핵심성공요소들이 모순되지 않게 조화, 결합시켜 줌.

◆ 타인의 감동과 신뢰성의 제고: 훌륭하게 작성된 사업계획서는 설득력 있는 문서로서 이해관계인의 관심을 유도하고 창업자가 희망하는 이미지와 일치될 수 있어 신뢰감을 얻을 수 있음.

〈사업계획서 작성 시 유의사항〉

◆ 결론에 대한 자신감 및 명료성: 사업계획의 종합 결론으로서 설득력 있는 내용으로 간단명료하게 작성해야 함.

◆ 주요 내용의 강조 및 핵심성: 주된 생산 제품만 기술하여 부수적이고도 다양한 생산 제품에 대한 기술은 가급적 피해야 함.

◆ 장래성: 향후 기술개발 가능성과 사업의 발전 잠재력을 강조해야 함.

◆ 사업 주체의 경영능력 강조: 인력 및 경영진의 이력을 기술해야 함.

◆ 제품 및 기술의 이해 가능성: 전문적인 용어의 사용은 피하며 단순하고도 보편적인 설명으로 이해시킬 수 있도록 해야 함.

◆ 객관성 기준: 근거가 불충분한 자료 혹은 비논리적인 추정은 피해야 함.

◆ 위험 대처 능력 및 탄력성: 계획사업의 잠재된 문제점과 향후 발생 가능한 위험요소를 기술하고 그에 대한 대안을 제안해야 함.

◆ 정확성과 조달가능성: 자체 조달가능 자금의 내역과 규모를 정확히 표현해야 함.

◆ 사업계획서 검토 기준 : 수치의 정확성과 타당성, 기대수익률의 정도(신빙성), 차별화된 특수성, 자금 회수방법의 명기

* 관리자의 능력: -직급능력 배분

		L		M		H	
		②		②		②	
	③		①	③	①	③	①

순	skill의 경우	L 경우(%)	M 경우(%)	H 경우(%)
①	technical	25	40	10
②	human	50	50	50
③	conceptual	25	10	40

① = 실무능력(technical skill)

② = 대인관계능력(human skill)

③ = 개념관계 능력(conceptual skill)

- 능 력

지 식 + 태 도 + 기 능 =　　　문제해결력, 의사결정력

◆ 전략적 측면

  – 사업계획서를 작성하는 기본방향 또는 전제조건은 일반적으로 사업의 근본이 되는 아이템이 어떠한지 따져보고 그것이 사업다운 올바른 사업 아이템인가를 분석한 후 그 타당성을 검토하는 일임.

  – 따라서 전략적 타당성 측면에서 전략 적합성을 갖는 창업전략을 사업계획서로 구체화하는 작업이 요구됨.

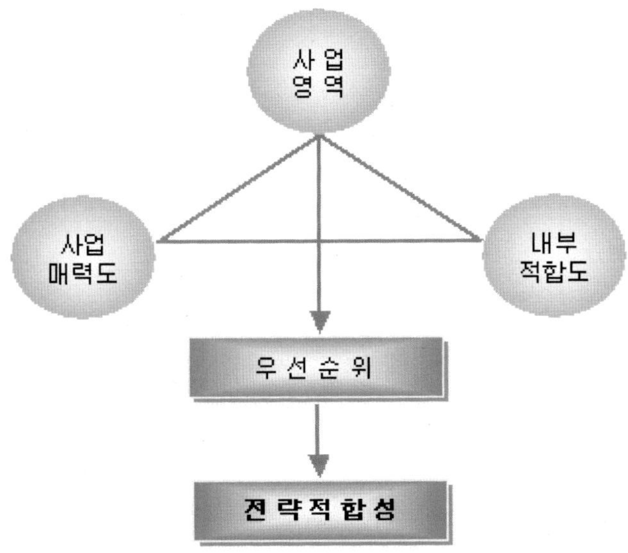

◆ 요소적 측면

  – 전략적 측면에서 훌륭한 창업을 구상한 후, 사업착수에 따르는 핵심요소(기술, 자금, 사람)가 적정시점에 준비되어 핵심요건(형태, 입지, 규모)을 해결할 수 있을 때, 사업화 능력이 생기는 것임

◆ 경제적 측면

  – 창업사업이나 신규사업이 사업방향과 사업시점을 잘 맞추었다고 해도 수지타산이 맞지 않는다면 경제적 사업으로서의 가치가 없어짐.

  – 이와 같이 적정한 투자 경제성의 확보와 더불어 이를 달성하기 위한 시장성과 기술성, 재무수익성 및 공익성(사회적 책임성)의 수행 능력에 대한 경제적 타

당성 검토가 중요함

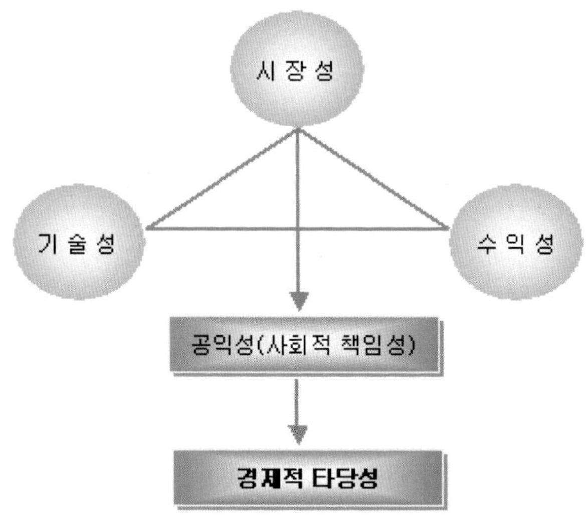

◆ 기본방향과 사업계획의 연계
 -사업계획서 작성은 전제조건 내지 기본방향을 토대로 이루어져야 함.
 -기본방향 또는 전제조건이 무시된 사업계획서는 아무런 의미가 없음을 인식하
  고 기본적인 흐름을 따라 체계적으로 접근해 나가는 것이 창업계획서 작성의
  기본이 됨.

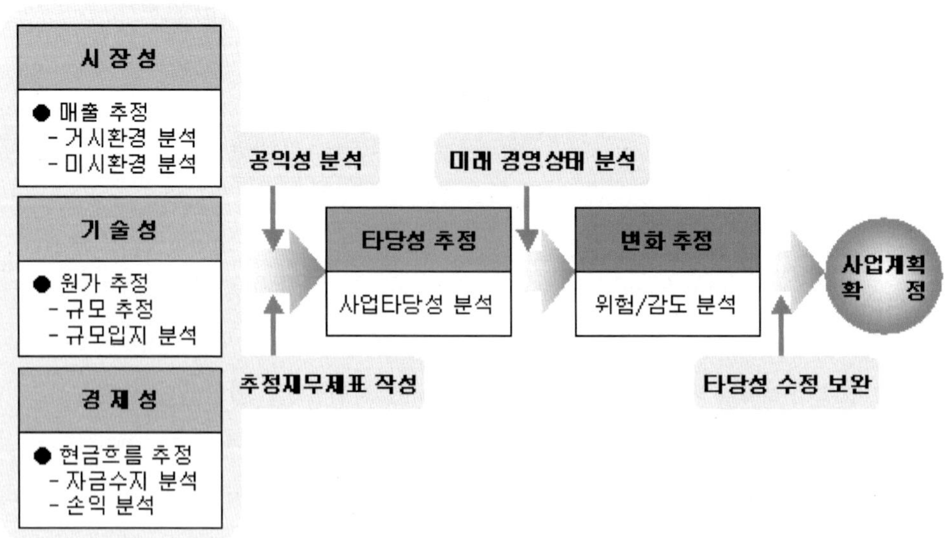

〈사업계획서 세부 작성방법〉

사업계획서는 요구하는 기관이나 요구하는 용도에 따라 그 양식이 조금씩 다르며 그 용도나 목적에 따라 적절히 사업계획서의 내용을 조정할 필요가 있다. 즉 자체 검토용으로 작성할 경우 충실한 조사와 분석을 통해 가급적 자세하고 정확한 내용으로 작성되어야 하며 미래에 대한 가정을 둘 때도 비관적·보수적인 것부터 낙관적·최대치인 것까지 여러 형태의 사업계획서를 마련할 필요가 있지만, 자금차입을 위한 금융기관 또는 정책기관 제출용이나 인·허가용인 경우 그 기관이나 용도에 따라 작성내용을 조정할 필요가 있다. 여기서는 창업자가 사업계획서상에 필수적으로 수록, 검토해야 할 주요 항목과 내용 그리고 그 작성요령을 요약해 본다.

◆ 회사(사업체) 개요
- 회사형태, 상호, 업종
- 사업장 예정위치 및 주소: 대지 및 공장건축 규모도 기재
- 창업자(대표자) 이력사항: 창업자(대표자)의 학력, 주요경력, 자격 취득사항, 상벌사항 등 인적사항 기재경영진 및 기술진 인적사항
- 주주 및 출자지분구조: 주주·출자자의 인적사항과 지분율 및 대표자와의 관계 기재

◆ 계획사업의 개요
- 사업 목적과 주요 내용
  - 어떤 사업이며 왜 그 사업을 하게 되었는가? / -기업 설립목적, 추진방향 등
- 사업의 기대효과
  - 고공효과 / -소득증대효과 / -부존자원 활용 효과 / -수출증대효과, 수입대체효과 / -기타
- 계획제품의 소개
  - 주로 생산, 취급하고자 하는 제품의 제품명, 규격, 주요 수요처, 용도, 특성 등을 요약 / -자체 개발품인 경우 계획제품이 왜 경쟁력 있는가에 초점을 두고 설명

◆ 시장현황과 전망
- 동종업체 또는 계획제품시장의 전반적 현황
  - 국내시장 현황과 전망 / -주요 국내 경쟁업체 현황, 시장점유율 / -해외시장 현황과 전망 / -주요 해외 경쟁업체 현황, 시장점유율 / -수출입 동향

- 시장규모 및 예상 시장점유율
  - 계획제품별, 년차별 전체 시장규모 / -계획제품의 년차별 목표시장점유율 또는 예상점유율

◆ 생산계획

- 생산공정 계획
  - 원재료 투입에서부터 제품생산 시까지의 주요 공정을 흐름도표를 이용하여 기재
- 시설투자 계획
  - 자금력을 감안하여 년차별 주요 시설 투자계획 수립 및 이에 따른 공장임차 또는 건립계획 수립 / -설치 기계설비의 명칭, 규격, 용도, 단가, 수량, 소요금액 등을 기재
- 설비 생산능력
  - 1일 8시간 1교대 시 일생산능력, 월생산능력, 연생산능력 / -1일 16시간 2교대 시 일생산능력, 월생산능력, 연생산능력 / -1일 24시간 3교대 시 일생산능력, 월생산능력, 연생산능력
- 외부 생산계획
  - 자금, 기술인력 등의 문제로 자체 생산이 어려운 경우 외주계획 (외주업체, 가격, 수량, 주요 문제점 및 대응책)
- 생산계획
  - 설비능력, 종업원 수, 예상판매수량, 소요자금 조달능력 등을 감안하여 적절한 연도별, 월별(일별 또는 주별) 생산계획 수립

◆ 판매계획

- 유통경로 및 판매방법
  - 기존제품의 유통경로, 장단점 / -계획제품의 유통경로와 그 판매방법 / -직판, 총판, 대리점 등 경로별 판매방법, 조건, 위험 및 장점 분석
- 수출계획
  - 대상국가, 특성, 위험요인들 기재
- 가격계획, 판매조건 계획
  - 제품별, 고객별, 경로별 가격정책, 신용조건과 대비책
- 판매촉진계획

- －광고계획, 국내외 홍보계획(상품가이드, 구매자가이드, 인터넷, 신문·잡지 등 활용)
  - A / S 계획
    - －A / S 인력, 조직, 부품공급계획, 소요예산
  - 마케팅전략 계획
    - －단계별 또는 년차별 마케팅전략 계획 수립 / －목표시장과 시장세분화 / －원가우위전략, 차별화전략, 집중화전략
  - 재고계획
    - －생산계획에 의한 생산수량과 판매계획에 의한 판매수량 차이 / －경로별, 단계별, 연도별, 월별 재고수량 및 예산
- ◆ 원·부자재 조달계획
  - 제품원단위당 소요원부자재
    - －제품별, 단계별 계획
  - 국내조달계획
    - －구입처, 수량, 구입가격, 구입조건, 구입기간
  - 해외조달계획
    - －수입처, 수량, 수입통관가격, 조달기간, 결제방식
- ◆ 조직 및 인력수급계획
  - 조직계획
    - －생산인력: 성별, 직급별, 종별(기사, 기능사, 기술사, 단순노무직) / －영업인력: 성별, 경로별, 업무별(A / S, 홍보, 기타) / －총무, 사무관리인력 / －임원 및 담당업무 / －조직도·조직편성표
  - 연도별 소요인력
    - －생산 및 판매계획에 따른 소요인력의 산정
  - 채용계획
    - －구체적 채용, 고용방법
  - 급여 및 인건비 계획
    - －급여조건, 복리후생계획 등에 따른 인건비 소요예산 계획
- ◆ 소요자금 및 자금수지계획
  - 시설자금 소요

- 연도별, 단계별 시설투자 소요금액/ −공장임대, 건축 등에 따른 공장투자 금액 / −차량, 공구기구, 비품, 시설구축물(전기, 수도, 공해방지시설 구축물 등) 계획

■ 운전자금 소요
   - 1회전 영업기간의 산정(원재료 주문, 검수, 제조정투입, 보관 및 운송, 납품 및 판매, 수금에 이르기까지의 총 1회전 영업기간을 면밀히 조사) / −영업 수입과 영업지출계획(판매조건, 원자재 구매조건, 인력계획 등에 따라 일정 기간별 영업수지차가 그 기간 중 소요운전자금임)

■ 자금수지계획
   - 상기 영업수지 계획에 이어 시설투자자금 지출, 차입 원리금 상환, 영업 외 현금수입, 부족자금의 산출, 자금 조달 및 보유현금 예금을 한 표로 작성, 정리

	(년)(월)(일)
Ⅰ. 영업수입(현금판매, 외상수금 및 어음할인)	
Ⅱ. 영업지출(제조비용, 판매 및 일반 관리비용)	
Ⅲ. 영업수지차(Ⅰ – Ⅱ)	
Ⅳ. 투자지출(시설, 구축물, 건물, 연구개발, 기타)	
Ⅴ. 금융지출(이자・수수료, 차입금 상환, 기타)	
Ⅵ. 총부족자금(Ⅲ – Ⅳ – Ⅴ)	누계＝총 소요자금
Ⅶ. 조달자금(자본입금, 차입금)	
Ⅷ. 보유현금과 예금잔고	'0' 미만인 경우 부도 또는 도산을 의미

■ 연구개발계획
   - 연구개발계획에 따른 별도 자금지출이 수반되는 경우 상기항목에 추가하여 자금수지표 작성

◆ 재무계획

■ 추정 손익계산서
   - 제품단위당 판매가격, 제조원가, 판매마진계획/ −추정제조원가 명세서 작성 및 감가상각명세서 작성 / −결산기간(월, 년) 추정 손익계산서 작성(월별 손인계산은 자금소요의 계절성 존재 여부를 점검할 수 있음)

■ 추정 대차대조표

　　　－시설 및 운전자금투자계획 반영(연구개발투자계획 포함) / －손익계획 / 자
　　　금조달 계획 반영 / －연도별 추정대차대조표 작성
　■ 추정현금흐름표
　　　－상기 자금수지표로 대체
◆ 사업추진일정계획
　■ 연도별, 월별, 단계별, 항목별 사업추진일정표를 차트나 흐름도표 또는
　　PERT(CPM) 방법을 이용하여 작성
◆ 기　타
　■ 공해방지 시설계획
　　　－계획사업에 해당하는 법규상 공해방지시설 계획 수립
　　　　(폐수처리, 공기정화, 소음방지, 폐기물 처리 등)
　■ 기술개발, 특허취득계획, 각종 규격 승인 취득계획
　■ 소요 utility 계획(전력, 통신, 용수, 연료 등)
　■ 수송계획(원료, 제품, 종업원)
　■ 복리후생계획
　■ 사업이념, 경영이념, 기업문화, 브랜드 등
◆ 결론에 대한 자신감 및 명료성
　사업계획의 종합 결론으로서 설득력 있는 내용으로 간단명료하게 작성해야 함.
◆ 주요 내용의 강조 및 핵심성
　주된 생산 제품만 기술하여 부수적이고도 다양한 생산 제품에 대한 기술은 가
　급적 피해야 함.
◆ 장래성
　향후 기술개발 가능성과 사업의 발전 잠재력을 강조해야 함.
◆ 사업 주체의 경영능력 강조
　인력 및 경영진의 이력을 기술해야 함.
◆ 제품 및 기술의 이해가능성
　전문적인 용어의 사용은 피하며 단순하고도 보편적인 설명으로 이해시킬 수 있
　도록 해야 함.
◆ 객관성 기준
　근거가 불충분한 자료 혹은 비논리적인 추정은 피해야 함.

◆ 위험 대처 능력 및 탄력성
　계획사업의 잠재된 문제점과 향후 발생가능한 위험요소를 기술하고 그에 대한
　대안을 제안해야 함.
◆ 정확성과 조달가능성
　자체 조달가능 자금의 내역과 규모를 정확히 표현해야 함.
◆ 사업계획서 검토 기준
　수치의 정확성과 타당성
　기대수익률의 정도(신빙성)
　경영능력의 고양(정직과 성실, 성취도, 정열, 사업동기 등)
　차별화된 특수성
　시장 지향적 이미지
　자금 회수방법의 명기

사 업 계 획 서

작 성 일:
기업체명:
대 표 자:

(1) 기업 현황

(가) 대표자(예비창업자) 인적사항

성 명			주민등록번호			
주 소			전화번호 (휴대폰)			
학 력	기 간	학교명	전 공		수학상태 (졸업, 수료, 중퇴)	비 고 (취득학위 등)
	~					
	~					
	~					
경 력	근무기간		근 무 처			담당업무 (최종직위)
			근무처명	주요생산품	전화번호	
	~					
	~					
	~					
재산보유 현황 (단위: 백만 원)	종 목	내 역	금 액	종 목	내 역	금 액
	주택 기타부동산 현금ㆍ예금	자가, 임차		주식ㆍ채권 기타		
기타 특기사항 (자격증, 상벌, 연수, 대외활동사항)						
연구개발 및 사업화실적	개발과제명 및 내용	근무처	개발기간	사업규모(소 요자금)	비고 (사업화 현황 등)	

※ 대표자가 수인인 경우이거나 대표자 외에 경영실권자가 있는 경우에는 별지로 추가 작성요망

(나) 기업체 현황

□ (창업)회사 개요

(단위: 백만 원)

기 업 체 명		대 표 자		
설 립 일 자		상시근로자 수	명	
법인(주민)등록번호		사업자등록번호		
소 재 지			전화번호	소유 여부
본 사				자가, 임차
사 업 장				자가, 임차
				자가, 임차
업 종		주 제 품		
관계회사		자 본 금 (납입자본금)		
공업소유권, 규격표 시허가, 기술제휴 등				
연 혁	년 월	주요 내용(자본증감, 대표자변경, 상호변경 및 주요 경영내용 변경 등)		

※ 본사 및 사업장 약도 별치 첨부

□ (창업)경영진 및 주요 주주 현황

(단위: 백만 원)

	직 위	성 명	주민등록번호	대표자 관계	최종학력 (전공·학위)	주요경력	소유주식 (금액)
경영진							
주 주							
합 계							

※ 소유 주식은 법인기업에 한하여 작성

□ 대표자(예비창업자)의 경영철학 및 경영목표

※ 창업동기, 향후 회사발전계획, 인사/조직관리 및 거래처 선정중시 사항 등을 기술

□ **금융거래 현황(200 .   .   . 현재)(단위: 백만 원)**

대출기관	운전 / 시설	대출금액	대출금리	대출기한	담보제공 내용 등
합 계					

□ **재무상황(단위: 백만 원)**

구 분	직전전년도	직전연도	당해연도 실적 및 예상		차기연도	차차기연도
			(월 현재)	예 상		
총 자 산						
자기자본						
고정부채						
유동부채						
총매출액						
신청기술 (제품)매출액						
지급이자						
법 인 세 차감 전 이익						
법 인 세						
당기순이익						

□ 연구개발 인력 및 시설현황(예비창업자의 경우는 확보계획)

연구개발조직	
개 발 인 력	명(박사 명, 석사 명, 대졸 명, 고졸 명)
개 발 방 법	
주요 연구시설	
산업재산권 보 유 현 황	{특허 건, 실용신안 건, 프로그램 건, 기타( )}

연구개발실적	개발과제 및 내용	개발기간	사업규모 (소요자금)	비 고 (사업화현황 등)

※ 연구개발조직은 연구개발 전담부서의 형태를 기술
※ 개발방법은 신청대상기술(제품)의 개발형태를 중심으로 기술

□ 보유 생산시설현황(예비창업자의 경우는 확보계획)

시 설 명	규 격	수 량	용 도

(2) 사업내용 및 추진계획

□ 평가신청기술

<table>
<tr><td>기술 및 제품명</td><td colspan="5"></td></tr>
<tr><td>개 발 기 간</td><td></td><td>개발비용</td><td>백만 원</td><td>제품화여부</td><td>여, 부</td></tr>
<tr><td>개 발 방 법</td><td colspan="5">(단독, 공동)공동개발의 경우 상대처:</td></tr>
<tr><td>기 술 구 분</td><td colspan="5">특허, 고도기술, 산업지원기술, 이전기술, 정부출연기술 등</td></tr>
<tr><td rowspan="2">권리자(발명자)</td><td>성 명</td><td></td><td>주민등록번호</td><td></td><td rowspan="2">비 고</td></tr>
<tr><td>주 소</td><td colspan="3"></td></tr>
<tr><td>기술(제품)
용도 및 기능</td><td colspan="5"></td></tr>
<tr><td>대체 또는 경쟁제품과의 차별성(기술 / 기능상의 차이를 중심으로 기술하되 제품의 핵심기술과 보유 여부 포함)</td><td colspan="5"></td></tr>
<tr><td>기술의 파급효과(적용범위 및 응용성을 중심으로 기술하되 계획한 제품 포함)</td><td colspan="5"></td></tr>
<tr><td>기대효과(매출증대, 고용창출, 경영개선 효과 등)</td><td colspan="5"></td></tr>
</table>

※ 제품 및 기술이 2가지 이상일 경우에는 별지로 추가작성 바람

□ 시장 현황

<table>
<tr><td rowspan="15">시장현황 및 특성
(단위: 백만 원)</td><td colspan="5">- 시장규모</td></tr>
<tr><td>구 분</td><td>직전
연도</td><td>당해
연도</td><td>차기
연도</td><td>차차기연도</td></tr>
<tr><td>세계시장</td><td></td><td></td><td></td><td></td></tr>
<tr><td>국내시장</td><td></td><td></td><td></td><td></td></tr>
</table>

※ 작성근거(반드시 기재)

- 시장특성(향후 3년간 자료로 판단)

구　　분	국　　내	국　　외
시장상태(독점 / 경쟁)		
안 전 성		
지 속 성		
성 장 성		

주요 수요처(　　년)
(수주 또는 납품현황만을 기재)

수 요 처 명	수요처의 총수요규모	당사 수주(납품)

경쟁업체 현황(업체명, 기술개발계획, 양산 / 증산계획 등)

- 국내시장

- 국외시장

※ 시장특성은 유무, 고저 등으로 간략하게 표기
※ 제품 및 기술이 2가지 이상일 경우에는 별지로 추가작성 바람

□ 향후 판매전략 및 판매계획(단위: 백만 원)

판매 전략					
판매 계획	제 품 명(상 품 명)	직전연도	당해연도	차기연도	차차기연도
	기타 제품				
	계				

※ 판매전략은 경쟁제품과의 비교 등을 통한 신청기술(제품)의 판매전략 위주로 기술
※ 판매계획은 현재 생산 중이거나 계획 중인 제품 중 신청기술(제품)을 포함한 주력 제품 위주
　로 기술

□ 추진계획(상세기술 요망)

향후 추진일정 계획	
인력수급 계획	
소요자금 및 조달계획	
설비투자계획(추가 설비명, 구입처, 규격, 금액 등을 명시)	

※ 별지 사용 가능

4 공장설립 관계에 대한 질의응답

1. 건설폐재처리업의 공장설립승인 가능 여부

   ('98.5.19. 산업자원부 입환 55141 −346)

【질의요지】

건설폐재를 이용하여 재생골재와 콘크리트 블록을 제조하고자 하는 경우 한국표준산업분류 및 공업배치및공장설립에관한법률에 의한 공장설립승인이 가능한지 여부

【답　변】

> 건설폐재를 파쇄하여 발생한 파쇄물을 이용하여 벽돌 등의 제품을 생산하는 경우에는 공업배치및공장설립에관한법률의 적용대상으로 보아 공장설립승인이 가능하며, 이 경우의 업종은 26955(콘크리트 타일 · 기와 · 벽돌 및 블록 제조업)에 해당함.

※ 한국표준산업분류 26955는 동 산업분류의 개정으로 26325로 변경됨(부록 2 참조)

2. 1급정비공업사가 건설기계정비업을 겸업할 경우 공장설립승인 해당 여부

   ('98.6.23. 산업자원부 입환 55141 −445)

【질의요지】

1급정비공업사가 건설기계정비업을 겸업하고자 하는 경우 공장설립승인대상에 해당되는지 여부

【답　변】

공장을 설치하고자 하는 경우에는 공업배치및공장설립에관한법률 제13조의 규정에 의한 공장설립승인을 얻어야 하는 바, 건설기계정비업은 공장설립승인대상에 해당함. 이 경우 공업배치및공장설립에관한법률상 공장설립 승인대상이 아닌 자동차 정비공업사는 건설기계정비업과 겸업이 가능하므로 전체 면적을 동법 적용대상으로 보아 공장설립승인을 할 수 있음. 다만, 공장설립승인 및 공장등록 시에는 건설기계정비업만을 표기하여야 할 것임.

3. 자동차폐차업의 공장등록 가능 여부

　　('98.6.23. 산업자원부 입환 55141-447)

【질의요지】

자동차관리법에 의한 폐차업을 영위하는 사업장이 공업배치및공장설립에관한법률상
공장등록 대상에 해당되는지 여부

【답　변】

> 공업배치및공장설립에관한법률상(제2조) 공장이라 함은 제조업을 영위하는 사업장을 의미함.
> 따라서 폐차를 반입하여 분해, 압축, 절단, 분쇄 등의 공정을 거쳐 다른 업체에 고철원료로 반
> 출하는 것은 고철가공 처리업(37101)에 해당하므로 설치 전에 공업배치및공장설립에관한법률
> 제13조의 규정에 의한 공장설립승인을 얻어야 하며, 완료 신고 후 공장등록을 하여야 함.

※ 한국표준산업분류 37101은 동 산업분류의 개정으로 37100(재생용 금속가공 원료 생산업)으로
　 변경됨(부록 2 참조)

4. 자동차정비공장의 공장 해당 여부

　　('98.7.29. 산업자원부 입환 55141-558)

【질의요지】

자동차정비공장이 공업배치및공장설립에관한법률상 공장에 해당되는지 여부

【답　변】

> 공업배치및공장설립에관한법률의 적용대상인 공장은 한국표준산업분류상 제조업을 영위하는
> 사업장을 그 적용대상으로 하고 있으나, 자동차정비업은 한국표준산업분류상 도·소매 및 소
> 비자용품수리업에 해당하므로 공업배치및공장설립에관한법률의 적용대상이 아님.

5. 당해 사업장에 사용되는 레미콘 생산시설의 공장설립승인대상 여부

　　('98.10.1. 산업자원부 입환 55141-752)

【질의요지】

외부판매목적이 아닌 당해 사업장에 공급하기 위하여 레미콘 생산시설을 설치하는

경우, 공업배치및공장설립에관한법률상 공장설립승인대상인지 여부

【답 변】

> 공업배치및공장설립에관한법률상 공장은 동 법률 제2조에서 제조업의 물품제조공정을 형성하는 기계 또는 장치를 설치하기 위한 건축물이나 사업장으로 규정하고 있는 바, 건설사업을 영위하고 있는 자가 외부판매를 하지 아니하고 자기 건설사업에 충당하기 위하여 설치한 레미콘 공장은 제조업 시설이 아닌 건설업의 시설로 분류되어 공업배치및공장설립에관한법률의 적용대상이 아님. 따라서 그 설치 시에는 동 법률상의 공장설립승인이 필요치 않음.

6. 물류창고의 부대시설 해당 여부

   ('98.10.26. 산업자원부 입환 55141-805)

【질의요지】

기존공장과 연접하여 공장의 운영과 관계없이 물류업을 영위하기 위하여 화물유통촉진법 등 타 법령에 의하여 물류창고를 설치하는 경우에 공업배치및공장설립에관한법률상 공장의 부대시설에 해당하는지 여부

【답 변】

> 공업배치및공장설립에관한법률상 공장이라 함은 동법 시행령 제2조에서 규정한 바와 같이 한국표준산업분류상 제조업을 영위하기 위한 시설과 그 부대시설을 의미함. 따라서 화물유통촉진법 등의 다른 법령에 의한 창고업을 영위하기 위하여 설치하는 시설은 공업배치및공장설립에관한법률의 적용을 받은 공장의 부대시설로 볼 수 없음.

7. 압축가스운반용기제조업으로 등록된 공장에서 가스 도·소매업 가능 여부

   ('98.11.6. 산업자원부 입환 55141-831)

【질의요지】

압축가스운반용기제조업으로 등록된 공장에서 고압가스제조허가를 얻어 가스 도·소매업을 하는 경우 허용 여부

【답 변】

공업배치및공장설립에관한법률에 의한 공장설립승인을 얻어 공장을 설치하고 공장등록을 마친 후 제조업을 영위하고 있는 공장을 공장용도외의 용도로 활용하는 경우에는 동법 제17조 및 동법 시행령 제21조의 규정에 의하여 공장등록 취소사유에 해당하게 됨. 따라서 공장의 일부를 공장용도가 아닌 용도로 활용하고자 하는 경우에는 공장등록변경을 통하여 당해 부지를 공장 부분에서 제척하고, 타 용도 사용 부분에 대하여는 관련 개별법령에 의한 인·허가를 얻어야 함.

8. 폐타이어 처리업자의 공장설립승인대상 여부

('98.10.28. 산업자원부 입환 55141 - 809)

【질의요지】

폐타이어 처리업자가 수집한 폐타이어를 절단·파쇄하여 타 업체에 연료 혹은 다른 제조업체에 제조원료 등으로 판매하는 경우 공장설립승인(창업사업계획승인) 대상인지 여부와 기준공장면적률의 적용 및 입지허용 여부 검토 시 환경검토자료 제출 여부

【답 변】

폐타이어 처리업자가 수집한 폐타이어를 공급받아 절단·파쇄공정을 거쳐 이를 연료 또는 제조원료 등으로 판매하는 사업은 표준산업분류 37202(폐플라스틱 및 고무 재생재료 가공처리업)에 해당하며, 이는 공업배치및공장설립에관한법률(중소기업 창업지원법)에 의한 공장설립승인(창업사업계획승인)대상이 되며 기준 공장 면적률은 5%를 적용함.
또한 공장설립승인 여부를 결정하기 위한 환경검토는 원칙적으로 공장설립승인 또는 창업사업승인신청 시의 사업계획서에 의하여 검토하여야 하지만, 구체적인 지역여건과 사업내용에 따라 승인권자가 추가적인 설명자료가 필요하다고 판단되는 때에는 자료보완을 요청할 수 있을 것임.

※ 한국표준산업분류 37202는 동 산업분류의 개정으로 37200(재생용 비금속가공원료 생산업)으로 변경됨(부록 2 참조)
※ 동 업종의 기준공장면적률은 공장입지기준고시(1999.12.16. 산업자원부고시 제1999 - 147호)의 개정으로 5%에서 3%로 변경됨.

9. 일반영화 제작업의 제조업 해당 여부

('98.11.10. 산업자원부 입환 55141 - 835)

【질의요지】

일반영화 제작업이 공업배치및공장설립에관한법률상 제조업에 해당되는지 여부

【답　변】

공업배치및공장설립에관한법률상 공장은 한국표준산업분류상의 제조업을 영위하는 경우를 적용범위로 하고 있는 바, 일반영화제작업은 동 법률상 제조업에 해당하지 아니함.

10. 축산분뇨로 유기질비료를 생산, 판매하는 경우 제조업 해당 여부

('98.11.16. 산업자원부 입환 55141-856)

【질의요지】

영농조합법인에서 축산분뇨 처리시설을 갖추고 축산농가에서 수수료를 받아 축산분뇨를 수거하여 정화처리하고, 이 과정에서 생산된 유기질비료를 판매하고자 하는 경우 공업배치및공장설립에관한법률의 적용대상에 포함되는지 여부

【답　변】

공업배치및공장설립에관한법률상 공장은 동법 제2조제1호 및 동법 시행령 제2조로 규정하고 있는 바, 제조업(한국표준산업분류에 의한 제조업)의 물품제조공정을 형성하는 기계 또는 장치를 설치하기 위한 건축물이나 사업장을 의미함. 또한 제조업 여부를 판단하기 위한 산업의 종류는 주된 활동 결과 얻어지는 주 생산품 또는 서비스에 의하여 결정되는 바, 축산분뇨를 처리하는 과정에서 부산물로 유기질비료가 생산되는 것은 주된 활동이 폐기물처리업이므로 공업배치및공장설립에관한법률의 적용받는 공장에 해당하지 아니함.

11. 폐기물처리시설의 공장 해당 여부

('98.12.28. 산업자원부 입환 55141-949)

【질의요지】

도시계획법의 규정에 따라 도시계획시설(폐기물처리시설)로 결정된 부지에 폐기물처리 및 재활용품 자재 분류에 필요한 기계 보호시설 등의 건축물을 건축하고자 하는 경우 공장에 해당되는지 여부

【답 변】

> 공업배치및공장설립에관한법률상 공장은 제조업의 물품제조공정에 필요한 기계 또는 장치를 설치하기 위한 건축물이나 사업장으로 정하고 있어, 단순히 수집된 폐기물을 분류·처리하기 위하여 설치하는 보호시설 또는 건축물은 공장으로 볼 수 없음. 다만, 수집된 폐기물을 가공하여 다른 물품으로 제조하는 경우에는 동 법률의 적용이 되므로 공장으로 분류됨.

12. 황토방 비이오몰탈 등의 제조업 해당 여부

　　('99.3.17. 산업자원부 입환 55141−187)

【질의요지】

고령토 일부와 도석 등의 원료를 분쇄 또는 혼합하여 신소재인 황토방 비이오몰탈 및 적조방제용 황토파우더를 연구 개발한 경우, 동 제품을 생산하는 공장이 제조업에 해당되는지 여부

【답 변】

> 제조업은 물질 또는 구성요소에 물리적·화학적 작용을 가하여 새로운 제품으로 전환시키는 산업활동이므로 고령토 및 도석 등을 이용하여 원료와 다른 물질(황토방 비이오몰탈 등)을 생산하는 경우에는 제조업에 해당된다고 볼 수 있음.

13. 광석처리의 제조업 해당 여부

　　('99.2.1. 산업자원부 입환 55141−77)

【질의요지】

광산개발로 인하여 발생된 폐광석을 운반·수집하여 폐광석(광미 등)에 포함되어 있는 규사 등의 성분을 추출하여 판매하는 것이 제조업에 해당되는지 여부 및 업종 분류

【답 변】

> 공업배치및공정설립에관한법률의 적용대상이 되는 공장은 통계법 제17조의 규정에 의하여 통계청장이 고시하는 한국표준산업분류에 의한 제조업과 석탄산업법에 의한 석탄가공업을 대상으로 하고 있음. 따라서 일반적으로 수수료를 받고 폐광석(광미 등)을 처리하는 과정에서 부산물로 규사 등을 추출·판매하는 경우에는 폐기물 처리업으로 분류되어 공장이 될 수 없으나, 폐광석의 처리과정 및 추출물의 부가가치 비중 등에 따라 업종이 달리 분류(광업, 도소매 또는 제조 업)될 수 있음.

14. 폐종이 가공처리의 제조업 해당 여부

('99.2.12. 산업자원부 입환 55141 - 110)

【질의요지】

폐지를 수집하여 선별, 절단, 파쇄, 압축, 포장하여 재생재료생산, 종이제품제조업체 납품하고자 하는 경우 공장설립이 가능한지 여부

【답 변】

> 공업배치및공장설립에관한법률상 공장은 통계법 제17조의 규정에 의하여 통계청장이 고시하는 한국표준산업분류에 의한 제조업과 석탄가공업을 그 대상으로 하고 있음. 따라서 폐종이를 구매하여 선별 · 절단 · 파쇄 · 압축 · 포장하여 특정제품 제조공정에 직접 투입 · 사용하기에 적합한 일정형의 원료상태로 전환 처리하는 산업활동은 제조업(재생재료 가공처리업: 중분류 37류)으로 분류되어 공장이 될 수 있음.

15. 연접된 법인과 개인회사의 동일 공장 해당 여부

('99.3.20. 산업자원부 입환 55141 - 199)

【질의요지】

개인이 소유하고 있는 공장과 법인이 소유하고 있는 공장이 서로 연접되어 있고, 개인회사와 법인회사의 대표자가 같은 경우 동일한 공장으로 볼 수 있는지 여부

【답 변】

> 개인회사와 법인회사는 권리 · 의무 등에서 서로 다른 법인격을 가지므로 이들 소유의 공장이 연접되어 있고 개인과 법인회사의 대표자가 같은 경우에도 각각 별개의 공장으로 보아야 함.

16. 공장부지외 시설의 부대시설 인정 여부

('99.4.6. 산업자원부 입환 55141 - 252)

【질의요지】

기존공장의 부지 이외에 설치한 사원복리시설 및 폐수처리시설과 시도로 구분되어 있

는 인접부지에 설치한 부대시설이 공업배치및공장설립에관한법률에 저촉되는지 여부

【답　변】

> 공업배치및공장설립에관한법률 제2조 및 동 법률 시행령 제2조의 규정에 의하여 공장의 범위에 속하는 부대시설이라 함은 제조업을 영위하기 위하여 그 제조시설의 관리·지원, 종업원의 복리후생을 위하여 공장용지 안에 설치하는 것을 말하는 바, 허가받은 부지와 도로로 분리된 용지에 설치된 시설은 동 법령상의 공장의 범위에 포함되는 부대시설이라 볼 수 없으므로 공장의 범위에 포함되지 않는 시설에 관하여는 동 법률의 적용대상이 아님.

17. 도로건설사업에 사용되는 아스콘 제조시설의 공장 해당 여부

　　('99.7.5. 산업자원부 입환 55141－54)

【질의요지】

하도급 업체가 도로건설사업에 사용하는 아스콘 제조시설을 설치하는 경우 공업배치및공장설립에관한법률상 공장에 해당되는지 여부

【답　변】

> 공업배치및공장설립에관한법률상 공장이라 함은 제조업의 물품제조공정을 형성하는 기계 또는 장치를 설치하기 위한 건축물이나 사업장을 의미하는 바, 도로건설업자(하도급 여부에 상관없이 사실상의 건설업자)가 도로 건설에 사용하기 위하여 설치하는 아스콘 제조시설은 건설업의 부수시설로 보기 때문에 공장으로 보지 아니함. 다만, 동 시설을 도로건설사업과 별도의 계정으로 운영하거나 제조된 아스콘을 자기의 도로건설 사업이 아닌 타 목적으로 판매하여 부가가치가 발생되는 경우에는 공장으로 분류함.

18. 전동차 또는 기차 차량기지의 공장 해당 여부 및 당해 건축물의 용도

　　('00.1.16. 산업자원부 홈페이지 질의)

【질의요지】

전동차 또는 기차의 차량기지를 건설하고자 하는 경우 공장에 해당되는지 여부 및 당해 건축물의 용도는 무엇인지 여부

【답　변】

> 공업배치및공장설립에관한법률 제2조에서 공장은 제조업을 영위하기 위한 사업장, 동법 시행령 제2조에서 제조업의 범위는 한국표준산업분류에 의한 제조업으로 정하고 있으며, 한국표준산업분류상 제조업은 원재료에 물리적, 화학적 작용을 가하여 투입된 원재료를 성질이 다른 새로운 제품으로 전환시키는 산업활동으로 정하고 있음. 따라서 차량의 주박차와 점검(정비)이 이루어지는 차량기지는 공장에 해당되지 않을 것임. 다만, 차량기지가 차량의 개조·수리(제조업)를 위한 용도로 사용되는 경우에는 공장에 해당함. 일반적으로 건축물의 용도와 공장은 일치하나, 공장은 실제로 영위하는 사업의 내용을 기준으로 하기 때문에, 공장용도인 건축물을 비제조업으로 사용하는 경우는 공장에 해당되지 않으며, 공장용도가 아닌 건축물(예: 근린생활시설의 제조장)에서도 제조업을 영위하는 경우에는 공장으로 분류됨.

19. 비금속광물분쇄물 사업장의 공장설립승인대상 여부('00.2.23. 산업자원부 홈페이지 질의)

【질의요지】

비금속광물분쇄물 생산업을 영위하는 사업장이 공업배치및공장설립에관한법률에 의한 공장설립승인대상인지 여부

【답　변】

> 제조업이 아닌 토석채취장(광업)에서의 광물 분쇄 등 처리시설은 공장에 해당되지 않으나, 동 사업장과 분리된 장소(사업장)에서 채굴 및 채취활동과 연관되지 않은 비금속광물 분쇄물생산업을 영위하는 경우에는 제조업에 해당되어 공업배치및공장설립에관한법률의 규정에 의한 공장설립승인대상임.

20. 제조시설이 없는 사업장의 공장등록 가능 여부('00.5.19. 산업자원부 홈페이지 질의)

【질의요지】

승인대상 외인 규모 미만의 공장이 공장등록을 하고자 하는 경우 제조시설이 없어도 가능한지 여부

【답　변】

> 공업배치및공장설립에관한법률상(제2조) 공장은 기계·장치 등 제조시설을 갖추고 제조업을 영위하기 위한 사업장을 말하는 것이므로, 제조시설이 없는 사업장은 공장등록대상이 아님. 또한 공장등록은 대상물인 공장을 등록하는 것이기 때문에 공장설립을 전제로 미리 등록할 수 있는 사항도 아님.

21. 망태석 및 잡석 생산업의 제조업 해당 여부

  ('00.8.1. 산업자원부 홈페이지 질의)

【질의요지】

원석을 가져와 규격에 맞게 가공하여 망태석 및 잡석을 생산하는 경우, 동 업종이
제조업에 해당되는지 여부

【답 변】

일반적으로 사용되고 있는 제조업 등의 업종분류는 통계법 규정에 의하여 통계청장이 고시하
는 한국표준산업분류표에 의한 분류기준이며, 동 분류를 통계목적에 사용하거나 또는 행정기
관이 행정목적에 인용하여 사용하고 있음. 동 기준에 의하면, 원석을 채굴하고 직접 분쇄하
여 건설용에 적합하게 가공하여 판매하는 사업장은 광업(12122)으로 분류하며, 채굴활동과
연관되지 않은 사업자가 광석을 구입, 가공하여 석제품이나 광물의 분쇄물을 생산하는 경우
에는 제조업(26911 또는 26992), 광석을 구입하여 재판매하는 경우에는 도소매업으로 분류하
고 있음. 이러한 분류기준을 행정목적으로 사용하는 경우에는 이를 인용하는 행정기관(공장
설립의 경우 승인권자인 시장, 군수 또는 구청장)이 결정하여야 함.

22. 광업권자가 선광시설 설치 시 공장설립승인 가능 여부

  ('00.7.13. 산업자원부 홈페이지 질의)

【질의요지】

광업권자가 선광을 목적으로 1,000㎡ 이상 선광시설을 건축할 경우, 공장설립승인
을 받아야 하는지 여부

【답 변】

 공업배치및공장설립에관한법률에 의한 공장은 (법·령 각 제2조)는 제조업을 영위하기 위
한 사업장을 말하므로, 광업권자가 당해 사업장 내에서 설치하는 선광시설은 공장설립 등의
승인(공장등록)대상이 아님. 이 경우 선광시설의 설치 등은 건축법 등 관계되는 각 개별법령
이 정하는 기준 및 절차를 따름.

23. 건축면적 산정기준('00.8.3. 산업자원부 홈페이지 질의)

【질의요지】

공장설립 시 공장건축면적의 산정기준은

【답　변】

> 공업배치및공장설립에관한법률 제2조의 규정에 위한 공장의 범위에는 제조시설과 부대시설 및 공장부지가 포함됨. 공장건축면적은 동법 시행령 제18조의2제1항 및 제25조제1항에서 수도권의 경우에는 제조시설과 부대시설 중 사무실 및 창고의 면적이 포함되고, 그 외 지역의 경우에는 제조시설면적만 해당됨.

24. 폐플라스틱의 수집·판매 시 공장 해당 여부

('00.8.19. 산업자원부 입환 55141−540)

【질의요지】

폐플라스틱 등을 수집하여 판매하는 사업장이 공장에 해당되는지 여부

【답　변】

> 공업배치및공장설립에관한법률 제2조에서 공장은 제조업을 영위하기 위한 사업장, 동법 시행령 제2조에서 제조업의 범위는 한국표준산업분류에 의한 제조업으로 정하고 있으며, 표준산업분류상 폐지 등 재생재료를 수집하여 판매하는 사업장은 제조업으로 분류되지 않으나, 수집된 재생재료를 기계적 또는 화학적으로 처리하여 특정제품의 제조공정에 직접 투입하기에 적합한 일정 형태(펠렛상태)로 전환하는 사업장은 제조업(37200류)으로 분류됨.

25. 분뇨·쓰레기시설의 승인대상 여부 및 동종 업종 공장설립 시 개별공장 여부

('00.8.30. 산업자원부 입환 55141−576)

【질의요지】

분뇨 및 쓰레기처리시설을 설치하는 경우 공장설립 승인대상인지 여부와 기존공장과 연접한 부지에 다른 사업자가 동종 업종의 공장을 설립하는 경우 개별공장에 해당되는지 여부

【답　변】

> 공업배치및공장설립에관한법률상의 공장은 한국표준산업분류에 의한 제조업을 영위하기 위한 사업장으로 정하고 있으므로, 한국표준산업분류상 서비스업으로 분류되는 폐기물처리시설은 공장설립 승인대상이 아님. 사업장이 제조업과 서비스업이 혼재되어 있는 경우에는 사업장의 주된 용도에 따라 공장설립 승인대상 여부를 승인권자가 결정해야 하며, 기존공장과 연접한 부지에 다른 사업자가 동종 업종의 공장을 설립하는 경우, 두 공장을 별개의 공장으로 보아야 함.

26. 폐기물재활용신고업의 공장 해당 여부

　　('00.9.27. 산업자원부 홈페이지 질의)

【질의요지】

폐기물재활용신고업이 공업배치및공장설립에관한법률에 의한 제조업으로 분류되어 공장설립승인이 가능한지 여부

【답　변】

> 공업배치및공장설립에관한법률상 공장건축면적이 500㎡ 이상인 경우에는 승인을 얻어야 하며, 동 법률상의 공장은 한국표준산업분류에 의한 제조업을 영위하는 사업장으로 정하고 있음. 제조업 해당 여부는 환경관련 법령에 의한 재활용신고업 여부에 관계없이 실제로 영위하는 사업장이 동 기준에 의한 제조업에 해당되는지 여부를 기준으로 판단하여야 하고(예: 재생재료를 처리하여 특정제품의 제조공정에 투입하기에 적합한 원료상태로 전환하는 사업장은 제조업으로 분류되나, 폐기물의 수집과 처리를 본업으로 하는 사업장은 제조업으로 분류되지 않음) 규모가 승인대상인 경우에는 사전에 승인을 얻어야 함.

27. 재료를 혼합·배합하여 재포장하는 사업의 제조업 해당 여부

　　('00.10.5. 산업자원부 홈페이지 질의)

【질의요지】

완제품원료 및 부원료를 혼합·배합·소분하여 재포장하는 사업이 제조업에 해당되는지 여부

【답 변】

공업배치및공장설립에관한법률상 공장은 제조업을 영위하는 사업장으로 정하고 있는 바, 제품의 품질을 변화시키지 않고 단순히 각 완제품을 혼합하여 소분·재포장하는 사업장은 제조행위로 볼 수 없기 때문에 공장에 해당되지 않음.

28. 바코드리본 제조업의 업종분류 및 공장등록 가능 여부

　　　('00.10.6. 산업자원부 홈페이지 질의)

【질의요지】

바코드리본 제조업의 업종분류는 무엇인지 여부와 동 업종의 공장등록이 가능한지 여부

【답 변】

공업배치및공장설립에관한법률의 규정에 의한 공장설립승인(공장건축면적이 500㎡ 이상) 또는 공장등록(승인대상 외)은 시장·군수 또는 구청장이 토지의 용도별로 관계되는 각 법령에 적합 여부를 검토하여 결정하는 것임. 한편, 플라스틱제품의 표면에 접착물질, 금속물질 및 기타 물질을 도포, 포장, 도장·피복 등을 하여 특수용 플라스틱표면 가공품을 제조하는 산업을 한국표준산업분류상 25292로 분류하고 있음.

29. 석재성형가공품 제조업의 공장설립승인대상 여부

　　　('00.10.11. 산업자원부 입환 55141-685)

【질의요지】

채석허가를 받은 지역 또는 타 지역에서 석재성형가공품제조업을 영위하는 경우 공장설립 승인대상에 해당되는지 여부

【답 변】

석재성형가공품의 원료(원석)를 구입하여 제품을 제조하는 사업장은 제조업에 해당되므로 공장설립 승인대상이 되며, 제조업의 구분기준은 사업장의 지번이나 지역을 기준으로 하는 것이 아니라, 단위 사업장이 독립된 제조업을 영위하는 사업장에 해당하는지 여부를 기준으로 하는 것임.

30. 단순절단 가공업의 공장 해당 여부('00.10.17. 산업자원부 홈페이지 질의)

【질의요지】

하나의 묶음으로 되어 있는 인쇄회로기판용 필름을 수 개의 필름으로 단순 절단하는 경우 공업배치및공장설립에관한 법률상 공장에 해당되는지 여부

【답　변】

공업배치및공장설립에관한법률상 공장은 한국표준산업분류에 의한 제조업을 영위하기 위한 사업장을 말하는 바, 동 분류기준상 분할작업 등 단순절단이나 재포장하는 사업장은 제조업으로 보지 아니함.

31. 공장의 착공시점 및 공장건축기간의 연장가능 여부
　　　('00.7.8. 산업자원부 홈페이지 질의)

【질의요지】

공장의 착공시점 및 공장건축기간의 연장이 가능한지 여부

【답　변】

구공업배치및공장설립에관한법률(1995.12.29. 개정) 제18조제1항의 규정에 의하여 개별입지 지정승인을 받은 사항은 개정법률(제5091호) 제13조제1항의 규정에 의한 공장설립 등의 승인을 받은 것으로 간주됨. 제13조의5의 규정에 따라 공장설립승인을 받은 날로부터 3년(농지전용허가 또는 신고가 의제된 경우에는 2년)이 경과할 때까지 정당한 사유 없이 공장의 착공을 하지 아니한 경우에는 공장설립승인을 취소할 수 있으며, 공장의 착공은 공장의 건축행위(건축이 수반되지 아니한 경우에는 제조시설 설치 행위)를 말함. 제11조 규정에 의한 기준공장 면적률이 적용되는 공장건축물 등의 면적은 승인을 얻은 날부터 4년 동안의 건축계획분을 포함하고, 동 기간을 초과하여 공장을 건축하는 것이 부득이하다고 승인권자가 인정하는 경우에는 그 기간을 연장할 수 있음.

32. 공장설립 관련 법령에 따른 건축면적의 산정기준('00.8.14. 산업자원부 홈페이지 질의)

【질의요지】

공업배치및공장설립에관한법률상의 공장건축면적의 산정기준과 소기업지원을 위한 특별조치법상의 공장건축면적 산정기준은

【답   변】

> 공업배치및공장설립에관한법률 제13조의 규정에 의한 공장설립 등의 승인대상을 정하고 있는 공장건축면적은 제조시설로 사용되는 건축물 각층의 바닥면적을 말하고 부대시설의 면적은 제외됨.(수도권 외의 지역의 경우) 또한 소기업지원에 관한 특별조치법 제9조의 규정에 의한 농지전용부담금의 면제대상이 되는 소기업의 범위를 정하는 공장건축면적에도 사무실 및 창고의 면적은 제외되어 있으며(동법 시행령 제12조, 제2조제3항), 부담금이 면제되는 공장용지면적의 산출은 부대시설이 제외된 공장건축면적을 기준공장면적률로 나누어서 하도록 정하고 있음.

33. 공장설립 중 공장양도 가능 여부('98.2.4. 산업자원부 입환 55141−61)

【질의요지】

99년 3월에 공업배치및공장설립에관한법률 제18조의 규정에 의하여 개별공장입지지정승인을 얻은 공장을 대지조성공사완료 후 타인에게 양도 가능한지 여부

【답   변】

> 공업배치및공장설립에관한법률 제18조의 규정에 의한 개별공장입지지정승인 절차는 95년 12월 29일 법률 개정으로 인하여 동법 제13조의 공장설립승인으로 일원화되었으며, 또한 승인받은 부지를 나대지 상태로 양도하는 것을 금지하였던 규정은 96년 7월 19일 동법 시행령 개정 시 폐지되었는 바, 이후에는 공장설립 중에 양도가 가능함.

34. 공장설립승인대상 면적의 범위('98.2.24. 산업자원부 입환 55141−107)

【질의요지】

지방산업단지로 지정된 지역에서 공장을 설립 중인 경우 공장설립승인대상 면적의 범위

【답 변】

> 산업단지에 입주하기 위하여 해당 관리기관과 입주계약을 체결한 경우에는 공업배치및공장설립에관한법률 제13조제2항제3호의 규정에 의하여 공장설립승인을 얻은 것으로 보기 때문에 공장설립승인을 따로 얻을 필요가 없음. 다만, 입주계약 체결대상이 아닌 경우에는 공장설립승인대상이 되며, 이 경우의 승인대상이 되는 부지 및 건축물의 면적은 장래의 계획분까지를 모두 포함하는 것이므로, 준공전토지사용허가 여부와는 관계없음.

35. 건축물에 대한 사용권을 확보하지 못한 경우 공장설립 가능 여부

('98.3.19. 산업자원부 입환 55141-172)

【질의요지】

아파트형공장설립 중에 설립자의 부도로 공사정지된 부지만을 경락받은 경우 당해 아파트형공장 설립 사업의 승계 가능 여부

【답 변】

> 공업배치및공장설립에관한법률에 의하여 공장을 설립하기 위하여는 당해 부지 및 건축물의 사용권을 확보하여야 함. 따라서 부지만을 경락받았고, 아직 소유권이전 전이며 지상 건축물의 권리를 확보하지 못한 경우에는 민사상의 사용권확보를 선행하여야 할 것임.

36. 진입로 확보 여부가 명의변경의 요건 해당 여부

('98.4.13. 산업자원부 입환 55141-247)

【질의요지】

당초 공장설립승인을 얻어 설치한 공장을 경락받아 명의변경을 하고자 하는 경우, 진입로의 확보 여부가 변경가능 여부의 요건에 해당하는지 여부

【답 변】

> 진입로의 확보는 공장설립승인의 가능 여부를 판단하는 요건이 아니며, 건축행위의 허용 여부를 판단하는 요건에 해당함. 따라서 기존에 설치된 건축물을 경락받아 추가의 건축행위를 수반하지 아니하는 공장을 설립하는 과정에는 진입로의 확보에 대하여 공업배치및공장설립에관한법률상 따로 정하고 있지 아니하므로 건축법상 저촉 여부를 확인하여야 함.

37. 공장설립신고를 한 공장의 산림형질변경 의제처리 인정 여부('98.4.25. 산업자원
　　부 입환 55141-289)

【질의요지】

1995년 2월, 공장설립신고를 한 공장의 경우 신고 당시에는 개별법에 의하여 농지
전용 및 산림형질변경 등의 인·허가를 얻어야 하였으나 1995년 12월 공업배치및
공장설립에관한법률상 동 인·허가사항을 의제처리할 수 있도록 개정한 바, 개정
법률에 의하여 동 사항의 의제처리가 인정되는지 여부

【답　변】

> 　1995년 2월 당시에 공장설립신고를 하였으며, 농지전용허가 및 산림형질변경허가 등 관련
> 법에 의한 관련 인·허가를 별도로 받는 조건으로 신고수리가 된 경우에는 공장설립신고제를
> 승인제로 통합한 '95년 12월 29일의 법률 개정(법률 제5091호)으로 인하여 관련법령상의
> 인·허가를 받은 것으로 볼 수 없으며, 당초 신고 시의 신고수리 조건대로 관련 개별법령상
> 의 인·허가를 얻어야 할 것임.

38. 공장설립승인전 건축허가 가능 여부
　　('98.4.27. 산업자원부 입환 55141-292)

【질의요지】

건축법에 의한 건축허가 후 공업배치및공장설립에관한법률에 의한 공장설립 승인이
가능한지 여부

【답　변】

> 　공업배치및공장설립에관한법률 제13조의 규정에 의한 공장설립승인은 공장건축면적 500㎡
> 이상의 공장에 대하여 적용되는 강제규정이며, 동법 시행령 제19조제5항의 공장설립승인신청
> 은 건축허가신청 이전에 하여야 한다는 규정은 공장건축면적 500㎡ 이상인 공장의 공장 설립
> 승인신청 이행을 강제하기 위한 것임. 그러나 공장설립승인신청을 임의적으로 적용하는 공장
> 건축면적 500㎡ 미만의 공장의 경우에는 이를 강제할 실익이 없으므로, 공장설립승인신청과
> 건축허가신청을 선후에 관계없이 민원인의 편의에 따라 신청할 수 있음.

39. 공장설립승인의 창업사업계획승인 전환 가능 여부('98.5.6. 산업자원부 입환

55141 -310)

【질의요지】

공장설립승인을 얻어 공장설립 중 창업사업계획승인으로 변경이 가능한지 여부

【답 변】

> 공업배치및공장설립에관한법률 제20조의 규정에 의하여 공장설립승인을 얻어 형질변경 중 또는 공장설립 중에 승인을 취하 또는 취소하는 경우에는 산림법 제91조제1항의 규정에 의한 산림형질변경복구를 하여야 할 것임. 다만, 산림법 시행규칙 제88조의3제2항의 단서조항에 의하여 허가권자가 필요하다고 인정하는 경우 복구명령을 일시 연기할 수 있을 것임.

40. 공장설립승인 취소 해당 여부 및 설립기간 연장 가능 여부

('98.5.19. 산업자원부 입환 55141 -345)

【질의요지】

공장설립승인 시 승인일(1995.5.8)로부터 2년 이내에 사업을 개시하여야 한다는 조건으로 승인을 얻었으나 자금사정으로 공장의 착공을 하지 못하고 추가로 2년을 연기하고자 하는 경우 가능한지 여부

【답 변】

> 공장설립승인을 얻은 자가 3년 이내에 공장착공(건축물 착공신고)을 하지 아니하는 경우에는 공업배치및공장설립에관한법률 제13조의2 동법 시행령 제19조의2의 규정에 따라 공장 설립승인취소사유에 해당이 되며, 이 경우는 동법 제51조의2의 규정에 의한 청문을 거쳐 공장설립승인의 취소가 가능함. 공장설립이 지연될 경우 승인권자는 그 지연사유가 타당하다고 인정되는 경우에는 연장이 가능함.

41. 임야 및 농지의 공장부지 편입 가능 여부

('98.7.18. 산업자원부 입환 55141 -526)

【질의요지】

공장설립 승인을 얻었으나 형질변경 등을 거치지 않은 임야 및 농지를 공장설립완

료신고 시 공장부지면적에 포함할 수 있는지 여부

【답 변】

> 공장설립 승인을 얻었으나 형질변경 등을 거치지 않아 임야 및 농지로 남아 있는 부지는 공장의 부지로 포함시킬 수 없음. 따라서 형질변경을 거쳐 공장의 부속용지로 변경시키지 않은 임야 및 농지는 공장설립완료신고 시 공장부지면적에서 제외시켜야 함. 공장용지로 편입시키고자 하는 경우에는 형질변경 등의 절차를 거쳐야 할 것임.

42. 공장설립승인신청 시 의제처리 사항의 의무 제출 여부

('98.8.5. 산업자원부 입환 55141-586)

【질의요지】

공업배치및공장설립에관한법률 제13조의 규정에 의한 공장설립승인신청 시 동법 제13조제3항의 규정에 의한 인·허가 관련서류를 의무적으로 제출하여야 하는지 여부

【답 변】

> 공업배치및공장설립에관한법률에 의한 공정설립승인신청 시에는 동법 제13조제3항에 의한 인·허가사항을 의제처리할 수 있으므로 의제처리를 원하는 경우에는 관련서류를 같이 제출하여야 하며, 의제처리를 원하지 아니하는 경우에는 아니하여도 무방하나 공장설립승인 후 별도로 개별법상의 인·허가(관계법의 규정 및 기준에 적합 여부)를 받아야 함.

※ 법 개정('99.2.8)으로 조문 변경(제13조제3항 → 제13조의2제1항)

43. 완료신고 전 건축물에서의 다수공장 영위 가능 여부

('98.9.23. 산업자원부 입환 55141-734)

【질의요지】

공장설립승인을 얻어 공장건축물을 설치하였으나, 완료신고를 하지 아니한 상태에서 동 공장건축물을 이용하여 2개 이상의 공장설립이 가능한지 여부 및 사후관리 관련 여부

【답 변】

공장설립승인을 얻어 공장건축물이 설치되었고, 완료신고가 이행되지 아니한 상태에서 동 공장건축물을 이용하여 다수의 공장을 영위하고자 하는 경우에는 공장설립승인변경 후 각각의 완료신고를 통하여 다수의 공장으로 분할등록이 가능함. 이 경우 공장등록 후의 공업배치및공장설립에관한법률상 행위제한 적용 시에는 전체 공장을 단일공장으로 보아 관리하여야 하는바, 개별업체별 폐수배출시설의 허용 및 증설면적 적용 시에는 공장 전체를 단일공장으로 보아 적용하여야 함.

44. 개별입지지정승인을 얻은 공장의 사업계획변경 가능 여부

('98.11.21. 산업자원부 입환 55141-868)

【질의요지】

종전 공업배치및공장설립에관한법률에 의하여 개별공장입지지정승인을 얻어 설치 중인 공장의 건축물 배치계획 등을 변경하고자 하는 경우 사업계획변경이 가능한지 여부

【답 변】

공업배치및공장설립에관한법률에 의한 공장설립 승인(종전규정에 의한 개별공장입지지정승인 포함)을 얻어 설치 중인 공장의 건축물 배치계획 등을 변경하고자 하는 경우에는 기준공장면적률을 충족하는 상태에서의 공장건축면적의 축소는 사전적으로 공장설립 승인변경을 얻을 필요는 없으며, 사후 공장설립완료 시 변동사항을 신고하면 되고, 국토이용관리법상의 개발계획변경 등 개별법상 필요한 절차를 거쳐야 할 것임.

45. 기존공장 설립승인의 제3자 승계 가능 여부

('98.12.4. 산업자원부 입환 55141-898)

【질의요지】

공장신설승인을 얻어 부지조성 중 경매에 의하여 제3자에게 경락된 경우, 공장설립승인이 경락자에게 승계되는지 여부 및 승계 절차

【답 변】

공장신설승인을 얻어 공장을 설립하는 중에 법원의 경매를 통하여 제3자에게 경락된 경우에는 공장설립승인변경을 통하여 경락자의 명의로 변경할 수 있으며, 이 경우 경락자가 당해 공장의 소유권을 확보한 것이기 때문에 당초 신설승인을 얻었던 자의 동의는 필요하지 않음.

46. 맹지에서 현황도로 이용 공장설립 가능 여부

('99.2.9. 산업자원부 입환 55141−100)

【질의요지】

인접한 공장에서 사용하는 현황도로의 사용승낙을 받아 맹지인 공장부지에 진입이 가능한 경우 도로로 인정받아 공장설립이 가능한지 여부

【답 변】

공장의 설립승인은 공업배치및공장설립에관한법률 및 도시계획법에 의한 도로는 도시계획법·도로법·사도법 기타 관계법령에 의하여 신설 또는 변경에 관한 고시가 된 것과 건축허가 또는 신고 시 시장·군수 또는 구청장이 그 위치를 지정한 도로를 말하는 것이므로 인접한 공장에서 사용하는 현황도로의 사용승낙을 받아 맹지인 공장부지에 진입이 가능한 경우에는 건축허가 또는 신고 시 건축법 규정(동법 시행령 제30조)에 의한 도로의 지정절차를 거쳐야 함.

47. 기존업종에 고압가스판매업의 추가 가능 여부

('99.2.11. 산업자원부 입환 55141−104)

【질의요지】

선박가공부분품 제조시설의 용도에 맞게 공장, 창고(가스저장실), 사무실 등을 건축하여 설립을 완료한 공장이 선박에 사용되는 고압가스를 판매하고자 하는 경우, 동 사업이 당해 사업을 영위하는 데 필요한 부수적인 영위 행위에 해당하는지 여부

【답 변】

일반적으로 공장의 용도 외 사용은 공장의 등록취소 사유(공업배치및공장설립에관한법률 제17조 및 동법 시행령 제21조)에 해당되나, 공장의 일부를 이용하여 당해 공장과 관련된 산업을 영위하는 경우에는 예외를 인정할 수 있으며(동조 단서 조항), 관련된 산업의 일반적인 기준으로는 당해 공장에서 생산된 제품을 판매하거나 또는 당해 사업을 영위하는 데 필요한 부수적인 영업행위(비제조업 포함)는 관련된 산업에 해당된다고 볼 수 있을 것임. 이 경우에도 당해 공장부지에서 영위하는 관련산업이 도시계획법, 건축법, 고압가스안전관리법 등 관련되는 타 법령의 규정·요건에는 적합하여야 할 것임.

48. 공장설립승인 기간의 연장 가능 여부

('99.3.17. 산업자원부 입환 55141－185)

【질의요지】

공업배치및공장설립에관한법률에서는 공장설립 승인기간을 4년으로 정하고 있으며, 연장의 필요성이 인정되는 경우, 동 기간의 범위 내에서 이를 연장할 수 있도록 규정하고 있는 바, 공장설립의 의사가 확실하다면 승인기간의 연장이 가능한지 여부

【답 변】

공업배치및공장설립에관한법률 제13조 및 제20조의 규정에 의하여 적법하게 공장의 설립승인을 받은 사항은 제13조의2의 규정에 의하여 공장설립의 승인이 취소되지 않은 경우, 그 효력이 유지됨. 다만, 제8조의 규정에 의한 기준공장면적률의 적용대상이 되는 공장건축면적은 공장설립 승인일로부터 4년 동안의 계획분을 포함하며, 승인기관은 동 기간을 초과하여 공장을 건축하여야 할 필요성이 인정되는 때에는 동법 시행령 제12조의 규정에 따라 4년의 범위 안에서 연장할 수 있음. 다만, 임항공시지역에서의 행위제한에 관하여는 항만법의 규정에 따라야 할 것임.

49. 공장설립 시 지상권자의 동의 여부

('99.3.17. 산업자원부 입환 55141－186)

【질의요지】

공업배치및공장설립에관한법률의 규정에 의한 공장신설 및 변경승인 신청 시 지상권자의 동의서가 필수적으로 첨부되어야 하는지 여부

【답 변】

> 공업배치및공장설립에관한법률에 의한 공장설립승인 신청서에 토지 및 건물에 대한 사용권을 증명할 수 있는 서류를 첨부하도록 되어 있으므로(시행규칙 제6조) 토지에 지상권이 설정되어 있는 경우에는 지상권자가 당해 토지에 대한 사용권을 가지므로 지상권자의 동의서가 첨부되어야 함. 변경승인 신청 시에는 변경 신청한 내용이 당초 지상권자가 동의한 범위를 초과하는 경우에만 지상권자의 추가 동의가 필요할 것으로 판단됨.

50. 도로예정부지에서 공장설립 가능 여부

('99.3.22. 산업자원부 입환 55141-200)

【질의요지】

공장설립신청 예정부지가 도로예정부지로 편입되어 있는 경우, 공장설립 승인이 가능한지 여부

【답 변】

> 공업배치및공장설립에관한법률상 공장설립승인신청을 받은 경우에는 승인기관이 이 법령 및 기타 관계법령의 규정에 적합한지 여부를 검토하여 승인 여부를 결정하도록 되어 있는 바, 신청부지가 공공용 도로(국도)예정부지로 계획되어 있는 경우에는 당해 부지가 도로로 편입되는 시기, 신청공장의 영구구조물 축조 여부 등을 고려하여 공장설립을 합리적으로 제한하는 것은 가능할 것임.

51. 공장용지의 범위 및 지목변경 여부

('99.3.31. 산업자원부 입환 55141-233)

【질의요지】

지목변경의 정의 및 공장용지의 지목변경 가능 여부

【답 변】

> 공업배치및공장설립에관한법률상 공장용지는 법 제13조의 규정에 의하여 공장설립승인(신설·증설·승인변경)을 얻어 공장용지로 편입되었거나 또는 법 제16조의 규정에 의하여 공장용지로 공장등록대장에 등록된 토지를 말함. 지적법상 지목은 토지의 주된 사용목적 또는 용도에 따라 토지의 종류를 구분·표시하는 명칭이며, 지목변경은 지적공부에 등록된 지목을 다른 지목으로 바꾸어 등록하는 것으로서 공장용지로의 지목변경은 지적공부의 소관청(시장·군수 등)에서 지적법 등 관련 규정에 따라 결정할 사항임.

52. 경매로 취득한 설립 중인 공장의 승인 효력 여부

  ('99.5.20. 산업자원부 입환 55141-372)

【질의요지】

설립 중인 공장을 경매로 취득한 경우, 승인사항의 효력, 업종 및 명의변경 시 전
소유자의 동의가 필요한지 여부

【답 변】

> 공업배치및공장설립에관한법률 제13조의 규정에 의하여 공장설립승인(개정 전 법률에 의한
> 신고 포함)을 얻은 사항은 설립승인이 취소되기 전에는 유효하며, 당해 공장을 경매 등으로
> 취득한 자는 승인사항의 변경을 통하여 업종 및 대표자 등의 변경(동법 시행규칙 제7조)이
> 가능하고, 이 경우 전 소유자의 동의를 필요로 하지는 않음.

53. 공장설립승인 후 개별법에 의한 인·허가 가능 여부

  ('99.5.25. 산업자원부 입환 55141-390)

【질의요지】

공장설립승인 시 의제처리받지 않은 개별법의 인·허가사항을 공장설립승인 후 신
청할 수 있는지 여부

【답 변】

> 공업배치및공장설립에관한법률 제13조의 규정에 의한 공장설립승인의 의제처리는 공장설립
> 에 필요한 개별법의 인·허가사항을 함께 신청하는 경우에 일괄 검토하여 승인 여부를 결정
> 해 주는 제도이며, 의제처리를 신청하지 아니한 개별법의 인·허가사항은 따로 승인을 신청
> 할 수 있음. 다만, 농지전용허가 등 공장설립의 선행요건이 되는 인·허가는 공장설립승인
> 신청 시 함께 신청(의제처리 요청)하거나 개별적으로 먼저 승인을 얻어야 함.

54. 토지의 사용권 미확보 시 공장설립 가능 여부

  ('99.5.31. 산업자원부 입환 55141-409)

【질의요지】

토지의 사용권을 확보하는 조건으로 공장설립 승인이 가능한지와 국유지를 사이에 두고 있는 기존 공장과 격리된 공장의 증설이 가능한지 여부

【답　변】

공장은 토지 및 건축물의 사용을 전제로 하기 때문에 공업배치및공장설립에관한법률 시행규칙 제6조에서 공장설립승인신청 시 이에 대한 사용권을 증빙하는 서류를 첨부하도록 하고 있으며 사용권이 확보되지 않은 경우 공장설립승인이 불가능함. 공장의 증설은 등록되어 있는 기존공장의 면적이 증가하는 것으로서 원칙적으로 연접되어야 하므로 지적공부상 도로인 국유지를 사이에 두고 격리되어 있는 경우에는 별개의 공장으로 보아 신설승인을 얻어야 함.

55. 공장 착공의 개념 및 승인서의 법적 효력
('99.6.7. 산업자원부 입환 55141-428)

【질의요지】

공업배치및공장설립에관한법률 시행령 제19조의2제1호 규정 중 공장의 착공을 하지 아니하는 경우에서 구체적 착공시점 및 공장설립승인서의 법적 효력은

【답　변】

공업배치및공장설립에관한법률 시행령 제19조의2에서 정하고 있는 공장의 착공은 공장건축행위가 수반되는 경우에는 공장건축물의 착공, 공장건축 행위가 수반되지 않은 경우에는 공장설립업무처리지침(산업자원부 고시 제1997-6호) 제15조제1호에서 생산시설의 설치행위로 정하고 있음. 적법하게 처리된 공장설립 승인은 동법 제13조의2 규정에 의하여 취소되기 전까지는 유효하며 신청인이 승인서를 미수령하였거나 또는 허가조건의 미이행으로 승인의 효력이 상실되는 것은 아님. 공장설립 승인일로부터 완료신고일까지의 기간은 정하고 있지 않으나 동법 시행령 제20조에서 공장건설을 완료한 때로부터 2개월 이내 완료신고를 하도록 되어 있음.

56. 토지매매계약서의 토지사용권 증빙 서류 해당 여부
('99.6.11. 산업자원부 입환 55141-443)

【질의요지】

공장설립승인 신청 시 토지의 사용권을 증빙하는 서류로 매매계약서를 제출(사용)할 수 있는지 여부

【답 변】

공업배치및공장설립에관한법률상 사용권을 증빙하는 서류에 대한 명시적인 규정은 없으나 일반적으로 매매계약은 계약이 이행되는 경우에 효력이 발생되기 때문에 토지매매계약서 자체가 사용권을 증빙하는 서류가 될 수는 없음. 다만, 사용권을 증빙하는 서류로 매매계약서가 제출된 경우 공장설립승인기관은 계약이행 서류를 보완하는 조건으로 승인 여부를 결정할 수 있음.

57. 공장등록 취소부지에 공장설립 가능 여부

('99.8.6. 산업자원부 입환 55141−173)

【질의요지】

공장등록이 취소되고 모든 제조시설이 철거되어 있는 토지를 매입하여 공장설립 시 공장의 신설로 보아 창업사업계획승인을 얻을 수 있는지 여부

【답 변】

공업배치및공장설립에관한법률 시행령 제18조의2제2항에서 공장의 신설을 공장을 신축하는 것과 기존건축물 또는 사업장에 제조시설로 사용되는 기계 또는 장치를 설치하는 것으로 정하고 있으므로 제조시설이 철거되어 있는 나대지 상태의 토지를 매입하여 공장을 설립하는 경우 동 법령상 공장의 신설에 해당됨. 다만, 공장의 신설 여부에도 당해 공장이 중소기업창업지원법에 의한 창업사업계획승인대상에 해당되는지 여부는 동 법령의 규정취지에 따라 결정되어야 함.

58. 공장의 임차 시 지상권자의 동의 여부

('99.9.15. 산업자원부 입환 55141−304)

【질의요지】

공장을 임차하여 공장등록을 변경하려 할 때 기존 등기부상의 토지·건물 실소유자의 사용동의 및 임대차계약을 하였으나, 임의경매를 신청한 금융기관의 지상권설정

으로 인하여 금융기관에 사용동의를 득 하여야 하는지 여부

【답 변】

> 공업배치및공장설립에관한법률 시행규칙 제11조의 규정(공장등록사항변경)에 의하여 제출하는 임차시설을 증빙하는 서류의 요건에 관하여는 동 법령에서 정하고 있지 아니하므로 이에 대하여는 민사법의 규정 및 원칙이 적용되어야 함. 일반적으로 지상권이 설정되어 있는 부동산을 임차하는 경우 지상권자의 동의가 필요하고, 예외적으로 지상권설정 이전부터 적법하게 건축되어 대항력 있는 용익물건(소유권, 전세권 등)이 설정되어 있는 건물만을 임차하는 경우에는 후에 설정된 지상권자의 동의가 필요하지 않을 수 있음.

59. 불법건축물에 대하여 건축법의 처벌이 있는 경우 공장설립 가능 여부

('99.10.8. 산업자원부 입환 55141－368)

【질의요지】

불법건축물에 대하여 건축법에 의한 처벌이 있는 경우, 공업배치및공장설립에관한법률에 의한 벌칙을 적용하지 않고 공장설립이 가능한지 여부

【답 변】

> 건축법과 공업배치및공장설립에관한법률은 각 입법목적, 규정사항, 그 적용대상 등이 다르므로, 불법건물에 대하여 건축법에 의한 처벌이 있는 경우에도 공업배치및공장설립에관한법률의 위반사항이 있는 때에는 처벌이 됨. 다만, 1개의 행위가 수 개의 죄에 해당하는 경우의 처벌기준 등은 사법적 사항이라고 할 것임.

60. 인근주민들의 반대 시 공장설립 승인 취소 요건 해당 여부

('99.10.8. 산업자원부 입환 55141－369)

【질의요지】

공장설립예정지 인근의 주민들과 공장설립자와 협약한 내용을 이행하지 않을 경우, 동 사항이 공장설립 승인 취소 사유에 해당하는지 여부

【답 변】

> 공업배치및공장설립에관한법률 제13조의 규정에 의한 공장설립승인을 함에 있어 승인기관은 관계법령에의 적합성 등을 검토하여 승인 여부를 결정하는 것이고, 인근주민의 동의 여부가 승인의 전제가 되지는 않음. 또한, 승인사항의 취소는 동법 제13조의5에서 정하고 있는 취소사유가 있는 경우에 가능하기 때문에 인근 주민들의 반대 또는 이해 당사자(회사 측과 인근주민)와의 협약 미이행을 이유로 승인을 취소(공사중단)할 수는 없음.

61. 승인사항 변경 시 지상권자의 동의 필요 여부

('99.11.26. 산업자원부 입환 55141-507)

【질의요지】

공장설립 승인사항을 변경(회사명의 변경)하는 경우, 지상권자의 토지사용동의가 있어야 하는지 여부

【답 변】

> 공업배치및공장설립에관한법률 시행규칙 제7조(제11조)의 규정에 따라 공장을 양수하거나 임차하여 공장설립승인(공장등록) 사항을 변경하는 경우에는 양수 또는 임차사실을 증빙하는 서류를 첨부하도록 정하고 있는바, 이는 공장의 등록인이 당해 공장을 사용할 수 있어야 하기 때문임. 일반적으로 지상권이 설정된 부동산을 사용하기 위해서는 지상권자의 사용동의가 있어야 함.

62. 설립 중인 공장의 매입 시 승인사항의 변경 절차

('00.2.2. 산업자원부 홈페이지 질의)

【질의요지】

설립 중인 공장을 경매 등으로 취득한 경우, 승인사항의 변경 절차는

【답 변】

> 공업배치및공장설립에관한법률 시행규칙 제7조의 규정(공장설립 등의 승인사항의 변경)에 의하여 공장을 양수한 경우, 회사명 및 대표자 성명 변경이 가능하므로 변경승인의 여부는 공장의 양수 기준으로 결정됨

63. 토지와 건물주가 다른 경우 토지사용동의 여부

('00.2.19. 산업자원부 입환 55141 - 100)

【질의요지】

토지와 건물의 소유주가 다른 건축물을 이용하여 건물주가 공장설립 시 토지소유주의 토지사용동의가 필요한지 여부

【답 변】

토지에 대한 소유권(사용권)이 없는 토지를 이용하여 공장설립을 하고자 하는 경우에는 토지소유주의 토지사용 동의가 있어야 하나, 건물과 부지의 소유주가 다른 경우로서 건물부지에 대하여 민법상의 법정지상권이 성립된 경우에는 건물소유주는 토지소유주의 동의 없이 당해 건물부지를 이용할 수 있으므로 토지소유주의 토지사용 동의가 필요치 않음.

64. 임대하기 위한 공장의 설립 시 공장설립 승인 여부

('00.3.15. 산업자원부 홈페이지 질의)

【질의요지】

임대를 주 사업으로 영위하기 위하여 공장을 설립하는 경우에도 공장설립승인을 얻어야 하는지 여부

【답 변】

공업배치및공장설립에관한법률 제13조(제20조)의 규정에 따라 공장건축면적이 $500\,m^2$ 이상인 공장을 설립하고자 하는 경우에는 시장·군수 또는 구청장의 승인을 얻어야 하며, 임대를 목적으로 공장을 설립하는 경우에도 또한 같음.

65. 공장부지 인근 이해관계자의 동의 여부

('00.3.23. 산업자원부 입환 55141 - 164)

【질의요지】

임야에 공장을 설립하고자 하는 경우, 인근 거주자 등 이해관계자의 동의가 필요한지 여부

【답 변】

> 공업배치및공장설립에관한법률 제13조의 규정에 의하여 공장건축면적이 500㎡ 이상인 공장을 설립하고자 하는 경우 시장·군수 또는 구청장의 승인을 얻도록 하고 있으며, 승인기관은 산림법 등 관계법령에 적합한지 여부를 검토하여 승인 여부를 결정하는 것으로서, 인근 거주자 등 이해관계자의 동의 여부를 승인요건으로 정하고 있지는 않음.

66. 공장설립 승인 후 폐기물처리업의 허가 가능 여부

   ('00.4.26. 산업자원부 홈페이지 질의)

【질의요지】

폐전주를 분쇄하여 콘크리트 벽돌을 생산할 경우, 콘크리트타일 기와 벽돌 및 블록제조업으로 공장설립 승인을 얻은 후 폐기물중간처리업으로 허가받을 수 있는지 여부

【답 변】

> 공업배치및공장설립에관한법률의 적용대상(제조업을 영위하기 위한 사업장으로 공장설립승인을 받은 공장)이 되는 공장이 폐기물관리법에 의한 폐기물중간처리업허가 등 타 법령의 인·허가대상이 되는 경우에는 동 법령의 절차에 따른 인·허가는 별도로 가능함.

67. 규모 미만 공장의 공장설립 승인 가능 여부 및 승인 가능 범위

   ('00.5.23. 산업자원부 입환 55141-300)

【질의요지】

규모 미만의 공장이 환경보전법상 배출시설설치 허가대상이라면 공업배치및공장설립에관한법률에 의한 공장설립 승인을 얻을 수 있는지 여부 및 공장설립 승인 가능 범위는

【답 변】

> 공장건축면적이 500㎡ 미만인 경우에도 공업배치및공장설립에관한법률 제13조의2에 의한 허가·신고 등의 의제를 받고자 하는 때에는 제13조제3항의 규성에 따라 공장설립승인을 받을 수 있으며, 제2조에서 정하는 공장의 범위 등은 승인대상 외 공장도 적용됨.

68. 불법건축물에서의 공장설립 승인 가능 여부

('00.5.30. 산업자원부 입환 55141−329)

【질의요지】

건축허가를 의제처리하지 아니하는 경우, 건축과의 협의 여부 및 불법건축물에서의
공장설립 승인이 가능한지 여부

【답 변】

공업배치및공장설립에관한법률 제13조의 규정에 의한 공장설립 승인을 함에 있어서 건축
허가를 의제처리하지 않는 경우에도 설립될 공장건물이 건축법 등 관계법령에 적합한지 여부
를 판단하여야 함. 따라서 불법건축물에 대하여는 공장설립 승인을 할 수 없으나, 불법사항
의 치유가 가능하다고 판단되는 경우에는 이를 치유하는 조건으로 조건부승인을 할 수 있을
것임.

69. 토지의 소유권이전 전 토지사용승낙을 한 경우 승인의 최소 가능 여부

('00.6.3. 산업자원부 55141−344)

【질의요지】

토지소유자 A가 B에게 토지를 매매하고 토지의 소유권이 이전되기 전 C에게 다시
토지사용승낙서를 발급하여 C가 이를 근거로 공장설립 승인을 얻은 경우, 승인의
취소 사유에 해당되는지 여부

【답 변】

공업배치및공장설립에관한법률 제13조의 규정에 의한 공장설립 승인신청 시 토지의 사용
권을 증빙하는 서류를 제출토록 되어 있는 바, 신청서에 하자가 설립승인 후 발견된 경우에
승인기관은 제13조의5(동법 시행령 제19조의4제4호)의 규정에 따라 승인을 취소할 수 있음.
토지사용승낙서의 하자 여부는 민법상의 권리관계에 따라 결정되며, 하자가 있는 경우에도
새로운 토지소유자로부터 토지사용승낙을 얻어 하자가 치유된 경우는 공장설립 승인의 효력
이 유지됨.

70. 사실상 도로의 도로 지정·고시를 위한 토지소유자의 동의 필요 여부

('00.6.7. 산업자원부 홈페이지 질의)

【질의요지】

사실상의 도로를 법적인 도로로 지정·고시하기 위해서는 토지소유자의 동의가 있어야 하는지 여부

【답 변】

> 공업배치및공장설립에관한법률의 규정에 의한 공장설립 승인 시 도로의 요건에 대하여는 달리 정하고 있지 않으나, 건축허가의 요건으로 대지와 도로의 관계(건축법 제33조: 대지는 도로와 접하여야 함), 도로의 정의(건축법 제2조), 도로의 지정절차(건축법 제35조) 등을 정하고 있음.

71. 벽돌공장에 레미콘제조시설을 임의로 추가한 경우 법률 위반 여부

   ('00.6.20. 산업자원부 홈페이지 질의)

【질의요지】

공장면적 500㎡ 이상인 벽돌공장에 임의로 레미콘제조시설 300㎡를 추가한 경우, 공업배치및공장설립에관한법률 위반인지 여부

【답 변】

> 공업배치및공장설립에관한법률 제13조제1항에서 공장건축면적이 500㎡ 이상인 공장의 신설·증설 또는 업종변경을 하고자 하는 자는 시장·군수 또는 구청장의 승인을 받도록 하고 있고, 법 제2조제15호에서 공장의 증설은 등록된 공장의 공장건축면적 등이 증가되는 것, 동법 시행령 제18조의2제1항에서 공장건축면적은 제조시설로 사용되는 기계 또는 장치를 설치하기 위한 건축물 각층의 바닥면적과 제조시설로 사용되는 옥외공작물의 수평투영면적을 합산한 면적, 동조 제4항에서 업종변경은 등록된 공장에 다른 업종을 추가하는 것으로 정하고 있음. 따라서 공장건축면적 500㎡ 이상인 기존벽돌공장에 임의로 레미콘제조시설 300㎡를 설치하는 것은 증설 및 업종변경 승인을 받지 않은 경우에 해당되므로 법 제13조제1항을 위반한 것임.

72. 입지제한시설로 고시하지 않은 경우 공장설립 제한 가능 여부

   ('00.6.23. 산업자원부 홈페이지 질의)

【질의요지】

입지제한 대상시설로 고시하지 않은 경우 공장설립을 제한할 수 있는지 여부

【답　변】

공장입지기준고시(산업자원부고시 제1999-147, 99. 12. 16) 제5조의 규정에 의하여 공장입지 제한대상시설로 고시하지 않은 경우에도 관계법령에 저촉되거나, 공장을 설립함으로 인근 주민의 주거환경을 침해하는 정도가 크다고 승인권자가 판단하는 경우에는 공장설립을 승인하지 않을 수 있을 것임.

73. 승인 취소의 경우 토지의 원상회복 명령 부서는

('00.7.7. 산업자원부 홈페이지 질의)

【질의요지】

공장설립 승인이 취소된 경우, 어느 부서에서 토지의 원상회복을 명해야 하는지 여부

【답　변】

공장설립 승인이 취소된 경우, 토지의 원상회복을 명하여야 하는 부서는 기관의 업무분장에 관한 사항일 것이나, 일반적으로 승인(취소)부서에서 하는 것이 타당할 것임.

74. 폐쇄된 기존공장의 공장용도 사용 가능 여부

('00.7.20. 산업자원부 입환 55141-466)

【질의요지】

폐쇄된 기존공장을 인수하여 공장용도로 사용할 수 있는지 여부

【답　변】

공업배치및공장설립에관한법률 제20조의 규정에 의한 공장의 이전승인을 얻기 위하여 기존공장을 폐쇄한 경우, 동 건축물은 공장용도로 사용될 수 없음. 다만, 현행의 법규에 의해 당해 지역에서 공장신설이 허용되는 경우에는 신설승인을 얻어 공장을 설립할 수 있음.

75. 설립 중인 공장의 임차 및 승인을 받지 아니하고 제조시설설치 시 벌칙 여부
    ('00.8.2. 산업자원부 홈페이지 질의)

【질의요지】

공장설립 중에 있는 공장의 임차가 가능한지 여부 및 공장설립승인을 얻지 아니하고 제조시설을 설치하여 공장을 가동한 경우, 어떤 벌칙이 적용되는지 여부

【답 변】

> 설립 중인 공장(부지 또는 건축물)을 양수한 자가 당초 승인받은 내용대로 공장설립을 계속할 수 있는 경우에는 공업배치및공장설립에관한법률 시행규칙 제7조의 규정에 의한 승인사항의 변경(회사명, 대표자 성명)이 가능하며, 이 경우 변경승인을 받은 자(양수자)가 완료신고를 하여야 함. 공장건축면적이 500㎡ 이상인 공장을 설립하고자 하는 경우에는 사전에 승인을 얻어야 하며, 승인을 얻지 아니하고 공장설립(제조시설 설치 등)을 한 경우에는 법 제52조의 벌칙이 적용됨.

76. 공장의 착공 개념('00.8.2. 산업자원부 홈페이지 질의)

【질의요지】

공장설립 시 공장의 착공 개념이 건축법에 의한 착공인지 아니면 현지에서 건축공사를 진행한 경우에 해당하는지 여부

【답 변】

> 공장의 착공은 건축법에 의한 착공(신고) 또는 건축이 필요하지 아니한 경우에는(기존건축물을 이용하는 경우) 제조시설의 설치 행위를 말함.

77. 설립 중인 공장을 매입하여 다른 업종 영위 시 공장설립 처리 절차
    ('00.8.9. 산업자원부 홈페이지 질의)

【질의요지】

공장설립 승인을 얻어 설립 중인 공장부지를 매입하여 업종이 다른 공장을 설립하고자 하는 경우, 공장설립과 관련한 처리 절차는?

【답 변】

> 공업배치및공장설립에관한법률의 규정에 의한 공장설립승인을 얻은 공장부지를 매입하여 동일 업종의 공장을 설립하고자 하는 경우는 동법 시행규칙 제11조의 규정에 의한 승인사항의 변경(회사명 및 대표자 성명)으로 처리되고, 업종을 변경하여 공장설립을 계속하고자 하는 경우에는 법 제13조의 규정에 의한 업종변경승인을 얻어야 함.

78. 건축기간의 연장승인을 얻지 않은 경우 승인 취소 해당 여부

('00.8.30. 산업자원부 입환 55141－577)

【질의요지】

공장건축기간의 연장승인을 얻지 아니한 경우 공장설립 승인이 취소된 것으로 볼 수 있는지 여부

【답 변】

> 공업배치및공장설립에관한법률 제11조 및 동법 시행령 제14조의 규정에 의하여 기준공장면적률을 적용하는 공장건축면적에는 4년 동안의 건축계획분을 포함하고 있으며 동 기간을 초과하여 건축하는 것이 불가피한 경우에는 건축기간의 연장승인도 가능함. 그러나 연장승인을 얻지 아니한 경우에도 공장설립승인이 취소된 것으로 볼 수 없음.

79. 제조시설의설치승인대상 여부

('00.9.21. 산업자원부 홈페이지 질의)

【질의요지】

500㎡ 이상의 등록된 공장이 폐업으로 타사가 입주하여 공장설립을 하고자 하는 경우, 제조시설설치승인대상에 해당되는지 여부

【답 변】

> 공업배치및공장설립에관한법률 제14조의3의 규정에 따라 공장이 폐업되거나 제조시설이 멸실되어 공장등록이 취소된 경우에는 제조시설설치승인을 얻어 설치가 완료된 경우, 공장등록이 이루어짐.

80. 토지사용권의 소멸 시 승인 취소 여부('00.9.22. 산업자원부 홈페이지 질의)

【질의요지】

공장설립 부지의 토지사용권이 소멸된 경우 설립승인 취소 사유에 해당되는지 여부

【답　변】

공업배치및공장설립에관한법률 제13조에 의한 공장설립은 토지의 사용을 전제로 하기 때문에 승인요건에 사용권을 확보하도록 하고 있는 바, 사용권이 소멸된 경우에는 승인기준에 미달하기 때문에 동법 시행령 제19조의4제5호에 의한 공장설립 승인의 취소사유가 됨.

81. 창업자가 연접된 타 공장의 임차 시 업종 변경 해당 여부('00.10.11. 산업자원부 입환 55141-684)

【질의요지】

창업자가 연접된 다른 등록공장을 임차하여 사용하는 경우 업종변경에 해당되는지 여부

【답　변】

중소기업창업지원법의 규정에 의하여 창업사업계획의 승인을 받은 창업자가 공업배치및공장설립에관한법률 제16조의 규정에 의하여 등록된 다른 공장의 일부를 임차하여 사용하는 경우, 임차한 공장의 등록사항의 변경사유가 발생하는 것이지 업종변경이 이루어지는 것은 아님.

82. 의제처리 변경사항의 의제처리 가능 여부('00.10.14. 산업자원부 홈페이지 질의)

【질의요지】

공업배치및공장설립에관한법률에 의한 공장설립 승인 시 의제처리된 사항에 대한 변경사항도 의제처리가 가능한지 여부

【답 변】

> 공업배치및공장설립에관한법률 제13조의 규정에 의하여 공장설립 승인 시 의제처리대상에 해당되는 인·허가사항은 변경승인의 내용도 의제 처리할 수 있을 것임.

83. 농지를 이용하여 소기업공장 설립 시 가능 여부
　　('00.10.21. 산업자원부 홈페이지 질의)

【질의요지】

농지를 이용하여 규모 미만(공장건축면적 500㎡)의 소기업공장을 설립하고자 하는 경우 가능한지 여부

【답 변】

> 공장건축면적 500㎡ 미만인 경우, 공업배치및공장설립에관한법률의 규정에 의한 공장설립 승인은 필요하지 않으나 농지를 전용코자 하는 사항에 대하여는 농지법에 의한 농지전용허가를 받아야 함.

84. 공장등록 시 사업자등록 선행 여부('98.3.12. 산업자원부 입환 55141-156)

【질의요지】

공장설립완료신고 및 공장등록 시 부가가치세법에 의한 사업자등록이 선행요건에 해당하는지 여부

【답 변】

> 부가가치세법에 의한 사업자등록을 공업배치및공장설립에관한법률상 공장설립완료신고 및 공장등록의 선결요건으로 하고 있지는 않으며, 사업자등록은 부가가치세법에서 규정한 기간 내에 등록하면 가능할 것임.

85. 공장설립완료신고에 대하여('98.10.26. 산업자원부 입환 55141-804)

【질의요지】

설립승인을 받은 후 공장을 건설 중에 있는 공장이 사업계획서상 일부 완공된 건축물에 대하여 건축법상의 사용승인을 얻어 가동하고자 하는 경우, 공장설립완료 신고는?

【답　변】

공업배치및공장설립에관한법률 제13조의 규정에 의하여 공장설립승인을 얻거나 동조 제2항에 의하여 공장설립승인을 얻은 것으로 보는 타 법률에 의한 승인을 얻어 공장을 설치한 자는 공장건축물의 사용승인 및 기계장치의 설치를 완료한 후 동법 제15조에 의한 공장설립 완료신고를 하여 공장을 가동하도록 하고 있으며, 공장설립을 완료하기 전에 공장을 가동하고자 하는 자는 동법 제16조제3항에 의하여 부분가동공장등록 후 공장을 가동할 수 있음. 한편, 기업활동규제완화에관한특별조치법 제27조의 규정에 의하면 건축물의 임시사용승인을 얻어 기계장치의 설치를 완료한 후 최종건축물의 사용승인을 받은 경우에는 공업배치및공장설립에관한법률 제15조의 규정에 의한 공장설립 완료신고를 받은 것으로 보고 있으나 당초 공장설립승인을 얻은 공장건축물 중 일부 건축물의 사용승인을 얻은 경우에는 동 규정을 적용할 수 없음. 또한 공장설립승인을 얻어 공장을 설립하는 중(공장설립을 완료하기 전)에도 필요한 경우에는 부분가동을 할 수 있도록 하고 있는 바, 부분가동을 하고자 하는 경우에는 공장설립완료신고가 아닌 부분가동 공장등록을 신청하여 부분가동 공장등록을 하여야 함.

86. 부분등록 공장의 일부 양수 절차

('98.12.24. 산업자원부 입환 55141-946)

【질의요지】

기준공장면적률을 달성하여 부분공장등록을 한 후 가동하고 있는 공장의 일부 양수(임차)에 따른 절차

【답　변】

공장의 일부로서 이미 건설이 완료되어 실제로 가동하고 있는 부분(부대시설 포함)을 업종 및 규모의 변동 없이 양수 또는 임차하는 경우에는 등록변경을 통하여 양수(임차)인 명의로 변경이 가능한 것임. 다만, 수도권자연보전지역에서의 행위제한과 관련하여 증설 등의 경우에는 전체 공장을 기준으로 하여 허용되는 범위 내에서만 가능함.

87. 경락공장의 명의변경 가능 여부('99.3.9. 산업자원부 입환 55141-167)

【질의요지】

등록된 공장을 법원경매로 경락받아 동일한 업종의 공장으로 운영하고자 하는 경우, 공장등록 사항의 변경절차에 의한 경락자 명의의 공장등록이 가능한지 여부

【답 변】

공업배치및공장설립에관한법률 시행규칙 제11조에서 공장등록을 한 자로부터 공장을 인수한 자는 공장등록변경 신청이 가능하도록 규정되어 있으며, 등록된 공장을 법원 경매에 의하여 취득한 자도 인수한 자에 포함됨.

88. 경락된 공장의 승인취소 여부('99.4.16. 산업자원부 입환 55141-282)

【질의요지】

공장설립 중이거나 또는 등록된 공장을 제3자가 취득한 경우 공장등록 취소 가능 여부 및 그에 따른 절차는?

【답 변】

공장설립승인을 받아 설립 중이거나 또는 등록된 공장을 경매 등으로 제3자가 취득한 경우는 공업배치및공장설립에관한법률상 공장설립의 승인취소 또는 공장의 등록취소 요건에 해당되지 아니함. 이 경우 당해 공장을 취득한 자(공장을 양수한 자)는 공장설립승인사항의 변경 또는 공장등록사항의 변경 절차를 통해 회사명 또는 대표자 성명의 변경이 가능함.

89. 공장설립의 완료 기간('99.6.29 산업자원부 입환 55141-40)

【질의요지】

공장설립 승인 후 4년 이내에 공장설립완료 신고를 해야 하는지 여부

【답 변】

공장설립의 승인을 얻은 날로부터 3년(농지전용허가 또는 신고가 의제된 경우 2년)이 경과할 때까지 공장을 착공하지 아니한 경우 공업배치및공장설립에관한법률 제13조의2 규정에 따라 승인을 취소할 수 있으나, 이는 승인권자인 시장·군수에게 취소의 재량권을 부여한 것으로서 반드시 취소하여야 하는 것은 아니며, 승인이 취소되지 않는 한 그 효력은 유지됨.

공장의 설립완료 신고는 법 제15조 및 동법 시행령 제20조의 규정에 따라 공장건설을 완료한 때로부터 2개월 이내에 하면 되고, 기준공장면적률 산정 시 적용되는 공장건축면적은 동법 시행령 제12조에서 공장설립 승인일로부터 4년까지의 건축계획분을 인정하고 있으나, 4년의 범위 내에서 연장이 허용됨.

90. 경락받은 공장에 민원이 발생한 경우 공장등록 가능 여부

('99.12.23. 산업자원부 입환 55141−588)

【질의요지】

경락받은 등록된 공장의 건축물이 인접부지를 침범하여 민원이 발생한 경우 동 사항이 공장등록에 영향을 미치는지 여부

【답　변】

공업배치및공장설립에관한법률 시행규칙 제11조의 규정에 의한 공장등록 사항의 변경신청에 대하여는 양수사실을 증명하는 서류 등 법령에서 정하는 요건을 기준으로 판단하여야 하고, 민원을 이유로 변경신청을 거부할 수는 없음. 또한 소유권(경계)분쟁이 있는 경우에는 그 결과에 따라 공장의 면적 등을 변경하면 될 것임.

【질의요지】

등록된 공장을 경락받아 임대차하고자 하는 경우 공장등록 가능 여부

【답　변】

등록된 공장을 양수한 자는 공장 전체에 대하여 변경등록을 한 후 공장의 일부 또는 전부를 임대할 수 있으며, 임차인은 임차하여 사용하는 부분에 대하여 공장등록(사용내역)을 신청할 수 있음.

91. 등록공장 매입 시 권리양도증명 필요 여부('00.1.21. 산업자원부 홈페이지 질의)

【질의요지】

등록된 공장을 매입하여 명의를 변경하고자 하는 경우, 공장의 권리양도 증명이 필요한지 여부

【답 변】

> 공업배치및공장설립에관한법률 시행규칙 제11조의 규정에 의하여 등록된 공장을 양수하여 공장등록사항을 변경하고자 하는 경우, 양수사실을 증빙하는 서류를 제출하여야 하는 바, 경매 등의 원인으로 공장등록인이 아닌 제3자로부터 공장을 매입한 경우, 양수사실을 증빙하는 서류는 매매사실 등 소유권을 증빙하는 서류를 말하고, 공장등록에 관한 권리의 양도서류는 필요하지 않음.

92. 공장등록 시 타법의 적합성 검토 여부('00.5.30. 산업자원부 입환 55141-327)

【질의요지】

제조업소의 공장등록 시 타법 적합 여부를 검토하는지 여부

【답 변】

> 공업배치및공장설립에관한법률의 규정에 의한 공장등록은 법 제13조(공장설립 등의 승인) 및 제16조(공장의 등록)의 규정에 따라 건축법 등 관계법령에 적합한 경우에 가능하므로, 약사법 규정에 의한 의약품 등의 제조업 허가 시 공장건축물의 적법성 여부를 별도로 검토할 필요는 없음.

93. 창업보육센터에 입주한 벤처기업의 공장등록 가능 여부('00.9.9. 산업자원부 홈페이지 질의)

【질의요지】

창업보육센터에 입주하고 있는 벤처기업이 공장등록을 하고자 하는 경우 가능한지 여부

【답 변】

> 벤처기업육성에관한특별조치법 제18조의3제1항은 건축법에 의한 건축물의 용도변경(제14조제1항)의 제한 등에도 불구하고 공업배치및공장설립에관한법률 제28조의 규정에 의한 도시형공장을 설치할 수 있다는 것이고, 동조 제2항은 도시형공장을 설치한 경우에 공장등록을 하여야 한다는 내용이기 때문에 공장등록 시 도시형공장에 해당되는지 검토되어야 함.

94. 공부상 명기되지 않은 사실상 도로인 경우 공장부지의 허가 제한대상 여부
('98.12.26. 농림부 농지 55141-1310)

【질의요지】
공장설립예정지까지의 진입도로가 지적도상에는 도로로 명기되어 있지 않으나 마을과 마을을 연결하는 사실상의 도로로 사용되고 있는 경우, 공부상의 명기되지 않은 이유로 공장부지의 농지전용이 불가능한지 여부

【답 변】

> 농지전용허가권자가 전용허가 여부를 결정할 때에는 농지법 시행령 제38조의 규정에 의하여 심사를 하여야 하며, 그 결과 심사기준에 적합하지 않은 경우에는 전용허가를 할 수 없는 바, 동 심사기준에는 농지로서의 보전가치 유무뿐만 아니라 당해농지가 전용목적사업에 적합하게 이용될 수 있는지 여부, 즉 전용목적사업의 실현가능성 여부도 포함되어 있음. 따라서 농지전용허가권자가 진입도로의 사용가능성 등을 검토하여 목적사업의 실현가능성이 없다고 판단할 경우에는 농지전용을 불허할 수도 있을 것임.

95. 건설폐재류의 수집·운반·처리활동의 한국표준산업분류는('98.4.6. 통계청 기준 02210-110)

【질의요지】
건설폐재류의 수집·운반·처리활동 등과 관련되는 산업의 한국표준산업분류는

【답 변】

> 한국표준산업분류(통계청 고시 제98-1호 '98. 2. 18)상 건설폐재류의 수집·운반·처리활동과 관련되는 사업체의 산업은 그 사업체가 직접 수행하는 주된 활동 내용에 따라 분류되므로, 수수료 또는 계약에 의하여 건축물 해체장소에서 자사 또는 타사가 수집·운반한 건축물 해체 폐기물질의 폐기처리(매립 등)를 주로 하는 경우(폐기처리 과정에서 선별·분쇄 등이 수행될 수 있으며, 재활용할 수 있는 골재나 모래 등이 부수적으로 얻어질 수 있음)에는 90011: 일반폐기물 수집·처리업에 분류되며, 건축물 해체 폐기물의 수집운반업자 또는 폐기처리업자로부터 유상 또는 무상으로 수집한 재활용가능한 비금속성 재생물질(재생골재 및 모래생산용)만을 선별·분쇄하여 재생벽돌 및 블록제조용 골재나 모래를 생산할 경우에는 26995: 비금속광물 분쇄처리업에 분류됨.
> ※ 한국표준산업분류 26995는 동 산업분류의 개정으로 26992로 변경됨(부록 2 참조)

96. 용도지역이 변경된 경우, 변경 전 허가에 대한 행위 제한 여부

　　('98.5.1. 건설교통부 토이 58207－288)

【질의요지】

'95.3월 준농림지역에 공장설립승인을 얻고, '95.6월 산림훼손허가를 받아 산림형질
변경 및 토목공사를 진행 중에 '97.12월에 당해 부지가 도시계획구역(자연녹지지역)
으로 편입된 경우, 당초의 공장설립승인 및 산림훼손허가 내용대로 당해 행위를 제
한받지 아니하고 계속할 수 있는지 여부

【답　변】

> 국토이용관리법 제15조제3항의 규정에 의하면 용도지역의 지정·변경에 관한 국토이용계
> 획의 경정·고시 당시 당해 용도지역 안에 있는 기존 건축물·공작물 기타의 시설과 관계법
> 령에 의하여 건축물의 건축·공작물 기타 시설의 설치나 토지의 형질변경 등의 행위에 대한
> 허가·인가 또는 승인 등을 얻은 자는 허가·인가 또는 승인 등을 얻은 후에 용도지역의 지
> 정 또는 변경이 있더라도 당해 행위를 제한받지 아니하고, 그 공사 또는 사업 등을 계속할
> 수 있도록 규정하고 있으므로, 당초 준농림지역에서 허용되는 시설로서 공장의 설립승인 및
> 산림훼손허가 등을 받은 경우에는 이후 도시지역으로 용도지역이 변경되더라도 허가 내용대
> 로 동 공장설치 행위를 계속할 수 있는 것으로 판단됨.

97. 준농림지역 면지역에서 공장신축 시 건축법 제33조 적용 여부

　　('98.5.29. 건설교통부 건축 58070－1868)

【질의요지】

준농림지역의 면지역에서 공장건물을 신축하는 경우, 건축법 제33조의 적용을 받아
야 하는지 여부

【답　변】

> 건축법 시행령 제3조제2항의 규정에 의하여 동 또는 읍의 지역이 아닌 지역에 대해서는
> 동법 제33조의 규정에 대한 적용을 받지 않음.

98. 제1차 산업생산품 가공공장에 석재공장 포함 여부

   ('98.6.24. 건설교통부 건축 58070-2229)

【질의요지】
제1차 산업생산품 가공공자에 석재(비석)공장이 포함되는지 여부

【답 변】

> 건축법령에서 제1차 산업생산품 가공공장에 대하여는 명확히 규정하고 있지 아니하나, 건축법 시행령 별표13의 규정에서 생산녹지지역 안에서 허용하고 있는 건축물 중 제1차산업생산품 공장이라 함은 농산물·수산물·축산물·광산물의 생산품을 가공하는 공장을 말함.

99. 창업회사 B가 A사를 매입하여 이업종 생산 시 사업계획승인 가능 여부

   ('98.9.4. 중소기업청 입지 55477-221)

【질의요지】
'96.3월에 창업사업계획승인을 받은 A회사(공장미등록 개인업체)를 B회사(개인사업장)가 매입(포괄 또는 물건만 매입)하여 이종업종을 생산할 경우 중소기업창업지원법의 규정에 의한 사업계획승인을 받을 수 있는지 여부

【답 변】

> A회사는 창업사업계획승인을 득한 공장으로서 전매금지 기간 중에 있는 바, A회사를 B회사에 양도하였을 경우에는 승인권자(시장·군수·구청장)가 A회사의 창업사업계획승인을 취소하고 관할지방국세청장에게 전매사실 및 관련자료를 통보하여 양도소득세 등을 과세토록 하며, B회사는 별도의 창업사업계획승인을 신청할 수 있음. 다만, 이 경우 B회사는 새로이 설립되는 중소기업으로서 중소기업창업지원법 제2조의 규정에 의한 창업에 해당되어야 하며, A회사의 포괄 인수 여부 및 A회사와 동종 업종 여부 등은 관련이 없음.

100. 농지법의 적용대상이 되는 농지의 범위는

【답 변】

> 농지법에서 농지라 함은
> - 지목이 전·답 또는 과수원으로 되어 있는 토지와 기타 그 법적지목 여하에 불구하고 실제의 토지현상이 농작물의 경작 또는 다년성식물 재배지로 이용되는 토지를 말합니다.
> - 또한 위 토지의 개량시설(유지, 양·배수시설, 수로, 제방 등)의 부지와 농지에 설치한 고정식온실·버섯재배사·비닐하우스 및 그 부속시설의 부지, 농지에 부속한 농막 또는 간이퇴비장 등의 부지도 농지에 해당됩니다. 그러나 지목이 농지인 경우에도 다음에 해당하는 토지는 농지로 보지 않습니다.
> - 종전 농지의보전및이용에관한법률 시행일(1973.1.1) 이전부터 농지 이외의 용도로 이용되고 있는 것이 객관적으로 입증되는 경우
> - 초지법에 의하여 조성된 초지
> - 지적법에 의한 지목이 전·답·과수원이 아닌 토지로서 농작물의 경작이나 인삼·약초·과수 등 다년성식물의 재배지로 계속하여 이용되는 기간이 3년 미만인 토지
> - 지적법에 의한 지목이 임야인 토지로서 그 형질을 변경하지 아니하고 과수·유실수·관상수 등의 재배에 이용되는 토지

101. 공장 등을 짓기 위해 농지전용허가를 받은 농지를 취득하는 경우에도 농지관리위원회 확인을 받아야 하나

【답 변】

> 농지를 취득하고자 하는 사람은 농지소재지 시·구·읍·면장으로부터 농지취득자격증명을 발급받아야 하고 이때 미리 농지소재지에 거주하는 농지관리위원 2인으로부터 농지취득자격 확인을 받아야 합니다. 그러나 농지전용허가를 받은 농지를 취득하는 경우에는 농지법 제8조제2항의 단서조항에 의하여 농지관리위원회 위원의 확인을 받지 아니하고 동 증명의 발급을 신청할 수 있습니다.

102. 농지전용 시 농지조성비를 감면받은 시설을 농지조성비가 감면되지 않거나 감면비율이 다른 용도로 변형할 경우 차액을 추가로 납부해야 하는지

【답 변】

> 농지조성비나 전용부담금이 감면되는 시설의 부지로 전용된 토지를 농지조성비 등이 감면되지 않거나 감면비율이 다른 시설의 부지로 용도를 변경할 때에는 용도변경승인 시점의 농지조성비와 전용부담금의 부과기준(고시단가, 공시지가, 감면비율 등)을 적용하여 산출한 금액에서 이미 납입한 농지조성비와 전용부담금을 차감한 금액을 추가로 납부하여야 합니다.

103. 농지를 타 용도로 전용하는 절차는

【답 변】

농지전용허가를 받고자 하는 자가 농지전용허가 신청서 또는 신고서에 관련서류를 첨부하여 농지관리위원회에 지출하면 농지관리위원회(소위원회) 위원장은 7일 이내에 신청서류 확인 후 확인서를 첨부하여 시장·군수에게 송부하고 시장·군수는 농지관리위원장으로부터 송부받은 서류 중 농지전용신고 및 농지전용허가권자가 시장·군수인 경우에는 직접 신고수리 및 허가 여부를 결정하고, 농지전용허가권자가 시·도지사인 경우에는 15일 이내에 이를 심사하고 심사의견서 등을 첨부하여 시·도지사에게 송부하여야 하며, 시·도지사는 이를 받은 날부터 10일 이내에 종합심사의견서를 작성하여 허가 여부를 결정하게 됩니다.

104. 도시계획구역의 주거지역 내 농지도 농지전용허가 대상에 포함되는지

【답 변】

도시계획지정권자가 도시계획법 제2조제1항제2호의 규정에 의한 도시계획구역 안에 주거지역, 상업지역, 공업지역 또는 도시계획시설을 지정 또는 결정할 때에는 다해 지역 또는 시설예정지 안에 농지가 포함되어 있는 경우에는 농림수산부장관(권한을 위임받은 시·도지사 또는 시장·군수·자치구구청장)과 미리 농지의 전용에 관하여 협의를 하여야 합니다.

따라서 이와 같은 협의절차를 거쳐 도시계획구역의 주거·상업·공업지역이나 도시계획시설예정지로 지정·결정된 농지를 전용하고자 하는 경우에는 농지전용허가대상이 아니므로 농지전용허가 없이 전용할 수 있습니다. 다만 이 경우에도 농지를 전용하는 것인 만큼 농지법 제40조 및 농어촌발전특별조치법에 의한 농지조성비 및 전용부담금을 납부하여야 합니다.

105. 농지전용허가 신청 시 소유권이전등기절차를 이행하라는 법원의 판결문을 소유권증명서류로 인정하는지

【답 변】

법원으로부터 소유권이전등기 절차를 이행하라는 취지의 판결을 받은 경우라 해도 실제 소유권이전등기가 이루어지기 전에는 소유권의 변동이 있을 수 있으므로 이 판결문을 농지의 소유권을 증명하는 서류로 인정하지 않고 있습니다. 따라서 이러한 취지의 판결을 받은 자가 농지전용허가를 신청하고자 하는 경우에는 공부상 소유권이 있는 자의 사용승낙서를 받거나 자신의 명의로 부동산소유권이전절차를 이행한 후 농지전용허가를 신청하여야 합니다.

106. 허가를 받아 농지를 전용한 후 당해 시설물을 전용목적사업에 사용하기 전에
도 용도변경승인대상이 되는지

【답 변】

농지법 제42조에서는 농지전용 허가·협의·신고 등을 하고 농지전용목적사업에 사용되고 있거나 사용된 토지를 8년 이내에 다른 목적으로 사용하고자 하는 경우에는 시장·군수 또는 자치구구청장의 승인을 얻도록 규정하고 있습니다. 여기에서 농지전용목적사업에 사용한다 함은 농지전용의 최종목적이 되는 용도(자동차공장을 설치하기 위한 농지전용의 경우라면 자동차의 생산)에 사용하는 것을 뜻하므로 전용을 위한 시설의 설치가 완료되었다 해도 그 목적 사업에 사용하지 아니한 경우에는 용도변경승인대상이 되지 않습니다. 따라서 당해 시설물을 당초 목적사업에 사용함이 없이 다른 용도에 사용하고자 하는 것은 당초 허가의 변경사유에 해당되어 농지전용허가내용의 변경허가대상이므로 허가청으로부터 변경허가를 받아야 하며 변경허가를 받지 아니하고 다른 용도에 사용하는 경우에는 허가내용을 위반한 결과가 되어 전용허가의 취소사유가 되며 이 경우 허가권자는 허가를 취소하거나 관계공사의 중지, 조업의 정지, 사업규모의 축소 또는 사업계획의 변경, 기타 필요한 조치를 명하게 됩니다.

107. 농지전용허가를 받아 전용목적사업에 사용 중인 토지를 타 용도로 사용하려면
어떻게 해야 되는지

【답 변】

농지전용허가를 받아 농지전용목적사업에 사용하고 있거나 사용한 토지를 8년 이내에 다른 목적으로 사용하고자 하는 경우에는 시장·군수 또는 자치구구청장의 승인을 얻어야 하며 이때 농지조성비나 전용부담금이 감면되는 시설의 부지로 전용된 토지를 농지조성비 등이 감면되지 않거나 감면비율이 다른 시설의 부지로 사용하고자 할 경우에는 그에 상당하는 농지조성비와 전용부담금을 납입하여야 합니다.

108. 용도변경승인을 받아야 하는 기간의 기산일은

【답 변】

그러나 농어촌발전특별조치법 시행령 개정일('93.12.14) 현재 농지전용 후 절대농지나 농업진흥구역 내 농지는 5년, 그 외 농지는 3년이 이미 경과한 경우에는 용도변경승인 기간을 적용함에 있어서는 개정 규정에 불구하고 종전의 규정(절대농지나 진흥구역 안 농지 5년, 그 외 농지 3년)을 따르도록 하고 있습니다. 농지전용허가를 받아 농지전용목적사업에 사용하고 있거나 사용한 토지를 8년 이내에 다른 목적으로 사용하고자 하는 경우에는 시장·군수 또는 자치구구청장의 승인을 얻어야 하며 이때 농지조성비나 전용부담금이 감면되는 시설의

부지로 전용된 토지를 농지조성비 등이 감면되지 않거나 감면비율이 다른 시설의 부지로 사용하고자 할 경우에는 그에 상당하는 농지조성비와 전용부담금을 납입하여야 합니다.

109. 도시계획구역 내 녹지지역 소재 농지를 불법전용한 경우 농지법에 의한 원상복구나 대집행이 가능한지

【답 변】

농지를 전용한 후 8년 이내에 다른 목적으로 사용하고자 하는 경우에는 시장·군수 또는 자치구구청장의 용도변경승인을 받아야 합니다. 용도변경승인을 받아야 하는 기간은 농지전용허가·협의를 받거나 신고를 후 당해 시설물의 준공검사필증을 교부한 날, 또는 건축물대장에 등재된 날, 기타 농지전용목적사업에 사용하기 시작한 날부터 기산하고 있습니다.

도시계획구역 내 녹지지역 안의 농지를 다른 목적으로 사용하고자 하는 경우에는 도시계획법 제4조의 규정에 의한 토지형질변경허가가 시 미리 농지의 전용에 관한 협의(도시계획부서에서 농지관리부서의 협의를 받는 것을 말함)를 받아야 하며 동 협의를 거치지 않았을 경우에는 도시계획법에 의한 토지형질변경허가를 받았다 하더라도 별도로 농지전용허가를 받아야 합니다. 그리고 농지전용허가를 받지 아니하고 농지를 전용한 경우 농림수산부장관(그 위임을 받은 자를 포함함)은 그 행위를 한 자에 대하여 일정 기간을 정하여 원상회복을 명할 수 있으며 원상회복 명령에 위반하여 원상회복을 하지 아니한 때에는 대집행에 의화여 원상회복을 할 수 있습니다. 따라서 도시계획구역 내 녹지지역 소재 농지를 불법전용한 경우 농지법에 의하여 원상회복이나 대집행이 가능합니다.

110. 농지전용 시 부과되는 농지조성비의 부과기준시점은 언제인지

【답 변】

시·도지사 또는 시장·군수·자치구구청장은 농지전용허가 등의 통보를 받은 때에는 농지조성비의 부과금액·감면비율 등을 경정하여야 하며 농지조성비의 부과금액은 농지조성비 부과기준일의 농지조성비의 단위당 금액에 전용하는 농지의 면적과 감면비율을 적용하여 결정합니다.

상기에서 농지조성비 부과기준일은
- 농지전용허가를 받은 경우에는 그 허가일, 신고하고 농지를 전용하는 경우에는 그 신고수리일
- 도시계획구역 안의 주거·상업·공업지역 또는 시설예정안지의 농지로서 협의를 거친 지역 또는 시설예정지 안의 농지(협의대상에서 제외되는 농지를 포함한다)를 전용하는 경우에는·도시계획법의 규정에 의한 허가·실시계획인가, 건축법에 의한 사전결정·건축허가·건축신고, 기타 법률에 의하여 당해 농지의 형질변질을 수반하는 인가·허가·사업승인·실시계획승인 등을 받은 날 또는 신고를 수리한 날·도시계획법의 규정에 의한 허가나 실시계획인가를 받지 아니하고도 토지의 형질이 변경되는 경우에는 토지의 형질이 변경된 날
- 도시계획구역 안의 녹지지역, 개발제한구역 및 도시개발예정지역 안의 농지로서 농지전용 협의를 거친 농지를 전용하고자 하는 경우에는 도시계획법의 규정에 의한 허가일 또는 실시계획 인가일

- 다른 법률에 의하여 농지전용허가가 의제되는 협의를 거친 농지를 전용하고자 하는 경우에는 · 다른 법률에서 인가 · 허가 · 계획승인 · 조성계획승인을 받은 날 또는 신고를 수리한 날 · 다른 법률에서 실시계획 · 조성계획 등에 관하여 규정하지 않은 경우에는 당해 사업에 대하여 사업시행자 · 사업시행기간 · 사업대상토지 등이 모두 포함된 사업시행계획이 확정된 날이 됩니다.

111. 도시계획구역 내 주거지역 · 상업지역 · 공업지역 안의 농지를 전용하는 경우에도 농지조성비를 납부해야 되는지

【답 변】

도시계획법 제2조제1항제2호의 규정에 의한 도시계획구역 안에 주거지 역 · 상업지역 · 공업지역 또는 도시계획시설을 지정 · 결정할 때, 당해 지역 또는 시설예정지 안에 농지가 포함되는 있는 경우에는 농지법 제36조제2항제1호의 규정에 의하여 주무부장관이나 지방자치단체의 장이 농림수산부 장관과 농지전용에 관하여 협의를 하게 되므로 이러한 협의를 거친 주거지역 · 상업지역 · 공업지역 안의 농지를 전용하고자 할 때에는 별도의 농지전용허가를 받을 필요가 없습니다.

그러나 주거지역 · 상업지역 · 공역지역 및 도시계획시설예정지 내의 농지를 개발하고자 하는 자는 도시계획 또는 건축관계법 등에 의한 형질변경허가나 건축허가 등을 받을 때 반드시 농지법 제40조의 규정에 의한 농지조성비를 납부하여야 합니다. 다만, 1981년 7월 29일(주거 · 상업 · 공업지역으로 도시계획(변경)결정된 일자기준) 이전에 농지의보전및이용에관한법률에 의한 협의를 거쳐 주 거 · 상업 · 공업지역으로 지정된 지역 안의 농지를 전용하는 경우에는 농지법부칙 제9조제4항의 규정에 의하여 농지조성비가 부과되지 않습니다.

112. 농지조성비가 감면되는 시설과 감면비율은

【답 변】

농지를 전용하고자 하는 자는 그 전용하고자 하는 농지에 상당하는 농지의 조성에 소요되는 비용을 납부하여야 합니다. 그러나 국가 또는 지방자치단체가 공용 또는 공공용의 목적으로 농지를 전용하는 경우, 대통령령이 정하는 중요 산업시설을 설치하기 위하여 농지를 전용하는 경우, 농지법 제37조제1항의 규정에 의한 시설과 기타 대통령령이 정하는 시설을 설치하기 위하여 농지를 전용하고자 하는 경우에는 농지조성비 중 일부 또는 전부를 감면하고 있는데 구체적인 농지조성비의 감면시설 및 감면비율은 농지법 시행령 별표 2에 규정되어 있습니다.

113. 농지조성비 납부통지를 받기 전에도 미리 납입할 수 있는지

【답 변】

시·도지사 또는 시장·군수·자치구구청장은 농지전용의 허가·협의 또는 농지전용의 신고수리를 하고자 할 때에는 농지조성비를 미리 납입하게 하거나 그 납입을 허가·협의 또는 신고수리의 조건으로 하도록 되어 있습니다. 농지조성비를 납입하여야 하는 자(이하 납입의무자라 한다)는 농어촌진흥공사가 발부한 농지조성비 납입통지서에 의하여 농지조성비의 수납기관(농·축·수협 중앙회 및 그 지점과 회원조합)에 이를 납입하여야 합니다. 그러나 납입의무자가 농지조성비를 미리 납입하기 위하여 자진납부를 신청하는 경우에는 농지전용허가기관으로부터 농지조성비자진납부서와 농지조성비 내역확인서를 발급받아 수납기관에 농지조성비를 미리 납입할 수 있습니다.

114. 농지조성비의 분할납부가 가능한지

【답 변】

농지조성비의 납입기간은 납입통지서 발행일로부터 30일(자진납부의 경우 15일)로 하며 납입의무장은 납입기간 내에 이를 납부하여야 합니다. 그러나 국가 또는 지방자치단체가 농지를 전용하는 경우로서 농지조성비를 납입하기 어려운 사유가 있다고 인정되는 때에는 당해 시설 준공일까지의 범위 내에서, 기타 납입의무자가 부득이한 사유로 납입기간의 연장을 신청하는 때에는 60일의 범위 내에서 1회에 한하여 그 기간을 연장할 수 있습니다(자진납부의 경우는 제외), 그리고 산업입지및개발에관한법률 규정에 의한 공업단지의 시설용지, 토지구획정리사업법의 규정에 의한 토지구획정리사업부지, 관광진흥법의 규정에 의한 관광지 및 관광단지의 시설용지에 대하여 농진전용허가 등을 하는 경우로서, 농지조성비를 일시에 납부하기 어려운 부득이한 사유가 있다고 인정되는 때에는, 농지조성비의 납입이 결정되는 날부터 준공일 이전까지 3년의 범위 안에서 4외 이내(100분의 30은 당해 전용목적 사업의 착수 전에 납부하여야 함)로 농지조성비를 분할하여 납부할 수 있습니다.

115. 농지조성비를 기간 내에 납부하지 않으면 어떻게 되는지

【답 변】

농지조성비의 납입기간은 납입통지서 발행일로부터 30일(자진납부의 경우 15일)로 하며, 납입의무자가 부득이한 사유로 그 기간의 연장을 신청한 때에는 1차에 한하여 60일의 범위 내에서 그 기간을 연장할 수 있습니다(자진납부의 경우는 제외). 납입의무자가 납입기한(연기하였을 경우 연장된 기한) 내에 농지조성비를 납부하지 아니한 때에는 10일 이내에 납입기간을 정하여 독촉장을 발부하고, 독촉장을 발부하였음에도 납부하지 아니한 때에는 농지전용허가를 취소하거나 국세체납처분의 예에 의하여 이를 징수하게 됩니다.

(뒷 쪽)

※ 구비서류

<민원인제출서류>

1. 사업계획서 1부

2. 별지 제5호의3서식에 의한 인·허가 명세서 1부 및 별표 1에 의한 첨부서류 1부(법 제13조의2제1항 각호의 규정에 의한 인·허가 등의 의제를 받고자 하는 경우에 한합니다)

<담당공무원 확인사항, 민원인 제출생략>

1. 토지 및 건축물(기존 건축물을 사용하여 공장설립 등의 승인을 받고자 하는 경우에 한합니다)에 대한 사용권을 증명할 수 있는 서류 1부(행정정보공동이용에 의하여 확인이 가능하지 아니한 경우에 한합니다)

공부확인	구 분	일 자	결 과	확인자: 소속, 직급, 성명 (서명 또는 날인)
	○ 토지등기부등본			
	○ 건축물대장			

※ 처리기간
　20일(공장설립 등의 승인신청내용의 전부가 시장·군수·구청장의 권한에 속하는 경우에는 14일, 산업집적활성화및공업설립에관한법률시행규칙 제6조제1항제2호의 규정에 의한 의제처리가 필요하지 아니하는 경우에는 7일)

이 신청서는 아래와 같이 처리됩니다.

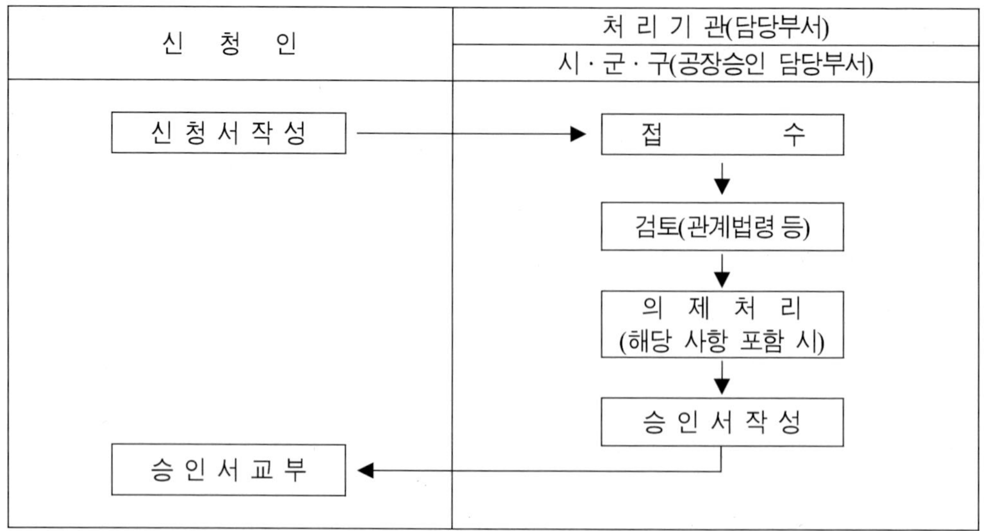

[별지 제7호서식]<개정 2003.7.19>　　　　　　　　　　　　　　　　　　(앞 쪽)

승인받은 사항 중 변경된 사항의 내역

제조시설 명세(승인받은 사항 중 변경이 있는 경우에만 기재합니다)					
제조시설명	용 량	수 량	배출오염물질		방지시설
			종 류	배 출 량	

이 신고서는 아래와 같이 처리됩니다.

※ 수질환경보전법, 대기환경보전법, 소음·진동규제법상의 배출시설 및 방지시설 기재
  신청시는 아래와 같이 처리됩니다.

(뒷 쪽)

생 산 공 정 흐 름 도(개요)

배출시설명세(개요)

시설명	용 량	수 량	배출오염물질		비 고
			종 류	배출량	

이 신청서는 아래와 같이 처리됩니다.

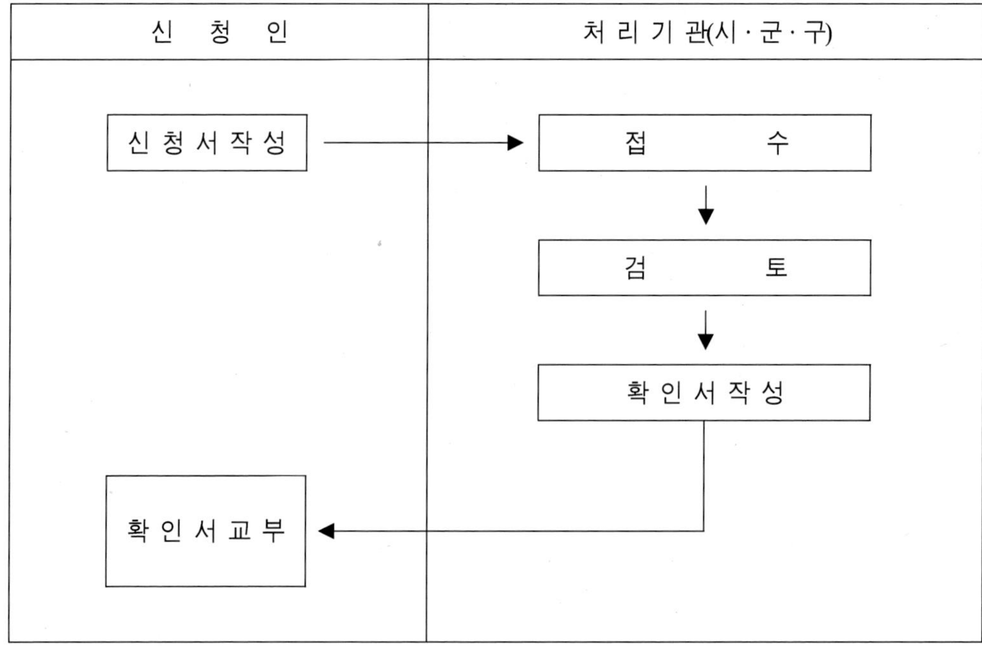

사 업 계 획 서

회 사 명:

대 표 자:

년 .　월 .　일 .

※ 구 비 서 류

1. 사업계획서 1부
2. 법 제5호의 2서식에 의한 인·허가 명세서 1부 및 별표 1에 의한 첨부서류(법 제13조의
   2제1항 각 호의 규정에 의한 인·허가 등의 의제를 받고자 하는 경우에 한함)
3. 토지 및 건축물(기존 건축물을 사용하여 공장설립 등의 승인을 얻고자 하는 경우에 한함)
   에 대한 사용권을 증명할 수 있는 서류 1부.

※ 처 리 기 간

　45일(공장설립 등의 승인신청내용의 전부가 시장·군수·구청장의 권한에 속하는 경우로서 국
토이용관리법상의 용도지역변경을 수반하지 아니하는 경우에는 14일, 공업배치및공장설립에관한
법률시행규칙 제6조제1항제2호의 규정에 의한 의제처리가 필요하지 아니하는 경우에는 7일)

- ○ '업종'은 한국표준산업분류상 세세분류인 5단위까지 기입
- ○ '건축면적'은 공장설립일부터 4년 이내의 건설계획분을 포함하여 기재
- ○ '기준공장면적률(건축연면적 / 공장용지면적)'은 공장입지기준고시(산업자원부고시
  제1999－147호) 참조

〈공장건설 계획〉

(단위: ㎡)

구　분	기　존	계　획				계
		년　도	년　도	년　도	년　도	
계						
공　장 (제조시설)						
부대시설						
－ 사무실 －창　고 －기　타 (대피소, 화장실 등)						

○ 각 시설에 대한 건축면적은 연면적으로 기재할 것

생　산　공　정　도	생 산 공 정 요약설명

〈배출시설명세〉

시 설 명	용 량 (마력, KW)	수 량	배출 오염물질		비 고
			종 류	배 출 량	

〈전력, 용수 등 사용계획〉

용 수(톤 / 일)		전 력(KW / 일)		연 료(톤 / 일)		
상 수 도	지 하 수	일반전력	자가발전	방카C유	가 스	기 타

〈공장배치도〉

○ 공장배치도 작성요령

　－건축물의 용도 위주로 개략적으로 위치, 면적, 연도별 설치계획만을 표시할 것

사업계획검토

① 사업개요
② 생산제품소개
③ 제품을 생산하기 위한 원고 입고량
④ 제품 일일 생산량
⑤ 제품을 생산하기 위한 에너지 사용량
⑥ 기계 중 소음 진동 폐수 발생 시설 확인
⑦ 사업계획승인 전후 제품별 생산액 비교
⑧ 용도지역변경 대상품목 확인
⑨ 공장설립 및 시설 설치 계획
⑩ 공장 신청지역 인근 문화재 여부 확인
⑪ 사업계획승인으로 의제처리된 인·허가 관련 기재사항

[별지 제1-1호서식]

벤처기업 평가를 위한
기술사업계획서

작 성 일: 2006.06.05

기업체명: ㈜ 벤처인

대 표 자: 홍길동(인)

귀하께서 제출한 본 기술사업계획서는 벤처기업확인업무에 중요한 자료이므로 정확하고 객관적으로 작성하여 주시기 바랍니다(기재사실과 실제 내용이 다른 경우에는 불이익을 받을 수 있음).

(1) 기업 현황

(가) 대표자(예비창업자) 인적사항

※ 대표자가 수인인 경우이거나 대표자 외에 경영실권자가 있는 경우에는 별지로
추가 작성요망

(나) 기업체 현황

□ (창업)회사 개요

(단위: 백만 원)

기 업 체 명	㈜벤처	대 표 자	홍길동	
설 립 일 자	1990.09.26	상시근로자 수	200명	
법인(주민) 등록번호	130000 – 0110000	사업자등록번호	000 – 00 – 00000	
소 재 지			전화번호	소유 여부
본 사	서울시 강남구 역삼동		02 – 6009 – 0000	자가, 임차
사 업 장	상 동			자가, 임차
				자가, 임차
업 종	IT / 정보통신	주 제 품	무선통신장비	
관계회사	kt	자 본 금 (납입자본금)	100	
공업소유권, 규격표시허가, 기술제휴 등	CE, ISO			
연 혁	년 월	주요 내용(자본증감, 대표자변경, 상호변경 및 주요 경영내용 변경 등)		
	1990 / 01	발기설립		
	1999 / 01	유상증자		
	2000 / 01	무상증자		
	2003 / 01	코스닥상장		

※ 본사 및 사업장 약도 별치 첨부

□ (창업)경영진 및 주요 주주 현황

(단위: 백만 원)

	직위	성 명	주민등록번호	대표자 관 계	최종학력(전 공·학위)	주요경력	소유주식 (금액)
경 영 진	대표 이사	홍길동	000000 - 0000000	본인	박 사	㈜벤쳐	10,000
	부사장	김길도	000000 - 0000000	직원	석 사	한국통신	2,000
	감사	박준성	000000 - 0000000	직원	석 사	데이콤	
주 주		홍길동	000000 - 0000000	본인	박 사	㈜벤처	10,000
		기 타	000000 - 0000000	본인	박 사	㈜벤처	56,000
합 계							66,000

※ 소유 주식은 법인기업에 한하여 작성

□ 대표자(예비창업자)의 경영철학 및 경영목표

MOBILE NETWORK MARKET World Best 경영이념이며. 이의 달성을 통해
1. 고객이 필요로 하는 최고의 제품을 개발
2. 고객에게는 최강의 경쟁력을 제공
3. 투자자에게는 높은 투자수익을 보장

※ 창업동기, 향후 회사발전계획, 인사 / 조직관리 및 거래처 선정중시 사항 등을 기술

□ 금융거래 현황(2005.06.30. 현재)

(단위: 백만 원)

대출기관	운전 / 시설	대출금액	대출금리	대출기한	담보제공 내용 등
벤처은행	–	30,000	6%	–	건물 외
합 계	–	30,000	6%	–	–

□ 재무상황

(단위: 백만 원)

구 분	직전전년도	직전연도	당해연도 실적 및 예상		차기연도	차차기연도
			(6월 현재)	예 상		
총 자 산	140,175	117,904	154,650	160,000	200,000	280,000
자기자본	93,449	64,100	93,534	94,000	144,000	194,000
고정부채						
유동부채	46,726	53,804	60,839	55,000	50,000	30,000
총매출액	22,664	27,146	102,535	180,000	380,000	700,000
신청기술(제품)매출액		19,265	75,897	130,000	280,000	450,000
지급이자	1,912	2,361	1,177	1,600	1,000	0
법 인 세 차감 전 이익	–87,736	–28,846	27,988	35,000	50,000	80,000
법 인 세						
당기순이익	–87,570	–28,846	27,988	35,000	50,000	80,000

□ **연구개발 인력 및 시설현황(예비창업자의 경우는 확보계획)**

연구개발조직	기업부설연구소 운용			
개 발 인 력	140 명(박사 6명, 석사 27명, 대졸 84명, 고졸 13명)			
개 발 방 법	기업부설연구소 산하 개발팀 운영 및 산/학 공동개발			
주요 연구시설	기업부설연구소 운영 연구기자재 보유			
산업재산권 보 유 현 황	{특허 181건, 실용신안 52건, 프로그램 건, 기타( )}			
연구개발실적	개발과제 및 내용	개발기간	사업규모 (소요자금)	비고 (사업화현황 등)
	모바일 장비 표준화	00~		양산/판매

※ 연구개발조직은 연구개발 전담부서의 형태를 기술
※ 개발방법은 신청대상기술(제품)의 개발형태를 중심으로 기술

□ **보유 생산시설현황(예비창업자의 경우는 확보계획)**

시 설 명	규 격	수 량	용 도
공 장	100평	1	무선 장비 생산 및 설비

(2) 사업내용 및 추진계획

□ 평가신청기술

기술 및 제품명	무선 네트워크 기술				
개 발 기 간	5년	개발비용	5000백만 원	제품화 여부	여, 부
개 발 방 법	(단독, 공동)공동개발의 경우 상대처:				
기 술 구 분	특허, 고도기술, 산업지원기술, 이전기술, 정부출연기술 등				
권리자(발명자)	성명	홍길동	주민등록번호	000000 – 000000	비고
	주소	서울시 강남구 역삼동			
기술(제품)용도 및 기능	무선 네트워크 장비기술				
대체 또는 경쟁 제품과의 차별성 (기술 / 기능상의 차이를 중심으로 기술하되 제품의 핵심기술과 보유 여부 포함)	표준화된 무선 프로토콜 장비				
기술의 파급효과 (적용범위 및 응 용성을 중심으로 기술하되 계획한 제품 포함)	국제 표준화 효과 예상				
기대효과(매출증 대, 고용창출, 경영개선 효과 등)	이동 통신 발달로 인한 매출증대와 경영개선 효과 발생				

※ 제품 및 기술이 2가지 이상일 경우에는 별지로 추가작성 바람

□ 시장 현황

시장현황 및 특성 (단위: 백만 원)	− 시장규모				
	구 분	직전연도	당해연도	차기연도	차차기연도
	세계시장	2000	3000	5000	6000
	국내시장	1000	1500	2000	2500
	※ 작성근거(반드시 기재) 유비쿼터스와 DMB 서비스의 발달로 무선 네트워크장비 급속도록 증가 추세 − 시장특성(향후 3년간 자료로 판단)				
	구 분		국 내		국 외
	시장상태(독점 / 경쟁)		경 쟁		경 쟁
	안 전 성		고		고
	지 속 성		고		고
	성 장 성		고		고

주요 수요처(2005 년) (수주 또는 납품현황만을 기재)	수 요 처 명	수요처의 총수요규모	당사 수주(납품)
	국내 무선장비 업체	200	100,000백만 원
	−	−	−
	−	−	−
	−	−	−
	−	−	−

경쟁업체 현황 (업체명, 기술개발계획, 양산 / 증산계획 등)	− 국내시장 경쟁업체 없음
	− 국외시장 현재 ㈜벤처가 세계 무선 장비시장을 양분하고 있으며 기술력을 바탕으로 시장을 선점하고 있음

※ 시장특성은 유무, 고저 등으로 간략하게 표기
※ 제품 및 기술이 2가지 이상일 경우에는 별지로 추가작성 바람

□ 향후 판매전략 및 판매계획

(단위: 백만 원)

	제 품 명(상 품 명)	직전연도	당해연도	차기연도	차차기연도
판매전략	㈜벤처는 시장 후발업체로서 세계 무선장비 업체와의 무한 경쟁에서 이기기 위해 World Best Product를 목표로 매진하고 있으며, 세계 유수의 해외 마케팅 참가 등을 통해 ㈜벤처의 장비를 판매하고 있습니다.				
판매계획	무선네트워크 장비	10,000	200,000	300,000	–
	–	–	–	–	–
	–	–	–	–	–
	기타 제품	–	–	–	–
	계	10,000	200,000	300,000	–

※ 판매전략은 경쟁제품과의 비교 등을 통한 신청기술(제품)의 판매전략 위주로 기술
※ 판매계획은 현재 생산 중이거나 계획 중인 제품 중 신청기술(제품)을 포함한 주력 제품 위주로 기술

□ 추진계획(상세기술 요망)

향후 추진일정 계획	차세대 무선장비 개발 장비 국산화를 통한 외화 절감 특허 및 첨단 장비 수출을 통한 외화 획득
인력수급 계획	연구 개발 인력 지속적 채용
소요자금 및 조달계획	내부유보자금으로 소요자금 조달
설비투자계획(추가 설비명, 구입처, 규격, 금액 등을 명시)	–

※ 별지 사용 가능

접수번호		정리번호		관리번호		산업분류 번호	

벤처기업창업자금 지원신청서

<table>
<tr><td>업체명</td><td colspan="2"></td><td rowspan="3">대표자</td><td>(한글)</td></tr>
<tr><td>법인등기번호</td><td colspan="2"></td><td>(한자)</td></tr>
<tr><td>사업자등록번호
(사업개시일)</td><td colspan="2">(.   .   )</td><td>(주민등록번호)</td></tr>
<tr><td rowspan="2">본 사</td><td>소 재 지</td><td colspan="3"></td></tr>
<tr><td>전화번호
(FAX)</td><td></td><td>소유구분</td><td>자가 □   임차 □</td></tr>
<tr><td rowspan="4">공 장</td><td>소 재 지</td><td colspan="3"></td></tr>
<tr><td>전화번호
(FAX)</td><td></td><td>소유구분</td><td>자가 □   임차 □</td></tr>
<tr><td>공장등록
번호
(등록일)</td><td>제   호
(.   .   )</td><td>면적</td><td>대지 ㎡, 건물 ㎡</td></tr>
<tr><td>용도지역</td><td colspan="3">공업단지 □   공업지역 □   기타 지역 □</td></tr>
<tr><td>종업원 수</td><td colspan="2">생산직   명, 사무직   명</td><td>주 생산품</td><td></td></tr>
<tr><td>회사전자주소
(E -mail)</td><td colspan="2"></td><td>연락책임자
(휴대폰)</td><td></td></tr>
<tr><td rowspan="2">기업 내용</td><td>총자산
(백만 원)</td><td>자 본
(백만 원)</td><td>부 채
(백만 원)</td><td></td></tr>
<tr><td>매 출
(백만 원)</td><td>수 출
(백만 원)</td><td>부 채
비율(%)</td><td></td></tr>
<tr><td>신청금액
(백만 원)</td><td colspan="2">계</td><td>시설자금</td><td>운전자금</td></tr>
<tr><td></td><td colspan="2"></td><td></td><td></td></tr>
<tr><td>대출희망
은 행</td><td colspan="2">은행   지점</td><td>담보제공
방 법</td><td>부동산□ 보증서□
기 타□</td></tr>
</table>

인천광역시 중소기업육성자금 융자를 받고자 별첨과 같이 신청하며 기재사항과 첨부서류에 허위가 없음을 확인합니다.

년   월   일

신청인(대표)   (인)

인 천 광 역 시 장

기 술 사 업 계 획 서

작 성 일: ___________________

기업체명: ___________________

대 표 자: ___________________ (인)

귀하께서 제출한 본 사업계획서 내용은 대출지원 및 보증결정에 중요한 자료이
므로 정확하고 객관적으로 작성하여 주시기 바랍니다(기재 사실과 실제 내용이
다른 경우에는 불이익을 받을 수 있음).

(1) 대표자(창업자)

(가) 대표자(창업자)의 인적사항

성　명			주민등록번호		
주　소			전 화 번 호 (휴대폰, 호출기)		
학　력	기　간	학 교 명	전　공	수학상태 (졸업, 수료, 중퇴)	비 　고 (취득학위 등)
	～				
	～				
	～				
경　력	근 무 기 간	근 무 처			담당업무 (최종직위)
		근무처명	주요생산품	전화번호	
	～				
	～				
	～				
재산보유현황 (소유부동산 등)					
기타 특기사항 (자격증, 상벌, 연수, 대외활동사항)					
연구개발 및 사업화실적	개발과제명 및 내용	근 무 처	실시기간	사업규모 (소요자금)	비 　고 (사업화현황)

※ 공동 대표자가 있거나 대표자 외에 경영 실권자가 있는 경우 별지로 추가작성하십시오.
※ 연구개발 및 사업화실적이 다수인 경우 별지로 상세히 작성하십시오.

(나) 기업체현황

□ 회사개요

(단위: 백만 원)

기업체명 (영 문)		대 표 자 (영 문)	
설립일자 (영업개시일)		사업자등록번호 법인등록번호	

소　　재　　지			전화번호	소유 여부
본　　사				자가, 임차
사 업 장				자가, 임차
				자가, 임차

업종(주 제품)		상시종업원	명
관계회사		자 본 금 (납입자본금)	

공업소유권, 규격표시허가, 기술제휴, 대외수상실적, 선정내용 등	

연 혁	년　월	주요 내용(자본증감, 대표자변경, 상호변경 및 주요 경영내용 변경 등)

주 요 보 유 시 설	시 설 명	규 격	수 량	설치연도	용 도	금 액

※ 본사 및 사업장 약도 별지 첨부

□ **경영진·주요 기술인력·주요 주주 현황(창업자는 계획내용 기재)**

(단위: 백만 원)

직　위	성　명	주민등록번호	대표자와의 관　계	최종학력 (학교·전공·학위)	주요경력	소유주식 (금액)

※ 소유 주식은 법인기업에 한하여 작성

□ **금융거래 현황(20 . . . 현재)**

(단위: 백만 원)

대출기관	운전 / 시설	대출금액	대출금리	대출기한	담보제공 내용 등
합　계					

(2) 사업의 개요

□ 기술사업목적(창업동기, 투자배경) 및 기대효과

사업목적	(투자배경, 창업동기, 사업의지, 추진능력, 과제선정경위, 준비상황 등을 중심으로 기재)
기대효과	(관련산업에 대한 기술적, 경제적 파급과 등)

□ 사업화 대상 기술 및 제품의 개요

기술 및 제품명					
개 발 기 간		개발비용	백만 원	제품화여부	여, 부
개 발 방 법	(단독, 공동) 공동개발의 경우 상대처:				
권 리 구 분	[특허, 실용신안, 프로그램, 기타(　　　　　　　　　　)]				
권 리 자 (발 명 자)	성　명		주민등록번호		비 고
	주　소				

※ 사업화 대상기술 및 제품이 2가지 이상일 경우 동일양식에 의거 별지로 추가 작성하십시오.

□ (계획)사업의 내용

(계획)제품의 특성	(용도, 성능 등 제품에 대한 설명)
기술의 핵심내용	(핵심기술, 개발내용 등)
기술개발 진척도	(개발과정, 개발진행 정도, 상품화 시기 등)
국내외 개발현황	(국내·외 기술개발 현황, 상품화 현황 등)
품질 경쟁력	(국내 경쟁사 제품 및 국외 경쟁사 제품과의 품질비교 등)

※ (계획)제품 및 기술이 2가지 이상일 경우 동일 양식에 의거 별지로 추가 작성할 수 있음
※ 현재 생산되는 기존제품 외에 신규 계획제품(기술)이 있는 경우에는 반드시 별지로 구분하여 작성

국내외 시장규모 및 특성	(현재 수출·입 현황을 포함하여 현재 및 향후 3년간 내용 기입)

기술의 핵심내용	(핵심기술, 개발내용 등)

국내 주요 수요처 현황	(수요처명, 주생산품, 수요량, 소재지, 전화번호 기입)

국내 동종업계 현황	(유사품목의 개발·사업화 현황 및 경쟁회사 현황 등)

가격 경쟁력	(제조원가 및 주요 경쟁제품과의 비교)

※ (계획)제품 및 기술이 2가지 이상일 경우 동일양식에 의거, 별지로 추가 작성할 수 있음
※ 현재 생산되는 기존제품 외에 신규 계획제품(기술)이 있는 경우에는 반드시 별지로 구분하여 작성

(3) 사업화 방법 및 추진계획

□ **사업추진(계획) 상황**

(단위: 백만 원)

제품개발상황	(설계, 시작품 제작, 시험테스트, 양산개발 등 현재의 제품개발 상태)
향후 추진방법	(양산기술개발 방법 상세 기술)
양산체제 구축계획	(생산규모, 생산공정, 공정별 설비, 외주활용 등 생산방법 기입)
주요 자재 조달방안	(제품단위당 원자재 소요량, 주요 원부자재의 구입처, 가격, 수입 / 국내조발 등 기입)
제품생산능력	[제품단위별 설비능력, 예상가동률, 기존시설 및 계획사업 후 생산능력(생산량 비교)]

※ 제품 및 기술이 2가지 이상일 경우 동일양식에 의거 별지로 추가 작성할 수 있음

□ 설비도입 계획

(단위: 백만 원)

시설명	규 격	수 량	용 도	소요자금	제작처

※ 계획시설의 모델명, 규격 등의 항목은 구체적으로 기재(예: HP, Kw 등)
※ 견적서 또는 설비도입 계약서 등 관련자료를 첨부하십시오.

□ 인력확보 계획

구　　분		현　원	추가소요인원		확보방안
			1차 연도	2차 연도	
관 리 부 문	임 원				
	사무직				
	기 타				
	소 계				
생 산 부 문	기술직				
	생산직				
	소 계				
계					

□ **추진일정**

내 용	1차 연도				2차 연도				비 고
	1 / 4	2 / 4	3 / 4	4 / 4	1 / 4	2 / 4	3 / 4	4 / 4	

※ 중장기계획이 수립되어 있을 경우에는 3차연도 이후까지 기재 무방

□ **판매계획 및 판매전략**

(단위: 백만 원)

	제품명 (상품명)	전년실적	1차 연도		2차 연도		비 고
			내 수	수 출	내 수	수 출	
판매계획							
판매계획 추정 근거							
판매전략							

※ 제품 단위별로 구체적으로 기재하십시오.

(4) 재무상황

□ 실 적

(단위: 백만 원)

구 분	년	년	년
매 출 액			
매 출 이 익			
경 상 이 익			
총 자 산			
자 기 자 본			
(자 본 금)			
총 차 입 금			
연구개발비			

※ 최근 매출액:　　　 연도　 월말 현재　　　　　 백만 원

□ 추정 손익계산서

(단위: 백만 원)

구 분	1차 연도 (　　 년)	2차 연도 (　　 년)	추 정 근 거
매 출 액			
매 출 원 가			
매 출 이 익			
판매관리비			
영 업 이 익			
경 상 이 익			

□ 부도어음 및 회수지연 채권 보유현황

(　　　년　　월 말 현재)(단위: 백만 원)

구　분	거래처명 (어음발행기업)	금　액	지급일자	비　고 (담보확보 및 회수가능성)
부도처리된 받을 어음				
회수지연 외상매출금				
계				

※ 회수지연 외상매출금: 지급기일 경과된 외상매출금은 전부 기재

(5) 소요자금내용 및 조달 계획

(단위: 백만 원)

소 요 자 금			조 달 계 획		
용 도	내 용	금 액	조달방법	기조달액	추가조달액
운 전 자 금			자기자금		
			금융차입		
			기 타		
			소 계		
시 설 자 금			자기자금		
			금융차입		
			기 타		
			소 계		
합 계					
소요자금 산출근거 (운전시설)					
조달계획 산출근거					

※ 창업기업의 경우 운전자금은 창업 후 생산제품의 판매대금으로 정상 영업자금 회전이 될 때까지의 기간 동안 소요되는 전체 예상자금을 자금 용도별로 구분 기재
　ㅇ 창업준비자금＋양산개발자금(인건비, 시제품·견본품 제작, 위탁개발비, 간접사업비 등)＋1회전 운전자금(원재료비, 노무비, 판매관리비 등)＋기타
※ 창업기업 이외의 경우 운전자금은 1회전 운전자금 외 신규로 필요한 자금(기술개발자금 등)을 구체적인 자금 용도별로 구분 기재
※ 시설자금은 설비도입을 위한 견적금액을 기준으로 설명
※ 산출근거에 대한 세부기재 사항: 필요시 별지 첨부 설명

(6) 사업계획 지연 및 차질 시 대안

구　분	대　　　안
자금조달 부문	
인력수급 부문 (기술인력, 경영진)	
기술개발 부문	
생산계획 부문	
판매계획 부문	

위 사업계획서 양식으로 설명이 부족하거나 귀사의 기술성·사업성에 대한 내용을 추가하고자 할 경우 관련자료를 첨부하여 주시기 바랍니다.

〈제조업종 작성샘플〉

<table>
<tr><td rowspan="3">1) 접수번호</td><td rowspan="3"></td><td rowspan="3">2 공고번호</td><td rowspan="3"></td><td rowspan="3">3) 기술분류
Code</td><td>대분류</td><td>전기전자</td></tr>
<tr><td>중분류</td><td>2208</td></tr>
<tr><td>소분류</td><td>220808</td></tr>
<tr><td colspan="4" align="center">중소기업기술혁신개발사업 계획서</td><td colspan="2" align="center">일반과제(O) 전략과제(　)</td></tr>
<tr><td colspan="4"></td><td colspan="2" align="center">신생기업(　) 일반기업(O)</td></tr>
<tr><td>4) 과 제 명</td><td colspan="5">마이크로 다기능 칩(LOC) 제작을 위한 기판 접합 장비의 개발</td></tr>
<tr><td rowspan="8">5) 주관기업</td><td colspan="2">기 업 명</td><td>첨단기업</td><td>홈 페 이 지</td><td>www.chom.co.kr</td></tr>
<tr><td colspan="2">설립연월일</td><td>2000. 3. 16</td><td>종업원 수(명)</td><td>6</td></tr>
<tr><td colspan="2">사업자등록번호</td><td>209-03-81121</td><td>법인등록번호</td><td>123456-0012325</td></tr>
<tr><td rowspan="2">주 소</td><td>본사</td><td colspan="3">(413-843)경기도 용인시 용인면 삼정리 12-1</td></tr>
<tr><td>개발
부서</td><td colspan="3" align="center">장비사업부 / 소재사업부</td></tr>
<tr><td colspan="2">업종(주생산품)</td><td colspan="3" align="center">SOI Wafer, SOG Wafer, Wafer Bonding Systems</td></tr>
<tr><td rowspan="3">6) 대표자</td><td colspan="2">성 명</td><td>홍 길 동</td><td>주민등록번호</td><td>601010-1010101</td></tr>
<tr><td colspan="2">전 화</td><td>031-123-1254</td><td>F A X</td><td>031-123-1132</td></tr>
<tr><td colspan="2">E-mail</td><td>hong@chom.co.kr</td><td>휴대전화</td><td>011-123-5551</td></tr>
<tr><td rowspan="4">7) 과제책임자</td><td colspan="2">성 명</td><td>홍 길 동</td><td>주민등록번호</td><td>601010-1010101</td></tr>
<tr><td colspan="2">부 서</td><td>관리부</td><td>전 화</td><td>031-123-1254</td></tr>
<tr><td colspan="2">직 위</td><td>대 표</td><td>F A X</td><td>031-123-1132</td></tr>
<tr><td colspan="2">E-mail</td><td>hong@chom.co.kr</td><td>휴대전화</td><td>011-123-5551</td></tr>
<tr><td>8) 개발기간</td><td colspan="5" align="center">2003. 4. 1〜2004. 3. 31　　(12개월)</td></tr>
</table>

<table>
<tr><td rowspan="3">9) 개발사업비
(천 원)</td><td rowspan="2">정부출연금</td><td colspan="3" align="center">기 업 부 담 금</td><td rowspan="2">위탁기관
현물</td><td>계</td></tr>
<tr><td>현 금</td><td>현 물</td><td>소 계</td><td rowspan="2">83,000</td></tr>
<tr><td>60,000</td><td>9,200</td><td>13,800</td><td>23,000</td><td></td></tr>
<tr><td rowspan="3">10) 참여기업</td><td>기 관 명</td><td>부서 / 학과</td><td>책임자</td><td colspan="3">전 화</td></tr>
<tr><td></td><td></td><td></td><td colspan="3"></td></tr>
<tr><td></td><td></td><td></td><td colspan="3"></td></tr>
<tr><td rowspan="2">11) 위탁 연구
기관</td><td></td><td></td><td></td><td colspan="3"></td></tr>
<tr><td></td><td></td><td></td><td colspan="3"></td></tr>
</table>

중소기업기술혁신개발사업 운용요령 및 사업관리지침의 규정에 따라 기술개발사업을 성실히 수행하고자 사업계획서를 제출합니다.

2003년 5월 13일

과 제 책 임 자: 홍 길 동　　(인)

주관기업 대표자: 홍 길 동　　(직인)

중소기업청장 귀하

중소기업기술혁신개발사업 사업계획서

□□ 요약서

가. 신청기업 개요

대 분 류		중분류 (코드번호)		소분류 (코드번호)	
업 체 명		대 표 자 (주민등록번호)			
주 소	본 사	□□□ - □□□			
	개발부서	□□□ - □□□			
전 화 번 호		팩 스 번 호			
과 제 책 임 자 (주민등록번호)		과 제 책 임 자 이메일			
개 발 기 간		200 . . ~ 200 . . (개월)			
개 발 사 업 비 (천 원)	합 계	정부출연금	기업현금	현 물	참여기업명
		현 금			
					위탁연구기관
설립연월일		사업자등록번호			
법인등록번호		종업원 수(명)			

나. 경영상태(결산재무제표 기준)

구　분	전년도(백만 원, %)
자본금	백만 원
총매출액	백만 원
수출액 (매출액대비 수출비중)	백만 원 (　　%)
매출액 영업이익률 (영업이익 / 매출액*100)	%
부채비율 (총부채 / 자기자본*100)	%

유동비율 (유동자산 / 유동부채*100)	%
R&D 비율	%
벤처기업 여부	
INNO-BIZ기업, 여성기업 여부	
기술혁신개발사업 선정 여부	회(　,　, 　,　, 년)

다. 기술개발내용

개발 과제명					
개 발 목 표					
개 발 내 용					
키 워 드					

라. 국가연구개발사업 참여 실적(최근 5년간)

주 관 부 서	사 업 명	연도	주관참여	개발과제명	수행결과 (성공 / 실패) (참여제한)

사 업 계 획 서

본 사업계획서의 기술적 내용은 본 사업계획서 작성사에 있음을 알려드립니다. 단순히 작성샘플로 참고만 하시길 바랍니다.

작 성 일: 20○○년 ○월　　일
기업체명: ㈜ ○ ○ ○ ○ ＿＿
대 표 자: ＿＿＿ ○ ○ ○ (인)

귀하께서 제출한 본 사업계획서 내용은 대출지원 및 보증결정에 중요한 자료이므로 정확하고 객관적으로 작성하여 주시기 바랍니다.(기재사실과 실제 내용이 다른 경우에는 불이익을 받을 수 있음)

(1) 창업자(창업기업)현황

(가) 창업자의 인적사항

<table>
<tr><td>성   명</td><td colspan="3" align="center">○   ○   ○</td><td>주민등록번호</td><td colspan="3" align="center">○○○○ - ○○○○○</td></tr>
<tr><td>주   소</td><td colspan="3" align="center">○○ ○○○ ○○○ ○○</td><td>전 화 번 호
(휴대폰, 호출기)</td><td colspan="3">○○)○○○ - ○○○
○○ - ○○○ - ○○○</td></tr>
<tr><td rowspan="4">학   력</td><td>기   간</td><td colspan="2">학 교 명</td><td>전   공</td><td colspan="2">수학상태
(졸업, 수료, 중퇴)</td><td>비   고
(취득학위 등)</td></tr>
<tr><td>0.0~0.00</td><td colspan="2">○○대학교</td><td>금속공학과</td><td colspan="2">졸   업</td><td>학   사</td></tr>
<tr><td>0.0~0.00</td><td colspan="2">○○고등</td><td></td><td colspan="2">졸   업</td><td></td></tr>
<tr><td>~</td><td colspan="2"></td><td></td><td colspan="2"></td><td></td></tr>
<tr><td rowspan="4">경   력</td><td rowspan="2">근 무 기 간</td><td colspan="3" align="center">근 무 처</td><td></td><td rowspan="2">담 당 업 무
(최종직위)</td></tr>
<tr><td>근무처명</td><td>주요생산품</td><td>전화번호</td><td></td></tr>
<tr><td>0.0~0.00</td><td>○○시스템㈜</td><td>전자부품</td><td>○○ - ○○</td><td></td><td>과   장</td></tr>
<tr><td>0.0~0.00</td><td>○○공업㈜</td><td>시스템Eng'</td><td>○○ - ○○</td><td></td><td></td></tr>
<tr><td>0.0~0.00</td><td>㈜○○</td><td>산업기계</td><td>○○ - ○○</td><td></td><td>이   사</td></tr>
<tr><td rowspan="3">재산보유
현황
(단위: 백만
원)</td><td>종   목</td><td>내   역</td><td>금   액</td><td>종   목</td><td colspan="2">내   역</td><td>금   액</td></tr>
<tr><td>주   택</td><td>아파트</td><td></td><td>주식 · 채권</td><td colspan="2">법인주식</td><td></td></tr>
<tr><td>기타부동산
현금 · 예금</td><td></td><td></td><td>기   타</td><td colspan="2"></td><td></td></tr>
<tr><td>기타특기사항
(자격증,
상벌, 연수,
대외활동사항)</td><td colspan="7"></td></tr>
<tr><td rowspan="2">연구개발 및
사업화 실적</td><td colspan="3">개발과제명 및 내용</td><td>근무처</td><td>실시기간</td><td>사업규모
(소요자금)</td><td>비   고
(사업화
현황 등)</td></tr>
<tr><td colspan="3">다주파 세척시스템을
이용한 초음파세척기</td><td>○○
시스템㈜</td><td>○ - ○</td><td>320백만
원</td><td>사업화</td></tr>
</table>

※ 창업자가 수인인 경우이거나 창업자 외에 경영실권자가 있는 경우에는 별지로 추가 작성 요망

(나) 기업체현황

□ 회사개요(기업만 작성)

단위(백만 원)

기 업 체 명	㈜ ○ ○ ○ ○	대 표 자		○ ○ ○	
설 립 일 자	19○○. ○. ○○	사업자등록번호		○○○ - ○○ - ○○○○○	
	소　재　지		전 화 번 호	소유 여부	
본　　사	○○ ○○○ ○○○ ○○○○		○)○○ - ○○	자가, 임차(○)	
사 업 장	○○ ○○○ ○○○ ○○○		○○)○○ - ○○	자가, 임차(○)	
				자가, 임차	
업종(주제품)	특수산업용 기계제조업 (초음파세척기)	상시종업원		○ 명	
관 계 회 사	-	자 본 금 (납입자본금)		100 (100)	

연	년 월	주요 내용(자본증감, 대표자변경, 상호변경 및 주요 경영내용 변경 등)
혁	'9○.○	발명특허 등록(다주파 세척기)
	'9○.○	법인설립(자본금 1억 원)
	'9○.○	공장등록

주요시설 등	시 설 명	규 격	수 량	용 도	금 액
	AC용접기	500W	1	가공(용접)	4
	산소용접기	500W	2	가공(용접)	4
	CO2용접기	500W	3	가공(용접)	5
	건조기	1000W	1	부착진동자 건조	2
	CAD컴퓨터		2	CAD설계	5
	CAD용프린터	A3	1	설계자료 출력	3
	오실로스코프	60㎒	1	제품검사	2
	주파수변환장치	100㎒	1	제품검사	3

※ 본사 및 사업장 약도 별지 첨부

□ **경영진 · 주요 기술인력 · 주요 주주 현황(예비창업자는 계획내용 기재)**

단위(백만 원)

직 위	성 명	주민등록번호	대표자 관 계	최종학력 (전공 · 학위)	주요 경력	소유주식 (금액)
대표이사	○○○	○○○ - ○○○○	본인	대졸(과)	○○(기계)	5,000(50)
이 사	○○○	○○○ - ○○○○	타인	대졸(학)	○○알루미늄	1,500(15)
이 사	○○○	○○○ - ○○○○	타인	대졸(과)	○○건설	1,500(15)
감 사	○○○	○○○ - ○○○○	타인	고 졸	○○정밀	–
주 주	○○○	○○○ - ○○○○	타인	대졸(건축)	○○건설	2,000(20)

※ 소유 주식은 법인기업에 한하여 작성

□ **금융거래 현황(20   .   .   . 현재)**

단위(백만 원)

대출기관	운전 / 시설	대출금액	대출금리	대출기한	담보제공 내용 등
(해당 사항 없음)					
합 계					

(2) 사업 내용 및 사업화 추진계획

□ 창업동기 및 기대효과

창업동기	(사업의지, 추진능력, 과제선정경위, 준비상황 등을 중심으로 기재)

○ 세척기는 산업용, 상업용, 가정용 등 실로 우리 주위의 여러 분야에 다양한 용도로 사용되고 있습니다.
- 산업용: 각종 정밀기기, 산업장비, 전기전자부품, 자동차 및 선박부품, 광학제품 등의 세척
- 상업용: 보석, 귀금속, 액세서리, 안경, 제도용구, 인쇄기구 세척
- 가정용: 식기세척(업소용 포함)

○ 여러 분야에서 사용되고 있는 세척기는 산업구조가 고도화되고 생활의 편의성을 추구하게 되면서 그 사용 범위와 용도가 더욱 증가하고 있습니다.
- 생산제품의 고품질화 및 정밀화, 생산라인의 자동화, 3D현상의 기피 등으로 산업용 증대
- 유통제품 및 서비스의 향상, 생활의 편의성 추구 등으로 상업용, 가정용 세척기 증대
- 작업인원 절감과 품질 및 생산성향상을 위해 산업현장에서의 세척장비 도입증가

○ 한편, 세척기는 피세척물의 규모와 성상에 따라 스프레이 세척기 또는 초음파 세척기를 사용하는 데 단순분사 형식의 스프레이세척기보다 최근에는 세척능력이 뛰어난 초음파 세척기의 사용이 증가하고 있는 추세입니다.

○ 그러나 기존의 초음파 세척은 단일주파수를 이용한 세척방식으로서 정밀부품의 세척에 있어서 세척의 정밀성과 효율에 한계가 있어 폐사에서는 기존의 초음파 세척기의 문제점을 보완하여 '동시다주파 세척기'을 개발하여 이의 사업화를 추진하고 있습니다.

○ 다주파세척기는 기존의 초음파 세척기보다 세척의 정밀도, 시간절감, 공해저감 등 여러 가지 측면에서 그 기술적인 우수성이 입증되어 국내 유수 연구기관 및 정부단체, 대기업에서 이를 호평하여 사용하고 있습니다.

○ 향후 초음파 세척기의 시장규모는 지속적으로 성장할 것으로 예상하고 있으며, 이러한 시장환경에서 다주파 세척기는 차별화된 기술제품으로 이미 그 우수성이 입증된 상태이므로 그동안 쌓아놓은 제품의 기술력과 시장기반력을 바탕으로 한 벤처기업으로서의 성장을 확신하고 있습니다.

기대효과	(관련산업의 기술적, 경제적 파급효과 등)

① 산업재산권(특허)의 사업화에 따른 기술입국에 기여
② 품질 및 가격경쟁력이 우수하여 수입제품의 수입대체효과에 기여
③ 일본 및 유럽, 동남아지역에 수출함으로써 외화획득효과에 기여
④ 초음파(다주파)세척기 사용업체의 생산성향상에 기여
　　- 세척의 정밀도 부여
　　- 세척작업시간 절약
　　- 작업환경 개선(용제소모량 절약 → 환경오염저감)
　　- 생산제품의 고품질화 및 정밀화에 기여
　　- 콤팩트화, 보수유지의 간편성, 동력절감, 소음저감
　　- 자본생산성 증대
⑤ 반도체 등 각종 정밀기기, 산업장비, 전기전자부품, 자동차 및 선박부품, 광학제품 등의 광범위한 산업부문에 효율적인 다주파세척기를 적용함으로써 전반적인 국가산업발전에 기여함

□ 사업화대상 기술 및 제품

기술 및 제품명	다주파 세척시스템을 이용한 초음파세척기				
개발기간	3년	개발비용	백만 원	제품화 여부	여(●), 부
개발방법	(단독(●), 공동) 공동개발의 경우 상대처 :				
권리구분	(특허(●), 실용신안, 프로그램, 기타(　　　　　))				
권 리 자 (발 명 자)	성명	○ ○ ○	주민등록번호	○○○ - ○○○	비고
	주소	○○ ○○○ ○○○ ○○○○			

□ 창업사업의 내용

| 계획제품의 특성 | (용도, 성능 등 제품에 대한 설명) |

① 용도: 다양한 피세척물의 세척목적으로 사용됨
　　　　(반도체, 콘덴서, 크리스털, 저항PCB 등 전자정밀부품, 내연기관 부품, 자동차 및 항공선박의 엔진부품, 도금전후처리, 베어링, 복사기 등 기계부품, 의료용구부품, 안경, 시계, 렌즈 등 광학부품, 보석, 귀금속, 액세서리 세척, 식기세척, 모터, 릴레이, 스위치 등 전기부품 등)
② 성능: 단주파식 초음파세척기는 진동부의 단일 기계 공진을 이용하여 초음파를 발생시키며 이러한 공진조건에 영향을 미치는 인자들, 즉 액의 깊이, 액의 온도, 제품의 투입 등에 따라 출력이 크게 변화하며 단일 주파수의 특성에 의한 정재파 현상의 발생과 호환성이 없다는 문제를 가지고 있다. 이러한 문제를 해결하기 위한 동시다주파는 두 개의 BLT구조를 갖는 직사각형의 멀티바에 전기신호를 가함에 따라 여러 대역의 다양한 주파수의 초음파가 세척조 내에 동시에 작용함에 의해 이루어진다. 저주파는 캐비테이션 강도가 크기 때문에 강력한 세척이 가능하며 높은 주파수는 침투력이 강해 탭홀이나 언더컷 등의 세척이 어려운 부분에도 쉽게 침투하여 세척 효과를 얻을 수 있다. 동시다주파의 중요한 특징은 여러 주파수들이 동시에 존재하므로 단주파에서 나타나는 정재파 현상이 나타나지 않으며, 진동부와 발진부 간의 상호 호환성이 있다는 것이다.

| 기 술 성 | (핵심기술, 개발내용, 국내외 상품화 현황 등) |

① 핵심기술 및 개발내용 초음파 진동장치
　－우수한 특성의 B.L.T 소자
　　특성이 우수하고 파워 용량이 큰, 45ø 압전 소자를 사용합니다.

　　진동부는 B.L.T형 진동자를 이용 피세척을 담수량(크기, 형상)에 따라 출력이 결정되며 제작 요구 조건에 맞게 설계하여 부착합니다.

　－고도의 접착기술공정: 특수접착제와 자동가열로 등에 의한 고도의 진동자 접착기술을 이용하여 고강도로 접착, 진동자의 탈착을 극소화하는 공정임

② 상품화 현황: 다주파를 이용한 초음파 세척기술은 제품의 특성상 반도체 웨이퍼, 콘덴서 등의 정밀전자부품의 세척과 자동차 및 선반엔진부품 등 정밀세척 분야에 적용이 뛰어나며, 국내 특허등록된 기술로서 본사에서만 유일하게 상품화하고 있는 상태임

| 기 술 성 | (핵심기술, 개발내용, 국내외 상품화 현황 등) |

① 핵심기술 및 개발내용
　－초음파 발생장치
　초음파 세척은 초음파의 음압(音壓) 효과와 Cavitation 효과(空洞現狀)를 이용한 것으로서
　특히 Cavitation이 중요한 역할을 합니다.
　이 Cavitation은 기포의 진동에 따른 micro－agitation과 기포의 파괴로 인한 화학적,
　열적 작용을 수반하게 됩니다.
　이러한 여러 작용의 복합, 반복으로 세척액 중에서 화학 반응의 촉진과 분산 작용이 증가
　하여 부착되어 있는 이물질을 제거, 정밀세척이 이루어집니다.(아래 그림 1, 2, 3 참조)

　그림 1 초음파의 세척작용원리　　그림 2 Cavitation 발생 설명도

　[그림 3] Cavitation 발생에 필요한 音强度와 주파수 관계

② 상품화 현황: 다주파를 이용한 초음파 세척기술은 제품의 특성상 반도체 웨이퍼, 콘덴서
　등의 정밀전자부품의 세척과 자동차 및 선반엔진부품 등 정밀세척 분야에 적용이 뛰어나
　며, 국내 특허등록된 기술로서 본사에서만 유일하게 상품화하고 있는 상태임
　이하 생략

| 품질경쟁력 | (국내 및 경쟁국 제품과의 품질비교 등) |

기 존 제 품	본 사 제 품
① 단주파 사용→세척정밀도 낮음	① 다주파 사용→균일하고 정밀한 세척
② 세척용제를 많이 사용→오염발생	② 세척용제가 절약됨→환경보호
③ 작업시간이 길다	③ 작업시간이 절약됨
④ 세척설비가 크고 유지보수가 불편	④ 콤팩트화, 유지보수가 간편함
⑤ 많은 동력과 소음발생	⑤ 동력절감, 소음저감

□ **사업장현황**

단위(백만 원)

소 재 지	규 모	자가, 임차	소요자금	자금조달방법	비 고
○○ ○○ ○○○	150평	임 차	80	확 보	동　력: 70KW 층　고: 4m

□ 생산시설계획

단위(백만 원)

시 설 명	규 격	수 량	용 도	소요자금	제작처
1) 유압식 절단기	6*4000	2	절단	70	○○기계
2) 유압식 절곡기	88Ton	2	절곡	70	○○기계
3) 코너 샤링기	USVC6000	1	코너가공	7	○○기계
4) 프라즈마 절단기	150W	1	절단	5	○○전기
계				152	

□ 인력확보계획

		현 원	추가소요인원		확 보 방 안
			'99	2000	
관 리 부 문	임 원	2	–	–	
	사무직	1	1	1	
	기 타	–	–	–	① 학교추천
	소 계	3	1	1	② 노동부 취업알선센터 이용
생 산 부 문	기술직	1	1	1	③ 기계공업진흥회 직업훈련 수료생
	생산직	4	2	2	④ 생산기술원 기술교육센터 수료생
	소 계	5	3	3	
계		8	4	4	

사업타당성

국내외 시장규모 및 특성	(현재 수출·입 현황을 포함하여 현재 및 향후 3년간 내용 기입)

현재 세척기는 전 제조업체 및 정비업체 전 산업 분야와 병의원 의료업체, 음식료업체의 업소용과 가정의 식기세척용 등으로 광범위하게 적용되고 있음. 여러 분야에서 사용되고 있는 세척기는 산업구조가 고도화되고 생활의 편의성을 추구하게 되면서 그 사용 범위와 용도가 더욱 증가하여 시장규모 또한 증가하고 있음.

<시장규모 추정>
① '99년: 500억 원 → ② 2000년: 700억 원 → ③ 2001년: 1,000억 원

국내 주요 수요처 현황	(수요처명, 주생산품, 수요량, 소재지, 전화번호 기입)

수요처명	주 생산품	수요량(백만 원)	소재지	전화번호
○○하이텍	펌 프	23.5	서울 성동구	○○-○○-○○
○○전자	전자부품	70.1	경기 평택	○○-○○-○○
○○식품	식 품	17.4	충북 음성	○○-○○-○○
○○소재	반도체	40.0	경기 화성	○○-○○-○○
○○중공업	선박엔진	31.0	경남 창원	○○-○○-○○

국내 동종업계 현황	(유사품목의 개발·사업화 현황 및 경쟁회사 현황 등)

가격 경쟁력	(제조원가 및 주요 경쟁제품과의 비교)

부품의 표준화, 생산, 조립공정의 합리화 추구로 양산체제 구축과 원가절감으로 가격 경쟁력을 가지고 있음
(기존의 초음파세척기에 비해 동일하거나 저렴한 가격수준임)

ex>	경쟁제품	본사제품
─제품명:	초음파 세척기	다주파 세척기
─규격 및 사양:	1200W	1200W
─판매가격:	₩2,300,000	₩2,000,000
─품질 및 성능:	불균형세척으로 소비자 불만	경쟁제품보다 품질 / 가격이 우수함

(3) 사업화 방법

□ 사업추진 계획

현재 개발상황	(설계, 시작품 제작, 시험테스트, 양산개발 등 현재의 제품개발 상태)

　　현재 회사에서 생산하고 있는 다주파를 활용한 초음파세척기는 국내 연구소를 비롯한 공공기관 및 기업체로부터 우수한 성능을 입증 받아 사용하고 있으며 제품의 양산단계에 있음 그간 회사의 주요 기술개발 실적은 다음과 같음

① ○○중공업: 선박엔진 초음파세척기술
② 한국○○연구소: 원자로 Pin Tube 세척기술
③ ○○제강: 초음파 Pipe세척기술
④ ○○금속: 초음파 Wire 세척기술
⑤ ○○공업: 동파이프 세척기술
⑥ ○○하이텍: 반도체웨이퍼 세척시스템

향후 추진방법	(향후 양산기술개발 방법 상세 기술)

① 생산설비 교체: 현재 임대설비 사용
　→ 자가설비로 교체(생산능력 향상)
② 양산 기술개발공정(기술경쟁력 우위)
　－우수한 특성의 PZT소자 사용
　－다주파 진동방식의 채택
　－내구성 향상공정
　－고도의 접착기술 공정 채택
　－진동판 분리방식 채택

양산체제 구축계획	(생산규모, 생산공정, 공정별 설비, 외주활용 등 생산방법 기입)

　　초음파세척기는 피세척물의 규모와 사양 그리고 제거하고자 하는 오물의 성상에 따라 사용하고자 하는 세정제가 결정되고 Demo과정을 거쳐 사용 주파수대의 결정 등 정확한 제품의 Spec이 결정됨. 제품 Spec에 따라 설계와 시방서가 제작되고 시방서에 의거하여 초음파 세척기를 제작하게 되는데 초음파세척기는 진동자, 발진장치를 구성하는 전기전자적 부문인 Generator와 세척활동이 이루어지는 기계장비적 부문인 기계 및 보조탱크, 유수분리시스템 등의 세척조로 크게 구분이 됨. 따라서 생산공정 또한 Generator부문과 세척조부문으로 이루어져서 최종 조립가공 후에 검사 출고됨.
　　<설계(Layout) → Demo시현 → 견적제출 → 설계(승인도)제시 → 시방서제작 → 전자부제작(발진장치 제작, 진동자 취부, 진동자 조립) → 기계부 제작(기계 및 보조탱크 제작, 유수분리시스템 제작) → 세척장비 조립 → 검사 → 납품 시운전
　　초음파 세척기의 제조공정 중 가장 중요한 부문은 모재(피세척물)의 제품 특성치와 제거대상 오물의 물성을 파악하여 정확한 초음파 세척시스템의 제품설계에 있음. 따라서 경험치의한 제품시방서의 제작이 아닌 객관적이고 반복적이며 검증된 자료에 의해 피세척물의 현장Demo을 실시하고 이를 근거로 하여 합리적인 성능을 가진 초음파 세척장비의 제작이 필수적임.

주요 자재 조달방안	(주요 원부자재의 구입처, 가격, 수입 / 국내조달 등 기입)		
원부자재명	구입처	가격 / 단위	수입 / 국내
-PZT소자	미국 ○○사	@2,700 / pcs	수입
-스테인레스 판	○○특수강	@87,900 / 4*8*1.5t	국산
-스테인레스 판	○○제철㈜	@87,500 / 4*8*1.5t	국산

□ 추진일정

내 용	'99		2000				2001	비고
	3 / 4	4 / 4	1 / 4	2 / 4	3 / 4	4 / 4	1 / 4	
1) 세척기 수주증대	**							
2) 사업확장전략수립	**							
3) 벤처기업자금지원	**							
4) 생산시설 구입 및 설치		**						
5) 기술인력 확보		***						
6) 수주제품 양산		***	*******	*******	*******	*******	*******	
7) 연구 및 기술개발 (초음파 무전해니켈도금)			*******	*******	*******			
8) 제품마케팅(국내 / 외)	*******	*******	*******	*******	*******	*******	*******	

□ 판매전략 및 판매계획

(단위: 백만 원)

판 매 전 략	■ 기본방향 　○ 제품품질 및 기술경쟁력을 바탕으로 한 매출증대 　○ 철저한 A / S 및 사용자 만족을 통한 회사신용도 제고 　○ 우수한 제품의 해외수출 증대 　○ 지속적인 연구개발과 관련제품개발을 통한 판매확대 ■ 상품화 전략 　① 표준화 제품생산(계획생산의 확대) 　　-가정용, 업소용 식기세척기, 의료용 세척기(병의원용), 안경, 귀금속 전용, 세척기(병의원용) 　② 진동자 발진장치 해외수출 - 일본(○○정밀과 수출대행 계약 추진 중) 　③ 정비전용 세척기 - 자동차용, 베어링용 　④ 렌즈전용 세척기 - 일본 및 인도네시아, 중국 수출 협의 중 　⑤ 양식기(스텐제품) 세척기 - 주방 제품업체와 거래 협의 중

판매계획	제 품 명 (상 품 명)	’98 실적	’99		2000		비 고
			내 수	수 출	내 수	수 출	
	초음파세척기	183	740	200	1,400	600	
	초음파응용기계	58	60	–	400	200	
	계	241	800	200	1,800	800	

(가) 소요자금 및 자금조달 계획

(단위: 백만 원)

소 요 자 금			조 달 계 획		
용 도	내 용	금 액	조달방법	기조달액	추가조달액
시 설 자 금	생산설비 구입	82	자기자금	–	–
	–	–	금융차입	–	–
	–	–	창업자금	–	82
	–	–	기 타	–	–
	소 계	82	소 계	–	82
운 전 자 금	재료비	125	자기자금	100	–
	인건비	45	금융차입	–	–
	외주가공비	75	창업자금	–	218
	기타경비	100	기 타	27	–
	소 계	345	소 계	127	218
합 계	–	427	–	127	300

운전자금 산출근거	① 재료비: 향후 3개월 예상매출액 5억 원×재료비 비중(25%)＝125백만 원 ② 인건비: 10명×150만 원 / 월×3개월＝45백만 원 ③ 외주가공비: 예상매출액 5억 원×외주가공비 비중(25%)＝75백만 원 ④ 제조경비: 예상매출액 5억 원×기타 경비 비중(20%)＝100백만 원
조달계획 산출근거	① 창업자금: 300백만 원(본건 신청금) ② 자기자금: 100백만 원(기조달자금) ③ 기타자금: 27백만 원(대표자 및 주주차입금으로 조달)

※ 운전자금은 창업 후 생산제품의 판매대금으로 정상 영업자금 회전이 될 때까지의 기간 동안 소요되는 전체 예상자금을 자금용도별로 구분 기재
○ 창업준비자금＋양산개발자금(인건비, 시제품·견본품 제작, 위탁개발비, 간접사업비 등)＋1회전 운전자금(원재료비, 노무비, 판매관리비 등)＋기타
※ 산출근거에 대한 세부기재 사항: 필요시 별지 첨부 설명

(4) 사업계획 지연 또는 차질 시 대안

구 분	대 안
자금조달 부문	① 시설자금: 현재 사용하고 있는 임대설비를 당분간 계속 사용하며 시설확장계획을 연기함 ② 운전자금: 사업운영에 필요한 최소 운영자금을 대표자 및 주주차입금으로 충당 사용하며, 수주계약에 따른 착수금으로 제품생산 소요자금으로 활용함
인력수급 부문 (기술인력, 경영진)	기술 및 사무인력의 확보는 용이할 것으로 사료되며 생산(주문)량이 많을 경우 인근지역의 가용 노동인력을 활용할 계획임
기술개발 부문	현재 생산하고 있는 다주파세척기 이외에 초음파를 이용한 무전해니켈도금의 기술을 생산기술연구원과 공동개발을 하고자 현재 협의 중에 있음.
생산계획 부문	현재 초음파세척기의 생산방식은 전량 수요자 주문에 의해 생산되고 있으며, 제품생산 이전에 충분한 Demo과정을 거쳐 제작공정이 시작되므로 제품생산의 지연 및 차질은 없을 것으로 사료됨
판매계획 부문	현재 차별화된 제품의 기술성을 바탕으로 ○○제철, ○○공업, ○○시스템 등 가시화된 고객을 비롯하여, 국내외 다양한 수요처에 영업력을 집중하고 있으며 매출신장이 고무적으로 기대되고 있음

위 사업계획서 양식으로 설명이 부족하거나 귀사(하)의 기술성·사업성에 대한 내용을 추가하고자 할 경우 관련 자료를 첨부하여 주시기 바랍니다.

〈S / W 분야 작성샘플〉

<table>
<tr><td rowspan="2">1) 접수번호</td><td rowspan="2"></td><td rowspan="2">2) 공고번호</td><td rowspan="2"></td><td rowspan="2">3) 기술분류 Code</td><td>대분류</td><td>정보통신</td></tr>
<tr><td>중분류</td><td>4302</td></tr>
<tr><td colspan="5" rowspan="2">중소기업기술혁신개발사업 신청서</td><td colspan="1">소분류</td><td>430210</td></tr>
</table>

					대분류	정보통신
1) 접수번호		2) 공고번호		3) 기술분류 Code	중분류	4302
					소분류	430210

중소기업기술혁신개발사업 신청서	일반과제(O) 전략과제( )
	신생기업( ) 일반기업(O)

4) 과 제 명	화상 / 음성기술을 활용한 원격 언어장애 치료 및 교육훈련 시스템 개발		

5) 주관기업	기 업 명	㈜고려닷컴	홈 페 이 지	www.wooam.com
	설립연월일	1997 – 01 – 03	종업원 수(명)	30명
	사업자등록번호	123 – 85 – 12345	법인등록번호	123456 – 0123425
	주소 / 사 업 장	(158 – 806) 서울시 관악구 동작1동 12 – 3		
	주소 / 개발부서	상동		
	업종(주생산품)	화상회의 솔루션		

6) 대표자	성 명	이미자	주민등록번호	650101 – 2121346
	전 화	02 – 432 – 1100(교201)	F A X	02 – 432 – 1112
	E – mail	imj@koreadom.com	휴대전화	011 – 123 – 4567

7) 과제책임자	성 명	이미자	주민등록번호	650101 – 2121346
	부 서		전 화	02 – 432 – 1100(교201)
	직 위	대표이사	F A X	02 – 432 – 1112
	E – mail	imj@koreadom.com	휴대전화	011 – 123 – 4567

8) 개발기간	2003 . 4 . 1 ～ 2004 . 3 . 31 (12개월)

9) 개발사업비 (천 원)	정부출연금	기 업 부 담 금			위탁기관 현물	계
		현 금	현 물	소 계		
	44,700	4,968	10,930	15,898		60,598

10) 참여기업	기 관 명	부서 / 학과	책임자	전 화

11) 위탁 연구기관				

중소기업기술혁신개발사업 운용요령 및 사업관리지침의 규정에 따라 기술개발사업을 성실히 수행하고자 사업계획서를 제출합니다.

첨부 1. 중소기업기술혁신개발사업계획서 8부
    2. 참여기업대표 또는 위탁연구기관자의 참여의사 확인서 1부(해당 기업, 첨부 1 참조)
    3. 공장등록증 또는 사업자등록증(소기업, 보육센터입주기업 등) 사본 1부
    4. 벤처기업 확인서, INNO –BIZ기업 인증서 각 1부(해당 기업)

20003 년 1 월 10 일
과 제 책 임 자: 이 미 자 　 (인)
주관기업 대표자: 이 미 자 　 (직인)

중소기업청장 귀하

가) 기술개발의 목표 및 내용

(가) 개발목표

언어장애자를 위하여 언어장애자의 진단과 평가, 치료 및 교육, 상담 등을 화상과 음성 기술이 기반을 한 시스템을 제공함으로써 효과적인 진단, 치료, 관리가 이루어 질 수 있도록 하는 시스템 구축

(나) 개발내용 및 범위(시스템 구성도)

① 기술적용방안

-Peer to Peer 통신 모듈을 개발함으로써 보다 효과적인 데이터 전송을 가능케 한다. / -분산서버를 개발함으로써 보다 효율적으로 접속 및 데이터 관리를 수 행할 수 있다. / -관리서버를 개발함으로써 사업자 측에서 유용하게 사용할 수 있는 정보를 정리해 관리할 수 있다. / -Multimedia Data 가공 및 처리 기술을 개발하여 효과적인 음성 및 화상상담을 가능케 한다. / -화이트보드, 파일공유, 웹공유 등의 부가기능을 개발함으로써 보다 효과적인 상담을 가능케 한다.

② 시스템 구성도

1. Client Software의 기능

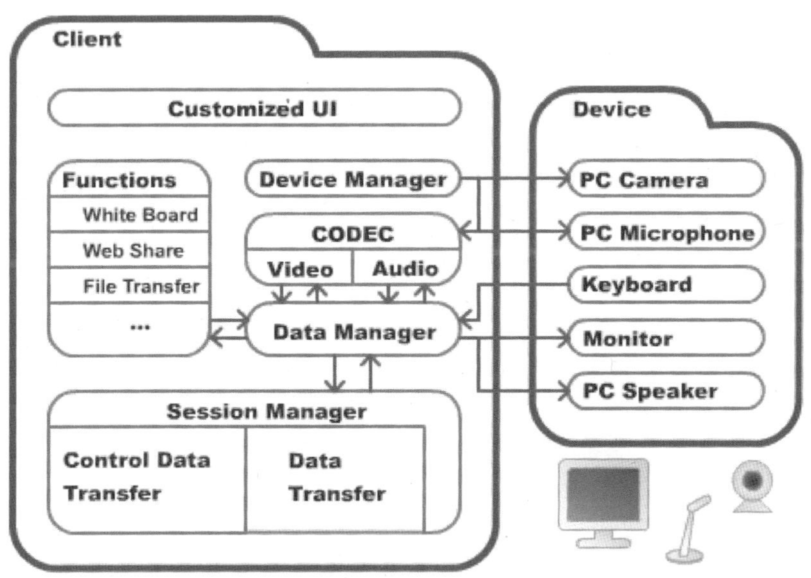

Client Software 모식도

-Multimedia Data 가공 및 처리

-화상, 음성 Codec을 활용한 화상, 음성 장치 설정 및 관리(Device Management) / -Peer to Peer Communication Module / -Peer 간 접속 및 Session 유지 / -File Transfer, White Board, Web Sharing, Web Browser Escorting / -Customizing 용이성 / -UI 변경 지원 / -기능 추가, 삭제 시, 코드 수정량 최소화 / -Auto Update

2. Server Software Package

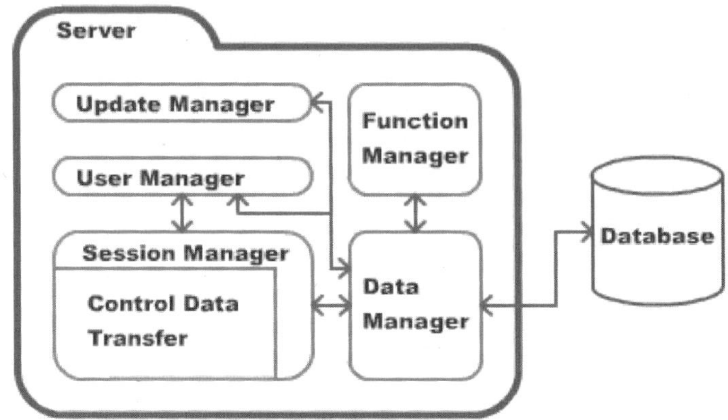

Server Software 모식도

Manager Tool 모식도

-Multimedia Data Streaming

-화상(MPEG4, H.26X 등), 음성 Codec(G.72X 계열)을 활용한 화상, 음성 Data 추출 및 압축(Realtime Encoding / Decoding) / -Main Server / -Connection Logging / -Customer / Counselor Manager Client

③ 개발 업무시스템 범위

분 야	주요 내용	주요 적용기술	비 고
원격 진단 및 평가	- 화상회의 및 실시간 대화를 통한 언어장애자의 진단 및 평가에 활용 - 언어치료사 및 환자 간 다양한 커뮤니케이션 채널구축 - 음성 및 화상기술을 적용한 첨단시스템 - 언어치료사용 언어장애 진단시스템 - 환자용 언어장애 진단평가표, 온라인상담 등.	P2P방식의 화상 / 음성기술	-
원격치료 및 교육	- 화상 및 음성기술을 활용하여 환자와 의사 간 원격치료수행 및 원격교육 시스템 구축 - 체계적인 언어치료 도구를(화이트보트 기능지원) 활용시스템 구축 - 다양한 치료 및 진단프로그램을 손쉽게 적용할 수 있는 방식으로 시스템 구축	화이트보드 및 다양한 부가서비스 기능 부여	-
상담 및 FAQ	- 질의응답 등을 활용한 환자(보호자) 및 언어치료사와 자유로운 상담활동 지원시스템 - 무기명기능제공으로 환자의 말 못할 고민해소가능	화상 및 음성 기술을 활용	-
체계적인 치료관리	- 교육 훈련 스케줄 - 치료, 평가결과 데이터 구축 - 진단 및 예약 스케줄 관리 - 일관화된 통합 데이터구축 - 체계적인 환자 치료 이력관리	관리시스템 구축	-
사용자를 위한 인터페이스	- 사용자가 편리하게 접속하여 담당 치료사 및 치료이력과 교육훈련을 진행할 수 있는 원클릭 인터페이스개발	원클릭 접속기능	-

(다) 키워드(Keywords)

화상, 음성, 언어장애, 치료시스템, 교육시스템

(라) 개발기술(또는 제품)의 평가방법

평가항목 (주요 성능 Spec[1])	단위	비중[2] (%)	세계최고수준(보유국 / 보유기업)	연구개발전 국내수준	개발목표치	평가방법[3]
1. 화상 Data 전송 성능		15	Microsoft(미국)	–	160×120 pixel: 50~80 kbit / sec 320×240 pixel: 180~220 kbit / sec	네트워크 Bandwidth 사용량 측정
2. 음성 Data 전송 성능		15	Microsoft(미국)	–	Quality: 8000~16000 ㎐, Mono Bandwidth: 2kbyte / sec 이내	네트워크 Bandwidth 사용량 측정
3. Peer to Peer 접속 안정성		10	Microsoft(미국)	–	접속 장애 감지 2분 이내	네트워크 장애 사항 발생 시, Peer 간 접속이 끊어졌음을 감지하는 시간 측정
4. White Bo- ard(전자칠판) 기능		10	Microsoft(미국)	–	각종 선긋기, 도형 그리기, 지우기, 색깔변경 지원	기능 구현 여부 확인
5. Peer 간파일 전송기능		5	ICQ(미국)	–	복수 개의 파일 및 디렉터리 단위 전송 지원	기능 구현 여부 확인
6. 웹 공유기능		5	Microsoft(미국)	–	이벤트 기반의 웹 브라우저 동작 동기화 구현	기능 구현 여부 확인
7. 스킨 변경기능		5	Winamp(미국)	–	스킨 변경만으로 언어 및 UI 변경 가능	기능 구현 여부 확인
8. Auto Update 기능		5	Microsoft(미국)	–	소프트웨어 버전 자동 Update	기능 구현 여부 확인
9. Main Server – 치료 상담통합 관리 기능 구 현성		5		–	상담 상태 확인, 상담원 배치, 상담 내역 기록, 상담 통계, 환자 정보 관리 기능 구현 여부	기능 구현 여부 확인

세부항목	배점	위탁	참여	개발 내용	평가 방법
10. Main Server - 분산 처리 및 Session 관리 기능성	10	-	-	서버당 동시 500 Session 이상 관리 가능	목표 수준의 Session 관리의 가능 여부
11. Counseling History Log Viewer	5	-	-	각종 상담 내역에 관련된 Log를 남기고, Log를 정리하여 볼 수 있는 Viewer 작성	기능 구현 여부 확인
12. Counse ling Statistics Viewer	5	-	-	상담 내역에 대한 통계기능 구현	기능 구현 여부 확인
13. 언어장애자 치료모듈	5	-	-	통신모듈과 연계된 작동기능 구현	기능 구현 여부 확인

나) 기술개발 추진일정 및 역할분담

세부개발 내용	수행기관			기술개발기간(2월 단위)							비 고
	주관 기업	위탁 기관	참여 기업	4	6	8	10	12	2	4	
제품 기획 및 기능범위 세부 확정	○	-	-	-	-	-	-	-	-	-	
시스템 설계 및 SPEC 세부 확정 -기술 분석서 작성 -시스템 SPEC 작성 -기능 명세서 수정 보완 -시스템 디자인 -플랫폼 선정 및 테스트 -모듈 디자인 -UI Spec	○					—					개발기간 (12개월) 2003.4~2004.3
Multimedia Data 가공 및 처리 -H.263,MPEG4 Codec 수정	○	-					—	—			
Peer to Peer Communication Module	○	-	-	-	-	-	-	-	-	-	

세부개발 내용	수행기관			기술개발기간(2월 단위)							비 고
	주관 기업	위탁 기관	참여 기업	4	6	8	10	12	2	4	
상담 수행에 유용한 기능 탑제	○	–									
Customizing 용이성 개발	○	–						───			
Main Server	○	–						───			
Customer / Counselor Manager Client	○	–							──		
상담 기록 및 관련 정보 저장용 Counseling History Log Viewer	○	–							──		개발기간 (12개월) 2003.4~2004.3
언어장애 치료 및 상담 통합 관리 모듈Server	○	–						────			
테스트 및 수정보완	○	–						────		──	

다) 기자재

기자재명	규 격	수 량	용 도	보유장소
Sun Enterprise 420r	서버 CPU: Dual Mem: 1Gb	1	연구개발 및 테스트	하나로 서초 IDC
Compaq DL380	서버 CPU: Dual Mem: 1Gb	1	연구개발 및 테스트	고려닷컴
삼성 Workstation	P–Ⅲ Mem: 512Mb	2	연구개발 및 테스트	고려닷컴
개발용 PC	P–Ⅲ Mem: 256Mb	12	연구개발 및 테스트	고려닷컴
–	–	–	–	–
–	–	–	–	–

라) 기술개발실적 및 연구원

(가) 주관기업, 참여기업 및 위탁기관의 주요 기술개발 및 사업화 실적

구 분	내 용	지 원 기 관
기술개발실적	인터넷을 기반으로 하는 기업 내 정보교류규약	중소기업청
사업화실적	인터넷기반의 화상회의 솔루션	자체개발

(나) 과제책임자

① 학 력

연 도	학교명	전 공	학 위
1986~1989	첨단대	전자계산	학사
–	–	–	–
–	–	–	–

(최종학위논문명)

② 경 력

연 도	기 관 명	직 위	비 고
1990~1993	허주테크	연구원	
1993	고려닷컴	대표이사	

③ 수상경력

연 도	수 상 명	수 상 내 용
2000.6～	한국 여성경제협회 모범여성 경제인	대통령상
2002.10～	벤처기업협회 벤처기업부문 산자부 장관상	산자부 장관상

④ 특허 / 프로그램 출원 · 등록실적

번호	특허 / 프로그램명	국가명	출원 등록일	출원 · 등록순번 / 출원 · 등록자수	비고
1	인터넷을 통한 분산처리 방식 대화형화상채팅 솔루션	한국	출원: 2000.08.29 등록: 2002.10.21	제0359389호	등록
2	다중표현 부호화를 이용한 데이터 압축방법	한국	출원: 2000.08.29	제50379호	출원

⑤ 정부출연 개발과제 수행실적

번호	프로그램명 (시행부처 / 기관)	과 제 명	총개발기간 (시작 – 종료일)	총사업비 (백만 원)	비 고
1	중소기업청 기술혁신개발	인터넷을 기반으로 하는 기업 내 정보교류 규약개발	2000.4～2001.3	70	기완료 (성공)
2	정통부 산업기술개발사업	다중플랫폼 연동 인터넷 콜센터 시스템	2002.5～2003.4	300	진행 중
3	중소기업청 이전기술개발사업	화상회의용 화상 및 음성코덱기술	2002.7～2003.6	100	진행 중
4	산자부 공통핵심개발사업	콘텐츠 변환시스템	2002.7～2004.6	305	진행 중
–	–	–	–	–	–
–	–	–	–	–	–

(다) 참여연구원

소속기관	성명	직위	주민등록번 호	전공 및 학위				연 구담 당분 야	본과제참여율(%)(A)	정부출연연구사업참여율(%)(B)
				학교	전공	학위	취득연도			
주관기업	이미자	대표이사	650101-2121346	첨단대	전산	학사	89	프로젝트관리	5%	60(%)
주관기업	김완선	사업부장	660234-1234567	동화대	경영	학사	93	프로젝트관리기획 / 분석	5.5%	-
주관기업	송혜교	대리	731231-1456786	호주대	전기	학사	98	구현	15.5%	60%
주관기업	차범근	사원	760506-1321234	첨단대	전산	학사	01	구현	16.6%	69%
주관기업	-	-	-	-	-	-	-	-	-	-
주관기업	-	-	-	-	-	-	-	-	-	-

마) 개발사업비

(가) 개발사업비 구성(천 원)

정부출연금(A)	기 업 부 담 금			위탁연구기관	계(F)
	현 금(B)	현 물(C)	소 계(D)	현 물(E)	
44,700(74%)	4,968(31%)	10,930	15,898	-	60,598

(나) 비목별 총괄(천 원)

비 목	현 금	현 물	계	구성비(%)
1. 인 건 비	-	10,930	10,930	18%
2. 직 접 비	49,668	-	49,668	82%
3. 간 접 비	-	-	-	-
4. 위탁연구개발비	-	-	-	-
합 계	49,668	10,930	60,598	100%

(다) 비목별 소요명세

① 인건비(천 원)

구　분		성　명	직　위	실지급액 (A)	참여율(%) (B)	합　계(A×B / 100)		
						현　금	현　물	계
내부인건비	주관기업	이미자	책임	40,000	5.0%	−	2,000	2,000
		김완선	책임	40,000	5.5%	−	2,200	2,200
		송혜교	연구원	22,000	15.5%	−	3,410	3,410
		차범근	연구원	20,000	16.6%	−	3,320	3,320
						−		
						−		
						−		
		소　　　계				−	10,930	10,930
	참여기업					−		
						−		
						−		
						−		
						−		
		소　　　계				−		
외부인건비								
		소　　　계						
합　　　　　계							10,930	10,930

② **직접비(천 원)**

구 분		품 명	규 격	단위	수량	단가	금 액 (천 원)	용도(당해 개발사업에 관련내용)	비고 (현금, 현물)
연구기자재 및 시설비	구입	개발 Server	Xeon 2Cpu,2Gb Mem, 36Gb HDD	식	1	8,000	8,000	개발 서버	현금
		DB Server	Xeon 2Cpu,2Gb Mem, 36Gb*2 HDD	식	1	8,000	8,000	DB서버	현금
		Firewall	H / W 및 S / W	식	1	7,500	7,500	보안테스트 및 개발적용	현금
		DBMS	Oracle 9i	식	1	8,000	8,000	DBMS	현금
		PC	P - Ⅳ 512 Mem 80Gb HDD 17″ LCD	대	2	2,000	4,000	개발용	현금
	임차	–	–	–	–	–	–	–	–
재료비 및 전산처리·관리비		S / W 개발툴	프로그램 등 소모품	개	각 1	10,000	10,000	개발용	현금
시작품 제작비		개발제품		–	–	–	4,000	개발제품	현금
소　　계			47,500천 원(현금　47,500천 원, 현물　　　천 원)						

구 분		내　역	단 가	회수 (수량, 건)	금액 (천 원)	비 고
여비	국내	정보 및 자료조사	100,000원	5	500	현금
	국외	–	–	–	–	–
수용비 및 수수료		복사비(25,000원*12월)	25,000원	12	300	현금
기술정보 활동비		회의비(5명*5,000원*1회: 월*12: 년)	25,000원	12	300	현금
연구활동비		야근식대(4명*4,000원*1회: 주*4주: 월*12: 년)	16,000원	48	768	현금
연구홍보비		박람회 참가비	–	1	300	현금
소 계		2,168천 원(현금　2,168 천 원, 현물　　　천 원)				
합 계		49,668천 원(현금 49,668 천 원, 현물　　　천 원)				

③ 간접비(천 원)

구 분		단 가	회수 (수량, 건)	금액(천 원)	비 고
간접경비				–	
지적재산권 출원 · 등록비	국 내			–	
	국 외			–	
합 계		천 원(현금		천 원, 현물	천 원)

바) 주관기업의 부담내역(천 원)

구 분	업 체 명	현 금	현 물	계
주관기업	고려닷컴	4,968	10,930	15,898

사) 주관기업 및 참여기업의 경화상태(최근 결산재무제표 기준)

구 분　　　기 업 명	고려닷컴 (주관기업)	ㅇㅇㅇ 기업 (참여기업)	ㅇㅇㅇ 기업 (참여기업)
자본금(백만 원)	916		
수출액(백만 원)	–		
총매출액(백만 원)	4,600		
부채비율(%) (부채총계 / 자본총계×100%)	85%		
자기자본비율(%) (자본총계 / 자산총계×100%)	54%		

구 분 \ 기 업 명		고려닷컴 (주관기업)	ㅇㅇㅇ 기업 (참여기업)	ㅇㅇㅇ 기업 (참여기업)
매출액 영업이익률(%) (영업이익 / 매출액×100%)		3.64%	−	−
유동비율(%) (유동자산 / 유동부채×100%)		407%	−	−
벤처기업확인	확인번호	제021634211 − 3 − 4943호	−	−
	유효기간	2002.11.15〜2003.11.14	−	−
INNO − BIZ 기업 여부		(해당, 해당 없음)	(해당, 해당 없음)	(해당, 해당 없음)
여성기업 여부		(해당, 해당 없음)	(해당, 해당 없음)	(해당, 해당 없음)
보유특허(등록일)		인터넷을 통한 분산처리방식 대화형 화상채팅시스템 (2002.10.21)	−	−

제 6 장

Venture business 경영전략

1 SWOT 분석

1) SWOT 분석의 의의

SWOT분석은 외부환경의 기회요인과 위협요인을 파악하고 기업 내부의 장점과 약점을 분석한 후 전략적 대안을 도출하는 분석방법이다. SWOT분석을 통해 기업의 장점을 최대한 활용하면서 새로운 사업기회를 포착하고 기업의 약점을 최소화하면서 위협요인에 대처하는 전략을 다각적으로 모색할 수 있다. 'SWOT'는 내적인 기업의 강점과 약점, 외적인 환경의 기회 및 위협을 의미하는 영어의 첫머리를 연결한 복합어로 구성요소는 표와 같다.

SWOT분석의 구성요소

항 목	구성요소
장 점 (Strength)	독특한 능력, 경쟁우위, 강한 상표명, 혁신력, 원가·가격의 주도자, 우수한 노동력, 견고한 재무능력, 독점적 기술, 충실한 고객 등
약 점 (Weakness)	가격인상의 취약성, 약한 시장점유율, 약한 재무력, 낮은 제품개발력, 마케팅 능력부족, 상대적으로 높은 원가, 독특한 능력부족, 진부한 상품, 낮은 시설, 공급자에 대한 취약성 등
기 회 (Opportunity)	새로운 시장에서의 성장, 세계적 확장, 신제품 개발, 새로운 서비스, 품질개선, 수직적 통합, 고객의 욕구 증대, 경제적 이점 등
위 험 (Threat)	새로운 경쟁자 진입, 제품원가 증대, 원자재 부족, 기술의 변화, 수입된 대체품, 불리한 경제적 요인, 불리한 법률, 고객의 강한 압력 등

2) 주식매수선택권(stock option)제도

(1) 스톡옵션제도 내용

스톡옵션(stock option)제도에 주식매수 선택권이라고 하며 이는 회사가 ① 임직원, ② 기술 및 경영 능력을 갖춘 자, ③ 대학 및 연구기관 등에게 일정 기간 내에 자기회사의 주식을 일정한 간격으로 일정 수량만큼 매입할 수 있는 권리를 부여하는 제도로서 주가가 상승하면 옵션(매수권)을 행사하여 주가상승 폭만큼 이익을 얻을 수 있다. 이러한 제도의 목적은 단기적 경영성과와 중·장기적인 성장 간의 균형을 도모하고 경영자의 이해와 주주의 이해를 연계하여 기존의 종업원을 유지하고 격려하며 능력 있는 종업원을 유인하기 위한 것이다.

(2) 세제 지원되는 스톡옵션의 요건

가) 대상기업

① 상장법인 및 장외등록법인

② 벤처기업(창업투자회사가 투자 가능한 업종을 영위하는 기업)

③ 중소기업 창업지원 법 제16조의 규정에 의한 창업지원업무에 관한 기준에 적합한 업종을 영위 하는 기업

나) 실시요건

스톡옵션 실시요건은 다음과 같다. 다음 요건을 모두 충족한 경우에만 세제지원을 받을 수 있다.

① 스톡옵션 실시 사실을 주주총회의 특별결의를 거쳐 정관에 기재하고, 증권관리위원회와 증권거래소 또는 한국증권업협회에 신고해야 하며(증권거래법상의 요건과 같음), 신고받은 기관은 스톡옵션 실시사실을 공시해야 한다.

② 스톡옵션을 부여하기 전에 주주총회를 거쳐 스톡옵션의 수량·매입가액·대상자 및 기간 등에 주주총회의 결의를 거쳐 당해 종업원과 약정해야 한다.

③ 종업원 모두를 대상으로 하는 것이 아니어야 한다.

④ 스톡옵션을 부여받을 수 있는 임직원은 최대주주 및 주요주주와 그 특수 관계인을 제외한 모든 임직원이다.

⑤ 옵션약정(주식매입)가격요건은 다음과 같다. 신주발행방식의 경우에는 옵션 부여일 현재 시가와 당해 주식의 액면가액 중 높은 가액 이상이며, 상장법인만 가능한 자기주식 부여방식의 경우에는 옵션 부여일의 시가(옵션 부여일 현재 상속세 및 증여세법에 의한 평가 액) 이상이어야 한다.

⑥ 연간 1인당 행사가격이 3,000만 원을 초과하여 행사한 경우 행사가격 3,000만 원까지만 세제 지원을 받을 수 있다.

⑦ 스톡옵션을 다른 사람에게 양도하는 것이 불가능해야 한다.

⑧ 스톡옵션을 부여받은 날부터 3년이 경과한 후에 스톡옵션을 행사(주식매입)해야

한다.

다만, 3년이 경과한 후에 퇴직한 경우에는 퇴직일로부터 3월 이내에 행사하는 것이어야 한다.

다) 스톡옵션 부여 총한도

상장법인과 등록법인은 발행주식 총수의 20%이며, 벤처기업은 발행주식 총수의 50% 이내이어야 한다.

구 분	주요 내용	비 고
부여대상자	벤처기업의 설립과 경영·기술 혁신 등에 기여하였거나 기여할 능력을 갖춘 자 -임·직원, 교수, 연구원, 대학·연구 기관 등 법인	* 임직원 이외의 자로 확대
부여방법	• 신주발행 교부 • 자기주식의 교부(KOSDAQ등록 벤처기업만 해당) • 주식매입선택권의 행사가격과 시가와의 차액을 현금 또는 자기 주식으로 교부(Stock Appreciation Rights)	* 시가: 옵션 부여일 현재 「상속세 및 증여세법」에 의한 평가 액
부여가능 법인	벤처기업육성에관한법률에 의한 벤처기업 (주식회사인 법인에 한함)	–
부여절차	• 주요 사항을 정관에 정하고 주주총회특별결의에 의해 시행 • 정관에 반영사항; 　-주식매입선택권의 부여 및 취소에 관한 설명 　-주식매입선택권의 행사로 교부할 주식의 종류 및 총수 　-주식매입선택권을 부여받을 자의 자격요건 • 주총 결의사항; 　-주식매입선택권을 부여받을 자의 성명 　-주식매입선택권 부여방법, 　-주식매입선택권의 행사가격과 행사기간, 　-주식매입선택권을 부여받을 자 각각에 대하여 주식매입선택권의 행사로 교부할 주식의 종류 및 수	–
부여 총한도	• 발행주식 총수의 50% 　-조세감면규제법상 조세지원: 1인당 20% 이내	–
행사가격	• 자사주 교부방법; 　-주식매수선택권 부여일 기준으로 상속세 및 증여세법 제63조의 규정을 준용하여 평가한 시가 이상 • 기타의 경우; 　-이상의 방법으로 평가한 시가와 액면가액 중 높은 금액 이상	–

구　분	주요 내용	비　고
행사기간	• 주식매수선택권 부여 결의일로부터 2년 이상 근무해야 하고, 3년 경과 시부터 행사가능 　－다만, 3년이 경과한 후 퇴직한 경우에는 퇴직일로부터 3월 이내에 행사하는 것일 것. 부여결의로부터 행사만료 시까지는 당해 법인에 대하여 유효	－
양도제한	• 사망 시 상속 외에는 타인에게 양도가 불가능	－
등록 및 신고	• 주식매수선택권을 부여하고자 하는 벤처기업은 사전에 금융감독위원회에 등록하여야 함 • 부여사실을 중소기업청장(코스닥㈜)에 신고 • 중소기업청장은 신고일로부터 주식매수선택권 행사기한까지 이를 비치하고 일반인의 열람에 공여	－

3) 스톡옵션의 종류

(1) 고정부 스톡옵션

고정부 스톡옵션이랑 스톡옵션 부여시점에서 행사가격, 부여수량 등이 고정되어 있는 스톡옵션이다. 현재 우리나라에서 도입되어 활용되고 있는 스톡옵션의 대부분은 고정부 스톡옵션이다. 고정부 스톡옵션은 단순하여 이해하기 용이하다는 장점이 있으나, 경영자의 능력과 무관한 주가상승분까지 스톡옵션을 부여받은 경영자가 향유한다는 문제점이 존재한다.

(2) 할증스톡옵션

할증스톡옵션이란 부여시점 현재의 주가를 기준으로 일정비율 또는 일정금액 이상 주가가 상승해야 가치가 발생하는 옵션을 의미한다. 즉 행사가격이 부여시점의 시가보다 높게 결정되니 스톡옵션을 의미한다. 따라서 할증스톡옵션의 경우에는 부여시점의 시가를 기준으로 일정비율 이상의 주가가 상승해야 이익을 향유할 수 있다. 경영자의 스톡옵션의 행사를 통해 이익을 얻기 위해서는 이의 전제조건으로 주주들에게 상당한 수준의 이익을 보장해야 하기 때문에 할증스톡옵션이 스톡옵션의 기본적 목적에 부합된다. 또한 특정한 주가 수준을 목표로 정해 놓고 경영자로 하여금 이를 달성하기 위해 지속적인 노력을 기울일 유인을 제공한다.

(3) 성과연동 스톡옵션(Performanced-based Stock Option)

성과연동 스톡옵션이란 경영자의 성과에 연동하여 행사가격, 효력발생수량, 효력발생기간이 조정되는 스톡옵션을 의미한다. 즉 경영자의 성과가 우수할수록 스톡옵션 행사로부터 보다 많은 이익을 향유할 수 있도록 행사가격, 효력발생수량, 효력발생기간이 조정된다.

(4) 주가지수연동 스톡옵션(Indexed Stock Option)

지수연동 스톡옵션이란 스톡옵션의 행사가격, 행사수량, 행사시기 등이 기준지수에 일정한 방식으로 연동되어 매년 재설정되는 스톡옵션을 의미하는데 일반적으로 행사가격이 조정되는 스톡옵션을 의미한다. 지수 연동형 스톡옵션은 주식시장이나 특정산업의 전반적인 활황으로 인한 주가변동분과 경영자의 능력으로 인한 주가변동분을 분리하여 특정기업의 주가가 상승한 경우에도 기준지표를 초과하여 상승했을 경우에만 보상받을 수 있다. 따라서 지수연동 스톡옵션은 경영자의 능력이나 성과와 관계없는 주가상승분을 경영자가 향유하는 것을 방지할 수 있다. 지수연동 스톡옵션이 도입되면 주주와 일정수준(예: 산업평균) 이상의 성과를 내는 경영자는 보다 유리해지고 열등한 경영자만 불리해진다.

(5) 경영지표 연동스톡옵션(Performanced-based Stock Option)

경영지표 연동스톡옵션이란 스톡옵션의 행사가격, 행사수량, 행사시기 등이 경영자의 성과를 나타내는 각종 지표에 일정한 방식으로 연동되어 결정되는 스톡옵션을 의미한다. 경영지표 연동스톡옵션에서 적절한 경영지표의 선정이 중요하다. 기업 전반을 책임지고 있는 사업본부장의 경우에는 EVA, ROE 등의 사업본부 성과측정치와 주가를 병행하여 사용하는 것이 바람직하다. 영업일선의 중간관리층 직원의 경우에는 직위와 업무특성에 적합한 주도적 가치지표(leading indicators of value)가 필요하다.

(6) 주가지수와 경영성과지표에 동시에 연동된 스톡옵션

주가지수와 경영성과지표에 동시에 연동된 스톡옵션이란 주가지수와 경영성과지표에 동시에 연동되어 스톡옵션의 행사가격, 행사수량, 행사시기 등이 결정되는 스톡옵션을 의미한다.

2 Venture business 경영전략

(1) 경영전략

(가) Core Competence 확보
- 입고품질, 공정품질, 출하품질 혁신
- 상품 경쟁력 극대화
- 초저원가 생산방식 구축
- 핵심요소 기술 강화
- 부품, 원자재, 금형, 설비의 사양승인화 및 BOM 전산화
- 제조원가 혁신
- 설비의 기술력 강화 및 BOM 전산화
- 생산기술력 강화
- 관리회계적 원가혁신

(나) Net Cash Flow 매출액대비 20%대 달성
- 현금유동성 확보를 위하여 신규설비 투자는 최소화
- 재고 회전일 축소하여 금융비용 부담 축소
- 자재손실률 극소화
- 공장 Line별 효율 극대화

(다) 기술영업 강화
- Model별 수출, 내수, 군납을 통한 기술부가가치 창출
- 기술적 영업에 의한 New Market 개척

(2) 경영지수 운영목표

가) Radar Chart

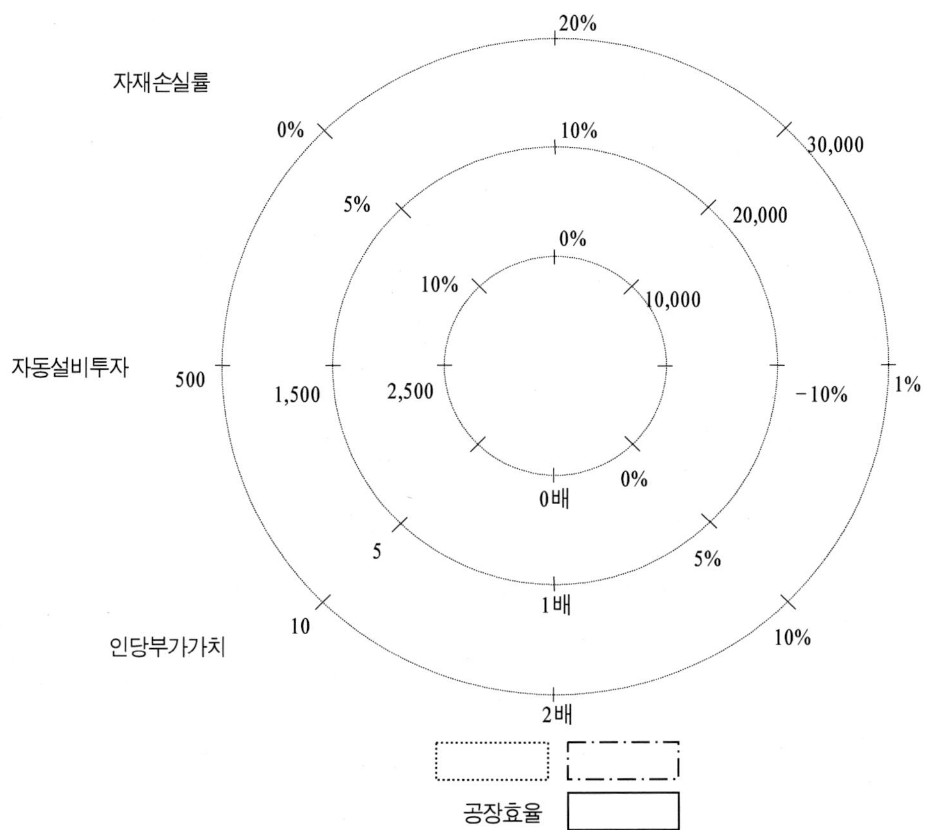

(가) Radar Chart 대비표

구 분		년도	년도	년도
총매출액(백만 원)				
	내 수			
	수 출			
	군 납			
매출 신장률(%)				
매출총이익(백만 원)(%)				
당기순이익(백만 원)(%)				
경상이익(백만 원)(%)				
자재손실률(%)				
자동설비투자(백만 원)				
인당부가가치(백만 원)				
Net Cash Flow(백만 원) 매출액비율(%)				
공장효율(%)				

나) 부가가치 향상전략

(가) 부가가치 개선목표

구 분	0000년도	0000년도	0000년도	개선방법
① 부가가치총액 (백만 원)				① 절대매출액 증대
② 인당부가가치 (백만 원)				② 생산성향상 '99년대비 시간당 생산량 50% 향상
③ 공장효율 (백만 원)				③ 재료비 10% Cost Down 　a. 구매 15% C / D 　　−품질경쟁력 우위 Maker 　　　집중육성 　b. 기술 V / E 　　−저가형 원자재 소재개발 　　−부품공용화 　　−원자재 World Sourcing
				④ 품질향상 　−Line 불량률 비율에 의한 　　무상자재 　−설비 Trouble 비용의 　　무상 Service

(나) 부가가치 향상방안

1) Object

　① 부가가치 제약요소

　② 부가가치 향상방법

　③ 부가가치 효과

(3) Net Cash Flow

Indirect Method(단위: 백만 원)	0000년도	0000년도	0000년도
(1)영업활동 현금흐름			
① 경상이익			
② 현금 유출 없는 비용 / 투자관련비용 ⓐ 감가상각비 ⓑ 퇴직급여충당금전입액 ⓒ 연구개발 상각비			
③ 투자관련 수익 / 비용의 차감 ⓓ 고정자산 처분			
④ Working Capital의 증감 ⓔ 매출채권의 증감 ⓕ 재고자산의 증감			
(2)투자활동의 현금흐름			
⑤ 고정자산 처분 ⑥ 고정자산 투자 ⑦ 연구개발비 투자			
(3) Net Cash Flow			

(4) 구분별 투자계획

(단위: 백만 원)

구 분	0000년도		0000년도		0000년도	
	수요내역	금 액	수요내역	금 액	수요내역	금 액
① 선행기술						
② 원가절감						
③ 생산향상						
④ 품질향상						
⑤ 공장효율						
⑥ Repeat금형						
⑦ 전산화						
⑧ Othes						
Total						

(5) 지역별 매출계획

(단위: 백만 원, %, 만대)

구 분		0000년도		0000년도		0000년도	
		수 량	금 액	수 량	금 액	수 량	금 액
내 수	민 수						
	군 납						
	성장률						
수 출	유 럽						
	북 미						
	아시아						
	성장률						
총 계							
	성장률						

(6) 지역별 손익계획

- 자산손실률 $= \dfrac{\text{장부가 자산} - \text{실사 후 자산}}{\text{장부가 자산}}$

- 자재손실률 $= \dfrac{\text{장부가자재 구매액} - \text{제품화한 자재액}}{\text{장부가자재 구매액}}$

- 공장 Line 별 효율 $= \dfrac{\text{생산매출액} - \text{투입재료비}}{\text{감가상각비} + \text{인건비}}$

(단위: 백만 원, %)

구 분			0000년도	%	0000년도	%	0000년도	%
국내	매 출	민수군납		100		100		100
		민수군납						
	손 익	민수군납						
		매출손익						
해외	미 국	매출손익						
	캐나다	매출손익						
		매출손익						
Total		매출손익						

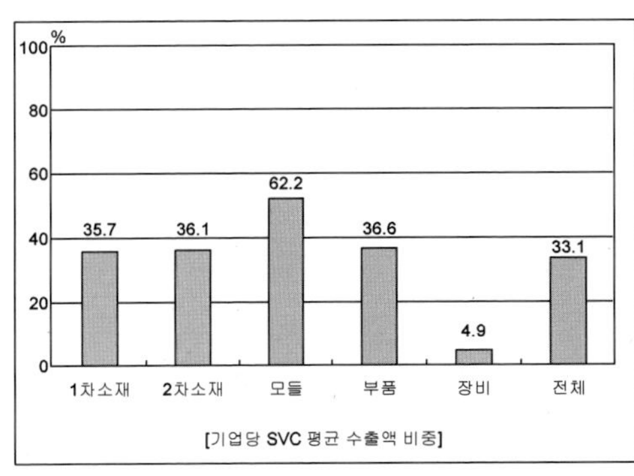

[기업당 SVC 평균 수출액 비중]

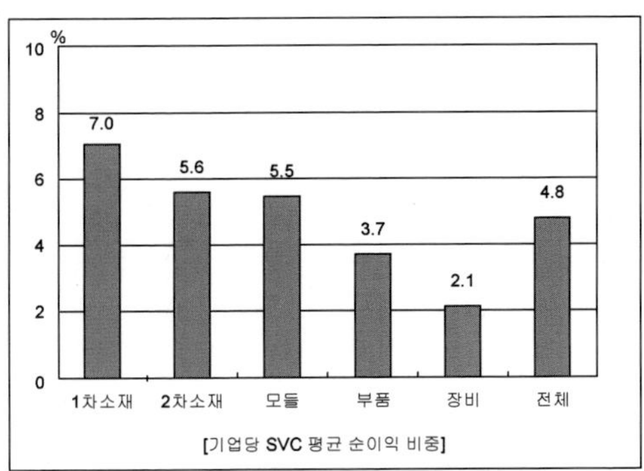

[기업당 SVC 평균 순이익 비중]

분석대상기업들의 생산성과 수익성을 살펴보기 위해 산업별로 1인당 매출액과 순익을 조사한 결과를 정리하였다. 여기서 조사된 데이터는 일부 외국투자기업과 비상장기업이 포함되지 않아 앞선 표의 매출액과 일부 차이가 나지만, 전체적인 평균값인 1인당 매출액과 순익을 비교하는 데는 무리가 없을 것으로 판단된다. 전체 기업의 평균 1인당 매출액은 7.19억 원이었으며, 1인당 순익은 0.61억 원이었다. 산업별 1인당 매출액과 순익 모두 소재산업이 가장 높게 나왔으며, 그 다음으로 전기전자산업이었다.

산업별 분석대상기업 전체의 1인당 매출액 및 순익

(단위: 억 원, 명)

구 분	총매출액	종업원 수	1인당 매출액	순이익	1인당 순익
전기전자	1,516,101.63	218,888	6.93	150,795.95	0.68
자동차	857,271.58	169,071	5.07	42,012.44	0.24
기 계	106,573.20	22,127	4.82	14,137.55	0.64
소 재	1,355,429.55	123,490	10.98	121,600.32	0.98
평 균	958,443,99	133.394	7.19	82,136.57	0.61

주: 1) 종업원 수, 순이익 조사 기업: 전기전자 133기업 중 110기업, 자동차: 79개 기업 중 61기업, 기계: 21개 기업 중 21 기업, 소재: 136기업 중 116기업(총 308기업)
2) 1인당 매출액, 순이익은 산업별 평균값임.

산업별 부품소재기업의 1인당 매출액 및 순익

(단위: 억 원, 명)

구 분	매출액	종업원 수	1인당 매출액	순이익	1인당 순익
전기전자	923,160.90	140,915	6.55(4.38)	131,121.87	0.93(0.29)
자동차	285,041.11	58,108	4.91	19,600.41	0.34
기 계	20,613.38	3,875	5.32	635.54	0.16
소 재	1,355,429.55	123,490	10.98(11.12)	121,600.32	0.98(0.80)
평 균	646,0161.23	81,597	7.92(7.38)	272,958.14	0.84(0.52)

주기: 1) 분석기업 수: 전기전자 133기업 중 80기업, 자동차: 79개 중 53기업, 기계: 21기업, 소재: 136기업 중 116기업(총 270기업).
    2) ( )는 전기전자에서 삼성전자를, 소재에서 포스코를 제외한 통계임.

분석대상인 부품소재기업 중 글로벌 기업의 비중

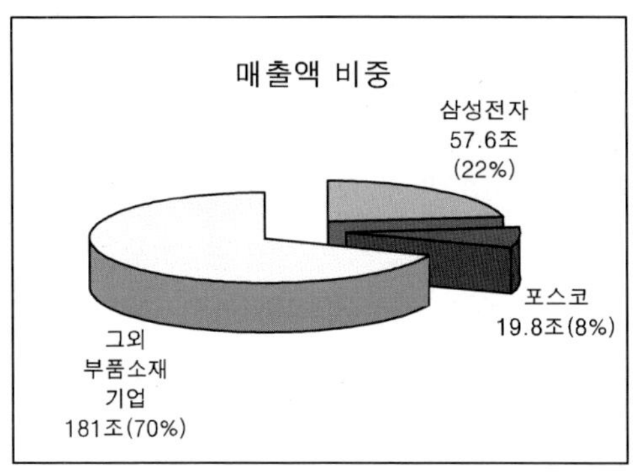

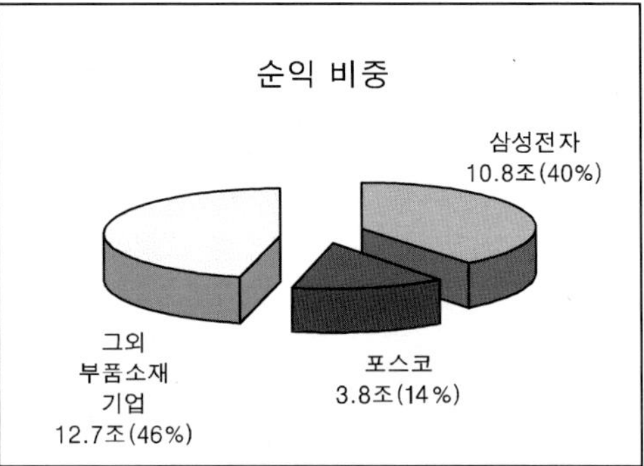

주기: 부품 소재 글로벌 기업, 삼성전자, POSCO

분석대상기업 중 가치사슬단계에서 완제품을 제외한 부품소재에 해당하는 기업들의 종업원 1인당 매출액과 순익을 비교한 결과를 나타내었다. 부품소재기업의 평균 1인당 매출액은 7.92억 원이었으며, 1인당 순익은 0.84억 원으로 전체 평균에 비해 높은 결과를 나타내었다. 하지만 삼성전자와 포스코를 제외한 평균 1인당 매출액은 7.38억 원이었으며, 1인당 순익은 0.52억 원으로 전체 평균이 낮아졌다. 특히 전기전자 분야의 경우 삼성전자를 제외한 1인당 매출액과 순익은 각각 4.38억 원과 0.29억 원으로 큰 폭으로 낮아져 삼성전자가 동 산업에서 차지하는 비중이 매우 큼을 알 수 있다. LG는 Philips와 디스플레이 분야에서, 히타치와는 광스토리지 분야에서 합작회사를 설립하고 운영하고 있으며, 삼성은 프랑스 군수전문업체인 탈레스와 합작회사를 설립하여 방산전자시스템을 군에 납품하고 있다. 국내에 생산법인을 가지고 있는 해외기업들은 대부분의 연구개발을 해외 본사에서 수행하고 있으며 국내생산법인에서는 생산만을 전문적으로 하는 경영전략을 선택하고 있다.

전기전자 분야 주요 외국투자기업

기 업 명	관계유형	외국투자기업	주요 생산제품
LG-Philips LCD	합 작	필립스(네덜란드)	LCD
노키아티엠씨	생 산	노키아(핀란드)	휴대폰
LG-Philips 디스플레이	합 작	필립스(네덜란드)	CRT, DTV 모듈
TI코리아	생 산	텍사스인스트루먼트(미국)	반도체
히타치LG데이터스토리지	합 작	히타치(일본)	광스토리지, DVD
한국소니전자	생 산	소니(일본)	반도체, LCD
삼성탈레스	합 작	탈레스(프랑스)	군수, LFID
동우에스티아이	생 산	스미토모(일본)	LCD 부품
한국티티	생 산	산요(일본)	디지털 카메라
ASE코리아	생 산	ASE(대만)	반도체, 휴대폰 모듈
모토로라코리아	생 산	모토로라(미국)	휴대폰
한국루슨트	생 산	루슨트테크놀로지(미국)	통신장비
한국동경전자	생 산	산요(일본)	광 모듈, 부품
MEMC코리아	생 산	MEMC(미국)	반도체 부품
한국동경실리콘	생 산	산요(일본)	반도체 부품, 장비
타이코AMP	생 산	타이코(미국)	전기 부품
로옴코리아	생 산	로옴(일본)	반도체, LCD 부품
한국태양유전	생 산	다이오유덴(일본)	휴대폰 부품
한국경남태양유전	생 산	다이오유덴(일본)	휴대폰, PC 부품
ABB코리아	생 산	ABB(미국)	산업용 기기

자동차 분야 주요 외국 투자기업

기 업 명	관계유형	외국투자기업	주요 생산제품
GM대우	생 산	GM(미국)	자동차
쌍용차	생 산	상하이기차(중국)	자동차
만도	생 산	선세이지(미국 투자회사)	자동차 모듈, 부품
르노삼성자동차	생 산	르노(프랑스)	자동차
한라공조	합 작	포드(미국)	자동차 모듈, 부품

기 업 명	관계유형	외국투자기업	주요 생산제품
한국델파이	합 작	델파이(미국)	자동차 부품
케피코	합 작	보쉬(독일)	자동차 부품
희성엥겔하드	합 작	엥겔하드(미국)	자동차 부품
한국로버트보쉬기전	생 산	보쉬(독일)	자동차 부품
서진산업	합 작	타워(미국)	자동차 부품
대성전기공업	합 작	델파이(미국)	자동차, 전기 부품
발레오만도	합 작	발레오(프랑스)	자동차 부품
덴소풍성	합 작	덴쏘(일본)	자동차 부품
타타대우상용차	합 작	GM(미국)	자동차
경신공업	합 작	스미토모(일본)	자동차 부품
캄코	생 산	보쉬(독일)	자동차 부품
씨맨스오토모티브	생 산	씨맨스(독일)	자동차 부품
씨맨스VDO한라	합 작	씨맨스(독일)	자동차 부품
델파이코리아	생 산	델파이(미국)	자동차 부품
GMB코리아	합 작	GMB(일본)	자동차 부품
한국세큐리트	합 작	세인트(프랑스)	자동차 부품
평화발레오	합 작	발레오(프랑스)	자동차 부품

소재 분야 주요 외국투자기업

기 업 명	관계유형	외국투자기업	주요 생산제품
LS니꼬동제련	합 작	니꼬동제련(일본)	동 및 귀금속
한국바스프	생 산	BASF(독일)	유화, 폴리우레탄
노벨리스코리아	생 산	노벨리스(미국)	알루미늄 압연
삼성코닝정밀유리	합 작	코닝(미국)	LCD 기판유리
삼남석유화학	합 작	미쓰비시(일본)	테레프탈산
삼성석유화학	합 작	B.P.(영국)	고순도 테레프탈산
동우화인캠	생 산	스미토모(일본)	반도체용 소재
삼성코닝	합 작	코닝(미국)	반도체, LCD용 소재
도레이새한	합 작	도레이(일본)	반도체, 이차전지용 소재
폴리미래	합 작	바셀(미국)	폴리올레핀
한국전기초자	생 산	아사히글라스(일본)	디스플레이용 유리
코리아니켈	합 작	INCO(캐나다)	니켈
금호피앤비	합 작	신일본제철(일본)	페놀
동서석유화학	생 산	아사히화학(일본)	아크릴로니트릴

기 업 명	관계유형	외국투자기업	주요 생산제품
일본전기초자한국	생 산	니뽄일렉트릭글래스(일본)	디스플레이용 유리
머크어드밴스드테크놀로지	생 산	머크(독일)	LCD용 액정
LG다우폴리카보네이트	합 작	다우케미칼(미국)	폴리카보네이트
한국다우코닝	생 산	다우코닝(미국)	실리콘계 화합물
희성금속	합 작	전중귀금속(일본)	반도체용 금, 백금
LG엠엠에이	합 작	스미토모, 일본촉매(일본)	기초화학물
동우광학재료	생 산	스미토모(일본)	LCD용 편광필름
한국니토옵티칼	합 작	니토덴코(일본)	LCD용 편광필름
코리아오토글라스	합 작	아사히글라스(일본)	자동차용 유리
코리아카본블랙	생 산	데구사(독일)	카본블랙
미창석유	합 작	미쓰비시석유(일본)	산업용 오일
삼아알미늄	합 작	동양알미늄(일본)	알루미늄 박

대차대조표의 구조

대 변		차 변	
자 산		부채 및 자본	
자 산	I. 유동자산 　1. 당좌자산 　2. 재고자산	부 채	I. 유동부채 II. 고정부채
	II. 고정자산 　1. 투자자산 　2. 유형자산 　3. 무형자산	자 본	I. 자본금 II. 자본잉여금 III. 이익잉여금 IV. 자본조정
자금의 운용상태를 표시		자금조달 원천을 표시	

〈성장성 분석〉

I. 당기투입재료비

II. 당기투입노무비

III. 당기투입경비

IV. 당기총제조비용(= I + II + III)

V. 기초재공품원가

VI. 합계(VI + V)

VII. 기말재공품원가

Ⅷ. 유형자산(또는 타계정)대체액

Ⅸ. 당기제품제조원가(= Ⅵ − (Ⅶ + Ⅷ))

(a) 매출액증가율

$$매출액증가율 = \frac{당기매출액}{전기매출액} \times 100 - 100$$

매출액증가율은 전기 매출액에 대한 당기 매출액의 증가율로서 기업의 외형적 신장을 판단하는 대표적인 지표다. 전년도 매출액에 비해서 당해연도 매출액증가는 회사의 영업활동이 전년도에 비해서 어느 정도 활발하게 이루어졌는가를 알려준다. 매출액증가율은 제품가격의 상승이나 판매수량의 증가라는 두 가지 요인에 의해 영향을 받는다. 따라서 매출액의 변화를 가격요인과 수량요인으로 구분하여 살펴봄으로써 보다 유용한 정보를 파악할 수 있다. 일반적으로 20%이면 양호, 10% 이하이면 불량한 것으로 본다.

(b) 총자산증가율

$$총자산증가율 = \frac{당기말총자산}{전기말총자산} \times 100 - 100$$

기업활동을 위해 회사가 보유하고 있는 자산의 총액이 전년도에 비해 어느 정도 증가하였는가를 나타내는 비율로서 기업의 전체적인 성장규모를 측정하는 지표이다. 총자산증가율을 보는 경우에는 다른 성장성 지표와의 관계를 유의하여 볼 필요가 있다. 일반적으로 20% 이상이면 양호, 10% 이하이면 불량한 것으로 본다.

(c) 유형자산증가율

$$유형자산증가율 = \frac{당기말유형자산}{전기말유형자산} \times 100 - 100$$

증가율은 정상적인 영업활동과정에서 장기간에 걸쳐 기업에 경제적 효익을 가져다 줄 수 있는 토지, 건물, 기계장치 등 유형자산에 대한 투자가 얼마나 활발히 이루어졌는가를 나타내는 지표이다. 기업의 실질적인 설비투자 증가세를 파악하기 위해서는 자산재평가 증가분을 차감한 유형자산증가율을 파악하는 것이 바람직하다. 일반적으로 20% 이상이면 양호, 10% 이하이면 불량한 것으로 본다.

〈안정성 분석〉

정상적인 영업활동을 통하여 적정성장과 순이익을 실현하면서 장기채무상환을 무리 없이 이행할 수 있는지 여부를 측정하는 지표이다. 장기 안정성의 적정성에 대한 판단은 기업의 소유자로부터 조달된 자기자본에 대하여 채권자로부터 조달된 타인자본의 비중이 어느 정도인가를 나타내는 레버리지 비율로 측정한다. 이러한 레버리지 비율 중 가장 대표적인 비율로는 부채비율, 자기자본비율이 있으며 자금 운용 측면에서 자본의 고정화 정도를 측정하기 위해서는 고정비율 및 고정장기적합률이 이용되고 있다.

(a) 부채비율

$$부채비율 = \frac{타인자본(유동부채 + 고정부채)}{자기자본} \times 100$$

부채비율은 타인자본과 자기자본 간의 관계를 나타내는 안정성 지표로서 일반적으로 100% 이하를 표준비율로 보고 있으나 한국의 경우 200% 이하는 양호한 것으로, 400% 이상을 불량한 것으로 보는 경향이 있다. 채권회수의 안전성을 중시하는 여신자의 입장을 고려할 때 기업의 부채비율이 지나치게 높을 경우 추가로 부채를 조달하는 것이 어려울 뿐만 아니라 과다한 이자비용의 지급으로 수익성도 악화되어 지급불능사태에 직면할 가능성이 높아지게 된다.

(b) 자기자본비율

$$자기자본비율 = \frac{자기자본}{총자본} \times 100$$

자기자본비율은 총자본 중 자기자본이 차지하는 비율로 회사의 안정성을 측정하는 대표적인 지표이다. 일반적으로 회사는 부채에 대한 사용대가로 금융비용을 지급하게 된다. 그러나 자기자본은 금융비용을 부담하지 않고 기업이 운용할 수 있는 자본이므로 자기자본비율이 높을수록 기업의 안정성이 높아진다고 할 수 있다. 대략 30% 이상은 양호한 것으로, 20% 이하는 불량으로 본다.

(c) 고정장기적합률

$$\text{고정장기적합률} = \frac{\text{고정자산}}{\text{자기자본} + \text{고정부채}} \times 100$$

부족한 자금을 일부 타인자본에 의해 충당하더라도 설비투자를 위한 타인자본만은 비교적 안정성이 높은 장기 부채라야 한다는 것이 이 비율의 뜻이라 할 수 있다. 즉 고정설비에서 투자는 장기자본(장기자본＋고정부채) 범위 내에서 이루어져야 한다는 뜻에서 일반적으로 이 비율은 100% 이하를 이상적 비율로 보고 있다.

〈유동성 분석〉

유동성이란 보유자산을 단기간 내에 정상적인 가격으로 현금화할 수 있는 가능성을 말하는데 수익성이 양호한 성장 기업이라 할지라도 유동성이 부족하면 단기채무에 대한 지급불능으로 흑자도산에 처할 위험이 높아진다. 기업의 단기채무에 대한 지급불능으로 흑자도산에 처할 위험이 높아진다. 기업의 단기채무에 대한 지급능력을 평가하기 위해 사용되는 대표적인 경영분석지표는 유동비율로서 유동자산을 유동부채로 나누어 산출한다. 그러나 경기변동에 민감하거나 진부화가 빠른 재고자산을 많이 보유하는 기업은 당좌비율을 이용하여 유동성을 파악하는 것이 보다 효과적이다. 당좌비율은 유동자산 중에서 재고자산을 차감한 당좌자산을 유동부채로 나눈 비율이다.

(a) 유동비율

$$\text{유동비율} = \frac{\text{유동자산}}{\text{유동부채}} \times 100$$

유동비율이 100% 미만이라면 회사는 단기적인 지급불능 상태에 빠질 가능성이 있기 때문에 안정성이 나쁘다고 할 수 있다. 이 비율은 높을수록 좋으며, 일반적으로 150% 이상이면 건전한 상태라고 할 수 있다. 은행가비율이라고도 불리며 이상적 비율은 200%이다.

(b) 당좌비율

$$\text{당좌비율} = \frac{\text{당좌자산(유동자산 − 재고자산)}}{\text{유동부채}} \times 100$$

당좌비율은 유동비율과 함께 회사의 단기적인 안정성을 측정하는 주요 지표로서, 단기채무에 대한 초단기적인 지급능력을 파악하는 데 사용된다. 특히 유동비율과 당좌비율은 금융기관이 기업에 대한 대출을 심사하면서 대출금의 단기상환능력을 살펴볼 때 가장 먼저 검토하는 비율이다. 당좌비율은 유동비율보다 기업의 단기채무 지급능력을 엄격하게 파악할 수 있다는 의미에서 산성시험비율(acid test ratio) 또는 신속비율이라고도 하는데 일반적으로 100%를 상회하면 양호하다고 본다.

〈활동성 분석〉

활동성이란 자본 또는 자산의 활용도를 측정하기 위한 것으로서 회전율 또는 회전기간으로 표시된다. 활동성 분석을 통해 영업활동이 단계별로 자금이 고정화되어 있는 정도와 자금의 회수기간 등에 대한 평가가 가능하다. 회전율의 역수를 취하여 365일을 곱하면 판매액의 회수기간 또는 특정자산이 현금화 속도를 측정할 수 있다.

(a) 총자산회전율

$$총자산회전율 = \frac{매출액}{총자산}$$

총자산회전율은 당기의 매출액을 기중 평균 총자산으로 나누어 산출한 것이다. 이 회전율은 총자본이 1년간에 몇 회 회전하였는가, 즉 투하된 총자본이 1년간에 몇 회 반복, 운용되었나를 표시하는 것으로 총자산의 이용도 또는 기업의 종합적인 활동능률을 나타내는 것이다. 일반적으로 총자산회전율이 1.5회 이상은 양호한 것으로, 1회 이하는 적정하지 못한 것으로 본다. 총자산회전율은 높을수록 소망스러운 것이지만, 예컨대 영업규모 축소, 불경기 등의 경우에 매출액이 감소하고 총자산이 그 이상으로 감소하였을 때에는 회전율은 좋게 표시된다.

(b) 유형자산회전율

$$유형자산회전율 = \frac{매출액}{유형자산}$$

유형자산회전율은 매출액에 대한 유형자산의 활용도를 나타내는 지표로서, 기업이 보유하는 있는 설비 자신의 적정수준 여부를 판단하는 데 필요하다. 이 비율이 높을수록 제품단위당 원가가 체감적으로 감소하여 원가절감이 효율적으로 이루어지고 있음을 의미하나 영업규모에 비해 설비투자가 부진한 경우에도 분모인 유형자산이 작게 계상되어 이 비율이 높게 나타날 수 있으므로 무조건 높다고 좋은 것은 아니다. 일반적으로 3회 이상은 양호한 것으로, 2회 이하는 불량한 것으로 본다.

(c) 매출채권회전율

$$매출채권회전율 = \frac{매출액}{매출채권}$$

매출채권회전율은 받을 어음 및 외상매출금의 현금화 속도를 측정하는 지표로서 이 비율이 높을수록 매출채권의 현금화 속도가 빠르다는 것을 의미한다. 매출채권 회전율의 역수를 취하여 365일로 곱하면 평균회수기간을 계산할 수 있는데, 이 기간이 짧을수록 매출채권이 효율적으로 관리되어 판매자금이 매출채권에 오래 묶여 있지 않음을 의미한다. 그러나 기업이 시장점유율 확대를 위해 판매전략을 강화하는 경우 등 회전율이 낮게 나타날 수 있으므로 기업의 목표 회수기간이나 판매조건과 비교하여 평가하여야 할 것이다. 일반적으로 6회 이상은 양호한 것으로, 4회 이하는 불량한 것으로 판정할 수 있다.

(d) 재고자산회전율

$$재고자산회전율 = \frac{매출액}{재고자산}$$

일반적으로 이 비율이 높을수록 재고자산의 관리가 효율적으로 이루어지고 있다는 것을 의미한다. 그러나 재고자산의 관리에 치중함에 따라 정상적인 영업활동에 필요한 적정수준 이하로 유지함으로써 상품수요에 적절하게 대처하지 못하는 경우에는 도리어 이익을 감소시키는 요인이 되기 때문에 회사별로 적정한 수준의 재고자산을 유지하는 것이 필요하다. 일반적으로 6회 이상은 양호한 것으로, 4회 이하는 불량한 것으로 판정할 수 있다.

〈부가가치 분석〉

부가가치란 외부에서 원재료 등을 구입하여 여기에 생산작업이나 가공과정 등을 거쳐 기업 내부적으로 창조된 가치를 말한다. 기업경영분석에서 부가가치는 경상이익, 인건비, 순 금융비용, 임차료, 조세공과, 감가상각비를 합하여 계산한다. 대표적인 생산성 지표로는 부가가치율과 각 생산요소별로 생산성을 측정하는 노동생산성 지표와 자본생산성 지표가 있다. 노동생산성의 변동을 나타내는 대표적 지표인 종업원 1인당 부가가치 증가율은 노동력의 효율적 이용과 경영합리화의 정도를 동시에 파악하는 데 유용하며 노동소득분배율 및 1인당 인건비증가율과 함께 임금협상을 위한 기준으로 이용되기도 한다.

(a) 종업원 1인당 부가가치증가율(노동생산성)

$$\text{종업원 1인당 부가가치증가율} = \frac{\text{당기종업원 1인당 부가가치}}{\text{전기종업원 1인당 부가가치}} \times 100 - 100$$

기업의 생산활동은 자본과 노동이 결합하여 이루어지므로 그 경영성과도 자본요인과 노동요인별로 각각 구분하여 분석할 수 있다. 종업원 1인당 부가가치(노동생산성)증가율은 노동생산성을 측정하는 대표적인 지표이다. 일반적으로 노동생산성증가율이 종업원 1인당 인건비증가율보다 높으면 종업원들은 일한 만큼 인건비를 가져간 것으로 볼 수 있고, 종업원 1인당 인건비증가율보다 낮으면 일한 것 이상 인건비를 가져간 것이다. 일반적으로 20% 이상을 양호로, 10% 이하를 불량으로 판정한다.

(b) 종업원 1인당 매출액증가율

$$\text{종업원 1인당 매출액증가율} = \frac{\text{당기종업원 1인당 매출액}}{\text{전기종업원 1인당 매출액}} \times 100 - 100$$

매출액증가율이 종업원 수를 고려하지 않은 반면 종업원 1인당 매출액증가율은 종업원 수로 나눈 매출액에 대한 연간 증감률을 나타낸다. 일반적으로 20% 이상을 양호로, 10% 이하를 불량으로 판정한다.

(c) 총자본투자효율(자본생산성)

$$\text{총자본투자효율} = \frac{\text{부가가치}}{\text{총자본}} \times 100$$

총자본회전율이 총자본을 활용하여 영업활동에 어느 정도 활발하게 사용되었는가를 분석한 지표라면, 총자본투자효율은 총자본을 활용하여 영업활동에서 어느 정도의

생산성을 창출하였는가를 측정하는 지표이다. 총자본투자효율은 기업에 투자된 총
자본이 1년 동안 어느 정도의 부가가치를 산출하였는가를 나타내는 비율로서 자본
생산성을 측정하는 지표이다. 이 비율이 높으면 총자본이 효율적으로 운용되었음을
의미하며 대체로 노동생산성(종업원 1인 당 부가가치증가율)도 높게 나타난다. 일반
적으로 30% 이상을 양호로, 10% 이하를 불량으로 판정한다.

(d) 부가가치율

$$부가가치율 = \frac{부가가치}{매출액} \times 100$$

부가가치율은 일정 기간 동안 기업이 창출한 부가가치액을 같은 기간 중의 매출액
으로 나눈 비율이다. 매출액 중 생산활동에 참여한 생산요소에 귀속되는 소득의 비
율을 나타내므로 소득률이라고도 한다. 부가가치액은 매출액에서 다른 기업이 생산
한 중간투입물인 재료비, 외주가공비 등을 차감한 것이므로 생산과정이 고도화되면
부가가치율이 높아진다.

1) IT 솔루션

(1) ERP

(가) ERP 활용가이드

ERP 패키지 도입만으로 ERP를 통한 업무 프로세스의 혁신이 완료되는 것은 아니다. ERP의 구축 효과와 활용도는 지속적이고 주기적으로 평가해야 한다. 이 과정을 통해 ERP 도입 성과를 평가하고 ERP의 문제점과 개선 방향을 도출해 기업 이익 극대화에 기여할 수 있는 이상적인 형태에 가까운 ERP를 구축, 활용할 수 있어야 한다. 또한 ERP는 변화하지 않는 고정된 시스템이 아니다. 변화하는 외부 환경과 기업 내부의 니즈(Needs)에 따라 융통성 있게 변화할 수 있어야 하며 이 과정에서 새로운 기능이 추가되거나 다른 시스템과 연결될 수 있다. 인터넷과 e비즈니스 환경은 전통적인 ERP에 있어서 가장 큰 위협요인이자 기회요인이다. e비즈니스 환경에 적절히 대응하고 e비즈니스 인프라를 최대한 활용할 수 있는 ERP 시스템으로 발전해 나가야 할 것이다. 여기에서는 성공적인 ERP 활용을 위한 ERP 도입 성과 평가방법과 e비즈니스 환경에서의 ERP의 발전 방향에 대해 소개한다.

(나) ERP 도입 성과 평가

ERP는 종료하는 것이 아닌 계속되는 프로젝트이다. ERP 프로젝트는 ERP 패키지 도입과 구축만으로 ERP 프로젝트가 종료하는 것은 아니며 ERP의 지속적인 활용과 성과 평가, 문제점 도출 그리고 성과 개선과 문제점 해결 방안으로서의 대안 제시로 이어져야 한다. ERP 도입 성과는 프로젝트 시작 시에 가지고 있었던 주요 이슈에 대한 해결 여부, 비전과 구체적인 목표의 달성 여부 등으로 평가할 수 있다. ERP 도입 결과를 평가하기 위해서 스스로에게 다음과 같은 질문을 할 수 있을 것이다.

- ERP 도입 이후 무엇이 좋아졌는가? / ■ 업무 처리, 역할은 바뀌었는가? / ■ 시스템을 이용한 타 부서원과의 의사소통 정도는? / ■ 컴퓨터 사용능력, 사용 시간이 늘었는가? / ■ 원하는 정보를 스스로 찾고 가공할 수 있는가? / ■ 아직도 보고를 받아야 업무를 파악할 수 있는가? / ■ 부하 직원에게 자료를 가지고 오라

고 하는가? / ■ 결재를 위한 대기 시간이 하루 이상 걸리는가? / ■ 필요한 시점에 적절한 정보가 시스템에서 제공되는가? / ■ 반족, 정형적인 업무 / 분석적인 업무와 사람 / 시스템 간의 의존 비율은? / ■ 고객이나 공급자의 평가는? / ■ ERP에 대한 이해 수준은? 이와 같은 정상적인 평가 방법 이외에 보다 구체적이고 명확한 성과 평가를 위해 최근에는 다양한 정보시스템 투자 평가 방법이 ERP 도입 성과 평가에 활용되고 있다. 그중 대표적인 것이 최근 몇 년 동안 가장 인기 있는 성과 평가 방법 중의 하나인 BSC(Balanced Score Card) 방법을 활용하는 것이다. BSC란 미국 하버드대학의 캐플란 교수와 경영컨설턴트인 노턴 박사에 의해 제시된 개념으로서 재무, 고객, 내부 프로세스, 학습 및 성장의 4개 관점에서 골고루(균형 잡히게) 성과관리 요소(평가지표)를 선정하여 관리 또는 모니터링하자는 개념이다. 기존의 성과관리 방식이 재무 관점 위주의 결과지표에 치중되어 있는 점을 개선하여 재무에 영향을 주는 고객이나 프로세스 및 직원역량 등의 원인지표도 함께 관리하자는 것이 핵심이다. 중소기업 ERP 성과 평가에 BSC를 적용한 모델의 예는 아래 그림과 같다. 이 그림에서의 목표와 지표는 ERP 검도 단계에서 기업의 ERP 도입 목표와 비전, 니즈에 따라 설정하면 된다.

◎ **BSC모형을 적용한 중소기업 ERP 성과평가 모델**

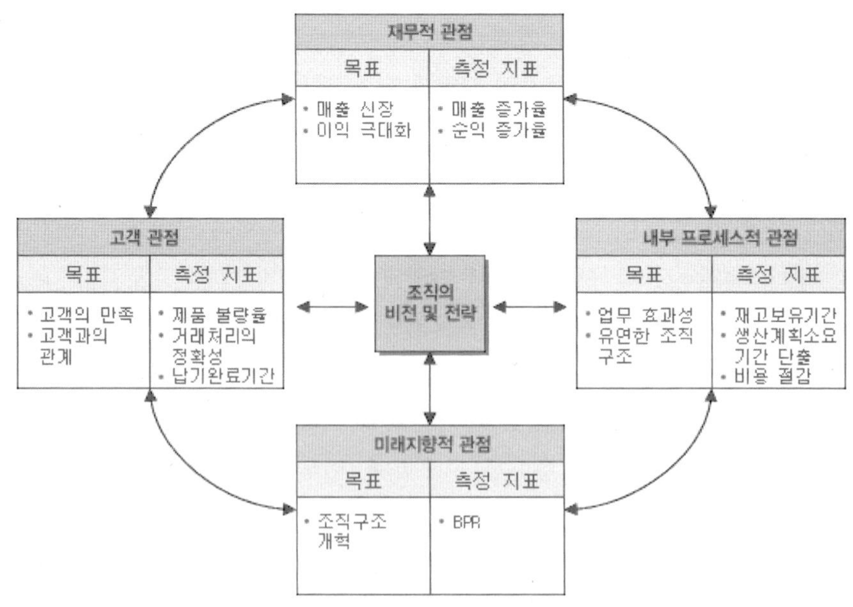

[자료원] 최일용,「중소제조업체의 ERP 시스템 도입 효과에 관한 실증연구」, 2002

중소기업 ERP 성과 평가 지표

변 수		정의 및 세부항목
재무적 관점	순이익 증가율	전기와 당기의 순이익의 증가분을 백분율로 나타냄 (전기순이익, 당기순이익 증가액)
	매출액 증가율	전기와 당기의 매출액의 증가분을 백분율로 나타냄 (전기매출액, 당기매출액 증가액)
고객 관점	거래처리의 정확성	상품수량, 종류, 운송일자 등의 정확성을 나타냄 (매출액, 주문오류)
	제품 불량률	품질의 수준을 나타냄 (제품 100개당 불량제품의 비율)
내부 프로세스 관점	고객납기 응답기간	거래주문을 보낸 후 고객에게 물품을 납기하기까지의 기간 (거래주문 후 납품완료까지의 시간)
	재고 보유기간	완제품이 창고에 입고되어서 출고될 때까지의 기간 (완제품 입고에서 출고까지의 시간)
	생산계획소요기 간 단축	원재료가 생산라인에 들어가서 완제품이 될 때까지의 기간 (원재료 투입부터 완제품까지의 시간)
	비용절감	생산에서 판매까지의 비용 (자재조달비용, 물류비용)
미래지향적 관점	BPR	업무의 통합, 종업원의 의사결정 지원

ERP 도입 성과 측정 과정을 통해 ERP 도입을 통해 우리 회사에 어떤 변화가 있었는지, 기대했던 목표를 어느 정도 달성했는지, 어떤 부분의 개선이 필요한지를 파악할 수 있다. 이와 같은 성과 평가 과정을 통해 기업 목표와 비전에 부합하는 ERP로 개선시켜 나가야 할 것이다. 그밖에도 ERP는 기업 안팎의 다양한 변화에 지속적으로 대응해 나갈 수 있어야 한다. ERP의 변화를 필요로 하는 사내외 요인으로는 다음과 같은 것들이 있다.

■ 사업 전략의 수정 / ■ 조직, 업무 등의 변경 / ■ 신규 시장 진출 / ■ 시장 환경의 변화 / ■ 신제품 개발 / ■ 법/제도의 변경 / ■ 생산 여건의 변화 / ■ 프로세스 변경, 방침의 수정 / ■ 조직원의 변화 / ■ ERP 패키지의 버전업 ERP package의 version up

(다) ERP와 e비즈니스

인터넷과 관련 기술이 빠르게 발전하고 이를 기업 활동에 도입한 e비즈니스의 중요성에 대한 인식이 높아짐에 따라 ERP와 인터넷 기술 또는 e비즈니스를 결합시키려는 시도가 진행되고 있다. ERP는 기업 내부 정보시스템의 중추라고 할 수 있다. e비즈니스 기술은 기업의 내부 정보 인프라를 외부로 확장시키는 기능을 한다. ERP가 내부 프로세스와 효율성과 효과성에 초점을 맞춘다면 e비즈니스는 대외적인 기업 간 프로세스 효율성과 효과성, 그리고 제품 판촉 및 판매에 초점을 맞춘다. ERP 기술이 현재의 비즈니스 전략을 지원한다면 e비즈니스는 새로운 전략적 기회를 향해 문호를 개방하는 것으로 이해할 수 있다. e비즈니스 환경에서는 이처럼 서로 다른 성격을 갖는 ERP와 e비즈니스 기술 및 솔루션을 성공적으로 결합하여 각각이 최대한의 효과를 달성해 기업 경쟁력 향상에 기여할 수 있도록 해야 한다. ERP와 e비즈니스는 적절히 실행되면 상당한 시너지 효과를 기대할 수 있다. e비즈니스는 거래 파트너와 비즈니스를 공유하는 최선의 도구로 이는 상당한 B2B 시너지 효과를 창출한다. 기업 간에 공유되는 정보 유형은 수요 예측, 재고 상태, 주문 상태, 생산 능력, 디자인 자료, 도면과 규격, 재무 정보 등이 있다. 이들 데이터의 정확성, 일관성, 정시성은 이 데이터가 지원하는 업무 프로세스의 성공과 효율성에 직접적인 영향을 미친다. 기업 내부에서 이러한 데이터를 생성하고 가공하는 역할을 하는 것이 바로 ERP. 즉 ERP는 e비즈니스에 필요한 양질의 데이터를 제공함으로써 e비즈니스와 e엔터프라이즈의 토대가 될 수 있다. 한편 e비즈니스 기술과 솔루션은 ERP가 지원하고 있는 기업 내부 프로세스의 이상적인 확장을 제공함으로써 기업 안팎의 프로세스가 통합되어 확장형 기업 (Extended Enterprise)으로 거듭날 수 있도록 해 준다. 기업의 가치사슬을 가로질러 조달이나 판매를 위한 e비즈니스 솔루션과 통합되면 이는 다른 기업의 내부 정보시스템 및 업무 프로세스와의 통합 기회를 제공하여 결과적으로 거래 업체들 간의 가치사슬 확장과 이로 인한 거대한 비즈니스 네트워크가 형성되게 된다.

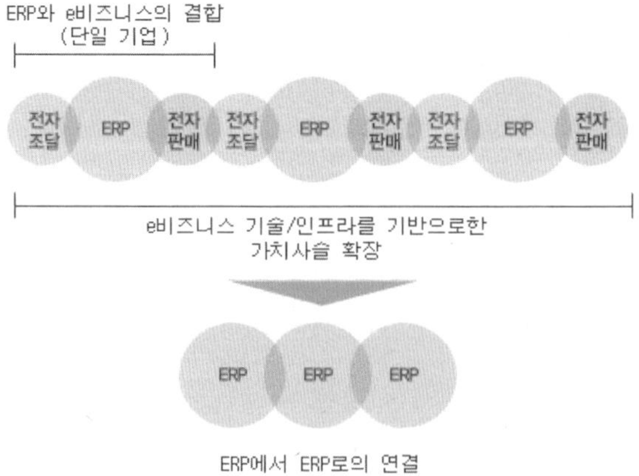

○ ERP와 e비즈니스의 결합을 통한 가치사슬의 확장

ERP와 e비즈니스의 결합으로 인한 혜택은 분명하고 많은 기업들이 그 필요성을 인식하고 있지만 막상 ERP와 e비즈니스 애플리케이션과의 결합을 쉽게 시도하지 못하고 있는 것이 현실이다. 앞에서도 소개한 것과 같이 ERP와 e비즈니스가 기본적으로 지향하는 바가 다르고 다른 방식으로 발전해 왔기 때문이다. SAP, 오라클과 같은 대형 ERP 벤더들은 e비즈니스 솔루션으로의 사업 확장을 위해 기존 ERP 솔루션과 새로운 e비즈니스 애플리케이션과의 통합을 적극적으로 시도하고 있기는 하지만 대부분의 중소형 벤더들은 초본적인 웹인터페이스나 e비즈니스 애플리케이션에 대한 인터페이스나 미들웨어를 지원하는 수준에 그치고 있는 것이 현실이다. 기업 입장에서도 e비즈니스를 도입하기 위해 벤더가 추천하는 ERP를 새로 도입하고 그에 따라 업무 프로세스 개선까지 해야 하는 상황이 부담스럽기 때문에 쉽게 시도하지 못하고 있다.

ERP vs. e비즈니스 애플리케이션

항 목	ERP	e비즈니스 애플리케이션
직 원	고 객	업 체
초 점	기업 안에서	외부 기업을 안으로
실행 절차	간헐적, 복잡한 업그레이드	지속적, 사소한 변화
다른 기업과의 통합 방법	API나 EDI 경우	브라우저, 포털, 정보 기술
비즈니스 프로세스	복 잡	단 순
사용자 훈련	사용자 훈련 필요	직관적

자료원: 그란트 노리스 외, 「e-비즈니스와 ERP-엔터프라이즈 혁명」, 2000

ERP를 이미 도입한 기업은 e비즈니스 도입을 위해 ERP를 완전히 교체할 필요는 없다. ERP는 여전히 기업의 정보를 생성하고 이동, 관리하는 가장 강력하고, 유용한 도구이다. ERP는 앞으로도 계속 기업의 중추 시스템으로 그 위에 위사 결정 지원, 데이터웨어하우스와 같은 각종 애플리케이션 이외에도 e비즈니스로 애플리케이션을 연결시키게 될 것이다. e비즈니스를 도입하기 위해서는 일단 현재의 ERP에 e비즈니스 기능을 지원하거나 연결을 지원할 수 있는 기능을 추가하는 것이다. 추가될 대표적인 기능으로는 CRM, APS(Advanced Planning and Scheduling), VSM(Value-Based Strategic Management) 등이 있는데 일부에서는 이와 같이 확장된 기능을 갖는 ERP를 확장 ERP(Exntended ERP) 또는 ERP Ⅱ라고 부르기도 한다. 그 다음 단계는 ERP와 e마켓플레이스나 사적 마켓플레이스(구매자 사이트, 판매자 사이트)와 통합하는 것이다. 즉 구매와 판매에서 시작해서 직간접 자재, 하청 업체, 자재 공급 공장 그리고 수·배송까지 최적화할 수 있다.

※ 참고문헌

그란트 노리스 외, e-비즈니스와 ERP-엔터프라이즈 혁명, 2000

이수연, 전사적 자원관리 계획(ERP: Enterprise Resource Planning)시스템 구축 및 활용의 핵심성공요인분석, 1998

미 중기청 시책 폐지 청문회 가능성2006-03-28, 전미중소기업연맹

Oklahoma Senator Calls for Hearing to Abolish Small Business Programs

그동안 연방정부 관리는 SBA 폐쇄나 중소기업에 배정된 1,190억 달러 규모의 정부조달 계약을 중단하는 계획이 없다고 부인해 왔다. 따라서 청문회는 이에 대한 정부 입장을 명확히 하는 계기가 될 전망이다. 청문회에는 베로니크 루기 미 기업연구소(American Enterprise Institute: AEI) 수석연구위원의 증언이 예상된다. 루기가 최근 포브스誌와의 회견에서 정부에 SBA폐쇄 및 중소기업 지원 보조금 중단을 거듭 권고한 바 있기 때문이다. 루기는 또한 정부조달 우선권 등 어떠한 제도적 특혜도 중소기업에 부여하지 말 것을 정부에 촉구하기도 했다. 그러나 대다수 미국인이 중소기업에 근무하는 가운데, 이들이 대부분의 조세를 납부하고 있다. 오클라호마 상공부에 따르면, 주내 전체 기업의 95% 이상이 종업원 수 50인 미만의 중소기업이며, 이들은 전체 노동력의 45% 이상을 채용하고 있다. 또한 이글아이사의 연방정부 조달계약 조사 보고서에 의하면, 오클라호마주에서만 10대 중소기업이 2004회계연도에 3억 6,500만 달러의 정부조달 계약을 체결했다. 이런 상황에서 SBA가 폐쇄되면 오클라호마 기업주들은 대출은 물론, 정부조달 계약 등 부문에서 막대한 손실이 불가피하다. 로이드 채프만 ASBL 회장은 "연방정부가 중소기업 계약 시책을 중단할 경우 현재 중소기업에 배정된 1,190억 달러의 계약이 전체 근로자의 2%만 채용하고 있는 대기업에 돌아간다. 따라서 중소기업주들은 의회에 전화를 걸거나 인터넷을 통해 중소기업을 위한 연방정부 시책이 중단되면 안 된다는 입장을 적극 피력해야 한다. 한번 이러한 시책이 폐지되면 다시 시행되기가 대단히 어렵다"고 지적했다. 한편 ASBL은 전체 미국 기업의 98%를 차지하는 종업원 수 100인 미만의 중소기업을 지원·홍보하기 위해 설립된 단체로 '1951년 중소기업법(Small Business Act of 1951)'에 근거하고 있다. ASBL은 미국 전역 모든 산업과 부문 중소기업을 대표해 SBA 및 기타 연방기관의 기존 정책과 정책 변화를 모니터링하는 기능을 수행한다.

5 Venture business 경영실태 조사

벤처기업 경영실태조사서

▶ 기업정보

기 업 명				
사업자등록번호				
대표자명		(1) 성 별	① 남 ② 여	E - mail
업 종	※ 보기에서 선택			
주 소	(우편번호) (주 소) (상세주소)			
총괄 작성자명		전 화		팩 스

(1) 경영 및 자금 분야

가) 귀사 창업자의 주요 특성에 대해 기입하여 주십시오.

창업 당시 나이	① 10대 ② 20대 ③ 30대 ④ 40대 ⑤ 50대 ⑥ 60대
현 재 나 이	① 10대 ② 20대 ③ 30대 ④ 40대 ⑤ 50대 ⑥ 60대
전 공	① 공학 ② 자연과학 ③ 경영·경제학 ④ 인문사회학 ⑤ 기타
학 력	① 박사 ② 대학원졸(석사) ③ 대졸(학사) ④ 기타
직전출신구분	① 대기업 ② 중소기업 ③ 교수 ④ 연구원 ⑤ 학생 ⑥ 기타
학생구분	① 대학생 이상 ② 고등학생 이하
창업장소	① 대학교(연구실)내(BI, 실험실 등) ② 외부지(BI, 기타 외부)
설치기관명	
근무형태	① 대표이사활동에 전업상태 ② 교수, 연구원 휴직상태 ③ 교수, 연구원 겸직상태
창업 여부	① 창업준비 중 ② 창업완료 후

나) 귀사 최고경영자의 주요 특성에 대해 기입하여 주십시오.

대표취임 당시 나이	① 10대 ② 20대 ③ 30대 ④ 40대 ⑤ 50대 ⑥ 60대
현재나이	① 10대 ② 20대 ③ 30대 ④ 40대 ⑤ 50대 ⑥ 60대
전 공	① 공학 ② 자연과학 ③ 경영·경제학 ④ 인문사회학 ⑤ 기타
학 력	① 박사 ② 대학원졸(석사) ③ 대졸(학사) ④ 기타
직전출신구분	① 대기업 ② 중소기업 ③ 교수 ④ 연구원 ⑤ 학생 ⑥ 기타
학생구분	① 대학생 이상 ② 고등학생 이하
창업장소	① 대학교(연구실) 내(BI, 실험실 등) ② 외부지(BI, 기타 외부)
설치기관명	
근무형태	① 대표이사활동에 전업상태 ② 교수, 연구원 휴직상태 ③ 교수, 연구원 겸직상태

다) 귀사에서 정부 등의 정책자금을 이용한 실적을 기입하여 주십시오.

자금명	지원기관	금 액	자금명	지원기관	금 액
중소·벤처 창업자금(융자)	중진공 기술신보	백만 원	지방중소기업 육성자금(융자)	시·도	백만 원
경영안정자금(융자)	중진공	백만 원	산업기반자금(융자)	산자부	백만 원
구조개선자금(융자)	〃	백만 원	정보통신산업 기술개발자금(융자)	정통부	백만 원
기술개발자금(출연)	중기청	백만 원	기 타		백만 원
특정연구개발(출연)	과기부	백만 원	합 계		백만 원

라) 귀사가 투자받은 실적을 기입해 주십시오.

투자기관	투자실적			투자유치계획		
	0000년까지	0000년	계	0000년	0000년 이후	계
○ 창투사 등 벤처캐피탈	백만 원	백만 원	백만 원	백만 원	백만 원	백만 원
○ 금융기관	백만 원	백만 원	백만 원	백만 원	백만 원	백만 원
○ 개인투자가(엔젤)	백만 원	백만 원	백만 원	백만 원	백만 원	백만 원
계	백만 원	백만 원	백만 원	백만 원	백만 원	백만 원

마) 벤처기업 확인 후 경영상의 가장 큰 효과는 무엇입니까? (2회 이상 확인업체만 응답)
① 세제지원 ② 기업홍보 ③ 종업원의 사기진작 ④ 입지지원 ⑤ 매출확대 ⑥ 자금확보용이
⑦ 정보획득의 원활 ⑧ 코스닥시장 등록 ⑨ 기타(   )

바) 현재 귀사의 자금사정은 어떠합니까? ① 아주 어려움 ② 어려움 ③ 그저 그렇다(보통)
④ 좋음 ⑤ 매우 좋음

사) 자금 사정에 어려움을 겪고 있다면 어느 정도입니까?

자금종류	① 운전자금	② 시설자금	③ 기술개발자금	④ 기 타	합 계
금 액	백만 원	백만 원	백만 원	백만 원	백만 원

아) 귀사에서는 추가로 어떠한 자금을 원하십니까?

계	① 출연금 (기술개발 등)	② 자금차입			③ 유상증자		④ 회사채 발행 등 기타
		정책자금	금융기관	개인 등	벤 처 캐피탈	상장· 등록	
백만 원	백만 원	백만 원	백만 원	백만 원	백만 원	백만 원	백만 원

(2) 기술력 및 해외진출

가) 현재 귀사의 기술력 수준은 세계최고 수준 기업의 기술력과 비교하였을 때 어느 정도 수준입니까?

① 세계 유일기술　② 세계최고수준과 동일　③ 약간 미흡(80%~100% 수준)

④ 미 흡(60%~80% 수준)　⑤ 경쟁열세(60% 이하 수준)

나) 귀사가 해외에 기술수출을 하고 있다면 그 로열티 금액은 얼마나 됩니까?

(연간　　　　　　　만 불) (*단위에 유의)

다) 현재 귀사가 해외특허나 기술협력 등을 하고 있다면 어느 것입니까?

① 해외특허　　　　　　　② 해외유명규격(UL, JTS 등)

③ 국제규격(ISO, CE 등)　　④ 기 타(　)

라) 귀사의 자체기술연구소 보유 및 인원현황은 어떠합니까?

① 기업부설연구소(　명)　② 연구개발전담부서(　명)　③ 없음

마) 귀사는 국내 외부기관과 기술적인 협력활동을 한 경험이 있습니까?

(해당되면 모두 'ㅇ'표시)

① 대학(부설연구소 포함)　② 정부연구기관　③ 민간기업(부설연구소 포함)

바) 귀사는 어떠한 기술협력을 받았습니까? (해당되면 모두 'ㅇ' 표시 해주십시오.)

① 기술지도　② 기술정보제공　③ 공동개발　④ 위탁개발　⑤ 기술이전

⑥ 기술교육　⑦ 부품·원자재·장비도입 등　⑧ 기 타(　　　　　)

사) 귀사는 외국 기업이나 연구소 등으로부터 기술도입을 하고 있다면 로열티는 얼마나 지불하고 있습니까?

(연간　　　　　　만 불)(*단위에 유의)

아) 귀사의 인력·기술 등의 현황에 대한 질문입니다.

	0000년도	0000년도	0000년도 전망
가. 연평균 근로자 수	명	명	명
나. 연구개발 투자액(매출액 대비 %)	백만 원 (%)	백만 원 (%)	백만 원 (%)
다. 공장가동률(전체 생산능력 대비)	%	%	%
라. 설비투자액(매출액 대비 %)	백만 원 (%)	백만 원 (%)	백만 원 (%)

자) 현재 귀사의 해외진출 현황에 대한 질문입니다.(해당되는 보기에 '○'표시 해주십시오)

가. 해외진출형태		① 해외지사 설립 ② 해외연구소 설립 ③ 해외기업투자 ④ 해외합작법인 설립 ⑤ 수출 ⑥ 없음
나. 해외진출지역		① 실리콘밸리 ② 미국 기타 지역 ③ 일본 ④ 중국 ⑤ 유럽 ⑥ 동남아 ⑦ 기타
다. 해외진출계획	형 태	① 해외지사 설립 ② 해외연구소 설립 ③ 해외기업투자 ④ 해외합작법인 설립 ⑤ 수출 ⑥ 없음
	지 역	① 실리콘밸리 ② 미국(여타) ③ 일본 ④ 중국 ⑤ 유럽 ⑥ 동남아 ⑦ 기타
	시 기	① 있음(㉮6개월 이내 ㉯1년 이내 ㉰3년 이내) ② 계획 없음

차) 귀사의 수출·해외투자 등에 대한 질문입니다.

	0000년도	0000년도	0000년도 전망
가. 수출액	만$	만$	만$
나. 해외투자 실적	만$	만$	만$
다. 외국인 투자유치	만$	만$	만$

(*단위에 유의)

카) 귀사의 해외진출을 하는 데 장애요인은 무엇입니까? (순서대로 3개 기입)(,   ,)
   ① 기술력 부족 ② 전문인력 부족 ③ 우수한 파트너 발굴 애로 ④ 자금 부족
   ⑤ 기업신인도 부족 ⑥ 정보 부족 ⑦ 수출품목 발굴 곤란

(3) 조직정보

가) 현재 귀사의 성장단계에 대한 질문입니다. 다음 중 귀사의 상황과 가장 비슷하다고 생각되는 번호에 'ㅇ' 표시 해주십시오.

① 창업기	② 초기성장기	③ 고도성장기	④ 성숙기	⑤ 정체기
회사를 창업하고, 제품 / 서비스를 개발하는 단계	자사 최초의 대표 제품 / 서비스를 출시하여 매출이 발생하는 단계	후속 신규 제품/서비스도 출하되어 매출이 증가하는 제품 / 시장이 다각화된 단계	일반 중견기업으로 안정화되고 주식시장에도 상장된 단계	뚜렷한 매출 성과의 향상이 없이 기업활동이 다소 정체된 재도약 준비상태

나) 주식공개계획에 대하여 대답해 주십시오.

　　① 현재 추진 중　② 1년 이내 추진할 계획　③ 2년 이내 추진할 계획　④ 없음

다) 기업 인수·합병(M&A)을 추진할 계획이 있습니까?

　　① 현재 추진 중　② 1년 이내 추진할 계획　③ 2년 이내 추진할 계획　④ 없음

라) M&A추진 시 애로사항은 무엇입니까?

　　① 법령 등 제도적 절차　② 주식매수청구권 행사　③ 세금부담　④ 기타( )

마) 다른 기업과 전략적 제휴(주식교환·기술개발 등)를 추진할 계획이 있습니까?

　　① 현재 추진 중　② 1년 이내 추진할 계획　③ 2년 이내 추진할 계획　④ 없음

바) 기업 간 전략적 제휴를 추진하고 있거나 계획하고 계시다면 어떤 분야입니까?

　　① 상호주식교환　② 공동기술개발　③ 기술제휴　④ 공동생산

　　⑤ 공동브랜드개발　⑥ 공동마케팅추진　⑦ 합작투자　⑧ 기타

사) 기업 간 전략적 제휴 추진 시 가장 큰 어려움은 무엇입니까?

　　① 제휴 상대기업 찾기　② 제휴 상대기업과 합의도출

　　③ 제휴관련 서류 작성 등 추진방법에 대한 정보부족

　　④ 전문인력 부족　⑤ 기타( )

아) 기업 간 전략적 제휴 추진 시 활용(예정)기관은?

　　① 도움 없이 자체추진　② 컨설팅 등 전문기관

　　③ 법률회사(변호사)　④ 회계사　⑤ 세무사

자) 귀사의 지적재산권 보유 현황과 출원절차를 진행 중인 건수는 얼마나 됩니까?

	국내지적재산권				해 외 지적재산권
	특허권	실용신안권	의장권	상표권	
보 유	건	건	건	건	건
출원 중	건	건	건	건	건

차) 다음은 현재 귀사의 인력구성에 대한 질문입니다. 해당란에 기입해 주십시오.

항 목	사무 관리직	전문가	기술직 및 준전문가	기능직	단순 노무직	서비스 종사자	판매 관리직	계
석사 / 박사	명	명	명	명	명	명	명	명
전 체	명	명	명	명	명	명	명	명
부족인원	명	명	명	명	명	명	명	명

'사무관리직': 인사, 기획, 경리 등 직접적으로 생산활동을 수행하지 않는 직원(경영자, 임원 포함) / '전문가': 설계, 기술개발, 프로그램 등을 만드는 연구개발 전문가(대졸 이상 학력수준) / '기술직 및 준전문가': 기술적 지식과 경험을 기초로 전문가의 지휘하에서 기술적 업무에 종사하는 자(전문대학 졸업 이상 학력 수준) / '기능직': 기계설치, 정비, 조작 및 제품생산 과정에 참여하는 직원(공고 졸 수준) / '단순노무직': 상기 이외의 생산직 직원 / '서비스종사자': 생산과 관련 없는 조리, 경비업무 등에 종사하여 생산활동을 지원하는 직원 / '판매관리직': 생산활동에 참여하지 않은 영업직 직원

카) 귀사의 이직자 수와 채용인원에 대한 질문입니다.

	0000년도	0000년도	0000년도 전망
가. 이직자 수	명	명	명
나. 신규채용 인원	명	명	명

타) 귀사에 노동조합이 있습니까?
 (① 있음　　② 없음)

(4) 재무정보

가) 귀사의 손익계산서 정보에 대한 질문입니다.

	0000년도	0000년도	0000년도 전망
가. 매출액	백만 원	백만 원	백만 원
나. 매출원가	백만 원	백만 원	백만 원
다. 판매비와관리비	백만 원	백만 원	백만 원
라. 영업이익	백만 원	백만 원	백만 원
마. 금융비용(이자비용)	백만 원	백만 원	백만 원
바. 경상이익	백만 원	백만 원	백만 원
사. 당기순이익	백만 원	백만 원	백만 원
아. 자 산	백만 원	백만 원	백만 원
자. 부 채	백만 원	백만 원	백만 원
차. 자기자본	백만 원	백만 원	백만 원
카. 자본금	백만 원	백만 원	백만 원

나) 귀사가 벤처기업으로 기업활동을 하는 데 애로사항이나 정부지원정책에 대한 의견 및 개선방안에 대해 간략히 기술해 주십시오.

(5) 기업경영

가) 경영조직(해당 번호에 ○표)

① 회사법인(주식, 유한, 합자, 합명) ② 회사 외 법인 ③ 개인 ④ 기타

나) 사업의 내용

※ 납부부가가치세(매출−매입)

※ 유형자산: 토지와 1년 이상의 내구성을 가진 건물, 구축물, 기계장치, 선박 및 차량운반구, 건설 중인 자산 등 무형자산: 특허권, 실용·신안권, 의장권, 상표권, 신제품·신기술개발비, 소프트웨어개발비, 영업권, 창업비 등

6 Venture business 평가를 위한 기술사업 계획서

벤처기업 평가를 위한

기술사업계획서

작성일: 20　. 00. 00.

기업체명: K 주식회사

대표자: 홍길동(인)

　귀하께서 제출한 본 기술사업계획서는 벤처기업확인업무에 중요한 자료이므로 정확하고 객관적으로 작성하여 주시기 바랍니다.
(기재사실과 실제 내용이 다른 경우에는 불이익을 받을 수 있음)

1) 기업 현황

(1) 대표자(예비창업자) 인적사항

<table>
<tr><td>성　명</td><td colspan="2">홍길동</td><td colspan="2">주민등록번호</td><td colspan="2">123456 - 1234567</td></tr>
<tr><td>주　소</td><td colspan="2"></td><td colspan="2">전화번호
(휴대폰)</td><td colspan="2">000)123 - 4567</td></tr>
<tr><td rowspan="4">학　력</td><td>기　간</td><td>학교명</td><td colspan="2">전　공</td><td>수학상태
(졸업, 수료, 중퇴)</td><td>비　고
(취득학위 등)</td></tr>
<tr><td>83.3〜87.8</td><td>S대학교</td><td colspan="2">공학과</td><td>졸　업</td><td>공학사</td></tr>
<tr><td></td><td></td><td colspan="2"></td><td></td><td></td></tr>
<tr><td></td><td></td><td colspan="2"></td><td></td><td></td></tr>
<tr><td rowspan="4">경　력</td><td rowspan="2">근무기간</td><td colspan="3">근　무　처</td><td></td><td rowspan="2">담당업무
(최종직위)</td></tr>
<tr><td>근무처명</td><td colspan="2">주요생산품</td><td>전화번호</td></tr>
<tr><td>92.7〜현재</td><td>㈜GJ</td><td colspan="2"></td><td>000)123 - 4567</td><td>대표이사</td></tr>
<tr><td>98.8〜현재</td><td>K㈜</td><td colspan="2"></td><td>000)123 - 4569</td><td>대표이사</td></tr>
<tr><td></td><td></td><td colspan="2"></td><td></td><td></td><td></td></tr>
<tr><td rowspan="2">재산보유
현황
(단위: 백만 원)</td><td>종　목</td><td>내　역</td><td>금　액</td><td>종　목</td><td>내　역</td><td>금　액</td></tr>
<tr><td>주　택
기타부동산
현금·예금</td><td>자가,
임차</td><td>150</td><td>주식·채권
기　타</td><td></td><td>574</td></tr>
<tr><td>기타 특기사항
(자격증, 상벌,
연수, 대외 활
동사항)</td><td colspan="6">지방자치단체단으로부터 표창패 수여
관세청장으로부터 표창장 수여</td></tr>
<tr><td rowspan="3">연구개발 및
사업화실적</td><td colspan="2">개발과제명 및 내용</td><td>근무처</td><td>개발기간</td><td>사업규모
(소요자금)</td><td>비고
(사업화현황 등)</td></tr>
<tr><td colspan="2"></td><td></td><td></td><td></td><td></td></tr>
<tr><td colspan="2"></td><td></td><td></td><td></td><td></td></tr>
</table>

※ 대표자가 수인인 경우이거나 대표자 외에 경영실권자가 있는 경우에는 별지로 추가 작성 요망

(2) 기업체현황

□ (창업)회사 개요

(단위: 백만 원)

기업체명	K 주식회사	대표자	홍길동	
설립일자	1972.11.15	상시근로자 수	263명	
법인등록번호	000000 - 0000000	사업자등록번호	000 - 00 - 00000	
소재지			전화번호	소유 여부
본 사			000)123 - 4567	자가, 임차
사업장	상 동		000)123 - 4567	자가, 임차
				자가, 임차
업 종	제조업	주 제품	전자부품	
관계회사	-	자본금 (납입자본금)	3,500 백만 원	
공업소유권, 규격표시허가, 기술제휴 등	특허출원 10 - 2000 - xxxxxxx 특허출원 10 - 2000 - xxxxxxx 특허출원 10 - 2000 - xxxxxxx 상표등록 제 xxxxxx호 S대학 산학협력위원회 위촉 2000년도 세계일류중소기업 선정 제 2000 - x호 중소기업은행 우량중소기업으로 선정(1989.12) ISO 9002 인증(XXX - xxxx) - 산업기술시험평가연구소 한국공업규격표시허가 - 공업진흥청(제xxxx호) XX전자㈜ 디스플레이 사업본부 XXXX 인증(제98 - xxx호) 병무청 지정업체선정 - 제x호 한국산업기술진흥협회 기업부설연구소 인정 - 제xxxxxx호			

	년　월	주요 내용(자본증감, 대표자변경, 상호변경 및 주요 경영내용 변경 등)
연혁	1972.　9	HJ 주식회사 설립등기 자본금: 80,000,000원(U$200,000) 사업목적: XXX 제조 및 판매
	1974.　5	회사명을 K 주식회사로 변경하고 약칭을 KKK로 결정
	1984.　5	서울 사무소 설치
	1990.　4	업무 영역확장 및 국내 영업활동 강화를 위해 서울사무소를 폐쇄하고 중부영업소(수원 소재)로 조직을 확대 개편
	1990.　6	자본금을 160,000,000원으로 증자
	1991.　5	자본금을 200,000,000원으로 증자
	1992.　6	자본금을 250,000,000원으로 증자
	1994.　6	자본금을 300,000,000원으로 증자
	1995.　6	자본금을 510,000,000원으로 증자
	1995. 11	중국 천진 K 유한공사 영업 허가를 득함 투자금액: U$4,991,000 자 본 금: U$2,500,000
	1996.　2	K 주식 장외시장 등록
	1996. 11	주식 액면분할(1주당 액면가 10,000원을 5,000원으로 발행)
	1996. 11	주식 발행 총수 변경(120,000주를 600,000주로 변경)
	1997.　6	자본금을 586,000,000원으로 증자(무상증자)
	1998.　8	홍길동 대표이사 사장 취임
	1999.　6	김갑돌 대표이사 부사장 취임
	1999.　6	주식 발행 총수 변경(600,000주를 2,000,000주로 변경)
	1999. 11	자본금을 911,500,000원으로 증자(유상증자)
	2000.　1	주식 액면분할(1주당 액면가 5000원을 500원으로 발행)
	2000.　1	주식 발행 총수 변경(2,000,000주를 20,000,000주로 변경
	2000.　2	자본금을 1,823,000,000원으로 증자(유상증자)
	2000.　8	자본금을 x, xxx, xxx, xxx원으로 증자(유상증자)

※ 본사 및 사업장 약도 별첨 첨부

□ (창업)경영진 및 주요 주주 현황

(단위: 백만 원)

	직 위	성 명	주민등록번호	대표자 관 계	최종학력 (전공·학위)	주요 경력	소유주식 (금액)
경영진	대표이사 사 장	홍길동	123456 – 1234567		S대 XXX공학과		16.42%
	대표이사 부사장	김갑돌	123456 – 1234567		S대 XXXX학과		
	전 무	XXX	123456 – 1234567		S대 XX공학과		
주 주	우리사 주조합						10.39%
	일반소 액주주						73.19%
합 계							100%

※ 소유 주식은 법인기업에 한하여 작성

□ 대표자(예비창업자)의 경영철학 및 경영목표

(경영철학)

새로운 세기를 흔히들 정보화의 시대라 규정하고 소프트웨어 관련사업이 유행처럼 만연되어 있다. 그러나 장기적인 관점으로 보면 하드웨어, 즉 굴뚝사업의 기반이 없다면 그것은 환상에 불과하게 될 것이다. 이러한 면에서 콘덴서는 전자 관련 제품의 핵심부품으로써, 이미 당사는 30여 년의 기술력을 인정받아 온 바탕하에 고부가가치 상품의 개발과 관련 기술과 연관된 신제품의 개발은 물론 고객이 요구하는 적절한 제품 개발을 경주함과 동시에 항상 고객을 생각하고 보다 편리하고, 보다 빠르게, 보다 저렴한 가격의 제품을 공급하여 고객과 원만한 관계를 유지하고자 한다. 인사 / 조직관리에 있어서는 책임과 권리를 동시에 부여하여, 사원 및 관리자 각 개인의 책임하에 직무를 수행하도록 관리하고자 한다. 항상 업무수행에 있어서 불가능한 일을 가능할 것으로 생각하는 긍정적인 사고와 직무에 관련한 개선 노력을 통해 지속적인 연구가 이루어지도록 지도할 것이다. 거래처 선정 주시 사항으로는 세계 최고의 품질을 생산 판매하기 위해서는 최상의 자재가 투입하여야 한다는 철학을 가지고 항상 자재 품질 향상에 대한 개선 노력을 아끼지 않는 회사, 불가능하다고 포기하지 않고 해결해 보겠다는 의지가 충만한 회사를 선정, 거래하는 것을 원칙으로 한다.

(경영목표)

어떠한 고객의 요구라도 만족시키겠다는 사명감과 30여 년간 기술력 부문에서 최고의 자리를 유지하게 한 끊임없는 개발 연구 노력으로, 고부가가치의 제품 개발에 박차를 가해 세계 일류 중소기업으로 성장하겠다는 목표를 가지고 있다.

▶ 경영이념: 시대에 부응하여 끊임없는 인재 양성, 연구 개발과 품질 개선으로 고객의 신뢰와 만족을 실현하고, 새로운 기업 문화의 창출. ▶ 사시: 세계적 시야에서서 고객의 요청에 따라 성능이 우수한 염가의 제품을 생산한다. ▶ 사훈: 1. 왜 불가능한가를 말할 필요는 없다. 어떻게 하면 가능한가를 말하라. 2. 항상 생각하며 행동하라.

■ 경영방침

기업에 있어서 가장 중요한 것은 존속과 성장이다. 급변하는 외·내적 환경에 효과적으로 대응하여 당사가 무한히 존속하고 번창할 수 있도록 지속적인 적정 이윤을 확보한다. 그리하여 고객을 위한 가치 창조와 사원의 복리 증진에 역점을 둔다. ▷ 품질방침: 고객의 기대와 요구를 만족하기 위한 품질의 제공. ▷ 생산방침: 생산성

향상과 총자본의 회전율 향상. ▷ 인사방침: 인재 육성과 동고동락의 정신 함양. ▷ 재무방침: 원가 관리 철저와 계획에 의한 자금 운영. ▷ 영업·개발 방침: 고객의 기대와 요구 및 기술변천에 대한 신제품 개발

※ 창업동기, 향후 회사발전계획, 인사/조직관리 및 거래처 선정중시 사항 등을 기술

□ 금융거래 현황(2000.08.31. 현재)

(단위: 백만 원)

대출기관	운전/시설	대출금액	대출금리	대출기한	담보제공 내용 등
합 계					

□ 재무상황

(단위: 백만 원)

구 분	직전전년도	직전연도	당해연도 실적 및 예상		차기연도	차차기 연 도
			(6월 현재)	예 상		
총자산	17,752	20,346	25,256	31,065	41,627	56,613
자기자본	587	912	1,823	2,734	3,418	4,305
고정부채	6,939	4,582	4,271	3,844	2,306	1,268
유동부채	6,295	7,523	10,146	11,668	10,501	8,926
총매출액	15,651	10,992	6,710	14,592	22,629	25,356
신청기술 (제품)매출액	–	–	–	636	2,160	2,880
지급이자	1,056	530	373	387	320	254
법인세 차감 전 이익	337	△870	△346	160	1,518	3,428
법인세	△142	–	–	–	24	54
당기순이익	479	△870	△346	160	1,494	3,374

□ 연구개발 인력 및 시설현황(예비창업자의 경우는 확보계획)

연구개발조직	K㈜ 기술연구소			
개발인력	9명(박사　명, 석사　명, 대졸 9명, 고졸　명)			
개발방법	자체개발			
주요 연구시설 주요 연구시설	시설명	규 격	수 량	용 도
	HV PUNCTURE TESTER	55 KV	1	HVF TEST
	THERMAL SHOCK TESTER	-65～200℃	1	온도 시험기
	HIGH FREQUENCY CONDENSER TESTER	10K～130㎑	1	고주파 시험
	VIBRATION TESTER	30G, 500㎐	1	진동 시험기
	DC DIELECTRIC TESTER	110 KVDC	1	HVF 시험
	CORONA DISCHARGE TESTER	IEC270	1	CORONA 시험
	SCHERING BRIDGE	AC100～600V	1	용량, 손실시험
	PRECISION LCR METER	20㎐～1㎒	1	용량 측정
	DISCHARGE TESTER	35㎑, 50 KVDC	1	방전 시험
	CHAMBER	700W	2	온도 시험기
	SPECTRUM ANALYZER	0.05～2.2㎓	1	주파수 분석
	DIGITAL STORGE OSCILLOSCOPE	250㎒	1	파형 측정
	INTERMITTENT ENDURANCE TESTER	AC 100 - 700	1	단속 내용성
산업재산권 보유현황	{특허 3 건, 실용신안　건, 프로그램　건, 기타(1)}			
연구개발실적	개발과제 및 내용	개발기간	사업규모 (소요자금)	비고 (사업화현황 등)
	SPEED - UP Cap 개발	14개월	65백만 원	양 산
	HVF Cap 개발	36개월	110백만 원	양 산
	X2 Cap 개발	12개월	25백만 원	양 산

※ 연구개발조직은 연구개발 전담부서의 형태를 기술
※ 개발방법은 신청대상기술(제품)의 개발형태를 중심으로 기술

▫ 보유 생산시설현황(예비창업자의 경우는 확보계획)

시 설 명	규 격	수 량	용 도
Auto Winding M / C	RDAW - 820H	12대	제품 권취
Press + Bar Taping M / C	KJH - 2000H	1대	Jig Bar에 Taping 또는 Press
Epoxy Diping System	WSR - 30	1대	제품의 용량안정 및 외장
내압 검사기		1대	제품의 내압 측정 및 판별기능
선별 + 날인 + 검사 + 포장기	KJH - 3000H	1대	제품 선별 및 포장 기능

2) 사업내용 및 추진계획

□ 평가신청기술

기술 및 제품명	SPEED UP CAPACITOR(Dynamic Capacitor)				
개발기간	14 개월	개발비용	1,745 백만 원	제품화 여부	여 부
개발방법	(단독, 공동)공동개발의 경우 상대처: Taiwan: xxxx사, Korea: xxxxx, xx ENG				
권리구분	특허, 실용신안, 의장권, 신기술 사업, 자체기술개발 등				
권리자(발명자)	성 명	K 주식회사	법인등록번호	000000 - 0000000	비 고
	주 소				
기술(제품) 용도 및 기능	Speed up Capacitor(Dynamic Capacitor)는 FBT(Fly -Back Transformer)에 장착되어 대형 TV, 고화질 TV, Mnitor 등의 화질보상용으로 사용된다. Speed up Capacitor(Dynamic Capacitor)는 100[pF]~1,000[pF], 10,000[V]~15,000[V] 정도의 정격을 가지고 Monitor 및 TV의 CRT에 입력되는 Dynamic Focus의 출력단에 1개 내지 2개가 장착이 된다. 일반적으로 1개가 사용될 경우 수직 및 수평 Focus에 동시에 사용되고, 2개가 사용될 경우 수직 Focus와 수평 Focus에 각각 사용되어 화상의 퍼짐을 방지하고 화면의 중앙과 가장자리에 치우침이 없이 전자를 뿌려줌으로써 보다 선명한 화질을 구현하는 역할을 한다.				

기술 및 제품명	SPEED UP CAPACITOR(Dynamic Capacitor)
대체 또는 경쟁제품과의 차별성 (기술 / 기능상의 차이를 중심으로 기술하되 제품의 핵심기술과 보유 여부 포함)	Speed up Capacitor(Dynamic Capacitor)는 국내에서는 최초로 개발된 제품으로써 기존의 다른 제품의 대체용이기보다는 전량 수입에 의존하는 것의 대체용이라고 할 수 있다. K 주식회사의 제품이 기존의 제품과 차별성을 가지는 것은 통상적으로 50% 이상의 공정이 수작업에 의존하는 것을 거의 100%에 가까운 자동화의 실현에 의해 생산되어 타사의 제품에 비해 높고 안정된 품질을 가진다는 것이다. 특히 공정 중 수작업 또는 작은 LOT 단위로 행하던 프레스공정을 완전 자동으로 실현하여 공정단축 및 Capacitor에 치명적인 불량인 내압불량을 줄이고 타사 제품에 비해 아주 높은 내압특성을 가지도록 한 것이 K 주식회사 제품의 또 하나의 특성이다.
기술의 파급효과 (적용범위 및 응용성을 중심으로 기술하되 계획한 제품 포함)	Speed up Capacitor(Dynamic Capacitor)는 고압용 Capacitor의 기술로 완전 자동화를 실현했다고 할 수 있다. 차후 이런 자동화의 기술을 현재 양산 중인 초고압용 Capacitor의 생산설비에 적용하여 보다 높은 품질향상에 큰 기여를 한다고 판단된다. 더 나아가서는 고압 Capacitor 공정의 정밀성을 저압 Capacitor의 권취, 프레스, 함침공정 등에 적용하여 공정불량률을 줄일 수 있으며 Capacitor의 치명적인 불량인 내압불량률을 0%에 근접하게 할 수 있는 원천기술을 제공한다고 판단된다.
기대효과 (매출증대, 고용창출, 경영개선 효과 등)	양산 초기 150만 개 / 월 생산능력을 갖추고 있고 2000년 말까지는 200만 개 / 월 생산능력을 갖출 계획에 있어 그 기대효과는 상당하다. 우선 Speed up capacitor 하나만으로 매출 '30억 / 년'의 증대효과를 볼 수 있으며 '6~8억 / 년'의 순이익이 기대된다. 이에 따라 K 주식회사는 전년의 적자상황에서 금년에 흑자구조로 돌아서는 것이 확실하며 점차적으로 생산량을 늘릴 계획으로 흑자 규모 역시 점차 신장될 것으로 판단된다. 월 200만 개의 생산라인을 가동하기 위하여는 3교대 근무로 5명씩 총 15명이 필요하므로 고용효과 역시 무시할 수 없다고 하겠다.

※ 제품 및 기술이 2가지 이상일 경우에는 별지로 추가작성 바람

□ 시장현황

시장현황 및 특성
(단위: 백만 원)

- 시장규모

구 분	직전연도	당해연도	차기연도	차차기연도
세계시장	1,014,478	1,268,097	1,475,512	1,714,004
국내시장	260,712	325,890	361,951	402,312

※작성근거(반드시 기재)

- 시장특성(향후 3년간 자료로 판단)

구 분	국 내	국 외
시장상태(독점 / 경쟁)	경 쟁	경 쟁
안전성	있 음	있 음
지속성	있 음	있 음
성장성	있 음	있 음

	수 요 처 명	수요처의 총수요규모	당 사 수주(납품)
주요 수요처 (1999년) (수주 또는 납품현황만을 기재)			
경쟁업체 현황 (업체명, 기술개발계획, 양산 / 증산계획 등)	− 국내시장 뉴인텍: 고압시장을 K 주식회사와 양분하고 있음. 　　　　후발주자로서 Speed − UP Con에 진출하고 있음 　　　　필름 및 AC용 Capacitor생산하고 있음.		
	− 국외시장 Taisu(일본):고압 / Speed − UP Con 최초개발자이며 최고기술보유 독자적 인 Winding 기술보유. Tailon(대만): CAPA를 증설하고 영업을 확대하고 있음. 당사 개발이전 Winding 기술. 容光跨(중국): 중국 내의 물량증가를 위해 신규증설을 검토 중임.		

※ 시장특성은 유무, 고저 등으로 간략하게 표기

□ 향후 판매전략 및 판매계획

판매 전략	일반 / 고주파 　− 신기술특허로 인한 고화질TV 시장 선점 　− SET업체와의 고화질TV 공동개발 　− 고주파 Capacitor의 신규시장개척 고압 / Speed − UP CON 　− 신기술적용으로 품질우위력 확보 　− 신기술적용을 통한 원가경쟁력 확보 　− 신규 수출시장 개척

	제품명(상품명)	직전연도	당해연도	차기연도	차차기연도
판매 계획	일반 / 고주파	9,856	11,699	12,869	14,156
	고압콘	1,136	2,257	3,600	4,320
	Speed – UP Con	–	636	2,160	2,880
	신기술판매	–	–	4,000	4,000
	계	10,992	14,592	22,629	25,356

※ 판매전략은 경쟁제품과의 비교 등을 통한 신청기술(제품)의 판매전략 위주로 기술
※ 판매계획은 현재 생산 중이거나 계획 중인 제품 중 신청기술(제품)을 포함한 주력 제품 위주로 기술

□ 추진계획(상세기술 요망)

	일 정	내 용
향후 추진일정 계획	2000. 10	리엔창(대만) – 150천 개 첫 출하
	2000. 11	Speed – up Con 1,000천 개 출하
		(삼성전기 500천 개, 리엔창(대만 500천 개)
	2000. 12	고압용 Con 1,000천 개 출하
		(기존 500천 개, 신규 멕시코 진출 500천 개)
	2001. 01	고주파용 권취기 3대 입고
	2001. 03	고주파 콘덴서 양산
	<첨부 3> 참조.	

	구 분	현 인원 (6월)	확보계획		계	비 고
			2000년	2001년		
인력 수급 계획	고압콘덴서	16명	13명	4명	33명	노동청, 신문광고, 인력은행을 통해 공개채용
	스피드콘덴서	4명	10명	4명	18명	
	일반콘덴서	200명	–	–	200명	
	계	220명	23명	8명	251명	

	기관명	내 역	금 액	비 고
소요자금 및 조달계획	중부관리공단	고압콘 증설	1,000백만 원	9월 예상
		스피드콘 준공	1,700백만 원	완 료
	증 자	고압콘 추가증설	500백만 원	검토 중
	증 자	스피드콘 추가증설	500백만 원	검토 중

	설비명	구입처	규 격	금 액	용 도
설비투자계획 (추가 설비명, 구입처, 규격, 금액 등을 명시)	Auto Winding M / C	Taiwan Roder	RDAW－820H	$77,000×4대 =308,000달러	제품 권취
	Auto Winding M / C	Taiwan Roder	HVF－Con	500백만 원	제품 권취
	함 침 기	우성기공	－	200백만 원	－

※ 별지 사용 가능

시장규모

* 국내시장규모

[단위: 백만 원]

구 분	1999년	2000년	2001년	2002년	2003년
일반 / 고주파	232,934	291,168	320,285	352,313	387,545
삼 성	131,328	164,160	180,576	198,634	218,497
L G	44,582	55,728	61,301	67,431	74,174
대 우	5,760	7,200	7,920	8,712	9,583
현 대	14,400	18,000	19,800	21,780	23,958
기 타	36,864	46,080	50,688	55,757	61,332

구 분	1999년	2000년	2001년	2002년	2003년
고압콘	16,408	20,510	24,612	29,535	35,442
삼 성	6,336	7,920	9,504	11,405	13,686
L G	3,709	4,637	5,564	6,677	8,012
대 우	1,163	1,454	1,744	2,093	2,512
기 타	5,200	6,500	7,800	9,360	11,232
Speed-UP Con	11,369	14,211	17,053	20,464	24,557
삼 성	4,277	5,346	6,415	7,698	9,238
L G	2,002	2,502	3,003	3,603	4,324
대 우	930	1,163	1,395	1,674	2,009
기 타	4,160	5,200	6,240	7,488	8,986
총 계	260,712	325,890	361,951	402,312	447,543

* 세계시장규모

[단위: 백만 원]

구 분	1999년	2000년	2001년	2002년	2003년
일반 / 고주파	931,738	1,164,672	1,345,196	1,550,178	1,782,705
한 국	232,934	291,168	320,285	352,313	387,545
일 본	69,880	87,350	96,085	105,694	116,263
대 만	326,108	407,635	448,399	493,239	542,562
중 국	139,761	174,701	256,228	352,313	465,054
기 타	163,054	203,818	224,199	246,619	271,281
고압콘	65,633	82,041	103,372	129,953	163,032
한 국	16,408	20,510	24,612	29,535	35,442
일 본	4,922	6,153	7,384	8,860	10,633
대 만	22,972	28,714	34,457	41,349	49,619
중 국	9,845	12,305	19,690	29,535	42,530
기 타	11,486	14,357	17,229	20,674	24,809
Speed-UP Con	17,107	21,384	26,944	33,872	42,494
한 국	4,277	5,346	6,415	7,698	9,238
일 본	1,283	1,604	1,925	2,309	2,771
대 만	5,988	7,484	8,981	10,778	12,933
중 국	2,566	3,208	5,132	7,698	11,085
기 타	2,994	3,742	4,491	5,389	6,467
총 계	1,014,478	1,268,097	1,475,512	1,714,004	1,988,232

주요 수요처

[단위: 백만 원]

구 분		2000년			2001년		
		총수요	납품예상	점유율	총수요	납품예상	점유율
일반 / 고주파		291,168	9,755	3%	320,285	10,731	3%
	삼 성	164,160	4,485	3%	180,576	4,934	3%
	L G	55,728	2,176	4%	61,301	2,394	4%
	대 우	7,200	442	6%	7,920	486	6%
	현 대	18,000	272	2%	19,800	299	2%
	기 타	46,080	2,380	5%	50,688	2,618	5%
고압콘		20,510	2,041	10%	24,612	3,384	14%
	삼 성	7,920	1,616	20%	9,504	2,160	23%
	L G	4,637	0	0%	5,564	0	0%
	대 우	1,454	90	6%	1,744	900	52%
	기 타	6,500	336	5%	7,800	324	4%
스피드콘		14,211	636	4%	17,053	1,800	11%
	삼 성	5,346	180	3%	6,415	720	11%
	L G	2,502	0	0%	3,003	0	0%
	대 우	1,163	0	0%	1,395	360	26%
	기 타	5,200	456	9%	6,240	720	12%

추정손익

[단위: 백만 원]

구 분		1999년	2000년	2001년	2002년	2003년
판매량(천 개)		129,237	183,628	217,247	244,172	267,989
	일반 / 고주파	126,492	172,043	189,247	208,172	228,989
	고압콘	2,745	6,285	10,000	12,000	13,000
	Speed - UP Con		5,300	18,000	24,000	26,000
판매단가(원 / 개)		85	79	104	104	102
	일반 / 고주파	78	68	68	68	68
	고압콘	414	359	360	360	360
	Speed - UP Con		120	120	120	120
매출액		10,992	14,592	22,629	25,356	27,371
	일반 / 고주파	9,856	11,699	12,869	14,156	15,571
	고압콘	1,139	2,257	3,600	4,320	4,680
	Speed - UP Con	–	636	2,160	2,880	3,120
	신기술판매	–	0	4,000	4,000	4,000
매출원가		10,483	12,541	19,171	20,145	21,084
매출총이익		509	2,051	3,457	5,211	6,287
(%)		5%	14%	15%	21%,	23%

구 분	1999년	2000년	2001년	2002년	2003년
판매비와 일반관리비	1,178	1,493	1,681	1,681	1,681
영업이익	−669	558	1,777	3,530	4,606
(%)	−6%	4%	8%	14%	17%
영업외수지차	−201	−397	−259	−101	77
경상이익	−870	160	1,518	3,428	4,683
(%)	−8%	1%	7%	14%	17%

* 추정자금수지

[단위: 백만 원]

구 분		연도별 자금				
		1999년	2000년	2001년	2002년	2003년
자금수지		1,372	2,695	774	3,159	1,294
	경상이익	−870	160	1,518	3,428	4,683
	감가상각비	1,569	2,125	2,356	2,131	2,011
	운영자금		−800	−700		
	유상증자	975	6,169			
	신규투자	−301	−4,958	−2,400	−2,400	−5,400
	일반 / 고주파	−101	−400	−400	−400	−400
	고압콘		−799			
	Speed −UP Con	−200	−1,759			
	신규사업		−2,000	−2,000	−2,000	−5,000
순차입금		6,316	3,620	2,846	−313	−1,607

98년 12.31 이월차입금 7,688
* 2002년 무차입경영 달성

판매계획

− 판매량

[단위: 천 개]

구 분	1999년	2000년	2001년	2002년	2003년
일반 / 고주파	126,492	172,043	189,247	208,172	228,989
삼 성	55,348	65,957	72,553	79,808	87,789
L G	27,238	32,000	35,200	38,720	42,592
대 우	5,339	6,500	7,150	7,865	8,652
현 대	4,187	4,000	4,400	4,840	5,324
기 타	14,908	28,586	31,445	34,589	38,048
수 출	19,472	35,000	38,500	42,350	46,585

구 분		1999년	2000년	2001년	2002년	2003년
고압콘		2,745	6,285	10,000	12,000	13,000
	삼 성	1,809	4,500	6,000	6,000	6,500
	L G				1,000	1,500
	대 우		250	2,500	2,500	2,500
	기 타	538	600	600	1,000	1,000
	수 출	398	935	900	1,500	1,500
Speed - UP Con		–	5,300	18,000	24,000	26,000
	삼 성		1,500	6,000	7,000	7,000
	L G				2,000	3,000
	대 우			3,000	3,000	3,000
	기 타			3,000	3,000	3,000
	수 출		3,800	6,000	9,000	10,000

－매출액

[단위: 백만 원]

구 분		1999년	2000년	2001년	2002년	2003년
일반 / 고주파		9,856	11,699	12,869	14,156	15,571
	삼 성	4,313	4,485	4,934	5,427	5,970
	L G	2,122	2,176	2,394	2,633	2,896
	대 우	416	442	486	535	588
	현 대	326	272	299	329	362
	기 타	1,162	1,944	2,138	2,352	2,587
	수 출	1,517	2,380	2,618	2,880	3,168
고압콘		1,136	2,257	3,600	4,320	4,680
	삼 성	749	1,616	2,160	2,160	2,340
	L G	–	0	0	360	540
	대 우	–	90	900	900	900
	기 타	223	215	216	360	360
	수 출	165	336	324	540	540
Speed - UP Con		–	636	2,160	2,880	3,120
	삼 성	–	180	720	840	840
	L G	–	0	0	240	360
	대 우	–	0	360	360	360
	기 타	–	0	360	360	360
	수 출	–	456	720	1,080	1,200
신기술판매		–	0	4,000	4,000	4,000
총 계		10,992	14,592	22,629	25,356	27,371

제 7 장

기술가치 평가와 지적재산권

1 특허제도의 목적과 출원

(1) 특허제도의 개요

특허제도의 목적

○ 특허제도는 발명을 보호·장려함으로써 국가산업의 발전을 도모하기 위한 제도이며(특허법 제1조)

  − 이를 달성하기 위하여 '기술공개의 대가로 특허권을 부여'하는 것을 구체적인 수단으로 사용

  ● 기술공개 → 기술축적, 공개기술 활용 → 산업발전

  ● 독점권부여 → 사업화촉진, 발명의욕 고취 → 산업발전

※ 특허제도는 자기기술을 자발적으로 남에게 알리게 하는 교묘한 제도로서 현대문명은 특허제도의 기반 위에서 가능(기술 문헌의 99% 이상이 특허기술)

특허요건

○ 특허권을 받기 위하여 출원발명이 갖추어야 할 요건

  − 출원발명은 산업에 이용할 수 있어야 하며(산업상 이용가능성)

  − 출원하기 전에 이미 알려진 기술(선행기술)이 아니어야 하고(신규성)

  − 선행기술과 다른 것이라 하더라도 그 선행기술로부터 쉽게 생각해 낼 수 없는 것이어야 함(진보성)

특허권의 효력

○ 존속기간은 20년(실용신안권 10년)

○ 권리를 획득한 국가 내에만 효력발생(속지주의)

특허대상

○ 물건, 물질 및 방법(실용신안권은 물건에 한정)

특허출원 관련

선출원주의와 선발명주의

○ 동일한 발명이 2 이상 출원되었을 때 어느 출원인에게 권리를 부여할 것인가를 결정하는 기준으로서 선출원주의와 선발 명주의가 있음

○ 선출원주의

　　－발명이 이루어진 시기에 관계없이 특허청에 먼저 출원한 발명에 권리를 부여
　　－기술의 공개에 대한 대가로 권리를 부여한다는 의미에서 합리적이며 신속한 발명의 공개를 유도할 수 있음
　　－발명의 조속한 공개로 산업발전을 도모하려는 특허제도의 취지에 부합
○ 선발명주의
　　－출원의 순서와 관계없이 먼저 발명한 출원인에게 권리를 부여
　　－발명가 보호에 장점이 있음. 특히 사업체를 가지고 있지 않은 개인발명가들이 선호하는 제도
　　－발명가는 발명에 관련된 일지를 작성하고 증인을 확보해야 하며 특허청으로서는 발명의 시기를 확인하여야 하는 불편이 있음
※ 미국 1개국만이 이 제도를 운용 중으로 특허제도의 국제적 통일에 최대 장애요인으로 되고 있음

발명과 고안
○ 특허권은 발명에 대하여 부여하고 실용신안권은 고안에 대하여 부여
○ 특허법상에는 발명과 고안은 구분되고 있으며 발명은 고안에 비하여 고도한 것으로 정의되고 있음
　　－발명의 정의: 자연법칙을 이용한 기술사상의 창작으로서 고도한 것
　　－고안의 정의: 자연법칙을 이용한 기술사상의 창작
○ 그러나 고도한 것이냐 아니냐 하는 것은 주관적인 판단이므로 심사 실무적으로는 출원인에게 그 판단을 일임하고 있음
　　－즉 출원인이 실용신안으로 출원한 것은 고안으로 특허로 출원한 것은 발명으로 간주
　　－더욱이 이중출원이 가능하게 된 실용신안 선등록 제도의 시행에 따라 발명과 고안 구분의 실익이 적어지고 있음

출원서류의 구성
○ 출원서: 출원인, 대리인, 출원일 및 발명의 명칭 등
○ 명세서
　　－발명의 상세한 설명: 발명의 목적, 구성 및 효과 등을 기재
　　－청구범위: 특허발명의 보호범위
○ 도면: 필요한 경우 기술구성을 도시하여 발명을 명확히 표현

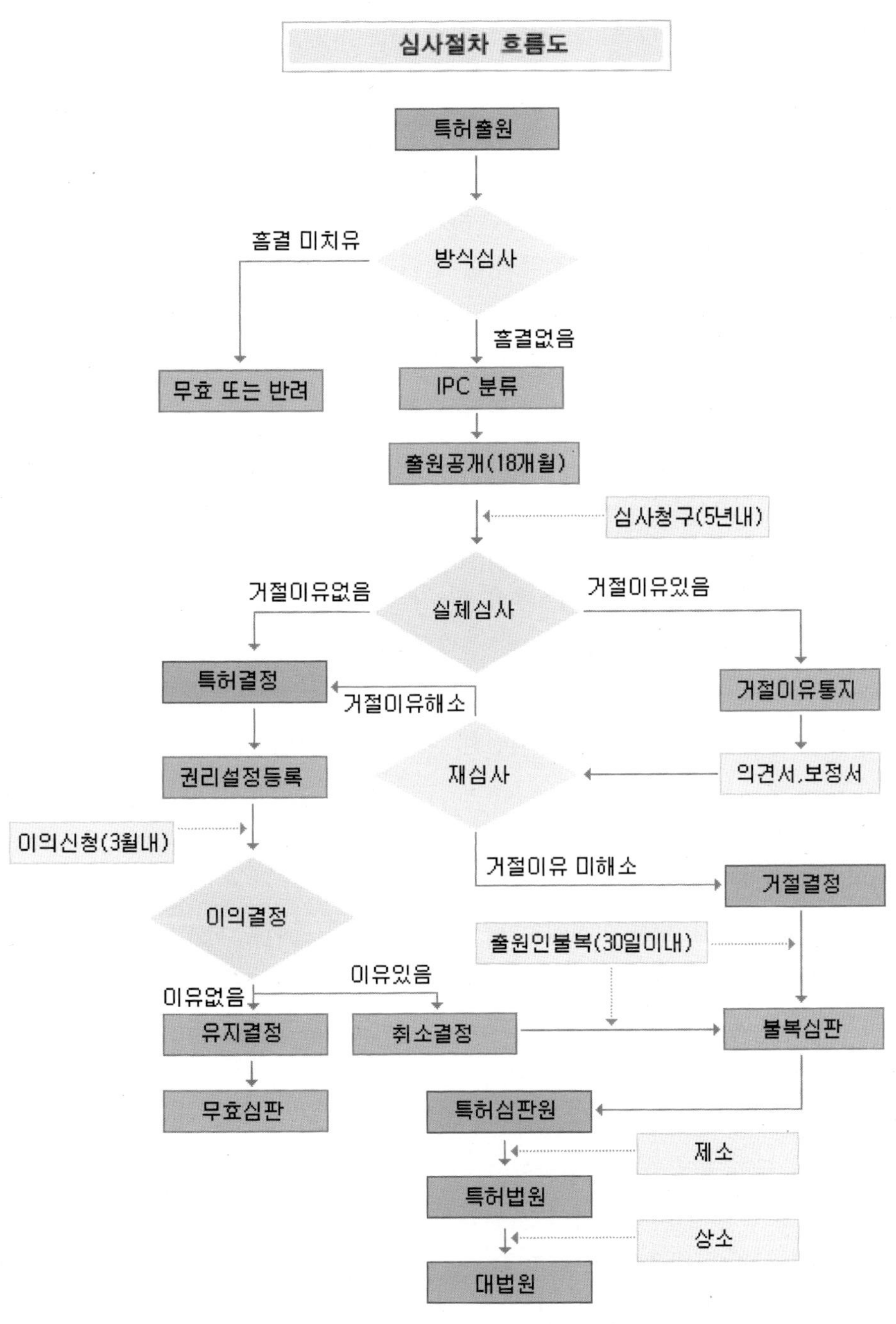
심사절차 흐름도
특허출원
방식심사
흠결 미치유
무효 또는 반려
흠결없음
IPC 분류
출원공개(18개월)
심사청구(5년내)
실체심사
거절이유없음
거절이유있음
특허결정
거절이유해소
거절이유통지
권리설정등록
재심사
의견서,보정서
이의신청(3월내)
거절이유 미해소
거절결정
이의결정
출원인불복(30일이내)
이유없음
이유있음
유지결정
취소결정
불복심판
무효심판
특허심판원
제소
특허법원
상소
대법원

○ 요약서: 발명을 요약정리(기술정보로 활용)

국제기구 및 국제조약

세계지적재산권기구(WIPO, World Intellectual Property Organization)

○ 산업재산권의 국제적 보호촉진과 국제협력을 위한 국제기구

  − 산업재산권 문제를 위한 파리조약(1883), 저작권 문제를 위한 베른조약(1886), 특허협력조약 및 특허법조약 등을 관리하고 지적소유권 분야의 국제협력을 위하여.

  − 1967년 스톡홀름에서 체결하고 1970년에 발효한 세계지적재산권기구설립조약에 따라 설립됨→'74년 국제연합의 전문기구가 됨

○ 회원국: 175개국(한국은 '79년 3월에 가입)

○ WIPO의 주요 임무

  − 지적재산권의 효율적 보호를 촉진

  − 지재권 관련 조약의 체결·운용 및 각국 법제의 조화 도모

  − 개발도상국에 대한 법제·기술 측면의 원조 실시

○ WIPO 구성

  − 일반총회, 체약국회의, 조정위원회, 국제사무국 4개 기구

특허협력조약(Patent Cooperation Treaty, PCT)

특허협력조약체결의 경위

○ 특허협력조약의 체결 이전에는 출원인이 해외에 출원을 하기 위해서는 파리조약에 의하여 우선권을 주장하면서 특허를 받고자 하는 나라마다 특허출원을 제출하여야 하였음.

  − 이에 따라 출원인은 1년 이내에 출원하고자 하는 나라마다 제출할 언어와 양식이 다른 출원서를 작성하여야 하고 해당국의 언어로 번역문을 마련하여야 하며 또한 변리사를 선임하여야 하는 등 노력과 비용을 일시에 감당하여야 하는 불편이 있었음. 더욱이 출원인은 해당 특허획득가능성을 알 수 없는 상태에서 상기의 비용을 모두 지출하게 됨

  − 또한 각각의 특허청은 하나의 출원발명에 대하여 출원공개하고 선행기술을 조사하며 특허성을 판단하여야 하므로 국제간에 특허행정 업무의 중복이 발생.

○ PCT는 파리조약을 통한 해외출원에 있어서 이러한 출원인 및 특허청의 불편을

해소하기 위하여 체결된 것으로

- 파리동맹의 요청에 따라 BIRPI(WIPO의 전신)가 마련하여 1970년 워싱턴에서 채택되고 1978년 발효되었음.
- 따라서 PCT는 파리조약의 보완조약(Supplementary treaty)으로서 파리조약의 규정에 기속됨.

※ 현재 가입국: 115개국(우리나라는 1984년에 가입)

○ PCT가 종래의 파리조약에 의한 해외출원을 할 수 없도록 하는 것은 아니며 출원국이 3개 이하일 경우에는 아직도 파리조약에 의한 해외출원이 경제적으로 유리(PCT출원에는 조사비용 및 예비심사비용을 출원인 부담하여야 하므로 출원국가 수가 적을 경우에는 불리).

특허협력조약체결의 개요

○ 자국특허청에 PCT출원(국제출원)을 하면 조약규정에 따라 출원인이 지정한 나라에 직접 출원한 것과 같은 효과를 부여받음.
- 지정한 나라에서 특허심사를 받기 전에 국제조사 및 예비심사를 받게 함으로써 출원인이 특허요건 충족 여부를 사전에 파악할 수 있도록 하고
  - 특허획득가능성이 있는 출원에 대해서만 지정한 나라에 특허심사를 청구하도록 하여 불필요한 번역료, 출원비용 및 대리인 선임료 등의 비용 지출을 방지
- 또한 WIPO는 선행기술조사결과 및 국제예비심사결과를 각국 특허청에 통보하게 되며 각국 특허청은 이 결과를 해당 출원의 심사에 이용함으로써 특허행정의 중복업무를 최소화
- 한편 특허청마다 개별적으로 시행하던 출원공개를 중앙집중적으로 WIPO에서 출원공개하며 각국 특허청은 이를 국내에서 공개한 것으로 인정

국제조사업무 및 국제예비심사업무

○ 국제조사업무: 국제조사기관이 출원발명과 관련 있는 선행기술을 검색하여 국제조사보고서 및 견해서를 작성하는 업무
- 국제조사기관은 모든 PCT출원에 대하여 출원 후 16개월까지 국제조사보고서 빛 견해서를 직성
- 출원인은 국제조사보고서를 검토한 후 특허획득가능성이 있는 것으로 판단되

면 우선일부터 30개월까지 각국 특허청에 번역문을 제출하여야 함
※ 이때부터 각국의 국내법에 따라 심사절차가 진행되며 특허부여 여부는 각국 특허청이 최종 결정
○ 국제예비심사업무: 국제예비심사기관이 국제조사기관이 발견한 선행기술을 사용하여 출원발명의 특허획득 가능성을 사전에 검토하여 국제예비심사보고서를 작성하는 업무
  - 출원인은 국제조사보고서 및 견해서를 검토한 후 출원을 보정하여 특허획득가능성 여부를 판단하기 어려울 경우 국제 예비심사를 청구
  - 국제예비심사기관은 출원인의 청구가 있는 경우 우선일부터 28개월까지 국제예비심사보고서를 작성
  - 출원인은 국제예비심사보고서를 검토한 후 우선일부터 30월까지 각국 특허청에 번역문을 제출하여야 함
※ 이때부터 각국의 국내법에 따라 심사절차가 진행되며 특허부여 여부는 각국 특허청이 최종 결정
○ 어느 특허청이 국제조사 및 예비심사업무를 수행하는지는 출원인의 선택에 달려 있음
  - 우리청은 1997.9월 국제조사기관 및 국제예비심사기관으로 지정되어 1999.12월부터 동 업무를 수행하고 있음
※ 국제조사기관 및 국제예비심사기관: 한국, 미, 일, EPO 등 11개 특허청

국제조사업무 등의 수행에 따른 효과
○ 우리청의 국제조사업무량이 단기간 내에 10개 특허청 중 6위로 급증하여 세계 유수의 특허청으로 부상
○ 우리청이 국제조사업무를 수행함에 따라 국어로 PCT출원을 할 수 있게 됨
  - 우리 국민이 PCT제도의 장점을 향유할 수 있는 여건을 마련
  - 이에 따라 우리 국민의 PCT출원이 급격히 증가 추세
○ 또한 국제조사업무 등을 PCT가 작성한 지침에 따라 수행해야 하므로 이에 따라 우리청의 심사역량이 급성장 중
○ 한편 국제조사기관은 WIPO가 정한 특허문헌을 의무적으로 보유하여야 함
  - 국제조사업무 수행을 계기로 특허문헌을 조기에 확보하게 되어 특허행정의 인

프라를 국제수준으로 구축 PCT개혁 논의의 진전

○ 미국은 2000년 9월 PCT절차가 복잡하고 출원비용이 크다는 이유로 PCT의 전 반적 개편을 주창하였으며

- WIPO는 PCT개혁위원회를 조직, 개혁방안을 논의 중 주요 개혁 내용(우리 법령에 반영됨)
- 지정개념 및 지정료의 폐지
  - 출원인이 출원국가를 지정하는 제도를 없애고 PCT출원을 하면 자동적으로 회원국 모두를 지정한 것으로 간주
  - 지정하는 국가 수에 따라 6개국까지 지정료를 납부하는 현행제도(7개국부터 지정료 없음)를 폐지
- 확장된 국제조사보고서의 도입
- 국제조사보고서에 심사관의 특허요건에 대한 판단의견을 기재
- 국제조사와 예비심사의 통합 현재 시기적으로 구분하여 수행되고 있는 국제조사와 예비심사를 동시에 수행
- PCT와 PLT의 조화 등
  - PCT의 규정을 2000년 6월 타결된 PLT와 통일시킴

상표의 등록요건

인적 요건(상표등록을 받을 수 있는 자)

우리나라에서 상표권자가 될 수 있는 자격을 갖는 자(개인 또는 법인)로서, 국내에서 상표를 사용하는 자(법인·개인·공동사업자) 또는 사용하고자 하는 자는 상표법이 정하는 바에 의하여 자기의 상표를 등록받을 수 있습니다.

상표권자가 될 수 있는 자격은 우리나라 국민(법인 포함)은 모두 해당되며, 외국인은 상호주의원칙과 조약에 의거하여 그 자격이 결정됩니다.

실체적 요건

상표의 등록요건은 출원의 형식 등 절차적 요건과 상표의 구성 자체가 자타 상품의 식별력을 가진 것인지 부등록사유에 해당되지 않는지에 관한 실체적 요건(적극적 요건, 소극적 요건)으로 나누는데 상표법상 중요한 것은 실체적 요건입니다.

(1) 적극적 요건

상표의 가장 중요한 기능은 자타 상품식별기능이기 때문에 상표로 등록되기 위해서는 우선 식별력을 가져야 합니다. 상표법상 식별력이라 함은 거래자나 일반 수요자로 하여금 상표를 표시한 상품이 누구의 상품인가를 알 수 있도록 인식시켜 주는 것을 말합니다.

일반적으로 식별력 유무의 판단은 지정상품과 관련하여 판단하고 있으며 상표법 제6조제1항 각호에서는 자타 상품의 식별력이 없는 상표들로서 상표등록이 불허되는 사유를 다음과 같이 제한적으로 열거하고 있습니다.

① 상품의 보통명칭

   ○ 상표가 특정상품과 관련하여 그 상품의 명칭을 나타내는 상표를 말합니다. (예: 스넥제품-Corn Chip, 과자-호도과자, 자동차-Car)

② 관용상표

   ○ 동종업자들 사이에서 특정 종류의 상품에 관용적으로 쓰이는 표장을 말합니다.(예: 과자류-깡, 청주-정종, 직물-Tex)

③ 성질표시적 상표

   ○ 산지표시: 당해 상품의 생산지를 표시하는 것을 말합니다.(예: 사과-대구, 모시-한산, 굴비-영광)

   ○ 품질표시: 당해 상품의 품질의 상태, 우수성 등을 표시하는 것을 말합니다. (예: 상, 중, 하, 특선, Super)

   ○ 원재료표시: 당해 상품의 원재료로 쓰이는 상품의 명칭을 표시하는 것을 말합니다.(예: 양복-Wool, 넥타이-Silk)

   ○ 효능표시: 당해 상품의 효과나 성능 등을 표시하는 상표를 말합니다.(예: TV-Hitek, 복사기-Quick Copy)

   ○ 용도표시: 당해 상품의 쓰임새를 나타내는 상표를 말합니다. (예: 가방-학생, 의류-Lady)

   ○ 수량표시: 2켤레, 100미터 등

   ○ 형상표시: 당해 상품의 평상·모양·크기 등을 표시하는 것을 말합니다.(예: 소형, 대형, 캡슐, SLIM)

   ○ 생산방법·가공방법·사업방법표시: 당해 상품의 생산·가공·사용방법을 표시하는 상표를 말합니다.(예: 농산물-자연농법, 구두-수제, 책상-조립)

○ 시기표시: 당해 상품의 사용시기 등을 표시하는 것을 말합니다. (예: 타이어
－전천후, 의류－봄・여름・가을・겨울)

④ 현저한 지리적 명칭, 그 약어 또는 지도

○ 수요자에게 현저하게 인식된 지리적인 명칭을 말합니다.(예: 금강산, 백두산,
뉴욕 등)

⑤ 흔한 성 또는 명칭

○ 흔히 있는 자연인의 성 또는 법인, 단체, 상호임을 표시하는 명칭을 말합니
다.(예: 이씨, 김씨, 사장, 상사, 조합, 총장 등)

⑥ 간단하고 흔히 있는 표장

○ 상표의 구성이 간단하고 또한 흔히 있는 표장을 말합니다.(예; 123, ONE,
TWO, ß 등)

⑦ 기타 식별력이 없는 표장

○ 일반적으로 쓰이는 구호, 표어, 인사말 등(예: Believe it or not, I can do,
www 등)

다만, ③, ④, ⑤, ⑥의 사유에 해당하더라도 출원 전에 사용한 결과 그 상표가 수
요자 간에 누구의 업무에 관련된 상품을 표시하는 것인가 현저히 인식되어 있는 상
표는 등록을 받을 수 있습니다(상표법 제6조제2항). 또한 ③호(산지에 한함) 또는
④호의 규정에 해당하는 표장이라도 그 표장이 특정상품에 대한 지리적 표시인 경
우에는 지리적 표시 단체표장등록을 받을 수 있습니다.(상표법제6조제13항)

(2) 소극적 요건(부등록사유)

비록 상표가 적극적 요건으로서의 식별력을 가지고 있다 하더라도 그 상표를 등록
하여 독점배타적 성질의 상표권을 부여하는 경우 공익상 또는 타인의 이익을 침해
하는 경우 당해 상표의 등록을 배제하도록 하는 규정을 상표법 제7조에서 제한열거
적으로 규정하고 있습니다.

① 대한민국의 국기・국장, 파리협약동맹국. 세계무역기구 회원국 또는 상표법조약
체약국의 훈장・포장, 적십자・올림픽 등의 공공마크와 동일 또는 유사한 상표
(예: 무궁화 도형, IMF, WTO 등)

② 국가・민족・공공단체・종교 등과의 관계를 허위로 표시하거나 이들을 비방 또
는 모욕할 염려가 있는 상표(예: 양키, Negro 등)

③ 국가・공공단체 또는 비영리 공익법인의 표장으로서 저명한 것과 동일 또는 유

사한 상표(예: YMCA, KBS, 적십자 등)

④ 공공의 질서 또는 선량한 풍속을 문란하게 할 염려가 있는 상표 (예: 외설적인 도형이나 문자, 사기꾼, 소매치기 등의 문자)

⑤ 정부 또는 외국정부가 개최하거나 정부 또는 외국정부의 승인을 얻어 개최하는 박람회의 상패·상장 또는 포장과 동일 또는 유사한 표장이 있는 상표

⑥ 저명한 타인의 성명·명칭 또는 상호·초상 등을 포함하는 상표(예: DJ, JP, 한전, 주공 등)

⑦ 타인의 선등록상표와 동일 또는 유사한 상표

⑧ 상표권이 소멸한 날로부터 1년을 경과하지 아니한 타인의 등록상표와 동일 또는 유사한 상표. ⑧-1 지리적 표시 단체표장권이 소멸한 날로부터 1년을 경과하지 아니한 타인의 지리적 표시 단체표장과 동일 또는 유사한 상표

⑨ 주지상표와 동일 또는 유사한 상표. ⑨-1 주지의 지리적 표시와 동일한 유사한 상표

⑩ 수요자 간에 현저하게 인식되어 있는 타인의 상품이나 영업과 혼동을 일으키게 할 염려가 있는 상표

⑪ 상품의 품질을 오인하게 하거나 수요자를 기만할 염려가 있는 상표

⑫ 주지·저명한 상표와 동일 또는 유사한 상표로서 부당한 이익을 얻으려 하는 등 부정한 목적을 가지고 사용하는 상표. ⑫-1 주지·저명한 지리적 표시와 동일 또는 유사한 상표로서 부당한 이익을 얻으려 하는 등 부정한 목적을 가지고 사용하는 상표

⑬ 상품 또는 그 상품의 표장의 기능을 확보하는 데 불가결한 입체적 형상만으로 된 상표

⑭ 세계무역기구(WTO) 회원국 내의 포도주 및 증류주의 산지에 관한 지리적 표시로서 구성되거나 동표시를 포함하는 상표로서 포도주·증류주 또는 이와 유사한 상품에 사용하고자 하는 상표, 다만 지리적 표시의 정당한 사용자가 지리적 표시 단체표장 등록출원을 한 경우는 예외

상표심사절차

상표심사절차도
상표등록출원
심사[실체내용심사]
거절이유통지
출원공고
[공중심사 : 30일]
보정서 · 의견서
[거절이유가 해소된 경우]
[거절이유를 해소하지 못한 경우]
이의신청
이의신청통지
이의답변통지
이의결정
이유없음
이유있음
[불목불가]
등록결정
등 록
거절결정
[불목]
특허심판원
[불목]
특허법원
대법원
[원결정파기인 경우]

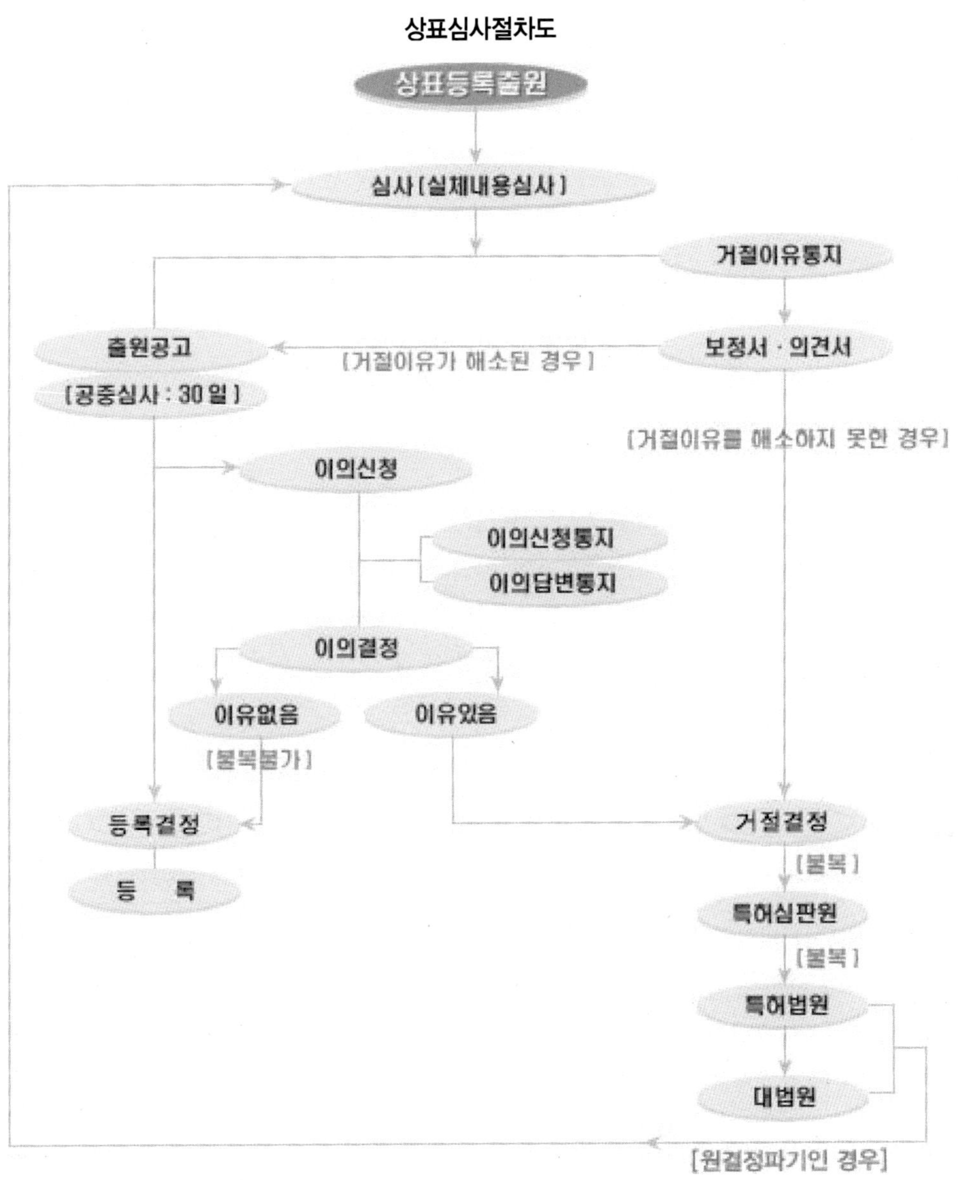

상표권

상표권의 존속기간

상표권은 설정등록에 의하여 발생하는데 상표권의 존속기간은 설정등록이 있는 날로부터 10년이며, 상표권의 존속기간갱신등록출원에 의하여 10년간씩 그 기간을 갱신할 수 있으므로 계속 사용을 하는 한 반영구적인 효력을 갖는다. 상표권의 존속기간을 갱신하고자 할 경우에는 상표권의 존속기간 만료 전 1년 이내에 상표권 존속기간갱신 등록출원을 하여야 한다. 존속기간이 만료된 후라도 6개월이 경과하기 이전에는 상표권의 존속기간갱신 등록출원을 할 수 있으나 일정액의 과태료를 납부해야 한다.

(2) 영업방법(BM)특허

▣ 인터넷관련발명

인터넷이란 컴퓨터와 네트워크·통신망을 이용한 정보 교류 시스템이라고 정의할 수 있는데, 인터넷 관련 발명은 이들 기술과 관련된 발명이라고 할 수 있음. 인터넷 관련 발명은 시스템 분야, 응용 분야로 대별되며, 응용 분야의 주류는 전자상거래 분야로서 영업방법(BM), 전자화폐 관련 발명으로 그 유형을 세분할 수 있음.

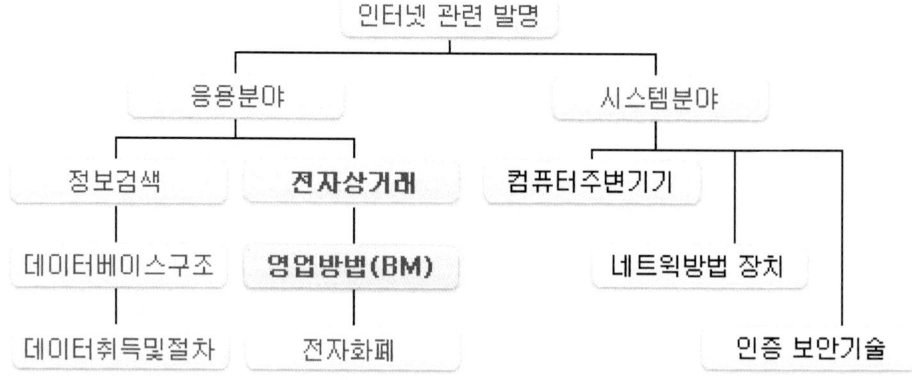

➡ 영업방법(BM) 특허

- 영업방법(BM) 특허란 컴퓨터 및 네트워크 등의 통신기술과 사업 아이디어가 결합된 영업방법 발명에 대해 허여된 특허를 말함.
- BM이란 용어는 Business Method, Business Model이 혼용되어서 사용되고 있으나 미국 특허법상 용어로 Method가 통용되고 있고, 국내 특허법에서도 발명의 카테고리를 물건과 방법으로 구분하고 있으므로, Business Model보다는 Business Method라는 용어가 보다 적절한 것으로 판단됨(Business는 영업 또는 사업 등으로 번역되고 있으나, 특허법 내에서 큰 의미의 차이는 없음).

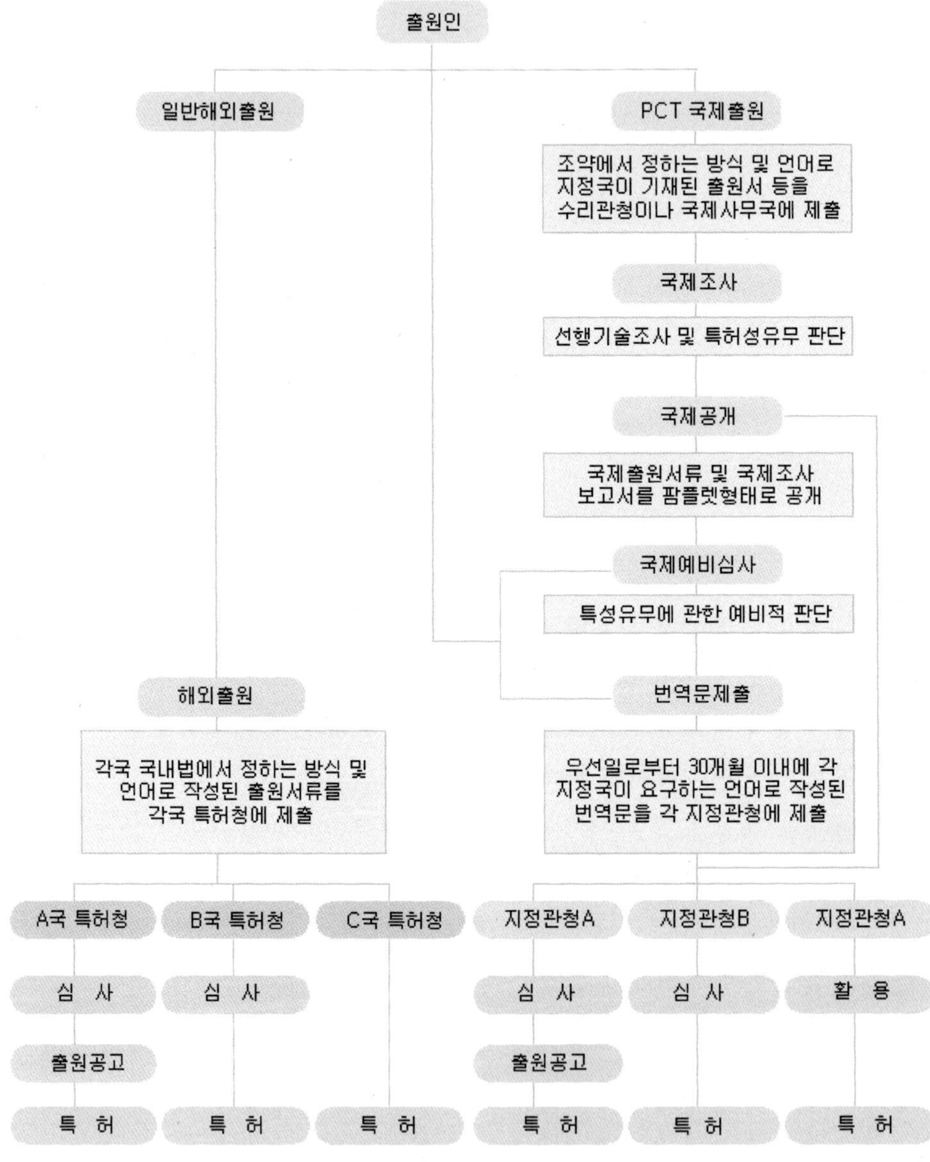
PCT 국제출원절차와 일반해외 출원절차 비교도
출원인
일반해외출원
PCT 국제출원
조약에서 정하는 방식 및 언어로 지정국이 기재된 출원서 등을 수리관청이나 국제사무국에 제출
국제조사
선행기술조사 및 특허성유무 판단
국제공개
국제출원서류 및 국제조사 보고서를 팜플렛형태로 공개
국제예비심사
특성유무에 관한 예비적 판단
번역문제출
해외출원
각국 국내법에서 정하는 방식 및 언어로 작성된 출원서류를 각국 특허청에 제출
우선일로부터 30개월 이내에 각 지정국이 요구하는 언어로 작성된 번역문을 각 지정관청에 제출
A국 특허청
B국 특허청
C국 특허청
지정관청A
지정관청B
지정관청A
심 사
심 사
심 사
심 사
활 용
출원공고
출원공고
특 허
특 허
특 허
특 허
특 허
특 허

▣ 국제출원관련 용어해설

▣ 국제조사기관(International Searching Authority: ISA)

PCT출원을 하면 출원된 발명의 선행기술의 존재 여부 조사 및 특허성 유무에 대한 판단을 해주는 기관으로 국제조사보고서 및 견해서를 발간하여 출원인 및 WIPO에 배부. 우리나라는 '99.12.1부터 세계 10번째 국제조사기관으로 활동 개시

▣ 국제예비심사기관(Int'l Preliminary Examining Authority: IPEA)

출원된 발명의 실체심사(신규성·진보성·산업상 이용가능성)를 수행하는 기관으로 국제예비심사보고서를 발간하여 출원인 및 WIPO에 송부. 우리나라는 '99.12.1일부터 세계 9번째 국제예비심사기관으로 활동 개시

※ 국제조사는 출원하면 반드시 행하는 필수 절차임에 반해 국제예비심사는 출원인의 별도의 청구가 있어야 행하는 선택적 절차임

▣ 우선일(Priority Date)

우선권주장을 수반하는 경우에는 그 우선권주장의 기초가 되는 출원일(2 이상의 우선권주장을 수반하는 경우에는 우선권이 주장된 최선출원의 제출일)이며, 우선권주장이 없는 국제출원일 경우에는 국제출원일을 의미

▣ 국제공개용번역문(Translation for Publication)

모든 PCT출원은 우선일로부터 18개월에 국제사무국에 의하여 국제공개언어로 작성된 출원서로 국제공개가 행해지는데, 만약 국어출원인 경우에는 국제공개를 위해서 출원인은 우선일로부터 14개월 이내에 국제공개용번역문(영어)을 작성·제출해야 한다.

▣ 국제사무국(International Bureau: IB)

세계지식재산권기구(World Intellectual Property Office: WIPO)하의 국제사무국으로 국제공개, 변경통지서 송부 등 PCT절차업무를 담당하는 기관

▣ 수리관청(Receiving Office: RO)

국제출원을 접수하는 국내관청, 우리 출원인의 경우 한국특허청

▣ 지정관청(Designated Office: DO)

PCT출원을 통해 권리를 보호받고자 하는 국가의 국내관청. 출원서의 제출로써 국제출원일에 조약에 구속되는 모든 체약국의 지정을 구성하는 효과가 있음

▣ 선택관청(Elected Office: EO)

PCT출원을 통해 권리를 보호받고자 하는 국가의 국내관청으로서 특히, 국제예비심사결과를 활용하고자 하는 국가의 국내관청

➡ 영업방법(BM) 발명의 특허성 판단사례

본 판단사례는 「전자상거래 관련 발명의 심사 지침」 중 사례8에서 인용한 것임.

◘ 본원 발명

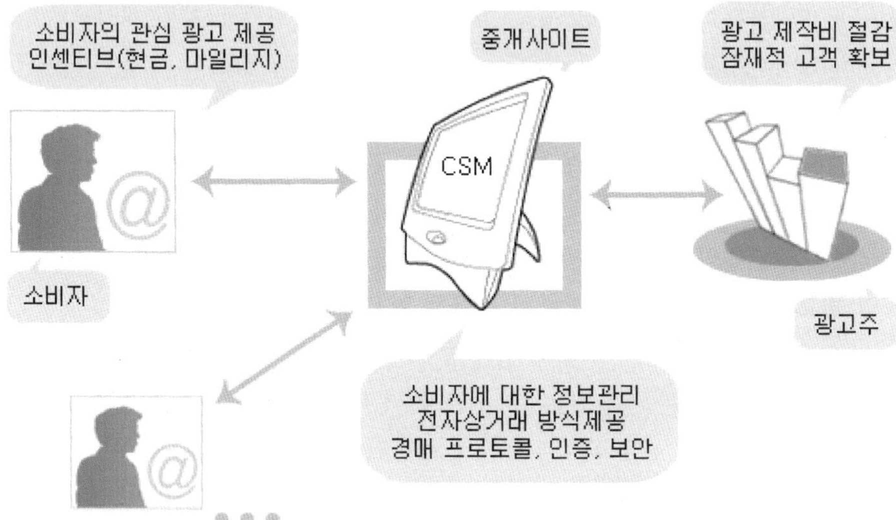

◘ 발명의 명칭

－인터넷상의 광고 보상 방법

◘ 발명의 상세한 설명

－발명이 속하는 기술 분야

- <요약> 본 발명은 인터넷상의 광고방법에 관한 것이다.

－발명이 해결하고자 하는 과제

- <요약> 인터넷상의 단순한 배너광고는 사용자의 관심을 유발하는 데 한계가 있으며 본 발명은 광고에 관심을 보인 대가를 즉석에서 보상함으로써 사용자의 관심을 유발하는 방법을 제공한다.

－과제를 해결하기 위한 수단

- <요약> 본 발명의 시스템은 컴퓨터 네트워크 상에서 연결된 광고 정보 제공자의 컴퓨터(서버)와 다수의 사용자 컴퓨터들로 이루어진다. 상기 컴퓨터

는 디스플레이 장치와 사용자 입력장치를 갖고 있고, 상기 디스플레이 장치는 상기 네트워크를 통하여 사용자 컴퓨터로 전송되는 디지털 정보를 디스플레이할 수 있다. 광고제공자의 컴퓨터는 사용자들로부터 회원가입을 받고 회원들의 신상 및 계좌 등을 관리하는 데이터베이스시스템을 포함한다. 먼저 광고 정보제공자의 서버와 사용자컴퓨터가 네트워크를 통하여 연결되면 광고를 포함한 정보가 사용자컴퓨터에 전송되어 디스플레이장치에 표시된다. 사용자가 광고를 선택하여 클릭할 경우 상기 서버는 이를 인식하고 그 광고에 주의를 기울인 대가로 정해 놓은 만큼의 금액을 사용자계좌에 입금함으로써 보상해 준다.

▣ 특허청구의 범위

(청구항 1)

인터넷상에서의 광고방법에 있어서 광고정보 제공자의 컴퓨터와 사용자컴퓨터를 네트워크상에서 연결하는 단계; 광고를 포함한 정보를 사용자컴퓨터에 전송하는 단계; 광고를 포함한 정보를 사용자컴퓨터에서 디스플레이하는 단계; 사용자가 회원인 경우에 로그인하고 비회원인 경우에는 회원가입을 하고 로그인하는 단계; 사용자가 광고를 클릭하는 단계; 광고 정보 제공자의 컴퓨터가 광고를 클릭한 사용자와 클릭된 광고를 인식하는 단계; 그 광고에 주의를 기울인 대가로 정해 놓은 만큼의 금액을 사용자계좌에 입금하여 보상하는 단계를; 포함하는 인터넷상에서 광고를 보는 대가를 지불하는 방법.

(해　설)

청구항 1에 기재된 발명은 효율적인 광고를 위하여 광고를 클릭한 사람에게 보상을 해주는 영업방법상의 아이디어와 이를 인터넷상에서 구현하는 기술이 결합된 것으로 볼 수 있다. 그중 광고를 클릭한 사람에게 보상을 해 주는 영업방법상의 아이디어는 본 발명의 특징적인 방법으로 주장되고 있다. 이 경우 그 영업방법상의 특징을 인정하여야 하며 선행자료를 조사해 본 결과 그 영업방법에 대한 본원의 출원 이전에 공개된 자료를 찾을 수 없을 경우에는 진보성이 없다고 거절할 수 없다.

◈ 해외 영업방법 특허 사례

▸ 중개 비즈니스 관련 특허 사례

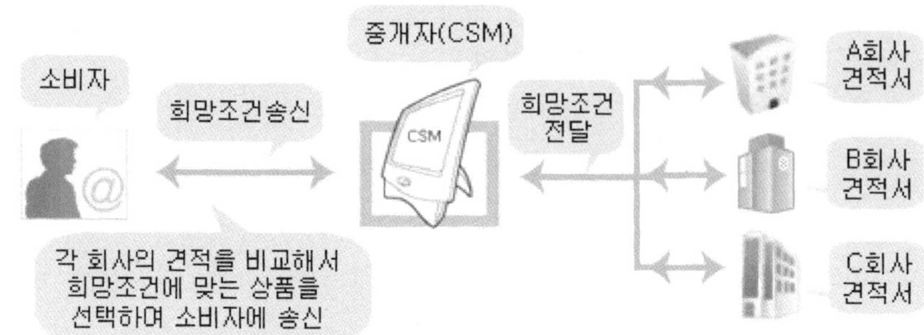

※ 인터넷상의 중개비지니스
중개자는 소비자가 가 등록한 구매조건에 맞는 판매업자간의 경쟁 reverse auction을 실시함

1. 소비자는 희망하는 상품의 구입조건을 중개자에 송신
2. 중개자는 상기 구입조건을 각 회사에 전달
3. 각 회사의 견적을 중개자에게 제시
4. 중개자는 각 회사의 견적을 대비해서 소비자의 희망조건에 맞는 상품을 선택, 소배자에게 연락

- 영업방법(BM) 특허의 대표적인 사례로서, 미국 코네티컷 주의 프라이스라인社 (priceline.com)가 1998년 8월 미국 특허청으로부터 취득한 소위 '역경매(reverse - auction)' 관련 특허를 들 수 있음.
- 역경매 방식의 특허란 공급자가 물건을 소비자에게 경매를 통해서 최고가로 낙찰 시키는 기존의 방식에서, 역으로 소비자가 물건의 값을 먼저 제시하여, 이 조건을 수락하는 공급자와 연결시켜 주는 영업방식을 인터넷상에서 구현된 형태로 출원 한 특허를 말함.
- 실제 미국에 등록된 청구범위(←US 5794207)

---

a. 제공가격을 포함하는 조건부 구매요청을 컴퓨터에 입력하고,
b. 조건부 구매 요청과 관련된 지불 식별수단, 신용카드 계좌를 나타내는 지불 식별수단을 컴퓨터에 입력하며,
c. 지불 식별수단 접수 후에 다수의 판매자들에게 조건부 구매 요청을 출력하고,
d. 조건부 구매 요청에 응하는 승낙과 판매자로부터의 승낙을 컴퓨터에 입력하며,
e. 지불 식별수단을 이용하여 판매자에게 지불수단을 제공하는 것으로 구성되는, 컴퓨터를 이용하여 판매자와 한 명 이상의 판매자 간의 거래를 용이하게 하는 방법

■ 금융 비즈니스 관련 특허 사례

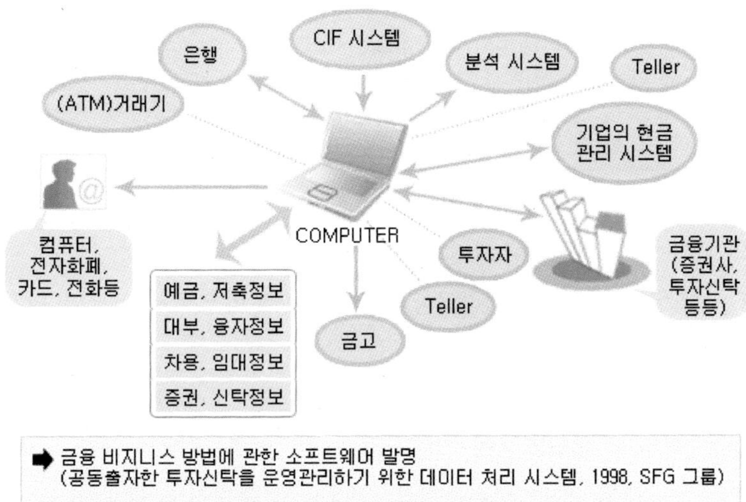

- 금융 비즈니스 관련 특허란 영업방법 발명의 한 형태로서 금융업무의 자동화와 관련된, 즉 증권화, 금융파생상품, 투자위험 평가분석, 자산부채 종합관리 등과 같은 금융 비즈니스 방법에 관한 발명을 말함. 특허를 들 수 있음.
- 금융 비즈니스 관련 특허 사례 중 대표적인 것으로 Signature Financial Group사의 '펀드를 관리하는 데이터 처리 시스템[특허번호: US 5193056]'을 들 수 있는데, 1998년 7월 미국 연방법원(CAFC)이 State Street Bank & Signature Financial Group, Inc., [149 F.3d 1368(Fed. Cir. 1998)] 사건에서 상기 특허가 적법한 특허대상을 구성한다고 판결함으로써, 국제적으로 영업방법(BM)의 특허성에 관한 논쟁을 일으킴.
- 실제 미국에 등록된 청구범위(←US 5193056)

각 파트너가 다수의 펀드 중의 하나의 파트너십으로 설정된 포트폴리오의 재무서비스 구성을 관리하기 위한 데이터처리 시스템으로서 다음 사항을 포함하는 데이터처리 시스템:
a. 데이터를 처리하기 위한 컴퓨터 프로세서 수단;
b. 저장 매체상에 데이터를 저장하기 위한 저장 수단;
c. 상기 저장매체를 초기회하기 위한 제1수단;
d. 상기 포트폴리오 내의 자산과 전날의 상기 펀드 각각에 관한 데이터를 처리하고 상기 펀드 자산 각각에서의 증가 혹은 감소에 관한 데이터를 처리하여 상기 포트폴리오 내에서 각각의 펀드가 보유하는 퍼센트 셰어를 배당하기 위한 제2수단;

e. 매일의 수입 증가분, 비용 증가분, 및 상기 포트폴리오에 관한 순확정 이익 혹은 손실에 관한 데이터를 처리하여 각각의 펀드에 대하여 그러한 데이터를 배당하기 위한 제3수단;

f. 상기 포트폴리오에 관한 매일의 순 비확정 이익 혹은 손실에 관한 데이터를 처리하여 각각의 펀드에 대하여 그러한 데이터를 배당하기 위한 제4수단; 및

g. 상기 포트폴리오 및 상기 펀드 각각에 관한 총 연간 수입, 비용, 및 자본 이익 혹은 손실에 관한 데이터를 처리하기 위한 제5수단

특허제도의 목적

특허제도는 "발명을 보호, 장려하고 그 이용을 도모함으로써 기술의 발전을 촉진하여 산업 발전을 이바지함을 목적"으로 함. 즉 특허제도는 발명자에게는 특허권이라는 독점배타적인 재산권을 부여하여 보호하는 한편, 그 발명을 공개함으로써 그 발명의 이용을 통하여 산업발전에 기여하고자 함. 이런 점에서 특허제도를 신기술보호제도, 발명장려제도, 또는 사적독점보상제도라고 부르기도 함.

특허요건

모든 발명이 다 특허의 대상이 되는 것은 아니며 발명이 특허를 받을 수 있기 위해서 아래에서 요구하는 몇 가지의 요건이 충족되어야 함. 일반적으로 특허 요건은 [주체적 요건], [객체적 요건] 및 [절차적 요건]으로 구분됨.

주체적 요건

1. 정당한 발명자일 것

① 특허출원인은 [발명자], 또는 [그 승계인]이어야 하며 타인의 발명을 모인한 자는 안 됨.

2. 권리능력이 있을 것

① 외국인은 우리 법에 의해 특허받을 수 있는 권리능력을 인정받은 자이어야 함.

② 비법인은 권리 능력이 없음.

③ 특허청 직원은 재직 중 상속 또는 유증의 경우를 제외하고는 특허받을 수 없음.

객체의 요건

1. 적극적 특허 요건

① [발명]일 것

- 인간의 지능적 창작 활동이 특허를 받기 위해서는 그 창작은 특허법상의 발명 개념에 해당되어야 함. 특허법상의 발명이란 "자연법칙을 이용한 기술적 사상의 창작으로서 고도한 것"을 말함.

- 발명이 아닌 것: 계산법, 작도법, 암호작성방법, 컴퓨터프로그램 자체, 과세 방법, 영구기관에 관한 방법
② 산업상 이용가능성이 있을 것
- 특허제도의 목적이 산업발전에 있기 때문에 발명은 산업상 이용 가능해야 함. (생산업, 운수업, 교통업 포함, 보험업, 금융업은 제외)
- 산업성이 없는 발명 (학술적, 실험적으로만 이용되는 발명)
③ 신규성이 있을 것
- 특허제도는 새로운 기술을 공개한 자에게 그 보상으로 특허권을 부여하는 것이므로 발명이 특허를 받기 위해서는 신규성이 있어야 함. 신규성이란 발명이 '새로움'을 갖추어야 한다는 것을 말함.
- 출원 발명이 공지 발명과 동일하지 않아야 함. 공지 발명이란 특허출원 시를 기준으로 하여 국내에서 공지되었거나 공연히 실시된 발명 또는 국내 / 국외에서 반포된 간행물에 기재된 발명과 동일한 발명을 말함.
④ 진보성이 있을 것
- 진보성이란 발명의 창작 수준의 난이도를 말하며 산업상 이용가능하고 신규성을 갖춘 발명이 다음 단계로서 갖추어야 될 특허 요건임.
- 진보성이 없는 발명에 특허를 인정하면 특허권 난립으로 오히려 산업 발전의 저해요인이 될 수 있으므로 진보성이 요구됨.

절차적 요건
1. 발명이 특허를 받기 위해서는 위의 주체적, 객체적 요건 이외에 특허법이 요구하는 다음의 출원절차적 규정에도 적합하여야 함.
① 특허출원절차가 방식에 적합할 것
② 특허출원 명세서의 기재가 법규에 적합할 것
③ 특허출원의 범위에 요건을 충족할 것
④ 최선출원일 것

특허출원의 절차
의 의
1. 특허출원이란 발명에 대하여 특허를 부여받을 수 있는 권리를 가진 사람이 국가

에 대해 발명의 공개를 조건으로 특허권의 부여를 요구하는 의사표시행위를 말함.

2. 특허출원은 [서면]에 의하여 되어야 하고 [국어]를 사용하고 [양식]에 적합해야 하는 한편 [수수료(출원료)]를 납부해야 함.

서류작성방법: 특허 출원서류는 출원서, 명세서, 필요한 도면 및 요약서로 구성됨.

1. 출원서

① 특허출원의 성명 및 주소, ② 대리인의 표시, ③ 제출연월일, ④ 발명의 명칭, ⑤ 발명자의 성명 및 주소, ⑥ 우선권 주장에 관한 사항, 6가지 사항을 모두 기재하여야 함.

2. 명세서

　① 기술개발의 성과인 발명을 문장을 통해 표현하는 부분으로 발명을 구체적으로 기재하여 공표시키고 기재된 공표 발명 중에서 보호대상을 특정하여야 함.

　② 위와 같은 명세서가 공개된 경우, 공중에게는 '기술문헌'으로 이용되며 발명자에게는 '권리서'로서 기능하는 부분임.

　③ 발명의 명칭, 도면의 간단한 설명, 발명의 상세한 설명 및 특허청구 범위가 기재되어야 함.

3. 도　면

　① 특허출원서 작성 시 도면은 필요한 경우 명세서 기재 내용의 이해를 돕기 위하여 첨부하며, 발명의 성질상 도면이 필요하지 않은 경우(방법발명, 화학발명의 경우)에는 제출하지 않음.

4. 요약서

　① 요약서는 명세서가 기술정보로서 쉽게 활용될 수 있도록 하기 위하여 발명을 요약 정리하는 서류를 말하며 출원 서류에 첨부함.

기타 구비서류

1. 우선권을 주장하는 자, 신규성 의제의 주장을 하는 자, 대리인에 의하여 출원절차를 행하는 자들은 관련서류들을 출원서에 첨부하여 제출해야 함.

심　사

심사주의의 내용

1. 발명이 특허를 받기 위해서는 심사과정을 거치게 됨.

　① 심사란 특허권허여의 전체로서 특허 출원 발명이 소정의 특허 요건을 구비하고 있는지의 여부에 대하여 일정 자격을 갖춘 심사관이 판단하는 과정으로서

　　무심사에 대비되는 개념임.
2. 우리나라 특허법은 완전 심사주의를 채택함.
　　① 심사처리의 지연에 따른 문제점 해소와 심사의 객관성과 완전성 유지를 위하여
　　　출원공개 제도, 심사청구제도, 등록공고제도 및 이의 신청제도를 두고 있음.

출원공개제도

1. 의　의
　　① 출원공개란 특허출원 후 일정 기간이 경과된 출원 계속 상태의 발명을 심사
　　　진행 여부에 관계없이 조기에 공개하는 제도를 말함.

2. 목　적
　　① 오늘날의 발명추세에 있어서 기술내용이 복잡, 고도화되고 출원 건수가 증가
　　　함에 따라 심사처리가 지연되는 결과 심사 후 발명을 공표하게 되면 공개시
　　　기가 그만큼 늦어져 공중은 동일 발명에 대하여 중복연구, 중복투자가 행해
　　　질 것이므로 이런 모순을 방지하기 위한 것임.

출원공개제도의 내용

1. 출원공개 시기 및 대상
　　① 출원공개는 특허출원에 대하여 그 출원일(우선권을 주장하고 있는 출원은 그
　　　우선권 주장의 기초가 되는 출원일)로부터 1년 6개월 이 경과할 때 또는 출
　　　원인의 신청이 있는 때, / －이미 등록 공고된 것 / －공서양속에 반하는 발
　　　명 / －비밀취급을 요하는 발명
위의 사항을 제외하고 특허공보에 게재하여 행함.
　　② 출원공개의 효과
　　　　－보상청구권 발생: 출원이 공개된 경우 출원인은 출원공개 후 설정등록까지
　　　　　사이에 업으로서 출원발명을 무단실시한 자에 대하여 법정요건을 갖춘 상
　　　　　태에서 보상금을 청구할 수 있음.
　　　　－정보의 제공: 출원공개가 있는 때에는 누구든지 당해 발명이 특허요건을
　　　　　결한다거나 선원주의에 위반된다는 취지의 정보를 증거와 함께 특허청장에
　　　　　게 제공할 수 있음.

심사청구제도

1. 의　의
　　① 출원심사청구란 특허출원과는 별도로 실체심사의 개시를 요구하는 의사표시

절차를 말함. 특허출원에 대한 실체 심사는 종전과 달리 심사청구가 있을 때에 한하여 그 청구의 순서에 따라 행하고 심사청구가 되지 않은 특허 출원은 일정 기간(출원일로부터 5년)이 경과하면 취하로 간주하며 심사의 대상에서 제외시킴.

2. 목　적

① 심사청구제도는 출원 이후의 상황변화에 따라 심사를 원하지 않는 출원 또는 늦게 권리화를 원하는 출원과 신속히 심사의 결과를 바라는 출원 간의 심사처리시기 및 순서의 조정을 통하여 전체적인 특허출원에 대한 심사처리에 촉진에 기여하고자 하는 의도에서 둔 제도임.

심사청구제도의 내용

1. 심사청구 절차

① 심사청구는 누구나 할 수 있으며, 출원일로부터 5년 이내에 가능함.

2. 심사청구의 효과

① 심사청구를 한 특허출원은 그 청구 순서에 따라 실체심사가 개시되며, 법정 기간 내에 심사청구되지 않는 특허출원은 취하로 간주됨.

② 심사청구를 한 경우에 심사청구는 취하할 수 없음.

등록공고제도

1. 의　의

① 등록공고란 심사관이 특허출원에 대하여 실체 심사를 한 결과 그 출원에 대하여 법정 거절이유를 발견할 수 없을 때 최종적으로 특허사정을 하고 그 등록내용을 공중에게 공고하는 절차를 말함.

2. 목　적

① 등록공고제도는 공중에게 심사의 결과를 알려 의견제시의 기회를 부여함으로써 심사의 완전성, 공정성을 담보시키고자 함에 그 제도적 의미가 있음.

등록공고제도의 내용

1. 등록공고절차

① 등록공고는 특허권의 설정등록을 한 권리에 대하여 특허공보를 통해 행하고, 공고 기간은 등록공고일로부터 3개월간임.

② 비밀 취급을 요하는 특허발명에 대하여는 비밀 취급의 해제 시까지 등록공고를 보류하여야 하며, 그 비밀 취급이 해제된 때 지체 없이 등록공고

2. 등록공고의 효과

① 특허이의신청 기회 부여: 등록공고가 되면 공중은 당해 특허에 대하여 이의 신청을 할 수 있음.

특허이의신청제도

1. 의 의

① 특허이의신청이란 등록된 발명이 거절이유를 포함하고 있어 등록을 취소하여야 한다는 공중의 의사표시 행위를 말함.

2. 목 적

① 특허이의신청제도는 공중의 의견을 수렴하여 부실권리를 조기에 취소하고자 하는 취지에서 도입됨.

특허이의신청제도 내용

1. 이의신청절차

① 이의신청은 누구나 할 수 있으며, 이의신청기간은 등록공고일로부터 3개월 이내이고 이의신청 이유는 거절이유 중에서 일부사유를 제외한 것임.

② 이의신청을 하고자 하는 자는 이의신청의 이유와 그 증거방법을 표시한 이의신청서에 필요한 증거를 첨부하여 특허청장에게 제출하여야 하며, 이의신청의 이유 및 증거를 보정하고자 할 경우에는 이의신청기간 경과 후 30일 이내에 가능함.

2. 이의결정

① 심사관합의체는 특허권자에게 이의신청에 대한 답변서의 제출기회를 부여한 후에 이의결정을 하며 이 취소 결정에 대해서만 특허 심판원에 불복할 수 있음.

특허권

특 성

1. 특허권은 업으로서 특허발명을 독점배타적으로 실시할 수 있는 권리로서 소유권과 유사한 재산권임.

내 용

1. 원 칙

① 특허권자는 업으로서 그 특허발명을 실시할 권리를 독점함.

2. 예 외

① 이상의 특허권의 효력 범위 내라도 아래의 사항에 대하여는 미치지 아니함.

산업정책적 견지 및 공익상의 이유에서 특허권의 효력을 제한하는 것이 타당하다고 보는 경우임.

- 연구 또는 시험을 하기 위한 특허발명의 실시 / - 국내를 통과하는 데 불과한 선박, 항공기, 차량 또는 이에 사용되는 기계, 기구, 장치 등 기타의 물건 / - 특허 출원 시부터 국내에 있는 물건 / - 2가지 이상의 의약을 혼합함으로써 제조되는 의약의 발명 또는 2가지 이상의 의약을 혼합하여 의약을 제조하는 방법의 발명은 약사법에 의한 조제행위 및 조제에 의한 의약에는 미치지 아니함.

공 유

1. 특허권 공유의 의의

① 특허권의 공유란 하나의 특허권을 2인 이상의 자가 공동으로 소유하는 특허권의 소유 형태를 말함.

② 발명이라는 무형물에 대한 특허권의 공유는 유형물(부동산 등)에 대한 공유와 달리 그 객체의 지배방법에 있어 많은 특징이 있음에 유의할 필요가 있음. 따라서 민법상의 공유관계에 그대로 적용될 수 없는 바, 특허법에는 무체재산권에 적합한 특별 규정을 몇 가지 따로 두고 있음.

2. 특허권 공유의 특수성

① 특허권이 공유인 경우에 각 공유자는 다른 공유자의 동의를 얻지 아니하면 그 지분을 양도하거나 그 지분을 목적으로 하는 질권을 설정할 수 없음.

② 특허권이 공유인 경우에는 각 공유자는 당사자 간에 계약으로 특별히 특허발명의 실시 방법 등에 대하여 약정한 경우를 제외하고는 다른 공유자의 동의를 받지 않고 그 특허발명을 자신이 실시할 수 있음.

③ 특허권이 공유인 경우 각 공유자는 다른 공유자의 동의를 얻지 아니하면 그 특허권에 대하여 전용실시권을 설정하거나 통상 실시권을 허락할 수 없음.

존속기간

1. 의 의

① 특허권의 존속기간이란 특허권을 적법하게 행사할 수 있는 법정기간을 말함.

② 기술의 속성상 특허권은 영구적일 수는 없으며 일정 기간만 재산권으로서 보호할 필요가 있고 그 이후에는 공중에게 개방하는 것이 특허제도의 취지에 부합됨.

2. 존속기간의 내용

① 원칙: 특허권의 설정등록이 있는 날부터 특허출원일 후 20년이 되는 날까지

② 예외: 이상의 원칙에 불구하고 아래의 특허권에 대하여는 존속기간의 연장이 예외적으로 인정됨.

- 특허발명을 실시하기 위하여 다른 법령의 규정에 의하여 허가 또는 등록을 받아야 되고, 그 허가 또는 등록 등을 위하여 필요한 시험으로 특허발명을 실시할 수 없었던 기간이 2년 이상인 경우에는('99.1.1부터는 특허발명을 실시할 수 없었던 기간이 2년 미만인 경우에도 존속기간을 연장할 수 있음.) 5년의 기간 내에서 존속기간을 연장할 수 있음.

- 여기에 해당되는 발명은 '의약품 발명', '농약이나 농약원제의 발명'임

- 이상의 사유에 해당되어 특허권의 존속기간의 연장등록을 받고자 하는 특허권자는 법정기간 내에 연장등록출원을 하며 연장의 허가를 받아야 함.

소　멸

1. 소멸의 의의

① 특허권의 소멸이란 특허권이 일정 사유에 의하여 그 효력을 상실하게 되는 것을 말함.

2. 소멸 사유

① 특허권은 아래와 같은 사유로 소멸함.

- 특허료 불납 / - 존속기간의 만료 / - 특허권 포기 / - 특허권 취소 / - 특허권 무효 / - 상속인의 부존재

실시권

의　의

1. 실시권이란 타인의 특허발명을 적법하게 실시할 수 있는 권리를 말함.

2. 실시권의 종류

① 효력에 따라 전용실시권, 통상실시권이 있으며, 통상실시권은 그 발생원인에 따라 허락실시권, 법정실시권 및 강제실시권이 있음.

전용실시권

1. 정　의

① 전용실시권이란 일정범위 안에서 타인의 특허발명을 업으로서 독점, 실시할 수 있는 권리를 말함. 전용실시권이 설정된 범위 내에는 특허권자도 전용실

시권자의 허락 없이 특허 발명을 할 수 없음.

2. 성 격

① 전용실시권의 성격은 준물권임.

통상실시권

1. 정 의

① 통상실시권이란 타인의 특허발명을 일정조건하에서 업으로 실시할 수 있는 권리를 말함. 통상실시권은 전용실시권과는 달리 채권으로 인식함.

2. 종 류

① 특허권자(전용실시권자)의 허락에 의하여 발생하는 허락실시권

② 특허법이 정하는 조건에 해당되는 자가 갖게 되는 법정실시권

③ 특수한 목적에 의하여 국가의 강제권의 발동에 의하여 인정되는 강제실시권

위와 같이 3가지로 분류할 수 있음.

3. 기 타

① 일반적으로 통상실시권은 허락에 의해서 발생되며, 법정실시권은 7가지의 법정 사유에 의하여 성립되고, 강제실시권은 3가지의 법률원인에 의하여 허용됨.

특허권 침해에 대한 구제

침해에 의의

1. 특허권 침해의 정의

① 특허권 침해란 특허발명을 실시할 권한이 없는 자가 타인의 특허발명을 업으로서 실시하는 행위를 말함.

② 특허권은 무형의 기술사상에 대한 지배권이어서 그 객체를 점유할 수 없는 바, 침해가 용이하게 이루어지며 침해된 경우 침해사실의 발견도 쉽지 않을 뿐만 아니라 그 입증 또한 곤란하기 때문에 특허법은 특허권자의 보호를 위한 특별규정들을 두고 있음. 즉 간접침해의 인정, 과실 및 생산방법의 추정 그리고 손해액의 추정 등이 그러한 규정임.

침해에 대한 규제

1. 민사적 규제

① 특허권이 침해된 경우 특허권자는 민사적 구제수단으로서 침해금지 청구권, 손해배상청구권, 신용회복청구권 및 부당이득 반환청구권을 행사할 수 있음.

2. 형사적 구제 수단

① 특허권을 고의로 침해한 경우 특허권자는 고소하여 침해죄를 추궁할 수 있음.

② 법인의 경우 등에 있어서는 침해자(종업원)와 법인(사용자)에게 양벌 규정이 적용됨.

③ 특허권 또는 전용실시권을 침해한 자에 대하여는 5년 이하의 징역 또는 5,000만 원 이하의 벌금에 처함.

기본적 필요성

① **감정적 편견의 억제에 기여**: 감상적(자아도취적) 아이디어 또는 경험에 의존하는 주먹구구식 계획의 제거를 돕는 역할을 담당함.

② **사업에 대한 헌신도의 시험**: 창업자의 사업에 대한 헌신도는 완벽한 계획으로 나타낼 수 있음.

③ **계획 및 조치의 정당성을 입증**: 구체적, 세부적 사업계획은 계획 및 아이디어의 정당성을 입증하여 현실감과 성공가능성을 높여주는 역할을 함.

④ **사업아이디어의 도상(圖上) 검증**: 도상연습은 중대한 실수를 문서상에 국한시켜 적은 비용으로 수정 가능하게 하여 사업의 성공률을 높임.

⑤ **전후 일관성 있는 전략으로 발전**: 계획을 문서로 작성하는 것은 사업과 관련된 구성요소들을 재검토, 재인식할 수 있어 핵심 성공요소들이 모순되지 않게 조화, 결합시켜 줌.

⑥ **타인의 감동과 신뢰성의 제고**: 훌륭하게 작성된 사업계획서는 설득력 있는 문서로서 이해관계인의 관심을 유도하고 창업자가 희망하는 이미지와 일치될 수 있어 신뢰감을 얻을 수 있음.

업무적 필요성

기준 설정의 효용

구 분	효 용
조직 전체 측면	• 무질서의 배제 • 기술, 시스템의 누적과 전송 • 합리화, 효율화의 기초 • 조직운영의 유연성 확보 • 로테이션의 용이 • 신뢰 관계의 확립 • 전달, 커뮤니케이션의 용이 • 의사통일의 용이 • 평가기준의 명확화

구　분	효　용
관리자 측면	• 업무수행 가능량의 추정 자료 • 문서에 의한 지시 가능 • 경영관리의 통제와 조정 • 교유 필요점 파악 자료 • 기준에 의한 평가 자료
부하 측면	• 기대 수준, 목표의 명확 • 업적에 대한 자기 판단 가능 • 자발적 행동 유도 • 자기 계발의 유도 • 자기 계발의 자료 • 개선 필요점의 파악 자료 • 후배 지도 자료

계획 수립 참여의 효과

구　분	효　　　용
계획 측명	• 여러 가지 각도에서 검토할 수 있으므로 계획이 세련된다. • 전원의 지혜를 결집시킬 수 있다. • 계획 그 자체에 구체성이 생긴다. • 계획이 합리적이 되고, 무절제가 배제된다. • 참조적인 계획이 만들어진다. • 계획 내용의 질이 높아진다. • 계획을 달성하는 목적 방침 및 방법 순서가 명확해진다.
관리자 측면	• 관리자와 부하의 대화가 성립되며 상호간에 신뢰관계가 생긴다. • 목표, 상황의 공유화가 가능하다. • 상부로부터의 계획 강요가 없어진다.
관리자 측면	• 실행에 대한 협력을 얻을 수 있다. • 계획에 대한 부하의 이해, 납득, 관심을 높일 수 있다. • 관리 능력을 육성할 수 있다. • 관리자의 시간을 효과적으로 사용할 수 있다.
부하 측면	• 관리자와 같은 입장에서 생각할 수 있다. • 계획 달성의 기대 수준을 파악할 수 있다. • 관리자의 지시가 없어도 업무에 자발적으로 대처할 수 있다. • 자기 의견, 아이디어가 채택된 기쁨이 있다. • 업무 수행의 기준, 판단의 근거가 된다. • 자기 역할을 인식할 수 있고 결과에 대해 자기 평가도 가능하다. • 경영 사이클을 원활히 돌릴 수 있다.

벤처기업 혁신능력 진단표
(예비창업자 제조업용)

2002.5

중 소 기 업 청
벤 처 기 업 청

벤처기업 자가진단 평가모형 구성

벤처성

- 투자수익성
- 위험요인, 관리능력
- 기업특성 및 독점적 소유권 보호 능력

Ⅰ. 인적자원	Ⅱ. 기 술 성	Ⅲ. 사 업 성
○ 벤처기업가(자질, 능력) ○ 경영팀, 구성원 능력 등	○ 기술혁신 능력 ○ 기술사업화 능력 ○ 기술우수성 ○ 기술집약성	○ 시장전망(시장성) ○ 제품 / 서비스 특성 ○ 마케팅 / 판매 능력

평가대상 업체 현황

□ 업체 현황

				관리번호	※	

업 체 명		대표자		담당자	
주 소					
연 락 처	전 화		FAX		E - mail
설립(예정)일		종업원 수 (계획)		명	공장, 연구소
주생산품	①	②	③	업 종	
항 목	2002년(예정)		2003년(예정)		2004년(예정)
자 본 금	백만 원		백만 원		백만 원
매 출 액	백만 원		백만 원		백만 원
순 이 익	백만 원		백만 원		백만 원

구 분	업체 수	업체명
국내경쟁사		
해외경쟁사		
협력(가능)업체		

구 분	제품명	제품개발에 활용되는 주요 기술명
현재 주력제품		
개발 중인 제품		
미래 주력제품		

평가대상 업체 현황

부 문	대 항 목	문항 수	배 점	평가결과	비 고
I. 인적 자원	1. 벤처기업가(자질, 능력)	11	14.0		
	2. 경영팀 구성 능력	2	3.0		
	계	**13**	**17.0**		
II. 기술성	1. 기술현신 능력	5	6.0		
	2. 기술사업화 능력	5	8.0		
	3. 기술우수성	6	10.0		
	4. 기술집약성	5	6.0		
	계	**21**	**30.0**		
III. 사업성	1. 시장전망(시장성)	8	12.0		
	2. 제품 / 서비스 특성	6	10.0		
	3. 마케팅 판매 능력	5	8.0		
	계	**19**	**30.0**		
IV. 벤처성	1. 투자수익성	5	8.0		
	2. 위험요인 관리 능력	3	4.0		
	3. 기업특성 및 독점적 소유권 보호 능력	5	8.0		
	계	**13**	**20.0**		
총 계		**66**	**100.0**		

<실사요원의 종합 평가 의견>

(1) 인적자원

가) 예비 벤처기업가(자질, 능력)

(가) 예비 벤처기업가의 퍼스내리티(의지 및 자질)

① 예비 벤처기업가의 사업경영에 대한 전략적 추진의지

예비 벤처기업가의 사업경영에 대한 전반적 추진의지(기업가 정신)는 어떠한가?
[체크항목]   (해당 항목에 모두 √ 표시)
- ① 기술·서비스에 대한 내용 파악(　)
- ② 기술진, 관리진의 구성, 가능성 높음(　)
- ③ 시장 특성, 수요 파악(　)
- ④ 주변기술 특성이해, 문제 해결 노력 가능(　)
- ⑤ 사업경영에 대한 비전(　)
- ⑥ 기술혁신, 사업화, 시장진출 등 단계별 계획수립(　)
- ⑦ 정책 및 국제 환경변화 적극 대응(　)
- ⑧ 주주 및 관계인사와의 합의 도출(　)

---

② 벤처 경영계획 추진실적

예비 벤처기업가의 벤처 경영계획 추진실적은 어떠한가? (해당 항목에 모두 √ 표시)
[체크항목]
- ① 자제개발로 기술확보 계획(　)
- ② 기술도입, 외부공동개발로 기술확보 계획(　)
- ③ 개발제품(서비스)의 시장진출 시도 / 준비(　)
- ④ 자체 자본 조달 / 계획 추진(　)
- ⑤ 내부 경영관리 시스템 구축 계획(　)

---

③ 예비 벤처기업가의 사업경영 노력 지속가능성

예비 벤처기업가의 사업경영에 대한 실현노력의 지속가능성은? (해당 항목에 모두 √ 표시)
[체크항목]
- ① 제반 관리 부문 노력 지속(　) ② 기술 및 서비스에 지속 노력 가능(　)
- ③ 제품시장 확대 지속 노력(　) ④ 자금 및 투자유치 노력 지속(　)
- ⑤ 경쟁사 동향에 대한 관심 지속(　)

---

④ 위험 대처능력

예비 경영자의 기술경영 추진력 및 위험평가 / 관리 등 위기관리 능력의 수준은?
[체크항목]   (해당 항목에 모두 √ 표시)
- ① 신기술·신사업 호기심(　) ② 기술혁신의 적극적 도전성(　)
- ③ 사업추진 시구력·집중력(　) ④ 기술경쟁 및 시장 위기 시 대처능력(　)
- ⑤ 의사결정의 신속성, 대응력(　)

---

⑤ 벤처사업에 대한 지적 능력

예비 벤처기업가가 해당 벤처비즈니스에 대한 지식을 분명하게 확보하고 있는가?
[체크항목]   (해당 항목에 모두 √ 표시)
　① 벤처기업 이론에 대한 견해(　)　　　② 해당 분야 일반과 벤처기업 차이점 숙지(　)
　③ 선진 벤처기업 성공 실패요인 인지(　)　④ 국내 유사경쟁 벤처 동향 파악(　)
　⑤ 벤처 발전단계별 추진전략 준비(　)

⑥ 예비 벤처기업가의 대내외 도덕성, 신뢰성

예비 벤처기업가가 대내외적으로 도덕성, 신뢰성을 확보하고 있는가?
[체크항목]   (해당 항목에 모두 √ 표시)
　① 거래조건 불이행 사례가 없음(　)　　　② 과거에 임금체불한 사례가 없음(　)
　③ 과거 부도 경험 없음(　)　　　　　　　④ 과거 · 현재 개인적 신용불량 실적 없음(　)
　⑤ 자산가압류 등 법적제제 경험 없음(　)　⑥ 사업 · 개인적 세금체납 실적 없음(　)
　⑦ 사기 및 배임죄에 연고된 적이 없음(　)　⑧ 한정치산, 금치산자 판정 없음(　)

⑦ 예비 벤처기업의 대내외 도덕성, 신뢰성

예비 벤처기업이 대내외적으로 도덕성, 신뢰성을 확보하고 있는가? (해당 항목에 모두 √ 표시)
[체크항목]
　① 자본금형성 과정 시 사채 등을 통한 가장납입 가능성 없음(　)
　② 기업의 신용보증한도를 초과하거나 이자납입 연체실적 없음(　)
　③ 예비 임원들의 개인적 신용불량 실적이나 기업보증 후 연체실적 없음(　)
　④ 과거 거래 후 부도나 부도 직전 상황 없음(　)
　⑤ 기타 법적 제소 실적 없음(　)

⑧ 기술혁신 실적

예비 벤처기업가의 신기술, 신시장 개척에 대한 기술혁신 내용은?
[체크항목]   (택 해당 항목에 1개만 √ 표시)
　① 기존시장에 신기술 적용(　)
　② 기존시장에 신기능 서비스 적용(　)
　③ 기존기술을 패키지화, 새로운 용도 개발 등으로 신시장에 적용(　)
　④ 신기술로 유사 · 대체서비스 개발, 시장 개척(　)
　⑤ 신기술로 신시장 적극 개척(　)
　⑥ 신개념 기술로 제품개발, 세계시장 겨냥(　)
　　(주력 제품 및 기술의 개발에 적용하는 벤처기업가의 주된 의지를 기준으로 함)
　　(단, 제품, 기술이 복수인 경우와 현 시장 및 미래시장에 대한 차별적 의지도 적용 가능)

(나) 예비 벤처기업가의 경험(벤처사업과 관련된 과거의 기록)

① 시장에 대한 철저한 지식

예비 벤처기업가는 벤처비즈니스의 목표시장 설정을 어떻게 접근하고 있나?
[체크항목]   (택 해당 항목에 1개만 √ 표시)
　① 시장수요와 예측자료 분석에 근거(　)　　② 시장 세분류를 통한 전략적 접근(　)
　③ 과거 유사시장 접근 경험에 의거(　)　　④ 경쟁사 및 수요처의 의견 중심(　)
　⑤ 신제품 출시 후 수요동향 파악근거(　)　　⑥ 종합적 자체 시장조사 평가 근거(　)

② 예비 창업자의 리더십

예비 창업자의 리더십을 판단할 수 있는 근거는?
[체크항목]   (해당 항목에 모두 √ 표시)
　① 거래선 형상력(　)　　② 업계 주도력(　)　　③ 투자선 협상력(　)
　④ 대외 친화력(　)　　⑤ 정책 제안력(　)

③ 예비 벤처기업가의 동 업종 분야 근무경력(전 직장 경력 포함)

예비 벤처기업가의 해당 분야 벤처비즈니스와 관련된 과거의 근무실적은 얼마나 있는가?
[체크항목]
－근무경력 기준－   (택1)(해당 항목에 1개에만 v 표시)
　① 동종 업종 근무경력 3년 미만(　)
　② 동종 업종 근무경력 3년 이상~5년 미만(　)
　③ 동종 업종 경력 5년 이상~7년 미만(　)
　④ 동종 업종 경력 7년 이상~10년 미만(　)
　⑤ 동종 업종 근무경력 10년 이상(　)
－근무직무 기준－   (택1)(해당 항목에 1개에만 v 표시)
　① 동일 근무 근무경력 3년 미만(　)
　② 동일 근무 근무경력 3년 이상~5년 미만(　)
　③ 동일 근무 경력 5년 이상~7년 미만(　)
　④ 동일 근무 경력 7년 이상~10년 미만(　)
　⑤ 동일 근무 근무경력 10년 이상(　)

나) 경영팀 구성가능성

① 핵심 직무별 전문가의 확보 및 배치가능성

예비 창업자의 기술, 생산, 판매 등 핵심 직무별로 책임 전문가를 확보가능성은? (책임자급의
확보가능성은 기존에 접촉하고 있거나 확약을 받아 놓은 상태 기준)
[체크항목]   (해당 항목에 모두 √ 표시)
　① 최고경영자가 전담(　)　　② 핵심 기술전문가 확보가능(　)
　③ 생산전문가 확보가능(　)　　④ 판매전문가 확보가능(　)
　⑤ 관리 및 재무전문가 확보가능(　)　　⑥ 일반직원이 각각 담당(　)

② 예비 벤처기업가와 기업에 대한 비판적 평판 및 대응

예비 벤처기업가 및 기업에 대한 비판적 평판에 대해 정확히 잘 알고 있는가?
[체크항목]   (해당 항목에 모두 √ 표시)
-비판 내용-
① 확보기술에 대한 비판 없음(　)　　② 생산기술 내용에 대한 비판 없음(　)
③ 해당 제품 내용 및 품질 비판 없음(　)　④ 거래관행 및 신용 비판 없음(　)
⑤ 최고경영자에 대한 비판 없음(　)　　⑥ 시장경쟁 수단에 대한 비판 없음(　)
⑦ 자금조달 및 유치 등에 관한 비판 없음(　)

-비판에 대한 대응-
① 별로 신경 쓰지 않고 있음(　)　　② 비판 내용을 파악하고 있는 중(　)
③ 비판 내용을 정확히 파악하고 있음(　)　④ 비판 내용 모두 파악, 대응책 마련(　)
⑤ 비판에 대해 사후적으로 적극 대응(　)　⑥ 비판에 대해 사전 예방 조치(　)

(2) 기술성

가) 기술혁신 능력

① 예비 창업자의 기술혁신에 대한 창의력 및 긍정적 사고

예비 창업자가 창의력과 긍정적인 사고로 기술혁신 업무를 수행하고 있는가?
[체크항목]   (해당 항목에 모두 √ 표시)
① 신기술 습득의지가 확고하다(　)
② 개발 목표가 뚜렷하다(　)
③ 신기술 신제품 개발의지가 강하다(　)
④ 활력성 있는 연구 추진분위기 조성 가능하다(　)
⑤ 기술혁신에 대한 발전지향적 사고방식을 소유하고 있다(　)

② 예비 창업자의 기술혁신 수행 능력

예비 창업자가 신규사업을 성공적으로 수행하기 위한 기술혁신 수행 능력은? (기술혁신 수행
능력의 판단은 계획 수립과 일부 실행, 경험 등의 유무 기준)
[체크항목]   (해당 항목에 모두 √ 표시)
① Project 수행 경험이 많아 관리가 합리적이다(　)
② 기술개발 결과를 문서화, 전산화 등을 통한 체계적 관리하고 가능하다(　)
③ 기술개발을 위한 효율적 자원(인력, 설비, 재료 등)관리가 가능하다(　)
④ 기술인력 및 설비의 효율적 활용이 가능하다(　)
⑤ 외부 기술 확보를 위한 수단 파악과 실행의 신속한 실천이 가능하다(　)
⑥ 자체 기술혁신과 기술도입, 위탁연구 결과의 효율적 결합추진이 가능하다

③ 외부 기술 지원기관과의 연계가능성

예비 창업자의 기업, 대학 및 관련 연구기관의 연계 및 활용가능성은?
[체크항목]   (택2)(해당 항목에 2개에만 √ 표시)
　① 국내 특정대학과 제휴, 협력(　)   ② 정부출연연구소와 제휴, 협력(　)
　③ 국내 관련 기업의 기술전문가 협력 활용(　)   ④ 해외 협력업체와 협력(　)
　⑤ 외국 및 국내 전문가의 자문 체제(　)

④ 기술정보 확보 정도

예비 창업자의 기술정보확보 체계 구축가능성은?
[체크항목]   (택2)(해당 항목에 2개에만 √ 표시)
　① 경영자의 해외출장, 기술정보 수집을 위한 경험과 사례가 다수 존재(　)
　② 기술정보(예: 연구정보, 개발정보, 생산정보, 시장정보 등)의 분류 및 자료화 구축(　)
　③ 기술정보 수집 및 관리하는 전문 기법 확보(　)
　④ 국내외 기술정보전문기관의 회원가입 활용(　)
　⑤ 모든 인맥을 통한 기술정보를 수집하는 체제(　)

⑤ 기술개발의 외부환경분석

예비 창업자의 기술개발과 관련한 외부환경에 대한 분석체계가 구축 능력은?
[체크항목]   (해당 항목에 모두 √ 표시)
　① 국내외 경제환경 분석(　)   ② 기술동향 분석(　)
　③ 시장동향 및 변화 분석(　)   ④ 경쟁업체 기술동향 분석(　)
　⑤ 분석자료를 전략수립에 충분히 반영(　)

나) 기술사업화 능력

① 예비 창업자의 신제품기획(숙련도, 경험수준) 추진 능력

예비 창업자의 제품개발 계획 수립과 개발 단계의 표준화 능력은?
[체크항목]   (해당 항목에 모두 √ 표시)
　① 개발 절차서 및 매뉴얼의 보유(　)
　② 개발 단계별 일정계획 수립 추진 능력(　)
　③ 개발제품의 특성을 고려한 인적 구성 능력(　)
　④ 보유기술 및 기존제품과의 연계성 검토결과 활용 능력(　)
　⑤ 제품개발 소요예산 편성 및 관리 능력(　)
　⑥ 개발 달성 목표(수준) 및 달성 여부 평가 및 보정 능력(　)

② 예비 창업자의 최적화 설계 추진 능력

예비 창업자의 최적화 설계를 위한 추진 능력은?
[체크항목]   (해당 항목에 모두 √ 표시)
  ① 설계 및 개발계획의 수립가능( )
  ② 설계결과 검토 및 검증자료 보유( )
  ③ 보유기술과의 연계성 검토자료 보유( )
  ④ 설계변경, 유효성 검토자료 보유( )
  ⑤ 설계 기술인력의 확보가능( )
  ⑥ 외부 설계전문기관과의 긴밀한 협력 추진( )

③ 예비 창업자의 제품화 아이디어 수집체계

예비 창업자의 신제품 개발을 결정하기 위한 아이디어 수집 방법은?
[체크항목]   (해당 항목에 모두 √ 표시)
  ① 소비자 요구파악( )   ② 전문가(위원회) 평가 방식( )
  ③ 개발사례 연구( )   ④ 정보서비스 제공 정보 이용( )
  ⑤ 주변 인맥의 제안 활용( )   ⑥ 관련 전문가의 자문( )

④ 예비 창업자의 기술·제품의 표준화 가능성

예비 창업자의 기술·제품의 표준화 능력은?
[체크항목]   (택2)(해당 항목에 2개에만 √ 표시)
  ① 제품사양 표준화 가능( )   ② 핵심기술 표준화 가능( )
  ③ 생산공정 표준화 가능( )   ④ 핵심부품(중간재) 표준화 가능( )
  ⑤ A / S, 서비스 표준화 가능( )

⑤ 예비 창업자의 핵심기술 보완 능력

예비 창업자의 제품화를 위한 핵심기술 보완 능력은 어느 정도인가?
[체크항목]   (해당 항목에 모두 √ 표시)
  ① 산학연 등 외부기관 도움 필요( )   ② 해외에서 기술도입 및 핵심 부품 수입( )
  ③ 일부 자체 해결, 외부 전문가 도움( )   ④ 국내 관련 기업과의 공동 추진( )
  ⑤ 핵심기술 보완을 완전히 자체 해결 가능( )

다) 기술 우수성

① 예비 창업자의 주력제품 종합적 보유기술의 경쟁력 확보 수준

예비 창업자의 보유 기술의 경쟁사 대비 차별화된 핵심기술 확보 수준?
[체크항목]   (택2)(해당 항목에 2개에만 √ 표시)
  ① 생산공정 및 소재 채용 등에서 차별화된 핵심기술을 확보하고 있음( )
  ② 모방할 수 없는 제품 설계, 기능 등을 확보하고 있음( )
  ③ 특허 등 기술 권리적 장벽을 구축하고 있음( )
  ④ 향후 경쟁기술 출현에 대비한 추가 기술개발 아이템을 확보하고 있음( )
  ⑤ 기술개발인력, 개발자금 등 자원과 기술혁신 경험, 능력을 확보하고 있음( )

② 예비 창업자의 보유기술 대외적 신뢰수준

예비 창업자의 보유기술 관련 보고서 또는 논문을 대외에 발표한 건수 및 공인된 수상경력
(예: 벤처기업대상 등), 성공 사례로 선정되어 기사화된 실적은?
[체크항목]　　　　　　　　　　　　　　　　　　(택2)(해당 항목에 2개에만 √ 표시)
　① 정부공인 공식 포상 수상(　)
　② 업종단체 주관 우량기업 선정, 포상(　)
　③ 우수기술, 우수제품 선정 기사화(　)
　④ 기술 보고서, 기술내용 기사화(　)
　⑤ 해외 전문기관 선정 포상, 기사화(　)
　⑥ 자체 기술혁신과 기술도입, 위탁연구 결과의 효율적 결합추진이 가능하다(　)

③ 예비 창업기업의 사업부문별 기술우수성

예비 창업자의 기업, 대학 및 관련 연구기관의 연계 및 활용가능성은?
[체크항목]　　　　　　　　　　　　　　　　　　(택2)(해당 항목에 2개에만 √ 표시)
　① 생산제품 특성에 기여(　)　　　　② 제품품질, 기능경쟁력 기여(　)
　③ 제품의 가격경쟁력에 기여(　)　　④ 경쟁기술 대비 발전 정도 우수(　)
　⑤ 해외 기술 대비 첨단성 확보(　)

④ 예비 창업기업의 기술권리 범위의 명확성, 독창성

예비 창업기업의 기술의 신규성, 독창성 및 타 기술 침해, 분쟁발생가능성은?
[체크항목]　　　　　　　　　　　　　　　　　　(택2)(해당 항목에 2개에만 √ 표시)
　① 노하우 기술로 신규, 독창성 확보(　)　② 실용신안 등록 기술로 독창성 확보(　)
　③ 국내 특허 출원, 등록 기술(　)　　　　④ 타 기술 침해, 분쟁발생가능성 거의 없음(　)
　⑤ 해외 특허출원, 등록 기술로 독창성 확보(　)

⑤ 예비 창업자의 개발기술의 실증력

예비 창업기업 기술의 실험적 연구결과 성숙도, 개발수준 및 추가 연구개발 필요성은?
[체크항목]　　　　　　　　　　　　　　　　　　(해당 항목에 모두 √ 표시)
－기술개발 단계－(택1)
　① 실증 실험단계(　)　　　② 시작품 제작단계(　)　　　③ 양산 실험단계(　)
　④ 제품 생산단계(　)　　　⑤ 시장 진출단계(　)　　　⑥ 시장 성장단계(　)
－추가연구 필요성－
　① 핵심기술 보완 필요 없음(　)　　　　② 기능의 기술 장애 해결 필요 없음(　)
　③ 시스템 기술 부문 추가연구 필요 없음(　)　④ 생산기술 보완 필요 없음(　)
　⑤ 기술 장애 없고, 추가연구 필요 없음(　)

⑥ 예비 창업기업의 개발기술의 경쟁력

예비 창업기업 기술의 핵심성 및 우위성 등을 경쟁기술과 대비한 자체 기술력 평가는?
[체크항목]
 - 자체 기술력 평가 - (택1)
  ① 국내 중상위(경쟁사 10개 이상), 세계 중위(다수)( )
  ② 국내 중상위(경쟁사 10개 미만), 세계 중위(20개 미만)( )
  ③ 국내 중상위(경쟁사 5개 미만), 세계 중상위(10개 미만)( )
  ④ 국내 중상위(경쟁사 5개 미만), 세계 상위(5개 미만)( )
  ⑤ 국내 중상위(경쟁사 3개 미만), 세계 상위(5개 미만)( )
 - 자체 기술력 평가 근거 - (해당 항목에 모두 √ 표시)
  ① 핵심기술 혁신성( )   ② 기술 독창성( )   ③ 기술개발 난이도( )
  ④ 기술개발 경험( )   ⑤ 다양한 기술 보유 정도( )

라) 기술 집약성

① 예비 창업기업의 확보기술 R&D(기술개발) 투자비율

예비 창업기업의 총경비 대비 R&D(기술개발) 투자비율은 어느 정도인가?
[체크항목](택1)
  ① 1% 미만( )   ② 1% 이상~3% 미만( )   ③ 3% 이상~5% 미만( )
  ④ 5% 이상~10% 미만( )   ⑤ 10% 이상( )

② 예비 창업기업의 R&D(기술개발) 투자적정성

예비 창업기업의 R&D(기술개발) 투자액수 및 수요 대비 투자비율의 적정성은?
[체크항목]
  ① 개발 수요는 많으나 투자규모액 미약( )
  ② 연구과제 수 대비 평균금액 1억 미만( )
  ③ 대학, 연구소, 대기업 위탁연구비중 높음( )
  ④ 공신력 있는 공공기관의 공동연구비중 높음( )
  ⑤ 기술기획, 외부 위탁비중 결정 효율화( )

③ 예비 창업기업의 기술개발인력 확보가능성

예비 창업기업에서 필요한 기술개발인력의 확보가능성은?
[체크항목]   (해당 항목에 모두 √ 표시)
 - 기술개발 단계 - (택1)
  ① R&D 경험자 다수 확보가능( )
  ② 핵심기술전문가 확보가능( )
  ③ 대학, 연구소 인력 활용 및 연계체계 구축( )
  ④ 국내의 기술제휴기업 연구인력 활용가능( )
  ⑤ 연구원 병역특례 지정가능( )

④ 예비 창업기업의 산업재산권 출원 실적(과거) 및 계획 건수

예비 창업기업 산업재산권(특허, 실용신안, 의장 모두 포함) 출원(등록건 포함)실적, 및 개발 중이거나 개발준비 중인 기술 및 제품의 향후 1년간 산업재산권 출원 계획 건수는? (예상출 원 건수는 관련된 기술 및 제품의 기술개발·기획 문서가 제시된 경우에 인정함)
[체크항목]
- 산업재산권 출원(과거) 종합 점수-(택1)
　① 5점 미만(　)　　　　　　　　　② 5점 이상~10점 미만(　)
　③ 10점 이상~20점 미만(　)　　　④ 20점 이상~30점 미만(　)
　⑤ 30점 이상(　)

- 계산식: 특허, 실용신안 및 의장 간 질적 수준을 달리하여 그 중요 비중을 3 : 2 : 1로 한 다.(예) 출원한 각각의 건수가 특허 5건, 실용신안 7건, 의장 4건이면, 그 중요 비중을 고려 하여 특허 5건×3 + 실용신안 7건×2 + 의장 4건×1 =33점으로 계산

- 산업재산권 출원 계획-(택2)(해당 항목에 2개에만 v 표시)
　① 국내 의장, 상표권 출원(다수)(　)　　　② 국내 실용신안 출원(다수)(　)
　③ 국내 특허 출원(1개 정도)(　)　　　　　④ 국내 특허 출원(다수)(　)
　⑤ 선진국 특허 출원(다수)(　)

⑤ 예비 창업기업의 개발기술 활용가능성

예비 창업기업의 원천기술 및 요소기술 확보에 따라 기타 분야 활용가능성과, 추가 기술개발 에 따른 타 분야 재활용가능성은 어느 정도인가?
[체크항목](택1)
　① 응용가능성과 재활용가능성 약간 있음(　)　　② 제한적 활용가능성은 있음(　)
　③ 응용 분야가 제한적, 재활용성 보통 수준(　)　④ 응용가능성과 재활용성 양호(　)
　⑤ 응용가능성과 재활용성 매우 높음(　)

(3) 사업성

가) 시장전망(시장성)

① 예비 창업기업의 기술활용 생산제품의 판매가능성

예비 창업기업 제품의 국내외 시장에서의 판매가능성은?
[체크항목]　　　　　　　　　　　　　　　　　(해당 항목에 모두 √ 표시)
　① 신기능 첨가로 시장침투가능성 높음(　)　② 공정, 소재 등 원가절감 요인 많음(　)
　③ 신기술 제품으로 신규시장 개척 가능(　)　④ 판매, 고객확보 등 유통망 확보 수월(　)
　⑤ 일정 시장규모 안정성 확보가능(　)　　　⑥ 지속적 매출증가, 수요창출가능성 높음(　)
　⑦ 해외 수출시장 개척가능성 높음(　)

② 예비 창업기업의 제품 시장성·성장성

예비 창업기업의 제품의 목표시장 규모, 시장 성장성 확대가능성은?

[체크항목] (택2)(해당 항목에 2개에만 v 표시)
- ① 벤처비즈니스가 기존시장을 자극( ) ② 기존제품 기존시장 포화상태( )
- ③ 국내 초기시장 형성 단계( ) ④ 새로운 시장 창조로 성장가능성 높음( )
- ⑤ 목표시장 성장 매우 현저( ) ⑥ 국내 및 세계시장 규모 성장세( )

③ 예비 창업기업의 제품의 시장점유율 전망

예비 창업기업의 제품의 목표 시장점유율 요인별 전망은? (경쟁사 대비 상대적 매출 성과 전망 기준)

[체크항목] (해당 항목에 모두 √ 표시)

－시장 커버리지 측면－
- ① 목표시장에 친숙, 우수한 유통력 확보( )
- ② 목표시장에 대한 영업력 탁월( )
- ③ 목표시장에 대한 취급물 최상 평가( )
- ④ 목표시장에 대한 광고 등 홍보대책( )
- ⑤ 기타 정부구매, 대량 납품 등 특수 거래관계 구축( )

－경쟁사 대비 시장 점유율 우월 측면－
- ① 제품품질 우월 가능( )
- ② 제품 성능 우월 가능( )
- ③ 제품 가격 우월 가능( )
- ④ 제품 디자인 우월 가능( )
- ⑤ 제품의 사용 및 유지, 보수 AS 서비스 등 우월 가능( )

④ 예비 창업기업의 개발제품 시장점유율 점유 근거

예비 창업기업의 제품의 목표시장점유율 달성가능성의 근거는?

[체크항목] (택2)(해당 항목에 2개에만 √ 표시)
- ① 판매 계약(수주) 실적 확보(계약)( ) ② 판매 계약(수주)상담 진행 중( )
- ③ 사용 메이저(Major)와 독점계약( ) ④ 샘플인증(Sample Approval)단계 추진( )
- ⑤ 목표시장의 친숙도 확보, 독점적 확보( ) ⑥ 유통채널(Market Channel)확보( )

⑤ 예비 창업기업의 제품 시장경쟁·수익 실현가능성

예비 창업기업의 제품 시장경쟁 및 수익 목표 등의 실현가능성은?

[체크항목] (해당 항목에 모두 √ 표시)
- ① 유사제품, 서비스 경쟁사 파악(설명가능)( )
- ② 잠재적 경쟁사 분석, 평가( )
- ③ 경쟁사와 자사의 강약점 비교 분석( )
- ④ 경쟁사와 자사의 경쟁 전략 비교( )
- ⑤ 경쟁사 대비 자사의 경쟁우위요소 설명 가능( )

⑥ 예비 창업기업의 수출시장 진출가능성

예비 창업기업의 제품의 수출시장 진출가능성은? (실적 / 계획 유무로 판단)
[체크항목]   (택2)(해당 항목에 2개에만 √ 표시)
① OEM 수출( )   ② 제3국 우회 수출기지 확보( )
③ 수출시장 개척 활동 전개( )   ④ 해외 바이어(딜러) 확보( )
⑤ 해외 현지 판매법인 설립 예정(계획)( )

⑦ 예비 창업기업의 사업모델 및 품목 유망성

예비 창업기업의 제품의 사업모델 및 품목 유지가능성은?
[체크항목]   (해당 항목에 모두 √ 표시)
① 동일 사업모델 및 품목 출현가능( )
② 유사사업, 품목 출현가능( )
③ 차별화 사업, 품목 출현가능( )
④ 유통개선, 고객 차별화 사업, 품목가능( )
⑤ 독특한 사업, 품목이라 장기 유지가능(지속 성장가능)( )

⑧ 예비 창업기업의 신규 및 유사시장 진입 장벽

예비 창업기업의 제품의 신규 및 시장 진입 장벽은?
[체크항목]   (해당 항목에 모두 √ 표시)
① 기존 및 유사 시장 진입 장벽 없음( )   ② 시장진입 비용(광고 등)이 소요( )
③ 대기업계열 선발기업 참여 등 장벽 없음( ) ④ 틈새시장 진출 장벽 미약( )
⑤ 시장 진입 장벽 존재하나 독점적 요소로 대응( )

나) 제품 / 서비스 특성

① 예비 창업기업의 제품 독점적 소유권 확보 및 보호 능력

예비 창업기업의 제품에 대한 독점적 소유권을 확보 보호가능성은?
[체크항목]   (해당 항목에 모두 √ 표시)
① 유사제품, 서비스 출현 가능하나 차별화( )
② 기존대비 생산 노하우 독점화( )
③ 원천기술 공유 및 응용상품화( )
④ 원천기술 존재하나 자사 특허 출원 / 등록( )
⑤ 상표 및 제품 특허출원 가능( )
⑥ 원천기술 확보로 독점 제품 소유( )

② 예비 창업기업의 제품의 시장수용성(시장침투력)

예비 창업기업의 제품 시장수용성은 현저한가?
[체크항목]   (시장수용 단계 기준)
① 기존제품 성숙 단계( )   ② 기존제품 대체 단계( )
③ 초기 기술, 제품 수용 단계( )   ④ 선구자 제품 수용 단계( )
⑤ 특정 수요 수용 단계( )   ⑥ 일반 수요 수용 단계( )

③ 예비 창업기업의 시장출시 제품의 준비 여부

예비 창업기업에서는 이미 시장에서 작동하는 시제품이 개발되었는가?
[체크항목](택1)
　① 시제품 구상단계(　)　　　　　　　　　② 시제품 개발 중(　)
　③ 시제품 개발완료, 시장출시(　)　　　　　④ 시제품 개발완료, 시장출시 개시(　)
　⑤ 시제품 개발완료, 시장, 시장출시 준비 중(　)　⑥ 시제품 개발완료, 시출 시 완료(　)
　⑦ 양산개시, 시장 확대 중(　)

④ 예비 창업기업의 제품 생산에 필요한 원료, 가공품 확보 여건 및 능력

예비 창업기업의 제품의 생산에 필요한 원료, 가공품 확보(인프라) 여건은?
[체크항목]　　　　　　　　　　　　　　　　(택1)(해당 항목에 1개에만 √ 표시)
　① 구매물량 대비 국내 자체조달 불리(　)　　② 전량 외국에서 조달(　)
　③ 일부 수입에 의존(　)　　　　　　　　　④ 핵심 원료는 수입에 의존(　)
　⑤ 국내 자체조달 무난(　)

⑤ 예비 창업기업 제품의 시장경쟁 정도

예비 창업기업의 최초 3년간(과거 혹은 미래) 경쟁 위협의 정도는 어떠한가?
[체크항목]
－경쟁 위협의 정도－(택1)
　① 경쟁의 위협 높음(　)　　　　　　　　　② 경쟁의 위협 보통임(　)
　③ 경쟁 위협 중위 수준임(　)　　　　　　　④ 경쟁의 위협가능성 낮음(　)
　⑤ 경쟁의 위협 거의 없음(　)

－경쟁 위협의 요소－(해당 항목에 모두 √ 표시)
　① 제품 가격 경쟁(　)　　　　　　　　　　② 제품품질, 성능, 디자인 경쟁(　)
　③ AS, 서비스 경쟁(　)　　　　　　　　　④ 시장접근(용이)성 경쟁(　)
　⑤ 제품구매 동기 경쟁(　)　　　　　　　　⑥ 신제품개발(기능 특화, 다양화) 경쟁(　)

⑥ 예비 창업기업의 제품의 가격·비가격 경쟁력 구축가능성

예비 창업기업의 제품 가격경쟁력과 비가격경쟁력 구축가능성은?
[체크항목]
－가격경쟁력－(해당 항목에 모두 √ 표시)
　① 원자재 수급구조(구매조건 등)(　)　　　② 제품생산 원가구조(채산성)(　)
　③ 생산공정 시스템(설비, 임금 등)(　)　　④ 시장유통 구조(물류비용 등)(　)
　⑤ 일반관리비 구조(판관비, 금융비용 등)(　)

－비가격 경쟁력－(해당 항목에 모두 √ 표시)
　① 브랜드(제품) 인지, 가치 인정(　)　　　② (제품)품질, 성능, 디자인(　)
　③ (제품) 수명, AS, 서비스(　)　　　　　④ (제품)구성 다양성(product mix)(　)
　⑤ (제품)구매 동기 유발 및 광고, 판촉 전략(　)　⑥ 충성고객 확보(　)

다) 마케팅 / 판매 능력

① 예비 창업기업의 제품 목표시장 및 마케팅 전략수립

예비 창업기업의 목표시장 분석과 가격결정, 판매예측 등 마케팅 전략의 수립 여부는?
[체크항목] (해당 항목에 모두 √ 표시)
① 목표시장의 분석( ) ② 판매촉진 능력 분석( )
③ 원가분석 및 가격의 결정( ) ④ 수요분석 및 예측( )
⑤ 판매루트 및 물류의 최적화( )

② 예비 창업기업의 신사업 마케팅 능력

예비 창업기업가의 신사업 마케팅을 위한 마케팅 채널을 특성별로 분류하고 서비스 채널로서
활용하기 위한 장단점을 분석하고 채널을 보완할 수 있는 능력은?
[체크항목] (해당 항목에 1개에만 √ 표시)
① 제품 마케팅 채널에 대한 체계적인 분석자료 보유( )
② 현 상품 수명주기상 위치 분석, 마케팅 채널 분석 자료 보유( )
③ 제품 관련시장 및 신시장에 대한 분석자료 확보( )
④ 신시장 및 신상품의 상관관계에 대한 분석자료 확보( )
⑤ 자사 및 경쟁사의 제품 원가구조, 마진 분석자료 확보( )
⑥ 경쟁사의 제품가격구조 및 인하 대응 전략 분석자료 확보( )

③ 예비 창업기업 제품의 시장경쟁 정도

예비 창업기업의 신제품의 원가구조에 따른 신제품 가격 대응정책은?
[체크항목] (택1)(해당 항목에 1개에만 √ 표시)
① 브랜드 인지까지 저가정책( ) ② 제품품질, 성능 중심 가격전략( )
③ 경쟁사 가격 대비 저가정책( ) ④ 제품구성별 가격 차별화 정책( )
⑤ 시장별 가격 차별화 정책 전략( ) ⑥ 시장상황에 따른 가격대응정책( )

④ 예비 창업기업의 제품판매 계획 및 전략 접근과 실현가능성(거래선의 안정성 등)

예비 창업기업의 판매 거래선의 안정성 등 판매계획, 전략의 접근과 실현가능 근거는?
[체크항목] (해당 항목에 모두 √ 표시)
① 고객에 대한 접근 용이성( ) ② 제품품질, 성능 중심 홍보 수월( )
③ 경쟁사 대비 가격경쟁력( ) ④ 시장수요 및 고객의 반응도 측정( )
⑤ 목표시장별 매출 / 마진 안정성 및 지속성, 성장성( )

⑤ 예비 창업기업의 제품생산·판매에 관한 법적 규제 대응

예비 창업기업의 제품 소비자 수용에 대한 제약요인 등 법적 규제 상황 정도는?
[체크항목] (해당 항목에 모두 √ 표시)
① (서비스)의 환경오염 규제 없음( ) ② (서비스) 원자재 사용가능( )
③ (서비스) 사회적 수용문제 없음( ) ④ 조세, 관세 정책 규제 없음( )
⑤ 시장개척 시 지역적 문제없음( )

(4) 벤처성

가) 투자수익성

① 예비 창업기업의 절대적 기대수익액 일정 기간 내 달성가능성

예비 창업기업 투자 후 최초 5년 이내에 10배 이상 투자수익 기대 근거는?
[체크항목]   (택2)(해당 항목에 2개에만 √ 표시)
　① 기보 등 외부평가전문기관의 기술성, 사업성 평가 결과( )
　② 벤처캐피탈, 엔젤 등 투자전문가 및 기관의 기술성, 사업성 평가 결과( )
　③ 미국, 유럽 등 선진국 시장의 성장 추세 및 사업성( )
　④ 대학, 출연연구기관의 기술성, 사업성 평가 결과( )
　⑤ 금융기관, 보험사, 대기업 등의 투자 상담 및 평가 결과( )
　⑥ 기술평가 전문기관의 기술성, 사업성 평가 결과( )

② 예비 창업기업의 투자수익(benefit) 등 사업매력 정도

예비 창업기업의 투자수익을 기대하여 투자 유치할 때 사업의 매력요인은?
[체크항목]   (택2)(해당 항목에 2개에만 √ 표시)
　① 확보한 기술 내용 및 독점성( )　　　② 사업모델, 수익모델 등의 매력( )
　③ 부가가치 등 예상 수익 규모( )　　　④ 최고경영자의 경험, 자질, 사업 능력( )
　⑤ 상장 등 예상 자본수익 회수계획( )　⑥ 기술 및 사업제휴, 영업 네트워크 구축( )
　⑦ 기타 독점시장 확보가능성 등 판매능력

③ 예비 창업기업의 제품의 시장점유율 전망

예비 창업기업의 제품의 목표 시장점유율 요인별 전망은?
[체크항목]   (택2)(해당 항목에 1개에만 √ 표시)
　① 5년 이상( )　　　　② 3 - 5년( )　　　　③ 2 - 3년( )
　④ 1 - 2년( )　　　　⑤ 1년 이내( )

④ 예비 창업기업은 신규사업 투자 시 유동성 확보가능성

신규사업 투자 시 쉽게 유동성을 확보와 계속적 투자가 예상되는가?
[체크항목]   (택2)(해당 항목에 2개에만 √ 표시)
　① 개인투자( )　　② 투자 조합 등 엔젤투자( )　　③ VC 투자( )
　④ 금융 융자( )　　⑤ 정책 자금( )　　　　　　　⑥ 대기업 혹은 외국기업 투자( )

⑤ 예비 창업기업의 경영실적지표 달성 전망

예비 창업기업의 향후 가장 현저히 기대되는 경영실적지표 중 항목은?
[체크항목]   (택2)(해당 항목에 2개에만 √ 표시)
　① 향후 1년 내 매출 성장률을 평균 50% 이상 달성가능( )
　② 향후 1년 내 당기 순이익률 평균 5% 이상 달성가능( )
　③ 향후 1년 내 4개월 이상의 운전자금 확보가능( )
　④ 향후 1년 내 이익 성장성이 50% 이상 달성가능( )
　⑤ 향후 1년 내 자기자본비율이 35% 이상 달성가능( )
　⑥ 향후 1년 내 종업원 1인당 평균매출이 1억 원 이상 달성가능( )

나) 위험요인 관리 능력

① 예비 창업기업의 벤처사업 특성상 내재된 위험요인 정도

예비 창업기업의 운영상 특징인 높은 위험요인의 정도는?
[체크항목]   (해당 항목에 모두 √ 표시)
 - 사업 위험요소 -
  ① 경쟁사가 우월한 제품(서비스) 출시로 사업축소 위험요소 없음( )
  ② 시장 실패 등 사업기반 약화의 위험 없음( )
  ③ 첨단 대체기술 출현에 의한 사업 축소 위험 없음( )
  ④ 대기업 등 주요 거래선의 수주조건, 수주선 변경으로 인한 사업 위험 적음( )
  ⑤ 핵심기술인력의 이직 등으로 인한 위험요소 없음( )

 - 사업 위험요소 -
  ① 제품 출시 개발지연 등으로 인한 자금 운용상 급격한 자금 압박 위험 없음( )
  ② 제품 생산설비 도입, 공장가동에 필요한 자금유치 실패 위험요소 없음( )
  ③ 급격한 제품 원부자재 가격상승으로 인한 원가 상승요소 적음( )
  ④ 차입금 등 고이자비용으로 인해 자금 압박요소 적음( )
  ⑤ 국내외 계획된 투자 유치의 실패 혹은 지연 등으로 인한 자금 압박요소 적음( )

② 예비 창업기업의 사업특성상 내재된 위험요인에 대한 대응책

예비 창업기업의 운용상 특징인 높은 위험요인에 대한 대응가능성 정도는?
[체크항목]   (해당 항목에 모두 √ 표시)
  ① 내부 통제관리 시스템 구축가능( )
  ② 장단기 자금운용 계획 수립, 실시 가능( )
  ③ 전사적 사전 위험 감지, 대응시스템 운용가능( )
  ④ 최고경영자의 특별대책 수단 의존 전망( )
  ⑤ 금융기관 및 관계기관의 협력 방법 의존 전망( )
  ⑥ 업종단체 정보교류센터 등 공적 기관 활용 가능( )

③ 예비 창업기업의 사업 특성상 기업 외부적 요인에 의한 위험(실패)요소

예비 창업기업의 운영상 특징인 높은 위험요인의 정도는?
[체크항목]   (해당 항목에 모두 √ 표시)
  ① WTO, OECD, 수입쿼터 등 수출입 규제 강화로 인한 위험요소 적음( )
  ② 국제 원부자재 가격 상승으로 인한 사업 위험요소 적음( )
  ③ 급격한 환율 변화 및 이자율 상승으로 인한 위험요소 적음( )
  ④ 국내 특별지원정책(산업보호 차원) 폐지 혹은 약화로 인한 위험요소 적음( )
  ⑤ 환경오염 규제, 사회의식 변화 등으로 인한 위험요소 적음( )
  ⑥ 소비자 구매 동향 및 행태의 급격한 변화로 인한 위험요소 적음( )

다) 기업 특성 및 독점적 소유권 보호 능력

① 예비 창업기업의 사업 모델

예비 창업기업의 기술혁신과 제품 생산, 판매 등에 의한 대항 벤처 사업의 특징은?

[체크항목]　　　　　　　　　　　　　　　　　(택2)(해당 항목에 2개에만 √ 표시)

　① 기술혁신(R&D) 중심형 사업 운영(　)　② 시장수요에 부합되는 기술혁신만 운영(　)
　③ 틈새시장 목표 서비스 개발 추진(　)　④ 독점시장 확보 목표 기술혁신 추진(　)
　⑤ 국내 신시장 개척 목표로 제품 개발(　)　⑥ 세계시장 개척 목표로 제품 개발(　)

---

② 예비 창업기업의 주력사업 전력화 전망

예비 창업기업의 주력 제품 사업화 정도와 기타 사업으로의 경영다각화, 투자 연계 등의 전망은?

[체크항목]　　　　　　　　　　　　　　　　　(택2)(해당 항목에 2개에만 √ 표시)

　① 주력 기술제품 사업 1개만 운영(　)
　② 주력 서비스 연관사업 동시 운영(　)
　③ 주력 서비스 이외 신규 기술제품 추진(　)
　④ 연관 분야 기술사업화 연계 투자(　)
　⑤ 사업성, 기술성 우수 사업에 대한 적극적 투자(　)
　⑥ 해외시장 개척 목표로 타 사업 분야에 투자(　)

---

③ 예비 창업기업의 입지

예비 창업기업의 활동을 원활하게 하기 위한 각종 입지조건은?

[체크항목]　　　　　　　　　　　　　　　　　(해당 항목에 모두 √ 표시)

　① 주변에 대학과 벤처단지가 조성(　)　② 주변에 출연연구소와 벤처단지가 조성(　)
　③ 협력업체 및 수요처 주변 입지(　)　④ 주변 도로, 항만, 공항 등 교통여건 우수(　)
　⑤ 국내외 물류비용, 정보교류여건 양호(　)⑥ 고급인력 확보, 원자재여건 양호(　)

---

④ 예비 창업기업의 자본 형성의 건전성 및 경영권 확보가능성

예비 창업기업의 초기자본 및 최근 증자 자본 형성의 건전성 및 경영권 확보가능성은?

[체크항목]　　　　　　　　　　　　　　　　　(택2)(해당 항목에 2개에만 √ 표시)

　① 자본증가보다 금융 차입이 시급(　)
　② 단기적 일정규모 외부자금 영입 시 경영권 확보 문제없음(　)
　③ 일정규모 외부자금 영입 시 주요 경영진(3인)의 경영권 확보 문제없음(　)
　④ 중장기를 통해 일정규모 외부자금 영입 시 최고경영자의 경영권 확보 문제없음(　)
　⑤ 일정규모 외부자금 영입 시 최고경영자의 경영권 확보 전혀 문제없음(　)

---

⑤ 예비 창업기업의 향후 기술성, 시장성 등의 독점적 소유권 보호가능성

특허 등 기술권리와 생산노하우, 거래선 등에 의한 독점적 소유권 보호가능성은?
[체크항목]   (택2)(해당 항목에 2개에만 √ 표시)
  ① 사업의 독점권 확보가능( )   ② 제품(서비스)생산의 독점권 확보가능( )
  ③ (서비스) 판매독점권 확보가능( )   ④ 핵심부품, 소재 등의 독점권 확보가능( )
  ⑤ 특허 등으로 인한 기술의 독점권 확보가능( )

[증명서식: 특허출원 중인 기술]

벤처기업관련 증명서 발급 신청서			처리기간
			15일

신청인	상 호 명		사업자등록번호	
	대표자명		주민등록번호	
	주 소		전 화 번 호	

신 청 내 용

산업재산권 종료	발명의 명칭	출원번호(출원일자)	심사청구일	출원공개일

  벤처기업육성에관한특별조치법 제2조의 제1항제3호 제다목의 규정에 의한 특허청장이 인정
하는 기술임을 증명하여 주시기 바랍니다.

년   월   일

신청인   (서명 또는 날인)

특 허 청 장 귀하

구비서류: 한국특허정보원부설 특허기술정보센터 또는 한국과학기술정보 연구원이 조사·발행한 해당기술에 대한 선행기술조사자료 또는 이와 동등한 가치가 인정되는 자료 1부.	수 수 료
	없 음

  위와 같이 신청한 내용이 해당 기술임을 증명합니다.

년   월   일

특 허 청 장   (인)

3 예비창업자 비제조업용
Venture business 혁신능력 진단

벤처기업 혁신능력 진단표
(예비창업자 비제조업용)

20_ _. _ _. _ _

중 소 기 업 청
벤 처 기 업 청

벤처기업 자가진단 평가모형 구성

벤처성

- 투자수익성
- 위험요인, 관리능력
- 기업특성 및 독점적 소유권
  보호 능력

Ⅰ. 인적자원	Ⅱ. 기 술 성	Ⅲ. 사 업 성
○ 벤처기업가 　(자질, 능력) ○ 경영팀, 구성원 　능력 등	○ 기술혁신 능력 ○ 기술사업화 능력 ○ 기술우수성 ○ 기술집약성	○ 시장전망(시장성) ○ 제품 / 서비스 특성 ○ 마케팅 / 판매 능력

평가대상 업체 현황

□□ 업체 현황

			관리번호	※
업 체 명		대표자	담당자	
주 소				
연 락 처	전 화	FAX	E-mail	
설립(예정)일		종업원 수 (계 획)	명	공장, 연구소
주생산품	① ② ③	업 종		

항 목	2002년(예정)	2003년(예정)	2004년(예정)
자 본 금	백만 원	백만 원	백만 원
매 출 액	백만 원	백만 원	백만 원
순 이 익	백만 원	백만 원	백만 원

구 분	업체 수	업체명
국내경쟁사		
해외경쟁사		
협력(가능)업체		

구 분	제품명	제품개발에 활용되는 주요 기술명
현재 주력제품		
개발 중인 제품		
미래 주력제품		

평가대상 업체 현황

부 문	대항목	문항 수	배 점	평가결과	비 고
Ⅰ. 인적 자원	1. 벤처기업가(자질, 능력)	11	14.0		
	2. 경영팀 구성 능력	2	3.0		
	계	**13**	**17.0**		
Ⅱ. 기술성	1. 기술혁신 능력	5	6.0		
	2. 기술사업화 능력	5	8.0		
	3. 기술우수성	6	10.0		
	4. 기술집약성	5	6.0		
	계	**21**	**30.0**		
Ⅲ. 사업성	1. 시장전망(시장성)	8	12.0		
	2. 제품 / 서비스 특성	6	10.0		
	3. 마케팅 판매 능력	5	8.0		
	계	**19**	**30.0**		
Ⅳ. 벤처성	1. 투자수익성	5	8.0		
	2. 위험요인 관리 능력	3	4.0		
	3. 기업특성 및 독점적 소유권 보호 능력	5	8.0		
	계	**13**	**20.0**		
총 계		**66**	**100.0**		

<실사요원의 종합 평가 의견>

4 마드리드 국제상표 출원에 관한 질의응답

마드리드국제상표출원에
관한 질의응답

특 허 청

(1) 마드리드의정서의 의의

(가) 마드리드의정서의 의의

Q. 대한민국은 왜 마드리드의정서에만 가입하였는가.

A. 마드리드의정서에의 통용언어는 영어를 사용할 수 있고, 거절 통지기간이 협정보다도 연장된 18개월이기 때문이다.

(2) 마드리드의정서에 의한 국제출원요건

(가) 기초적 요건

[1]

Q. 기초출원이란 무엇인가?

A. 국제출원의 기초가 되는 기초출원(기초등록)을 말합니다. 출원인이 국제출원을 하기 위해서는 반드시 특허처에 출원 중인 기초출원 또는 기초등록이 있어야 한다.

[2]

Q. 2 이상의 기초출원/ 또는 기초등록에 기초한 국제출원을 할 수 있느냐?

A. 국제출원은 2 이상의 기초출원에 기초하여 출원할 수 있고, 2 이상의 기초등록에 기초할 수 있으며, 기초출원과 기초등록에 기초하여 출원을 할 수도 있습니다. 다만, 2 이상의 기초출원/ 기초등록에 국제출원의 표장이 모두 엄격히 동일하여야 한다.

[3]

Q. 출원인은 국제출원 후에도 기초출원(기초등록)을 계속하여 가지고 있어야 한다?

A. 국제등록일 이후 5년간은 국제등록에 따른 보호 효과는 본국관청의 기초출원(기초등록)에 의존하므로 기초출원(기초등록)이 소멸되는 경우 국제등록도 영향을 받게 됩니다. 이를 국제등록의 존속성이라고 하고 종속기간은 5년입니다. 본국관청은 국제등록일부터 5년 이전에 기초출원/ 기초등록이 실효되거나, 5년 이전에 실효의 원인이 되는 사실이 발생하여 5년 이후에 실효되면, 이 사실을 국제사무국에 통보하고, 국제등록의 취소를 요청하여야 하며, 국제사무국은 해당 국제등록을 취소하고 이를 공고한다.

[4]

Q. 국제출원서의 출원인 적격이란 무엇을 말하느냐?

A. 본국관청과 출원인과의 관계를 말하며 출원인은 본국관청에 국적, 주소, 영업소가 있어야 출원인 적격이 있습니다.

[5]

Q. 국제출원서에서 출원인의 진정하고 실효적인 산업적 또는 상업적 주소를 기재할 수 있느냐?

A. 기재할 수 있습니다. 국제출원서의 출원인 적격란에 출원인의 진정하고 실효적인 산업적 또는 상업적 주소를 기재하면 된다.

[6]

Q. 국제출원서 내의 지정국의 기재는 마드리드협정체약국의 지정도 가능하느냐?

A. 대한민국은 마드리드의정서에만 가입하였으므로 지정국 기재는 반드시 마드리드의정서 체약구만 기재하여야 한다.

[7]

Q. 국제사무국에 대한 대리인선임은 어떻게 하느냐?

A. 국제사무국에 대한 대리인선임은 대리인선임신청서를 국제사무국에 제출하시면 됩니다. 국제사무국은 대리인선임신청서를 수령한 날부터 대리인 효력이 발생하게 되며, 오직 한 명의 대리인만 선임하게 된다. 또한 국제출원서 제4항 대리인란에 기재하면, 대리인선임신고서 없이도 선임할 수 있다.

[8]

Q. 국제사무국과의 교신언어는 무엇이냐

A. 출원인은 국제사무국과의 교신언어로 영어, 불어 또는 스페인어를 선택할 수 있습니다. 그러나 대한민국 특허청은 국제출원서의 사용언어를 영어로 사용토록 하고 있으므로 국제사무국과의 교신언어를 영어로 사용하는 것이 유리하다.

[9]

Q. 마드리드의정서와 관련된 서식에서 불어를 기재하면 어떻게 되느냐?

A. 대한민국 특허청은 서식기재 언어를 영어로 기재토록 하고 있으므로 불어로 기재할 필요가 없다.

[10]

Q. 국제출원서의 기초표장의 번역은 어떻게 하느냐?

A. 표장의 번역은 필수적 기재사항이 아니므로, 본국관청인 특허청은 이에 관한 사항의 기재유무는 확인하지 않다. 그러나 지정국에서 번역을 요구할 수도 있다.

[11]

Q. 국제출원서의 특별표장이란 무엇을 말하느냐?

A. 특별표장이란 입체표장, 소리표장, 단체표장, 증명표장 또는 보증표장을 말하며, 그 표시는 기초출원 또는 기초등록에 나타나는 대로 이루어져야 한다. 그러나 우리나라는 입체표장, 단체표장만을 인정하고 있으므로 이 두 가지에만 표시하여야 한다.

(나) MM서식

[1]

Q. 국제출원서식은 무엇이며, 어디에서 서식을 받을 수 있느냐?

A. 마드리드의정서에 적용되는 국제출원서식을 MM2라고 한다.

이 MM2의 서식은,

① 국제사무국의 웹사이트(www.wipo.int / madrid / en / index.html)

② 특허청 홈페이지(http.//www.kipo.go.kr)

③ 특허청 국제출원팀(대전)

④ 특허청 서울사무소에서 제공합니다.

[2]

Q. 대리인선임신청서 등 관련서식은 어떻게 받을 수 있습니까?

A. 마드리드의정서와 관련한 서식은 [1]에서 언급한 곳에서 제공됩니다.

(다) 마드리드국제출원상표 검색

[1]

Q. Madrid Express란 무엇을 말하느냐?

A. Madrid Express는 국제사무국에 접수된 국제출원의 현황을 검색할 수 있는 전자적 데이터베이스를 말한다. 그리고 이것은 출원검색을 위한 것이므로 국제사무국의 등록 상표를 검색할 수 없다는 것이며 등록상표의 검색은 국제사무국에서 발간하는 공보를 검색하여야 합니다. 또한, Madrid Express의 검색서비스는 국제사무국에서 제공하므로 특허청에서는 검색할 수 없다.

[2]

Q. 국제사무국에 등록된 국제상표는 어떻게 검색할 수 있느냐?

A. 국제사무국에서 발간하는 ROMARIN이라는 CD-Rom을 구입하여야 국제등록상표를 검색할 수 있다. 이 CD-Rom에는 마드리드의성서와 관련된 국제등록상표의 모든 정보가 포함되어 있다.

(3) 마드리드의정서에 대한 국제출원

[1]

Q. '합치'란 무엇을 말하는 것이냐?

A. 본국관청에 국제출원서를 제출할 때 본국관청은 국제사무국에 국제출원서를 송부하기 전에 기초출원(기초등록)의 내용과 국제출원서의 세부사항을 체크하는 것을 말한다.

[2]

Q. 기초출원의 표장과 국제출원의 표장이 서로 다를 때 어떻게 하여야 하느냐?

A. 기초표장과 국제출원의 표장은 엄격히 동일하여야 하며, 유사한 것은 합치된다고 볼 수 없다. 국제출원을 하기 위한 기초출원이라면 반드시 표장은 국제출원과 엄격히 동일하여야 한다.

[3]

Q. 국제출원서가 특허청으로부터 '합치'가 되지 않으면 어떻게 되느냐?

A. 특허청은 기초출원(기초등록)과 국제출원서와의 합치되지 아니하는 기재사항이 있는 경우에는 치유되도록 대체서류제출명령을 하며, 대체서류를 제출하였다 하더라도 합치선언을 할 수 없는 경우에는 국제출원서를 국제사무국으로 송부하지 않고 반려한다.

[4]

Q. 국제출원서에 기재하는 상품 및 서비스업은 무엇이냐?

A. 기초출원(기초등록)에 포함된 상품 및 서비스업을 국제출원서에 기재하면 된다. 가능한 명확한 용어로 기재하여야 하며, 불명확한 기재는 국제사무국으로부터 상품 및 서비스업 표시에 대하여 하자 통지를 받을 수 있으며, 기초표장에 기재된 내용보다 첨가하여 기재할 수는 없다.

[5]

Q. 국제출원서의 상품 및 서비스업을 각각의 지정국에 대하여 다른 표시로 기재하여 지정할 수 있느냐?

A. 가능합니다. 지정국마다 다르게 상품 및 서비스업을 감축하여 표시하고자 할 때에는 국제출원서 10항목(b)에 기재하면 가능하다.

[6]

Q. 국제출원서에서 우선권주장을 할 수 있느냐?

A. 우선권주장을 할 수 있습니다. 선출원 지역관청의 이름과 출원일 및 출원번호를 표시하여야 한다. 우선권주장의 기초가 되는 출원이 2개 이상 있는 경우에는 출원일이 최우선인 것을 기재하고, 다른 우선권은 연속용지를 사용하여 기재하여야 한다.

[7]

Q. 출원인은 국제출원서에 대한민국을 지정국으로 지정할 수 있느냐?

A. 지정할 수 있습니다. 국제출원서에 대한민국을 지정국으로 기재할 수 없다. 본국관청에 이미 기초출원/기초등록이 출원 또는 등록되어 있기 때문이다.

[8]

Q. 국제출원서에 지정국에 대한 표장사용의사와 선언을 할 필요가 있느냐?

A. 사용의사 선언을 요구하나, 그 선언에 서명하고 별도의 서식을 요구하지 않고 지정체약당사자(아일랜드, 싱가포르, 영국)의 경우에는 특별한 행동을 취할 필요가 없고 체약당사자를 지정함으로써 표장을 사용할 의사가 있음을 선언하는 것이다.

[9]

Q. 국제출원서의 국제등록일은 어떻게 되느냐?

A. 국제등록일은 원칙적으로 본국관청이 접수한 날이지만, 본국관청이 국제출원서를 접수한 날부터 2일 이후에 국제사무국이 국제출원서를 접수하는 경우에는 국제사무국이 실제로 접수한 날이 국제등록일이 된다.

[10]

Q. 국제출원의 기초인 기초출원에 대하여 우선심사하도록 특허청에 청구할 수 있느냐?

A. 청구할 수 있다. 우선심사청구는 특허에 관하여 소정의 수수료를 납부하면서 제출할 수 있지만 상표법에서는 상표출원에 대한 우선심사제도가 없다.

[11]

Q. 국제출원서의 전자문서 제출은 가능하느냐?

A. 가능합니다. 국제출원서를 전자문서로 제출하시려면 매건 5천 원의 수수료(취급료)를 납부하여야 한다.

[12]

Q. 국제출원서의 표장의 견본은 어떻게 해야 하느냐?

A. 표장기재란의 크기는 8㎠로 하며, 표장의 견본은 충분히 선명하여야 한다. 국제출원서의 표장기재란에서 쉽게 분리되지 않도록 전면을 붙여야 한다. 특히 표장의 크기가 국제출원에 요구하는 크기가 아니면, 합치선언을 할 수 없다.

(4) 국제출원서 본국관청 제출 후의 절차

[1]

Q. 국제등록일로부터 5년이 경과하기 전에 기초출원(기초등록)의 취소 또는 무효에 대하여 국제사무국의 통보는 누가 할 수 있느냐?

A. 기초출원(기초등록)의 취소 또는 무효의 통보는 본국관청(특허청)에서 통보한다.

[2]

Q. 국제출원서의 지정체약국이 상품 및 서비스업의 분류 때문에 거절통보를 하는 경우가 있느냐?

A. 상품 및 서비스업의 분류 때문에 지정체약국이 거절 통보하는 경우는 매우 드문 경우로 사실 마드리드의정서 체약국과 국제사무국의 상품 및 서비스업의 분류의 의견 차이의 최종 판단의 결정은 국제사무국에 있으므로 지정체약국의 거절통지보다 먼저 국제사무국이 본국관청, 출원인에게 상품 및 서비스업의 분류에 관한 하자통보를 한다.

[3]

Q. 출원인은 자신의 국제출원이 어떤 단계에 있는지 검색할 수 있느냐?

A. 검색할 수 있다. 국제출원인은 국제사무국의 웹사이트에서 Madrid Express라는 검색CD-Rom으로 찾을 수 있다. 그러나 Madrid Express는 국제등록된 상표가 아님을 유의하여야 한다.

[4]

Q. 출원은 대한민국특허청에서 자신의 국제출원이 어떤 단계에 있는지 검색할 수 있느냐?

A. 검색할 수 없다. 국제출원인은 직접 국제사무국의 웹사이트에 접속하여야 한다.

[5]

Q. 기초등록에 대하여 취소심판을 제기할 수 있느냐?

A. 제기할 수 있다. 기초등록이 국제등록일부터 5년 이내의 종속기간이라면 기초등록의 취소결정에 대하여 특허청은 국제사무국에 통보하며 국제등록에 영향을 미치게 된다.

[6]

Q. 국제사무국의 등록증 발급은 어떻게 하느냐?

A. 국제사무국은 국제출원에 하자가 없으면 권리인 / 대리인에게 등록증을 송부한다.

(5) 국제출원의 국제사무국에 등록된 이후의 절차

(가) 국제등록권리자와 국제사무국과의 절차

[1]

Q. 국제등록권리자는 국제등록된 표장을 수정할 수 있느냐?

A. 국제등록된 표장은 절대로 수정할 수 없으며, 등록된 상품 및 서비스업의 증가 도 할 수 없다. 그러나 권리인의 성명, 주소의 변경은 할 수 있다.

[2]

Q. 5년의 종속기간 내에 기초출원의 분할이 발생하였다면 어떤 일이 발생하게 되 느냐?

A. 기초출원의 분할이 5년의 종속기간 이내에 이루어진 경우이므로 본국관청도 국제 사무국에 통지한다. 그러나 이 경우의 통지는 기초출원에 대한 정보를 제3자들에게 제공하기 위한 것에 불과하며 국제 등록에 아무런 영향을 미치지 아니한다.

[3]

Q. 5년의 종속기간 후의 기초출원(기초등록)은 어떻게 되느냐?

A. 5년의 종속기간 후에는 기초출원(기초등록)은 국제등록에 어떠한 영향을 미치지 않으며 본국관청에서의 기초출원(기초등록)의 효력과 상관없이 국제등록은 독자적 인 효력을 유지하고 기초출원(기초등록)으로부터 독립(Independence)적인 것이다.

[4]

Q. 국제등록 후 국제등록원부에 등재된 상품 및 서비스업을 증가시킬 수 있느냐?

A. 한번 국제출원이 국제등록되면 국제등록된 상품 및 서비스업의 증가는 할 수 없지만 상품 및 서비스업의 감축은 가능하다.

[5]

Q. 국제사무국은 등록증을 국제등록권리자에 언제 송부하느냐?

A. 국제사무국은 국제출원서를 수령하면 국제출원서의 서식, 상품 및 서비스업의 분류, 표시 및 수수료에 대하여 방식심사를 하며 하자가 없으면 국제등록권리인 또는 대리인에게 등록증을 송부한다.

[6]

Q. 국제출원이 각 지정국에 보호등록된 후에 국제등록 권리자는 지정국을 취소할 수 있느냐?

A. 지정국을 취소할 수 있다.

[7]

Q. 한 지정국이 거절통지를 하였다면, 다른 지정국에도 거절에 대한 영향이 미치는 것이냐?

A. 거절의 영향이 미치지 않는다. 각국의 지정국은 자국의 법률에 의해서 절차를 진행시키므로, 각국의 상품 및 서비스업의 보호에 대한 기준이 다르기 때문이다.

[8]

Q. 국제출원이 국제사무국에 등록되면 어떤 효과가 있는 것이냐?

A. 국제출원이 국제사무국에서 등록이 되고 국제출원인이 등록증을 받는 효과는 각 지정국에 출원신청을 하였다는 것과 동일한 효과가 있다. 다만, 각 지정국에서의 등록보호결정은 지정국의 자국법에 따라 결정된다.

[9]

Q. 국제등록부의 기재언어는 무엇이냐?

A. 국제등록원부의 기재언어는 영어, 불어 및 스페인어, 3개국 언어로 기재되어 있다.

(나) 사후지정신청

[1]

Q. 사후지정서의 수수료는 어떻게 되느냐?

A. 사후지정한 지정국에 따라 수수료가 다르다.
국제사무국의 웹사이트(www.wipo.int/madrid/en/index.html)를 이용하여 스위스프랑단위로 수수료를 계산할 수 있다.

[2]

Q. 국제등록 후에 지정국을 추가로 지정할 수 있느냐?

A. 지정국을 추가로 지정할 수 있습니다. 지정국을 추가하는 것을 사후지정이라 하며 사후지정하면 보호 영역이 확대된다.

[3]

Q. 사후지정은 어떻게 신청하느냐?

A. 대한민국 특허청을 경유하여 제출하는 경우에는 영어로 기재한 사후지정신청서를 제출하시면 된다. 그리고 사후지정서의 수수료는 국제사무국에 직접 제출하여야 하며 특허청에는 신청수수료를 납부하여야 한다. 또한 사후지정신청서를 국제사무국에 직접 제출할 수도 있다.

[4]

Q. 사후지정일은 언제이냐?

A. 대한민국 특허청을 경유한 경우에는 특허청 도달일이 사후지정일이 되며 국제등록 권리인이 국제사무국에 직접 제출한 경우에는 국제사무국의 도달일이 사후지정일이 된다. 사후지정에 의하여 지정된 국가에서의 보호기간은 국제등록일로부터 기산하여 보호된다.

[5]

Q. 사후지정을 하였다면 존속기간갱신등록신청일은 어떻게 되느냐?

A. 사후지정국의 경우 존속기간갱신등록은 사후지정일이 아닌 국제등록일로부터 10년간 존속하므로 존속기간갱신신청일은 등록일의 10년 종료일로부터 기산하여 신청하시면 된다.

(다) 국제등록명의변경등록신청

[1]

Q. 국제등록변경등록신청은 어떻게 하는 것이냐?

A. 특허청을 통하여 국제등록의 명의변경등록신청을 하고자 하는 자는 영어로 작성한 국제등록명의변경등록신청서를 제출하여야 한다. 국제등록권리인은 국제사무국에 직접 제출하는 것도 가능하다.

[2]

Q. 국제출원의 국제등록명의변경신청만 하고 기초출원의 명의변경은 하지 않아도 되는 것이냐?

A. 가능하다. 국제등록권리인과 기초출원의 출원인은 서로 독립적이다.

[3]

Q. 국제등록의 명의변경이 일부의 상품 및 서비스업에 관한 변경이 가능하느냐?

A. 가능하다. 국제등록의 명의변경이 일부의 상품 및 서비스업에 관한 변경인 경우 상표등록출원의 분할이전에 관한 절차를 밟아야 한다.

[4]

Q. 국제등록명의변경에 따른 양수인의 적격은 있느냐?

A. 양수인은 마드리드의정서 체약국의 국민이거나 주소가 있거나, 마드리드의정서 체약국 내에 진정하고 실효적인 산업적, 상업상의 주소가 존재하고 있어야 한다.

(라) 국제등록존속기간갱신신청

[1]

Q. 국제등록존속기간갱신신청은 어떻게 하는 것이냐?

A. 국제등록권리자는 국제사무국에 직접 국제등록존속기간갱신신청서를 제출할 수 있다. 대한민국 특허청을 경유하여 제출할 때에는 영어로 작성한 국제등록존속기간갱신신청서를 제출하시면 된다.

[2]

Q. 국제등록존속기간갱신이란 무엇이냐?

A. 국제등록은 국제등록일로부터 10년간 효력이 지속되며 이 10년의 기간이 만료되는 시점에 국제등록존속기간갱신 수수료를 납부함으로써 등록기간이 연장되는 것을 말한다.

[3]

Q. 국제등록의 갱신일을 누가 알려주며, 언제 신청할 수 있느냐?

A. 국제사무국은 국제등록의 존속기간 만료 6개월 전에 권리인 / 대리인에게 통보한다.

[4]

Q. 국제등록존속기간갱신신청에 대한 수수료는 어떻게 하느냐?

A. 국제등록권리인은 국제등록 존속기간갱신에 대한 수수료를 국제사무국에 스위스 통화로 직접 납부하여야 한다. 또한, 특허청을 경유하여 신청하고자 할 때도 국제등록존속기간갱신신청 수수료는 직접 국제사무국에 납부하여야 한다.

[5]

Q. 국제등록 존속시간갱신신청을 유예할 수도 있느냐?

A. 국제사무국은 존속기간 만료일로부터 6월 이내에 유예금을 납부하면 국제등록이 갱신된다.

[6]

Q. 국제등록존속기간갱신신청에서 일부 지정국만 신청하여도 가능하냐?

A. 권리인은 국제등록된 지정국 중 일부 지정국에만 갱신을 신청하여도 가능하다.

[7]

Q. 대한민국 특허청은 대한민국을 지정한 국제상표등록이 갱신되었는지, 안 되었는지를 어떻게 알 수 있느냐?

A. 국제사무국은 대한민국을 지정한 국제등록이 갱신되었는지, 안 되었는지를 통보

하여 준다. 만약 갱신되었다면 새로운 기간존속으로 진행되며 갱신되지 않으면 기간종료로 권리가 소멸하게 된다.

(6) 지정관청으로서의 국제상표등록출원 심사

(가) 국제상표등록출원의 심사

[1]

Q. 국제상표등록출원에 대하여 대한민국에 주소를 기초한 대리인의 조언은 받게 되는 것이냐?

A. 국제상표등록출원은 심사과정에서 직권에 의한 가거절통지, 이의신청에 기초한 가거절통지를 받을 때는 국내 대리인을 선임하여 의견서, 보정서를 제출하여야만 합니다. 그러나 가거절통지가 없으며 보호등록결정이 되면 대한민국에 주소를 기초로 하는 대리인의 도움은 필요하지 않다.

[2]

Q. 국제상표등록출원의 심사처리 기한은 어떻게 되느냐?

A. 대한민국 특허청은 국제사무국이 영역확장의 통지를 한 날(공통규칙 제28조(2)의 규정에 의한 경정통지를 한 날)부터 14개월이 최초 거절이유 통지기한이다. 그러므로 14개월 이내에 거절이유를 발견할 수 없을 때에는 출원공고 결정을 하여야 한다. 출원공고 후 거절이유 통기 기한이 국제사무국이 영역확장의 통지를 한 날(공통규칙 제28조(2)의 규정에 의한 경정통지를 한 날)부터 18개월 이내이므로 동 기간 이내에 거절이유를 발견하지 못한 경우에는 등록결정을 한다.

[3]

Q. 국내에 등록된 국제상표등록에 대하여 취소심판을 제기할 수 있느냐?

A. 취소심판을 제기할 수 있다. 이 규정은 마드리드의정서 및 공통규칙에서도 규정하고 있으며, 국내 상표법에서도 규정하고 있다. 주의할 점은 취소심판을 청구하고자 하는 자는 피청구인의 성명(명칭) 및 주소를 국제등록상의 성명 및 주소와 동일하게 라틴어로 기재하여야 한다. 만약 국어로 기재하여 제출하면 심판청구서에 하자가 있는 것으로 보아 보정을 받게 된다.

[4]

Q. 국제상표등록출원에 대하여 국내상표출원인 / 국내상표등록권리인이 이의신청을 할 수 있느냐?

A. 할 수 있다. 국내법 절차에 따라 출원공고 후 이의신청 기간에 이의신청이 가능하다.

[5]

Q. 국제상표등록출원에 대한 이의신청기간은 연장할 수 있느냐?

A. 이의신청기간을 연장할 수 없다.

[6]

Q. 국제상표등록출원이 대한민국 특허청에 등록되었다면 어떤 의미가 있느냐?

A. 국제상표등록출원이 대한민국 특허청에 등록되었다는 것은 본국관청에서 상표가 등록된 것과 같은 효력이 있다. 즉 상표등록의 영역이 확장되는 것을 말한다.

[7]

Q. 거절통지기한 내에 거절이 없으면 어떻게 되느냐?

A. 국제사무국이 거절통지기한 내에 지정국으로부터 거절통지를 받지 않았다면 국제등록은 그 지정국에서 등록 보호를 받는다. 그러나 이의신청에 의한 가거절통지는 18개월이 지나서도 통보될 가능성이 있다.

[8]

Q. 지정국에서 보호등록을 하기로 결정하였다면 등록증을 국제사무국에서 송부하느냐?

A. 대한민국을 지정한 국제상표등록출원으로 등록결정하기로 심사하였다면 등록증은 국제사무국에 송부하지 않고, 국제상표등록 권리인에게 송부한다.

(나) 국제상표등록출원의 거절 통지

[1]

Q. 국제상표등록출원에 대한 가거절통지란 무엇을 말하는 것이냐?

A. 대한민국 특허청은 심사를 하여 거절이유가 있는 경우에는 '이의신청에 기초한 가거절통지'를, 직권심사에 의한 거절이유가 발견되는 경우에는 '이의신청에 기초하지 아니한 가거절통지'가 작성된다.

[2]

Q. 국제상표등록출원에 대한 대한민국 특허청의 가거절통지에 따른 의견제출기간은?

A. 국제상표등록출원인에게 가거절통지를 할 때에는 의견제출기간을 2개월 지정한다. 또한 국제상표등록출원에 대한 의견서 제출기간은 1개월에 1회에 한하여 연장할 수 있음을 원칙으로 한다.

(다) 대리인선임

[1]

Q. 지정국에서의 대리인선임은 언제 필요하게 되느냐?

A. 지정국에서의 대리인선임은 지정국 국내법에 따라 적용된다.

[2]

Q. 대한민국을 지정한 국제상표등록출원에 대한 대리인선임은 어떻게 하느냐?

A. 출원인은 거절이유통지가 있기 전에 대리인선임을 할 필요가 없으며, 심사에 의하여 직권가거절통지 또는 이의신청을 기초로 한 가거절통지를 받을 경우에 대리인선임을 할 수 있다.

(7) 국제출원의 수수료

[1]

Q. 국제출원의 수수료는 어떤 것이 있느냐?

A. 국제사무국에 납부하여야 하는 수수료는 기본수수료(basic fee), 추가수수료(supplementary fee) 및 보충수수료(complementary fee), 개별수수료(individual fee) 등으로 구분할 수 있으며, 이들 수수료는 국제출원인이 직접 국제사무국에 납부하여야 한다. 개별수수료는 각국의 출원 및 등록수수료를 합한 금액보다 더 많이 요구할 수 없다. 개별수수료를 선언한 국가에는 추가수수료나 보충수수료를 납부하지 않는다. 개별수수료 선언국가의 목록은 국제사무국 홈페이지를 이용할 수 있으며, 국제사무국의 웹사이트를 이용하여, 스위스 통화로 수수료를 계산할 수 있는 프로그램이 있다.

[2]

Q. 국제사무국에 수수료는 어떻게 납부하는 것이냐?

A. 국제사무국의 납부는 스위스 통화로 이루어지며, 국제사무국에 개설된 당좌계좌로 납부하는 방법, 스위스 우편환 계좌 또는 명시된 국제사무국의 은행계좌 중 1의 계좌로 납부하는 방법, 은행수표로 납부하는 방법, 국제사무국에 현금으로 납부하는 방법이 있다. 국제사무국에 직접 납부할 때 반드시 표기해야 할 것은 국제등록 전에는 출원인성명과 가능한 경우 기초출원/기초등록번호를 국제등록 후에는 권리자의 성명 및 국제등록번호를 표기하여야 한다.

[3]

Q. 수수료의 하자는 어떻게 하는 것이냐?

A. 특허청에 제출한 국제출원서의 수수료(취급료)납부가 적정하였다 하더라도 국제사무국에 납부하는 수수료에 대하여 하자가 있으면, 본국관청 및 출원인(대리인)에게 하자통보를 한다. 이 하자통보에는 3개월의 하자보정기간이 주어지며, 만약 이 기간에 수수료를 국제사무국에 납부하지 않을 경우에는 국제출원을 포기하는 것으로 간주한다.

가. 상표와 도메인 이름 일반

① 상표(Trade Mark) 일반사항

▶ 상표의 정의(상표법 제2조제1호)

- 상표란 상품을 생산·가공·증명 또는 판매하는 것을 업으로 하는 자가 자기의 상품을 타인의 상품과 식별되도록 하기 위하여 사용하는 표장(기호·문자·도형·입체적 형상 또는 이들의 결합 또는 이들의 결합 또는 이들과 색채의 결합)을 의미함.
- 이러한 상표와 유사한 기능을 하고, 상표법에 의하여 상표와 마찬가지로 보호되는 표장으로서 서비스표, 단체표장, 업무표장이 있으며, 특히 서비스표는 서비스업(광고업, 은행업, 요식업 등 용역의 제공업무)을 영위하는 자가 자기의 서비스업을 타인의 서비스업과 식별되도록 하기 위하여 사용하는 표장을 뜻함.

▶ 상표의 기능

- 상표(서비스표)는 자타 상품(서비스업)을 식별하기 위하여 상품에 부착하거나 광고 등을 위해 사용하는 표장으로서 상품이나 서비스의 동일성을 표시하는 '출처표시의 기능'을 주된 기능으로 하며, 이 밖에 품질보증적 기능, 광고적 기능을 가지고 있음.

▶ 상표권의 효력

- 상표를 등록할 경우 상표권자는 지정상품에 관하여 그 등록상표를 사용할 권리를 독점하는 적극적인 독점권과 타인이 등록상표와 동일 또는 유사한 상표를 동일 또는 유사한 지정상품에 사용하는 경우 그 사용을 금지할 수 있는 소극적인 금지권을 행사할 수 있음.
- 아울러 타인이 자기의 등록상표 또는 등록상표와 유사한 상표를 동일 또는 유사한 지정상품에 사용하는 등 상표권을 침해하는 경우 상표권자는 그 타인

을 상대로 하여 침해금지청구권·손해배상청구권 등을 행사할 수 있음.

② 도메인 이름(Domain Name) 일반 사항

▶ 도메인 이름의 정의

- 인터넷에 연결된 다른 컴퓨터와의 통신은 컴퓨터의 위치를 나타내는 숫자로 표시된 인터넷 주소(Internet Protocol)를 쓰게 되는데 이러한 인터넷 주소를 사용하기 쉽도록 문자로 변환하여 보다 쉽게 표시한 것을 도메인 이름이라 함. 부정경쟁방지 및 영업비밀보호에 관한 법률에서는 도메인 이름을 "인터넷상의 숫자로 된 주고에 해당하는 숫자·문자·기호 또는 이들이 결합을 의미한다"(제2조제4호)라고 규정하고 있다. 예를 들어 특허청의 IP주소는 '10.133.102.51'이고, 웹브라우저 표시창에 뜨는 'www.kipo.go.kr'(go: 정부기관, kr: 한국)과 같이 쓰이는 것이 도메인 이름임.

- 도메인 이름의 종류
  - 일반 최상위 도메인(gTLD: generic Top Level Domain): 인터넷 초창기부터 사용된 .com, .net, .org, .edu, .int, .mil, .gov을 지칭함. 특히, .com, .net, .org은 전 세계 누구나 등록이 가능하므로 개방형 일반 최상위 도메인이라고 하며, 최근에 새로운 최상위 도메인 .aero, .biz, .coop, .info, .museum, .name, .pro가 새롭게 생성됨.
  - 국가 코드 최상위 도메인(ccTLD: country code Top Level Domain): ISO3166 국가코드체계(country code)에 의거하여 각 국가들을 2자리 영문약자로 표현한 것. 예) .kr: 한국, .jp: 일본, .ch: 스위스 등
  - 한글 도메인 이름(한글.kr): 한글을 포함하여 사용할 수 있도록 하는 새로운 형태의 도메인 이름으로 2003년 8월부터 시행. 예) 특허청 .kr, 꽃을 든 남자 .kr 등

▶ 도메인 이름의 관리체계

- 인터넷 주소 정책 및 관리 업무
  - 과거에는 미국의 IANA(Internet Assigned Numbers Authority)가 인터넷 주소관리 기능을 수행하였으나, 1998년 10월부터 독립적인 비영리국제민간기구인 ICANN(Internet Corporation Assigned Names & Numbers)이 인터넷 주소 정책 및 관리업무를 담당하고 있음.

- 도메인 이름 등록 업무
  - 도메인 이름의 등록 수행기관은 도메인 이름의 종류에 따라 상이한데 대표

적으로 .com, .net, .org 등 일반 최상위 도메인(gTLD)은 인터넷주소관리기구인 ICANN의 인증을 받은 60여 개 등록기관에서 경쟁적으로 등록업무를 대행하고 있으며 .int는 미국의 IANA(Internet Assigned Numbers Authority)에서 등록업무를 관장하고 있음.
- 국가단위 최상위 도메인(ccTLD)은 각 국가별로 등록기관이 있으며, 우리나라(.kr)는 정보통신부 산하 비영리재단법인인 한국인터넷진흥원(NIDA)에서 .kr도메인 등록 업무를 담당하고 있음.

• 도메인 이름의 구조
- 인터넷의 모든 도메인은 루트(root)라 불리는 도메인 이하에 역트리(inverted tree)구조로 계층적으로 구성되어 있는데, 루트 도메인 아래의 단계를 1단계 도메인 또는 최상위 도메인(TLD: Top Level Domain)이라고 부르며, 최상위 단계를 2단계 도메인(SLD: Second Level Domain), 그 다음 단계를 3단계 도메인이라 함.
- 'www.kipo.go.kr'를 예로 들면 [kr]이 최상위 도메인이며 [go]가 2단계 도메인이고 [kipo]가 3단계 도메인임.

• 도메인 이름의 등록방법
- 일반 최상위 도메인 등록 전 세계 도메인 이름 등록 대행기관을 통하여 .com이나 .net 등이 붙는 일반 최상위 도메인을 등록받는 것으로 2단계에서 도메인 신청자가 원하는 이름을 사용할 수 있음.
- .kr이 붙는 도메인을 등록받는 방법 최상위 도메인이 .kr인 경우 2단계 도메인은 기관을 분류(co, or, ac)하기 위해서 미리 정의된 이름을 사용하며 3단계에서 도메인 신청자가 원하는 이름을 사용할 수 있음.

※ 도메인 등록은 상표나 상호에 대한 사전검색을 하는 것이 아니며 동일한 도메인이 없는 한 선신청주의(first come, first served)원칙에 따라 등록됨.

(다) 도메인 이름과 상표의 비교

구 분	도메인 이름	상 표
정 의	인터넷상 연결되어 있는 컴퓨터들의 기계적인 주소인 IP Address 대신 이용자가 쉽게 알 수 있도록 문자로 표기한 것	자기의 업무에 관련된 상품을 타인의 상품과 식별되도록 하기 위하여 사용하는 것을 기호·문자·도형·입체적 형상 또는 이들을 결합한 것과 이들 각각에 색채를 결합한 것
관할기관	KR도메인 → 한국인터넷진흥원(NADA)	특허청
목 적	인터넷상에서 데이터를 전송할 때, 송수신 컴퓨터의 위치를 우편번호처럼 쉽게 파악할 수 있게 하기 위함.	상표사용자의 업무상의 신용유지를 도모하여 산업발전에 이바지함과 아울러 수요자의 이익보호를 목적으로 함.
상품과의 관 련 성	상품과 관련 없이 등록	상품을 지정하여 등록
보호범위 및 효력	• 인터넷상의 동일한 도메인 이름은 단 하나밖에 없음 • 독립적으로 사용할 수 있으나 유사한 도메인네임을 배척할 권리는 없음	• 국내에서만 보호되는 것이 원칙 • 독점권과 동일 또는 유사상표의 등록을 금지시키는 배타권이 발생
등록원칙	• 선신청주의(first come, first served) • 비동일성(기계적 판단에 의함)	• 선출원주의 • 상표법에서 정하는 부등록사유 및 선등록 여부 등을 심사하는 실체심사를 거쳐서 등록
존속기간	• 등록비, 유지비 등을 납부할 경우 계속 사용가능	• 등록일부터 10년간
동 일· 유사판단	• 비록 유사하더라도 동일하지만 않으면 타인 간에 등록 가능	• 타인 간에는 동일·유사상표를 동일·유사상품에 등록할 수 없도록 배제하고 있음

※ 인터넷 주소자원에 관한 법률이 시행('04.7.29)됨에 따라 기존의 한국인터넷정보센터(KRNIC)는 한국인터넷진흥원(NIDA)으로 조직이 변경되어 도메인 이름 등록 등 업무를 담당하게 됨.

(라) 상표와 도메인 이름 간 분쟁 발생의 배경

• 도메인 이름은 원래 네크워크상 연결되어 있는 컴퓨터의 주소로서의 기능을 하였으나 인터넷 이용의 폭발적 증가와 전자상거래가 활발해지면서 점차적으로 온라인상 거래되는 상품 또는 서비스의 출처를 나타내는 기능(상표적 기능)을 갖게 되었고 이로 인하여 도메인 이름은 인터넷 환경하에서 강력한 마케팅툴(marketing tool)로서의 역할을 담당하게 됨.

- 이처럼 도메인이름이 점차적으로 출처표시적 기능을 견지하게 됨에 따라 타인의 상표와 동일·유사한 도메인 이름하에서 자신의 상품과 서비스를 판매하거나 광고행위를 할 경우 일반 고객들은 그 상품이나 서비스의 출처가 상표권자의 것으로 오인·혼동할 수 있으며, 상표권자의 입장에서는 자기의 상표에 대한 신용의 훼손으로 경제적 손해를 입게 되거나 자기의 상표를 도메인 이름으로 등록하여 사용할 수 없게 되는 등 영업활동에 심각한 저해를 입을 수 있게 되었음.
- 따라서 기존의 상표와 동일하거나 유사한 도메인 이름이 등록되어 사용되는 경우에 해당 상표권자는 자신의 영업상의 이익을 지키기 위해 도메인 이름 보유자가 정당한 이해관계도 없이 부당한 목적으로 도메인 이름을 등록하였음을 주장하며 해당 도메인 이름의 진정한 권리자를 가리는 다툼을 제기함으로써 도메인 이름 분쟁이 발생하게 됨.
- 정당한 도메인 이름의 등록·사용은 그 자체 보호되어야 하며 도메인 이름의 사용이 항상 타인의 상표권을 침해한다고는 볼 수 없으므로 어느 범위에서 도메인 이름의 등록·사용이 타인의 상표권과 저촉되는지에 대해서 일정한 가이드라인이 필요하다고 할 것임.

가. 도메인 이름 관련 분쟁해결 절차

① 개 요

상표와 도메인 이름 간 분쟁해결방법은 사법적 구제수단에 의한 해결방안과 행정적 구제수단에 의한 해결방안으로 대별할 수 있다.

상표와 도메인 이름 간 가장 확실한 분쟁해별방법은 법원에 소송을 제기하는 것인데 국내에서 자신의 상표와 타인의 도메인 이름 간 분쟁이 발생할 경우 상표권자는 관할법원에 소송을 제기하여 사법적 판단을 구할 수 있음.

소송을 제기할 경우 상표권자 등이 주장할 수 있는 실체법적 근거로는 (ⅰ) 상표법 제66조의 상표권 침해, (ⅱ) 부정경쟁방지법 제2조의 부정경쟁행위의 구성, (ⅲ) 상법 제23조의 부정한 목적의 타인의 상호 사용 등이 있음.

상표권자 등이 청구할 수 있는 구제수단(소송물)으로는 (ⅰ) 도메인 이름 사용금지 가처분신청, (ⅱ) 침해금지(예방)청구권, (ⅲ) 도메인 이름 등록 말소 청구권, (ⅳ) 손해배상청구권, (ⅴ) 신용회복청구권, (ⅵ) 상표권 침해 또는 부정경쟁행위를 이유로 한 고소 등 형사처벌 등이 있다. 물론 소송제기 시에는 상기 요건 및 구제수단들을 동시에 또는 선택적으로 청구가 가능함.

② 사법적 분쟁해결절차: 소 제기의 실질적 요건 및 구제방법

▶ 상표권 침해를 취지로 하는 제소 및 구제방법

• 상표법상 침해로 보는 행위(상표법 제66조)

상표권은 상표권자만이 등록상표를 지정상품에 관하여 사용할 권리를 독점하므로 상표권자 이외의 자가 정당한 권한 없이 등록상표와 동일 또는 유사한 상표를 그 지정상품과 동일 또는 유사한 상품에 사용하는 경우는 물론 등록상표와 동일 또는 유사한 상표를 그 지정상품과 동일 또는 유사한 상품에 사용할 목적이나 사용하게 할 목적으로 교부·판매·위조·소지 및 보관하는 행위인 예비적 행위도 상표권을 침해하는 것으로 규정하고 있음.

일반적으로 도메인 이름을 등록하여 사용하는 것이 상표법상 상표권이나 서비스표 권의 침해로 성립되기 위해서는 4가지 사항이 요구됨

(ⅰ) 침해된 상표가 반드시 등록된 상표일 것, / (ⅱ) 상표의 '사용행위'가 있을 것, / (ⅲ) 상표가 동일 또는 유사할 것, / (ⅳ) 상표를 사용한 상품·서비스가 동일 또는 유사할 것

이와 관련하여 가장 문제가 되는 것은 도메인 이름을 등록하여 사용하는 것이 과연 상표의 '사용행위'에 해당하는지의 여부인데 이는 법원에서 구체적, 개별적인 사안에 따라 판단되어야 할 문제이며, 다만 상표법 제2조제1항제6호에서는 '상표의 사용'에 대한 정의 규정을 마련해 놓고 있다.

※ 상표의 사용이라 함은 다음 중 하나의 행위를 의미함.

  (ⅰ) 상품 또는 상품의 포장에 상표를 표시하는 행위 / (ⅱ) 상품 또는 상품의 포장에 상표를 표시한 것을 양도 또는 인도하거나 그 목적으로 전시·수출·수입하는 행위 / (ⅲ) 상품에 관한 광고·정가표·거래서류·간판 또는 표찰에 상표를 표시하고 전시 또는 반포하는 행위

• 상표권 침해에 대한 법적 구제수단

상표권을 침해당한 자는 자기의 권리를 침해한 자 또는 침해할 우려가 있는 자에 대하여 침해금지 및 예방을 청구할 수 있음(물론 침해중지 가처분 신청도 가능할 것임) 타인이 고의 또는 과실로 상표권을 침해하여 초래된 재산적·정신적 손해에 대하여 법원에 손해배상청구의 소를 제기하여 손해에 대한 응분의 배상을 받을 수 있으며, 영업상의 신용을 실추케 한 자에 대하여는 신용회복조치 등을 강구할 수 있음은 물론 침해자에 대하여 사직당국에 고소하여 형사상 제재를 가하도록 할 수 있음. ▶

부정경쟁방지법 위반을 취지로 하는 제소 및 구제방법 • 부정경쟁행위로 보는 행위 (부정경쟁방지법 제2조제1호) 부정경쟁방지법 제2조제1호 가목, 나목에서는 국내에 널리 인식된 타인의 성명·상호·상표 등 표지와 동일 또는 유사한 것을 사용하거나 이를 사용한 상품의 판매·수출·수입 등을 통하여 타인의 상품과 혼동을 일으키게 하는 '상품주체혼동행위' 및 국내에 널리 인식된 타인의 성명·상호·표장 등 동일 또는 유사한 것을 사용하여 타인의 영업상의 시설 또는 활동에 혼동을 일으키는 '영업주체혼동행위'를 부정경쟁행위로 규정하고 있고, 제2조제3호 다목은 도메인 이름의 사용이 출처의 혼동을 야기하지 않더라도 유명상표의 식별력을 손상(tarnishment)하는 행위를 '부정경쟁행위'로 규정하고 있으며, 또한, 부정경쟁방지법 개정을 통해 "부정한 목적으로 도메인 이름으로 등록"하는 사이버스쿼팅행위를 금지하였다.(제2조제1호 아목) [사이버스쿼팅방지를 위한 부정경쟁방지법 개정 해설, (특허청홈페이지 / 특허정보마당 / 간행물 / 기타 간행물)] [참고] 일반적으로 도메인 이름의 등록·사용이 부정경쟁행위로서 성립하기 위해서는 (ⅰ) 도메인 이름이 국내에 널리 인식된 타인의 성명, 상호, 표장 기타 타인의 상품이안 영업임을 표시하는 표지일 것(표지의 주지성), (ⅱ) 위 표지와 동일 또는 유사한 것을 등록·사용하는 행위, (ⅲ) 이로 인하여 타인의 상품이나 영업과 혼동을 일으키게 하거나 상표 등의 식별력을 손상하거나 부정한 목적의 등록의 3가지 요건을 충족해야 함.

- 타인의 부정경쟁행위에 대한 법적 구제수단: 부정경쟁행위로 인하여 자신의 영업상의 이익이 침해되거나 침해될 우려가 있다고 인정하는 자는 부정경쟁행위를 하거나 하고자 하는 자에 대하여 법원에 그 행위의 금지(도메인 이름의 사용금지) 및 예방과 도메인 이름의 등록말소를 청구할 수 있음(동법 제4조제1항 및 제2항). 고의 또는 과실에 의한 부정경쟁행위로 인하여 영업상의 이익을 침해받는 자는 손해배상을 청구할 수 있으며(동법 제5조), 영업상의 신용을 실추당한 경우는 손해배상 등 영업상의 신용회복에 필요한 조치를 청구할 수 있음(동법 제6조)은 물론 침해자에 대하여 사법당국에 고소하여 형사상 제재를 가하도록 할 수 있음.

③ 사법적 분쟁해결에 한계

도메인 이름은 국경의 제한 없이 전 세계적인 효과를 가지므로 분쟁이 여러 나라에 걸쳐 있는 경우 준거법 및 재판관할권의 선택에 복잡한 문제가 있음. 도메인 이름은 종류가 다양(gTLDs, ccTLDs 등)하므로 동일한 분쟁이 여러 개의 도메인에서 동시에 발행하는 경우가 많아 상표권자 등은 각 도메인마다 일정한 대응조치를 취해야 하는 어려움이 있음. 도메인 이름의 등록이 쉽고 빠르게 이루어지고 인터넷을 통한 정보교류 및 상업적 파급효과가 신속하다는 점을 고려할 때 분쟁해결이 최대한 빨리 해결되어야 함에도 불구하고 사법적 절차의 해결에는 상당한 시일이 요구됨. 자신의 상표권 등을 침해하는 도메인 이름을 사용하는 자에 대하여 사용금지나 등록말소, 손해배상 등을 청구할 수 있으나 자신에게 도메인 이름을 이전할 것을 청구할 수 있는 절차는 없음.

④ 도메인 이름 분쟁처리를 위한 행정적 절차

인터넷을 통한 상거래가 활성화되면서 도메인 이름 관련 분쟁이 점차 늘어나게 됨에 따라 이러한 분쟁들 전부를 통하여 해결하는 것은 비용과 시간상 한계가 있고, 또한 인터넷이 무국경성이라는 특징을 가짐에 따라 상표와 도메인 분쟁 해결 시 재판관할권 및 준거법의 선택 또는 판결의 집행확보에 어려운 점이 있음. 따라서 도메인 관련 분쟁을 신속하고 저렴한 비용으로 해결할 수 있는 행정절차를 마련함으로써 분쟁당사자의 편의를 도모하고자 하는 논의가 국제적으로 대두되어 세계지적재산권기구인 WIPO는 악의적인 도메인 이름의 등록을 배제하기 위하여 강제적인 행정절차를 둘 것을 ICANN(국제인터넷주소관리기구)에 권고하였고, '99년 8월 ICANN은 통일된 '도메인분쟁해결정책(Uniform Domain Name Dispute Resolution Policy: 이하 UDRP [http://www.icann.org/udrp/udrp−policy−24oct99.htm]'을 채택하여 신속하고 경제적인 분쟁해결 절차를 제정하였음. UDRP는 ICANN이 등록을 관장하고 있는 일반 최상위도메인(예: .com, .org, .net)분쟁처리에 적용되는 것으로 도메인분쟁처리규정 및 절차규칙이 마련되어 있음. 한편, 우리나라의 경우 국가 도메인(한국의 경우 .kr)에 대한 분쟁과 관련하여 인터넷주소의 등록과 사용에 관한 분쟁(이하 '분쟁'이라 한다)을 조정하기 위하여 '인터넷주소분쟁조정위원회'를 두고 있으며(인터넷주소자원관리법), 인터넷주소 등록관리기관인 '한국인터넷진흥원(NIDA)'이 사무국역할을 담당하고 있음

※ ICANN(Internet Corporation for Assigned Names and Numbers)이란?

국제인터넷주소관리기구로 기존에 최상위 일반도메인의 주소관리기능을 담당했던 미정부 산하의 IANA로부터 1998년 10월 그 기능을 위임받은 비영리국제민간기구로 일반 최상위도메인의 주소관리기능, 등록기관 및 분쟁해결 기관의 승인 등의 업무를 관장하며 미국 L.A.County에 소재.

※ 국내에서는 그동안 한국인터넷정보센터(KRNIC)에 도메인네임관련 분쟁해결을 위

하여 '도메인이름분쟁조정위원회'를 두고 조정업무를 담당하여 왔으나, '04.7.29일부터 '인터넷주소자원에관한법률'이 시행됨에 따라 정보통신부 장관이 위촉하는 '인터넷주소분쟁조정위원회'에서 조정업무를 담당하게 됨

나. 도메인 이름 관련 분쟁해결 사례

① 사법적 분쟁해결 사례

▶harrods.com 사건 [영국]

- 영국의 최대의 유명백화점인 해로즈사(Harrods Limited)는 자사상표가 포함된 harrods.com 도메인 이름이 Michael Lawie에 의해 소유, 운영되고 있는 사실을 확인하고 그를 상대로 상표권 침해 및 부정경쟁방지법(passing off act) 위반으로 법원에 제소
- 영국법원은 Michael Lawie가 해로즈사의 'Harrods'를 도메인 이름으로 사용하는 행위는 상표권 침해 및 부정경쟁방지법에 위반한다고 보아 도메인 이름을 해로즈사에게 반환하라고 판결

▶ yahooindia.com 사건[인도]

- 인도의 한 기업이 yahooindia.com을 등록하여 yahoo 이 검색엔진을 그 홈페이지에 두어 사용하는 것에 대하여 yahoo.com을 운영하고 있는 yahoo사에서 상표법 위반으로 법원에 제소
- 인도법원은 상표법은 인터넷 도메인 이름에도 적용되어야 한다고 판결을 내리면서 상표권 침해를 인정

▶ candyland.com 사건[미국]

- 미국의 유명한 완구업체인 Hasbro 사가 자신의 등록상표 'candy land'를 candyland.com으로 등록한 IEG사를 상대로 상표권 침해소송을 제기
- 법원은 IEG사가 candyland를 사용하는 행위는 저명한 등록상표 'candyland'의 가치를 희석시키는 것으로서 「연방희석화 방지법」에 위반되며,
- 피고인 IEG사의 사용행위에 의해 피고에게 발생하는 손해는 IEG사가 candyland.com을 사용하지 못하게 될 때 발생하는 손해를 훨씬 능가한다는 사실 등을 참조하여 candyland.com에 대하여 사용 중지 가처분 판결

▶ chanel.co.kr 사건[국내]

- 샤넬사가 아닌 타인이 한국인터넷종보센터에 chanel.co.kr 도메인 이름을 등록, '샤넬인터내셔널'이라는 홈페이지를 개설하여 각종 성인용품과 란제리 등을 통

　　　신 판매하는 행위는 부정경쟁방지법상 '영업주체혼동행위'에 해당한다고 판결

▶ himart.co.kr 사건[국내]

- 인터넷을 통해 전자제품을 판매해오던 himart.co.kr.은 가전제품 유통업에 수요자에게 널리 인식된 HI-MART 상호와 유사하기 때문에 일반거래사회에서 상품출처에 관한 혼동우려가 있기 때문에 사용할 수 없다고 사용금지 가처분 결정

▶ viagra.co.kr 사건[국내]

- 일반인들은 피고들의 영업 활동이 화이자 측과 관련이 있는 것으로 생각할 수 있어 상품 주체 또는 영업 주체에 혼동을 일으킨다고 볼 수 있으며 발기부전 치료제로 유명한 비아그라라는 상품의 표지가 생칡즙이라는 의외의 상품이 시장에 들어옴으로써 식별력이 약화될 것으로 봐야 한다고 판단하여 원심을 깨고 "피고는 도메인 이름 등록을 말소하라"며 원고승소 판결

▶ 기　타

- freetel.co.kr, microsoft.co.kr, hite.co.kr, sindoricoh.co.kr, seripak.co.kr, knk.co.kr, 등의 분쟁이 있었으나 상호 사전적인 협의에 의해서 법적 소송 이전에 해결되었음

② UDRP에 따른 행정적 분쟁해결 사례(내국인 관련)

▶ toeic.net 사례: WIPO 중재조정센터 / ▶ biofield.com 사례: eResolution(DeC) /

▶ worldcup2002.com: WIPO 중재조정센터

※ ICANN 승인 도메인 이름 분쟁조정기구

　　http://arbiter.wipo.int/domains/(WIPO중재조정센터)

　　http://www.arbforum.com/domains(전미중재원)

　　http://www.cpradr.org/(CPR Institute)

　　http://www.adndrc.org(ADNDRC)

다. 자주 묻는 질문(FAQ)

① 도메인 이름과 상표와의 차이는 무엇인가?

답) 도메인 이름이란 인터넷에 연결된 네트워크상의 컴퓨터 주소를 일반인이 기억하기 쉽게 문자나 기호를 결합하여 나타낸 것인 데 비하여 상표란 상품을 생산, 증명, 가공 또는 판매하는 것임을 업으로 영위하는 자가 자기의 업무에 관련된 상품을 타인의 상품과 식별되도록 하기 위하여 사용하는 표지를 말합니다. 원래 도메인 이름과 상표는 그 목적이나 기능 면에서 구별된다고 할 수 있으나

인터넷을 통하여 상품이나 서비스가 거래되면서부터 인터넷상의 주소가 상품이나 서비스의 출처를 나타내는 효과를 갖게 되면서 상호 충돌되는 경우가 발생할 수 있다.

② 도메인 이름을 상표로 등록받을 수 있는가?

답) 도메인 이름도 상표의 구성요소인 영문자, 숫자, 일부 특수기호로 구성되어 있어 상표법상의 등록요건을 갖춘 경우 상표로 등록될 수 있습니다. 다만 상표법은 제6조, 제7조 등에서 상표로 등록될 수 없는 여러 가지 사유를 규정하고 있으므로 상표로 등록되기 위해서는 동 규정들에 저촉되지 않아야 하며, 특히 www.○○.com의 형태를 가진 도메인 이름의 경우 'www'나 '.com' 등은 누구나 사용할 수 있는 도메인 이름의 주소를 나타내는 부분이므로 이 부분은 상표 심사 시 고려되지 않으며 나머지 부분(○○)에 의하여 상표의 등록 여부가 결정될 것이다.

③ 사이버스쿼팅(cyersquatting)이란 무엇인가?

답) 사이버스쿼팅은 부정한 목적으로 유명한 상표, 상호, 이름 등 표지를 도메인 이름으로 등록·사용하는 행위를 말합니다(squat: 공유지에 무단으로 거주하는 것).

④ 상표등록을 하면 자연적으로 도메인 이름 등록에 우선권이 주어지는지?

답) 그렇지 않습니다. 상표등록과 도메인 이름은 전혀 상이한 등록기관에 의하여 운영되므로 상표등록을 먼저 하였다고 하여 도메인 이름의 등록에 우선권을 부여하지 않음. 따라서 상표를 등록한 자는 당해 상표를 도메인 이름으로 사용하고자 하는 경우 따로 도메인 이름의 등록기관에 도메인 이름으로 등록하여야 한다.

⑤ 도메인 이름과 상표권이 충돌되는 원인은 무엇인가?

답) 원래 상표와 도메인 이름은 상이한 목적에서 출발하였으며, 상이한 기능을 수행하였지만, 인터넷을 통한 전자상거래가 활성화됨에 따라 도메인 이름이 상품이나 기업의 식별표지로서의 기능을 수해하게 됨에 따라 기존에 상품이나 기업의 식별표지인 상표권, 상호권과 저촉문제가 발생하게 되었다. 또한 상표의 경우 업종이 상이하면 동일한 상표라도 복수 개 존재할 수 있지만 동일한 상표에 상응하는 도메인 이름(○○.com 또는 ○○.com.kr)은 하나밖에 존재할 수 없기 때문에 분쟁이 다수 발생하고 있는 상태이다.

⑥ 등록된 상표와 동일한 도메인 이름이 있을 경우 이는 곧 상표권의 침해로 볼 수 있는가?

답) 구체적인 도메인 이름의 사용양태에 따라 침해가 될 수도 있다. 등록상표에 대한 침해가 되기 위해서는 ① 등록상표가 존재하고, ② 상표권자의 허락 없이 등록상표와 동일 상표를 사용하고, ③ 등록된 지정상품과 동일·유사한 상품에 사용되어 도메인 이름을 등록한 자가 상표권자의 허락 없이 도메인 이름을 등록된 지정상품과 동일 또는 유사한 상품에 상표적으로 사용되는 경우에는 상표권의 침해에 해당될 수 있다.

⑦ 최근 상표와 도메인 이름과 관련한 분쟁해결의 법리로 법원의 판결에서 자주 인용되는 부정경쟁행위란 무엇인가?

답) 제2조제1호 가목, 나목에서는 국내에 널리 인식된 타인의 성명·상호·상표 등 표지와 동일 또는 유사한 것을 사용허가나 이를 사용한 상품의 판매·수출·수입 등을 통하여 타인의 상품과 혼동을 일으키게 하는 '상품주체혼동행위' 및 국내에 널리 인식된 타인의 성명·상호·표장 등 표지와 동일 또는 유사한 것을 사용하여 타인의 영업상의 시설 또는 활동에 혼동을 일으키는 '영업주체혼동행위'를 부정경쟁행위로 규정하고 있다. 또한 동 조항 '아목'에서는 정당한 권원이 없는 자가 1) 상표 등 표지에 대하여 정당한 권한이 있는 자 또는 제3자에게 판매하거나 대여할 목적으로, 2) 정당한 권원이 있는 자의 도메인 이름의 등록 및 사용을 방해할 목적으로, 3) 그 밖의 상업적 이익을 얻을 목적으로 국내에 널리 인식된 타인의 성명·상호·상표 그 밖의 표지와 동일하거나 유사한 도메인 이름을 등록·보유이전 또는 사용하는 행위를 부정경쟁행위로 규정하고 있다. 만약 부정경쟁행위 요건이 충족되면 당사자는 사용금지청구, 손해배상, 신용회복, 형사처벌 등을 법원에 청구할 수 있다.

⑧ 타인의 도메인 이름으로 인하여 자신의 상표 등에 대한 권리가 침해당하는 경우 어떠한 구제조치를 취할 수 있는가(도메인 이름 분쟁해결방법에는 어떤 것이 있나)?

답) 크게 2가지로 나눌 수 있는데 법원에 소송을 제기하는 방법과 인터넷주소분쟁조정위원회에 신청하여 문제를 해결하는 방법이 있다. 우선 법원에 소송을 제기하는 것은 기존의 소송절차에 따르는 방법으로 상표법상 상표권침해, 부정경쟁방지법상 부정경쟁행위의 구성 등을 이유로 하여 도메인 이름의 이전 혹은 사용 중지에 대한 가처분을 신청하거나, 신용회복, 형사처벌의 청구가 가능하다. 그리고 이미 인터넷주소분쟁조정위원회의 조정결정이 불리하게 나온 경우에는 이에 근거한 청구권부존재확인의 소를 제기할 수 있다. 법원의 소송절차는 가장 확실한 분쟁해결 방법이지만 비용과 시간이 많이 소요되며 절차가 까다롭다는 등의 단점이 있으므로 법원이 아닌 별도의 기관에 의하여 분쟁해결을 신청하는 행정적 절차를 진행할 수도 있다. 이것을 '통일된 도메인 이름 분쟁처리규정(UDRP)'이라 하는데 악의적인 도메인 이름의 등록을 규제하기 위해 지난 '99년 국제인터넷주소관리기구인 ICANN이 채택하여 시행해 오고 있는 것으로 UDRP절차를 통해 .com, .net, .org와 같은 일반최상위도메인에 한하여 미리 지정된 분쟁처리기관에 그 도메인 이름의 등록취소 또는 이전을 청구할 수 있다. 이러한 UDRP 절차는 일반최상위도메인(.com, .net, .org)관련 분쟁에 통일적으로 적용되며 국가별 최상위도메인(.kr 등) 분쟁에 대한 절차는 각국이 별도로 마련하여 시행하도록 하고 있는데, 우리나라의 국가도메인인 KR도메인 분쟁에 대해서는 '인터넷주소분쟁조정위원회'가 조정업무를 담당하고 있다.

⑨ 외국 또는 국내의 상표권자로부터 자신의 도메인 이름이 상표권을 침해한다는 강제적 행정절차가 제기되었을 경우의 대응절차는?

답) 분쟁처리기관으로부터 제3자에 의해 분쟁이 제기되었다는 사실을 통보받은 경우는 도메인 이름의 소유자는 이에 반드시 응해야 하며 응하지 않을 경우 제3자가 제출한 증거만으로 절차가 진행되어 도메인 이름 소유자에게는 불이익이 돌아갈 수 있다. 이 경우 도메인 이름의 소유자는 분쟁처리기관으로부터 분쟁이 제기되었다는 사실을 통보받은 날로부터 20일 이내에 자신이 도메인 이름의 사용이 정당한 이익이 있음을 적극적으로 증명하는 등의 서류를 답변서와 함께 제출하여야 한다. 답변서 제출 시 분쟁해결을 위한 패널이 구성에도 관여할 수 있다. 자세한 대응방법에 대해서는 통일된 도메인 이름 분쟁처리규정(UDRP), 동 절차규칙, 분쟁해결기관의 보충규칙 등을 참고 바란다.

제8장

Kosdaq과 Venture business

1 Stock option 제도

▶ Stock option의 장점

• 우수인력 유치 및 확보 용이 / • 임직원의 생산성향상을 위한 인센티브 (Incentive) 가능 / • '회사의 이익＝자신의 이익'이라는 동기(Motivation) 부여 / • 실적, 능력 등 공헌도에 따른 성과보상제도이기 때문에 회사와 직원이 모두 만족 / • (단, 공정하고 합리적인 평가 전제) / • 스톡옵션 부과에 따른 자금유동성 확보 및 고정비용 부담 감소

▶ Stock option의 단점

• 주주들과의 마찰 우려 / • 기업회계기준 및 관련세법 등 기반제도 복잡 / • 직원들 간의 경쟁심리 및 위화감 조성가능 / • 종업원들이 업무보다는 주가에 더욱 관심을 가져 업무효율 하락 우려 / • 임직원의 스톡옵션 행사 직후 퇴사 및 주가상승에 치중한 무리한 투자가능성 상존 / • 적용 불가능한 업종 존재: 예를 들어 건설사의 경우, 개인의 업무능력보다는 부동산경기, 주변 환경에 따라 주가가 변동하므로 스톡옵션이 오히려 기업에 부담

증권시장의 종류 및 특징

구분	정규시장		비정규지상	
종류	증권거래소 (KSE)	협회중개시장 (KOSDAQ)	비상장 · 비등록 주식시장(OTCBB)	OTC(장외사장)
의의	증권거래소가 개설한 시장	증권업협회가 운영하는 시장	장외시장을 증권업협회가 조직화한 시장	KSE, KOSDAQ, OTC BB 이외의 시장
매매 대상물	증권거래소 상장 유가증권(주식, 채권, 주가지수 선물옵션)	협회 등록법인의 주식	협회지정 법인의 주식	제한 없음, 주로 채권 이 거래되며 미공개법 인의 주식 거래도 활 발한 편임
매매 방법	경쟁매매	경쟁매매	상대매매	단주의 장외거래, 상 대매매
규정	상장규정 업무규정 공시규정	협회중개시장 운영규정	유가증권의 장외거래에 관 한 규정, 장외주식상호가 중개에 관한 규칙	유가증권의 장외거래 에 관한 규정
결제	증권 예탁원 (T + 2)	증권 예탁원 (T + 2)	증권 예탁원 (T + 2)	당일결제, 실물과 현금의 1 : 1 수수

벤처캐피탈, 개인투자자(엔젤)가 벤처기업에 투자한 자금을 회수하는 방법

① 최초공모주발행(IPO. initial public offerings): 기업들이 보편적으로 활용하는 투자자본 회수방법, 벤처기업이 주식을 발행하여 기업을 공개한 후, 공개거래시장＝증권거래소, KOSDAQ에 상장 또는 등록함으로써 자금을 회수하는 방법 또는 Initial Pubic Offering(기업공개): 일정 규모의 기업이 상장절차 등을 밟기 위해 행하는 외부 투자자들에 대한 첫 주식공매, 법률적인 의미로 기업공개란 상장을 목적으로 50인 이상의 여러 나라들을 대상으로 주식을 파는 행위, 즉 대주주 개인, 가족들이 가지고 있던 주식을 일반인들에게 팔아 분산을 시키고 기업경영을 공개하는 것. 증권거래법과 기타 법규에 의거하여 주식회사가 발행한 주식을 일반투자자에게 균일한 조건으로 공모, 이미 발행되어 대주주가 소유하고 있는 주식의 일부를 매출하여 주식을 분산시키고 재무내용을 공시함으로써 주식회사의 체제를 갖추는 것.

＊ 기업공개와 상장 · 목록: 공모한 주식에는 시장성과 유통성이 확보되어야만 일반

투자자들의 참여를 이끌어 낼 수 있는데, 이러한 환금성을 보장하기 위해서 매매 거래가 활발하여야 하므로 증권거래소 상장이라는 수단을 이용하게 된다. 즉 원칙적으로 기업공개와 상장은 같은 개념은 아니고 기업의 공개를 원활히 하기 위해서 상장이라는 수단을 사용하게 되는 것이다. 상장의 방법으로는 코스닥시장에서의 직상장, 금융감독위원회의 직권상장 등 여러 가지 다른 방법도 있을 수 있다. 1999년 8월에 법령 개정으로 기업공개와 상장이 전격적으로 분리되게 되었다. 공개와 상장의 분리란 기업공개에 대한 심사업무는 금융감독원에서 담당하고 거래소 상장이나 코스닥 등록의 심사는 증권업협회에서 담당하는 이원 체제를 말한다. 상장·등록 요건을 갖추지 못한 기업이라도 기업공개를 통해 쉽게 필요한 자금을 조달할 수 있게 되었다. 이처럼 기업공개와 상장을 분리해 심사하는 제도를 실질상장심사제도라고 한다.

* 미국·일본의 기업공개: 미국의 경우의 기업공개는 기업이 주식을 최초로 공모하는 것을 의미하며 발행기업과 주간사 금융기관은 시장의 소화 능력 등을 감안, 공모가를 마음대로 책정한다. 기업공개 후, 대부분 NASDAQ(미국장외시장)에서 상장되어 거래되고 NYSE(뉴욕증권거래소) 등의 증권거래소에 상장하기 위해서는 별도의 상장절차를 거쳐야 한다. 일본의 경우의 기업공개란 증권거래소에 상장하거나 증권업협회에 등록함을 의미하며 상장 또는 등록요건을 충족하기 위해서는 공모를 실시하는 것이 일반적이다.

② MBO(managememt buy out, 경영자매수): 벤처기업의 창업자가 기존의 동업자나 주요 경영자에게 자신의 지분을 매각함으로써 창업자 또는 초기 투자자들의 투자자금을 회수하는 방법, 경영진이 중심이 되어 기업의 전부 또는 일부 사업부를 인수하는 것. 기업이 내부의 사업부나 계열사를 매각할 경우, 해당 사업부나 계열사를 매각할 경우, 해당 사업부나 회사 내에 근무하는 경영진과 임직원이 중심이 돼 인수하는 것을 말한다. 매각기업은 자연스럽게 구조조정에 들어가게 된다. 해당 임직원은 해고되는 대신 새로운 회사의 일원이 될 수 있다. 기존 경영자가 그대로 사업을 인수함으로써 경영의 일관성을 유지할 수 있다. 이러한 방식은 고용안정과 기업이 효율성을 동시에 추구할 수 있다는 장점이 있어 영국 등지에서 많이 활용하고 있다.

③ MBI(managememt buy in): 기업의 지분을 매각할 때에 기업의 기존 임원만으로 지분매각이 어려운 경우에 외부투자자에 지분을 매각하는 방법, 기업의 주주와

최고경영진을 새로이 구성하면서 투자자금을 회수하는 방법,

④ Trade sales: MBO, MBI의 과정을 거친 기업이 어느 정도 상장하게 되면 당해 기업을 대기업, 외국기업 등에 것으로 유럽에서 가장 활용되는 벤처자본 회수하는 방법,

⑤ Buy back(자사주 매입, 自社株買入): 벤처자본이 투입된 기업이 처음 정해진 기간 안에 공개가 되지 않거나 경영성과가 호전되지 않을 경우, 벤처캐피탈의 지분을 당해 벤처기업이 사전에 정한 가격과 조건으로 매수하는 방법, 회사가 자기의 재산으로 자기가 발행한 주식을 다시 취득하여 금고주 형태로 소유하거나 소각하는 것을 말한다. 현행 상법은 주식소각, 합병 및 영업양수, 권리행사의 실행 목적 및 단주처리를 제외하고는 자기주식의 취득을 원칙적으로 금지하고 있다. 자사주 매입을 하는 경우는 일반적으로 해당 기업의 주가가 시장에서 저평가되나 지분율을 높여 기업매수대상에서 벗어나려는 목적이 있다. 또한 배당금 지급 대신에 자사주를 매입함으로써 배당에 대한 주주의 소득세를 회피하거나 외부투자자의 투자기회를 감소시켜 기업을 비공개기업화하기 위한 목적 등 다양한 이유로 추진될 수 있다.

⑥ M&A 및 전략적 제휴(Merger & Acqusition. 기업합병 / 매수): 기술개발에 집중적으로 투자를 한 벤처기업이 판매망이나 경영관리능력이 보다 뛰어난 기업과의 합병을 통해 자본이득을 실현하는 방법. 벤처기업 창업자는 대규모의 자금이 필요할 때에 자신들의 기술에 관심 있는 기업 또는 동종 기업과 전략적 제휴를 통해 자금을 조달하는데 대개 창업자는 대기업, 외국기업 등에게 지분을 모두 매각하는 것이 일반적이다.

신규상장신청 안내

2006. 2.

한국증권선물거래소
코스닥시장본부 상장심사팀

※ 일정 안내

접수기간	상장승인 예정일	상장(매매개시) 예정일
월요일~화요일(오전)	수요일	금요일
수요일~목요일(오전)	금요일	화요일
금요일(오전)	월요일	수요일

주) 상장승인일을 포함하여 3거래일 이후에 매매 개시됨
   (공휴일이 있는 경우 매매개시일은 해당 일수만큼 순연됨)

◎ 신규상장신청 제출 서류(매주 화요일, 목요일, 금요일 오전 시한)

① 상장주선인 명의 상장신청공문(수신: 한국증권선물거래소, 참조: 상장제도 총팀장)

(제목: ××××(주) 신규상장 신청)

② 첨부서류

서 류 명	부 수	비 고
상장신청서	2부	별첨 1
법인등기부등본	2부	
주주명부(주주일람부: 명부주주 한)	2부	
공모 후 주주명부요약표 또는 청약·배정명세서 요약표	2부	별첨 2
주권견양(예탁자계좌부기재확인서) 또는 주권(불)발행증명서	각 2매(2부)	
주금납입증명서	2부	
최대주주 등의 계속보유확약서	2부	별첨 3(변경법인限)
확약서 제출 등에 관한 약정서	2부	별첨 4(변경법인限)
최대주주등의 보호예수증명서	2부	변경법인限
코스닥상장계약서	2부	별첨 5
의무이행확약서	2부	별첨 6
인수계약서	2부	
(예비)확정사업설명서, 정정신고서	**각2부**	미제출법인限
유가증권발행실적보고서 사본	2부	
기업설명회(IR) 관련 확인서(코스닥상장법인협의회 발행)	2부	
상장결의 이사회의사록 사본	2부	변경법인限
정관 및 정관개정 확인서	2부	별첨 7(변경법인限)
사외이사 선임 확인서	2부	별첨 7-1(해당 법인限)
공시책임자신고서	3부	별첨 8
상장종목개요	2부	별첨9(디스켓으로 제출)
최근사업연도 감사보고서 및 상반기 검토보고서	**각2부**	**미제출법인限**
상장수수료 영수증 또는 상장심사수수료 환급용 통장사본	1부	상장규정 제50조

주) 1. 법인등기부등본(초과배정옵션부여 기업 포함), 주주명부, 공모 후 주주명부요약표 및 유가증권발행실적
　　　보고서: 매매개시일 전일까지 제출(초과배정옵션 부여기업은 유가증권발행실적 보고서 및 법인등기부
　　　등본을 관련 사항 확정 후 제출)
　　2. 납입일까지 신규상장신청 완료(코스닥시장상장규정 제11조제2항)
　　3. 상장수수료는 신규상장신청 당일에 한국증권선물거래소 계좌로 송금함
　　　(예금주: 한국증권선물거래소, 은행명: 신한은행 305-05-047164,
　　　경리팀☎: 051-662-2202~9)

(별첨 1)

상 장 신 청 서

한 국 증 권 선 물 거 래 소
이 사 장   귀 하

○○○주식회사는 귀 거래소가 개설하여 운영하는 코스닥시장에 상장하고자 다음과 같이 신청합니다.

다   음

기명·무기명	종 류	발행주식 수	1주의 금액	배당가산일	비 고

20 년   월   일

○○회사

대표이사   (인)

(별첨 2-1)

코스닥상장법인 주주명부요약표

한 국 증 권 선 물 거 래 소
이 사 장   귀 하

당사의 주식분포 현황을 다음과 같이 확인하며, 허위 및 부실기재 등에 따른 투자
유의종목지정 또는 상장취소 등 어떠한 불이익도 감수할 것을 확약합니다.

작성기준일:

	성 명	주민등록번호	소유주식 수	비 율	비 고
① 최대주주	×××	×××-×××		00.00	
② 최대주주의 특수관계인	××× ××× 소 계	×××-××× ×××-×××		00.00 00.00	처(예시) 자(예시)
③ 주요주주 (10% 이상 소유주 주)	××× 소 계	×××-×××		00.00	
④ 소액주주 (기관투자자 포함)	○○명 소 계	(생 략)		00.00	
⑤ 우리사주조합	○○명 소 계	사주조합장 주민등록번호		00.00	
⑥ 기타(소액주주 이외의 10% 미만 소유주주)	××× 또는○○명 소 계	×××-××× (10인 이상의 경우 생략가능)		00.00	
합 계				100%	

○○회사

대표이사   (인)

(작성요령)

1. 작성기준일: 주주명부폐쇄의 기준일 현재

2. 용어해설

1) 최대주주라 함은 법 시행령 제2조의 4 제3항의 1호의 규정에 의해 본인 및 특수 관계인이 소유하는 주식의 수가 가장 많은 자를 말한다.

2) 최대주주의 특수 관계인이라 함은 증권거래법 시행령 제10조의3 제2항에 해당하는 자로서 다음과 같다.

① 최대주주가 개인인 경우에는 다음 각 목의 1에 해당하는 자

가. 배우자(사실상의 혼인관계에 있는 자를 포함한다)

나. 6촌 이내의 부계혈족 및 4촌 이내의 부계혈족의 처

다. 3촌 이내의 부계혈족의 남편 및 자녀

라. 3촌 이내의 모계혈족과 그 배우자 및 자녀

마. 배우자의 2촌 이내의 부계혈족 및 그 배우자

바. 입양자의 생가의 직계존속

사. 출양자 및 그 배우자와 출양자의 양가의 직계비속

아. 혼인 외의 출생자의 생모

자. 최대주주의 금전 기타 재산에 의하여 생계를 유지하는 자 및 생계를 함께하는 자

차. 최대주주 단독으로 또는 그와 가목 내지 자목의 관계에 있는 자와 합하여 100분의 30 이상을 출자하거나 기타 임원의 임면 등 법인 기타 단체의 주요 경영사항에 대하여 사실상 영향력을 행사하고 있는 경우 당해 법인 기타 단체와 그 임원

카. 최대주주 단독으로 또는 그와 가목 내지 차목의 관계에 있는 자와 합하여 100분의 30 이상을 출자하거나 기타 임원의 임면 등 법인 기타 단체의 주요 경영사항에 대하여 사실상 영향력을 행사하고 있는 경우 당해 법인 기타 단체와 그 임원

② 최대주주가 법인 기타 단체인 경우에는 다음 각 목의 1에 해당하는 자

가. 임원

나. 계열회사 및 그 임원

다. 단독으로 또는 제1호 각 목의 관계에 있는 자와 합하여 최대주주에게

100분의 30 이상을 출자하거나 기타 임원의 임면 등 최대주주의 주요 경영사항에 대하여 사실상 영향력을 행사하고 있는 개인 및 그와 제1호 각 목의 관계에 있는 자와 단체(계열회사를 제외한다. 이하 이 호에서와 같다) 및 그 임원

라. 최대주주 단독으로 또는 그와 각 목 내지 다목의 관계에 있는 자와 합하여 100분의 30 이상을 출자하거나 기타 임원의 임면 등 단체의 주요 경영사항에 대하여 사실상 영향력을 행사하고 있는 경우 당해 단체 및 그 임원

3) 주요 주주라 함은 발행주식 총수의 100분의 10 이상의 주식을 소유한 주주로서 최대주주 본인 및 그 특수 관계인 및 우리사주조합원이 아닌 자를 말한다.

4) 소액주주라 함은 규정 제2조제8호에 해당하는 자로서 다음과 같다. 다만, 최대주주와 그 특수 관계인을 제외한다.

① 의결권 없는 주식을 발행주식총액의 100분의 1과 3억 원(액면금액 기준) 중 적은 금액 미만에 해당하는 주식을 소유한 주주

② 법인세법 시행령 제17조제1항에서 정하는 기관투자자

※ 제2호의 경우에는 건별로 기재

③ 자기주식을 취득한 당해 법인

④ 외국투자전용회사

⑤ 기타 코스닥상장법인의 주식을 투자목적으로 취득한 외국법인으로서 기관투자자에 준하여 법인

5) 우리사주조합이라 함은 법 제2조제18항의 규정에 의해 설립된 것으로서 우리사주조합장 명의의 소유주식을 말하며, 이 경우 성명란에 우리사주조합원 수를 기재한다.

6) 기타 주주라 함은 ① 내지 ⑤에 해당하지 아니하는 주주를 말하며, 이 경우 성명란에는 해당자가 10인을 초과하는 경우에 한하여 성명 대신 해당 주주 수를 기재한다.

3. 동일 항목 내의 기재 순서: 소유주식 수가 많은 주주순으로 기재

4. 비율산정 시 소수점 둘째자리까지 기재

5. 비고란에는 최대주주와의 관계 및 사내 직위 등을 기재

※ 우선주를 발행한 법인의 경우에는 보통주와 우선주의 주주명부요약표를 별도

로 기재하여 제출

※ 발해주식 총수 중 규정 제2조제27항 각호의 1에 해당하는 주식이 있는 법인의 경우에는 유동주식 수를 기준으로 별도의 주주명부요약표를 기재하여 제출

(별첨 2-2)

소유주식 등의 계속보유확약서

한국증권선물거래소 귀중

년   월   일

본인 및 본인의 특수 관계인(이하 '본인'이라 한다)은 XX주식회사(이하 '甲'이라 한다) 의 코스닥시장 신규상장과 관련하여 코스닥시장사장규정 제4조제2항제4호의 규정에 해당하는 '甲'의 최대주주 등으로서 아래 사항을 틀림없이 준수할 것을 확약합니다.

1. 코스닥시장상장규정 제11조의 신규상장신청서의 제출일(이하 '상장신청일'이라 한다) 전일 현재 본인이 소유하고 있는 '甲'의 발행주식 등(증권거래법 시행열 제10조 각호의 유가증권을 말하며, 코스닥시장상장규정 시행세칙 제3조제1항에서 정하는 무상증자분을 포함한다. 이하 같다)을 기업인수합병 등 한국증권선물거래소가 불가피하다고 인정하는 경우 이외에는 '甲'의 상장신청일 전일부터 상장일 이후 **1년**(코스닥시장상장규정 제17조의 규정에 의한 재상장하는 법인의 경우에는 기존 상장법인의 최대주주 등의 잔여계속보유기간)이 되는 날까지 증권예탁원에 보관할 것이며, 동 기간 중 한국증권선물거래소가 필요하다고 인정하는 경우 이외에는 동 보관주식 등을 인출하거나 양도하지 아니할 것임. 다만 의무보관기간이 **6월**을 경과한 경우 매 1월마다 최초 보유주식 등의 100분의 5에 상당하는 부분까지 매각할 수 있음.

2. 제1호의 기간 중 본인 소유주식 등의 보관 및 인출은 반드시 상장주선인 XX증권주식회사(이하 '乙'이라 한다)를 통하여야 하며, 동 소유주식 등의 보관, 인출의 방법 및 절차 등에 관하여는 '甲'과 '乙'이 체결한 '최대주주 확약서 제출 등에 관한 약정'에서 정하는 바에 따를 것임.

3. 제1호의 기간 중 본인 소유주식 등의 인출 또는 양도의 경우 그 사실을 '乙'이 코스닥시장지 등에 공시하여도 이의를 제기하지 아니할 것임.

4. 최대주주 등의 소유주식 등의 현황표

주주명	관 계	종 류	권 종	기번호	매 수	주주(지분율)	보관 형태	비 고
						매수(권면액)		
		주권	일주권					
			~					
			일만주권					
		기타 유가 증권	전환사채					
			~					
		주권	일주권					
			~					
			일만주권					
		기타 유가 증권	전환사채					
			~					
		주권	일주권					
			~					
			일만주권					
		기타 유가 증권	전환사채					
			~					
합 계								

확약인

XX주식회사
최대주주(본 인)　　 X X X(인)
（　）　　 X X X(인)
（　）　　 X X X(인)

(별첨 3)

소유주식 등의 계속보유확약서

한국증권선물거래소 귀중

년   월   일

XX주식회사(이하 '본인'이라 한다)는 XX주식회사(이하 '甲'이라 한다)의 신규상장과 관련하여 코스닥시장상장규정 제4조제2항제4호에의 규정에 해당하는 '甲'의 벤처금융(벤처특별법 제2조의2 제1항 각호의 1에 해당하는 벤처기업에 투자한 벤처금융)주주로서 아래 사항을 틀림없이 준수할 것을 확약합니다.

1. 코스닥시장상장규정 제11조의 신규상장신청서의 제출일(이하 '상장신청일'이라 한다) 전일 현재 본인이 소유하고 있는 '甲'이 발행주식 등(증권거래법 시행령 제10조 각호의 유가증권을 말하며, 코스닥시장사장규정 시행세칙 제3조제1항에서 정하는 무상증자분을 포함한다. 이하 같다)을 '甲'의 상장신청일 전일부터 상장일 이후 1월이 되는 날까지 증권예탁원에 보관할 것이며, 동 기간 중 한국증권선물거래소가 필요하다고 인정하는 경우 이외에는 동 보관주식 등을 인출하거나 양도하지 아니할 것임.

2. 제1호의 기간 중 본인 소유주식 등의 보관 및 인출은 반드시 상장주선인 XX증권주식회사(이하 '乙'이라 한다)를 통하여야 하며, 동 소유주식 등의 보관, 인출의 방법 및 절차 등에 관하여는 '甲'과 '乙'이 체결한 '벤처금융주주 등의 확약서 제출 등에 한 약정'에서 정하는 바에 따를 것임.

3. 제1호의 기간 중 본인 소유주식 등의 인출 또는 양도의 경우 그 사실을 '乙'이 코스닥시장지 등에 공시하여도 이의를 제기하지 아니할 것임.

4. 최대주주 등의 소유주식 등의 현황표

주주명	관 계	종 류	권 종	기번호	매 수	주주(지분율) 매수(권면액)	보관 형태	비 고
		주권	일주권					
			~					
			일만주권					
		기타 유가 증권	전환사채					
			~					
		주권	일주권					
			~					
			일만주권					
		기타 유가 증권	전환사채					
			~					
		주권	일주권					
			~					
			일만주권					
		기타 유가 증권	전환사채					
			~					
합 계								

확약인

XX주식회사(본인)
대표이사　　　X　X　X(인)

(별첨 4-1)

최대주주 등의 확약서 제출 등에 관한 약정

XX주식회사(이하 '甲'이라 한다)와 XX증권주식회사(이하 '乙'이라 한다)는 신규상장을 위한 주식의 인수·주선을 함에 있어 코스닥시장 상장규정 제4조제2항제4호의 규정에 의한 '甲'의 최대주주 등의 '소유주식 등의 계속 보유확약서'의 제출 등과 관련하여 아래와 같이 약정한다.

제1조(보관, 인출, 양도, 공사 및 담보제공 등) '甲'과 '乙'은 코스닥시장 상장규정 제21조제1항제1호에서 정한 의무보관기간 중 최대주주 등이 소유하는 주식 등(증권거래법 시행령 제10조 각호의 유가증권을 말하며, 코스닥시장 상장규정 시행세칙 제3조제1항에서 정하는 무상증자분을 포함한다. 이하 같다)을 보관, 인출 또는 양도하거나 이를 공시할 방법 및 담보제공 등으로 보관 불가능한 경우에 관하여 다음과 같이 정한다.

1. '甲'의 최대주주 등은 각각 '乙'의 영업점에 계좌를 개설하여 그 소유주식 등을 예탁하고 '乙'은 동 예탁주식 등을 증권예탁원에 주주별로 보호 예수시킨다.

2. '乙'은 ①항의 계좌에 대하여 소유주식 등의 계속보유 확약서에서 정한 기간 중 한국증권선물거래소(이하 '거래소'라 한다)가 필요하다고 인정하는 경우 이외에는 그 소유주식 등이 인출, 양도 및 담보제공이 되지 않도록 특별관리(계좌 사고 등록 등)한다.

3. '甲'의 최대주주 등은 거래소에 그 소유주식 등의 인출, 양도 및 담보제공 승인 신청을 하는 경우 '乙'을 통하여 신청하여야 한다.

4. '乙'은 '甲'의 최대주주 등은 그 소유주식 등을 인출, 양도 및 담보제공을 하는 경우 그 사실을 코스닥시장지 등에 공시한다.

제2조(이의처리) 이 약정에서 정하지 아니한 사항에 대하여 이의가 있을 경우에는 상관례 또는 '甲'과 '乙' 간의 협의에 의하여 처리된다.

제3조(관할법원) 이 약정에 관한 소송은 '乙'의 소재지를 관할하는 법원으로 한다.

제4조(약정기간) 이 약정은 '甲'의 코스닥시장 상장일부터 **1년**이 경과할 때까지 효력을 가진다. 이 약정의 증거로 약정서 2통을 작성하여 당사자가 기명날인한 후 '甲', '乙'이 각각 1통씩을 보관한다.

년   월   일

甲:

乙:

(별첨 4-2)

벤처금융주주 등의 확약서 제출 등에 관한 약정

XX주식회사(이하 '甲'이라 한다)와 XX증권주식회사(이하 '乙'이라 한다)는 신규상장을 위한 주식의 인수·주선을 함에 있어 코스닥시장상장규정 제4조제2항제4호의 규정에 의한 '甲'이 벤처금융주주 등의 '소유주식 등의 계속보유확약서'의 제출 등과 관련하여 아래와 같이 약정한다.

제1조(보관, 인출, 양도, 공시 및 담보제공 등) '甲'과 '乙'은 코스닥시장 상장규정 제21조제1항제2호에서 정한 의무보관기간 중 벤처금융주주 등이 소유하는 주식 등(증권거래법 시행령 제10조 각호의 유가증권을 말하며, 코스닥시장상장규정 시행세칙 제3조제1항에서 정하는 무상증자분을 포함한다. 이하 같다)을 보관, 인출 또는 양도하거나 이를 공시한 방법 및 담보제공 등으로 보관이 불가능한 경우에 관하여 다음과 같이 정한다.

1. '甲'의 벤처금융주주 등은 각각 '乙'의 영업점에 계좌를 개설하여 그 소유주식 등을 예탁하고 '乙'은 동 예탁주식 등을 증권예탁원에 주주별로 보호 예수시킨다.

2. '乙'은 ①항의 계좌에 대하여 소유주식 등의 계속보유확약서에서 정한 기간 중 한국증권선물거래소(이하 '거래소'라 한다)가 필요하다고 인정하는 경우 이외에는 그 소유주식 등이 인출, 양도 및 담보제공이 되지 않도록 특별관리(계좌 사고등록 등)한다.

3. '甲'의 벤처금융주주 등은 거래소에 그 소유주식 등의 인출, 양도 및 담보제공 승인신청을 하는 경우 '乙'을 통하여 신청하여야 한다.

4. '乙'은 '甲'의 벤처금융주주 등은 그 소유주식 등을 인출, 양도 및 담보제공을 하는 경우 그 사실을 코스닥시장지 등에 공시한다.

제2조(이의처리) 이 약정에서 정하지 아니한 사항에 대하여 이의가 있을 경우에는 상관례 또는 '甲'과 '乙' 간의 협의에 의하여 처리된다.

제3조(관할법원) 이 약정에 관한 소송은 '乙'의 소재지를 관할하는 법원으로 한다.

제4조(약정기간) 이 약정은 '甲'의 코스닥시장 상장일부터 1월이 경과할 때까지 효력을 가진다. 이 약정의 증거로 약정서 2통을 작성하여 당사자가 기명날인한 후 '甲', '乙'이 각각 1통씩 보관한다.

년   월   일

甲:
乙:

(별첨 5)

코스닥상장계약서

__________(이하 '회사'라 한다)는 회사가 발행한 유가증권이 코스닥시장에서 거래되도록 하기 위하여 한국증권선물거래소(이하 '거래소'라 한다)에 상장함에 있어 거래소와 다음과 같이 합의한다.

제1조(법규 등의 준수) 회사는 코스닥시장의 운영과 관련하여 현재 시행 중인 그리고 향후 제·개정되는 다음 각호의 법규 등을 성실히 준수한다.

1. 증권거래법, 동법 시행령 및 동법 시행규칙 등 관련법규
2. 코스닥시장상장규정 및 동 규정시행세칙
3. 코스닥시장업무규정 및 동 규정시행세칙
4. 코스닥시장공시규정 및 동 규정시행세칙
5. 기타 거래소 및 거래소의 위임을 받은 자가 정하는 기준, 지침 및 방침 등 코스닥상장법인 관련사항

제2조(이상매매 심리에 대한 협조) 상장유가증권의 이상매매에 대한 심리와 관련하여 거래소가 필요하다고 인정하는 경우 회사의 기업 내용에 관한 중요 정보의 생성시점 등 그 과정을 추정할 수 있는 관련자료(이사회의사록, 계약서 등) 사본, 임직원명부, 주요 내부자료의 인적사항, 주주명부 등의 제출을 회사에 서면 또는 유·무선통신으로 요구할 수 있고, 회사는 이러한 요구에 성실히 응하여야 한다.

제3조(기업의 계속성 유지 및 경영의 투명성 확보) 회사는 최대주주 및 특수 관계인 등과의 부당한 자금거래 등 회사의 독립성 및 계속성 유지에 현저히 저해가 되는 행위를 하여서는 아니 되며, 정관 및 규정 등의 정비, 이사의 충실한 직무집행, 투명한 회계처리, 공저한 회계감사, 적정한 공시, 부당내부거래의 금지, 주주의 권익보호 및 기업지배구조의 개선 등을 통한 경영의 투명성을 확보하여야 한다.

제4조(조치) 거래소는 본 계약사항의 효율적 이행을 위하여 필요하다고 인정하는

경우 회사에 대하여 관련자료 또는 경위서의 제출, 관련자의 면담 등 필요한 사항을 서면 또는 유·무선통신으로 요구할 수 있으며, 이 경우 회사는 정당한 상가 없는 한 이에 즉시 응하여야 한다.

제5조(승계인에 대한 효력) 본 계약은 회사 또는 거래소의 지위를 승계한 자에게도 효력을 미친다.

제6조(관할의 합의) 본 계약과 관련하여 당사자 사이에 발생하는 분쟁에 대하여 서울남부지방법원을 관할로 한다.

년   월   일

○○주식회사   대표이사 ______(인)

한국증권선물거래소 이사장(인)

(별첨 6)

의무이행확약서

한 국 증 권 선 물 거 래 소
이 사 장   귀 하

당사는 상장예비심사청구일 이후 상장일까지 코스닥시장상장규정 제4조제3항제2호
에서 규정하는 경영상 중대한 사실에 관한 모든 사항을 거래소에 신고하였음을 확
인하며, 이를 위반한 경우 거래소가 코드닥시장 관련규정 및 동 시행세칙에 근거하
여 당사에 대하여 이의를 제기하지 않을 것과 신고의무를 위반함으로써 발생하는
일체의 손해에 대하여 모든 책임을 부담할 것을 확약합니다.

년   월   일

XX주식회사
대표이사   (인)

(별첨 7)

확 인 서

당사의 정관 중 다음과 같은 조항이 관계 규정에 저촉되므로 해당 정관 내용은 코스닥상장 이후 최초로 도래하는 주주총회에서 변경토록 하겠습니다. 또한, 정관개정 전 주식매수선택권의 부여, 전환사채 및 신주인수권부사채는 발행하지 않겠습니다.

정관개정내용(보기)

(해당 사항만 기재)

항 목	변 경 전	변 경 후
제10조의 3 (주식매수선택권)	이 회사는 임직원에게 발행주식 총수의 **100분의 50범위 내**에서 증권거래법……(생략)	이 회사는 임직원에게 발행주식 총수의 **100분의 15범위 내**에서……(생략)
제14조 (전환사채의 발행)	전환청구할 수 있는 기간은 당해 사채의 **발행일익일**부터 그 상환기일의 직전일까지로 한다.……(생략)	전환을 청구할 수 있는 기간은 당해 사채의 **발행 후 1월**이 경과하는 날로부터 그 상환기일의 직전일까지로 한다. 다만, 모집 외의 방법으로 발행할 경우에는 발행 후 일 년이 경과한 날부터 그 상환기일의……(생략)
제15조 (신주인수권 부사채 발행)	신주인수권을 행사할 수 있는 기간은 당해 **사채의 발행일 익일**부터 그 상환기일의 직전일까지로……(생략)	신주인수권을 행사할 수 있는 기간은 당해 사채의 **발행 후 1월이** 경과하는 날로부터 그 상환기일의 직전까지로 한다. 다만, 모집 외의 방법으로 발행할 경우에는 발행 후 일 년이 경과한 날부터 그 상환기일의……(생략)

○○○○ 주 식 회 사

대표이사 ○ ○ ○

(별첨 8-1)

코스닥시장상장법인 공시책임자(신규·변경) 신고서

한국증권선물거래소
이사장   귀하

당사의 공시책임자를 다음과 같이 정하였기에 이를 신고합니다.

다   음

구 분	소 속	직 위	성 명	전화번호
(정) 공시책임자 (부)				

※ 공시책임자(정): 담당 임원 공시책임자(부): 담당 직원(과장급 이상)

20 년   월   일

주 식 회 사
대표이사   (인)

(별첨 8-2)

확 인 서

당사는 증권거래법 제191조의 16(사외이사의 선임) 및 동법 시행령 제84조의 23(주권산장법인 등의 사외이사)에 의거 코스닥상장 이후 최초로 도래하는 정기 주주총회일까지 관련 법률에 따라 사외이사를 선임하겠습니다.

○○○○ 주식회사

대표이사 ○ ○ ○

(별첨 9)

상장 종목 개요

1. 회사명: (정식명 40, 약명 12byte 이내, 빈칸 1byte, 한글은 1자가 2byte)
   - 한글 정식명:
   - 영문 정식명:
   - 한글 약명:
   - 영문 약명:
2. 대표이사:　　　　　　　　(영문명:　　　　　)
3. 설립일:
4. 자본금:　　　　　　원(발행주식 총수:　　주)
5. 업　종:　　　　(표준산업분류상 중분류로 기재, 표준산업분류 5자리 기재)
6. 주요제품(사업):　　　　(매출비중이 큰 순으로)
7. 주　소:

   　　　(우편번호:　　　　, 전화번호:　　　　)
8. 소속부:　　　　　(일반 / 벤처, 중소 / 대기업 여부)
   (성장형 벤처기업 해당 여부: 해당 사항 있음 / 없음)
9. 발행주식 내역(발행회차별로 전부 기재)
   - 주식의 종류와 수: 기명식 보통주(제회)　　　주(액면　　원)
   - 공모주식 수:　　　주(발행가:　　　원)
   - 발행일:
   - **주당경상이익:**　　　원
   - **최근사업연도 말 주식 수:**　　주
   - **최근사업연도 주당배당금:**　　원
   - 배당가산일:
   - 표준코드: **KR**○○○○○○○○○○　단축코드: A○○○○○
   - 기업고유번호(**CIK**):　　　　(전자공시용 번호(금감위 부여))

10. 상장승인일: (공란)

11. 상 장 일: (공란)

12. 평가가격: 원(최근 공모가 기재)

13. 상장주선인: 증권(주)

14. 주요주주(5% 이상): 홍길동(**.**%) 외 *인(**.**%),

    (최대주주 및 특수 관계인 지분율 기재, 나머지는 5% 이상 주주(기관투자가 포함)를 기재할 것)

15. 소액주주비율: 주(%)

        (우리사주조합 및 기관투자가 주식 수 포함)

16. 결 산 기:

17. 명의개서 대행기관:

18. 주거래은행: 은행   지점

19. 자본잠식:

20. 투자위험요서: 금융감독원 전자공시시스템(http://dart.fss.or.kr) 참조

                    20   년   월   일

                    주 식 회 사

                    대표이사   (인)

<u>* 기타 참고사항(우선주를 발행한 법인의 경우 기재함)</u>

<u>-상기 사항은 신규 상장되는 보통주 기준이며 우선주는 미발행됨</u>

<u>-우선주 발행내역</u>

<u>○ 주식 수: 주(액면가: 원)</u>

<u>○ 발행일:</u>

<u>○ 우선주 자본금: 원(우선주 포함 시 총 자본금   원)</u>

4 전자상거래

전자상거래의 특징은 다음과 같다.

① 전자상거래는 네트워크를 통해 공급자와 구매자를 직접 연결하기 때문에 도매점, 소매점 등의 중간 유통채널이 필요 없게 됨으로써 상대적으로 짧은 유통채널을 갖게 되었다.

② 인터넷을 상거래 활동에 활용할 경우 기업 활동에 있어 시간과 공간의 제약에 사라져, 기업은 24시간 내에 지구촌 어디서나 상품판매가 가능하다.

③ 기존의 상거래에는 상품전시, 영업, 고객응대 등을 위한 판매 공간이 필요했지만, 전자상거래의 경우는 네크워크상에서 매매가 이루어지기 때문에 판매거점이 필요 없다.

④ 전자상거래는 디지털 통신을 통해 이루어지기 때문에 마케팅 및 거래과정에서 확보된 고객정보를 별도의 가공 없이 바로 자사의 데이터베이스에 저장하여 마케팅 활동에 활용할 수 있다.

⑤ 축적된 데이터베이스를 통해 상품에 관심을 가질 만한 특정고객을 대상으로 1:1로 인터랙티브(Interactive)한 마케팅이 가능하며, 동시에 고객의 욕구를 충족시켜 줄 수 있는데 데이터베이스 마케팅이 가능하다.

⑥ 컴퓨터 네트워크를 이용하면 실시간(Real Time) 서비스가 가능하기 때문에 고객 불만사항 및 문의사항에 즉각적으로 대응할 수 있으며, 고객 니즈(needs)변화를 신속히 포착할 수 있기 때문에 고객 니즈에 동적 대응이 가능하다.

⑦ 인터넷을 이용한 가상공간에서의 사업은 토지 및 건물구입비용이 필요

	전자상거래	기존상거래
시 간	1년 365일 1일 24시간 영업가능	정해진 영업시간에만 가능
공 간	전 세계 어디서나 이용	특정 지역에 한정
유통채널	생산자 → 소비자직거래	생산자 → 중간유통업체 → 소비자
자본지출	사무실, 창고, 공장 등 유형자산에 대한 지출이 불필요해짐	유형자산에 대한 지출이 필수적
마케팅	일 대 일에 의한 대화형 마케팅	불특정다수를 상대로 하는 일방적 마케팅

(1) 기업형태의 결정

[개인기업과 주식회사의 차이]

구 분	개인기업	주식회사
적정규모	중, 소기업	중, 대규모
법적근거	업종별 관계법(인 / 허가)	법 인
성 격	개 인	법 인
사업(대표자)책임	무한책임	유한책임(출자지분 범위 내)
법적출자인원 (발기인 수)	대표자	발기인 3인 이상
출자금액	금액제한 없음	5천만 원 이상(벤처기업 2천만 원 이상)
기 관	대표자 개인	−의결기관: 주주총회 −대표기관: 대표이사 −업무집행: 이사회
법적성립요건	−해당 업종 관계법에 의한 인 / 허가 −사업자 등록	−정관 인증 및 창립총회 −법인설립 등기 −법인설립신고 및 사업자 등록
조직변경	주식회사, 유한회사 등으로 법인전환 가능	유한회사로 변경 가능

[개인기업과 법인기업의 세제상의 특징]

구 분	개인기업	주식회사
과세근거법	소득세법	법인세법
과세기간	매년 1월 1일부터 12월 31일까지	정관에 정하는 회계기간
과세소득	총수입금액 − 필요경비	분리과세가 인정되지 않음
과세범위	특정소득에 대해서는 종합과세를 하지 않고 원천징수만으로 분리과세	분리과세가 인정되지 않음
이중과세 여부	하나의 원천소득에 대해 이중과세가 되지 않음	법인에게 법인세 과세 후, 주주의 배당에 대해 소득세 과세
세율 구조	세율: 10%~40%로 누진적용 주민세: 소득세의 10%	세율: 16%~28% 주민세: 법인세의 10%
납세지	개인기업의 주소지	법인등기부등본상의 본점 / 주사무소
기장의 유무	수입금액에 따라 일기장의무자, 간이장부의무자, 복식부기의무자로 구분	수입금액에 관계없이 복식부기의무자
외부감사제도	적용되지 않음	자산총액이 60억 원 이상인 경우, 공인회계사의 감사
대차대조표 공고	대차대조표 공고의무가 없음	법인세 신고기간 내에 일간 신문에 공고의무가 있음

사업성 분석의 기본절차

아이디어
발견
사업 아이디어 탐색
후보 사업 아이디어 발견
예비 선별
예비선발
비형식적 분석결과가 유리한가?
부정
중단
예비 사업성 분석이 필요한가?
필요
예비 사업성 분석
예비 사업성 분석결과가 유리한가?
불필요
긍정
시장성 분석
상세한 분석결과 수립
시장성 분석 실시
시장성 분석결과가 유리한가?
부정
긍정
기술적
타당성 분석
기술적 타당성 분석 실시
중단
기술적 타당성 분석결과가 유리한가?
부정
재무적
타당성 분석
재무적 타당성 분석 실시
중단
재무적 타당성 분석결과가 유리한가?
부정
긍정
공익성 분석
공익성 분석이 필요한가?
중단
필요
공익성 분석 실시
불필요
공익성 분석결과가 유리한가?
부정
긍정
사업계획서 준비
중단

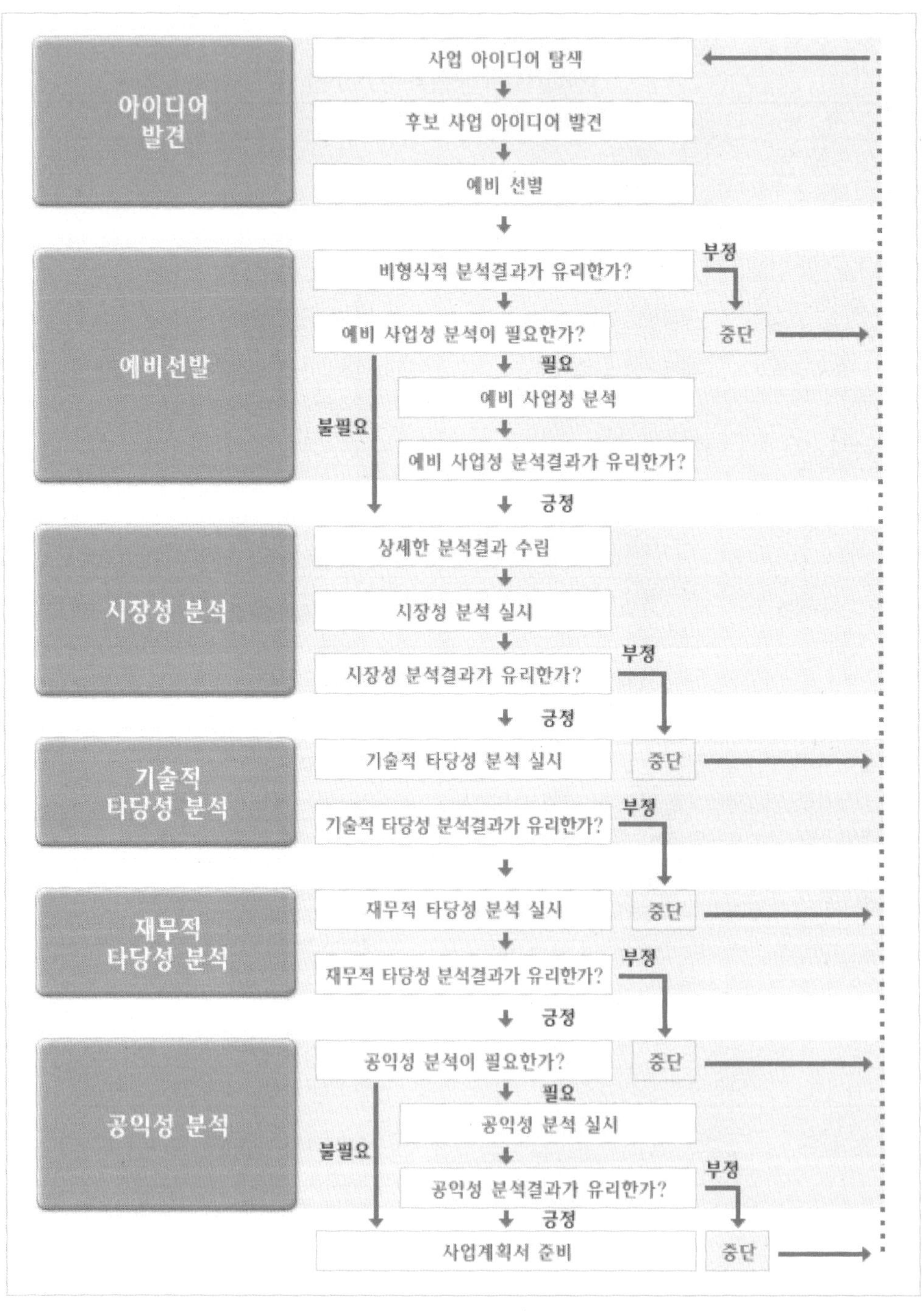

시장성 분석

구 분	주요 분석 내용
전반적인 시장동향 분석	- 시장규모 분석 - 시장의 특성 및 구조 분석: 주요 수요처, 업계의 일반적인 판매조직 - 소비자 분석: 소비자 분석 및 변화추세 분석
제품성 분석	- 제품의 강/약점 분석 - 제품의 라이프사이클 및 보급률 분석
경쟁적 지위 분석	- 자사 및 경쟁사와의 재무상태 비교 - 생산능력 및 실적 비교 - 주요 경쟁요소 비교: 가격 등
제품의 채산성 분석	- 제품원가 및 마케팅비용 분석 - 마진율 등 분석 - 제품가격 분석: 제품의 가격경쟁력 및 경쟁력 분석
수요예측	- 시장점유율 분석 - 판매량 증감요인 분석 - 판매전망 - 불황 적응도 및 계절성 분석
시장 및 제품환경 분석	- 자원 환경: 인적자원, 원재료 수급 - 기술적 환경: 보유제품에 대한 전반적 기술수준 - 마케팅 환경: 판매방법 및 판매전략, 판매대금 회수방법
판매전략	- 판촉 및 광고전략 - 영업전략

기술성 분석

평가요소	세부 평가 항목
계획제품의 용도, 품질 및 경쟁력 분석	제품의 용도 및 주요 소비처 - 제품의 기능, 물리, 화학적 특징 - 국내외 경쟁업체 현황
입지조건 분석	- 자연적 공업입지조건 - 경제적 공장입지조건
입지적 조건	- 제조업의 주요 입지요인: 공장부지, 원재료 조달 용이성 등 - 관계법규상의 제약요인: 정부시책 관련사항 등
계획시설의 적정성	- 주요 계획시설내용 및 계획시설의 적정성 - 토지, 건물, 기계, 공작품 시설계획 명세 - 생산설비의 선정
계획시설의 장래성 분석	- 생산기계의 진부화에 따른 교체 용이성 - 시설개체시기 및 재원
생산 및 재고부석	- 생산방식과 생산공정의 효율성 - 생산능력 및 가동률 산정 - 생산조직 및 인력의 효율성 - 소요 원재료 수급의 원활성

(2) 재무적 타당성 분석

사업계획서란?

창업자가 사업을 시작하기 전에 추진할 계획사업과 관련된 제반 사항, 즉 사업내용, 목표고객, 시장특성, 예상수익, 마케팅 전략, 조직 및 인력관리, 소요자금조달 및 운용, 세부일정계획 등을 체계적으로 작성한 문서, 내부용 사업계획서계획사업의 목표 달성을 위해 내외부 자원의 조달 및 최적 사용 방안, 현재 및 잠재적 리스크 관리 방안, 시나리오별 대체안, 실행절차, 일정계획 등을 중심으로 기술외부용 사업계획서금융기관 제시용, 투자자 제시용, 지원기관 제시용, 인·허가용, 전략적 제휴기업 제시용 등 외부자원 활용을 위해 작성

사업계획서 작성 원칙

○ 설득이 용이하도록 쉽고 자세하게 작성

○ 객관성, 현실성의 원칙 준수

○ 계획사업의 핵심내용을 강조

○ 문제점 및 위협요인에 대한 심층분석

○ 양식이 있는 경우 각각의 항목에서 요구하는 목적이 무엇인가를 우선 이해하고 작성

○ 회사의 장래성을 반영

사업계획서 작성순서

기본목표와 방향설정

－사업계획서의 작성목적과 기본방향 설정

소정양식 및 요건 검토

필요정보 및 자료수집

－필요자료의 충분한 숙지 및 객관적인 자료 수집

사업계획서 작성계획 수립

－작성일정 및 작성주관자 결정, 외부전문가에게 위탁할 경우 사업내용 설명 및 자료제공 보조자 결정

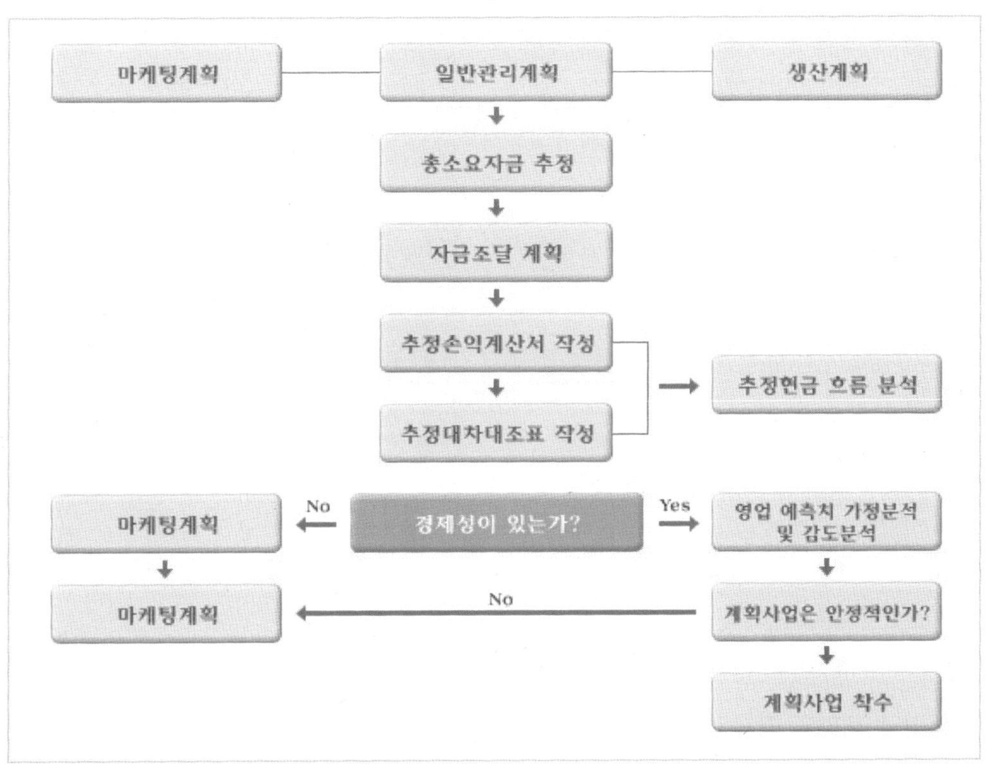

사업계획서 형식 구상 : -작성목적에 따라 목차설정, 인터넷 등에서 모델검색 / 참고
사업계획서 작성: -제시한 사항기준으로 작성, 논리적인 내용, 수치산출근거 제시 등
편집 및 제출 : -표지 등 편집, 모양 등 전반적인 사항 점검

도메인 네임의 확보와 신청

도메인 이름 등록규정

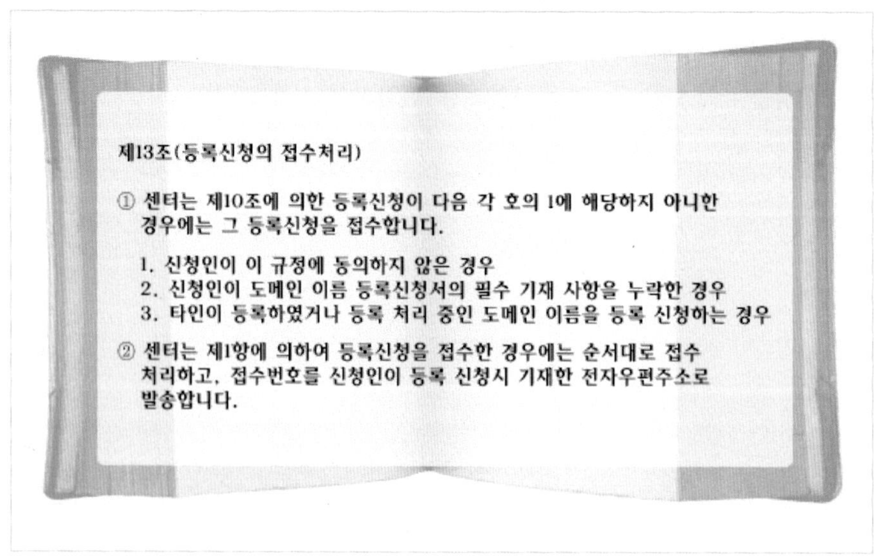

제13조(등록신청의 접수처리)

① 센터는 제10조에 의한 등록신청이 다음 각 호의 1에 해당하지 아니한 경우에는 그 등록신청을 접수합니다.

  1. 신청인이 이 규정에 동의하지 않은 경우
  2. 신청인이 도메인 이름 등록신청서의 필수 기재 사항을 누락한 경우
  3. 타인이 등록하였거나 등록 처리 중인 도메인 이름을 등록 신청하는 경우

② 센터는 제1항에 의하여 등록신청을 접수한 경우에는 순서대로 접수 처리하고, 접수번호를 신청인이 등록 신청시 기재한 전자우편주소로 발송합니다.

도메인 선정 원칙: −영문자, 숫자, 또는 하이픈의 조합으로만 표현되며, 영문자의 대／소문자의 구별은 없음 / −첫 글자는 반드시 영문자로 시작하여야 하며, 하이픈으로 끝날 수 없음 / −길이는 최소 2자에서 최대 63자까지 가능하나, 콤마(,), 언더바(_) 등의 기호는 사용할 수 없음

(3) 사업자 등록

취급 품목에 따른 사업자 등록 및 신고부처
−통신판매업 등록(공통)−시청 소비자 보호과 / −음반 및 비디오판매 신고−관할 구청 /−건강 보조식품 판매 신고−관할구청 / −주류판매 신고−관할세무서 / −양 곡 판매 신고−관할구청 / −의료용구 판매등록−관할구청 보건소 / −무역업・무역 대리점업−무역협회, 무역대리점업협회

[개인사업자로 창업하는 경우]

개인사업자 등록 신청 시 구비서류

사업자등록신청서(세무서에 비치)
사업장을 임차한 경우에는 임대차계약서 사본
사업허가증 사본(법령에 의하여 허가를 받아야 하는 사업)

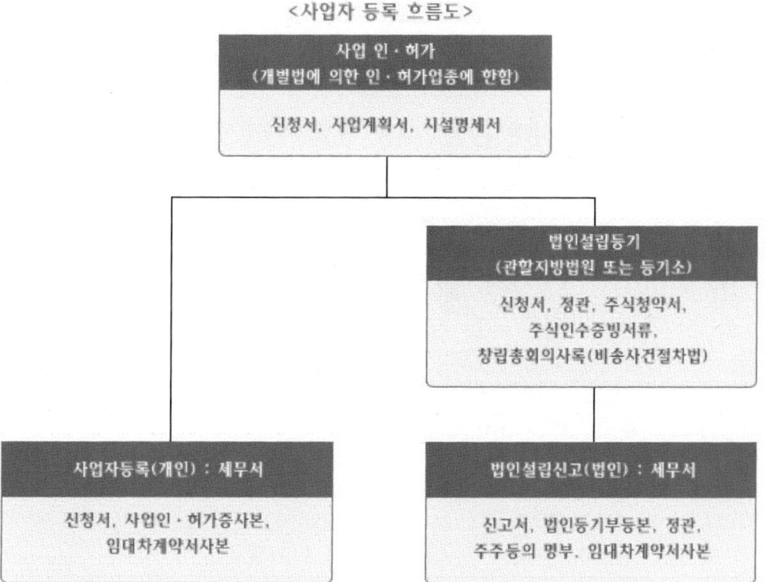

법인 사업자(주식회사)로 창업하는 경우

－정관 작성 및 공증

정관은 회사의 제 규정, 급여 및 인사규정, 회계규정, 생산 및 품질관리 규정 등 회사의 모든 규정 중 최상위의 기본규칙

주주 상호간 또는 회사 내부관계자 상호간의 분쟁과 부정행위를 방지하기 위해 공증인의 인증이 반드시 필요(상법상 반드시 기재하지 않으면 정관 자체가 무효가 되는 절대적 사항이 있으므로 주의가 필요)

※ 정관의 절대적 기재사항: ① 사업의 목적, ② 상호, ③ 회사가 발행할 주식의 총수, ④ 1주의 금액, ⑤ 회사가 설립 시 발행하는 주식의 총수, ⑥ 본점 소재지, ⑦ 회사의 공고방법, ⑧ 발기인 성명과 주소

－주주확정 및 출자의 이행

발행주식을 서면에 의해 발기인이 전부 인수, 발행하는 주식의 총수를 인수할 때에는 지체 없이 각 주식에 대해 그 인수가액 전액을 납입

현물출자의 경우에도 현금출자와 마찬가지로 납입기일 내에 출자의 목적물인 재산을 인도, 등기? 등록 및 기타 권리의 설정 또는 이전이 필요한 경우 이에 대한 서류도 함께 교부. 모집설립의 경우에는 출자자로서 발기인 이외에 모집인이 따로 있기 때문에 회사설립 시 발행할 총주식 중 발기인이 일부를 인수하고 별도의 주주를 모집하여 나머지를 인수

－설립동기

검사인의 설립경과 조사 및 법원의 변경처분에 따른 절차 완료일로부터 2주일 내에 이사의 공동신청에 의해 본점소재지 관할등기소에 등기

설립 등기사항 및 구비서류

－사업목적, 상호, 회사가 발행할 주식의 총수, 1주의 금액, 본점 소재지, 회사의 공고방법, 자본의 총액, 발행주식의 총수 및 그 종류와 각종 주식의 내용과 수, 지점의 소재지, 회사의 존립기간 또는 해산사유를 정한 때에는 그 기간 및 사유, 이사와 감사의 성명, 주소, 대표이사성명, 명의개서 대리인에 관한 사항

－등기절차는 등기신청서에 정관과 주식인수를 증명하는 서류, 주식 청약서 등을 첨부하여 전 이사가 공동으로 본점 소재지 관할 등기소에 신청

－법인등기(관할등기소) 시 구비서류

설립등기 신청서

정관작성(상호, 자본금 5천만 원 이상, 1주당 주식가격 등)

주주명부(이사 3인 이상, 감사 1인 이상), 주주의 인감증명서, 주민등록등본, 자산명세서, 주주 출자 확인서 등 발기인 총회 의사록, 이사회 의사록

- 법인 설립신고

　　설립등기를 한 날로부터 1월 이내에 본점 소재지 관할세무서에 비치된 양식에
의해 소정의 서류를 첨부하여 신청

법인설립신고(관할세무서) 시 구비서류
- 법인설립신고서 - 번인등기부등본, 정관 - 주주 등의 명세, 임대차계약서 사본

(4) 창업자가 알아야 할 세금

개인사업자가 알아야 할 세금

- 소득세: 사업을 통해 얻은 소득(1년간 총수입금액에서 원가 등 필요경비를 공제
한 금액)에 대해 내는 세금 소득금액＝연간 총수입금액－필요경비
- 장부를 기장하지 않은 사업자의 경우, 2002.1.1 이후 발생하는 소득부터는 다음에
의해 소득금액을 계산
○ 기준경비 비율 제도
　　- 적용대상자: 직전과세기간의 수입금액이 다음 이상인 사업자로 무기장자

연도별	2002~2003	2004~2005	2006
농·수렵·임·어업, 광업, 도·소매업, 부동산매매업 및 아래에 해당되지 아니하는 업	1억 5천만 원	9천만 원	7천2백만 원
제조업, 숙박·음식업, 전기·가스·수도사업, 건설업, 소비자용품 수리업, 운수·창고 및 통신업, 금융·보험업	9천만 원	6천만 원	4천8백만 원
부동산임대업, 서비스업(사업·교육·보건사회·개인 및 가사서비스업	6천만 원	4천8백만 원	3천6백만 원

$$소득금액 = 연간\ 총수입금액 - \frac{주요\ 경비}{(매입경비 + 임차료 + 인건비)} - 연간\ 총\ 수입금액 \times 기준경비율$$

$$소득금액 = \frac{소요경비}{(매입경비 + 임차료 + 인건비)} - 연간\ 총\ 수입금액 \times 기준경비율$$

○ 단순경비율제도(소규모 사업자)

  - 적용대상자: 기준경비율 적용대상에 미달하는 자로서 무기장자

소득금액＝연간총수입금액－연간총수입금액×단순경비율

  - 세율은 9%에서 36%까지의 4단계 누진세율 구조로 형성

과세표준 금액	세 율	누진공제액
1,000만 원 이하	9%	0
1,000만 원 초과	18%	900,000
4,000만 원 초과	27%	4,500,000
8,000만 원 초과	36%	11,700,000

  - 소득세는 사업자가 매년 1.1부터 12.31까지 얻은 소득에 대해 다음 해 5.1～5.31까지 주소지 관할세무서에 신고

○ 부가가치세

  - 부가가치세란 물건값에 부가가치세가 포함되어 있어, 물건을 팔 때 받은 세금에서 물건을 살 때 지불한 세금을 차감한 금액을 납부. 일반과세자(연간 매출액 4,800만 원 이상인 사업자), 간이과세자는 연간 매출액 4,800만 원 미만인 사업자→매출세액(공급가액×10%)에서 매입세액을 차감하여 1년에 2번 신고·납부

소득금액＝연간총수입금액－연간총수입금액×단순경비율

간이과세자(매출액에 업종별 부가가치율을 적용한 금액의 10% 세율 적용)

부가가치세＝매출액×업종별부가가치율×10%－매입세액×부가가치율

※ 업종별 부가가치율

제조, 전기, 가스 및 수도사업, 소매업, 재생용 재료수집 및 판매업: 20%
농업, 수렵업, 임업 및 어업, 건설업, 부동산임대업, 기타 서비스업: 30%
음식점업, 숙박업, 운수 및 통신업: 40%

---

(5) 법인사업자가 알아야 하는 세금

  - 법인사업자의 부가가치세(매출세액에서 매입세액을 차감하여 1년에 4번 신고·납부)

부가가치세＝공급가액×10%－매입세액

  - 법인세

각 사업연도 소득＝총익금－총손금

익금: 사업에서 생기는 수익금액 외에 사업과 관련하여 발생하는 자산의 양도금액, 자산의 평가차익, 무상으로 받은 자산의 가액 등

손금: 제품의 원가 및 인건비 외에 사업과 관련하여 지출한 접대비, 복리후생비 등을 포함하여 세법에서 특별히 인정하는 특정손금이 있음

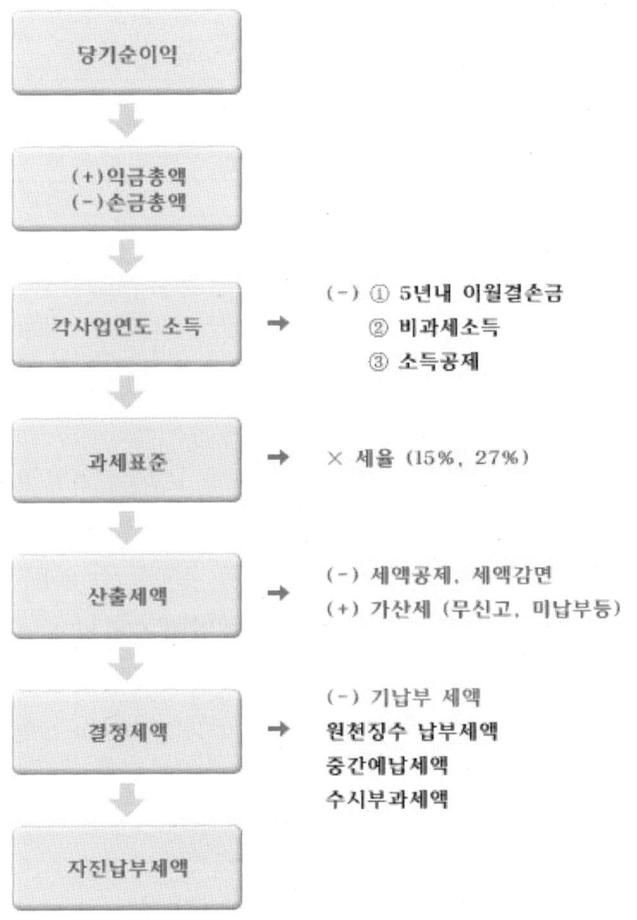

정부의 세제지원제도 요약

종　류	지원내용
법인세(소득세) 감면	-수도권 외 지역에서 창업한 중소기업 등에 대하여 창업 후 소득발생연도부터 6년간 매년 납부할 법인세(소득세)의 50% 감면
등록세 면제	-창업 후 2년 내에 취득한 사업용 자산에 대한 등록세 100% 면제 -창업중소기업의 법인설립등기에 대한 등록세(창업 중에 벤처기업으로 확인받은 경우 6월 내 행하는 법인설립등기 포함)
취득세 면제	-창업 후 2년 내 취득한 사업용 자산에 대한 취득세 100% 면제

종 류	지원내용
인지세 면제	– 창업 후 2년간 금융기관의 융자 관련 문서에 대하여 인지세 면제
재산세, 종합토지세	– 창업 후 5년간 재산세 및 종합토지세 50% 감면
개발이익부담금 등	– 개발이입부담금 부과대상에서 제외 – 농지전용부담금의 50% 감면 – 산림전용부담금의 50% 감면
창업기업 투자에 대한 소득공제 등	– 중소기업창업투자조합 및 벤처기업 등에 출자한 금액의 15% 소득공제 – 벤처기업에 출자한 주식을 5년 이상 보유하다가 양도하는 경우 양도세 비과세

교수 및 연구원의 휴직제도

기술력을 보유한 고급인력의 벤처기업 창업 및 경영참여를 촉진하기 위하여 대학교수와 국·공립연구기관 소속 연구원의 벤처기업 창업이나 경영참여 시 3년간 휴직을 허용하고 있다.
(벤처기업육성에관한특별조치법 제16조)

- 휴직대상: 고등교육법에 의한 대학(산업대학 및 전문대학 포함)의 교원 및 대학부
  설연구소의 연구원
- 휴직기간: 3년 이내(휴직기간은 임용기간 중 잔여기간을 초과할 수 없음)
- 휴직창업자에 대한 지원: 창업자금(5억 원 이내) 지원 및 신용보증(3~5억 원) 지원

교수 및 연구원의 겸직제도

기술력을 보유한 고급인력의 벤처기업 창업 및 경영참여를 촉진하기 위하여 대학교수와 국·공립연구기관 소속 연구원의 벤처기업 창업이나 경영참여 시 3년간 휴직을 허용하고 있다.(벤처기업육성에관한특별조치법 제16조)

- 겸직대상: 교육공무원 또는 정부출연 연구기관의 연구원
- 겸직절차: 겸직대상자는 그 소속기관장의 허가를 받아 겸직 가능
- 겸직자에 대한 지원: 휴직 창업자와 동일하게 지원
- 겸직교수 및 연구원에 대한 지원

  창업자금(5억 원 이내) 지원 및 신용보증(3~5억 원)을 지원하며, 실험실 내 실험
  실 공장설치 및 공장등록을 허용한다.
- 겸직기간

  특별한 제한이 없으며, 그 소속기관장은 당해 교원 및 연구원의 겸직으로 인하여
  기관의 교육, 연구 등에 피해가 크다고 판단되는 경우 6개월 이내에 겸직을 중지

또는 휴직(3년 이내)할 것을 권고할 수 있다.

병역특례연구요원제도

벤처기업의 기술개발능력을 뒷받침할 수 있는 우수기술인력(석사학위 취득자)은 병무심의위원회의 심의를 거쳐 병무청장이 선정한 병역특례연구기관에서 5년간 종사하면 병역의무를 마친 것으로 보는 제도로서, 석사 이상 고급인력이 병역으로 인한 공백기간 없이 연구활동에 전념할 수 있도록 마련된 제도이다.

연구기관의 선정

- 병역특례연구기관 지정업체로 선정받고자 하는 연구기관은 지정업체 추천권자인 과학기술부장관에게 신청하여야 한다

- 신청접수: 과학기술부 기술지원과

- 신청대상: 벤처기업(기술부설연구소 보유 기업에 한정)

전문연구요원 인원의 배정

- 지정업체의 소요인원 통보

  지정업체의 장은 추천권자에게 다음 해의 전문연구요원 소요인원을 통보

  지정업체 선정 추천권자는 업체별 소요인원을 8월 31일까지 병무청장에게 통보

  신규병역특례연구기관 신청 시에는 지정신청과 동시에 전문연구요원의 소요인원을 통보

- 지정업체별 전문연구요원 배정인원 결정 및 통보

  병무청장은 연구분야(자연계, 대학연구, 방위산업연구)별 배정인원을 결정하고 연구소의 규모와 채용 예정인원 등을 감안하여 연구기관별로 배정한 후 지방병무청장을 통해 배정인원을 병역특례업체에 통보한다.

전문연구요원의 편입

- 전문연구요원의 편입대상

● 석사 이상의 학위를 취득한 사람으로서 지정연구기관에 종사하고 있는 사람

● 공익근무요원소집대상 보충역으로서 자연계 학사학위를 취득하고 지정연구기관 중 중소기업부설 연구기관에 종사하고 있는 사람

● 지정연구기관으로 선정한 의학계를 제외한 자연계 대학원의 박사학위과정을 수학 중인 사람

- 신청서 제출: 졸업 또는 학위를 취득하거나 수료하는 달의 다음 달 말일까지 연

구기관의 장을 거쳐 지정업체 선정 추천권자(과학기술부장관)에게 제출하여야 한다. 다만, 국외 대학원에서 수학한 사람은 졸업 또는 학위를 취득하거나 수료한 날로부터 6개월 이내에 제출해야 한다.

(6) 벤처기업 법률자문단 운영조직

- 지원업무: 국제거래관련 법률상담, 계약서 검토, 국제거래관련 분쟁 해결 및 소송 대시(필요시), 기타 중소벤처기업인에 대한 국제거래법 실무 강연 등의 지원활동을 하고 있다.
- 법률자문신청방법: 중소벤처기업이 지방중소기업청(또는 법률자문단)이나 법무부 내 국제통상법률지원단에 전화하거나 e-메일로 신청하여 법률자문을 받을 수 있다.
- 법률자문수수료: 기초적 상담은 무료지원하고, 구체적 서류가 있을 경우에만 자문료를 지원한다.
- 법률자문 정부지원: 법률자문 정부지원은 자문계약에 따라 유형적 결과가 있는 경우에 자문료 전액을 지원하며, 지원한도는 건당 100만 원, 기업당 200만 원이고, 법률자문변호사가 분기별로 지방청에 신청한다. 또한 인터넷에 벤처기업 법률자문방을 개설하고 있다.

(7) 중소기업기술지도인력 POOL

중소기업을 비롯한 산업계에서 필요로 하는 전문지식과 경험을 갖춘 전문인력에 관한 정보를 D/B화하여 중소기업에 알선, 중개함으로써 전문가 활용을 극대화하고 기업 경쟁력을 제고하고자 하는 제도

e-Biz 기술

기술개론

기술 로드맵

유비쿼터스 e비즈니스는 90년대 중/후반에 웹을 기반으로 하는 인터넷 기술의 확산과 함께 성장한 이후, 기술의 성숙과 더불어 새로운 모습으로 전환을 하고 있다. 그 대표적인 것이 유-무선 간의 통합과 같은 새로운 형태의 기술에 기반을 두고 발전하고 있는 유비쿼터스(Ubiquitous) 컴퓨팅이다. 유비쿼터스 컴퓨팅은 1991년에 Mark Weiser가 처음 제창한 개념으로 10여 년이 지난 지금 그 개념은 더 이상 꿈이 아닌 현실로 한 걸음씩 다가서고 있다. 앞서 살펴본 바와 같이, 초기 e비즈니스는 데스크탑 컴퓨터

기반의 웹 기술을 중심으로 발전했다. 이로 인해 90년대에는 미국에서 소프트웨어 기술에서 혁명이 일어났고, 이를 통해 80년의 불황을 극복하고 글로벌 경쟁력을 갖추는 데 밑거름 역할을 했으며, 신경제라는 패러다임을 만들어내며 경제적 호황기를 보냈다. 반면, 일본은 70년대부터 유지해 온 전자기술 기반의 하드웨어 중심의 국가 전략을 계속 유지한 결과 '잃어버린 10년'이라는 말과 함께 장기간의 불황의 터널을 걸어야 했다. 하지만, 유비쿼터스라는 개념의 확산으로 일본이나 혹은 한국처럼 전자 하드웨어 산업이 발달한 국가에 새로운 기회를 제공하고 있다. 21세기에 들어서 각광을 받기 시작한 유비쿼터스는 기존의 e비즈니스를 u-비즈니스라는 개념으로 확장/전환하게 할 것으로 보인다.

e비즈니스의 발전 전망

		인터넷 전자상거래(과거~2000)	차세대 전자상거래(2001~미래)
대표명칭		e비즈니스	U-Business
특 징	비즈니스 모델	-개별 전자상거래: B2C, C2C, G2C -기관 전자상거래: B2B, B2G	-Mobile Business -Digital Business -Intelligent Business -Collaborative Business
	활동 주체	-개별 기업 중심	-기업 네트워크 중심
	거래 형태	-최종상품 인터넷 판매 -컨소시엄 참여 기업 간 e비즈니스	-글로벌 표준에 의한 상거래 -전 세계 단일시장 구축으로 경제블록화 현상 약화
	인프라	-인터넷 중심 -컴퓨터 중심	-무선 정보통신망을 포함하여 다양한 개인장비로 확장
	주요 솔루션	-개별 전자상거래 • 인터넷 쇼핑몰 시스템 • 전자지불처리 시스템 • 인터넷 뱅킹/증권/보험 시스템 -기관 전자상거래 • e-마켓플레이스 시스템 • 인터넷 오피스 시스템 • 기업 간 전자결제 시스템 -공 통 • CRM 시스템 • SCM 시스템 • ASP 시스템 • 웹 메일 시스템 • 웹 애플리케이션 서버	-Mobile Business • 모바일 비즈니스 플랫폼 -Digital Business • 디지털 콘텐츠 Clearance Center -Intelligent Business • 지능형 커머스 에이전트 -Collaborative Business • 협업 전자상거래 시스템 -공 통 • 모바일 CRM 시스템 • 모바일 SCM 시스템 • 모바일 ASP 시스템 • 모바일 애플리케이션서버

그것은 이미 성숙기에 들어간 소프트웨어 기술 이외에 유비쿼터스의 정의 그대로 어디서나 전 세계의 모든 정보를 사용자에 맞게 제공하고자 하는 원대한 계획 때문이다. 이미 일본이나 한국은 모바일이나 광대역 인터넷 망 보급이 가장 앞서고 있는 국가들이다. 즉 이동 정보화 기기, 예를 들면, 핸드폰이나 PDA 그리고 핸드폰과 PDA가 합쳐진 컨버전스(Convergence) 제품들의 개발 속도나 보급 속도가 세계 수준이기 때문이다. 또한, 무선 통신망 역시 좁은 지역 내에 많은 인구가 밀집해 있어 상대적으로 적은 비용으로 다수의 사용자를 대상으로 서비스를 제공할 수 있는 인프라 구축이 가능하기 때문이다. 세계 각국은 다가오는 유비쿼터스 컴퓨팅 사회에 대비하고자 다양한 IT 분야에 걸쳐 유통, 제조, 서비스 산업들에서 활용할 수 있는 기술을 개발하기 위해 국가, 대학, 연구소, 기업 차원에서 노력하고 있다

가) 미 국

현재 가장 활발한 연구를 진행하고 있는 나라는 미국이며, DARPA(Defense Advanced Research Project Agency)와 NIST(National Institute of Standards and Technology) 등의 국가 연구소에서 선구적인 연구가 진행 중이다. 그중 DARPA는 가장 중추적인 역할을 하고 있는 연구소로써 자체적인 연구를 추진하기보다는 대학이나 하부 연구 기관에 연구 자금을 제공하여 지원하고 있다. 대표적인 후원 프로젝트는 Smart Dust, Endeavour, Info-Sphere, Portolano, Aura, Oxygen으로서 이들 대부분은 대학을 중심으로 진행되고 있다. 한편, NIST의 정보기술응용국(ITAO)에서는 "다수의 쉽게 접속 가능한 컴퓨터 디바이스들이 유비쿼터스 네트워크에 연결되어 있는 컴퓨터 환경"이라고 정의되는 Pervasive computing 연구를 추진 중이다. UC 버클리 대학에서 연구 중인 Smart Dust는 1㎣ 크기의 실리콘 모트(Silicon Mote)라는 입방체 안에 완전히 자율적인 센싱 능력과 통신 능력 및 100m 또는 그 이상의 거리에서 무선 송수신 능력을 보유하고 있는 것으로, 가벼워 공중에 떠다닐 수도 있는 보이지 않는 컴퓨팅 시스템으로 기상, 유통, 제품품질, 국방, 장비의 이동 탐지 등의 분야에 응용될 수 있을 것으로 보고 있다. 동 대학에서 진행 중인 Endeavour 프로젝트는 MEMS, PDA, 카메라 등의 IT 기기를 이용하여 대규모의 자기 조직화 및 적용성이 있는 컴퓨팅 환경 구축을 목적으로 하고 있다. GIT에서 추진 중인 InfoSphere 프로젝트는 실시간으로 이용자의 상황 및 상태를 탐지하여 필요로 하는 정보와 환경을 제공하는 기술에 대한 연구가 진행 중이다. 그 외에 Portolano, Aura, Oxygen 프로젝트는 모두 가상현실 세계와 현실 세계와의 결합을

시도하고 있다. 무선인식기술(RFID)을 연구하는 MIT의 Auto-ID 센터는 스마트 태그(Smart Tag)를 이용하여 무선을 통해 스마트 태그가 장착된 사물과 정보를 교환할 수 있도록 하는 환경 구축을 목표로 하고 있으며, 대형 할인체인인 미국의 월마트에서 적용을 위한 연구가 진행 중이며 이를 통해 효과적으로 재물, 물류현황 등의 정보가 효과적으로 관리될 수 있을 것으로 보고 있다. 기업들의 전략 중 HP가 추진하고 있는 CoolTown 프로젝트는 현실 속의 사람, 사물, 공간이 웹상의 가상공간 내에서 존재하는 'Real world wide web'을 구축하여 사용자들이 언제 어디서나 웹과 접속하여 커뮤니케이션이 가능하도록 하는 기술개발을 목표로 하고 있다. 한편, IBM에서는 각종 디지털 디바이스에 대해 통합된 정보 인프라를 구축하여 진정한 Pervasive 컴퓨팅 환경 구축을 위한 연구를 진행하고 있다.

나) 유　럽

유럽은 2001년에 시작된 EU의 정보화사회기술계획(IST)에 의해 컴퓨터 등 정보기술이 일상생활 속에서 통합되고 자율적으로 센싱하고 반응하는 '사라지는 컴퓨팅(Disappearing computing)'을 중심으로 유비쿼터스 컴퓨팅에 대한 방향을 구상하고 있다.

다) 일　본

일본은 물리공간에서 존재하는 모든 물체에 다기능 컴퓨터 칩을 장착하고 상호간에 연결할 수 있도록 하여, '언제 어디서나 컴퓨터의 능력이 발휘되는 네트워크의 편재'를 지향하고 있다.

라) 한　국

유비쿼터스 컴퓨팅과 관련하여 근래에 국내에서는 유비쿼터스 IT 코리아의 건설(이하 u-Korea 건설)이 화두로 등장했다. 유비쿼터스가 기존의 협의의 e비즈니스로 인해 겪었던 산업의 변화보다 훨씬 더 파급 효과가 크다는 것은 자명하기 때문에 필요성에 대해 다시 한번 언급할 필요는 없다고 본다면, 지금 우리가 고민해야 하는 것은 어떻게 그 이상을 이룰 것인가이다. 유비쿼터스는 처음부터 '모든' 정보의 통합과 연결을 의미한다. 즉 u-Korea의 건설은 국가적인 차원에서 이루어져야 한다. 국가적 차원의 정보화를 위해서는 정부뿐만 아니라 민간 기업, 대학, 각종 연구소들이 모여 협의할 기구체를 만들어야 할 것이며, 이 기구체를 중심으로 통합을 위한 각종 표준화, 해외 표준화 기구와의 동향 및 연락 업무도 담당해야 하며, 관련된 기반 기술에 대한 연구도 진행해야 한다. 통합의 범위가 갈수록 넓어지고 있어 이해관계자의 수도 증가하므로 서로간의 의견 조정의 시간을 많이 필요하게 될 것이다.

(8) 모바일 비즈니스 특성 및 동향

가) 모바일 비즈니스 정의

모바일 비즈니스의 정의는 관점에 따라서 일부 다르게 업계에서 사용되기도 하므로 모바일 비즈니스에 대한 이해를 돕기 위하여 몇 가지 관점에서 그 의미를 고찰해 본다. 첫째는 전자상거래 관점에서 본 모바일 비즈니스를 살펴보고, 둘째는 e비즈니스 관점에서 본 모바일 비즈니스를 고찰한다. 마지막으로는 기술적 관점에서 본 모바일 비즈니스이다.

(가) 전자상거래 관점에서 본 모바일 비즈니스

모바일 비즈니스와 병행하여 사용되어 오고 있는 용어로 '무선인터넷 비즈니스'와 '모바일 커머스(Mobile Commerce)'가 있다. 무선인터넷 비즈니스는 휴대폰 고객에게 무선인터넷 서비스를 제공하는 데 필요한 이동통신사와 관련사업자들의 가치사슬(value chain) 속에 발생하는 비즈니스를 의미한다. 그러나 일반적으로는 이동통신사의 망 개방이 되기 전까지 이동통신사가 휴대폰으로 제공하는 무선인터넷 포털을 이용, 고객들을 위한 서비스와 관련 주제를 대부분 다루고 있다.

무선인터넷 비즈니스와 함께 이용되고 있는 모바일 커머스는 무선인터넷상의 온라인 상거래인데, 인터넷 전자상거래(e-Commerce)와 비교하여 모바일 전자상거래(mobile e-Commerce)라 말할 수 있다. 즉 휴대폰을 이용하여 디지털 상품이나 물리적 상품의 쇼핑을 할 수 있는 기업과 소비자 간 전자상거래(mobile B2C) 형태이다. 또한 개인 휴대폰상으로 하는 광고(SMS와 같은 단문 메시지 광고 포함), 뱅킹, 신용카드 결제 등의 서비스를 포함하기도 한다. 그러나 앞의 무선인터넷 포털에서의 모든 서비스를 모바일 커머스라고 부르는 자료도 있다.

(나) e비즈니스 관점에서 본 모바일 비즈니스

모바일 비즈니스(mobile business)라는 용어를 들으면, e비즈니스(business)의 연장선상에 있는 느낌을 먼저 갖게 된다. e비즈니스는 인터넷을 기반의 모든 상거래를 포함하는 것으로 사용할 수도 있지만, 협의로서 기업의 내외부 업무를 인터넷 기반에서 처리하는 경우로 전자구매, ERP, SCK, CRM 등 분야의 인터넷 기반 정보처리로 사용되고 있다. 이러한 e비즈니스와 모바일 비즈니스의 관계성의 발견은 앞서 언급된 무선인터넷 포털을 이용한 무선인터넷 비즈니스의 서비스 내용을 살펴봄으로써 실마리를 찾을 수 있다. 현재 이동통신사에서 제공하는 무선인터넷 서비스는 개인용 서비스뿐만이 아니라, 기업의 e비즈니스 업무를 제한된 기능하에서 지원할 수 있는 모바일 오피스, 무선결제 서비스, 기업형 SMS 서비스, 위치추적 서비스 기능 등이 제공되고 있다. 이들을 이용하면 기업은 인터넷 기반의 e비즈니스 시스템의 도입을 하지 않고도 부분적으로 모바일 e비즈니스 역량을 갖출 수 있다는 뜻이 된다. 그러나 산업별, 기업별 다양한 특성을 고려한 모바일 비즈니스를 지원하려면 각 기업에서 자신의 필요에 따른 모바일 솔루션을 도입해야 한다. 결론적으로 모바일 비즈니스는 전자상거래 기반과 e비즈니스 기반으로 양분하여 말할 수 있지만, 이 둘을 모두 포함하는 광의로 사용할 수 있다. 기타 모바일 비즈니스에 대한 정의로는 휴대폰을 이용한 모든 비즈니스를 모바일 비즈니스로, 또한 모바일 인터넷 기술을 이용한 모든 비즈니스를 모바일 비즈니스로 간주하기도 한다. 다음은 모바일 비즈니스의 종류 및 특성을 상기 정의에 따라서 상세하게 살펴본다.

나) 모바일 비즈니스의 종류 및 특성

(가) 전자상거래 관점에서 본 모바일 비즈니스

모바일 비즈니스 종류를 거래 주체에 의해 표와 같이 모바일 기업과 소비자 간 전자상거래(B2C), 모바일 기업 간 전자상거래(B2B), 모바일 정부와 기업 간 전자상거래(B2G), 모바일 소비자 간 전자상거래(C2C) 등으로 구분할 수 있다.

전자상거래 기준의 모바일 비즈니스

형태	적용분야	적용내용
B2C	개인정보	모바일 뱅킹, 티켓팅, 신용카드결제, 생활정보서비스, 개인위치추적
	교육 / 업무	원격교육, 이동 화상회의, 전자 도서서비스
	위치정보	교통정보, 경로안내
	엔터테인먼트	벨소리 및 캐릭터 다운로드, 네트워크 게임, 예약
B2B	e - 마켓플레이스, 전자구매	아직 시장이 형성되어 있지 못함
G2B	일반조회	도난 및 수배차량 조회, 구급차, 소방차, 항공, 철도, 환경감시, 신원조회, 환경정보관세관리, 내국세관리
	조세관리	관세관리, 내국세관리
C2C	-	경매, 벼룩시장, 사진 메일
C2B	-	공동구매, 역 경매

① 모바일 기업과 소비자 간 전자상거래(B2C)

모바일 기업과 소비자 간 전자상거래(B2C) 형태의 모바일 비즈니스는 사용인구의 급격한 증가, 멀티미디어 기능의 컬러폰 단말기 보급 확대, 다양한 콘텐츠 등이 등장하면서 그 폭이 넓어지고 있다. 벨소리, 캐릭터 다운로드에서부터 수많은 종류의 게임과 모바일 뱅킹, 쇼핑, 커뮤니티 서비스에 이르기까지 기존 인터넷에서 시도되었던 대부분의 비즈니스 모델이 서비스되고 있다. 그림은 한국인터넷정보센터가 2003년 6월에 실시한 무선인터넷 실태조사에 의한 모바일 콘텐츠 이용현황 자료이다

② 모바일 기업 간 전자상거래(B2B)

유선인터넷상의 기업 간 전자상거래는 전자조달(e-Procurement)과 e-마켓플레이스가 주된 형태이지만 모바일 기업 간 전자상거래(B2B)는 아직 그 모습을 찾기 어렵다. 그러나 일부 자료들은 모바일 오피스, 모바일 SFA(Sales Force Automation) 등의 기능을 모바일 기업 간 전자상거래(B2B)로 취급하기도 하나, 이러한 기능은 기업의 e비즈니스 차원에서 확장된 형태로 이해하는 것이 더욱 적절하므로, 본 장에서는 이 부분을 e비즈니스 기준에 따른 모바일 비즈니스에서 다루도록 한다.

③ 모바일 정부와 기업 간 전자상거래(G2B)

모바일 정부와 기업 간 전자상거래(G2B) 서비스는 일부 외국에서 서비스하는 사례가 보고된 바 있지만, 국내의 경우 정부는 전자정부 서비스의 일환으로 그 구축에 관심을 표명한 바 있다. 모바일 정부 서비스(Mobile Government Service)는 정부와 관련된 공공부문의 각종 업무 및 정보를 무선인터넷을 기반으로 구현하여 전달하는 체계를 말한다. 정부는 모바일 정부 서비스 구축으로 인해 국가 경쟁력 강화와 국민 생활 편의 증진을 꾀하며, 향후 6년간 3조 5,000억 원 투자로 49조 5,000억 원의 경제적 파급효과가 있을 것으로 예상하고, 또한 연간 1만4,000명의 고용효과를 기대하고 있다. 표는 각각 정부의 모바일 전자 정부 추진 단계와 그 방향을 나타낸 것이다

모바일 전자정부 추진 방향

편의성 (Convenience)	- 별도의 정보화 교육이 필요 없는 쉬운 행정서비스 구현 - 언제, 어디서나 모든 국민이 자유롭게 이용할 수 있는 정보 서비스 - 정보 격차가 없는 국가 구현
적시성 (Real Time)	- 장소, 시간에 구애받지 않고 필요한 시점에 해당 정부 서비스를 즉시 제공 • 치안, 안보, 재난상황 등 비상사태에 대한 실시간 응급상황 대응 시스템 구축운영 • 공공기물 및 자산의 변동 상황을 실시간으로 관리 감독하는 자원관리시스템 구축운영 • 관광객을 위한 관광안내 시스템

개인화 (Personalization)	- 개인정보관리 및 인증서비스를 무선 단말을 통하여 제공 - 사용자의 개성에 맞도록 설계한 맞춤 서비스를 원격
멀티미디어 (Multimedia)	- 문자기반의 서비스는 물론, 음성 및 동영상 지원을 통해 정부 서비스의 가동성 및 활용성을 높여 그 영역을 확장 ● 국가 정책 홍보수단 또는 국민의견 수렴창구로 활용 ● 무선단말기를 이용한 화상 회의 시스템

④ 모바일 소비자 간 전자상거래(C2C)

모바일 소비자 간 전자상거래(C2C) 형태의 서비스는 카메라가 부착된 핸드폰의 보급으로 사진 메일 서비스나 동영상 메일 서비스나 경매와 벼룩시장 형태로 서비스되고 있다. 경매의 경우는 모바일을 통해 입찰하기, 관심물품확인, 수령확인 등의 모바일 옥션(mobile auction) 서비스를 제공하고 있다.

공통 서비스	- 특정 구역 내에서 휴대폰으로 구내전화 지원 서비스 - 물류운송용 차량의 배송/공차 관리, 위치추적 서비스 - 모바일 결제 서비스 - 수도. 가스계량기의 원격 검침 - 모바일 오피스 - 기업형 SMS 서비스 - 증권거래서비스
특화 서비스	- 목회자용 서비스(교적관리, 심방관리 외) - 중고차 중개인을 위한 영업관리 서비스 - 교통경찰 업무 지원 - 모바일 그룹웨어 - 차량 상태원격검침 - 지능형 LED를 이용한 전광판에 SMS 등의 정보 출력을 통한 효율적인 광고서비스 지원

⑤ e비즈니스 관점에서 본 모바일 비즈니스

앞서 설명한 것처럼 e비즈니스에 대한 협의의 정의로 기업의 내외부의 업무를 인터넷 기반에서 정보처리하는 범주에 국한을 시킬 수 있다. 이러한 관점에서 모바일 비즈니스를 살펴보면 <표 2-8-3>과 같이 국내 이동통신 3사(LGT, SKT, KTF)에서 기업이나 특정기관의 업무를 지원하는 기업형 모바일 비즈니스 서비스를 제공하고 있다. 그러나 이러한 서비스는 다양한 산업과 기업의 공통적인 일부 성격의 제한적인 서비스를 지원할 수는 있지만, 각각의 독특한 업무 특성을 모두 지원하기에는 한계가 있다. 특히 각 기업의 기간시스템의 데이터 구조가 상이한 경우가 많고, 이들의 데이터베이스와의 모바일 솔루션들과의 연계를 원활하게 지원하기에는 각 기업마다 많은 부가 작업이 동반되어야 하는 어려움이 있다. 따라서 각 기업은 자신의 특성에 맞는 모바일 애플리케이션의 도입이 필요하다. 다음 <그림 2-8-3>은 2003년도에 국내 100여 개의 모바일 애플리케이션을 도입한 회사들의 도입 동기에 관한 분포를 보여주는데, 사내의 업무 효율성 증대가 가장 크다.

■ 투자지표

주가와 주식 수, 주당가치지표

구 분	내　　용
주당 순이익 (Earning Per Share)	EPS = (해당 사업연도의 순이익 - 우선주배당금) / 보통주의 평균발행 주식 수
제조매출액(제조) 주당 영업수익(금융) (Sales Per Share)	SPS = 매출액(영업수익) / 평균발행주식 수(보통주 + 우선주)
주당 순자산 (Book-value Per Share)	BPS = (자본총계 - 무형자산) / 기말발생주식 수(보통주 + 우선주)
주당 현금흐름 (Cash-flow Per Share)	CPS = (영업활동으로 인한 현금흐름 - 우선주배당금) / 보통주의 평균발행주식 수

* 액면가가 변경된 경우 현재 액면가를 기준으로 과거 주식 수를 변경하여 조정함.
* 배당률은 중간배당이 아닌 기말시험에 배당된 현금 및 주식배당에 대한 비율임.

■ 투자지표

내재가치지표

구 분	내　　용
주가수익비율 (Price Earning Ratio)	PER = (해당 결산기의 주가(최고, 최저) / 주당순이익
주가매출액비율 (Price Sales Ratio)	PSR = (해당 결산기의 주가(최고, 최저) / 주당매출액
주가순자산비율 (Price Book-value Ratio)	PBR = (해당 결산기의 주가(최고, 최저) / 주당순자산
주가현금흐름비율 (Price Cash-flow Ratio)	PCR = (해당 결산기의 주가(최고, 최저) / 주당 현금흐름

■ 투자지표

베타와 변동성

구 분	내 용	변동성
개 념	주식의 변동성을 측정하는 수단으로 일별 수정주가 수익률을 이용하여 산출	일별 수정주가 수익률의 표준편차로 평균에서 벗어난 정도를 나타냄
해 설	베타계수가 1인 종목은 시장수익률과 평균적으로 동일한 방향으로 동일한 크기만큼 움직인다는 것을 의미함. 기업의 베타가 1보다 큰 경우는 시장수익률보다 더 민감하게 1보다 작은 경우는 덜 민감하게 움직인다는 것을 의미함.	수익률이 얼마나 불확실하게 변하는지를 나타내는 것으로서 값이 클수록 변동성이 심하므로 위험성이 큼

* '해당 기업', '업종지수', '시장지수'의 베타와 변동성을 각각 산출하여 비교, 제시함.
* 시장수익률 대용치로 상장업체는 KOSPI 주별 수익률을 코스닥 등록업체의 경우는 KOSDAQ지수 주별 수익률을 각각 사용
* 최근 상장(등록)종목 등 통계적으로 유의한 베타계수를 산출하기 어려운 경우는 '−'로 표기

■ 투자지표
● EVA(제조업)
− 정의: 경제적 부가가치(Economic Value Added: EVA)는 투하된 자본의 기회비용을 감안하여 기업이 어느 정도의 부가가치(이익)를 창출하였는가를 나타내는 경영지표로 외형적 성장이나 장부상 이익이 아닌 장기적인 투자자본의 효율성을 중시하는 가치 중심 경영을 유도하기 위한 성과 측정 수단
− 산출식

$$EVA = 세후\ 순영업이익 − (평균투하자본 \times 가중평균자본비용)$$
$$= 평균투하자본 \times (투하자본수익률 − 가중평균자본비용)$$

---

* 세후 순영업이익(NOPLAT) = 영업이익 + 기타 영업관련수익 − 기타 영업관련비용 − 실효법인세
* 평균투하자본(IC) = (유동자산 + 순유형자산 + 기타 사업용 자산 − 비이자발생부채)(기초 + 기말) / 2

* 투하자본수익률(ROIC)＝세후 영업이익 / 평균투하자본
* 가중평균자본비용(WACC)＝세후　타인자본비용률×타인자본비용가중치＋자기자본요구수익률×자기자본비용가중치
  - 세후 타인자본요구수익률＝(금융비용 / 평균이자 지급성 부채)×(1−실효법인세율)
  - 자기자본요구수익률(CAPM을 이용)＝Rf＋β[Riskpremium]
  - Rf(무위험이자율)＝국고채 3년 수익률
  - β(Beta): 일별 수정주식 수익률로 산출
※ 참고사항: 자기자본과 타인자본의 비중계산 시 자기자본의 경우는 시가총액을 사용했으나 타인자본(부채)의 경우 미래에 지급할 원금과 이자를 시장이자율로 할인한 현재가치로 환산하지 않고 장부가액을 사용함. 이것은 우리나라의 부채는 그 사용기간이 비교적 단기이고 표면금리와 시장 이자율 간의 차이가 크지 않기 때문임.

■ 투자지표
- 해석 시 유의사항
  * EVA는 발표된 재무자료가 기업회계기준에 적합하게 작성되었다는 전제로 산출. 따라서 발표된 감사보고서가 한정의견, 의견거절, 감사 미필인 경우에는 산출 값이 실제 EVA값과 다를 수 있음.
  * 기업의 회계처리 방식 및 회계기준의 변경에 따른 효과의 차이를 고려해야 함.
  * 가중평균자본비용 등의 계산상 제한점을 고려하여 해석 시 주의 필요
  * 결산기가 변경된 경우 연환산되지 않음

Ebitda지표

EA ＝시가총액＋순차입금 　＝시가총액＋이자 지급성 장단기 차입금−현금 및 현금등가물 유가증권 EBITDA ＝경상이익＋금융비용＋감모상각비

  * EV / EBITDA는 기업의 총자본에 대한 수익성과 기업가치를 비교하는 투자지표로 수치가 낮을수록 기업의 영업력에 비해 시장에서 평가되는 기업가치가 저평가되어 있음을 의미함.

(9) 시장 개념과 기능

■ 개념과 기능

증권거래소 상장 또는 코스닥 등록요건을 충족하지 못하여 제도권시장에 진입하기 어려운 기업들이 발행한 주식이나 상장 또는 등록이 폐지된 주식들에 대해 유동성을 부여하는 새로운 개념의 주식시장

■ 제3시장의 기능

● 제도권시장 진입요건 미충족기업에 대해 직접금융시장을 통한 자금조달기회 제공 / ● 등록 상장이 폐지된 주식에 대해 유동성을 부여하여 투자자에게 환금의 기회 부여 / ● 투자자에게는 아이디어와 기술력이 있는 유망기업이 발행한 주식을 상장 등록 이전의 초기단계에 투자할 수 있는 기회 제공 / ● 외 주식의 공정한 가격형성을 유도함으로써 장외거래의 편의성 및 결제의 안전성 제고장 / ● 불공정 또는 사기성 거래로부터 투자자 보호

가) 제3시장 개념과 기능

■ 주식유통시장의 구조 측면에서 본 제3시장

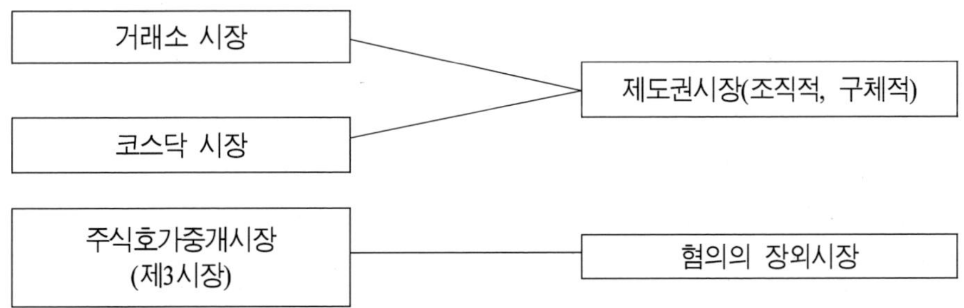

비제도권시장=장외시장(광의) 점두거래(OTC Market)−상장주식의 단주매매
(매매수량단위 미만)개인 간 직접거래(No Broker Market)−외국인 간의 프리미엄부 거래

나) 제3시장 지정요건 및 절차

■ 제3시장 지정요건

● 제도권시장 진입요건 미충족기업에 대해 직접 금융시장을 통한 자금 / ● 조달 기회 제공 외부감 사인으로부터의 적정 또는 한정 의견 / ● 증권 예탁원에의 주권예탁 / ● 정관상 주권양도제한이 없을 것 / ● 명의개서 대행기관과의 명의개서 대행 계약 체결 / ● 불공정 또는 사기성 거래로부터의 투자자 보호

※ 설립 후 경과연수, 재무요건, 주식분산요건 등의 기준은 없음

■ 제3시장 지정의 장점

- 회사 측면

  ● 직접 자금조달 기회확대, 정보획득 용이 / ● 회사 내부체제 정비로 효율성 증대(정관의 정비, 명의개서대행기관의 선정 등) / ● 기업의 이미지 제고 및 홍보 효과

- 주주 측면

  ● 주식의 환금성이 보장되어 투자자금 회수 기회 부여

- 투자자 측면

  ● 새로운 투자수단 제공 / ● 거래의 안정성 부여 / ● 공정가격 형성 가능

■ 제3시장 지정절차

  ● 발행회사 또는 증권회사가 증권협회에 장외호가종목 지정을 신청: 구비서류: 지정 신청서, 정관, 법인 등기부 등본, 지정동의에 관한 이사회의사록, 최근 사업연도의 결산보고서 및 감사보고서, 발행된 주권의 권 종별 견양, 명의개서 대행계약서 사본, 주주명부, 기타 협의가 필요하다고 인정하는 서류

  ● 증권업협회가 심사를 거쳐 장외지정종목으로 지정 승인 신청일로부터 5거래일이 경과한 날에 지정 승인된 것으로 간주

  ● 사전절차: 감사인의 회계감사 ▶정관정미 ▶이사회 결의신청 ▶예탁가능 주권 ▶명의개서 대행계약

  ● 본 절차: 지정신청서 제출 ▶지정승인 심의(증권업 협회) ▶지정승인 및 승인 사항 항공 시(D +5) ▶매매개시(D +8)

  ● 매매개시일" 지정종목의 매매거래는 신규지정 또는 변경(추가)지정일 후 3영업일째 되는 날에 개시

■ 매매제도

  ● 매매 거래시간(평일 09:00~15:00): －전 후장 구분 없이 운영 / －동시호가제도 없음

  ● 호가단위: －수량단위: 1주 /－가격단위: 주가대별로 10원~1,000원 가치 차등적용

주식가격	호가가격단위
10,000원	10원
10,000원 - 50,000원	50원
50,000원 - 100,000원	100원
100,000원 - 500,000원	500원
500,000원 이상	1,000원

다) 제3시장 매매 및 결제제도

- 주문의 방법: 전화 ▶방문 ▶전자통신 ▶팩스
- 주문가능 시간: 09:00~15:00
- 주문의 방식 및 내용: ● 매수, 매도구분, 계좌번호, 성명, 비밀번호, 종목명, 가격 및 수량 / ● 지정가 주문에 한하여 1주 단위로 주문 / ● 사전절차
- 매매체결 방법
  - 증권회사 자체 창구를 통한 매매: -증권사가 자체에서 매매체결이 이루어진 경우 체결 즉시 체결정보를 호가중개시스템에 전달하여야 함(상품거래, 단순중개)
  - 호가중개시스템을 통한 매매: -증권사는 접수한 호가를 신속히 호가중개시스템에 전달하여야 함 / -격이 일치하는 매도 매수주문에 한해 자동적으로 매매체결(매도호가보다 높은 매수호가 또는 매수호가보다 낮은 매도호가도 정정을 하여야만 매매체결 가능) / -시간 우선(동일가격 호가의 경우, 먼저 접수된 호가가 뒤에 접수된 호가에 우선하고 분할체결 가능)
- 가격제한 폭: 없음: ● 100% 징수(매수의 경우 현금 100%, 매도의 경우 당해 증권 100% 징수)
- 거래비용: ● 위탁수수료: 자율화(통상 약정대금의 0.4%-0.5%) / ● 증권거래세: 양도가액의 0.5%(코스닥은 0.3%) / ● 양도소득세: 양도차익의 10%(대기업의 경우 20%), 자진납부(증권사의 원천징수 의무 없음)

라) 공시제도

- 정기공시(결산 종료 후 90일 이내): ● 사업보고서 제출(반기보고서 제출 면제) / -요약결산 서류 / -감사보고서 / -주주명부 / -기업현황과 요약 재무제표
- 수시공시(공시사유 발생 시마다): ● 공시 주체: 지정신청회사(발행회사 또는 증권회사) / ● 공시사항: 자금조달, 기업 존폐 사항, 경영방침 변경사항 등 / ● 공시방

법: 간접공시(발행회사 → 코스닥 → 투자자)

- 조회공시(시설 여부 확인 시): ● 공시의무사항에 대하여 사실 여부 확인 시 1일 이내 문서로 중개회사에 제출 / ● 공시사항-발행한 어음 또는 수표가 부도로 되거나 은행과의 거래가 정지 또는 금지된 때 / -영업활동의 일부 또는 전부가 정지된 때 / -법률의 규정에 의한 법인의 정리절차개시의 신청이 있거나 사실상의 정리를 개시한 때 / -상호를 변경하기로 한 때 / -법률에 의한 해산사유가 발생한 때 / -증자 또는 감자에 관한 이사회의 결의가 있는 때 / -액면분할 등
- 불성실공시: ● 불성실공시의 유형-공시불이행: 정당한 사유 없이 공시사항을 지연 / -공시번복: 공시내용의 취소, 부인 / -공시변경: 공시내용의 변경 / -불성실공시에 대한 제재 / -호가중개시스템을 통하여 당해 사실을 10영업일 동안 공표

코스닥 시장과의 비교

구 분	코스닥 시장
매매거래 시간	동시호가 08:00 - 09:00 단일장 09:00 - 15:00
매매거래 단위	1주
매매체결 방법	경쟁매매원칙 동시호가 매매(개장 시) 및 접속매매
가격제한폭	12%
위탁수수료율	증권회사 자율
위탁증거금율	증권회사 자율
신용거래	불 허
증권거래세 등	농특세 없이 1.3%

마) 기업 고르는 요령

- 증권회사 자체 창구를 통한 매매

전문가들이 공통적으로 지적하는 투자전략이 바로 경영자 자질 파악이다. 기업 성격상 소규모 신설 벤처기업들이 대부분이기 때문에 최고경영자의 과거 경험과 실적을 주시해야 한다는 것이다. 소규모 벤처기업일수록 경영자가 가지고 있는 회사의 미래 비전, 경영철학, 전공을 포함한 관련 사업 경험 정도 등이 무엇보다도 중요한 기업판단이 자료가 된다는 것이다. 기업의 자금 조달력이나 재무상태는 이후의 문제라는 게 공통적인 지적이다. "벤처는 실패가 또 하나의 자산"이라는 벤처업계의 격

언을 곱씹을 필요가 있다.

■ 증시주변 여건을 검토하라

제3시장도 하나의 주식시장이므로 기존의 거래소나 코스닥시장과 무관할 수가 없다. 즉 소위 투자패션(유행종목)이라는 것이 작용하는 시장인 만큼 투자자들의 관심대상이 되는 종목이 무엇인지를 항상 파악하고 있어야 실패할 확률이 적다. 또 세계증시의 동조화 현상이 심화됨에 따라 해외증시도 주요 판단기준이 된다. 코스닥시장에서 봤듯이 나스닥시장에서 주가상승을 주도하는 종목들이 우리증시에서도 커다란 흐름에 있어 주가상승세를 타는 경우가 많다는 얘기다. 전문가들은 세계증시의 동조화 현상이 진행될수록 이러한 현상은 더더욱 강해질 수밖에 없다고 말한다.

■ 해당 산업의 전망자료를 수집하라

산업분석자료는 해당 기업에 대한 리서치자료를 구하는 것보다 손쉽다. 각 증권사 리서치 팀은 매년 초 연간 산업분석자료를 제공할 뿐 아니라 수시로 분기별 월별 산업 전망을 내놓고 있다. 최근에는 이슈가 되는 산업분석들을 여러 증권사뿐만 아니라 기업 정부의 경제연구소에서도 제공하고 있기 때문에 한결 손쉽게 해당 산업의 전망을 대략적으로 살펴볼 수 있다. 나무를 보기 이전에 숲을 보는 투자전략은 제3시장에서도 당연히 적용된다.

■ 유사기업의 주가추이를 분석하라

제3시장 기업과 유사한 기업은 거래소나 코스닥시장에도 얼마든지 있다. 최근 장외시장도 주요 매매대상이 되는 종목들이 많이 증가하면서 투자자들의 관심도 거래소나 코스닥시장의 유사기업의 주가추이를 보며 투자결정을 하는 경우가 늘고 있다. 실제로 최근 코스닥시장에서 인터넷보안 업체의 주가가 오르자 장외시장에서 유사 종목들의 주가가 오르는 등 투자자들의 관심대상이 비슷해지는 모습이 많이 나타났다. 물론 나스닥시장을 포함한 해외증시의 유사기업 주가추이도 관심을 가져야 할 것이다.

■ 해당 기업에 대한 주변평가에 귀 기울여라

해당 기업의 성장성을 분석하는 우회방법으로 관련업체 관계자들이나 소비자들의 해당 기업에 대한 평가를 들어보는 것도 좋은 방법이다. 기존의 분석 잣대를 이용하는 데 한계가 있을 뿐 아니라 투자자 입장에서도 생소한 기업들이 많은 만큼 이러한 방법은 손쉽게 해당 기업의 성장성을 가늠하는 수단이 될 수 있다. 전문가들은 관련업체 관계자의 경우 시장특성을 포함해 시장에서 차지하는 위치와 성장성에 대해 아무래도 좀 더 자세하게 알고 있는 경우가 많다고 조언한다. 또한 해당 업체가 판매하고 있는 상품이나 서비스에 대한 소비자들의 실제 평가를 들어보는 것도 구체적인 평가 작업의 하나가 될 수 있다고 강조한다. 물론 해당 기업을 실제로 방문함으로써 투자판단을 내리는 것은 기본이다.

바) 기업의 설립절차

■ 개인기업의 설립

개인기업은 사업주 개인이 출자자인 동시에 경영자로서 직접 경영에 참여하는 기업의 형태이다. 개인기업의 창업은 관할세무서에 사업자등록을 함으로써 성립된다. 다만, 인·허가가 필요한 업종은 관계기관으로부터 인·허가를 받아서 사업자 등록 시 세무서에 함께 제출해야 한다. ① 관할세무서란: 개인의 주소지와 관계없이 사업을 하고자 하는 사업장 ② (주사무소, 공장 등) 주소지의 ③ 관할세무서를 의미한다. ④ 인·허가가 필요한 업종이란: 사업을 하려면 인·허가를 받아야 하는 업종으로 ⑤ 출판업등록과 같이 ⑥ 간단히 구청에 신고만으로 얻을 수 있는 것도 있고, 건설업 면허와 같이 ⑦ 까다로운 것도 있다. ⑧ (석유정제업, 고압가스제조업, 의약품제조업, 식품제조업, 화약제조업, ⑨ 위생용품제조업, ⑩ 의료용구제조업, 전기용품 제조업 등) ⑪. 처리기간: 7일 ⑫. 구비서류: 사업자등록증(세무서 민원실에 비치) / 사업 인·허가 사본(해당 업종의 경우에 한함) / 주민등록증

■ 법인기업의 설립

현재 법인기업의 형태가 가장 보편화된 형태는 주식회사로서 이는 주식회사 제도가 가지고 있는 장점이 자본주의 시장경제체제와 가장 잘 부합되기 때문이다.

다음의 서류를 작성하여 등기소에 접수한다.

- 공증받을 때의 서류
  - ○ 정관 3통 ○ 창립총회의사록 3통 ○ 창립사항보고서 3통 ○ 조사보고서 3통
  - ○ 이사회의사록 3통 ○ 진술서 1통 ○ 주주명부 1통 ○ 위임장(공증용) 1통
- 주금납입 시의 서류
  - ○ 주금납입의뢰서 1통 ○ 주금납입보관증명서 3통 ○ 주주명부 1통 ○ 정관 1통
  - ○ 창립총회의사록 1통 ○ 이사회의사록 1통
- 등기신청 시의 서류(각 1통씩)
  - ○ 법인설립신청서 ○ 정관(공증받은 것) ○ 창립총회의사록(공증) ○ 창립보고서(공증) ○ 조사보고서(공증) ○ 이사회의사록(공증) ○ 주식인수증(발기인) ○ 주식청약서(청약인) ○ 주식발행사항동의서 ○ 창립총회기간단축동의서 ○ 취임승낙서 ○ 위

임장 ○ 법인인감신고서 ○ 주주명부 ○ 주금납입보관증명서 ○ 채권매입필증

■ 등기신청 후 등기까지의 소요기간: 3일

■ 주금납입금을 찾을 수 있을 때: 법인등기 후 등기부등본을 은행에 제출하고 예금 인출함

사) 사업자등록

설립등기가 완료되면 본점 주소지관할 세무서에 사업자등록을 함으로써 설립절차가 완료된다.

신청 시 제출서류는 다음과 같으며 기간은 7일이 소요된다.

○ 사업자등록신청서 ○ 법인등기부등본 ○ 인·허가증 사본(해당되는 경우) ○ 개시대차대조표 ○ 정관사본 ○ 주주명부 ○ 법인인감증명서

아) 사업자의 세금

세무서에 사업자등록을 하게 되면 기업은 납세의무자가 된다. 기업이 정기적으로 자진신고 납부해야 하는 세금은 다음 같다.

■ 부가가치세

- 부가가치세란 상품(재화)의 거래나 서비스(용역)의 제공과정에서 얻어지는 부가가치(이윤)에 대하여 과세하는 세금이며 매출세액(매출액의 10%)에서 매입세액(매입액의 10%)을 차감하여 납부한다.

- 일반과세자는 1년에 4번, 간이과세자와 과세특례자는 2번 신고하며 신고기간은 다음과 같다.

구 분	과세대상기간		신고납부기간	신고대상자
제1기 (1.1~6.30)	예정신고	1.1~3.31	4.1~4.25	일반과세자
	확정신고	1.1~6.30	7.1~7.25	일반, 간이, 과세특례자
제 2기 (7.1~12.31)	예정신고	7.1~9.30	10.1~10.25	일반과세자
	확정신고	7.1~12.31	다음해 1.1~1.25	일반, 간이, 과세특례자

■ 근로소득세

- 직원에게 급여를 지급하게 되면 회사는 직원의 급여 중 일부를 세금으로 차감하고 지불하며 이를 익월 10일까지 세무서에 신고, 납부하여야 한다.

- 또한 매월 납부한 세금에 대하여는 다음 해 1월에 연말정산을 통해서 1년간의 세금을 확정하고 차이가 발생하면 추가납부하거나 환급을 받을 수 있다.

■ 개인기업의 소득세
- 개인기업을 영위하게 되면 사업주는 매년 5월 31일까지 사업소득에 대한 소득세를 자진 신고 납부하여야 한다.(소득세할주민세 납부는 6월 말일까지 납부)
- 사업주가 납부할 소득세는 전년도 1년간의 총매출액에서 총비용을 차감한 이익에 대하여 과세하는 것으로 회사는 이를 장부에 의하여 증명하고 공인회계사나 세무사의 세무조정을 거친 후 세금을 확정하여 납부하게 된다.

■ 법인기업의 법인세
- 법인기업은 사업연도 종료일로부터 3개월 이내(12월 법인의 경우 3월 31일까지)에 법인세를 신고, 납부하여야 한다(법인세할주민세는 4월 말일까지 납부).
- 법인세는 총매출액에서 총비용을 차감한 이익에 대하여 과세하는 것으로 회사는 이를 장부에 의하여 증명하고 공인회계사나 세무사의 세무조정을 거친 후 세금을 확정하여 납부하게 된다.

자) 의료보험

■ 보험료의 산정: 피보험자가 근로의 대가로 지급받는 금품을 기준으로 산정한 표준보수월액에 보험료율을 곱하여 산정(퇴직금, 핫갖금, 상여금, 일직수당, 숙직수당, 여비 및 교통비, 휴일근로수당 등)
  - 표준보수월액표(53등급)를 적용

■ 보험료의 부담: 근로자와 사용자가 각각 1 / 2씩 부담

■ 납부의무자: 사용자

■ 납부기한: 익월 10일까지
  - 가산금: 납부기한 경과 후: 체납보험료 등의 5 / 100
        납부기한 경과 후 6월 이내: 체납보험료 등의 5 / 100 + 5 / 100
        납부기한 경과 후 6월 경과: 체납보험료 등의 5 / 100 + 5 / 100 + 5 / 100

■ 보험료 정산: 소멸시효 2년

- 추가징수사유
  자격취득신고 지연, 자격취득 미신고, 표준보수월액 착오 신고, 보수의 인상, 승진, 승급에 의한 표준보수월액 변경지연 및 누락신고 등

- 반환사유

표준보수월액 착오적용 납부, 보험료의 이중 납부, 피보험자의 자격상실 후 납부, 당월 상실 후 당월 취득 피보험자의 착오 납부 등
- 자격취득대상: 상시근로자 5인 이상인 사업장
  - 취득 제외: 상시 5인 미만의 근로자를 사용하는 사업장
  의료보호법에 의하여 의료보호를 받은 자
  일용근로자(2월을 초과하여 계속 사용되지 아니하는 경우)
  계절적 또는 임시적 사업장에 사용되는 근로자
  비상근고문, 시간제 근로자 등 사업장에서 상시 근로하지 않는 자
- 자격취득시기: 5인 이상의 근로자를 사용하는 사업장에 사용된 날

자격취득 신고

자격취득신고	- 신고의무자: 의료보험 적용사업장의 사용자 - 신고기한: 자격취득일로부터 7일 이내 - 신고서류: 피보험자 자격취득신고서 주민등록등본
자격상실신고	- 상실시기: 사망, 국적을 잃을 때, 사용관계 종료, 의료보호대상자 해당 - 신고의무자: 의료보험 적용 사업장의 사용자 - 신고기한: 자격상실일로부터 7일 이내
피보험자, 피부양자 동시 자격취득신고	피보험자 자격취득신고 서류에 피부양자 자격취득신고 및 의료보험증 발급 신청서 첨부
피부양자 자격상실신고	피부양자 자격상실 신고 및 의료보험증
피보험자 자격상실신고	피보험자 자격상실 신고서, 의료보험증(원격지 의료보험증 포함)

자격변동 시 신고사항

자격변동	신고의무자	신고방법	구비서류
지역피보험자 직장입사	사용자 (사업장대표)	사업장 관할 의료보험조합에 7일 이내에 취득신고	피보험자자격취득신고서 주민등록등본(피부양자가 있을 경우 피부양자자격취득신고서)
	피보험자 (본 인)	거주지 관할 의료보험관리공단 지사에 14일 이내 자격상실 신고	의료보험증 자격취득 확인서
직장피보험자 직장퇴사	사용자 (사업장대표)	사업장 관할 의료보험조합에 7일 이내 상실신고	피보험자자격상실신고서 의료보험증(원격지의료보험증 포함)
	피보험자 (본 인)	거주지 관할 의료보험관리공단 지사에 14일 이내 자격취득신고	의료보험조합이 발행하는 자격상실 확인서

차) 산재보험

- **적용대상: 사업 또는 사업장**

  본사, 지사, 출장소 등이 있는 경우 각 사업장의 근로자 수가 적용대상이면 별도 적용

- **보험가입자: 대표자(개인)나 법인**

- **보험가입자의 의무**

  - 개산보험료의 보고와 납부: 당해연도 초일 또는 성립일로부터 70일 이내로 증가 개산보험료의 보고와 납부와 확정보험료의 보고, 납부와 정산을 한다.

  - 각종 보고, 신고 기타 의무: 보험관계 성립, 소멸신고 등 보험가입자의 주소, 성명, 소재지 및 사업종류 등 변경사항 신고사망의 추정사유 발생신고 등 제3자의 행위로 인한 재해 발생 신고

- **적용근로자**

  근로기준법상의 근로자로 직업의 종류를 불문(현장실습을 하는 학생, 직업훈련생과 해외 파견자에 대하여 보험가입신청을 하여 승인을 얻는 경우 포함)

- **상시근로자 수의 산정 및 적용**

  당해 사업개시일 이후 근로자 수가 최초 5인 이상 된 날로부터(당해 사업의 가동일의 인원 * 가동 일수) / 가동 일수＝상시근로자 수, * 상시근로자 수에는 상용, 일용 등 고용형태를 불문하고, 동거가족이 근로자로 인정되는 경우는 포함

- **보험관계성립일 및 제출서류**

  성립일: 당해 사업이 개시된 날 또는 당연적용사업장 혹은 규모에 해당하게 된 날 / 제출서류: 보험관계성립신고서 1부 / 제출기한: 보험관계가 성립된 날부터 14일 이내

- **성립신고를 하지 않을 경우의 불이익**

  과거보험료(최고 3년간)소급, 가산금 및 연체금 부과 / 신고 태만 시 발생한 재해에 대한 보험급여액의 일부를 부과

보험관계의 소멸

소멸사유	소멸시기	소멸절차
사업의 폐지, 종료	폐지, 종료된 날의 다음날의 다음날	소멸된 날로부터 14일 이내 신고 – 보험관계소멸신고서
직권 소멸 조치	소멸을 결정 통지한 날	근로복지공단에서 보험관계 소멸 통지

- 소멸효과

  소멸시점 이후의 보험료 납부의무 및 근로자에 대한 보험급여 지급의무 소멸

  소멸시점 이전의 미납보험료는 소멸되지 않음

  보험관계 소멸 전 발생 재해에 대한 보험급여는 청구 가능

■ 평균임금의 산정 및 증감

  평균임금의 산정은 휴업급여, 장해급여, 유족급여, 상병보상연금 및 장의비 등의 산재보험 급여를 지급 시 그 금액을 계산하기 위하여 일급개념으로 산출하는 임금

  평균임금＝산정사유발생일 이전 3개월간의 임금총액／산정사유발생일 이전 3개월간의 총일수

■ 3개월간의 일수는 실제근무한 일수가 아님(역월상)

■ 3개월에서 금액과 기간이 제외되는 경우

  - 업무상 재해로 요양한 기간 / ● 수습사용 중의 기간 / ● 사용자의 귀책사유로 인한 휴업기간 / ● 산전 후 휴가기간 / ● 육아휴직기간 / ● 적법한 쟁의 행위기간 / ● 군복무, 향토예비군훈련, 민방위훈련 기간 / ● 업무 외 부상, 질병으로 사업주의 승인을 얻어 휴업한 기간

카) 국민연금

■ 연금보험료율

  개인별 보수월액의 9%를 근로자가 4.5%, 사용자가 4.5%를 나누어 부담

■ 가입대상

  국내 거주 18세 이상 60세 미만의 국민

가입자의 종별 가입 요건

종 별	종 류	가 입 요 건
사업장 가입자	당연 적용 사업장 가입자	상시근로자 5인 이상 사업장에 종사하는 18세 이상 60세 미만자
지역 가입자		18세 이상 60세 미만의 국민연금 적용사업장에 종사하는 자 또는 외국에 거주하는 국민으로 국민연금 적용사업장에 종사하는 자

신고방법

요 건	신 고	신 고 서
사업장을 설립하여 근로자가5인 이상인 경우	당연적용 사업장 해당 신고	당연적용사업장 해당 신고서 사업장가입자격 신고서
사업장 주소, 상호 등이 변경된 경우	사업장 내역변경 신고	사업장 내역변경 신고서

요 건	신 고	신 고 서
사업장 휴, 폐업	휴, 폐업사업장 탈퇴신고	휴, 폐업 등 사업장 탈퇴신고서
직원 신규 채용 시	사업장가입자자격취득 신고	사업장가입자자격취득신고서
퇴사, 사망, 60세 도달	사업장가입자자격상실 신고	사업장가입자자격상실신고서
가입자 주민등록번호가 변경 또는 잘못 신고된 경우	가입자 내역변경 신고	가입자 내역변경(정정) 신고서

가입자 대부

구 분	대부 한도	대 부 요 건	구 비 서 류 신 청 기 한
전세자금	500만 원 이하	무주택기간 1년 이상인 세대주 또는 현주소지에서 1년 이상 거주 후 임차계약 갱신한 경우	주택임대차(전세)계약서 사본 주민등록등본 전입지 건출물관리대장 이사: 전세(임차)계약서상 잔금지급 일로부터 전 1개월, 후 2개월 갱신: 갱신계약서상 임차개시일로부터 전 1개월, 후 2개월
경조사비	300만 원 이하	본인 또는 자녀가 결혼한 경우 배우자 또는 직계존속(배우자 직계존속 포함)이 사망한 경우	예식장 사용계약서 사본(결혼 전) 주민등록등본, 호적등본(결혼 후) 결혼: 결혼일(결혼예정일)로부터 전 1개월, 후 2개월 사망: 사망일로부터 2개월
재해복구비	500만 원 이하	화재 또는 풍수해 등으로 1백만 원 이상 재해를 당한 경우	소유, 거주, 경작 입증서류 읍, 면, 동, 군수, 경찰서장의 피해상황확인서 재해발생일로부터 2개월 이내
의료비	200만 원 이하	본인, 배우자 또는 직계존비속의 진료비 중 본인 부담금이 1백만 원	의료보험증 사본 의료비계산서 또는 영수증 의료비계산서 발급일로부터 2개월
학자금	200만 원 이하	본인, 배우자 또는 자녀가 국내 대학 입학 또는 재학 중인 경우	등록금 납부서 사본 주민등록등본 납부기한일로부터 2개월

■ 소멸시효

60세 도달, 장해완치일, 사망일, 1년 경과일 등으로부터 5년경과 후 보험료 청구 시 급여를 지급받을 수 없게 됨. 다만 5년 경과 후 재가입 시에는 종전 가입기간을 합산하여 연금 수급요건 및 연금액을 산정토록 함.

타) 고용보험

■ 고용보험의 적용대상

  −적용대상 사업 또는 사업장: 1인 이상인 기업

　* 적용 제외 근로자 : 60세 이후에 새로이 고용된 자. / 65세 이상인 자
1개월간 소정 근로시간이 80시간(1주간 소정근로시간 18시간) 미만인 자 일일 또는
1개월 미만으로 고용되는 일용근로자의 경우에도 고용안정사업과 직업능력 개발사
업은 적용되나 실업급여만 적용이 유예되어 있음(1개월 이상 근무 시는 적용)

보험료율

구　분		'99.1.1 이후	
		근 로 자	사 업 주
실업급여		0.5%	0.5%
고용안정사업		–	0.2%
직　업	150인 미만 기업	–	0.1%
능　력	150인 이상	–	0.3%
개　발	150인 이상~1000인 미만	–	0.5%
사　업	1000인 이사 기업	0.05%	0.75

　실업급여의 보험료는 노사가 1/2씩 분담토록 되어 있으나, 고용보험법에 의해 사
업주가 모두 납부 후 임금 지급 시 원천 공제함.

고용보험과 관련한 기업의 신고사항

보험관계 신규성립	보험관계 성립사유(상시근로자 수 1인 이상)발생일로부터 14일 이내 '고용보험 성립신고서' 제출 취득일: 근로계약상의 근로 개시일 일용근로자가 1개월 이상 계속 고용되는 경우 최초고용일 (신고는 1개월이 되는 날로부터 14일 이내 신고) 신규적용 사업장에는 보험관계 성립일이 취득일이 됨
보험관계 소멸	보험관계 소멸사유(사업종료)일로부터 14일 이내에 '고용보험소멸신고서' 제출 상실일: 이직한 날의 다음날 사망한 날의 다음날 근로관계가 종료되는 날의 다음날 65세에 도달한 날(노동부 직권 상실 통지)
보험료 보고 납부	–1월 1일부터 70일 이내(통상 3월 11일경) 또는 신규 성립 시는 성립일로부터 70일 이내에 개산보험료보고서를 근로복지공단에 제출하고 보험료는 국고수납대리점에 납부 * 보험료 확정 정산: 당해연도 1.1 – 12.31 사이 전 근로자가 실제 지급받은 임금총액을 기준으로 각 사업별로 확정 정산하여 과다납부된 경우에는 다음연도 개산보험료에 충당신청하고, 부족한 경우 추가 납부 * 개산보험료: 다음연도 1.1 – 12.31 사이에 전 근로자가 지급받을 임금총액의 추정액에 사업별 보험료율을 곱하여 산정하고 보고 납부 * 연체금: 납부만료일 다음날로부터 납부 전일까지 100원에 대하여 1일 4전을 징수

보험료 보고 납부	구 분	산정기간	납부기한
	제1기	1.1~3.31	1월 1일부터 70일 이내(통상 3월 11일)
	제2기	4.1~6.30	5월 15일 이내
	제3기	7.1~9.30	8월 15일 이내
	제4기	10.1~12.31	11월 15일 이내

구 분	내용
근로자 신규채용	채용일로부터 14일 이내에 '고용보험피보험자격취득신고서' 제출
근로자이직	이직일의 다음날부터 14일 이내에 '고용보험피보험자격상실신고서' 제출 (다만, 이직자 실업급여 수급자격인정신청을 하지 않는 경우에는 이직확인서 부분을 제출하지 않아도 됨) * 종전 근로자가 사후에 이직확인서의 교부 청구 시 이직확인서 교부하여야 함 　 피보험자격상실자가 실업급여를 신청하지 않는 경우 이직확인서 내용 부분 　 (1－13)은 작성하지 않아도 됨(후에 이직확인서가 필요한 경우 사업주에게 청구가능).
근로자전근	사업장 관리번호가 다른 사업장으로의 근로자 전근 시에는 전근일로부터 14일 이내에 전근된 사업장의 소재지관할지방노동관서에 '고용보험피보험자전근신고서' 제출
사업부성명, 명칭, 소재지 등의 변경 시	변경이 있는 날로부터 14일 이내에 '고용보험관계변경사항신고서'를 관할지방 노동관서에 제출

일반기업 협회등록 요건 선택사항

구 분	선택 1	선택 2
회사규모	등록예비심사 청구일 현재 자본금 5억 원 이상	최근 사업연도 말 현재 자기자본이 100억 원 이상이고, 자산총계가 500억 원 이상
영업기간	등록 예비심사 청구일 현재 설립된 지 3년 이상 경과하고 계속적으로 영업하고 있을 것 이 경우 합병, 분할 등에 의하여 신설된 법인에 대하여는 실질적인 영업활동 기간을 고려할 수 있음	－
영업성과	최근 사업연도 경상이익이 있을 것	－
자본상태	최근 사업연도 말 현재 자본잠식이 없을 것. 이 경우 당해 사업연도 중 유상증자 금액 및 자산 재평가에 의하여 자본에 전입할 금액은 포함	자본잠식이 없을 것
부채비율	최근 사업연도 말 현재 부채비율(모집예정금액을 포함한 유상증자금액과 자산 재평가에 의하여 자본에 전입할 금액을 포함)이 동 업종 평균부채비율의 1.5배 미만. 은행, 증권, 보험과 같은 금융업 영위법인은 제외	동 업종 평균부채비율 미만

1) Problem definition

EVA란 Economic Value Added의 약자로서 기업의 financial performance를 측정하는 지표 중 하나이다.

- 경제적 부가가치(Economic Value Added: EVA)란 기업의 영업활동 결과 창출한 세전 순영업이익(EBIT: Earnings Before Interest and Taxes)에서 그에 해당하는 법인세 부담액을 차감하여 세후 순영업이익(NOPLAT: Net Operating Profit Less Adjusted Taxes)을 산출하고 이에서 영업활동을 위해 제공된 투하자본(IC: Invested Capital)에 대한 자본비용을 차감하여 계사한 이익임.
- 1980년대 말 미국의 컨설팅 회사인 Stern Stewart에 의해 개발되었으며, 세계적인 기업들이 회사 경영에 도입하고 있음.
- SVA(Stockholder value added) is common variant.

How to calculate EVA

EVA = 세후 순영업이익 − 자본비용

- EVA = 세후 순영업이익 − 자본비용

  = 세후 순영업이익 − (WACC*평균 투하자본)

  = (세후 순영업이익 / 평균 투하자본 − WACC)*평균 투하자본

  = (ROIC − WACC)*평균 투하자본

- ROIC = Return on invested capital(투하자본수익률)
- ROIC가 WACC보다 크면, 즉 비용보다 많은 돈을 벌면 벌수록 기업이 창출하는 부가가치는 더욱 커지고 EVA도 커진다.

2) 기업은행의 대응전략과 추진현황

EVA는 face of the economy의 변화를 보여준다.

- 1994년부터 2001년까지 Microsoft, GE, Wal-Mart, Intel, Coca-Cola, ExxonMobil, P&G, Johnson&Johnson은 매년 top20 안에 들었음. 한편, 인지도는 높지만 EVA가 낮은 Sears, Nabisco, Kmart 등도 있음.
- Qualcomm: 393(1994) → 18(1999) → 31(2001)
- WorldCom: 349(1994) → 26(1999) → 997(2001
- AT&T: 8(1994) → 25(1999) → 1000(2001)

한국 상장 기업들은 2004년도 역대 규모의 EVA를 달성하며 빠른 성장세를 유지하고 있다.

- 2004년도 한국 상장 기업의 총 EVA는 26조 8000억 원
- ROIC는 15.2%, WACC는 6.5%(머니 투데이 2005.08.01)

순위	기업명	시 장	주당순이익(원)	주당순자산(원)	매출액증가율(%)	ROE(%)	부채비율(%)	유보율(%)	EVA(억 원)
1	삼성전자	거래소	36,356	162,422	9.47	22.18	33.28	3,571.89	48,625.49
2	현대자동차	거래소	7,725	39,055	1.63	15.24	94.03	751.32	20,660.97
3	SK텔레콤	거래소	25,876	26,228	10.26	33.85	125.11	17,796.58	17,061.31
4	포스코	거래소	24,306	130,675	22.43	16.31	42.05	2,759.88	15,678.73
5	LG전자	거래소	4,229	17,018	45.10	20.36	221.79	347.04	5,665.75
6	SK	거래소	119	39,997	2.99	0.30	186.40	716.39	4,360.44
7	기아자동차	거래소	1,947	13,221	5.61	14.95	109.86	189.40	4,192.33
8	케이티앤지	거래소	3,724	14,728	20.59	19.15	42.55	272.80	3,368.39
9	현대모비스	거래소	6,482	19,863	28.34	34.45	109.33	322.04	3,343.97
10	케이티	거래소	3,841	21,028	-1.15	11.38	187.31	590.28	3,067.19
11	케이티프리텔	거래소	2,174	9,996	-5.17	14.28	141.69	238.88	2,387.18
12	롯데미도파	거래소	319	4,009		8.29	65.11	-19.73	2,307.34
13	한진해운	거래소	4,442	13,114	23.13	3.26	449.92	186.00	2,272.86
14	강원랜드	거래소	1,152	4,291	42.24	30.70	25.64	767.69	2,139.65
15	LG화학	거래소	5,382	22,651	10.91	22.14	162.41	398.09	1,999.63
16	삼성SDI	거래소	14,528	79,589	4.38	18.43	38.23	1,605.58	1,930.66

순위	기업명	시 장	주당순이익(원)	주당순자산(원)	매출액증가율(%)	ROE(%)	부채비율(%)	유보율(%)	EVA(억 원)
17	신세계	거래소	15,528	87,803	12.21	19.46	154.38	1,667.26	1,816.15
18	LG	거래소	49	19,651	453.92	0.36	44.28	230.82	1,810.86
19	INI스틸	거래소	2,686	23,731	6.97	11.90	97.30	402.36	1,770.47
20	현대산업개발	거래소	2,805	17,312	10.06	17.15	78.32	248.51	1,671.39
21	LG건설	거래소	3,245	22,506	9.23	14.66	132.81	357.23	1,584.73
22	S-Oil	거래소	3,127	14,454	6.86	16.70	188.49	579.81	1,497.57

(1) 6Forces 분석

EVA는 자기자본비용을 사용함으로써 기업의 수익성을 잘 표현하지만, 회계 장부를 사용하는 단점도 있다.

- Advantage
  - 당기순이익은 타인자본비용만 생각하지만 EVA는 타인자본비용뿐만 아니라 자기자본의 비용까지 지불한 뒤의 유보된 이익이므로 진정한 기업가치를 측정하는 수익성 지표가 됨.
- Disadvantage
  - 장부가액과 공정가액의 차이
  - 현금흐름보다는 회계 이익 사용
  - 자기자본비용의 산정
  - EVA의 해석상의 한계

일반적으로 투자자가 자금을 운용하는 데 있어 가장 우선적으로 고려해야 하는 것은 아마도 투자대상으로부터 얼마만큼의 수익을 얻을 수 있는가 하는 것이다. 은행에 예금할 경우 예금금리만큼의 이자수익을 받을 것이고, 채권에 투자할 경우에는 확정된 이자율(채권수익률)에 따라 이자수익을 얻을 것이다. 한편 주식에 투자할 경우 주요 투자수익은 기업이 지급하는 배당 수입과 시세차익에 따른 수입일 것이다. 배당수익률은 주식투자 수익 중에서 배당금수입을 예금이자율, 채권수익률과 같이 수익률로써 나타낸 것이다. 결국 배당수익률은 1주당배당금을 현재주가로 나누어 산출하여 주식투자지표로 이용한다.

$$\text{배당수익률}(\%) = \frac{\text{1주당 배당금}}{\text{주가}} \times 100$$

투자자는 수익률로 측정한 배당수익률을 이용하여 다른 투자수단(은행예금, 채권 등)의 수익률과 비교할 수 있으며, 또한 여러 주식 가운데 주식가치를 상대적으로 비교할 수도 있다. 예를 들어 삼성전자와 포항제철 주식을 비교할 때, 삼성전자와 포항제철의 주가가 175,000원과 80,200원이고 보통주 1주당배당금이 각각 2,000원과 1,750원이라고 하자. 이때 배당수익률은 삼성전자가 1.1%이고 포항제철이 2.2%이다. 주가수준 자체는 삼성전자가 높지만 배당수입 측면에서 볼 때는 포항제철 주식의 가치가 더 높다고 볼 수 있다.

결국 배당수익률은 어떤 주식에 투자할 경우 그 투자자금이 배당에 의하여 연간 어느 정도 수익을 실현시킬 수 있는가를 나타내는 지표로서 금융기관 예금이나 채권 등 주식 이외의 투자대상과 수익성 정도를 비교하거나 여러 종목의 주가수준을 상호 비교할 때 이용되는 주식투자판단지표인 것이다.

○ 증권거래소의 산출

각 종목의 배당수익률은 보통주 1주당 현금배당금에 대한 현재주가의 비율로써 산출한다.

$$\text{개별종목 배당수익률} = \frac{\text{1주당 배당금(DPS)}}{\text{주가(일별종가)}}$$

여기서 1주당배당금은 전기 현금배당금을 반영하여 산출한 것이다. 투자지표로서 보다 유용하기 위해서는 미래에 받을 수 있는 배당금을 반영하여야 하지만, 우리나라에서의 배당에 대한 법률적 문제 등으로 인해 배당수준을 객관적으로 예측할 수 없기 때문에 전기에 확정한 배당금을 반영하여 산출하고 있다. 그리고 주식 수의 단위조정이 발생할 경우 배당수익률 지표에 단층이 발생하게 되는데, 이러한 단층을 방지하여 지표의 연속성을 유지하기 위해 주식분할 및 병합의 경우 1주당배당금(DPS)을 수정해 준다. 구체적인 수정방법은 다음과 같다.

$$수정\ 후\ DPS = 수정\ 전\ DPS \times \frac{변경\ 전\ 주식\ 수}{변경\ 후\ 주식\ 수}$$

시장평균 배당수익률 산출방법은 상장주식 수에 따라 가중평균하여 다음과 같이 산출한다.

$$시장평균\ 배당수익률 = \frac{\sum(DPS_i \times N_i)}{\sum(P_i \times N_i)} = \frac{구성종목의\ 보통주\ 현금배당금\ 합계}{구성종목의\ 보통주\ 시가총액}$$

여기서, i: 각각의 구성종목, P_i: i종목의 현재주가,

DPS_i: i종목의 보통주 1주당 현금배당금, N_i: i종목의 상장보통주식 수

○ 이용상의 유의점

배당수익률을 산출할 때 배당금은 전기에 지급된 보통주배당금을 이용하고 있다. 따라서 실제로 당기에 지급받는 배당금과는 일치하지 않는다. 그리고 배당금은 현금배당금만을 대상으로 하고 주식배당금은 포함되지 않는다. 그 이유는 현금배당과는 달리 주식배당은 잉여금계정에서 자본금계정으로 대체되는 무상증자와 동일하게 처리되기 때문에 기업의 자산총액에 대한 변동이 없을 뿐만 아니라 주식시장에서도 주식배당이 확정되면 무상증자의 권리락 때와 같이 주가가 형성되고 있기 때문이다. 한편 배당금은 결산기별로 결산기 이후의 일정한 날에 변경하고 있다. 예를 들어 12월 결산법인의 배당금은 다음 해 3월 말까지 결산이 확정되고, 그 이후 4월 10일경에 배당금을 반영하여 배당수익률을 변경하기 때문에 주가에 변동이 없어도 배당금이 변경되는 날의 전후에는 배당수익률에 단층이 생기므로 주의가 필요하다. 그리고 배당수익률은 주가와 배당과의 관계를 나타내는 것으로서 이 산식의 분자에는 전기에 지급된 과거의 확정배당금을 사용하는 데 반해, 분모인 주가는 미래에 발생될 것으로 기대되는 배당금수준의 변화, 기업의 경영실적과 재무구조의 변화 등을 모두 반영한 현재가격이기 때문에 이를 고려하여야 한다. 한편 해외 주요국의 배당수익률은 대부분이 가중평균방식이므로 국제간에 배당수익률을 비교하고자 할 때에는 가중평균배당수익률을 이용하여야 한다.

○ 주가수익비율(PER)

주가수익비율(Price Earnings Ratio; 이하 PER라 한다)은 주식시장 투자지표 중에서 가장 대표적으로 활용되고 있는 지표 중 하나일 것이다. PER은 현재주가를 1주당 순이익으로 나눈 비율로써 주가가 1주당 순이익의 몇 배가 되는가를 측정하는 지표이다. 기업의 단위당 수익력(수익가치)에 대한 투자자들의 질적 평가로써 상대적인 주가수준을 평가하는 데 활용되고 있다. 일반적으로 PER수준을 측정하여 과거와 비교함으로써 과거보다 높고 낮음에 따라 주가수준의 고평가 또는 저평가 정도를 판단하는 데 활용되고 있다. 만일 과거에 비해 PER가 낮을 경우 현재주가는 주당 이익 1원에 대해 시장에서 저평가되고 있다는 것으로 주가가 상승할 가능성이 높다고 판단할 수 있다. 이는 향후 주가가 적정하게 평가될 경우 주가가 상승하리라는 믿음에서 비롯된 것이다. 즉 투자자들은 기업의 수익력에 근본적인 변화가 없다고 할 경우 PER가 과거평균수준으로 회귀할 것으로 예측한다는 것이다. 과거 PER수준과 비교하는 데 활용되는 것 외에도 어느 한 시점에서 산업 또는 시장평균 PER 수준과 비교하여 해당 기업의 주가수준의 고평가 또는 저평가 정도를 판단하는 데 활용되기도 한다. 최근에는 주식투자가 글로벌화되면서 국가 또는 거래소시장 평균 PER를 비교함으로써 국가 또는 거래소시장 전체의 상대적 주가수준을 평가하기도 한다. 그러나 PER가 낮다고 해서 주가가 반드시 상승할 수 있다는 것을 의미하는 것은 아님을 유의해야 한다. 한편으로 보면, PER가 높다는 것은 해당 기업(또는 산업, 국가)이 창출한 이익(수익력)에 대해 투자자들이 보다 높은 가치로 평가한다고 볼 수 있다. 결론적으로 기업(또는 산업, 국가)의 PER가 과거수준에 비해 낮다거나 동일 산업 내 다른 기업에 비해 PER가 낮을 경우 주가가 상승할 가능성이 높다고 판단할 수 있다. 이 경우도 그 기업(또는 산업, 국가)이 창출하는 수익력(수익가치)이 동일하다고 가정한 경우에 가능한 것이다. PER의 기본적 특징은 주가의 상대적 수준을 측정하는데 주주에게 분배된 배당금뿐만 아니라 내부 유보되어 있는 부분까지도 포함하는 이익금을 사용하고 있다는 점이라 하겠다. 이것은 기업의 경영성과는 배당보다 이익에 의해서 보다 잘 나타난다는 데 기초하고 있다. 이와 같은 PER는 수익률 혁명 이후 배당수익률이 주가수준을 정확하게 설명하지 못하게 됨으로써 이를 보완하기 위하여 고안해 낸 것인데 현재는 대표적인 투자 척도의 하나로 사용되고 있다. 특히 우리나라에서는 영업실적 여하에 관계없이 1주당 배당금이 안정적으로 일정하게 지급되는 것을 중시함으로써 배당금에 큰 변동이 없는 경향이 있기 때문에 배당수익률보다도 PER가 주가수준의 고저를 측정하는 척도로서 타당하다고 하는 견해도 있다. 그러나 국가 간 비교할 때는 각국의 회계기준의 차이, 산출방식의 차이로 인해 PER 수치 자체를 직접적으로 비교하기 어려운 한계가 있어 주의를 기울여야 한다.

○ 산출방법

개별종목의 PER는 일별로 일별종가를 1주당 순이익으로 나누어 산출한다.

$$\text{개별종목 } PER = \frac{\text{주가(일별 종가)}}{\text{1주당 순이익(EPS)}}$$

PER 산출의 기초가 되는 EPS는 기업회계기준에 입각하여 각 기업이 결산 시 산출하여 재무제표에 공표한 보통유통주식 수 기준의 EPS를 적용한다. 한편 PER 지표의 연속성을 유지시키기 위해 종목별로 주식 수의 단위조정이 발생할 경우 이를 조정하여 PER를 수정해 준다. 즉 주식 분할·병합, 주식배당, 무상증자 등에 한하여 변경된 주식 수를 반영하여 EPS를 조정함으로써 PER를 수정해 준다.

시장 전체, KOSPI 200 등의 주요 지수 구성종목, 산업별, 자본금규모별 평균 PER는 상장주식 수에 따라 가중치를 부여한 가중평균방식으로 산출한다.

$$\text{시장평균 } PER = \frac{\sum(P_i \times N_i)}{\sum(EPS_i \times N_i)} = \frac{\text{구성종목의 보통주 시가총액}}{\text{구성종목의 보통주 순이익 총액}}$$

여기서, i: 각각의 구성종목, P_i: i종목의 주가, N_i: i종목의 상장보통주식 수

EPS_i: i종목의 보통주 1주당 순이익

○ 주가순자산비율(Price-Book Value Ratio: PBR)

○ PBR의미

주가순자산비율(price book-value ratio; 이하 PBR이라 함)은 주가를 1주당 순자산가액으로 나눈 것으로 주가가 1주당자기자본(순자산)의 몇 배인가를 나타내기 때문에 PER지표와 마찬가지로 주가의 상대적 수준을 나타내는 지표이다. 여기서 순자

산액은 대차대조표의 자산총계에서 부채총계를 차감한 것으로 이는 회사가 해산할 때 주주에게 분배될 금액을 의미한다. 따라서 PBR이 1 미만인 회사는 시장평가액이 장부가격으로 평가한 청산가치 이하로 주가가 저평가되었다고 판단할 수 있다. PER가 기업의 수익성 측면에서 주가를 판단하는 지표인 데 비해 PBR은 재무상태 또는 재산상태 면에서 주가를 판단하는 지표라고 할 수 있다. 다만, 순자산은 자본금, 자본준비금, 이익준비금 그 밖에 잉여금으로 구성되어 있으므로 과거의 이익 중에서 내부유보된 것과 당기순이익이 모두 포함된다. 순자산은 수익이 발생하는 한 계속 증가되는 것이기 때문에 PBR이 반드시 물적증권의 성질에만 착안한 것이라고 단정할 수 없는 측면도 있다. PBR은 기업의 자산이 계속 축적됨으로써 주식을 수익성뿐만 아니라 자산가치로서도 평가하고자 하는 의도에서 만들어진 지표이다.

○ PBR산출방법

일반적으로 개별기업의 PBR은 개별기업의 현재주가를 1주당 순자산으로 나누어 다음과 같이 산출한다.

$$PBR = \frac{주가}{1주당순자산(BPS)}$$

시장평균 PBR은 일반적으로 다음과 같이 산출한다.

$$시장평균\ PBR = \frac{\sum(P_i \times N_i)}{\sum(BPS_i \times N_i)} = \frac{구성종목의\ 시가총액}{구성종목의\ 순자산액합계}$$

여기서, i: 각각의 구성종목, P_i: i종목의 주가, N_i: i종목의 상장주식 수
BPS_i: i종목의 보통주 1주당순자산

○ 경제적 부가가치(EVA)와 시장부가가치(MVA)

EVA는 기업이 고유의 영업활동을 통해 창출한 순가치 증가분을 말한다. EVA는 세후 순영업이익(NOPAT; net operating profit after tax)에서 자본주의 기대수익금액인 자본비용을 차감한 금액으로 정의한다.

> 경제적 부가이익(EVA)
> =세후 순영업이익(NOPAT)−자본비용
> =[투자자본수익률(ROIC)−자본비용률(WACC)]×투자자본

- 세후 순영업이익(NOPAT): 기업이 순수영업으로부터 창출한 이익에서 법인세를 차감한 이익
- 자본비용: 투자자(채권자, 주주)들이 제공한 투자자본에 대한 기회비용
- 투자자본수익률(ROIC)=NOPAT / 영업용투자자본
- 자본비용률(WACC): 타인자본과 자기자본의 가중평균자본비용률(WACC)로서 투자자본의 최저 요구수익률(투자가의 기대수익률)을 의미한다.

EVA는 투자자본수익률(ROIC; return on invested capital)에서 자본비용률(WACC; weighted average cost of capital)을 차감한 값에 투자자본을 곱해 구할 수 있다. 투자자본수익률(ROIC)은 세후 순영업이익을 투자자본으로 나눈 값으로 기업이 투자자본을 가지고 고유의 영업활동을 통해 창출한 이익 정도를 나타내 준다. 따라서 EVA 창출 여부는 ROIC가 투자자본에 대한 조달비용률(WACC)을 상회하는지 여부에 달려 있다. 만일 ROIC가 투자자본에 대한 조달비용률(WACC)을 상회할 경우 EVA가 양(+)일 것이다. 결국 기업이 양(+)의 EVA를 창출한다는 것은 영업용투자자본을 가지고 영업활동을 통해 발생한 이익이 자본조달비용을 지불하고도 기업이 부가적인 이익이 창출되었다는 것이다.

EVA가 다른 경영성과지표와 비교하여 보다 우월하게 평가받고 있는 이유는 기업고유의 영업활동에 투자된 자산과 영업성과를 통해 창출된 이익으로 평가한다는 점과 주주의 기회비용인 자기자본비용을 고려했다는 점일 것이다.

한편 MVA는 미래에 발생될 수 있는 경제적 부가이익을 현재가치로 할인한 가치라고 정의할 수 있다. 즉 미래에 발생가능한 EVA를 자본비용으로 할인한 현재가치로 다음과 같이 계산할 수 있다.

$$MVA = \frac{EVA_1}{(1+C)} + \frac{EVA_2}{(1+C)^2} + \frac{EVA_3}{(1+C)^3} + \cdots\cdots + \frac{EVA_n}{(1+C)^n}$$

단, C는 자본코스트

그러나 미래시점에서의 경제적 부가이익을 추정하는 것은 현실적으로 불가능하기 때문에 일반적으로 대용치를 많이 사용하고 있다. 외국의 경우에는 시가총액을 MVA의 대용치로 해석하기도 한다. 증권거래소에서는 기업별로 과거의 EVA를 누적한 것을 MVA의 대용치로 사용하고 있다. 이것은 미래 EVA는 과거에 발생한 EVA만큼 창출할 것이라고 가정하는 것이다.

(2) ROIC

'투하자본수익률(ROIC:Return On Invested Capital)'이란 생산 및 영업활동에 투자한 자본으로 어느 정도 이익을 확보했는가를 나타내는 지표이다. 이를 '가중평균 자본비용(WACC: Weighted Average Cost of Capital)'과 비교하면 재무구조의 건전성과 수익성을 판단할 수 있다. 투하자본수익률이 가중평균 자본비용보다 높다는 것은 저렴한 자본비용으로 투자재원을 조달해 전략적 투자, 효율적 생산 및 고매출의 영업활동이 이뤄지고 있다는 것을 의미한다. 이 기법은 재원조달 시에는 재무자원 포트폴리오를 활용해 필요한 자금의 용도 및 허용가능한 자본비용에 따라서 전체 자본비용을 관리하도록 한다. 또 사업구조조정 시에는 투하자본수익률 구성요소인 영업이익률과 투하자본 회전율을 사용해 철수사업, 유지사업, 성장사업을 도출해 낼 수 있게 하는 장점이 있다.

(3) 경제적 부가가치[EVA]

○ Economic Value Added

EVA는 기업이 벌어들인 영업이익 가운데 세금과 자본비용을 뺀 금액. 즉 해당 기업이 투하자본과 비용으로 실제로 얼마나 이익을 많이 벌었는가를 나타내는 지표이다. EVA 값이 클수록 기업의 투자가치가 높다. EVA가 '마이너스'라는 것은 기업이 투자하여 최소한 벌어들여야 할 요구수익에 미달한다는 의미이며, EVA가 '플러스'라는 것은 투하된 자본에 대한 비용을 초과하여 이익을 발생시켰음을 의미한다. EVA는 미국 경영컨설팅회사인 '스턴 앤드 스튜어트'가 개발해 90년대 초 포천지에 게재하면서 새로운 경영평가모델로 세계적으로 선풍적 인기를 모았다. EVA는 기존의 회계적 이익을 대변하는 지표들보다 가치 중심의 경영성과를 평가하는 데 적절한 것으로 알려져 있다. 주식투자 기준으로 각광받아 온 투자지표인 PER(주가수익비율)는 해당 기업의 주가가 얼마나 저평가 혹은 고평가돼 있느냐를 나타내는 것.

반면 EVA는 기업의 수익성을 주주의 입장에서 좀 더 정확하게 파악할 수 있도록 조정한 개념이다.

■ EVA 산정

EVA는 법인세를 뺀 세후 영업이익에서 타인자본비용과 자기자본비용을 더한 총자본비용을 차감해 구한다.

경제적 부가가치(EVA)＝세후 영업이익－자본비용＝(영업이익－법인세)－자본비용 (이 경우 자본비용은 타인자본비용과 자기자본비용의 가중평균을 의미) 보통 타인자본비용은 은행대출 이자율, 자기자본비용은 1년 만기 정기예금 이자율을 기준으로 계산하기 때문에 주주의 입장에서 투자한 돈이 얼마만한 이익을 내는가를 알아볼 수 있다. 결국 EVA가 높은 기업이란 같은 돈(빌린 돈＋자기돈)을 투자해 은행에 예금하는 것보다 많은 이익을 낸다는 얘기다. 반대로 만일 EVA가 적자라면 주주는 더 나은 투자대안을 찾을 것이다. 예를 들면, 투자자금을 회수하여 정기예금을 할 수도 있는 것이다.

■ EVA에 의한 기업가치

기업이 어떤 사업에 10억 원을 투자하여 매년 1억 원의 이익을 얻는다면 그 기업은 10억 원의 자산증가와 1억 원의 이익증가를 얻게 되어 성장과 수익성을 모두 만족시키게 된다. 그러나 EVA개념을 도입해어 봤을 때, 만일 이 기업이 그 돈으로 다른 곳에 투자를 하여 15%의 이익을 얻을 수 있음에도 불구하고 사업을 진행한다면 기업은 1억 5천만 원의 잠재적 이익을 포기하고 1억 원의 현실적인 이익을 얻음으로써 결국 5천만 원의 손실을 보게 된다. 즉 기업가치가 매년 5천만 원씩 하락하게 된다. 기업의 외형은 확대될 수 있을지 몰라도 수익성은 하락하게 되어 장기적으로는 부실기업이 될 가능성이 높다는 것이다. 이와 같이 기업의 실질적인 가치 증가 또는 감소를 정확하게 나타내주는 것이 EVA라고 할 수 있다.

■ 스톡옵션

● 현황 및 개선현황

○ 주식매수선택권의 현황 및 평가

주식매수선택권은 주로 벤처기업이 우수인력을 확보하기 위해 활용해 왔으나, 최근에는 생산성향상을 위한 인센티브로 도입되는 추세임. 주권상장법인 712개 중 46개(6.4%), 코스닥 등록법인 462개 중 43개(9.3%)의 회사가 실시 중이며 대기업도 도입을 추진 중임. 주식매수선택권은 기업가치를 높이는 데 임직원이 기여토록 하여 투명하고 합리적인 경영을 유도한다는 측면에서 활성화해 나갈 필요가 있음. 특히 기업지배구조개선 측면에서 사외이사·감사위원회 등이 '규율'에 의한 방법이라면 주식매수선택권이 도입되고 있는 상황은 주식매수선택권을 막대한 주가차익을 얻는 수단으로 인식하고 주가 상승분 중 주식매수선택권을 부여받은 대상자가 기여한 분이 구분되지 않아 보상이 지나치게 많다는 논란이 제기됨. 경영자들은 주가상승을 위한 단기적인 경영성과에만 집착하게 되고 장기적인 경영목표에는 소홀하게 될 우려가 있음.

따라서 제도가 점차 확산되고 있는 현 단계에서 주식매수선택권을 본래 의미에 부합하는 제도로 정착시키는 노력이 필요.

- 주식매수선택권의 개선방향

○ 객관적이고 공정한 주식매수선택권 평가 모델 개발

  - 주식매수선택권이 본래의 취지에 부합하게 운용되기 위해서는 기업의 재무위험, 자산구조, 소유분산 정도 등에 따라 주식매수선택권의 도입 여부 및 도입 형태가 결정되어야 함.
  - 이를 위해서는 현재 획일적으로 도입되고 있는 주식매수선택권이 기업의 실정에 맞게 적용될 수 있도록 다양한 모델 개발이 필요
  - 주가 상승분 중 임직원의 실질적인 기여분만을 분리하여 인센티브적 성격을 명확히 하는 것이 필요
  - 주식매수선택권의 부여자격, 내용 및 성과 확인을 위한 객관적이고 공정한 절차를 마련하여 주식매수선택권을 부여해야 함.

○ 세제상 제도 개선

  - 주식매수선택권에 대한 세제 혜택을 행사가격(행사주가×주식 수)을 기준으로 연간 3천만 원 범위(1999.12.31 이전 부여분에 대해서는 5천만 원) 내에서 근로소득세를 비과세하고 있음.
    * 법인세법에서는 주가평가보상방식(행사가격과 시가와의 차액을 현금 또는 자사주로 교부하는 방법)에 의한 경우에 이를 비용에 산입하여 손금처리할 수 있음(법인세법 시행령 제20조제1항제3호)
    * 과세 형평성을 도모하고 행사가격이 높은 기업이 적은 면세효과를 보는 문제점을 보완하기 위해 비과세 한도 판단기준을 행사이익 기준으로 전환예정

○ 전 직원에게 주식매수선택권을 부여하는 경우에는 이를 급여적 성격으로 보는

것이 타당하므로

- 임직원들의 주식매수선택권 행사이익에 대해서는 소득세를 부과하고
- 법인에게는 동 금액만큼의 행사이익에 대해서 법인세 공제대상비용으로 처리

- 지원한도: 동일 기업당 30억 원 이내, 소요자금의 80% 이내
- 상환조건: 기술개발자금 8년 이내(3년 거치 5년 분할상환), 기술담보 5년 이내(2년 거치 3년 분할상환)
- 신청접수처: 산업기술평가원 산업 기반부 기술 기획실(단, 소프트웨어 및 데이터베이스 부문은 한국전자산업진흥회로 신청)

- 증권거래법상 제도 개선
  - 증권거래법은 주식매수 선택권 부여일로부터 2년간 재직하고 3년이 경과한 후에 이를 행사할 수 있음. 그러나 상법은 부여일 이후 2년 이상 재직한 후에 행사가능하고 세법은 부여일 이후 3년 경과 후 행사해야 세제 혜택을 부여, 제도 간 형평성을 기하고 주식매수선택권 행사에 있어 탄력성을 부여하기 위해 증권거래법상 2년 이상 재직기간은 유지하되 부여일 이후 3년간 행사를 금지하는 규정을 폐지하고 벤처기업의 경우에는 세법상 세제 혜택가능 기간을 3년에서 2년으로 단축 예정
  - 임직원이 계열사 비상근임원을 겸직하는 경우 대주주의 특수 관계인이 되어 주식매수 선택권대상에서 제외되는 불합리한 점을 개선하여 임원이 계열사의 비상근 임원을 겸임하는 경우에도 상근하는 회사에서 주식매수선택권을 부여받을 수 있도록 증권거래법 시행령을 개정(2000.3.4)

코스닥시장의 등록절차

항 목	주 요 내 용
외감법에 의한 외부감사	최근 사업연도 재무제표에 대한 감사
등록종목딜러 선정	등록을 주선할 증권회사 선정
금융감독위원회 등록	금융감독위원회에 등록하여야 코스닥시장에 등록할 수 있음
정관 정비	등록요건에 부합하도록 정관개정
주식인수 의뢰	주식공모를 위한 사전절차
유가증권분석조서 작성	자산가치 및 수익가치 산출
명의개서대행계약 체결	등록요건 충족을 위한 계약 체결

항 목	주 요 내 용
주식총액인수 및 모집, 매출계약체결	발행가액 등 주식공모에 관한 사항 약정
유가증권신고서 제출(수리)	유가증권신고서의 효력이 발생해야 공모가능
등록신청	청약개시 예정일의 2주 전까지 신청
유가증권신고서 효력 발생	유가증권신고서 수리일부터 20일이 경과한 날
신문공고	청약, 배정 등 공모에 관한 사항 공고

코스닥시장의 등록절차

항 목	주 요 내 용
청 약	등록종목딜러의 본 지점 등에서 접수
배 정	청약결과에 따라 안분 배정
환불 및 추가납입	배정결과에 따라 환불 및 추가납입 실시
주금 납입	신주모집금액의 주금 납입
보완서류 제출	주식공모결과 증빙서류 등 제출
등록심의 및 승인	코스닥 위원회의 등록심의 및 승인(발행 두 번째 수요일 개최)
등록승인 통보	발행회사 등에게 등록승인 사실 통보
매매개시	등록승인일을 포함하여 3거래일 이내

■ 기업 개요

- 작성기준: 기준이 공시한 최근 4개 사업연도 사업, 분기, 반기, 감사 보고서와 한국신용평가정보(주)가 보유한 기업정보 데이터베이스자료를 기준으로 종합, 분석하여 작성. 일부 지표 산출 시 연환산이 필요한 경우 1분기는 '4', 반기는 '2', 3분기는 '4/3'을 각각 곱하여 환산함(분기별 수익구조의 차이 발생 가능하므로 해설 시 주의 요함)

- 개요일반
  - 기업규모: 시가총액규모 기준에 따라 상장, 코스닥 각각 대형(상위 100위까지), 중형(101-300위), 소형(301위 이하)으로 구분. 최근 상장/등록된 기업은 제외될 수 있음.
  - 업 종 명: 표준산업분류 체계에 의한 해당 종목의 업종명
  - 액 면 가: 결산주식의 액면가
  - 결 산 월: 기업의 결산 기준월(12월, 3월 등)

- 결산구분: 기업의 결산기에 따라 '1분기', '반기', '3분기', '결산'으로 구분하
  여 표시
- 구 상 호: 상호를 변경한 경우 옛 상호의 이름
- 계　　열: 업체가 속하는 그룹명
- 보 통 주: 현재 유통되고 있는 보통주식의 수를 표기(발행주식 수와 다름).
- 종업원 수: 최근 결산(분기, 반기)보고서에 기재된 종업원 우, 괄호 안은 기준일
- 감사의견: 최근 결산기준의 감사의견 및 감사법인 명
- 회사채 / 기업어음 등급: 한국신용평가 등 국내 3대 신용평가회사가 평가한 기
  업의 무보증회사채와 기업어음에 대한 신용등급 중 최저 등급을 표시함.

■ 자본금변동: 기업의 상장(등록) 후 보통주 자본금의 증자사항, 감자사항, 액면분
　할, 주식병합 등에 대한 최근 5차례의 변동사항을 기록

구　분	내　용
유　상	유상으로 자본의 총액을 증가하는 것(유상증자), 내역에는 증자액수를 억 원 단위로 기재함.
무　상	무상으로 자본의 총액을 증가하는 것(무상증자), 내역에는 증자액수를 억 원 단위로 기재함.
주　식	현금이 아닌 신규발행 주식으로 배당하는 것(주식배당), 내역에는 증가된 자본금을 억 원 단위로 기재함.
감　자	자본의 총액을 감소하는 것(자본의 감소), 내역에는 감자액수를 억 원 단위로 기재함.
전　환	전환사채 및 스톡옵션 등의 주식 전환과 우선주의 보통주 전환을 포함한 것, 내역에는 해당연도 전체 전환액수를 억 원 단위로 기재함.
액　분	주식의 액면가액을 일정한 분할비율로 나눠 주식 수를 증가시키는 것(액면분할), 내역에는 분할된 액면가를 원단위로 기재함.
액　병	주식의 액면가액을 일정한 병합비율로 나눠 주식 수를 감소시키는 것(액면병합), 내역에는 병합된 액면가를 원단위로 기재함.
신　규	신규상장(등록) 시 자본금의 총액을 억 원 단위로 기재함

KOSDAQ 등록 요건

등록요건	벤처기업	일반기업		건설업
		선택2	선택1	
설립 후 경과 연수	–	–	3년 이상	5년 이상
납입자본금	–	–	5억 원 이상	10억 원 이상
자기자본	–	100억 원 이상	–	–
자산총계	–	500억 원 이상	–	–
상시고용종업원 수	–	–	–	100인 이상
주식의 분산	① 100인 이상 소액주주에게 발행주식 총수의 20% 이상 공모(모집, 매출) ② 300인 이상의 소액주주에게 20%나 50만 주 이상 분산 * 상기의 요건(2개) 중 1개에 해당하면 주식의 분산요건에 합치함			
자본상태	–	자본잠식 없을 것	좌 동	좌 동
경영성과	–	–	최근연도 경상이익시현	최근연도 경상이익 시현
부채비율	–	동 업종 평균 부채비율 미만	동 업종 평균 부채비율 미만	좌 동
감사의견	적정 또는 한정	좌 동	좌 동	좌 동

참고문헌

http://cbi.hanyang.ac.kr한양대학교 창업보육센터)

http://www.koita.or.kr(한국산업기술진흥협회)

http://www1.suwon.ac.kr/~changup/index.html(수원대학교 창업보육센터)

http://www.ipc.go.kr/index.jsp(정보화추진위원회)

http://www.smba.go.kr/main/sub013/sub013.jsp(중소기업청)

http://agbi.kn.ac.kr(한국농업전문대학 창업보육센터)

http://www.digitalsme.com/sme-bin/estab/estab_review_seqno52.jsp(중소기업정보은행)

http://contents.changup.naver.com(naver인터넷소호)

http://www.ksmic.co.kr/consulting/consulting_03_01.php(한국중소기업컨설팅)

http://db.kosbi.re.kr(중소기업정책연구DB)

http://www.kbic.ac.kr/new/index.asp(경희대학교 창업보육센터)

http://csmb.ajou.ac.kr/scp/06-5-02.asp(아주대학교 중소기업지원실)

http://utbi.ulsan.ac.kr/guide/guide1-1.htm(울산대학교 창업보육센터)

http://dvic.dgu.ac.kr/changupguide/changyeobjunbi_5.htm(동국대학교 창업보육센터)

http://www.venture119.re.kr(venture 119)

http://www.cobank.net산업정보은행)

http://www.venturenet.or.kr/vnet/index.do(venture net)

http://www.yesform.com(yesform)

http://www.stepi.re.kr/main/index.asp(한국과학기술정책연구원)

http://www.ksda.or.kr(한국증권업협회)

http://www.krx.co.kr(증권선물거래소)

임무생, Moo-Saeng Lim, 林茂生

·약 력·

과학기술 진흥과 산업발전 유공자 석탑산업훈장 수상
수출진흥 발전과 수출시장 개척유공자 대통령표창장 수상
공기방울제어장치기술 과학기술처장관상장 수상
Low noise and less vibration vacuum cleaner. U.S.A. patent 5,293,664
가열초음파 가습기기술 과학기술처장관상장 수상
한양대학교 공과대학 기계공학과 공학사
서울대학교 공과대학 최고산업 전략과정 수료
HyuRarc. Failure analysis and reliability course completion
상공자원부 산학연 기술교류회 위원
산업자원부 기술개발 기획평가단 위원
대우전자주식회사 가전연구소장, 생활가전사업부장
테크라프주식회사 대표이사
청소기의 소음저감기술 과학기술처장관상장 수상
Gilhung c&e Institute. director
Youngjin electric co,.ltd. Quality control director
Daehannakagawa ind co,.ltd. Engineering consultants

·저 서·

「Plastic design」
「Plastic molding & mold」
「Knowhow about engineering plastic high quality」
「Cad & Cam & Cae」
「Press design」
「Marketing knowhow of successful enterprise」
「The Korean wisdom wins the world」
「Optimum design of plastics」
「Robust Design Technology For Plastic Parts' Reliability」
「Venture business & Management of technology」
「Redundancy Design Technology For Precision Press Parts Reliability」

·논 문·

『유도전동기를 적용한 인버트 세탁기 개발』 대한전기학회, Vol.48B No.10(1997.07), pp.2556~2558.

『충격에 의한 TV pcb의 동적거동 해석』 대한기계학회, Vol.5, No.19(1990.06), pp.320~324.

『공기방울이 세탁에 미치는 효과에 대하여』 대한기계학회, Vol.32, No.1(1992.01), pp.57~65

『흡음방이 취부된 경우의 진공청소기의 소음분석 방법』 대한기계확회, Vol.33, No.1(1993.01), pp.14~21

『세탁기용 강제현가시스템의 동특성 해석을 위한 전산시뮬레이션』 한국소음진동공학회, Vol.3, No.1(1993.03), pp.65~75

『가전기기의 저소음 기술』 대한전자공학회, Vol.22, No.1(1995.01), pp.124~130

『절연재료의 표면개질을 위한 코로나 발생기의 특성에 관한 연구』 한국전기전자재료공학회, Vol.8, No.4(1995.07), pp.504~508

『가전기기의 저진동, 저소음 기술』 대한전기학회, Vol.44, No.44(1995.10), pp.137~141

『유동전동기의 동력전달 매체로 사용되는 벨트장력보상 알고리즘에 관한 연구』 대한전기학회, Vol.48A No.9(1999.09), pp.1125~1130

『회전체를 갖는 강제 현가시스템의 동특성해석을 위한 전산시뮬레이션』 한국소음진동공학회, Vol.1 No.1(1992.02.13), pp.63~69

『Nonlinear behavior on an electrochemical system』 JSME-KSME, (1992.10), pp.2-205~2-208

『스핀업시 내부유체의 공명현상에 관한 연구』 대한기계확회, (1994.09), pp.11~14

『High efficiency valve design by robust design of experiments, The 1998 international compressor engineering conference at perdure, C-3: Valve mechanics and design, page:23 High efficiency valve design by robust design of experiments, 1998.09.14

벤처기업과 기술경영

- 초판 인쇄　2007년 10월 30일
- 초판 발행　2007년 10월 30일

- 지 은 이　임무생
- 펴 낸 이　채종준
- 펴 낸 곳　한국학술정보㈜
　　　　　　경기도 파주시 교하읍 문발리 526-2
　　　　　　파주출판문화정보산업단지
　　　　　　전화　031) 908-3181(대표) · 팩스　031) 908-3189
　　　　　　홈페이지　http://www.kstudy.com
　　　　　　e-mail(출판사업팀사업부)　publish@kstudy.com
- 등 　 록　제일산-115호(2000. 6. 19)
- 가 　 격　57,000원

ISBN　　978-89-534-7735-3 93320 (Paper Book)
　　　　　978-89-534-7736-0 98320 (e-Book)